O Programa Minimalista

FUNDAÇÃO EDITORA DA UNESP

Presidente do Conselho Curador
Mário Sérgio Vasconcelos

Diretor-Presidente
Jézio Hernani Bomfim Gutierre

Superintendente Administrativo e Financeiro
William de Souza Agostinho

Conselho Editorial Acadêmico
Danilo Rothberg
Luis Fernando Ayerbe
Marcelo Takeshi Yamashita
Maria Cristina Pereira Lima
Milton Terumitsu Sogabe
Newton La Scala Júnior
Pedro Angelo Pagni
Renata Junqueira de Souza
Sandra Aparecida Ferreira
Valéria dos Santos Guimarães

Editores-Adjuntos
Anderson Nobara
Leandro Rodrigues

Noam Chomsky

O Programa Minimalista

Tradução, apresentação e notas à tradução
Eduardo Paiva Raposo

Prefácio à edição brasileira
Eduardo Kenedy
Gabriel de Ávila Othero

© The MIT Press
Massachusetts Institute of Technology – Cambridge,
Massachusetts, EUA, 1995
Capítulo "A Teoria dos Princípios e Parâmetros",
© Walter de Gruyter, Berlin/New York, 1993

© 2021 Editora Unesp
Todos os direitos reservados. Nenhuma parte deste livro pode ser reproduzida
em qualquer forma, por qualquer meio eletrônico ou mecânico (incluindo
fotocópia, gravação ou armazenamento e recuperação de informações),
sem a permissão por escrito da editora.

Título original: *The Minimalist Program*

Direitos de publicação reservados à:
Fundação Editora da Unesp (FEU)
Praça da Sé, 108
01001-900 – São Paulo – SP
Tel.: (0xx11) 3242-7171
Fax: (0xx11) 3242-7172
www.editoraunesp.com.br
www.livrariaunesp.com.br
atendimento.editora@unesp.br

Dados Internacionais de Catalogação na Publicação (CIP) de acordo com ISBD
Elaborado por Vagner Rodolfo da Silva – CRB-8/9410

C548p	Chomsky, Noam
	O Programa Minimalista / Noam Chomsky ; traduzido por Eduardo Paiva Raposo. – São Paulo : Editora Unesp, 2021.
	Inclui bibliografia. ISBN: 978-65-5711-069-0
	1. Linguística. 2. Teoria linguística. 3. Ciências cognitivas. I. Raposo, Eduardo Paiva. II. Título.
2021-2352	CDD 410
	CDU 81'1

Índice para catálogo sistemático:

1. Linguística 410
2. Linguística 81'1

Editora afiliada:

Sumário

Prefácio à edição brasileira, *Eduardo Kenedy e Gabriel de Ávila Othero*   7
Guia de leitura   13
Apresentação – Da Teoria de Princípios e Parâmetros ao
    Programa Minimalista: algumas ideias-chave   19
Introdução   43

1   A Teoria dos Princípios e Parâmetros   57
2   Algumas notas sobre a economia das derivações e das
    representações   215
3   Um programa minimalista para a teoria linguística   265
4   Categorias e transformações   335

Referências   573
Índice remissivo de termos e nomes   587

Prefácio à edição brasileira

Eduardo Kenedy
Gabriel de Ávila Othero

Na história da linguística gerativa, desde a década de 1950 até os anos 2020, o Programa Minimalista (PM) ocupa lugar especial. Desde as suas primeiras versões, no princípio dos anos 1990, o PM definiu-se claramente como um "programa" cujo objetivo era pôr em perspectiva a natureza da Faculdade da Linguagem. Nesse sentido, como adverte o próprio Chomsky (1998, p.5), o PM não deve ser tomado como um novo "quadro teórico" que fará a pesquisa formalista avançar para além dos limites de algum modelo anterior esgotado, tal como aconteceu quando, no início dos anos 1980, a Teoria de Princípios e Parâmetros superou o modelo da Teoria Padrão Estendida. Com efeito, o PM "surgiu naturalmente a partir dos sucessos da abordagem de Princípios e Parâmetros" (Chomsky, 2018, p.25) e foi precisamente esse êxito que levou Chomsky a reexaminar a ontologia da linguagem na arquitetura cognitiva humana.

O "minimalismo ontológico", nos termos de Uriagereka (1999), foi a face do PM que propôs uma nova caracterização para a Gramática Universal (GU) como o estágio inicial da Faculdade da Linguagem. O PM inova ao assumir que não se deve atribuir à GU uma grande quantidade de módulos e submódulos especificamente linguísticos e geneticamente determinados, pois, por ter emergido apenas no gênero *Homo* e talvez somente na espécie *sapiens*, a GU não pode ter uma história mais antiga do que duzentos mil anos – um tempo diminuto na escala evolucionária, que requer milhões de anos para produzir organismos complexos e hiperdetalhados. O PM assevera que a GU, para ser plausível no contexto da evolução humana, deve possuir, portanto, uma estrutura interna simples, subespecificada. Ou, numa só palavra, *mínima*.

Na busca por essa caracterização ontológica minimalista para a GU, o PM propõe que a Faculdade da Linguagem passe a ser interpretada como um sistema acoplado em outros sistemas cognitivos muito anteriores à linguagem em termos evolucionários, as interfaces *conceitual-intencional* e *articulatório--perceptual*. Encaixada nesses sistemas primevos, a linguagem passará a ser interpretada de maneira inédita na história do empreendimento gerativista: a "Faculdade da Linguagem *lato sensu*", tal como Hauser, Chomsky e Fitch (2002) anunciariam anos depois. Em verdade, mesmo quando considerada em si, a então mínima "Faculdade da Linguagem *stricto sensu*" não deixará de subordinar-se aos sistemas em que se acopla, visto que todas as operações por ela engendradas devem submeter-se às "condições de legibilidade" impostas por essas mesmas interfaces" (Chomsky, 1998, p.6-7). No PM, são essas condições que passam a determinar a gramaticalidade das construções sintáticas, compreendida como convergência nas interfaces de *som* e de *significado*, e não mais como consequência de alguma propriedade exclusiva da GU.

Tais condições de legibilidade trouxeram à luz a outra face do PM: o "minimalismo metodológico", ainda nos termos de Uriagereka (1999). De fato, ao caracterizar a derivação de representações linguísticas no interior de uma Faculdade da Linguagem minimalista, o linguista procurará capturar a natureza mínima desse sistema, postulando um pequeno número de princípios e de operações computacionais poderosos o suficiente para gerar todas as expressões que as línguas naturais podem produzir e, ao mesmo tempo, que os sistemas cognitivos de interface conseguem acessar e interpretar. Por esse ângulo, um corolário do PM é a necessidade de a linguística gerativa despojar-se de grande parte do opulento arsenal descritivo herdado dos momentos pré-minimalistas, tão exitosos, mas específicos de uma GU repleta de módulos complexos e independente do restante da cognição humana. Não é por outra razão que a navalha de Occam tem sido evocada para orientar os esforços do minimalismo metodológico das últimas décadas.

Esta obra, *Programa Minimalista*, é precisamente a proclamação do minimalismo ontológico e um roteiro para o desenvolvimento do minimalismo metodológico.

De uma perspectiva histórica, é possível compreender o PM como consequência das tensões entre as noções de "adequação descritiva" e de "adequação explicativa" (nos termos de Chomsky, 1965) registradas no decurso dos anos do projeto gerativista. Nos primeiros trinta anos desde *Estruturas sintáticas* (Chomsky, 1957), um sem-número de fenômenos morfossintáticos pervasivos nas línguas naturais, até então ignorado pela ciência da linguagem, foi analisado pelos estudiosos da gramática gerativo-transformacional. Essa profusão de análises acabou por produzir um arsenal descritivo muito rico, que parecia ampliar-se sem limites até o final dos anos 1980.

Se, por um lado, tal arsenal abundante se justificava pela necessidade de adequação descritiva diante dos fatos das línguas; por outro lado, a natureza da GU, que contém todos os princípios e parâmetros responsáveis por cada computação morfossintática específica, tornava-se cada vez mais complexa e hiperespecificada. Essa superinflação descritiva comprometia, desse modo, os anseios chomskianos por uma forte adequação explicativa, uma vez que a GU não teria tido tempo evolucionário suficiente para enriquecer-se da maneira pressuposta nas análises acumuladas ao longo dos anos 1960, 1970 e 1980.

O PM procurou restabelecer o equilíbrio entre essas forças descritivas e explicativas. De fato, a forte vinculação do minimalismo metodológico (adequação descritiva) ao minimalismo ontológico (adequação explicativa) proclamada no *Programa Minimalista* conduziu o empreendimento gerativista para além da adequação explanatória, com o desenvolvimento da noção de "adequação evolucionária" (Chomsky, 2004), essencial ao projeto da biolinguística (cf., entre outros, Jenkins, 2000; Boeckx; Grohmann, 2007, 2013; Chomsky, 2018). Por isso, podemos dizer que o presente livro é inaugurador de um modelo de investigação linguística.

Contudo, ele não pode ser caracterizado como um livro de "ideias novas" propriamente ditas, pois seu papel fundamental no desenvolvimento do empreendimento gerativista (de maneira ampla) e do PM (de maneira específica) foi, antes, o de reunir quatro trabalhos influentes do início da investigação minimalista da década de 1990. Como explicam Sibaldo e Sedrins (2019, p.101),

> o livro reúne quatro capítulos: "A Teoria de Princípios e Parâmetros", escrito em parceria com Howard Lasnik; "Algumas notas sobre economia de derivação e representação"; "Um Programa Minimalista para teoria linguística"; e "Categorias e transformações". Os três primeiros tinham sido publicados anteriormente em livros nos anos de 1993, 1991 e 1993, respectivamente, sendo somente o quarto capítulo escrito para o livro, baseado em seminários ministrados em 1993 e em um livro publicado em 1994 (*Language and Thought*).

Ainda que reúna textos anteriores, o *Programa Minimalista*, publicado em 1995, é considerado o "marco oficial" do PM. Esta é a primeira edição do *Programa Minimalista* em solo brasileiro. Passados mais de 25 anos da publicação do livro original, o leitor perceberá por que este texto permanece um clássico para a investigação linguística. A tradução que o leitor tem em mãos, no entanto, não é totalmente inédita. Ela foi feita pelo linguista português Eduardo Paiva Raposo, que originalmente traduziu o texto chomskiano para publicação pela editora lusitana Caminho em 1999.

Quando fomos procurados pela Editora Unesp para traduzir do inglês o *Programa Minimalista* e lançá-lo no Brasil, pensamos imediatamente nesta belíssima tradução feita por Eduardo Raposo e já publicada em Portugal. Isso porque o trabalho de Raposo não resultou em uma simples tradução do *Programa Minimalista*. O que Raposo fez foi publicar uma edição em língua portuguesa repleta de comentários e notas explicativas, enriquecida com exemplos adaptados ao português e cuidadosamente explicados. Além disso, ele também escreveu cerca de trinta páginas introdutórias que preparam os leitores para o que encontrarão no corpo do livro. Trata-se de uma preciosa edição traduzida e comentada, portanto.

Esta tradução, tomada a cabo por Raposo, pode ser comparada *mutatis mutandis* à tradução de outro clássico da história da ciência da linguagem, o *Curso de linguística geral*, feita para o italiano por Tullio de Mauro e publicada em 1967.[1] Evidentemente, a natureza dos dois textos é deveras distinta: enquanto o *Programa Minimalista* foi um livro planejado e publicado por Noam Chomsky em vida, o *CLG* saussuriano é uma publicação póstuma, elaborada a partir de anotações de cursos de linguística geral ministrados por Ferdinand de Saussure entre 1907 e 1911 na Universidade de Genebra. Por essas circunstâncias, a tradução de De Mauro veio à luz muitos anos depois da morte de Saussure, e suas notas tiveram o intuito de, entre outras coisas, clarificar noções importantes e, às vezes, obscuras presentes no texto original.

---

[1] Como nos informa Isaac Nicolau Salum, no prefácio à edição brasileira do *CLG*, "em 1967, saiu a notável versão italiana de Tullio de Mauro, tradução segura e fiel, mas especialmente notável pelas 23 páginas introdutórias e por mais 202 páginas que se seguem ao texto, de maior rendimento, em virtude do corpo do tipo usado, ostentando extraordinária riqueza de informações sobre Saussure e sobre a sorte do *Cours*, com 305 notas ao texto e uma bibliografia de 15 páginas [...]. Tullio de Mauro por essa edição torna-se credor da gratidão de todos os que se interessam pela Linguística moderna". Também são gratos a Eduardo Raposo os leitores lusófonos do *Programa Minimalista*, pela bela edição do texto chomskiano em língua portuguesa.

A tradução de Raposo do *Programa Minimalista* também é rica em notas que se destinam a clarificar inúmeras noções importantes no texto chomskiano. Os leitores de Chomsky – ao contrário dos de Saussure –, entretanto, dispõem hoje de vasta bibliografia a consultar, além da obra escrita pelo próprio Chomsky. Além disso, a tradução de Raposo chegou às mãos do autor do texto original (algo obviamente impossível nos casos das traduções do *CLG*). De todo modo, é uma feliz coincidência que ambos os clássicos da história da linguística possuam excelentes traduções para línguas românicas, com generosos comentários e notas explicativas.

A tradução de Raposo foi, aliás, tão bem concebida que acabou influenciando o próprio Chomsky na continuação de seu trabalho. Como nos informa Uriagereka, na contracapa da edição portuguesa do livro:

> Eduardo Paiva Raposo não foi o usual tradutor-traidor; podemos mesmo dizer que a sua versão do texto vai em determinados pontos para além do original, dado o seu esforço em clarificar com coerência passagens extremamente difíceis do texto, e a quantidade de notas explicativas que inclui. Curiosamente, o trabalho crítico de Eduardo Paiva Raposo sobre o texto afectou bastante o modo como Chomsky escreveu a continuação do presente livro (o chamado "capítulo 5"). Este é certamente um facto raro ou mesmo novo na história da tradução.

Tendo à nossa disposição, então, uma esplêndida tradução do *Programa Minimalista* para a língua portuguesa, propusemos à Editora Unesp que trouxesse ao Brasil o trabalho de Raposo. Cremos que o leitor brasileiro muito se beneficiará com esta edição conduzida por um tradutor-linguista já pioneiro – devemos lembrar que Raposo também traduziu para o português, na década de 1970, o *Aspectos da teoria da sintaxe*, livro de Chomsky publicado em 1965, que inaugura a chamada "Teoria Padrão" da linguística gerativa. Por tantas razões, ficamos honrados em prefaciar não apenas este livro marcante de Noam Chomsky, mas, ao mesmo tempo, esta tradução brilhante e singular.

Comparando as versões portuguesa e brasileira, o leitor notará pequenas diferenças em algumas poucas palavras que foram adaptadas à grafia usual brasileira, tais como a substituição de *facto* por *fato*, ou *generativo* por *gerativo*. As decisões terminológicas e tradutórias originais de Raposo foram todas mantidas e devidamente explicadas pelo próprio tradutor no "Guia de leitura". As traduções e explicações dos exemplos originais em inglês também foram mantidas, tal como Raposo planejou originalmente.

Ainda que tarde, esta edição chega ao Brasil em boa hora: os estudos gerativistas encontraram solo fértil neste país. Por isso, cremos fortemente que a circulação desta edição do *Programa Minimalista* poderá auxiliar estudantes, professores e pesquisadores brasileiros atentos à busca das adequações descritiva, explicativa e evolucionária tão caras ao PM.

Referências

BOECKX, C.; GROHMANN, K. (Eds.). *The Cambridge handbook of biolinguistics*. Cambridge, UK: Cambridge University Press, 2013.

BOECKX, C.; GROHMANN, K. The Biolinguistics manifesto. *Biolinguistics*, v.1, n.1, p.1-8, 2007.

CHOMSKY, N. *Aspects of the theory of syntax*. Cambridge, MA: MIT Press, 1965.

CHOMSKY, N. Beyond explanatory adequacy. In: BELLETTI, A. (Ed.). *Structures and beyond*: the cartography of syntactic structures – Vol. 3. Oxford: Oxford University Press, 2004. p.104-131.

CHOMSKY, N. Derivation by phase. *MIT Occasional Papers in Linguistics*, Cambridge, MA, n.18, 1998.

CHOMSKY, N. Sobre mentes e linguagem. Trad. de Gabriel de Ávila Othero. *ReVEL – Revista Virtual de Estudos da Linguagem*, Novo Hamburgo, v.16, n.31, p.11-37, set. 2018.

CHOMSKY, N. *Syntactic Structures*. The Hague: Mouton, 1957.

HAUSER, M. D.; CHOMSKY, N.; FITCH, W. T. The faculty of language: What is it, who has it, and how did it evolve? *Science*, v.298, n.5598, p.1569-1579, 22 nov. 2002.

URIAGEREKA, J. Multiple spell-out. In: EPSTEIN, D.; HORNSTEIN, N. (Eds.). *Working Minimalism*. Cambridge, MA: MIT Press, 1999. p.251-282.

SIBALDO, M. A.; SEDRINS, A. P. O Programa Minimalista. In: OTHERO, G. A.; KENEDY, E. *Chomsky*: a reinvenção da Linguística. São Paulo: Contexto, 2019.

Guia de leitura

1. Notas do tradutor

O texto é comentado por meio de notas da responsabilidade do tradutor, as quais servem igualmente para apresentar os equivalentes em português dos exemplos originais. Optou-se por colocar as notas de tradutor em rodapé, com numeração entre parênteses (quer na chamada, quer no texto da nota). No caso de referências cruzadas entre essas notas, se a nota à qual se reenvia pertencer a um capítulo diferente, isso é indicado explicitamente; não havendo indicação explícita, a nota referida pertence ao mesmo capítulo. Quanto às notas do autor, vão no final de cada capítulo, e a numeração aparece sem parênteses, quer na chamada, quer no seu texto.

2. A tradução dos exemplos linguísticos

Seguindo a prática usual em textos teóricos de linguística (com duas exceções no capítulo 1, assinaladas e discutidas em nota do tradutor), mantiveram-se os exemplos na língua original (na maior parte dos casos o inglês, mas não só), optando-se pela sua tradução em nota do tradutor. A tradução dos exemplos levantou um problema geral e vários problemas particulares. O primeiro pode ser sintetizado no seguinte dilema: dever-se-ia dar uma tradução gramatical (em português) do exemplo inglês ou uma tradução que procurasse manter o mais possível a estrutura sintática e as propriedades lexicais do original, ainda que não fosse gramatical em português?

Optou-se por uma solução mista. A necessidade de uma tradução que mantivesse as propriedades do original parecia óbvia: para aqueles leitores que não compreendem o inglês, interessava manter aquilo que está em jogo no exemplo discutido pelo autor (na realidade, o equivalente gramatical do português não tem frequentemente qualquer interesse para a argumentação desenvolvida). Foi essa, portanto, a prática seguida. Mas esta escolha deu origem muitas vezes a exemplos mais ou menos degradados em português. Nesses casos, acrescentou-se a versão gramatical (evitando repetições de exemplos semelhantes).

Um dos casos mais claros da aplicação deste princípio metodológico diz respeito às construções de "Marcação Excepcional do Caso", vulgarmente conhecidas por *construções ECM* (ver Raposo, 1992, cap. 13.3). Como se sabe, a construção, que é determinada em inglês por verbos como *expect* "esperar", *believe* "acreditar", entre outros, não existe em português. Podemos ilustrá-la com o exemplo (172b) do capítulo 4, que se apresenta aqui (adaptado) em (1):

(1)   I expected [someone to leave early]

O equivalente gramatical em português, *eu esperava que alguém saísse cedo*, tem uma estrutura completamente diferente, sem qualquer relevância para as propriedades de atribuição Casual de (1). Aqui, era inteiramente relevante dar uma tradução literal, embora não gramatical, que preservasse a estrutura do original: *eu esperava [alguém Inf sair cedo]* (tradução também ligeiramente adaptada; Inf = "Infinitivo"). Deste modo, no âmbito da solução mista que se adotou, o formato de apresentação do exemplo na respectiva nota toma a forma ilustrada em (2); ou seja, dá-se primeiro a tradução que mantém as propriedades do original (muitas vezes, como aqui, uma tradução literal), assinalando-se com um asterisco entre parênteses *depois do exemplo* a sua não gramaticalidade (quando for caso disso) e dando a seguir o equivalente gramatical entre aspas:

(2)   Eu esperava [alguém Inf sair cedo] (*) "eu esperava que alguém saísse cedo"

Concomitantemente, um asterisco (ou falta dele) *no início* do exemplo traduzido em português corresponde ao estatuto *do exemplo original*, e não do exemplo em português.

Nem sempre a melhor solução para manter as propriedades do original passou por uma tradução literal, como, por exemplo, nas construções existenciais do inglês (40a-b) do cap. 2, apresentadas em (3):

(3) a. there is a man in the room
     b. there are men in the room

A tradução "canônica" seria com o verbo *haver*, como em (4):

(4) a. há um homem no quarto
     b. há homens no quarto

Optando pelo verbo *haver*, no entanto, perder-se-ia a propriedade de concordância com o DP "associado" ao expletivo ilustrada em (3). Portanto, neste caso optou-se pelo verbo *estar*, o qual preserva a propriedade da concordância com o associado e, além disso, mantém a significação do original inglês:

(5) a. *expl* está um homem no quarto
     b. *expl* estão homens no quarto

Quanto ao expletivo *there* (que corresponde em português a um *pro* sem matriz fonológica), pareceu-nos mais indicado anotá-lo através da abreviatura *expl* (de "expletivo"), consistentemente em itálico (a mesma solução foi adotada para o expletivo inglês *it*).

Quando o exemplo no texto não é do inglês, deixou-se o exemplo na língua original, e traduziu-se para o português a glosa e/ou a tradução inglesa do próprio texto original. Nesses casos, não se abre uma nota de tradutor.

Optou-se também por dar uma única vez a tradução de exemplos repetidos ou em que as únicas alterações são as anotações estruturais (etiquetas, parênteses, índices etc.).

Na tradução das orações interrogativas, incluiu-se (entre parênteses) a expressão *é que*, para tornar os exemplos em português mais naturais. Essa inclusão, no entanto, não desempenha qualquer função estrutural e deve ser "mentalmente" omitida na análise dos exemplos. Um exemplo é (92a) do cap. 4, dado em (6a) e traduzido como em (6b):

(6) a. what did John see *t*
     b. o que (é que) o João viu *t*

Outro aspecto da tradução das orações interrogativas é que se omite qualquer tradução ou glosa do auxiliar *do*, a não ser naqueles casos em que esse item esteja diretamente em causa na discussão do exemplo.

Em alguns exemplos de orações subordinadas do inglês, o complementador *that* (opcional em inglês) é omitido, como em (106a) do cap. 1, ilustrado em (7a). Nesse caso, e para conveniência do leitor, a tradução portuguesa (em (7b)) inclui o complementador *que* entre parênteses, visto que este não pode ser omitido em português:

(7)   a. they said he admires John's father
           b. eles disseram (que) ele admira o pai do João

Quanto ao complementador infinitivo *for* do inglês, que não tem equivalente em português, é simplesmente anotado como *compl* (de "complementador") nos casos raros em que ocorre (por exemplo, (148b) do cap. 4). O mesmo acontece relativamente ao *to* infinitivo, por vezes anotado *Inf*, como em (2) acima.

Outras soluções foram objeto de uma justificação particular em nota do tradutor, caso a caso.

3. A tradução dos termos técnicos

Seguindo a prática de Raposo (1992, p.19-23), a maior parte das siglas que nomeiam princípios linguísticos foi deixada no original inglês, apontando-se em cada caso em nota de tradutor o nome não abreviado que dá origem à sigla (por exemplo "FI" de "Full Interpretation", "HMC" de "Head Movement Constraint" etc.). O nome não abreviado, evidentemente, é traduzido.

A tradução portuguesa dos termos técnicos da teoria de *Princípios e Parâmetros* seguiu quase sempre as escolhas de Raposo (1992), sendo qualquer afastamento assinalado em nota de tradutor. A tradução dos termos específicos do Programa Minimalista revelou algumas dificuldades, devido a dois fatores. Em primeiro lugar, a existência prévia de várias opções terminológicas, por vezes diferentes entre si, propostas por vários colegas (em Portugal e no Brasil) que já trabalhavam com o modelo; e, em segundo lugar, a natureza "metafórica" e por vezes extremamente "colorida" dos termos do próprio autor (como, por exemplo, "crash" ou "greed"), Na procura de um consenso (que, diga-se de passagem, não foi totalmente encontrado), consultaram-se vários colegas portugueses e brasileiros, e também o colega espanhol que traduziu o *Programa Minimalista* para o castelhano (do qual se tomou o termo "fracassar" para "crash"). Em (8), apresenta-se uma lista daqueles termos cuja tradução poderá ter levantado alguma controvérsia:

(8)   *original inglês*   *tradução*
- Crash — Fracasso
- Greed — Cobiça
- Procrastinate — Procrastinar
- Checking — Verificação
- Overt Syntax — Sintaxe Visível
- Covert Syntax — Sintaxe Não Visível
- Bare Output Conditions — Condições de Output Básicas
- Bare Phrase Structure — Estrutura de Constituintes Despojada

Por outro lado, houve certos termos que decidimos pura e simplesmente não traduzir, e usar o original inglês. Termos como "performance", "input", "output", bem ou mal, já pertencem ao vocabulário técnico português (ainda que se encontrem por vezes traduções em "realização", "entrada" e "saída", que optamos por não utilizar). Os outros três termos que deixamos no original inglês são "Spell-Out", "Scrambling" e "Pied-Piping" (este último apenas como substantivo; usado como verbo, optamos pelo português "transportar"). Estes três termos nos pareceram intraduzíveis, não tanto por não existirem opções, mas por sentirmos que nenhum termo do português conseguiria ser tão "emblemático" e "colorido" como os termos originais.

4. Referências bibliográficas

As referências bibliográficas das notas e do texto de apresentação do tradutor coincidem apenas parcialmente com a bibliografia do autor. Para evitar duplicação, as referências bibliográficas do tradutor contêm apenas aquelas entradas que não aparecem nas referências do autor. Nos textos do tradutor, Raposo (1992) é doravante sistematicamente referido como *Faculdade*.

5. Agradecimentos

Gostaria de agradecer a várias pessoas que de um ou de outro modo me ajudaram nesta tradução. A Pilar Barbosa, Noam Chomsky, Howard Lasnik, Jairo Nunes e Juan Uriagereka, devo clarificações e comentários sobre o texto original que me foram extremamente úteis na elaboração das notas. A Manuela Âmbar, Pilar Barbosa, Charlotte Galves, Mary Kato, Ana Maria Martins, Jairo Nunes e Juan Romero, devo várias sugestões terminológicas; desde já peço desculpas pelo fato de não ter sido possível segui-las todas. Partes do texto de apresentação foram discutidas num seminário na Universidade Nova de Lisboa e numa palestra no Centro de Linguística da Universidade do Porto. Agradeço os comentários das duas audiências. Agradeço também a Ana Maria Brito e a Fátima Oliveira por alguns comentários sobre o texto. Por fim, não quero deixar de mencionar o excelente trabalho de Rita Pais (da Caminho) na edição do livro. Escusado será dizê-lo, todos os erros de tradução ou de interpretação do texto são de minha exclusiva responsabilidade.

Apresentação
Da Teoria de Princípios e Parâmetros ao Programa Minimalista: algumas ideias-chave[*]

Este texto organiza-se em duas seções. Na primeira, apresentam-se algumas das linhas mestras do modelo de *Princípios e Parâmetros* (doravante P&P), fazendo sobressair os aspectos da sua arquitetura geral que mais diretamente estão na base das preocupações minimalistas. Na seção 2, destaca-se a direção nova que o Programa Minimalista traz à investigação linguística dentro do modelo P&P, nomeadamente aquilo que é consequência de uma perspectiva interessante sobre o modo como a linguagem se insere na mente humana, em interação com outros sistemas cognitivos e de performance ([1]). Discutem-se também de modo breve noções do PM que, pela sua novidade, importância e/ou dificuldade conceitual, merecem atenção especial. Esta apresentação, bem como a maior parte do livro em si, pressupõe uma familiarização do leitor com os aspectos filosóficos e técnicos do quadro teórico P&P. Uma fonte em português é Raposo 1992, citado como *Faculdade* ([2]).

---

[*] Partes deste texto foram apresentadas num seminário na Universidade Nova de Lisboa e numa palestra no Centro de Linguística da Universidade do Porto. Agradeço os comentários das duas audiências. Agradeço também a Ana Maria Brito e a Fátima Oliveira por alguns comentários sobre o texto. Todos os erros são de minha responsabilidade.

[1] O Programa Minimalista será doravante referido como "PM"; o livro ora traduzido, por sua vez, será referido como "*PM*" (diferença no itálico).

[2] A seção 1 desta apresentação é demasiado sucinta e programática para servir de introdução ao modelo P&P, e pretende apenas esboçar algumas linhas fundamentais. O cap. 1 de *PM* é uma súmula da teoria P&P, embora um tanto compacta para quem aborda estes tópicos pela primeira vez.

1. Pano de fundo teórico: o Modelo P&P

É importante realçar que o PM *não* é um novo quadro teórico da gramática generativa-transformacional, no sentido em que o modelo P&P, ou a Teoria Standard Alargada, ou a Teoria Standard, o são. Nesse sentido, o PM não substitui o modelo P&P. Pelo contrário, o PM assenta crucialmente no modelo P&P, e parte dele para propor algumas questões novas que não poderiam, na realidade, ser concebidas fora desse modelo. De certa maneira, o PM é um conjunto de "orientações" guiadas pela ideia intuitiva de evitar a postulação de entidades teóricas que não sejam conceitualmente necessárias dentro da lógica da teoria. Esse processo implica que certos resultados ou mesmo aspectos fundamentais da arquitetura do modelo P&P sejam submetidos a um escrutínio intenso, do qual resultam por vezes alterações importantes na organização geral da teoria. Mas este é um resultado que se espera num empreendimento científico naturalista como é a linguística [3].

1.1 Uma investigação individualista

Recordemos a arquitetura da linguagem proposta no modelo teórico P&P. A investigação linguística é individualista: pretende-se estudar os aspectos da mente do José, da Maria, da Alexandra, da Clara (ou do Yuri, do Sven, do Jones, do Wang, ...) que têm a ver com a sua compreensão e uso da linguagem; e não objetos "externos" altamente abstratos e de natureza sociológica, como o "português", o "inglês", o "chinês", o "russo" ou o "islandês", objetos que, além disso, têm um estatuto ontológico duvidoso [4].

A mente da Maria, por exemplo, possui aspectos dedicados à linguagem – a que chamamos a sua *Faculdade da Linguagem* (FL) [5]. Quando a Maria nasceu, a sua FL encontrava-se no *estado inicial* (FL_0), que assumimos ter uma complexidade organizativa rica e ser uniforme para toda a espécie humana. Um dos sistemas da FL da Maria é uma *componente cognitiva*, um repositório de

---

[3] Para o estatuto da teoria P&P como "investigação naturalista", ver o fascinante texto de Chomsky, 1995.

[4] Para uma discussão aprofundada destes tópicos, ver Chomsky, 1986b, 1995.

[5] A teoria linguística aborda FL do ponto de vista da mente, isto é, das propriedades representacionais, "simbólicas", do cérebro humano. Do ponto de vista físico, FL corresponde provavelmente a um "sistema" (a par do sistema visual, circulatório etc.) e não a um órgão particular ou a uma só área determinada do córtex cerebral. Ver Chomsky, 1995, e referências aí indicadas para uma discussão aprofundada destas questões.

conhecimentos sobre sons, significados e organização estrutural. Ao estado inicial FL_0, chamamos *Gramática Universal* (UG) ([6]). Durante o crescimento da Maria, e como qualquer outra organização anatómica, fisiológica ou mental, a sua FL desenvolveu-se, passando por várias fases, até atingir um estado final (FL_f), mais ou menos rígido, não sujeito a modificações posteriores exceto no que diz respeito a ganhos e perdas de itens lexicais "substantivos" ([7]). Às várias fases da componente cognitiva da FL da Maria durante o seu desenvolvimento chamamos línguas-I; a FL_f da Maria incorpora, portanto, uma língua-I final: uma gramática da "língua" que ela fala (para usar uma terminologia mais familiar, se bem que pouco precisa), que lhe permite compreender, produzir e percepcionar um número infinito de expressões, usá-las para várias finalidades, ter intuições sobre elas, e talvez outras coisas ([8]).

Parte do desenvolvimento da FL da Maria foi determinado exteriormente, pelo meio ambiente (linguístico) onde ela viveu. Assim, a FL_f da Maria, incorporando uma língua-I, pode ser informalmente caracterizada como correspondendo ao português da área de Lisboa, acrescido de várias idiossincrasias que têm a ver com a sua experiência individual, o seu estatuto social, profissional, etário, o modo como os seus amigos falam etc. Mas o Sven, que viveu toda a sua vida na Islândia, fala (uma versão qualquer do) islandês, não fala português. Quanto à Clara, que tem, no momento em que se escrevem estas linhas, praticamente três anos, a fase atual de desenvolvimento da sua FL incorpora uma língua-I que corresponde a uma mistura curiosa daquilo a que chamamos "português europeu" e "português brasileiro". Isto deve-se

---

[6] Talvez a componente cognitiva (linguística) da Maria componha exaustivamente a sua FL; isso depende do estatuto dos "sistemas de performance" que entram em interação com a linguagem (ver a seção 2); em particular, se são ou não especificamente adaptados à linguagem. Ver Chomsky, 1995 e 1998, para alguns comentários.

[7] Ou seja, nomes, adjetivos e verbos novos que entram no vocabulário da Maria numa fase mais tardia, como, por exemplo, termos científicos ou tecnológicos; termos especializados de domínios da sua experiência individual ou do seu conhecimento do mundo que a Maria decide aprofundar (por exemplo, se a Maria decide aprender a velejar, vai certamente adquirir palavras novas ligadas à navegação, a barcos, ao mar etc.); termos de "gíria", tipicamente com uma rotatividade temporal curta; etc.

[8] "I" em "língua-I" sugere "interiorizado", "intencional" (ver Chomsky, 1986b, e *Faculdade*, cap. 1, nota 3). A língua-I da Maria poderá mesmo atribuir uma "representação" a expressões do suaíli, do cantonês ou do basco, línguas que a Maria, no entanto, não fala; ou ao ranger de uma porta, ou a qualquer outro barulho (ver, por exemplo, Chomsky, 1988). Essas representações são possivelmente diferentes das representações atribuídas pela língua-I do Sven, que vive numa comunidade onde se fala o islandês, e que, portanto, desenvolveu uma língua-I parcialmente diferente da da Maria.

ao curso particular da sua experiência, e ao modo como essa experiência afetou o desenvolvimento da sua FL$_0$, até a presente fase. Já a língua-I da Alexandra (incorporada na sua FL$_f$) corresponde àquilo a que chamamos o "inglês", também por motivos que têm a ver com a sua experiência individual.

Mas é apenas *parte* do desenvolvimento da FL da Clara que é determinado "de fora", pela sua experiência e pelo ambiente linguístico em que vive; como acontece com qualquer outra componente do seu organismo (física ou mental), o desenvolvimento da FL da Clara é também parcialmente determinado por princípios internos, uniformes para toda a espécie humana, iguais, portanto, aos que se aplicaram no desenvolvimento da FL da Alexandra, do Zé, da Maria, do Jones, do Sven, do Yuri ou do Wang.

1.2 A língua-I

A língua-I da Maria, como vimos, é o sistema cognitivo incorporado no estado final da sua faculdade da linguagem (na sua FL$_f$) consistindo num repositório de conhecimentos sobre sons, significados e organização estrutural. Podemos considerar que a língua-I tem duas componentes: um léxico e um sistema de princípios (regras, operações) ([9]) que operam recursivamente sobre os itens do léxico e sobre as expressões complexas formadas a partir destes. Ao sistema de princípios (regras, operações) chamamos *Sistema Computacional (da linguagem humana)*, que abreviamos em C$_{HL}$ ([10]).

A língua-I é um mecanismo que gera um conjunto infinito de expressões. A teoria da língua-I consiste numa especificação *intensional* das suas propriedades gramaticais (princípios, parâmetros etc.). *Extensionalmente*, a língua-I gera expressões complexas, articuladas em vários "níveis" de representação linguística, e a que podemos chamar *Descrições Estruturais* (DEs). Na teoria P&P, cada DE é um conjunto de quatro níveis de representação simbólica: {*Estrutura-D, Estrutura-S, PF* (Forma Fonética), *LF* (Forma Lógica)}. Ver *Faculdade*, cap. 5.

Não se deve confundir o conjunto das DEs, ou seja, das expressões geradas extensionalmente pela língua-I, e que consistem, como vimos, num conjunto de *representações* linguísticas, com a noção "externa" (também extensional) de língua-E, caracterizada como o conjunto das frases "gramaticais"

([9]) O termo "regra" é usado aqui num sentido informal, e não na acepção técnica particular da gramática generativa. Para uma discussão deste uso particular, ver a Introdução de *PM*.

([10]) Do inglês "Computation (Human Language)".

de uma língua, enquanto objeto sociológico, "externo". As DEs, ainda que geradas extensionalmente, são tão "internas" quanto o procedimento generativo (intensionalmente definido) que as gera. Quanto à língua-E, é um objeto "indecidível", com um estatuto ontológico bastante duvidoso ([11]). Considerem-se por exemplo as seguintes expressões:

(1)   a. que livro não sabes a quem eu emprestei?
        b. em que sítio é que não te lembras se a Maria arrumou os livros?
        c. como é que não sabes que carro o mecânico consertou?

(2)   a. só mais tarde a Joana comprou o jornal e entregou ao marido
        b. só mais tarde a Joana comprou o jornal e o entregou ao marido

(3)   a. disseram-me que a Maria que não conseguiu pegar o trem das cinco
        b. disseram-me que a Maria não conseguiu pegar o trem das cinco
        c. disseram-me a Maria que não conseguiu pegar o trem das cinco

Será que estas expressões pertencem à língua-E ou não? A pergunta é por vezes formulada usando a noção técnica de *gramatical*(*idade*) (definida como "inclusão na língua-E"): será que estas expressões são "gramaticais" ou não? Não parece ser possível responder a estas perguntas sem adotar um ponto de vista "normativo". A minha língua-I (ou a da Maria) atribui-lhes um estatuto (uma DE) bem determinado, que poderá ou não violar alguns dos princípios de C_{HL}, o que compete ao linguista determinar no decurso da sua investigação "naturalista" (ver a nota 3). Tanto eu como a Maria temos juízos de aceitabilidade sobre estas expressões, ou seja, reagimos introspectivamente a elas; e estes juízos, por sua vez, constituem uma das classes de evidência empírica usadas na construção da teoria pelo linguista ([12]). No meu caso particular, por exemplo, (1a-b) têm um estatuto de certo modo degradado, mas não tanto

---

[11] Ver as referências na nota 4. A diferença entre o conjunto das DEs e a língua-E (a diferença entre os conceitos de "geração forte" e de "geração fraca") não é devidamente captada em *Faculdade* (cap. 1, nota ([3])), onde a questão teria merecido um desenvolvimento maior.

[12] Não confundir os juízos de aceitabilidade com a noção de "gramaticalidade", enquanto tentativa de "decidibilizar" a língua-E. Também se encontra por vezes na literatura a ideia de que os dados primários para a investigação linguística são, não os juízos de aceitabilidade, mas sim a classificação apriorística das frases em "gramaticais" e "não gramaticais". Tal como as noções de língua-E ou de gramaticalidade, esta postura é *ad-hoc*, e não representa realmente a prática teórica da gramática generativa. Ver, entre outras passagens, a nota 1 ao cap. 2 de *PM*.

como (1c), em que um adjunto é extraído para a oração principal; (2a), com um objeto nulo no segundo elemento coordenado, é aceitável, embora um pouco menos que (2b), com um objeto pronominal; quanto a (3a), com dois complementadores na subordinada "ensanduichando" o sujeito, é relativamente aceitável, embora menos que (3b), com o complementador que segue o sujeito em (3a) omitido, mas bastante mais que (3c), em que o complementador omitido é o que precede o sujeito em (3a).

1.3 Os níveis de representação linguística

Cada um dos níveis de representação das DEs capta propriedades diferentes das expressões linguísticas: a *Estrutura-D* de uma expressão E é uma representação sintática "pura" das propriedades lexicais (de subcategorização e de seleção semântica) dos itens que formam E; ou seja, de um modo mais geral, é uma espécie de "interface" entre a derivação sintática e o léxico. A *PF* de E recolhe as propriedades fonéticas de E, juntamente com a sua estrutura silábica e prosódica. Mais especificamente, a PF de E é gerada por uma parte especializada de C_{HL}, a chamada *componente fonológica*, a partir das propriedades fonológicas lexicais dos itens que compõem E, e aplicando regras de um tipo particular. PF é assim um nível de representação que serve de "interface" com os sistemas neurossensoriais e musculares da articulação e da percepção, fornecendo a informação necessária para que estes sistemas possam operar ([13]). A *LF* de E, por sua vez, recolhe as propriedades de significação ("semânticas") de E, derivadas com base nas propriedades semânticas dos seus itens lexicais, e incluindo aspectos como estrutura argumental, funções temáticas (θ); estrutura sujeito-predicado; foco e pressuposição; tema-rema; força modal (declarativa, interrogativa); etc. Tal como PF, LF é um nível de representação que serve de "interface" com sistemas do pensamento que "usam" ou "interpretam" a linguagem (ver a seção 2 para um desenvolvimento desta ideia). Finalmente, a *Estrutura-S* de E é um nível de representação entre a Estrutura-D e LF, no qual a derivação de E "entra" para a componente fonológica, isto é, para o caminho "especializado" que leva a PF, e que se pressupõe não ter mais qualquer contato com a parte restante da derivação até LF. Consequentemente, a Estrutura-S é o nível em que estão representadas as

---

[13] O fato de a componente fonológica ser uma interface com sistemas de "exteriorização" torna-a um "caso à parte" dentro de C_{HL}; a componente fonológica tem assim possivelmente uma natureza diferente do resto de C_{HL} (a "sintaxe em sentido estrito"). Ver Bromberger e Halle (1989), o capítulo 4 de *PM* e a seção 2 desta apresentação.

operações de C_{HL} que têm uma repercussão em PF, ou seja, que têm um reflexo fonético; estas são as operações aplicadas entre a Estrutura-D e a Estrutura-S, a chamada *sintaxe visível*. Entre a Estrutura-S e LF, as operações são do mesmo tipo que na sintaxe visível, mas já não têm um reflexo fonético (a *sintaxe não visível*) ([14]). No modelo P&P, além disso, aquilo que define a Estrutura-S como um nível de representação independente é o fato de ser o ponto da derivação onde se aplicam várias subteorias e princípios do modelo (teoria da ligação, teoria do Caso, talvez a ECP, o módulo de *pro* etc.). Esquematicamente, a língua-I do modelo P&P pode, pois, ser representada do seguinte modo ([15]):

(4)

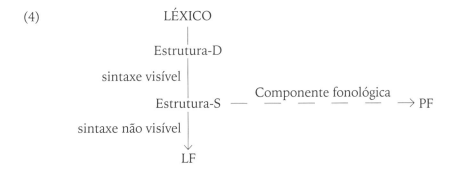

1.4 Os parâmetros de variação

Já vimos que o desenvolvimento de FL tem dois aspectos: um aspecto internamente determinado, uniforme para a espécie humana, e outro externamente determinado (pela experiência individual) e variável de indivíduo para indivíduo: a Maria ou o Zé "falam português", mas a Alexandra "fala inglês". Haverá limites para a variação ambiental, externamente determinada? E, em caso positivo, quais e de que tipo? O modelo P&P coloca a hipótese de que

---

([14]) Por exemplo, a operação Mover-*wh* deriva orações interrogativas na sintaxe visível em línguas como o português, mas na sintaxe não visível em línguas como o chinês; consequentemente, a operação tem reflexos fonéticos em português (os grupos -*wh* ocorrem na margem esquerda das orações, em [Spec, C]), mas não tem reflexos fonéticos em chinês (os grupos interrogativos ocorrem *in situ*). Ver *Faculdade*, cap. 5.

([15]) O modelo é por vezes chamado de "bifurcado" (ver *Faculdade*, cap. 5). O termo bem como o esquema usualmente apresentado (como na p.156 de *Faculdade*) são enganadores, porque pressupõem uma "componente LF" (a sintaxe encoberta) com um estatuto paralelo à componente fonológica. Mas a chamada "componente LF" não é na realidade senão a parte "não visível" de uma computação homogênea que vai desde a estrutura-D até o nível LF, homogênea no sentido de consistir nas mesmas regras e operações (movimento, apagamento etc.), tanto na sua parte visível como na sua parte não visível.

os limites de variação (gramatical) "externa" nas línguas-I são extremamente reduzidos, e propõe a noção de *parâmetro* para captar esta variação reduzida. Assim, segundo o modelo P&P, a UG em FL_0 contém dois tipos de princípios: princípios rígidos e princípios "abertos", com dois valores possíveis, e que só são "ligados" (como um interruptor elétrico) no decurso do desenvolvimento de FL_0. A "escolha" de uma posição particular, por sua vez, é determinada "de fora", pelos dados linguísticos particulares a que a criança é exposta. Um exemplo é o "parâmetro do sujeito nulo" (ver *Faculdade*, caps. 1.12 e 16.3). Assim, o Zé ou a Maria, que cresceram num ambiente em que se fala "português", ligaram o parâmetro "positivamente" (de modo a licenciar *pro* e a permitir expressões como *vamos ao cinema*); ao passo que a Alexandra, que cresceu num ambiente em que se fala "inglês", ligou o parâmetro "negativamente" (não licenciando *pro* e consequentemente não permitindo expressões como *went to the movies*). Segundo o modelo P&P, existe um número finito de parâmetros deste tipo, e a aquisição de uma língua-I consiste essencialmente na ligação destes parâmetros num valor particular. Considera-se que os dados linguísticos necessários para qualquer criança ligar os seus parâmetros são simples e facilmente acessíveis, e que a ligação dos parâmetros não levanta, portanto, problemas especiais para a aprendizagem linguística [16]. Em síntese, a língua-I da Maria não é mais do que a sua UG (o seu sistema cognitivo em FL_0), com os parâmetros ligados de uma determinada maneira [17].

Numa versão "radical" do modelo P&P, toda a variação linguística reside no léxico [18]. Um aspecto óbvio, ainda não mencionado, é a "arbitrariedade saussuriana": a arbitrariedade da ligação entre o som e o significado de um

---

[16] A questão não é inteiramente simples. Assim, a ligação do parâmetro do sujeito nulo poderá ter sido mais complicada no caso da Alexandra, que teve de ligar o parâmetro negativamente. Ver *Faculdade*, cap. 1.12.

[17] Repare-se que existe uma "idealização" nesta caracterização. Mesmo se a FL_f da Maria ou do Zé não tiverem outras componentes além da língua-I (ver a nota [6]), a língua-I é na realidade uma abstração idealizada de FL_f. O Zé e a Maria possuem (aproximadamente) a mesma língua-I, baseada numa UG uniforme com os parâmetros ligados da mesma maneira (ambos falam aproximadamente o mesmo "dialeto" do português); o mesmo, no entanto, não se pode dizer das suas FL_fs. A FL_f do José é um produto da sua experiência individual, com as suas idiossincrasias e "acidentes de percurso" próprios; e é assim necessariamente diferente da FL_f da Maria, também com as suas idiossincrasias e acidentes de percurso próprios (cf. a noção de *idioleto* da linguística tradicional). Ver Chomsky (1995, p.18), e a nota 6 da Introdução de *PM*.

[18] Além da "fonética estreita" (em inglês, "narrow phonetics"), um domínio em que, trivialmente, praticamente todos os indivíduos diferem uns dos outros, o que realça a natureza "especial" da componente fonológica e de PF (ver a nota [13]).

item lexical, codificada na sua entrada lexical. Mas, de uma maneira mais central para aquilo que nos ocupa, os próprios "parâmetros" podem ser concebidos como inteiramente lexicais. O pano de fundo desta ideia reside na observação importante feita por vários linguistas, nos anos 1980 (ver, por exemplo, Borer, 1984), de que o conteúdo dos parâmetros se restringe às propriedades morfológicas dos itens pertencentes às categorias *funcionais* do léxico (ver *Faculdade*, cap. 7.3) ([19]). Mas, se assim é, podemos "retirar" os parâmetros do sistema computacional propriamente dito, e atribuí-los completamente ao léxico. Um "parâmetro", nesta proposta, não é mais do que o âmbito de variação morfológica (e talvez selecional) possível para uma determinada categoria funcional. Se conseguirmos levar este programa avante, podemos conceber que C_{HL} é universal e invariável (os C_{HL}s incluídos nas línguas-I do Zé, da Maria, da Alexandra, do Sven ou do Yuri são idênticos) ([20]).

Podemos ilustrar esta concepção da variação linguística com um exemplo simples. O C_{HL} do Sven (que fala islandês) possui uma operação de "deslocamento do objeto", que o C_{HL} da Maria ou do Zé ou da Alexandra parecem não possuir. Essa diferença reflete-se no estatuto aceitável da expressão do islandês *ela viu o amigo não* (palavras do português, sem pausa entre *amigo* e *não*), altamente degradada em português. Segundo a proposta aqui defendida, a diferença não se deve propriamente ao C_{HL} particular do Sven (*versus* o C_{HL} da Maria ou do Zé, que não teria "intrinsecamente" essa operação), mas sim a uma propriedade particular (opcional) que a categoria funcional Agr_O (ver *PM*, caps. 3 e 4) possui no léxico do Sven, mas não no léxico da Alexandra, da Maria ou do Zé. (Chamemos a essa propriedade "P".) Uma vez integrado numa derivação, Agr_O com a propriedade P "desencadeia cegamente" uma operação particular no C_{HL} do Sven, que tem como efeito deslocar o objeto direto (permitindo expressões como a indicada acima). Se Agr_O tivesse a mesma propriedade P no léxico da Maria, que fala "português", o seu C_{HL} reagiria exatamente da mesma maneira que o C_{HL} do Sven, produzindo, a par

---

([19]) Distinguimos entre itens (categorias) *funcionais* (C, Infl, D, talvez outros) e itens (categorias) *substantivos* (N, P, V, A, Adv). O termo "substantivo" é usado por Chomsky em *PM* em vez de "lexical". Repare-se que a terminologia "categoria lexical" é enganadora, visto que um item "funcional" também pertence ao léxico (logo, é "lexical" nesse sentido). O termo "substantivo" elimina a ambiguidade.

([20]) O C_{HL} da Clara, que ainda não atingiu FL_f, poderá ou não ser idêntico ao C_{HL} que incorporará o seu FL_f (e poderá ou não ser idêntico ao C_{HL} da sua UG). Na proposta ora em discussão (que reduz a variação linguística às propriedades formais-morfológicas das categorias funcionais do léxico), a resposta a esta questão passa por saber se C_{HL} está ou não sujeito a princípios de desenvolvimento internamente determinados.

de *ela não viu mais o amigo*, expressões como *ela não viu o amigo mais*, que são, no entanto, degradadas para a Maria, levando em conta as propriedades reais da categoria Agr$_O$ do seu léxico.

2. Algumas ideias-chave do PM

Assente no modelo P&P, que questões ou perspectivas novas são levantadas pelo PM? Podemos dizer que o PM possui duas vertentes: uma vertente *teórica*, assente numa filosofia particular da mente e das suas relações com a linguagem, e uma vertente *metodológica*, assente numa disciplina conceitual estrita. Nos dois casos, a ideia-chave é a mesma: remover do modelo aquilo que não é estritamente necessário, quer do ponto de vista da inserção da linguagem na mente e dos seus mecanismos internos quer do ponto de vista da "parcimônia" do próprio modelo. Na sua vertente teórica, o PM pergunta até que ponto é que existem bases empíricas para uma concepção "mínima" da linguagem, isto é, reduzida àquelas propriedades que são conceitualmente necessárias, e sem as quais o objeto estudado não poderia ser uma linguagem humana. Na sua vertente metodológica, o PM procura simplificar análises, eliminar estipulações descritivas e outras soluções de "engenharia linguística", e abordar problemas perenes de frente, sem rodeios. Nada terei aqui a dizer sobre esta faceta do modelo [21].

2.1 Questões de arquitetura da linguagem humana

O PM atribui uma importância particular ao lugar e ao papel da linguagem na mente humana, nomeadamente ao pressuposto de que FL é um sistema biológico adaptado a uma tarefa "expressiva": a de fornecer expressões que possam ser usadas pelo ser humano para falar sobre o mundo, descrever, referir, perguntar, exprimir "atitudes proposicionais" (ou seja, atitudes

---

[21] Relativamente a esta vertente, está igualmente bem de acordo com o espírito do PM reconhecer que determinadas soluções oferecidas no âmbito do modelo P&P não o são realmente. Veja-se também o questionamento dos "traços fortes" ou da própria noção de "domínio de verificação" em Chomsky, 1998. Parece claro que o *PM* consegue em certos casos alcançar parcimônia metodológica (por exemplo, na eliminação de entidades teóricas de estatuto duvidoso, como os índices referenciais – ver a este respeito *PM*, nota 53 ao cap. 3 e nota 7 ao cap. 4, e o texto que as abre). A questão é controversa em outros casos, e haverá certamente opiniões diversas entre os linguistas.

subjetivas como crenças, receios, alegrias, esperanças, desejos etc.), comunicar com outros (muitas vezes sem transmitir informação nova), articular pensamentos para si próprio, e tudo o mais que podemos fazer com a linguagem (como, por exemplo, insultar, exprimir profunda ignorância, fazer-se passar por ridículo, enganar o povo, entre outras coisas num registro menos nobre). Para dar uma etiqueta a esta coleção de intencionalidades, digamos que se organizam em "sistemas de pensamento" (doravante SPs) [22].

Os SPs não são os únicos sistemas com os quais FL contata. Enquanto sistema expressivo, FL é um sistema "exteriorizante", associado a um sistema de produção e a um sistema de recepção, de natureza sensorial e/ou motora (envolvendo organizações neuronais, músculos, e outros órgãos anatômicos parcialmente adaptados à exteriorização linguística, como a língua, o ouvido, a laringe etc.). No lado da produção, temos tipicamente um sistema vocálico-articulatório e, no lado da recepção, temos (também tipicamente) um sistema de percepção, neuroauditivo [23].

Com Chomsky, chamemos aos sistemas externos com os quais FL contata "sistemas de performance". Os sistemas de performance são assim de dois tipos: os "sistemas de pensamento" SPs (o sistema C-I, "conceitual-intencional", na terminologia de *PM*, e que usamos doravante); e os sistemas sensório-motores (o sistema A-P, "articulatório-perceptual", na terminologia de *PM*, que também utilizamos doravante) [24].

Minimamente, FL tem de associar a cada expressão gerada um nível de representação que contate com cada um dos sistemas de performance: os níveis de *interface*. No PM, a interface com o sistema A-P é o nível de representação PF, e a interface com o sistema C-I é o nível de representação LF (ver o esquema (4)) [25].

---

[22] Temos, no entanto, de reconhecer que sabemos muito pouco sobre estes SPs e o modo como as diversas "intencionalidades" se agregam neles: será que a cada intencionalidade reconhecível corresponde um SP, ou será que diversas intencionalidades se agregam num mesmo SP? Neste caso, quais são os cortes organizativos? Quais são as propriedades dos SPs?

[23] No caso típico. Os indivíduos surdos e/ou mudos que falam línguas de sinais possuem sistemas de exteriorização assentes em sistemas anatômicos e em modalidades sensoriais diferentes: um sistema facial-gestual, do lado da produção, e um sistema visual, do lado da recepção.

[24] Repare-se que esta articulação dos problemas pressupõe que os sistemas de performance são "exteriores" a FL, isto é, que FL se reduz exaustivamente à língua-I. Ver a nota [6].

[25] Repare-se que a hipótese assenta numa idealização considerável, nomeadamente o pressuposto de que cada um dos sistemas A-P e C-I é homogêneo, e que, consequentemente, cada um deles acede a uma única interface. Mas o sistema A-P contém claramente dois subsistemas com órgãos e propriedades diferentes, e as questões são consideravelmente mais

Os sistemas C-I e A-P possuem uma estrutura própria e independente de FL. É natural supor que impõem condições sobre FL. Para serem legíveis (usáveis) por estes sistemas, as expressões geradas por FL têm de satisfazer *condições de legibilidade* impostas por estes sistemas ([26]). A questão fundamental do PM é então a seguinte:

(5)   Até que ponto é que o "desenho" fundamental de FL (no sentido de "arquitetura", "planta") é uma solução ótima para satisfazer as condições de legibilidade impostas pelos sistemas de performance?

A tese mais "forte" que é possível defender sobre (5) é (6) (de Chomsky, 1998):

(6)   FL é uma solução ótima para as condições de legibilidade.

A questão (5) e a tentativa de estabelecer (6) constituem o cerne do programa de investigação do PM. A estratégia desta investigação consiste em procurar "imperfeições", ou seja, propriedades que FL não deveria possuir, se (6) é verdadeiro, e submeter essas propriedades a um escrutínio intenso. Na melhor das hipóteses, a investigação poderá eventualmente concluir que essas propriedades são na realidade necessárias a uma FL obedecendo a (6).

Uma das hipóteses mantidas pelo PM é que uma classe de "imperfeições" de FL é determinada pelas propriedades do sistema A-P, um sistema de certo modo "alheio" à essência da linguagem e sem propriedades "linguísticas" propriamente ditas. A componente fonológica seria um exemplo de "imperfeição" neste sentido ([27]). Na sintaxe, um exemplo possível é a morfologia

---

obscuras relativamente ao sistema C-I. A hipótese de que FL providencia apenas duas interfaces pode, portanto, revelar-se demasiado simplista, embora possa ser produtiva para a investigação no momento atual. Não é igualmente de pôr de parte a ideia de que esta organização seja talvez um "resíduo" histórico dos modelos anteriores da gramática generativa, com um só nível "semântico" e um só nível "fonético" (LF e PF, respectivamente, no modelo P&P). Ver o terceiro parágrafo da seção 4.1 de *PM*, no qual se especula sobre a existência de uma terceira interface.

[26]   As condições de legibilidade são referidas no *PM* como "condições de output básicas" ("bare output conditions"). Para dar um exemplo, podemos hipoteticamente conceber os resultados da teoria da ligação (c-comando, domínios de ligação, a postulação de primitivos semântico-formais como [± anáfora]), [± pronome]) como "condições de legibilidade" impostas sobre LF por um SP que tenha como função regular a (co)referência intencional, integrado no sistema C-I.

[27]   Ver as notas ([13]) e ([18]), e Chomsky, 1998. A diferença entre as línguas faladas e as línguas de sinais (ver a nota ([23])) poderia ser usada para reforçar a conclusão de que os sistemas de

flexional (a concordância e o Caso – os traços "não interpretáveis" do Capítulo 4 de *PM*); ou a propriedade do "deslocamento", isto é, do movimento transformacional (ver *PM*, cap. 4; e Chomsky, 1998, Raposo, 1997 para tentativas de mostrar que o deslocamento é uma propriedade de acordo com (6)).

Nesta perspectiva, qualquer proposta de existência de níveis estruturais além dos níveis de interface deve ser submetida a forte escrutínio. Em princípio, tais níveis não deveriam existir, de acordo com (6). Em particular, a Estrutura-D e a Estrutura-S, não sendo interfaces com sistemas "externos", não possuem a justificação conceitual aplicável a PF e LF. Uma tese central do PM é então a seguinte:

(7)   Não existem outros níveis de representação além dos níveis de interface.

No entanto, no modelo P&P, a Estrutura-D e a Estrutura-S eram aparentemente necessárias, por servirem de suporte a princípios e análises com ampla justificação empírica ([28]). Para que a tese minimalista do PM possa vingar, será assim preciso rever todas as análises e princípios formulados em termos de Estrutura-D e (sobretudo) de Estrutura-S, e formulá-los em termos das propriedades de PF ou de LF, os únicos níveis que existem num modelo conceitualmente austero como o PM. Esta tarefa é empreendida (essencialmente) no capítulo 3 de *PM*.

No PM, assim, o modelo P&P (4) é substituído por um modelo refletindo uma arquitetura minimalista: o modelo contém aquilo que é conceitualmente necessário, e só isso (em (8), o SPELL-OUT é o ponto da computação em que a estrutura formada até aí dá entrada na componente fonológica) ([29]):

---

exteriorização são "alheios" à natureza essencial da linguagem humana, podendo, portanto, variar dentro de limites bastante mais amplos do que a computação de C_{HL} (que constitui a "sintaxe" propriamente dita), praticamente invariável (incluindo nas línguas de sinais). Deste ponto de vista, talvez seja surpreendente que a linguagem de sinais possua uma componente "fonológica" com propriedades semelhantes àquelas descobertas nas línguas vocálicas-auditivas (ver, por exemplo, Perlmutter, 1992 e referências aí indicadas).

([28]) Como se mencionou brevemente, no modelo P&P a Estrutura-D codifica estruturalmente as propriedades lexicais "puras" das expressões; e a Estrutura-S parece ser o lugar natural de aplicação de várias subteorias do modelo gramatical. Ver *Faculdade*.

([29]) Repare-se que o SPELL-OUT *não é* a Estrutura-S "mascarada", visto que não existem propriedades, generalizações ou princípios que se apliquem nesse nível; o SPELL-OUT, no entanto, mantém a propriedade da Estrutura-S de servir de fronteira entre a sintaxe visível e a sintaxe não visível (ver as notas ([14]) e ([15])).

(8)
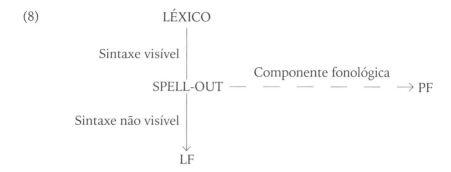

2.2 Condições de legibilidade: o Princípio FI

Tal como a arquitetura geral do modelo, os próprios níveis de interface vão também ser submetidos a escrutínio. Uma versão "forte" da tese (6) implica que as interfaces (PF e LF) não possuam elementos "estranhos" aos sistemas de performance respectivos, isto é, elementos que não possam ser interpretados por eles. A este requisito tem-se chamado o *Princípio da Interpretação Plena* (*FI*) ([30]). Assim, a interface PF, interpretada pelo sistema A-P, é exaustivamente constituída por arranjos de traços fonéticos, com uma estrutura silábica e prosódica, numa ordem temporal etc. ([31]); e a interface LF, interpretada pelo sistema C-I, é exaustivamente constituída por entidades "semânticas", organizadas no modo exigido por C-I: por exemplo, estruturas predicado-argumentos, sujeito-predicado, quantificador-variável (sem quantificação vácua); modificadores, operadores etc. ([32]). Podemos conceber o princípio FI como uma das condições de legibilidade estritas impostas pelos sistemas de performance C-I e A-P sobre as interfaces bem formadas.

Uma interface particular pode ou não satisfazer o princípio FI. Se uma interface satisfaz FI, dizemos que a derivação que a gera *converge* (nessa

---

[30] Do inglês "Full Interpretation". Podemos conceber FI como uma exigência de economia nas representações de interface: estas devem ser tão parcimoniosas quanto possível, sem objetos supérfluos (não interpretáveis pelos sistemas externos).

[31] Em particular, PF não pode conter estrutura sintática, representações de estrutura morfológica etc., que não podem ser lidas por um sistema de articulação ou de percepção. Segundo o cap. 3, e parcialmente o cap. 4, de *PM*, os chamados "traços fortes" também não são interpretáveis em PF, e têm, portanto, de ser eliminados antes do SPELL-OUT.

[32] Descobrir quais são os objetos legítimos e ilegítimos nas interfaces PF e LF é, pois, uma tarefa prioritária no âmbito do PM. Em LF, por exemplo, propõe-se que um expletivo não pode ser lido por C-I, o que motiva a sua eliminação nas estruturas em que ocorre (ver já, a esse respeito, Chomsky, 1986b). Os traços Casuais e os traços de concordância (nos predicados) são também por hipótese não interpretáveis em LF. Ver a este respeito *PM*, cap. 4.

interface); caso contrário, a derivação *fracassa* (nessa interface). De uma derivação que converge nas duas interfaces, dizemos simplesmente que converge (caso contrário, fracassa) ([33]).

2.3 Legibilidade e interpretabilidade

A *legibilidade* das interfaces relativamente aos sistemas de performance não é sinônimo de *interpretabilidade* por esses mesmos sistemas. Os sistemas de performance "tentam" atribuir uma interpretação a qualquer interface (bem ou malformada), de acordo com modos de funcionamento próprio. Assim, uma interface que fracassa pode ser interpretada pelos sistemas de performance. Consideremos o paradigma (9):

(9) a. eu esperava os estudantes ter chegado a tempo
    b. eu esperava que os estudantes tivessem chegado a tempo

A derivação de (9a) fracassa em LF, porque o DP *os estudantes* não pode receber (ou verificar) o Caso ([34]). Introspectivamente, a expressão é degradada (na prática usual da gramática generativa, deveria, portanto, ser precedida de um asterisco). Mas a expressão é semanticamente interpretável, com a significação de (9b). Concluímos assim que a satisfação das condições de legibilidade não é propriamente uma condição absoluta para a interpretação, mas sim a *melhor maneira* (a maneira ótima) de satisfazer os princípios particulares de funcionamento dos sistemas de performance.

Inversamente, uma interface que converge pode não receber uma interpretação, talvez por apresentar uma complexidade operacional demasiado grande aos sistemas de performance. Consideremos o paradigma (10):

(10) a. o rato era cinzento
     b. o rato que o gato comeu era cinzento
     c. o rato que o gato que o cão perseguiu comeu era cinzento
     d. o rato que o gato que o cão que o elefante assustou perseguiu comeu era cinzento

---

([33]) Repare-se que é a *derivação* que termina numa interface em violação de FI que fracassa; ou seja, a interface viola FI, e a derivação que gera essa interface fracassa.

([34]) O português não possui construções ECM (ver *Faculdade*, cap. 13.3), contrariamente ao inglês (cf. *I expected the students to arrive on time*). No PM, a atribuição ou satisfação do Caso é uma das condições de legibilidade impostas na interface LF.

As expressões de (10b-d) ilustram o fenômeno da recursividade do "encaixe central" (ver Chomsky, 1965, cap. 1), através da adição sucessiva de orações relativas. Como tratar a degradação (crescente) de (10c-d)? Como Chomsky (1965) sugere, não parece plausível atribuir essa degradação a C_{HL}, visto que os princípios que regem a formação de orações relativas (quaisquer que sejam) parecem ser satisfeitos de igual modo em (10b-d). É plausível atribuir o problema posto por (10c-d) à extrema complexidade que apresentam para um qualquer subsistema de performance do lado C-I (que tem certamente a ver com a memória a curto prazo): esse subsistema não admite mais do que um encaixe (como em 10b)), e a degradação aumenta rapidamente quanto maior for o número de encaixes ([35]).

Expressões com interações entre quantificadores e negação constituem outro tipo de exemplos que por vezes apresentam dificuldade para o sistema C-I, sem que (aparentemente) esteja em causa a convergência. Consideremos, por exemplo, os seguintes paradigmas:

(11)   a. eu não disse que ninguém vinha a minha casa
        b. eu não quero que ninguém venha a minha casa

(12)   a. eu disse que ninguém vinha a minha casa
        b. eu quero que ninguém venha a minha casa

Existem para vários falantes dificuldades de interpretação nos casos de (11), que apresentam dupla negação (na oração principal e na oração subordinada). É plausível atribuir essa dificuldade a questões processuais: por qualquer motivo, leva mais tempo a computar (11) do que (12); além disso, não é também claro para esses falantes se (11b) recebe uma interpretação paralela à de (11a) ou paralela à de (12a) ([36]).

No *PM* discute-se também o seguinte caso do inglês ((66) do cap. 4):

(13)   did John give which book to Mary
         'aux o João deu qual livro à Maria'

([35]) Uma hipótese alternativa consistiria em dizer que (10c-d) não são deriváveis por C_{HL} *da maneira ótima*: mas o peso conceitual estaria claramente no proponente desta hipótese, que teria de mostrar em que sentido exato é que isso acontece.

([36]) Ou seja, não é claro qual das seguintes "formas lógicas" atribuir a (11b):
  (i)   a. ¬ ∃x [eu quero que x venha a minha casa]
        b. ¬ [eu quero que [∃x [x venha a minha casa]]]
        c. ¬ [eu quero que [¬ ∃x [x venha a minha casa]]]

Na análise das orações interrogativas adotada em *PM*, (13) converge nas duas interfaces. O problema com esta expressão é que o sistema C-I não lhe atribui uma interpretação ou interpreta-a como "algaraviada" ("gibberish").

2.4 Condições de economia

A ideia de que o sistema computacional obedece a condições de "economia" não é nova ([37]). Nos anos 1980, ganha um novo ímpeto com a ideia de que a operação Mover só se aplica para satisfazer propriedades morfológicas das expressões sintáticas, que não poderiam ser satisfeitas de outro modo (o *Movimento em Último Recurso*) ([38]). O PM reintroduz a ideia de que as derivações satisfazem condições de economia, além de satisfazerem condições "absolutas". A diferença é que as primeiras efetuam uma "escolha" entre derivações "paralelas", por assim dizer, e podem ser violadas em determinadas circunstâncias; enquanto as segundas não dependem da existência de outras derivações e nunca podem ser violadas.

As condições absolutas regem qualquer computação: por exemplo (e por hipótese), a *Restrição do Elo Mínimo* (MLC) ([39]), que constitui a herança no PM dos princípios da "Minimalidade Relativizada" de Rizzi (1990): uma operação de movimento tem de ser a mínima possível, num sentido bem definido de "mínimo" ([40]).

Além de satisfazer as condições absolutas, uma derivação convergente tem de ser a "mais econômica", num sentido interno à teoria, e que é objeto de discussão nos Capítulos 3 e 4. Uma dessas condições é a seguinte:

(14) Se numa etapa *i* da derivação existir uma opção entre Compor e Mover, escolher Compor.

---

[37] Para uma primeira versão desta ideia, ver Chomsky (1965), que propunha uma avaliação das gramáticas compatíveis com o formato geral das regras, baseada na contagem numérica de símbolos.
[38] Ver, por exemplo, Chomsky (1986b), para uma das primeiras formulações deste princípio.
[39] MLC, do inglês "Minimal Link Condition". Ver *PM*, caps. 3 e 4.
[40] As violações da MLC são exemplificadas pela restrição sobre o movimento dos núcleos, pelas construções de "superelevação" e pela restrição das ilhas-*wh*; ver o cap. 1, 1.4.1, (131), texto e notas correspondentes.

Segundo (14), uma aplicação de Compor é mais econômica do que uma aplicação de Mover ([41]). Consideremos então (15) em inglês ([42]):

(15) a. there seems [*t* to be a man in the room]
'parece estar um homem no quarto'
b. there seems [a man to be *t* in the room]
'parece um homem estar no quarto'

Segundo a análise do *PM*, ambas as expressões de (15) convergem. No entanto, (15b) não satisfaz (14): na derivação desta expressão, o movimento de *a man* é escolhido no ciclo da oração subordinada, em detrimento da composição (inserção lexical) de *there* (que só é inserido na oração principal). A derivação de (15a), onde *there* é inserido imediatamente no [Spec, IP] subordinado, em detrimento da elevação de *a man*, é assim *mais econômica* que a de (15b) ([43]). Segundo o PM, a derivação *convergente* mais econômica em (15a) *bloqueia* a derivação *convergente*, mas menos econômica, em (15b), com a consequência introspectiva de que (15b) é altamente degradado.

Repare-se que as condições de economia só se aplicam sobre derivações *convergentes*. Uma derivação que fracassa é imediatamente eliminada pelo fato de não obedecer a FI (de não satisfazer as condições de legibilidade). Assim, uma derivação fracassada *não bloqueia* outras derivações possíveis (com as mesmas opções lexicais), ainda que estas possam não satisfazer o conteúdo de alguma condição de economia que é satisfeito pela derivação fracassada. Suponhamos que (16) é outro princípio de economia, e consideremos a título de exemplo o paradigma (17) do francês:

(16)   Minimizar o número de operações numa derivação.

---

[41] Para uma fundamentação desta condição, ver a seção 4.2.1 do *PM*.
[42] Os parênteses indicam a fronteira da oração subordinada; em (15a), *t* é o vestígio de *there*, inserido na posição [Spec, IP] subordinado e elevado para [Spec, IP] principal; e, em (15b), *t* é o vestígio de *a man* elevado da sua posição básica de sujeito da oração pequena – que ocupa em (15a) – para a posição de [Spec, IP] subordinado, com *there* inserido em [Spec, IP] principal. Estes exemplos são discutidos no cap. 4.9 do *PM*.
[43] (15a,b) assentam nas mesmas escolhas lexicais, ou seja, possuem a mesma "numeração". Em *PM* (cap. 4, 4.2), propõe-se que só as derivações que assentam na mesma numeração podem ser comparadas para efeitos de economia. Repare-se também que (15b), apesar de violar uma condição de economia e ser degradado, é interpretável, basicamente como (15a), o que apoia a conclusão de que a interpretabilidade (pelos sistemas de performance) é uma propriedade (parcialmente) dissociada do funcionamento de C_{HL}.

(17) a. * semble [Marie être triste]
    b.   Marie semble [*t* être triste]

A derivação de (17a) fracassa (falta de Caso em *Marie* e não satisfação do princípio EPP na oração principal); como tal, a derivação é "descartada" e não bloqueia a derivação (convergente) de (17b), que contém, no entanto, uma aplicação de *Mover* a mais do que (17a), em violação do princípio (16) – a elevação do DP *Marie* para [Spec, IP] principal, para receber Caso e satisfazer o princípio EPP. Chegamos assim às seguintes generalizações sobre o funcionamento da economia no PM:

(18) i.   Apenas as derivações convergentes (e assentes nas mesmas escolhas lexicais) são submetidas às condições de economia;
    ii. Uma derivação que fracassa é "descartada", e não bloqueia outras derivações (assentes nas mesmas escolhas lexicais);
    iii. Uma derivação convergente mais econômica bloqueia uma derivação convergente menos econômica;
    iv. Uma condição de economia pode ser violada para satisfazer a convergência.

Este modo de funcionamento das condições de economia é ilustrado pela condição de economia *Procrastinar*, discutida no cap. 3 de *PM*, e que podemos formular do seguinte modo:

(19)   Minimizar o número de operações na sintaxe *visível*.

Consideremos agora o fenômeno da subida do verbo para a categoria funcional Infl (ver *Faculdade*, cap. 7.6 e Pollock 1989), supondo que essa subida se efetua para satisfazer propriedades de Infl. A subida do verbo é efetuada na sintaxe visível, antes do SPELL-OUT, em português (e outras línguas românicas), mas é feita na sintaxe não visível, depois do SPELL-OUT, em inglês, o que se reflete nos seguintes paradigmas em que a ordem entre o verbo e um advérbio de modo é diferente em português e em inglês (*t* é o vestígio deixado pelo movimento do verbo para Infl):

(20) a. * eles brutalmente agrediram o prisioneiro
    b.   eles agrediram brutalmente *t* o prisioneiro

(21) a. they brutally hit the prisoner
b. * they hit brutally *t* the prisoner

Procrastinar obriga em princípio à aplicação da elevação do verbo apenas na componente não visível, pós-SPELL-OUT ([44]). No entanto, segundo a análise do *PM* (cap. 3), em português o movimento é visível porque Infl é "forte", e a "força" de Infl não pode entrar na componente fonológica (a derivação fracassa se a "força" chegar a PF, devido ao princípio FI – ver a nota ([31])). Logo, a "força" de Infl tem de ser eliminada antes do SPELL-OUT, o que é efetuado através do movimento visível do verbo para Infl, em violação de Procrastinar. Se Procrastinar for satisfeito, aplicando a elevação do verbo apenas em LF, obtemos (20a) (em PF), uma derivação que fracassa devido à presença da "força" (não removida) em PF. Logo, permite-se a sua violação para obter a convergência, derivando-se assim (20b). Repare-se que neste caso a derivação que fracassa – aquela que leva a (20a) – *não bloqueia* a derivação de (20b). Temos assim mais um argumento para a conclusão de que o bloqueamento entre derivações é uma operação que tem como âmbito exclusivo derivações *convergentes*.

Em inglês, por outro lado, como Infl não é "forte", a operação de subida do verbo não tem de se efetuar na sintaxe visível (não há "força" para ser removida); assim, de acordo com Procrastinar, a operação é adiada até a componente não visível, derivando-se (21a). Se forçarmos a aplicação da elevação na sintaxe visível, obtemos (21b), uma derivação convergente mas que não satisfaz a condição de economia, e é, portanto, bloqueada por (21a) (com a consequência introspectiva que (21b) é degradado).

2.5 A complexidade computacional

Numa formulação natural, as condições de economia colocam um problema potencial de *complexidade computacional* ao funcionamento de C_{HL} ([45]). Tipicamente, as computações propostas pela teoria da gramática generativa são "locais": isto é, cada operação (Mover, Compor ou Apagar) tem apenas de "olhar" para a etapa da derivação sobre a qual se aplica, e faz uso de informação que pode ser (exclusivamente) encontrada nessa etapa. Ou seja, não tem

---

[44] Repare-se que a estrutura (21b) é assim também derivada em inglês, mas apenas na sintaxe não visível.

[45] O paradigma (10) ilustra um caso de complexidade computacional para um subsistema externo de C-I.

de "olhar para trás", nem "para a frente", e muito menos para *outras* derivações (ou seja, não tem propriedades "globais", quer dentro da derivação quer "transderivacionais") ([46]).

Repare-se agora que, tipicamente, uma condição de economia efetua uma *escolha entre derivações* (convergentes), ou seja, introduz propriedades globais no funcionamento de C_{HL}. Ainda que seja possível introduzir no sistema certos mecanismos que evitam uma formulação diretamente global dos princípios de economia, o fato é que (indo ao cerne da questão, como é apanágio do PM) estes mecanismos não são mais do que "truques computacionais" que, de certa maneira, apenas "mascaram" a globalidade inerente das condições de economia. Podemos exemplificar esta situação com a condição (16), aqui repetida:

(16)   Minimizar o número de operações numa derivação.

Este princípio afirma que, entre duas derivações (convergentes e baseadas nas mesmas escolhas lexicais) com um número diferente de operações, C_{HL} escolhe aquela que tiver um número *menor* de operações (por exemplo, um número menor de operações de movimento). O cálculo computacional necessário para aplicar (16) implica necessariamente *comparar derivações* (uma operação transderivacional) ([47]).

A propriedade de "olhar para a frente" ("look-ahead"), por sua vez, é exemplificada pelo princípio de economia Procrastinar (19). Consideremos novamente a elevação do verbo nos paradigmas (20)-(21), discutida acima. No ponto da componente visível em que é adequado aplicar a subida do verbo, a computação tem de "olhar para a frente", para PF, e "ver" se a derivação fracassa por causa da "força" de Infl. Se a resposta for positiva, a derivação "volta para trás" e aplica a elevação do verbo visivelmente; caso contrário, a elevação é adiada por Procrastinar até a componente não visível.

Poder-se-ia argumentar que a "força" de Infl é uma propriedade lexical, acessível em qualquer etapa da derivação e que a derivação não tem de "olhar para a frente" para se aplicar na componente visível ([48]). Mas, se olharmos o

---

[46] Um sistema computacional com propriedades globais foi na realidade sugerido pelos proponentes da "Semântica Generativa", nos anos 60 e 70: ver Lakoff (1970a, 1970b, 1971).

[47] Além do problema de ser necessário contar o número de operações aplicadas em cada uma, o que levanta outro tipo de problemas computacionais – mas estes não são generalizáveis a todas as condições de economia.

[48] No cap. 4 de *PM* Chomsky usa esse argumento para sugerir que Procrastinar não é global.

problema sem rodeios, concluímos que a "força" não é mais do que a codificação de uma instrução para violar Procrastinar (ou seja, é um "truque" computacional para contornar o problema colocado pelo "olhar para a frente"). É, pois, legítimo manter que Procrastinar é de fato um princípio de natureza global.

Saber se a complexidade computacional é ou não relevante para um sistema cognitivo (e em particular para C_{HL}) é obviamente uma questão empírica. Nesta área, o PM tem pelo menos o mérito de ter levantado a questão de um modo sério e explícito, através da importância dada às condições de economia, já que estas, numa formulação natural, apresentam complexidade computacional. Eis, pois, uma área que será certamente objeto de investigações futuras [49].

2.6 Conclusão

As observações precedentes pretendem apenas sublinhar a arquitetura do PM e algumas das suas ideias fundamentais, no sentido de tornar mais transparente um texto difícil, no qual a exposição nem sempre é inteiramente linear [50].

Em resumo, o PM define apenas dois níveis de representação (as interfaces PF e LF), que têm de obedecer a condições de legibilidade estritas impostas pelos sistemas de performance (o princípio FI); as derivações que satisfazem FI convergem; caso contrário, fracassam. As derivações convergentes têm ainda de obedecer a condições de economia derivacional, sendo as menos econômicas bloqueadas pelas mais econômicas.

---

[49] Ver Collins (1997), Kitahara (1997) e Chomsky (1998) para uma discussão destas questões. Os resultados atuais parecem sugerir que algumas condições de economia globais do *PM* não foram formuladas corretamente, e que outras não têm suporte empírico, quando os fenômenos são mais bem compreendidos; em particular, Chomsky (1998) sugere que as condições de economia devem ser formuladas de maneira local. Já Collins (1997) reduz na prática as condições de economia às condições que no *PM* são consideradas absolutas.

[50] Nada se disse nesta apresentação sobre tópicos numerosos que são tratados de maneira nova no PM: as operações Compor e Mover, a teoria X-barra despojada etc.

Referências bibliográficas*

BAKER, M. The Mirror Principle and morphosyntactic explanation. *Linguistic Inquiry* 16, p.373-416, 1985.

CHOMSKY, N. *Syntactic structures*. The Hague: Mouton, 1957.

CHOMSKY, N. Minimalist inquiries: the framework. Manuscrito, MIT, 1998.

COLLINS, C. *Local economy*. Cambridge, Mass.: MIT Press, 1997.

COLLINS, C.; THRÁINSSON, H. VP-internal structure and object shift in Icelandic. *Linguistic Inquiry* 27, p.391-444, 1996.

DIESING, M. *Indefinites*. Cambridge, Mass.: MIT Press, 1992.

KEENAN, E.; COMRIE, B. Noun Phrase accessibility and Universal Grammar. *Linguistic Inquiry* 8, 1, 1977.

KITAHARA, H. *Elementary operations and optimal derivations*. Cambridge, Mass.: MIT Press, 1997.

LAKOFF, G. Some thoughts on trans-derivational constraints. Manuscrito, Universidade de Michigan, 1970a.

LAKOFF, G. Global rules. *Language* 46, 3, 1970b.

LI, Y. An optimized Universal Grammar and biological redundancies. *Linguistic Inquiry* 28, p.170-177, 1997.

MCCAWLEY, J. *Everything that linguists have always wanted to know about logic*. 2.ed. Chicago: University of Chicago Press, 1993.

MONTALBETTI, M. *After binding*: on the interpretation of pronouns. Dissertação de Doutoramento, MIT, 1984.

MORITZ, L.; VALOIS, D. Pied-Piping and Specifier-Head agreement. *Linguistic Inquiry* 25, p.667-707, 1994.

NUNES, J. The copy theory of movement and linearization of chains in the Minimalist Program. Dissertação de Doutoramento, Universidade de Maryland, 1995.

NUNES, J.; RAPOSO, E. Portuguese inflected infinitives and checking configurations. Manuscrito, Unicamp e UCSB, 1999.

PERLMUTTER, D. Sonority and syllable structure in American Sign Language. *Linguistic Inquiry* 23, p.407-442, 1992.

PULLUM, G. Formal linguistics meets the boojum. *Natural Language and Linguistic Theory* 7, p.137-143, 1989.

QUINE, W. V. *Word and object*. Cambridge, Mass.: MIT Press, 1960.

RAPOSO, E. Case theory and Infl-to-Comp: the inflected infinitive in European Portuguese. *Linguistic Inquiry* 18, p.85-110, 1987a.

RAPOSO, E. Romance infinitival clauses and Case theory. In: NEIDLE, C.; NUÑEZ-CEDEÑO, R. A. (orgs.). *Studies in Romance Languages*. Dordrecht: Foris, 1987b.

RAPOSO, E. *Teoria da Gramática. A Faculdade da Linguagem*. Lisboa: Editorial Caminho, 1992.

---

* Apenas se abrem aqui as entradas bibliográficas que não se encontram nas referências do autor.

RAPOSO, E. Deslocamento e Mover α: uma solução para o problema "EPP". In: BRITO, A. M.; OLIVEIRA, F.; PIRES DE LIMA, I.; MARTELO, R. M. (orgs.). *Sentido que a vida faz*: estudos para Óscar Lopes. Porto: Campo das Letras, 1997.

RAPOSO, E.; URIAGEREKA, J. Long-distance Case assignment. *Linguistic Inquiry* 21, p.505-538, 1990.

RAPOSO, E.; URIAGEREKA, J. Indefinite SE. *Natural Language and Linguistic Theory* 14, p.749-810, 1996.

REULAND, E.; TER MEULEN, A. *The representation of (in)definiteness*. Cambridge, Mass.: MIT Press, 1987.

ROBERTS, I. Excorporation and minimality. *Linguistic Inquiry* 22, p.209-218.

Introdução

Os capítulos que se seguem baseiam-se em grande parte em seminários-palestra dados no MIT desde 1986 até o fim de 1994. Estes seminários têm-se mantido desde há mais de 30 anos, com uma participação ampla de estudantes, professores e outras pessoas, vindos de instituições diferentes e disciplinas variadas. Nestas observações introdutórias, apresento o pano de fundo para o material que se segue.

Este trabalho tem como motivação duas questões relacionadas: (1) que condições gerais esperamos que a faculdade da linguagem humana satisfaça? (2) até que ponto é que a faculdade da linguagem é determinada por estas condições, sem qualquer outra estrutura adicional além delas? A primeira questão, por sua vez, tem dois aspectos: que condições são impostas sobre a faculdade da linguagem em virtude de (A) o seu lugar entre a série de sistemas cognitivos da mente/cérebro e (B) considerações gerais de naturalidade conceitual que tenham alguma plausibilidade independente, nomeadamente, simplicidade, economia, simetria, não redundância e outras do mesmo tipo?

A questão (B) não tem uma formulação precisa, mas não deixa de ter conteúdo; prestando atenção a estes assuntos, podemos obter guias para a investigação, como é normal em toda a pesquisa racional. Na medida em que se possa clarificar este tipo de considerações e torná-las plausíveis, podemos perguntar se um sistema particular as satisfaz de uma forma ou outra. A questão (A), pelo contrário, tem uma resposta exata, ainda que as nossas conjecturas possam alcançar apenas aspectos parciais dessa resposta, levando em linha de conta o nosso conhecimento atual sobre a linguagem e outros sistemas cognitivos que se relacionam com a linguagem.

Na medida em que a nossa resposta à pergunta (2) for positiva, a linguagem é algo como um "sistema perfeito", satisfazendo condições externas tão bem quanto possível, numa das maneiras razoáveis. O Programa Minimalista para a teoria linguística pretende explorar estas possibilidades.

Qualquer progresso que se faça na direção destes objetivos vai tornar ainda mais agudo um problema que se coloca às ciências biológicas e que já estava longe de ser trivial: como é que um sistema como a linguagem humana pode surgir na mente/cérebro ou mesmo no mundo orgânico, onde parece que não encontramos nada que tenha a ver com as propriedades básicas da linguagem humana? Este problema tem sido apresentado por vezes como uma crise para as ciências cognitivas. Estas preocupações são apropriadas, mas o seu alvo epistemológico não é o mais certo; elas são, antes de mais, um problema para a biologia e para as ciências do cérebro; estas, no seu estágio atual de conhecimentos, não fornecem nenhuma base para determinadas conclusões sobre a linguagem que parecem bastante bem estabelecidas[1]. Muito do interesse mais vasto que tem o estudo detalhado e técnico da linguagem reside precisamente aqui, na minha opinião.

O Programa Minimalista partilha alguns pressupostos factuais subjacentes com os seus antecessores, incluindo os modelos mais antigos desde o início dos anos 1950, ainda que esses pressupostos tenham tomado formas um tanto diferentes à medida que a investigação se desenvolvia. Um deles afirma que existe uma componente da mente/cérebro humano dedicada à linguagem – a faculdade da linguagem em interação com outros sistemas. Ainda que não seja necessariamente correto, este pressuposto parece razoavelmente bem estabelecido e continuarei a assumi-lo aqui, lado a lado com a tese empírica adicional de que a faculdade da linguagem possui pelo menos duas componentes: um sistema cognitivo que guarda informação e sistemas de performance que têm acesso a essa informação e a usam de várias maneiras. Neste livro, é o sistema cognitivo que nos ocupa em primeiro lugar.

Podemos presumir que os sistemas da performance sejam pelo menos em parte específicos à linguagem, logo, que sejam componentes da faculdade da linguagem. Mas, em geral, assume-se que não são específicos às línguas particulares: não variam da mesma maneira que o sistema cognitivo, o qual reflete as variações do ambiente linguístico. Este é o pressuposto mais simples e o nosso conhecimento atual não mostra que ele seja falso, ainda que evidentemente o possa ser. Sem outra ideia melhor, continuo a assumi-lo, assim como assumo, em consequência, a ideia de que a variação linguística se restringe ao sistema cognitivo.

De trabalhos anteriores adoto também o pressuposto de que o sistema cognitivo entra em interação com os sistemas da performance através de níveis de representação linguística, no sentido técnico desta noção[2]. Um pressuposto mais específico é que o sistema cognitivo entra em interação com apenas dois sistemas "externos" deste tipo: o sistema articulatório-perceptual A-P e o sistema conceitual-intencional C-I. Deste modo, temos dois *níveis de interface*, a Forma Fonética (PF) na interface A-P e a Forma Lógica (LF) na interface C-I. Esta propriedade de "interface dupla" é um modo de exprimir a caracterização tradicional da linguagem como sendo som acompanhado de significação, uma visão que remonta pelo menos a Aristóteles.

Ainda que normalmente adotados, pelo menos tacitamente, estes pressupostos sobre a arquitetura interna da faculdade da linguagem e o seu lugar entre os outros sistemas da mente/cérebro não são de modo nenhum óbvios. Mesmo no âmbito do quadro teórico geral, a ideia de que a articulação e a percepção envolvem a mesma representação na interface é controversa e talvez mesmo fundamentalmente incorreta[3]. Os problemas que se relacionam com a interface C-I são ainda mais obscuros e mal compreendidos. Continuo, no entanto, a adotar estes pressupostos bem convencionais, notando apenas que no caso de serem corretos, mesmo em parte, teríamos uma descoberta surpreendente, logo, interessante.

As questões mais importantes que guiam o Programa Minimalista vieram à luz no processo de elaboração do modelo de princípios e parâmetros (P&P), há cerca de quinze anos. A consideração da história recente pode nos ajudar a perspectivar estas questões. Escusado será dizer que estas observações são esquemáticas e seletivas e têm a vantagem de uma visão retrospectiva.

No seu início, a gramática generativa teve de fazer face a dois problemas imediatos: encontrar um modo de dar conta dos fenômenos das línguas particulares (a "adequação descritiva") e explicar como é que o conhecimento destes fatos surge na mente do falante-ouvinte (a "adequação explicativa"). Ainda que isto fosse pouco reconhecido na altura, este programa de investigação restaurou as preocupações de uma tradição rica, cuja última figura representativa mais importante talvez tenha sido Otto Jespersen[4]. Jespersen reconheceu que as estruturas da linguagem "começam a existir na mente de um falante" através de uma abstração baseada na sua experiência com enunciados, produzindo uma "noção da sua estrutura" que é "suficientemente definida para guiá-lo na elaboração das suas próprias frases", crucialmente "expressões livres", tipicamente novas tanto para o falante como para o ouvinte (¹).

Podemos considerar que estas propriedades da linguagem colocam os objetivos principais da teoria linguística: exprimir claramente esta "noção de estrutura" e o procedimento através do qual produz "expressões livres" e explicar como ela surge na mente do falante – respectivamente os problemas da adequação descritiva e explicativa. Para atingir a adequação descritiva para uma língua particular L, a teoria de L (a sua gramática) tem de caracterizar o estado atingido pela faculdade da linguagem, ou pelo menos alguns dos seus aspectos. Para atingir a adequação explicativa, uma teoria da linguagem tem de caracterizar o estado inicial da faculdade da linguagem e mostrar o modo como este projeta a experiência no estado atingido. Jespersen acreditava também que era apenas "com respeito à sintaxe" que esperamos "que tenha de existir alguma coisa em comum a toda a fala humana"; pode haver uma "gramática universal (ou geral)", logo um tratamento talvez profundo do estado inicial da faculdade da linguagem neste domínio, mas "ninguém jamais sonhou com uma morfologia universal". Também esta ideia encontra algum eco em trabalho recente (²).

No período moderno, estas preocupações tradicionais foram substituídas em parte por correntes behavioristas, em parte por várias aproximações estruturalistas, que limitaram radicalmente o domínio da investigação, ao mesmo tempo que alargavam amplamente a base de dados para alguma investigação futura que pudesse voltar às preocupações tradicionais – e seguramente válidas. A abordagem dessas questões tradicionais exigia uma melhor compreensão do fato de a linguagem implicar um "uso infinito de meios finitos", numa formulação clássica. Os avanços nas ciências formais deram-nos essa compreensão, tornando possível o tratamento desses problemas de um modo construtivo. A gramática generativa pode ser vista como um tipo de confluência de temas há muito esquecidos sobre o estudo da linguagem e da mente, com esta nova compreensão permitida pelas ciências formais.

Os primeiros esforços para tratar estes problemas depressa revelaram que a gramática tradicional e os estudos lexicais nem sequer permitem o

---

(¹) As expressões citadas de Jespersen são, no original inglês, respectivamente, "come into existence in the mind of a speaker", "notion of their structure", "definite enough to guide him in framing sentences of his own", "free expressions".

(²) No original, respectivamente, "with regard to syntax", "that there must be something in common to all human speech", "universal (or general) grammar", "no one ever dreamed of a universal morphology".

começo de uma descrição, e muito menos de uma explicação, dos fatos mais elementares mesmo das línguas mais bem estudadas. Mais precisamente, estes estudos nos dão pistas que podem ser usadas pelo leitor que já tem um conhecimento tácito da linguagem e de línguas particulares; o tópico central da investigação era, em boa medida, simplesmente ignorado. Na medida em que é tão fácil aceder a esse necessário conhecimento tácito sem qualquer esforço de reflexão, as gramáticas tradicionais e os dicionários parecem ter uma cobertura muito extensa dos dados linguísticos. Isso é uma ilusão, contudo, como depressa descobrimos quando tentamos tornar explícito aquilo que se assume nesses trabalhos: a natureza da faculdade da linguagem e o seu estado em casos particulares.

Esta não é seguramente uma situação exclusiva dos estudos da linguagem. Tipicamente, quando as questões são formuladas de um modo mais preciso e explícito, aprendemos que mesmo os fenômenos elementares tinham escapado à nossa atenção e que aqueles tratamentos intuitivos que pareciam simples e persuasivos são completamente inadequados. Se nos satisfazemos com a explicação de que uma maçã cai para o chão porque o chão é o seu lugar natural, não haverá uma ciência mecânica séria. O mesmo se passa se ficarmos satisfeitos com as regras tradicionais para formar interrogativas, ou com as entradas lexicais dos dicionários mais bem elaborados; nenhum destes tratamentos se aproxima sequer de uma descrição das propriedades simples dos seus respectivos objetos linguísticos.

O reconhecimento da riqueza e da complexidade insuspeitadas dos fenômenos linguísticos criou uma tensão entre os objetivos da adequação descritiva e da adequação explicativa. Tornou-se claro que, para atingir a adequação explicativa, uma teoria do estado inicial tinha de permitir apenas uma variação limitada: as línguas particulares são necessariamente conhecidas em grande parte antes de qualquer experiência. As opções permitidas pela Gramática Universal (UG) têm de ser altamente restritivas. A experiência tem de ser suficiente para ligar ([3]) essas opções de um ou de outro modo, derivando um estado da faculdade da linguagem que determina a série variada e complexa das expressões, o seu som e a sua significação; e mesmo a análise mais superficial revela o abismo que separa o conhecimento possuído pelo utente da linguagem relativamente aos dados da sua experiência. Mas o objetivo da adequação explicativa ficou ainda mais longe do nosso alcance quando os sistemas generativos começaram a ser enriquecidos para satisfazer

---

([3]) No original, "to fix": ver a nota ([6]).

a adequação descritiva, de modos radicalmente diferentes para cada uma das diferentes línguas. O problema foi exacerbado pelo enorme leque de fenómenos descobertos no processo de formulação dos sistemas de regras reais para as várias línguas.

Esta tensão definiu o programa de investigação da gramática generativa no seu início – pelo menos, a tendência da gramática generativa que quero discutir aqui. A partir do início dos anos 1960, o seu objetivo central consistiu em retirar princípios gerais dos sistemas de regras complexos propostos para as línguas particulares, deixando como resultado regras que são simples, restringidas nas suas operações por esses princípios da UG. O progresso nesta direção levou a uma redução do tipo e variedade das propriedades específicas das línguas particulares, contribuindo assim para a adequação explicativa. Estes avanços também tendem a produzir teorias mais simples e mais naturais, criando o trabalho de base para uma abordagem eventualmente minimalista. Este resultado não é certamente uma consequência necessária: poderia muito bem acontecer que uma versão da UG "mais feia", mais rica e mais complexa reduz a variedade permitida, contribuindo assim para o objetivo empírico principal da adequação explicativa. A prática, contudo, tem demonstrado que os dois empreendimentos se reforçam mutuamente e são prosseguidos lado a lado ([4]). Um exemplo é o dos princípios redundantes, com cobertura empírica coincidente. Repetidamente, tem-se visto que esses princípios se encontram formulados erradamente e têm de ser substituídos por outros não redundantes. Essa descoberta tem sido tão regular que a necessidade de eliminar a redundância tornou-se um guia de trabalho na investigação. De novo, esta é uma propriedade surpreendente de um sistema biológico ([5]).

Estes esforços culminaram no modelo P&P (ver Chomsky, 1981a, para uma formulação). Este modelo constituiu uma quebra radical em relação à rica tradição de milhares de anos de investigação linguística, bem mais do que a gramática generativa o foi no seu início, visto que esta poderia ser vista como uma ressurgência de questões tradicionais e de abordagens também tradicionais dessas questões (talvez por esse motivo fosse em geral mais bem acolhida pelos gramáticos tradicionais do que pelos estruturalistas modernos).

([4]) Isto é, respectivamente, o empreendimento de reduzir a variedade dos processos linguísticos particulares através da abstração de princípios gerais que são atribuídos à UG; e o empreendimento que leva a uma UG simples e natural, eventualmente minimalista.

([5]) Ver Li (1997) e a nota ([3]) do cap. 1.

Pelo contrário, a abordagem P&P mantém que as ideias básicas da tradição, incorporadas sem grandes modificações nos primeiros trabalhos da gramática generativa, estão equivocadas em questões de princípio – em particular, a ideia de que uma língua consiste em regras para formar construções gramaticais (orações relativas, passivas etc.). A abordagem P&P considera que as línguas não têm regras, no sentido conhecido da noção de regra, e que não têm construções gramaticais teoricamente significativas, exceto como artefatos taxonômicos. Existem princípios universais e uma série finita de opções sobre a sua aplicação (os parâmetros), mas não existem regras particulares às línguas nem construções gramaticais do tipo tradicional, quer particulares a cada língua quer como propriedade comum de grupos de línguas.

Para cada língua particular, assumimos que o sistema cognitivo consiste num sistema computacional SC e num léxico. O léxico especifica os elementos que SC seleciona e integra para formar expressões linguísticas – que assumimos serem pares (PF, LF). O léxico tem de fornecer apenas a informação necessária para o funcionamento de SC, sem redundâncias e numa forma ótima, excluindo tudo aquilo que for predizível a partir de princípios da UG ou de propriedades da língua em questão. Praticamente, todos os itens do léxico pertencem às *categorias substantivas*, que consideramos serem nome, verbo, adjetivo e partícula, pondo de lado muitas questões importantes sobre a sua natureza e as suas inter-relações. Às outras categorias chamamos *categorias funcionais* (tempo, complementador etc.), um termo que não é necessário tornar mais preciso neste ponto e que refinamos no decurso da exposição.

No âmbito da abordagem P&P, os problemas de tipologia e de variação linguística surgem numa forma um pouco diferente em relação aos modelos anteriores. As diferenças entre línguas e a tipologia linguística devem ser redutíveis à escolha dos valores dos parâmetros. Um problema teórico muito sério consiste em determinar exatamente quais são estas opções e em que componentes da linguagem se situam. Uma das propostas é que os parâmetros se restringem aos *traços formais* que não têm interpretação na interface[5]. Uma proposta ainda mais forte é que os parâmetros se restringem aos traços formais das categorias funcionais (ver Borer, 1984, Fukui, 1986, 1988). Estas teses podem ser vistas como uma expressão parcial da intuição de Jespersen sobre a linha divisória entre a sintaxe e a morfologia. Vou assumir aqui que estas ideias são mais ou menos corretas, mas sem tentar ser muito claro sobre a questão, visto que, tanto quanto me parece, sabemos na realidade muito pouco para avançarmos com hipóteses demasiado fortes.

Neste contexto, a aquisição da linguagem é interpretada como um processo de ligação (⁶) dos parâmetros do estado inicial, num dos modos permitidos. Uma escolha específica de ligações paramétricas determina uma *língua* no sentido técnico que nos ocupa aqui: uma língua-I no sentido de Chomsky, 1986b, em que I é entendido como sugerindo "interno", "individual" e "intensional".

Esta maneira de formular os problemas no âmbito do modelo P&P põe a claro uma inadequação crucial da caracterização da noção de língua como sendo um estado da faculdade da linguagem. É difícil imaginar que um estado particular da faculdade da linguagem possa ser uma realização do estado inicial com os valores dos parâmetros ligados de uma certa maneira (⁷). Pelo contrário, um estado da faculdade da linguagem é um produto acidental qualquer de uma experiência variada, intrinsecamente sem qualquer interesse particular, pelo menos sem mais interesse do que outras coleções de fenômenos do mundo natural (e este é o motivo pelo qual os cientistas efetuam experiências em vez de gravar (⁸) o que acontece em circunstâncias naturais). A minha intuição pessoal é que necessitamos de uma idealização muito mais substancial se quisermos ter alguma esperança de compreender as propriedades da faculdade da linguagem[6], mas as incompreensões e a confusão geradas até pela mais simples idealização estão de tal maneira espalhadas, que é muito possível não ser útil debater esse assunto hoje em dia. Deve notar-se que o termo *idealização* é uma escolha errada para aquilo que é a única maneira razoável de nos aproximarmos de uma compreensão da realidade.

O modelo P&P é em parte uma especulação audaciosa, mais do que uma hipótese específica. Mesmo assim, os seus pressupostos básicos parecem razoáveis, à luz da nossa compreensão atual dos fenômenos, e sugerem um modo natural de resolver a tensão entre a adequação descritiva e a adequação explicativa. Na realidade, este afastamento da tradição nos deu pela primeira vez a esperança de podermos abordar o problema crucial da adequação explicativa, o qual tinha sido posto de lado por ser tão difícil. Os trabalhos iniciais da gramática generativa procuravam apenas uma medida de avaliação que selecionasse entre teorias alternativas de uma língua (gramáticas) que obedecessem ao formato exigido pela UG e fossem consistentes com os dados

---

(⁶) No original, "fixing". Traduzimos por "ligação", de maneira consistente com a assimilação metafórica frequente dos parâmetros a interruptores elétricos que permitem duas posições.

(⁷) Ver a nota (⁶).

(⁸) No original, "record[ing]".

relevantes. Nada mais parecia concebível, à parte alguma noção de "viabilidade" ([9]), formulada com pouca precisão (Chomsky, 1965). Mas se algo como o conceito de língua-I do modelo P&P se revelar exato – captando a natureza essencial do conceito de linguagem pressuposto no estudo da performance, da aquisição, da interação social e assim por diante – a questão da adequação explicativa pode ser seriamente abordada, passando a ser a questão de determinar como é que a experiência liga os valores de um número finitamente grande de parâmetros universais. Isto não é de modo algum um problema trivial, mas pelo menos é um problema que pode ser levado por diante construtivamente.

Se estas ideias se revelarem adequadas, existe um único sistema computacional C_{HL} ([10]) para a linguagem humana e a variedade lexical é limitada. A variação linguística é essencialmente de natureza morfológica, incluindo a questão crítica de saber que partes de uma computação se realizam visivelmente, um tópico introduzido pela teoria do Caso abstrato de Jean-Roger Vergnaud e pelo trabalho de James Huang sobre a variedade tipológica das construções interrogativas e outras relacionadas.

Esta resenha da abordagem P&P é um tanto exagerada. Esperamos que haja mais pontos de variação entre as línguas desde que os dados estejam prontamente disponíveis para determinar escolhas particulares. Existem vários domínios desse tipo. As partes periféricas da fonologia, por exemplo; ou a "arbitrariedade saussuriana", isto é, a formação de pares som-significado para a parte substantiva do léxico. Ponho de lado essas matérias, bem como muitas outras que parecem ter apenas uma relevância limitada para o estudo das propriedades computacionais da linguagem; por outras palavras, são matérias que não parecem participar em C_{HL}: entre elas, a variação nos campos semânticos, a escolha de itens a partir do inventário lexical que a UG põe à nossa disposição, e outras questões não triviais que têm a ver com a relação dos itens lexicais com outros sistemas cognitivos.

Tal como as primeiras propostas no âmbito da gramática generativa, a formulação do modelo P&P levou à descoberta e pelo menos à compreensão parcial de um vasto leque de novos materiais empíricos, que no momento atual já abarcam uma grande variedade de línguas tipologicamente diferentes. As questões que podem ser claramente colocadas e os dados empíricos que essas

---

[9] No original, "feasibility".
[10] Mantemos a sigla original C_{HL}, de "Computation $_{Human\ Language}$".

questões tratam são novos, tanto em profundidade como em variedade, o que por si só já é um desenvolvimento promissor e encorajante.

Com a tensão entre a adequação descritiva e a adequação explicativa reduzida, e com o problema da adequação explicativa pelo menos colocado na nossa agenda de trabalho, as tarefas do momento presente tornam-se bem mais difíceis e mais interessantes. A tarefa principal consiste em mostrar que a riqueza e a diversidade aparentes dos fenômenos linguísticos são ilusórias e epifenomenais, resultando da interação de princípios fixos, sob condições que variam ligeiramente. A mudança de perspectiva proporcionada pela abordagem P&P também coloca de modo diferente a questão de saber como é que as considerações de simplicidade participam na teoria da gramática. Como se propunha nos primeiros trabalhos da gramática generativa, estas considerações têm duas formas diferentes: é necessário identificar uma noção de simplicidade imprecisa, mas não sem conteúdo, e que entra de um modo geral na investigação racional, e distingui-la claramente de uma medida de simplicidade interna à teoria, e que seleciona entre as línguas-I (ver Chomsky, 1975a, cap. 4). A primeira noção de simplicidade não tem especialmente a ver com o estudo da linguagem, mas a noção interna à teoria é uma componente da UG, e é parte do procedimento para determinar a relação entre a experiência e a língua-I; o seu estatuto é mais ou menos como o de uma constante física. Nos primeiros trabalhos, a noção interna tomou a forma de um procedimento de avaliação que selecionava entre gramáticas propostas (nos termos atuais, línguas-I), desde que estas fossem consistentes com o formato que os sistemas de regras podiam tomar. A abordagem P&P sugere uma maneira de ultrapassarmos esse objetivo limitado ainda que não trivial, e de abordarmos o problema da adequação explicativa. Sem um procedimento de avaliação, deixa de existir uma noção interna de simplicidade no sentido dos primeiros trabalhos.

Contudo, ideias bem semelhantes voltaram a surgir, desta vez sob a forma de considerações de economia que selecionam entre derivações, proibindo aquelas que não são ótimas, num sentido deste termo interno à teoria. A noção externa de simplicidade não muda: como sempre, é operativa, ainda que de um modo pouco preciso.

Neste ponto surgem outras questões ainda, nomeadamente as do Programa Minimalista. Qual é o grau de "perfeição" da linguagem? Esperamos pelo menos que haja "imperfeições" nos traços morfológico-formais do léxico e em aspectos da linguagem determinados por condições da interface A-P. A questão essencial consiste em saber se, ou até que ponto, estas componentes da faculdade da linguagem constituem o repositório dos desvios daquilo que é praticamente a necessidade conceitual; se assim for, o sistema computacional, C_{HL}, é (abstraindo desses desvios) não somente único mas também ótimo, num sentido interessante ([11]). Olhando para os mesmos problemas a partir de uma perspectiva diferente, procuramos determinar até que ponto exato a evidência realmente nos obriga a atribuir uma estrutura específica à faculdade da linguagem ([12]), exigindo que cada desvio da "perfeição" sofra um escrutínio severo e tenha uma motivação forte.

O progresso no desenvolvimento deste objetivo coloca uma sobrecarga descritiva bem pesada sobre as respostas às questões (A) e (B): o efeito das condições de interface, e a formulação específica de considerações gerais de coerência interna, naturalidade conceitual e assim por diante – a "simplicidade", no sentido externo. A sobrecarga empírica, já substancial em qualquer teoria P&P, torna-se agora bastante mais severa.

Os problemas que surgem são assim extremamente interessantes. Penso que já é muito importante podermos pelo menos formular estas questões hoje em dia e até abordá-las em áreas determinadas com algum sucesso. Se o pensamento recente que segue estas orientações estiver minimamente próximo da verdade, um futuro bem excitante e rico abre-se ao estudo da linguagem e das disciplinas relacionadas.

Os capítulos que se seguem estão quase todos em ordem cronológica, mas não completamente. O primeiro, escrito com Howard Lasnik para um compêndio geral sobre sintaxe (Chomsky e Lasnik, 1993), é uma introdução geral à abordagem P&P, tal como a compreendíamos em 1991. Inclui-se aqui como pano de fundo geral. O cap. 2 (Chomsky, 1991c), escrito em 1988, é em grande parte baseado em conferências dadas em Tóquio e em Kyoto em 1987, e em seminários-palestra dados no MIT, no outono de 1986. O cap. 3 (Chomsky, 1993), escrito em 1992, baseia-se nos seminários-palestra de 1991. Estes capítulos exploram a possibilidade de uma abordagem minimalista, esboçam alguns dos seus contornos naturais e desenvolvem essa abordagem em algumas áreas centrais. Chomsky, 1994a, baseado nos seminários-palestra de 1993, apresenta uma revisão deste quadro geral e alarga-o a aspectos diferentes da linguagem. Esse trabalho encontra-se em grande parte na base do cap. 4, o qual, no entanto, se afasta dos trabalhos anteriores de

---

[11] A ideia aqui exposta é que a linguagem é (hipoteticamente) um sistema (praticamente) perfeito, em que as "imperfeições" se localizam na morfologia e na fonologia.

[12] Isto é, uma estrutura "específica" que se afasta dos princípios conceitualmente necessários impostos pelos sistemas cognitivos da mente (ver o segundo parágrafo desta introdução).

um modo bem mais significativo, tornando muito mais a sério o quadro teórico conceitual de uma abordagem minimalista e tentando obedecer às suas ideias-chave de uma maneira mais fundamentada; e, ao fazê-lo, revê substancialmente a abordagem desenvolvida em Chomsky, 1994a e nos três primeiros capítulos aqui apresentados.

A nossa disciplina está em mudança rápida sob o impacto de novos materiais empíricos e novas ideias teóricas. É provável que aquilo que parece razoável hoje tome amanhã uma forma diferente. Esse processo se reflete no material que se apresenta a seguir. Os caps. 1 e 2 foram escritos basicamente com a mesma perspectiva. A abordagem muda no cap. 3 e muda consideravelmente mais ainda no cap. 4. Ainda que o quadro teórico geral permaneça o mesmo, as modificações em cada ponto são substanciais. Determinados conceitos e princípios considerados fundamentais num capítulo são postos em causa e eliminados nos capítulos seguintes. Estes conceitos e princípios incluem as ideias básicas da Teoria Standard Alargada que eram adotadas nas abordagens P&P: Estrutura-D; Estrutura-S; regência; o Princípio da Projeção e o Critério-θ; outras condições que se considerava terem como domínio de aplicação a Estrutura-D e a Estrutura-S; o Princípio da Categoria Vazia; a teoria X-barra em geral; a operação Mover α; a hipótese do I desdobrado; e outras. Todos eles são eliminados ou substancialmente revistos em capítulos sucessivos, particularmente no último.

O resultado final é um quadro da linguagem consideravelmente diferente até dos seus precursores imediatos. É claro que só o tempo dirá se estes passos foram ou não dados na direção certa.

Notas

1. Para uma discussão deste assunto, ver Chomsky, 1994a, 1994c, em referência a Edelman, 1992. Edelman considera que a crise é séria, se não mesmo fatal para a ciência cognitiva em geral, quer computacional, quer conexionista ou outra.
2. Adaptada essencialmente de Chomsky, 1975a.
3. O termo *articulatório* é demasiado restritivo porque sugere que a faculdade da linguagem possui uma modalidade específica, com uma relação especial com os órgãos vocálicos. O trabalho dos últimos anos sobre a linguagem de sinais pôs em causa este pressuposto tradicional. Continuo a usar o termo, mas sem quaisquer implicações sobre a especificidade do sistema de output, continuando, no entanto, a abordar apenas o caso da linguagem falada.

4. Para alguma discussão, ver Chomsky, 1977, cap. 1.
5. Parece claro que o termo *interpretação* aqui tem de ser compreendido num sentido interno à teoria. Num sentido informal menos explícito, a faculdade da linguagem (num estado particular) atribui interpretações a todo o tipo de objetos, incluindo fragmentos, expressões sem sentido, expressões de outras línguas e possivelmente até ruídos não linguísticos.
6. Assim, aquilo a que chamamos o "inglês", o "francês", o "espanhol" e assim por diante, mesmo quando idealizamos estas noções sob a forma de idioletos em comunidades de fala homogêneas, refletem a conquista normanda, a proximidade de áreas germânicas, um substrato basco e outros fatores que não podem ser seriamente considerados como propriedades da faculdade da linguagem. Prosseguindo o raciocínio óbvio, é difícil imaginar que as propriedades da faculdade da linguagem – um objeto real do mundo natural – sejam realizadas em algum sistema observado. Pressupostos semelhantes são assumidos sem preocupação no estudo dos organismos em geral.

Capítulo 1
A Teoria dos Princípios e Parâmetros*

Com Howard Lasnik

1.1 Introdução

A teoria dos Princípios e Parâmetros (P&P) não é um sistema teórico articulado de modo preciso, mas sim uma abordagem particular de problemas clássicos do estudo da linguagem, guiada por determinadas ideias-chave que vêm tomando forma desde as origens da gramática generativa moderna, há cerca de 40 anos. Estas ideias cristalizaram numa abordagem diferente por volta de 1980. Desde então, muitas variantes específicas foram desenvolvidas e exploradas. A base empírica desta investigação também se expandiu grandemente, à medida que a investigação se alargava a um leque tipológico de línguas cada vez maior e abarcava domínios de evidência bastante mais vastos relacionados com a linguagem e o seu uso, alcançando igualmente um grau de profundidade bem maior. Neste levantamento, não tentamos delinear a variedade de propostas que foram investigadas nem avaliar os seus sucessos empíricos e as suas inadequações. Em vez disso, tomamos um caminho particular através da série de ideias e princípios que foram desenvolvidos,

---

* Este capítulo, escrito em coautoria com Howard Lasnik, foi publicado originalmente em *Syntax: An International Handbook of Contemporary Research*, organizado por Joachim Jacobs, Arnim von Stechov, Wolfgang Sternefeld e Theo Vennemann (Berlim e Nova Iorque: Walter de Gruyter, 1993). Aparece aqui, ligeiramente alterado, com a devida autorização do editor. [Nota do autor. As restantes notas de rodapé deste livro sem essa indicação são da responsabilidade do tradutor.]

por vezes notando outras direções seguidas, mas sem qualquer tentativa de exaustividade. Do mesmo modo, as referências bibliográficas estão longe de ser exaustivas, em geral indicando apenas alguns estudos de questões particulares. Deve-se, pois, considerar a escolha de um caminho particular apenas como um dispositivo da exposição, um esforço no sentido de indicar os tipos de questões estudadas, algum do pensamento que guia uma boa parte da investigação, e a sua motivação empírica. Não pretendemos implicar com isso que estas escolhas particulares estão solidamente estabelecidas, em contraste com outras ideias alternativas; e, quanto a estas últimas, só podemos mencionar algumas delas.

O estudo da gramática generativa tem sido guiado por vários problemas fundamentais, cada um deles com um sabor tradicional. A preocupação básica consiste em determinar e caracterizar as capacidades linguísticas de indivíduos particulares. Preocupamo-nos assim com estados da faculdade da linguagem, entendidos como constituindo alguma série de características e capacidades cognitivas, uma componente particular da mente/cérebro humanos. A faculdade da linguagem possui um estado inicial ([1]), geneticamente determinado; no decorrer normal do desenvolvimento, passa através de uma série de estados na primeira infância, alcançando um estado firme ([2]) relativamente estável que sofre poucas alterações posteriores, com exceção do léxico. Numa primeira aproximação razoável, o estado inicial parece ser uniforme para a espécie. Adaptando termos tradicionais a um uso especial, chamamos à teoria do estado alcançado a *gramática* (desse estado), e à teoria do estado inicial a *Gramática Universal* (UG).

Há também razões para acreditar que o estado inicial é, em aspectos cruciais, uma característica especial dos seres humanos, com propriedades que parecem ser pouco usuais no mundo biológico. Se isto for verdade, é um assunto de interesse mais vasto, mas sem relevância direta na determinação das propriedades e da natureza desta faculdade da mente/cérebro.

Assim, dois problemas fundamentais consistem em determinar, para cada indivíduo (digamos, o José), as propriedades do estado firme que a faculdade da linguagem do José atinge, e as propriedades do estado inicial, que é um dom natural comum aos humanos. Distinguimos a *competência* do José (o seu conhecimento e compreensão) da sua *performance* (o que ele faz

---

[1] No original, "initial state".
[2] No original, "steady state".

com o seu conhecimento e compreensão). O estado firme constitui a competência linguística madura do José.

Uma propriedade saliente do estado firme consiste em permitir um uso infinito de meios finitos, para usarmos o aforismo de Wilhelm von Humboldt. Uma escolha particular destes meios finitos é uma língua particular, considerando que uma língua é um modo de falar e de compreender, numa formulação tradicional. A competência do José é constituída pelo sistema particular de meios finitos que ele adquiriu.

A noção de "uso infinito" requer uma análise mais cuidada. À luz das descobertas feitas pelas ciências formais no século XX, distinguimos dois sentidos desta noção, o primeiro relacionado com a competência e o segundo, com a performance. No primeiro sentido, uma língua especifica um domínio infinito de objetos simbólicos, aos quais chamamos *descrições estruturais* (DEs). Podemos então dizer que a língua é um procedimento generativo finitamente especificado (uma função) que enumera um conjunto infinito de DEs. Cada DE, por sua vez, especifica a série completa de propriedades fonéticas, semânticas e sintáticas de uma expressão linguística particular. Este sentido da expressão "uso infinito" está relacionado com a competência linguística do José: o procedimento generativo com o seu alcance infinito.

O segundo sentido da expressão "uso infinito" tem a ver com a performance do José, o seu uso concreto da sua competência para exprimir os seus pensamentos, referir, produzir sinais, interpretar aquilo que ouve e assim por diante. A faculdade da linguagem está encaixada em sistemas de performance, os quais têm acesso ao procedimento generativo. É neste contexto mais vasto que se colocam as questões relativas à realização e ao uso das DEs, questões de articulação, intencionalidade, interpretação e outras: Como é que o José diz X? Sobre que é que o José está falando? O que é que o José pensa que o Joaquim está dizendo ou tentando comunicar? E assim por diante. Podemos considerar a DE como um mecanismo fornecendo instruções para os sistemas da performance, que por sua vez tornam possível que o José execute essas ações.

Quando dizemos que o José possui a língua L, queremos agora dizer que a faculdade da linguagem do José se encontra no estado L, identificado como um procedimento generativo encaixado em sistemas de performance. Para distinguir este conceito de língua de outros possíveis, vamos nos referir a ele como *língua-I*, onde I quer sugerir "interno", "individual" e "intensional". O conceito de língua é interno porque tem a ver com um estado interno da mente/cérebro do José, independente de outros elementos no mundo. É individual, na medida em que tem a ver com o José, e apenas derivativamente com comunidades linguísticas, consideradas como grupos de pessoas com línguas-I semelhantes. É intensional, no sentido técnico de a língua-I ser uma função especificada intensionalmente, não extensionalmente: a sua extensão é o conjunto das DEs (aquilo a que podemos chamar a *estrutura* da língua-I). Duas línguas-I distintas podem, em princípio, ter a mesma estrutura, ainda que, de um ponto de vista empírico, a linguagem humana possa não permitir essa opção. Isto é, pode acontecer que a série de línguas-I permitidas pela UG seja tão diminuta que a opção teórica referida simplesmente não se realiza, isto é, não existem línguas-I distintas gerando o mesmo conjunto de DEs. Esta situação não parece improvável, mas não é uma necessidade lógica. Daqui em diante, quando usamos o termo *língua*, queremos dizer língua-I.

No início da gramática generativa, pressupunha-se que a língua do José gera uma DE para cada uma das formas fonéticas permitidas na linguagem humana, um conjunto a ser especificado pela UG. Assim, a língua do José atribui um estatuto particular a expressões como as de (1), onde *t* (vestígio) indica a posição em que a palavra interrogativa é interpretada ([3]).

(1)   a. o João está a dormir (está dormindo)
      b. o João parece a dormir (dormindo)
      c. o que é que pensas que a Maria consertou *t* (resposta: o carro)
      d. o que é que não sabes se a Maria consertou *t* (resposta: o carro)

([3]) Os exemplos (1) e (3) são os únicos que traduzimos e/ou adaptamos para o português no texto, visto que servem para exemplificar a competência linguística de um falante arbitrário (a que decidimos chamar José – Jones, no texto original). Os exemplos ingleses para (1) são dados a seguir.
(1)   a. John is sleeping
      b. John seems sleeping
      c. what do you think that Mary fixed *t* (answer: the car)
      d. what do you wonder whether Mary fixed *t* (answer: the car)
      e. how do you wonder whether Mary fixed the car *t* (answer: with a wrench)
(1b) é degradado, tanto em inglês como em português. Em (1d-e) (e de modo geral neste livro), traduzimos *wonder* por *não saber*, mais natural em português como verbo que selecciona interrogativas indirectas do que *interrogar-se* ou *perguntar-se* (a tradução literal de *wonder*). Estes exemplos representam casos de extração para fora de uma ilha-*wh*; em (1d) extrai-se um argumento, em (1e) um adjunto. Como se sabe, o segundo caso produz resultados menos aceitáveis. Ver *Faculdade*, cap. 14, secção 3. Note-se também que em inglês *whether* é uma palavra-*wh*, contrariamente ao equivalente português *se*. Em exemplos seguintes, caso a diferença não seja relevante, alteramos a tradução, substituindo *se* por um adjunto wh simples (*porque, como* ou *quando*).

  e. como é que não sabes se a Maria consertou o carro *t* (resposta: com uma chave-inglesa)
  f. expressões do suaíli, húngaro etc.

Na realidade, alguns dos trabalhos recentes mais interessantes abordam as diferenças ilustradas por (1d-e), expressões "degradadas" de algum modo, mas às quais a língua do José atribui um estatuto diferente (seções 1.3.3, 1.4.1); e é muito possível que possamos aprender algo sobre a língua do José e do Wang através do estudo das suas reações a enunciados do suaíli.

  Uma outra noção que aparece frequentemente na literatura é a de "linguagem formal" no sentido técnico: um conjunto de fórmulas bem formadas; numa variedade conhecida da aritmética formal, por exemplo, "(2+2)=5", mas não "(2+=2)5(". Chamemos a um conjunto deste tipo uma língua-E, onde E quer sugerir "externo" e "extensional". Na teoria das linguagens formais, a língua-E é definida por estipulação, logo não é problemática. É, no entanto, uma questão de natureza empírica saber se a linguagem natural possui (ou não) algum equivalente desta noção, isto é, se a língua-I do José gera não somente um conjunto de DEs, mas também uma língua-E distinta: algum subconjunto das formas fonéticas da UG, incluindo algumas das formas de (1), mas não todas. O conceito de língua-E aparece pouco na tradição da gramática generativa que consideramos aqui, excluindo algumas passagens com valor expositivo. Diferentemente das noções discutidas anteriormente, a noção de língua-E não tem nenhum estatuto conhecido no estudo da linguagem. Podemos definir a língua-E de alguma forma, mas parece que o modo como o fazemos não é relevante; não existe nenhum vazio conhecido na teoria linguística, nenhuma função explicativa, que sejam preenchidos com a introdução desse conceito. Não há assim lugar para este conceito na nossa discussão.

  No estudo das linguagens formais podemos distinguir a *geração fraca* da língua-E e a *geração forte* da estrutura da língua (o conjunto de DEs). A *capacidade generativa fraca* de uma teoria das línguas-I é o conjunto de línguas-E gerado fracamente, e a sua *capacidade generativa forte* é o conjunto de estruturas gerado fortemente. No estudo da linguagem natural, os conceitos de estrutura e geração forte são centrais; os conceitos de língua-E e geração fraca são na melhor das hipóteses marginais, e talvez mesmo não tenham qualquer significado empírico. Repare-se que, se as línguas-E na realidade existem, elas encontram-se consideravelmente mais afastadas dos mecanismos e do comportamento do que a língua-I. Assim, a criança, quando lhe apresentam amostras de comportamento em circunstâncias particulares, adquire uma língua-I de um modo ainda por determinar. A língua-I é um estado da mente/cérebro. Possui uma determinada estrutura (isto é, gera fortemente um conjunto de DEs). Pode ou não também gerar fracamente uma língua-E, um objeto altamente abstrato, bastante afastado dos mecanismos e do comportamento.

Podemos considerar nestes termos alguns dos problemas clássicos do estudo da linguagem.

(2)   a. O que é que o José sabe quando possui uma língua particular?
       b. Como é que o José adquiriu esse conhecimento?
       c. Como é que o José põe esse conhecimento em uso?
       d. Como é que estas propriedades da mente/cérebro evoluíram na espécie?
       e. Como é que estas propriedades se realizam nos mecanismos do cérebro?

No âmbito de (2a), queremos dar conta de um amplo conjunto de fatos, por exemplo, que o José sabe que (⁴)

(⁴) Alteramos (3c-d) no texto principal para podermos obter em português efeitos (aproximadamente) equivalentes aos do texto original. Os exemplos do original inglês são os seguintes (omitimos (3b)):

(3)   a. *pin* ('alfinete') rhymes with *bin* ('caixa').
       c. If Mary is too clever to expect anyone to catch, then we don't expect anyone to catch Mary (but nothing is said about whether Mary expects anyone to catch us). 'Se a Maria é demasiado inteligente para se esperar que alguém a apanhe, então não esperamos que ninguém apanhe a Maria (mas nada é dito sobre se a Maria espera que alguém nos apanhe)'
       d. If Mary is too angry to run the meeting, then either Mary is so angry that *she* can't run the meeting, or she is so angry that *we* can't run the meeting (compare: *the crowd is too angry to run the meeting*); in contrast, *which meeting is Mary too angry to run* has only the former (nondeviant) interpretation. 'Se a Maria está demasiado zangada para dirigir o comício, então ou a Maria está tão zangada que *ela* não pode dirigir o comício, ou está tão zangada que *nós* não podemos dirigir o comício (comparar: *a multidão está demasiado zangada para nós dirigirmos o comício*), contrastando com *que comício está a Maria demasiado zangada para dirigir*, apenas com a primeira interpretação (não degradada).'
       e. If Mary painted the house brown, then its exterior (not necessarily its interior) is brown.
       f. If Mary persuaded Bill to go to college, then Bill carne to intend to go to college (while Mary may or may not have).

(3) a. *Mola* rima com *bola*.
b. Cada expressão de (1) tem o seu estatuto específico.
c. Se a Maria é muito difícil de apanhar, então (provavelmente) nós não apanharemos a Maria (mas nada é dito sobre se a Maria nos apanha ou não).
d. Se a Maria está demasiado zangada para começar o comício, então ou a Maria está tão zangada que *ela* não pode começar o comício, ou ela está tão zangada que o comício não pode começar (sendo *nós* os iniciadores do comício, por exemplo) (comparar: *a multidão está demasiado zangada para começar o comício*); em contrapartida, *que comício está a Maria demasiado zangada para começar* tem apenas a primeira interpretação (não degradada).
e. Se a Maria pintou a casa de marrom, então o seu exterior (não necessariamente o seu interior) é marrom.
f. Se a Maria persuadiu o Joaquim a ir para a universidade, então o Joaquim veio a ter a intenção de ir para a universidade (ao passo que a Maria pode ou não ter adquirido essa intenção).

A resposta que propomos para o problema (2a) é que o José tem a língua L, a qual gera DEs, que por sua vez exprimem fatos como os de (3). Note-se que o José tem este conhecimento quer esteja ou não consciente destes fatos sobre si próprio; pode ser necessário algum esforço para trazer esses fatos à sua consciência, e isso pode mesmo estar além das capacidades do José. Esta é uma questão que cai sob a alçada mais ampla dos sistemas de performance.

A resposta ao problema (2b) encontra-se em grande parte na UG. A teoria correta do estado inicial tem de ser suficientemente rica para dar conta do fato de um indivíduo alcançar uma língua específica com base na evidência à sua disposição enquanto criança, mas essa teoria não pode ser tão rica que exclua línguas alcançáveis. Podemos seguidamente perguntar também como é que os fatores ambientais e os processos de maturação entram em interação com o estado inicial descrito pela UG.

O problema (2c) apela para o desenvolvimento de teorias da performance, entre elas, teorias da produção e da interpretação. Colocados de um modo geral, os problemas estão além do nosso alcance: não é razoável colocar o problema de como o José decide dizer aquilo que diz, ou de como interpreta aquilo que ouve em circunstâncias particulares. No entanto, existem aspectos altamente idealizados do problema que podem ser estudados. Uma hipótese empírica aceita é que uma das componentes da mente/cérebro é um *processador* ([5]), que atribui uma representação perceptual ([6]) a um sinal (abstraindo de outras circunstâncias relevantes para a interpretação). Presumivelmente, o processador incorpora a língua e muitas coisas mais: a hipótese é que a interpretação implica um tal sistema, encaixado em outros.

Tem-se por vezes argumentado que a teoria linguística tem de satisfazer a condição empírica de dar conta da facilidade e rapidez do processamento. Mas o processamento, na realidade, não tem estas propriedades. O processamento pode ser lento e difícil, e pode ter um resultado "errado", no sentido de a representação perceptual atribuída (se houver alguma) não corresponder à DE associada com o sinal; têm-se estudado vários casos bem conhecidos ([7]). Em geral, não é verdade que a linguagem seja usável de modo imediato ou "desenhada para o uso". Trivialmente, aquelas subpartes que são usadas são usáveis; as considerações biológicas não nos levam a esperar mais do que isso. De igual modo, voltando ao problema (2b), não existe nenhuma razão *a priori* para esperar que as línguas permitidas pela UG sejam passíveis de aprendizagem – isto é, atingíveis em circunstâncias normais. Tudo o que podemos esperar é que algumas delas o sejam; quanto às outras, não serão encontradas em sociedades humanas. Se as propostas da abordagem P&P estiverem próximas da verdade, podemos concluir que as línguas são na realidade passíveis de aprendizagem, mas isso é uma descoberta empírica e, além disso, surpreendente.

Por agora, os problemas (2d-e) parecem estar além de qualquer investigação séria, juntamente com muitas questões semelhantes sobre a cognição em geral. Aqui, de novo, devemos estar atentos a muitas armadilhas (Lewontin, 1990). Deixamos esses assuntos de lado.

Uma gramática para o José é verdadeira se (ou na medida em que) a língua que descrever é aquela que o José possui. Nesse caso, a gramática dá conta de fatos como (3), produzindo uma língua que gera as DEs apropriadas. Diz-se de uma gramática verdadeira que satisfaz a condição de *adequação descritiva*. Uma teoria da UG é verdadeira se (ou na medida em que) descrever corretamente o estado inicial da faculdade da linguagem. Nesse caso produz uma gramática descritivamente adequada para cada língua atingível. Uma teoria da UG verdadeira satisfaz a condição de *adequação explicativa*. A terminologia pretende sugerir um determinado padrão plausível de explicação.

([5]) No original, "parser"; traduzimos "parsing" por "processamento".
([6]) No original, "percept".
([7]) Para um exemplo, ver Chomsky e Lasnik (1977, p.438).

Dada uma série de fatos como os de (3), podemos dar conta deles, num determinado nível, construindo uma gramática para o José, e podemos explicá-los, num nível mais profundo, respondendo ao problema (2b), isto é, mostrando o modo como esses fatos derivam da UG, dadas as "condições limitativas" ([8]) estabelecidas pela experiência. Note-se que este padrão de explicação, ainda que comum, implica determinados pressupostos empíricos sobre os processos efetivos da aquisição, pressupostos que não são de modo algum verdadeiros de maneira óbvia; por exemplo, que o processo é *como se* fosse instantâneo. Tais pressupostos recebem um apoio indireto na medida em que servem de base a explicações com sucesso.

Qualquer abordagem séria de fenômenos complexos implica numerosas idealizações, e a abordagem resumida aqui não constitui uma exceção. Não esperamos encontrar "realizações puras" do estado inicial da faculdade da linguagem (logo, da UG). Na verdade, o José possui uma mistura de sistemas adquirida com base no padrão particular da sua experiência. O modelo explicativo delineado trata especificamente da aquisição da linguagem nas condições idealizadas de uma comunidade linguística homogênea. Assumimos que o sistema descrito pela UG é uma componente real da mente/cérebro, posta em uso nas circunstâncias complexas da vida ordinária. É difícil pôr em causa a validade deste pressuposto. Rejeitá-lo implica assumir (1) que se exigem dados não homogêneos (em conflito uns com os outros) para a aquisição da linguagem, ou (2) que a mente/cérebro possui na realidade o sistema descrito pela UG, mas este não é usado na aquisição da linguagem. Nenhum destes pressupostos é minimamente plausível. Rejeitando-os, aceitamos a abordagem delineada acima como sendo uma aproximação razoável da verdade sobre os seres humanos, e uma condição prévia plausível para qualquer investigação séria sobre o mundo fenomenal complexo e caótico.

Além disso, mesmo se existisse uma comunidade linguística homogênea, não esperaríamos que o seu sistema linguístico fosse um "caso puro". Na verdade, toda a espécie de acidentes da história teria contaminado o sistema, tal como nas propriedades do léxico do inglês que têm a ver (aproximadamente) com a sua origem românica *versus* germânica. O tópico certo da investigação é, pois, uma teoria do estado inicial que abstrai de tais acidentes, uma questão que não é trivial. Como proposta concreta de trabalho (e nada mais do que isso), podemos fazer uma distinção grosseira e provisória entre o *núcleo* de

---

([8]) No original, "boundary conditions".

uma língua e a sua *periferia* ([9]), em que o núcleo consiste naquilo que provisoriamente assumimos ser realizações puras da UG, e a periferia consiste em expressões marcadas (verbos irregulares etc.). Note-se que a periferia também exibe propriedades da UG (por exemplo, os fenômenos de ablaut ([10])), ainda que de um modo menos transparente. Uma abordagem razoável consiste em concentrar a nossa atenção sobre o sistema do núcleo, pondo de lado os fenômenos que resultam de acidentes históricos, da mescla de dialetos, de idiossincrasias pessoais e assim sucessivamente. Como em qualquer outra investigação empírica, é preciso levar em conta considerações teóricas internas que entram nesse tipo de abordagem, e podemos calcular que sejam necessárias outras distinções (considere-se, por exemplo, o fenômeno da inserção de *do* em inglês, como em (1c-e) ([11]), um caso não tão extremo como o dos verbos irregulares, mas também sem o grau de generalidade da colocação em posição inicial das palavras interrogativas).

As observações precedentes são em larga medida conceituais, embora não sem consequências empíricas. Continuamos agora seguindo uma orientação particular, tal como indicamos anteriormente, assumindo riscos empíricos adicionais a cada momento.

Assumimos que a língua (o procedimento generativo, a língua-I) tem duas componentes: um sistema computacional e o léxico. O primeiro gera a forma das DEs; o segundo caracteriza os itens lexicais que aparecem nas DEs. Colocam-se várias perguntas cruciais sobre o modo como estes sistemas se relacionam. Assumimos que um dos aspectos de uma DE é um sistema de representação, chamado *Estrutura-D*, no qual os itens lexicais são inseridos. A Estrutura-D exprime propriedades lexicais de uma forma acessível ao sistema computacional.

Assumimos também uma distinção entre processos morfológicos *flexionais* e *derivacionais*, os segundos dentro do léxico, e os primeiros entrando em operações computacionais com um escopo sintático mais vasto. Estas operações computacionais podem consistir em processos de *formação de palavras* ou em processos de *verificação*. Considere-se, por exemplo, a forma de tempo pretérito *walked*. O léxico contém a raiz [walk] ([12]), com uma especificação das

---

([9]) No original, "core" vs. "periphery".
([10]) Fenômenos de mudança vocálica que servem de base a distinções morfológicas normalmente expressas por sufixos (por ex., *sing-sang*, em vez de *sing-*singed* em inglês, 'canta'-'cantou').
([11]) Ver a nota ([3]).
([12]) *caminhou, caminh-*.

suas propriedades idiossincráticas de som, significação e forma; e contém o traço flexional [tempo], que pode ter um valor [pretérito], entre outros. Uma das regras computacionais, chamemos-lhe *R*, associa os dois, combinando-os (quer por adjunção de [walk] a [tempo], quer o inverso). Podemos interpretar este comentário descritivo de duas maneiras. Uma possibilidade é que a forma [walk] seja retirada do léxico como tal; seguidamente *R* combina-a com [pretérito]. Uma segunda possibilidade é que existam processos dentro do léxico (*regras de redundância*) que formam a palavra *walked* com as propriedades [walk] e [pretérito] já especificadas. A regra *R* então combina essa amálgama com [pretérito], verificando e licenciando o traço intrínseco [pretérito] da palavra *walked*. Neste caso o léxico é mais estruturado. Contém o elemento [walk], como antes, juntamente com regras que indicam que qualquer verbo pode também possuir intrinsecamente propriedades tais como [pretérito], [plural] e assim por diante. Levantam-se questões semelhantes quanto às palavras complexas (verbos causativos, estruturas de incorporação nominal, nomes compostos etc.). À medida que estes tópicos vão sendo investigados com mais precisão, usando teorias com uma maior articulação, levantam-se questões empíricas importantes e frequentemente sutis (Marantz, 1984; Fabb, 1984; Baker, 1988; Di Sciullo e Williams, 1988; Grimshaw, 1990).

A DE fornece uma informação (que vai ser interpretada por sistemas de performance) sobre as propriedades de cada expressão linguística, incluindo o seu som e a sua significação. Assumimos que a arquitetura da linguagem providencia uma variedade de sistemas simbólicos (*níveis de representação*) que cumprem estas tarefas, incluindo o nível da *Forma Fonética* (PF) e o nível da *Forma Lógica* (LF), os quais especificam aspectos do som e da significação, respectivamente, na medida em que estes são linguisticamente determinados. Um outro nível é o da Estrutura-D, relacionando o sistema computacional com o léxico.

O nível PF tem de satisfazer três condições básicas de adequação. Tem de ser *universal*, no sentido de fornecer representações para as expressões de qualquer língua humana existente ou potencial. Tem de ser uma *interface*, no sentido de os seus elementos receberem necessariamente uma interpretação em termos dos sistemas sensório-motores. E tem de ser *uniforme*, no sentido de a sua interpretação ser uniforme para todas as línguas, de modo a captar todas as propriedades do sistema da linguagem como tal, e somente essas propriedades.

As mesmas três condições são válidas para LF. Para captar o que a faculdade da linguagem determina acerca da significação de uma expressão, o nível LF tem de ser universal, no sentido de fornecer uma representação para qualquer pensamento que possa ser expresso numa língua humana; tem de ser uma interface, no sentido de estas representações terem necessariamente uma interpretação em termos de outros sistemas da mente/cérebro envolvidos no pensamento, nos atos de referência, de planejamento e assim por diante; e tem de ser uniforme, por razões idênticas às do sistema fonético. Pomos de lado questões importantes sobre a natureza da interface LF: será que implica um sistema conceitual (Jackendoff, 1983, 1990b), uma teoria semântica do uso, uma teoria causal da referência etc.? As condições são mais obscuras do que no caso do sistema fonético correspondente, porque os sistemas na interface não são tão bem compreendidos; mas existe mesmo assim uma abundância de evidência suficientemente firme para permitir uma investigação substancial.

Assim, de acordo com esta concepção, cada DE contém três níveis de interface: os níveis de interface externos PF e LF, e o nível de interface interno da Estrutura-D. Além disso, os elementos destes níveis são analisados em traços: fonológicos, selecionais, categoriais e assim por diante. Em geral, cada símbolo das representações é um conjunto de traços, com propriedades que especificaremos com mais precisão.

Um outro pressuposto, desenvolvido na *Teoria Standard Alargada* (EST), é que estes níveis não se encontram relacionados de um modo direto; em particular, as relações entre eles são mediadas por um nível intermediário de *Estrutura-S*. Adotando esta ideia, cada DE é uma sequência (π, λ, δ, σ), em que π e λ são representações nos níveis de interface externos PF e LF, δ está na interface interna do sistema computacional com o léxico, e a é derivativo. Os três primeiros níveis satisfazem condições empíricas impostas pelos sistemas da performance e pelo léxico. O nível da Estrutura-S tem de se relacionar com estes três níveis de um modo especificado pela UG; podemos conceber esse modo, informalmente, como a "solução" (presumivelmente única) para este conjunto de condições. Na discussão que se segue nos restringimos em grande parte aos níveis Estrutura-D, Estrutura-S e LF, e às relações entre eles (a sintaxe em sentido estrito). Preocupamo-nos, assim, principalmente com a derivação que vai da Estrutura-D até LF em (4).

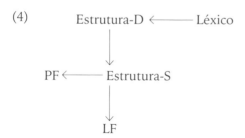

Levantam-se questões sutis sobre o modo como as relações entre estes níveis devem ser construídas: especificamente, será que existe uma "direcionalidade" inerente, de tal forma que as relações devem ser construídas como uma projeção ([13]) de um nível em outro, ou existe simplesmente uma relação não direcional? Formular estas perguntas sob a forma de questões empíricas não é uma tarefa simples, e a evidência empírica que permite distinguir estas possibilidades não é fácil de encontrar. Mas argumentos interessantes (e em conflito uns com os outros) têm sido apresentados. A discriminação entre estas alternativas fica particularmente difícil se adotarmos (como faremos adiante) o pressuposto standard da EST, proposto no início dos anos 1970, de que as representações podem incluir *categorias vazias* (ECs): elementos (conjuntos de traços) que são perfeitamente substantivos do ponto de vista do sistema computacional, mas aos quais não é atribuída uma interpretação pela projeção da Estrutura-S em PF, ainda que possam ter efeitos fonéticos indiretos; assim, as regras de contração do inglês convertem *want to* na palavra fonológica *wanna* quando não intervém um vestígio (*who do you wanna see* mas não *who do you wanna see John* (Chomsky e Lasnik, 1977)) ([14]).

Continuamos provisoriamente com o pressuposto de que as relações são, na realidade, direcionais: a Estrutura-D é projetada na Estrutura-S; e esta é (independentemente) projetada em PF e em LF.

No início, o trabalho moderno no quadro da gramática generativa tomou de empréstimo algumas ideias típicas da gramática tradicional, a qual reconhecia (I) que uma frase possui uma hierarquia de constituintes (grupos nominais, orações etc.) e que estes (ou os seus núcleos) entram em determinadas relações gramaticais; e (II) que as frases pertencem a várias construções gramaticais com relações sistemáticas entre si, algumas mais "básicas" do que outras (as ativas mais básicas do que as passivas, as declarativas mais básicas do que as interrogativas etc.). Concomitantemente, as versões iniciais da UG forneciam dois tipos de regras: (I) regras de estrutura de constituintes ([15]), gerando DEs que exprimem a hierarquia dos constituintes; e (II) regras transformacionais, que formam construções gramaticais a partir de formas subjacentes abstratas, com um maior número de transformações participando na formação das construções menos básicas (assim, para formar

---

[13] No original, "mapping". Traduzimos os termos matemáticos "mapping" e "to map" por "projeção" e "projetar (em)", respectivamente.

[14] *querer; quem é que tu queres ver; quem é que tu queres que veja o João.*

[15] No original, "phrase structure rules".

declarativas ativas (*frases nucleares* ([16])) aplicam-se somente transformações obrigatórias, mas na formação das passivas, interrogativas etc. entram algumas transformações opcionais). As regras de estrutura de constituintes permitem um tratamento "geométrico" das relações gramaticais, interpretado de modo relacional; isto é, a noção de sujeito não é uma categoria sintática como grupo nominal ou verbo, mas é entendida como sendo a relação sujeito-de, envolvendo o par (*John, left*) em *John left* ([17]) e assim por diante (Chomsky, 1951, 1965, 1975a). Estas noções foram definidas de maneira que as regras de estrutura de constituintes (I) gerassem Estruturas-D (estruturas profundas), cada uma delas consistindo num *indicador sintagmático* ([18]), O qual representa propriedades hierárquicas e relacionais. As transformações convertem estes objetos em novos indicadores sintagmáticos. Tal como notamos, na versão da EST que se seguiu, cada Estrutura-D é projetada numa Estrutura-S por uma derivação deste tipo, e a estrutura-S, por sua vez, é projetada independentemente em PF e em LF.

O uso de regras de estrutura de constituintes foi também sugerido por outras considerações. O trabalho inicial que levou a estas regras concentrou-se naquilo que se chama hoje em dia a fonologia generativa; neste domínio, as "regras de reescrita", com a forma X → Y, em que X é uma expressão "reescrita" como Y no decurso da derivação, parecem ser um mecanismo apropriado. Se estas regras forem restringidas à forma XAY → XZY, sendo A um símbolo único e Z não nulo, temos um sistema de regras que pode construir representações de estrutura de constituintes de um modo natural (regras *livres do contexto* ([19]) se X, Y forem nulos). A teoria dos sistemas formais também dava uma motivação adicional para este sistema. As transformações gramaticais enquanto mecanismos generativos foram sugeridas pelo trabalho de Harris (1952), que usou relações formais entre expressões como um mecanismo para "normalizar" textos para a análise do discurso.

Quanto à UG, as primeiras versões assumiam que esta fornecia um formato para os sistemas de regras e uma métrica de avaliação que atribuía um "valor" a cada procedimento generativo com o formato próprio. Assim, a condição empírica crucial sobre a UG era a seguinte: o sistema tinha de fornecer apenas umas poucas línguas-I (possivelmente uma só) altamente avaliadas e

---

([16]) No original, *"kernel sentences"*.
([17]) o João, saiu, o João saiu.
([18]) No original, *"phrase marker"*.
([19]) No original, *"context-free"*.

consistentes com a variedade dos dados que a criança tem à sua disposição. Se a UG for *viável* ([20]) neste sentido, o problema fundamental (2b) pode ser abordado (Chomsky, 1965).

Esta abordagem teve um sucesso considerável, mas encontrou um problema fundamental e recorrente: a tensão entre a adequação descritiva e a adequação explicativa. Para alcançar a adequação descritiva, parecia necessário enriquecer o formato dos sistemas permitidos; ao fazê-lo, no entanto, perdemos a propriedade da viabilidade, e o problema (2b) continua não resolvido. O conflito surge logo que passamos dos palpites intuitivos e dos exemplos da gramática tradicional para procedimentos generativos explícitos. Foi rapidamente reconhecido que o problema era inerente aos tipos de sistemas de regras usados pela teoria nesse período. A abordagem mais plausível do problema consistiu em tentar "retirar" das regras ([21]) princípios globais que governassem de uma maneira geral a aplicação dessas regras, atribuindo os princípios à UG; as regras reais da gramática podiam então ser dadas na sua forma mais simples, com os princípios assegurando que as regras funcionavam de maneira a derivar os fenômenos observados, na sua complexidade total (Chomsky, 1964; Ross, 1967). O limite alcançável era uma situação em que as regras fossem eliminadas inteiramente, sendo as "regras aparentes" deduzidas a partir de princípios gerais da UG. Concretamente, a interação destes princípios derivaria os fenômenos para cuja descrição as regras tinham sido construídas em primeiro lugar. Na medida em que este resultado pode ser alcançado, concluímos que as regras postuladas para as línguas particulares são epifenômenos.

Estas ideias foram exploradas com um grau elevado de sucesso a partir do início dos anos 1960, levando à abordagem P&P, que assume que o limite pode na realidade ser atingido: a hipótese é então que todos os princípios são atribuídos à UG e que a variação linguística se restringe a determinadas opções sobre o modo como os princípios se aplicam. Nesse caso, os sistemas de regras podem ser eliminados, pelo menos para o núcleo da língua.

Para ilustrar, considere-se de novo (1c-e), aqui repetidos ([22]).

(1)   c. what do you think that Mary fixed *t*
           d. what do you wonder whether Mary fixed *t*
           e. how do you wonder whether Mary fixed the car *t*

---

[20] No original, "feasible".
[21] No original, "factor out".
[22] Ver a tradução no texto acima.

O objetivo consiste em mostrar que as palavras interrogativas se movem da posição ocupada por *t* em virtude de um princípio geral que permite o movimento de um modo bastante livre, sendo as opções, as interpretações e o estatuto variado das expressões determinados pela interação deste princípio com outros princípios.

Qual é o estatuto das regras (I) (de estrutura de constituintes) e (II) (transformacionais) nesta concepção? As regras transformacionais ainda existem, mas unicamente como princípios da UG, aplicáveis livremente sobre expressões arbitrárias. Estes mecanismos parecem ser inevitáveis de uma forma ou de outra, quer sejam considerados operações que formam derivações quer sejam considerados relações estabelecidas nas representações. Quanto às regras de estrutura de constituintes, parece que podem ser completamente dispensáveis. Isso não seria demasiado surpreendente. Em retrospectiva (e com a vantagem que isso nos permite) podemos ver que, contrariamente às regras transformacionais, essas regras eram um mecanismo duvidoso desde o início, recapitulando informação que tem de ser apresentada no léxico e que dele não é possível eliminar. Por exemplo, o fato de que *persuade* ([23]) toma um grupo nominal (NP) e um constituinte oracional (CP) como complementos, enquanto propriedade lexical, exige que existam regras de estrutura de constituintes que produzam V-NP-CP como realização do constituinte XP cujo núcleo é o verbo *persuade*; e propriedades inteiramente gerais exigem além disso que XP tem de ser VP (grupo verbal), e não, digamos, NP. A possibilidade aparente de eliminar as regras de estrutura de constituintes tornou-se clara pelo fim dos anos 1960, quando se separou o léxico do sistema computacional e se desenvolveu a *teoria X-barra* (seção 1.3.2).

As questões podem ser mais bem definidas considerando duas propriedades que os enunciados descritivos sobre a linguagem podem ter ou não ter. Estes podem ou não ser particulares em relação às línguas; e podem ou não ser particulares em relação às construções. Os enunciados da gramática tradicional são tipicamente particulares tanto em relação às línguas como em relação às construções, o mesmo acontecendo com as regras da gramática generativa inicial. Considere-se a regra que analisa o VP como V-NP, ou as regras que colocam a palavra interrogativa no início da estrutura, de maneiras diferentes em (1c-e) ([24]). Soletradas com todo o detalhe, estas regras de estru-

---

[23] persuadir.
[24] De maneiras diferentes, no sentido de mover elementos com um estatuto diferente (argumentos em (1c, d) vs. adjunto em (1e)), e na complexidade do material linguístico que é

tura de constituintes e transformacionais são específicas ao inglês e a estas construções. Existem poucas exceções a este padrão.

A abordagem P&P pretende reduzir os enunciados descritivos a duas categorias: independentes das línguas e particulares às línguas. Os enunciados independentes das línguas são princípios (incluindo os parâmetros, cada um deles equivalente a um princípio da UG). Os enunciados particulares às línguas são especificações dos valores particulares dos parâmetros. A noção de construção, no sentido tradicional, desaparece efetivamente; talvez seja útil para a taxonomia descritiva, mas não tem estatuto teórico. Assim, não existem construções como Grupo Verbal, ou oração interrogativa e relativa, ou construções passiva e de elevação. Existem apenas princípios gerais que entram em interação para formar esses artefatos descritivos.

As opções paramétricas disponíveis parecem ser consideravelmente restritas.

Um pressuposto que parece não ser irrealista é que existe apenas um sistema computacional que forma derivações a partir da Estrutura-D até LF; num determinado ponto da derivação (Estrutura-S), o processo ramifica para formar PF através de uma derivação fonológica independente (como em (4)). As opções restringem-se então a dois casos: (i) propriedades do léxico, ou (ii) o ponto da derivação (4) da estrutura-D até LF no qual as estruturas são projetadas em PF (a Estrutura-S) (Stowell, 1986).

Na categoria (i), pondo de parte a arbitrariedade saussuriana e alguma variedade linguística na escolha de elementos substantivos, temos opções sobre a forma como os elementos não substantivos (funcionais) são realizados (Borer, 1984; Fukui, 1986; Speas, 1986) e variações nas propriedades globais dos núcleos (por exemplo, a questão de saber se os verbos precedem ou seguem os seus complementos) (Travis, 1984).

Na categoria (ii) encontramos, por exemplo, línguas com movimento visível do constituinte interrogativo (inglês, italiano etc.) e línguas sem movimento visível desse constituinte (chinês, japonês etc.). Nestas línguas *in situ*, com o constituinte interrogativo na posição ocupada por um vestígio em línguas com movimento visível, existe evidência considerável mostrando que se

---

atravessado pelos elementos movidos (subordinada completiva em (1c) vs. subordinada interrogativa em (1d, e)). No modelo inicial da gramática generativa (por exemplo, o de *Estruturas Sintáticas* (Chomsky, 1957)), o tratamento transformacional destas expressões exige anotações particularizadas na regra transformacional que forma expressões interrogativas, de modo a distinguir os casos, que vão da "perfeição" gramatical (1c) até a degradação acentuada (1e).

aplicam operações de movimento semelhantes, mas apenas na projeção da Estrutura-S em LF, sem indicações na própria forma física; o ponto em que se dá a ramificação para a construção de PF a partir da Estrutura-S precede estas operações na derivação (4) da Estrutura-D até LF (Huang, 1982; Lasnik e Saito, 1984, 1992). De igual modo, encontramos línguas com manifestações visíveis do caso gramatical (grego, alemão, japonês etc.), e outras praticamente sem tais manifestações (inglês, chinês etc.). Mas, de novo, existem razões consideráveis para crer que os sistemas casuais são basicamente semelhantes nas várias línguas e que as diferenças residem essencialmente na sua realização fonética (a projeção em PF).

A expectativa geral, para todas as construções, é que as línguas sejam muito semelhantes nos níveis de Estrutura-D e LF, como nos exemplos agora discutidos. É pouco provável que existam parâmetros que afetem a forma da representação LF ou o processo computacional da Estrutura-S até LF; a criança que aprende a língua tem à sua disposição pouca evidência relevante para estas questões, e não haveria nenhuma maneira confiável para determinar os valores desses parâmetros hipotéticos. Deste modo, quaisquer variações no nível LF têm de ser reflexos de ligações paramétricas em Estrutura-D, ou de variações na projeção da Estrutura-D em Estrutura-S, na medida em que as propriedades dessas variações sejam determináveis a partir de uma inspeção das formas PF. A Estrutura-D, por sua vez, reflete propriedades lexicais; no que diz respeito à sua capacidade de afetar o sistema computacional, essas propriedades também parecem ser limitadas na sua variedade. No nível PF, as propriedades da língua podem ser prontamente observadas e a variação é possível dentro do inventário fixo das propriedades fonéticas e dos princípios invariantes da fonética universal. As Estruturas-S não são restringidas por condições de interface e podem variar dentro dos limites permitidos pela variação dos níveis de interface, pelo ponto em que se dá a ramificação para a projeção em PF, e por quaisquer condições independentes que possam existir sobre a Estrutura-S.

Os princípios investigados pertencem a duas categorias gerais: princípios que se aplicam para construir derivações (operações transformacionais e condições sobre o modo como operam), e princípios que se aplicam sobre representações (condições de licenciamento). As operações transformacionais consistem em movimento (adjunção, substituição), apagamento, e talvez inserção; podemos pensar que todas estas operações são realizações da operação geral *Afetar* α, sendo α arbitrário (Lasnik e Saito, 1984). A aplicação e o funcionamento destas operações são restringidos por condições de localidade e outras. Certas condições de licenciamento nos níveis de interface externa PF e LF estabelecem as relações entre a língua e outras faculdades da mente/cérebro. As condições sobre a Estrutura-D especificam o modo como as propriedades lexicais são expressas nas estruturas gramaticais. É menos óbvio que tenham de existir condições sobre a Estrutura-S, mas parece que podem existir (ver a seção 1.3.3).

Os princípios possuem estrutura adicional. Existem agrupamentos naturais em *módulos* linguísticos (teoria da ligação, teoria-θ, teoria do Caso etc.). Determinados conceitos unificadores entram em vários ou em todos os módulos: condições de localidade, propriedades "geométricas" definidas sobre os indicadores sintagmáticos e assim por diante. Existem também certas ideias gerais que parecem ter um grau de aplicabilidade bem amplo, entre elas, princípios de economia afirmando que não podem existir símbolos supérfluos nas representações (o princípio da Interpretação Plena, FI ([25])) ou etapas supérfluas nas derivações (Chomsky, 1986b; capítulos 2-4 deste livro). À medida que estes princípios recebem uma formulação explícita, convertem-se em hipóteses empíricas com consequências e alcance específicos.

O princípio FI é assumido de modo natural em fonologia; se um símbolo numa representação não tiver interpretações sensório-motoras, a representação não se qualifica como uma representação PF. Isto é o que chamamos a "condição de interface". A mesma condição aplicada sobre LF também implica que qualquer elemento de uma representação LF tem uma interpretação (independente da língua particular). Por exemplo, não podem existir expletivos verdadeiros, ou quantificadores vácuos, no nível LF. O princípio da economia das derivações exige que as operações computacionais sejam guiadas por alguma condição sobre as representações, como se essas operações constituíssem um "último recurso" para resolver uma falha na satisfação de uma dessas condições. Em interação com outros princípios da UG, esses princípios de economia têm efeitos de enorme alcance e, quando as questões são compreendidas corretamente, podem abarcar uma grande parte daquilo que parece ser a natureza específica dos princípios particulares.

As mudanças de ênfase ao longo dos anos alteraram consideravelmente as tarefas da investigação e deram origem a concepções diferentes daquilo que constitui um "resultado real" no estudo da linguagem. Suponha-se que temos uma coleção qualquer de fenômenos numa língua particular. Nos estágios iniciais da gramática generativa, o objetivo consistia em encontrar um

---

[25] Do original inglês "Full Interpretation".

sistema de regras com a forma permitida, a partir do qual esses fenômenos (e muitos outros, de modo infinito) pudessem ser derivados. Esse objetivo é mais difícil do que aqueles colocados na gramática pré-generativa, mas não é impossível: existem muitos sistemas potenciais de regras, e é frequentemente possível construir um que funciona mais ou menos – ainda que o problema da adequação explicativa surja imediatamente, como observamos.

Mas este resultado, ainda que seja difícil, não conta como um resultado real quando adotamos a abordagem P&P como objetivo. Esse resultado, na realidade, apenas coloca o problema. Agora, a nossa tarefa consiste em mostrar de que modo os fenômenos derivados pelo sistema de regras podem ser deduzidos a partir dos princípios invariantes da UG, quando os seus parâmetros são ligados numa das maneiras permitidas. Esta é uma tarefa bem mais difícil e que coloca maiores desafios. É importante que o problema possa agora ser colocado de modo realista, e resolvido de maneira interessante em alguns domínios linguísticos, com insucessos que são também interessantes na medida em que apontam o caminho para melhores soluções. As diferenças da abordagem P&P relativamente à longa e rica tradição da investigação linguística são mais nítidas e mais radicais do que as da gramática generativa inicial, aparecendo agora problemas que são novos e perspectivas que parecem ser promissoras.

Outros problemas tradicionais tomam também uma forma diferente na abordagem P&P. Problemas de tipologia e de mudança linguística são expressos em termos de escolhas paramétricas (Lightfoot, 1991). A teoria da aquisição da linguagem ocupa-se da aquisição dos itens lexicais, da ligação dos parâmetros, e talvez da maturação dos princípios (Hyams, 1986; Roeper e Williams, 1987; Borer e Wexler, 1987; Chien e Wexler, 1991; Crain, 1991; Pierce, 1992). É possível que os processadores sejam basicamente uniformes para todas as línguas: os processadores do inglês e do japonês divergem apenas na ligação diferente dos parâmetros (Fong, 1991). Se esta abordagem for correta, seria necessário igualmente repensar outros problemas.

Uma boa parte da investigação mais reveladora sobre a gramática generativa nos últimos anos tem seguido a hipótese de trabalho de que a UG é uma teoria simples e elegante, com princípios fundamentais que têm uma natureza intuitiva e uma ampla generalidade. Com o abandono da noção de construção e com a progressiva adoção de sistemas "sem regras" ([26]), a abordagem P&P dá um ímpeto considerável a esta tendência. Um pressuposto

---

([26]) No original, "rule-free".

relacionado é que a UG é "não redundante", no sentido de os fenômenos serem explicados por uma interação particular de princípios. A descoberta de que certos fenômenos são "sobredeterminados" tem sido frequentemente interpretada como indicando uma deficiência teórica que tem de ser ultrapassada por princípios novos ou revistos. Estas hipóteses de trabalho têm tido sucesso enquanto guias da investigação, levando à descoberta de um amplo leque de fenômenos empíricos em línguas muito diversas, e levando também a formas de explicação que excedem em muito aquilo que se poderia imaginar não há muitos anos. Estes fatos são bem surpreendentes. As ideias-guia parecem-se com as ideias várias vezes adaptadas no estudo dos fenômenos inorgânicos, uma área com um sucesso frequentemente espetacular desde o século XVII. Mas a linguagem é um sistema biológico, e os sistemas biológicos são tipicamente "confusos" ([27]), complicados, são o resultado de "acidentes" da evolução ([28]), e são moldados por circunstâncias acidentais e por condições físicas que se aplicam sobre sistemas complexos com funções e elementos variados. A redundância é não só uma característica típica desses sistemas, mas uma característica esperada, porque ajuda a compensar feridas e defeitos, e permite uma acomodação à diversidade de finalidades e funções. O uso da linguagem parece ter as propriedades esperadas: como observamos, é sabido que partes consideráveis da linguagem são "não usáveis", e que as partes usáveis parecem formar um segmento caótico e "sem coerência" ([29]) da totalidade da linguagem. Contudo, a hipótese de que a faculdade da linguagem, na sua estrutura básica, tem propriedades de simplicidade e elegância que não são típicas dos sistemas orgânicos complexos tem sido frutífera ([30]); do mesmo modo, a sua natureza digital infinita parece ser única do ponto de vista biológico. Talvez estas conclusões sejam artefatos que refletem um padrão particular de investigação; o leque de fenômenos linguísticos que nunca receberam nenhuma explicação e que são aparentemente caóticos dá credibilidade a este tipo de ceticismo. Mesmo assim, o progresso realizado pela visão contrária não pode ser ignorado.

A abordagem P&P é por vezes chamada de *Teoria da Regência e Ligação* (*GB*). Esta terminologia é enganadora. É verdade que os esforços iniciais para

---

([27]) No original, "messy".
([28]) No original, "evolutionary tinkering".
([29]) No original, "unprincipled".
([30]) Ver a este respeito Li (1997), que argumenta que a teoria de um sistema biológico visto "de fora", como uma "caixa-preta", não contém redundâncias, e que este é na realidade o nível de descrição que caracteriza o estudo da competência na gramática generativa.

sintetizar a investigação atual nos termos desta abordagem se concentraram sobre as teorias da regência e da ligação (Chomsky, 1981a), mas estes módulos da linguagem existem juntamente com muitos outros: a teoria do Caso, a teoria-θ e assim por diante. Pode acontecer que o conceito de regência tenha um certo papel unificador, mas não existe nada de inerente na abordagem atual que exija esse resultado. Além disso, na medida em que as teorias da regência e da ligação tratam de fenômenos reais, têm de aparecer de alguma maneira em qualquer abordagem da linguagem; esta abordagem particular não pretende ter a posse exclusiva dessas teorias. A determinação da natureza destes e doutros sistemas é um projeto comum, que não é específico a esta concepção particular sobre a natureza da linguagem e do seu uso.

1.2 O léxico

Uma pessoa que possui uma língua tem acesso a uma informação detalhada sobre as palavras da língua. Qualquer teoria da linguagem tem de captar este fato; assim, qualquer teoria da linguagem tem de conter um léxico, qualquer que seja o seu formato; este é o repositório de todas as propriedades (idiossincráticas) dos itens lexicais particulares. Estas propriedades incluem a representação da forma fonológica de cada item, a especificação da sua categoria sintática, e as suas características semânticas. As propriedades de seleção s(emântica) e temáticas dos núcleos lexicais (verbos, nomes, adjetivos e pre- ou posposições) apresentam um interesse particular para esta discussão. Estas propriedades especificam a "estrutura argumental" de um núcleo, indicando quantos argumentos o núcleo licencia e que funções semânticas cada um deles recebe. Por exemplo, o verbo *give* ([31]) é especificado como atribuindo uma função de agente, uma função de tema e uma função de alvo/recipiente. Em (5), *John, a book*, e *Mary* têm estas funções temáticas (-θ) respectivas ([32]).

(5)   John gave a book to Mary

Em larga medida, é possível predizer a associação entre as funções-θ atribuídas e as posições dos argumentos. Por exemplo, "agente" nunca é aparentemente atribuído a um complemento. Na medida em que a associação é

---

[31] *dar*.
[32] (5) o João deu um livro à Maria

predizível e não é idiossincrática, não necessita (logo, não deve) fazer parte das entradas lexicais particulares.

Esta concepção do léxico baseia-se em ideias desenvolvidas nos anos 1960 (Chomsky, 1965), mas afasta-se delas em determinados pontos. As condições de subcategorização e de seleção desempenhavam um papel central nessas ideias. As primeiras condições determinam para cada núcleo lexical quais os constituintes frásicos que esse núcleo toma como complementos – por exemplo, que *kick* ([33]) toma um complemento NP. As segundas condições especificam os traços semânticos intrínsecos do(s) complemento(s) e do sujeito. Neste caso, o complemento NP de *kick* é [+concreto]. Notou-se na seção 1.1 que as regras de estrutura de constituintes e a subcategorização são (em larga medida) redundantes, logo que as primeiras podem ser (em larga medida) eliminadas. Mas note-se agora que a subcategorização é praticamente uma consequência quase completa da especificação de funções-θ. Um verbo que não atribua uma função-θ a um complemento não pode tomar um complemento. Um verbo que atribua funções-θ (obrigatórias) terá de ocorrer numa configuração com um número suficiente de argumentos (possivelmente incluindo complementos) para receber essas funções-θ. Além disso, as restrições de seleção são igualmente determinadas pelas propriedades temáticas, pelo menos em parte. Para receber uma função-θ particular, os traços semânticos inerentes de um argumento têm de ser compatíveis com essa função-θ.

Estas conclusões provisórias sobre a organização do léxico levantam questões importantes sobre a aquisição do conhecimento lexical. Suponha-se que a subcategorização (seleção-c) é uma construção artificial, sendo os seus efeitos derivados das propriedades semânticas (seleção-s). É razoável perguntar se isso é uma consequência do próprio procedimento de aquisição (Pesetsky, 1982). Pesetsky (desenvolvendo ideias de Grimshaw (1979)) sugere um quadro desse tipo. Através de uma comparação dos primitivos da seleção-c (categorias sintáticas como NP, CP etc.) com os da teoria-θ ("agente", "paciente", "alvo" etc.), argumenta que os segundos, mas não os primeiros, satisfazem aquilo a que podemos chamar a condição de *prioridade epistemológica*. Isto é, esses primitivos podem ser usados de maneira plausível pela criança que adquire a linguagem para construir uma análise preliminar, pré-linguística, de uma amostra razoável de dados, e podem, portanto, fornecer a base para o desenvolvimento que vai do estado inicial até o estado firme. Esta linha de raciocínio é atraente, mas não é conclusiva, dado o nosso grau

---

([33]) *chutar*.

de compreensão atual destas questões. Ainda que pareça correto que os primitivos da seleção-c não possuem prioridade epistemológica, não é de modo nenhum claro que os da seleção-s possuam esse estatuto. Ainda que a criança tenha à sua disposição a noção de "agente de uma ação" antes de qualquer conhecimento sintático, é menos claro que ela tenha à sua disposição a noção θ-teorética de "agente de uma *frase*". Isto é, antes de a criança saber algo acerca da sintaxe da sua língua (além daquilo que é dado pela UG), poderá ela determinar qual é a porção da frase que constitui o agente? Além disso, a evidência à disposição da criança consiste provavelmente em frases, e não simplesmente em verbos individuais enunciados isoladamente. Mas tais frases apresentam explicitamente propriedades de seleção-c, na medida em que contêm verbos acompanhados pelos seus complementos. Assim, a criança tem acesso simultaneamente a tipos de evidência que têm a ver tanto com a seleção-s (visto que as frases são apresentadas em contexto, assumindo que os contextos relevantes podem ser determinados) como com a seleção-c. É razoável assumir que estes dois aspectos contribuem para o desenvolvimento do conhecimento. Paralelamente à situação delineada por Pesetsky, pode também acontecer a situação oposta em que a evidência relativa à seleção-c fornece na realidade informação sobre a significação dos verbos (Lasnik, 1990; Gleitman, 1990). Por exemplo, a exposição a uma frase contendo um complemento oracional de um verbo não conhecido pode levar a criança a construir a hipótese de que esse verbo é um verbo de atitude proposicional.

Este cenário não se encontra necessariamente em conflito com a ideia inicial de Pesetsky sobre a organização das entradas lexicais. Os meios que levam à aquisição do conhecimento não se refletem necessariamente na forma final que esse conhecimento toma. Por exemplo, Grimshaw (1981) argumenta que a aquisição da categoria sintática de um item lexical se baseia em parte na noção de "realização estrutural canônica" (REC). A REC de um objeto físico é N, a de uma ação é V e assim por diante. Na ausência de evidência em contrário, a criança assume que uma palavra pertence à sua REC – digamos, que uma palavra que se refere a uma ação é um verbo. Como Grimshaw nota, mesmo que uma tal "inicialização semântica" [34] possa ser uma parte do procedimento de aquisição, o estado firme lexical resultante não exige uma relação desse tipo. As línguas frequentemente têm

---

[34] No original, "semantic bootstrapping".

nomes, como *destruction*, que se referem a ações (tal como possuem verbos, como *be*, que não se referem a ações) ([35]).

Note-se que estas considerações indicam que as entradas lexicais contêm pelo menos alguma informação sintática, além da informação fonológica e semântica que seguramente tem de estar presente. Grimshaw argumenta que é necessária igualmente uma especificação sintática adicional, a seleção-c além da seleção-s. Considerando um exemplo, Grimshaw observa que a categoria semântica "pergunta" pode ser estruturalmente realizada quer na forma de uma oração, como em (6), quer na forma de um NP, como em (7) ([36]).

(6)   Mary asked [what time it was]

(7)   Mary asked [the time]

O verbo *ask* ([37]) seleciona semanticamente uma pergunta. Grimshaw argumenta que também é necessário especificar que o verbo c-seleciona uma oração ou um NP, de maneira a distingui-lo de *wonder* ([38]), um verbo que apenas toma uma oração (em que * indica desvio) ([39]).

(8)   Mary wondered [what time it was]

(9)   * Mary wondered [the time]

Visto que é possível, como observamos acima, reduzir a maior parte da seleção-c à seleção-s, surge a questão de saber se uma tal redução também é possível neste caso. Pesetsky apresenta argumentos em favor dessa posição. Como veremos na seção 1.4.3, os NPs, contrariamente às orações, têm de receber Caso abstrato de um atribuidor Casual. (Daqui em diante, usamos letra maiúscula para a palavra Caso no seu uso técnico.) Deste modo, Pesetsky propõe que a diferença entre *ask* e *wonder* não precisa ser estabelecida em

---

([35]) *destruição, ser*.
([36]) (6) a Maria perguntou [que horas eram]
      (7) a Maria perguntou [as horas]
([37]) *perguntar*.
([38]) *perguntar-se (a si próprio/a)*. Traduzimos aqui *wonder* literalmente, por causa das propriedades particulares em discussão (cf. a nota ([3])).
([39]) (8)   a Maria perguntou-se (a si própria) [que horas seriam]
      (9)   * a Maria perguntou-se (a si própria) [as horas]

termos de seleção-c, mas é antes a consequência de uma diferença Casual: *ask*, mas não *wonder*, atribui Caso objetivo. Neste sentido, *wonder* forma um paradigma com os adjetivos, os quais também não atribuem Caso objetivo ([40]).

(10)   Mary is uncertain [what time it is]

(11) * Mary is uncertain [the time]

Pesetsky apresenta evidência adicional para esta distinção entre verbos como *ask* e verbos como *wonder* relativamente à atribuição Casual. Em inglês, e de um modo mais geral, apenas podem ocorrer na passiva os verbos atribuidores de Caso objetivo. Assim, (6) e (8) contrastam exatamente de acordo com esta previsão ([41]).

(12)   it was asked what time it was

(13) * it was wondered what time it was

Como Pesetsky observa, podemos derivar uma generalização descritiva notada por Grimshaw: entre os verbos que selecionam perguntas, alguns c-selecionam uma oração ou um NP enquanto outros c-selecionam apenas uma oração; nenhum c-seleciona apenas um NP. Existem diferenças na atribuição Casual entre os verbos, e estas são relevantes para a seleção-c de um NP (por causa da exigência Casual dos NPs), mas não para a seleção-c das orações.

Este tipo de redução parece ter bastante sucesso num número razoável de casos, mas é importante notar que as especificações sintáticas formais nas entradas lexicais não são inteiramente eliminadas em favor de especificações semânticas. A questão de saber se um verbo atribui ou não Caso objetivo, tanto quanto se saiba hoje em dia, é uma propriedade puramente formal não deduzível a partir da semântica. Se é verdade que uma boa parte da seleção-c

---

[40] (10)   a Maria não está segura [que horas sejam] (??)
    (11)   * a Maria não está segura [as horas] (*)
    (10) é degradado em português, mas mesmo assim melhor que (11). Comparar (11) com *a Maria não está segura das horas*, em que o NP *as horas* recebe Caso, atribuído pela preposição *de*. O problema complica-se em português porque (com alguma variação idioletal) as orações finitas podem receber Caso através da preposição *de* em contextos pós-adjetivais, contrariamente ao inglês (cf. ?*a Maria não está segura de que horas sejam*).

[41] (12)   *expl* foi perguntado que horas eram
    (13)   * *expl* foi-se perguntado que horas eram

é uma consequência da seleção-s, existe, caso Pesetsky tenha razão, um resíduo sintático, estável, em termos de propriedades Casuais lexicalmente idiossincráticas.

Introduziremos outras propriedades adicionais do léxico à medida que forem sendo exigidas pela exposição.

1.3 O Sistema Computacional

1.3.1 Propriedades gerais das derivações e das representações

O procedimento generativo que constitui a língua(-I) consiste num léxico e num sistema computacional. Na seção 1.2 delineamos algumas propriedades do léxico. Voltamo-nos agora para o sistema computacional. Aceitando os pressupostos gerais da seção 1.1, consideramos os quatro níveis de representação do sistema EST e as relações que estes mantêm entre si, prestando uma maior atenção à "sintaxe estrita", isto é, à derivação que relaciona a Estrutura-D, a Estrutura-S e LF.

A Estrutura-D, LF e PF são níveis de interface, que satisfazem a condição geral FI de um modo que vamos explicitar melhor. Cada nível é um sistema simbólico, consistindo em elementos atômicos (símbolos primitivos) [42] e em objetos construídos a partir destes através de concatenação e outras operações. Consideramos que estes objetos são indicadores sintagmáticos no sentido usual (representados convencionalmente por árvores ou por uma parentetização etiquetada). Cada símbolo primitivo é um complexo de traços, ainda que por conveniência ortográfica usemos de um modo geral símbolos convencionais [43]. Concretamente, considere-se que as categorias são como em (14), para os nomes, os verbos, os adjetivos, e as pre- e posposições, respectivamente.

(14) a. N = [+N, -V]
V = [-N, +V]
A = [+N, +V]
P = [- N, -V]

---

[42] No original, "primes".
[43] Repare-se que os símbolos aqui discutidos são primitivos (não decomponíveis) *nas representações sintáticas*; essa propriedade não está, pois, em contradição com o fato de serem lexicalmente constituídos por traços.

O traço [+N] é o substantivo tradicional; o traço [+V], o predicado.

Os símbolos primitivos que constituem a sequência terminal de um indicador sintagmático são retirados do léxico; os outros são *projetados* a partir destes *núcleos* por operações do sistema computacional. Os elementos que não projetam mais são *projeções máximas*. Numa notação informal, XP é a projeção máxima da categoria terminal X; deste modo, NP é a projeção máxima do seu núcleo N e assim sucessivamente. Ver a seção 1.3.2.

As duas relações básicas de um indicador sintagmático são a *dominância* e a *linearidade*. No indicador sintagmático (15) dizemos que B domina D e E, C domina F e G, e A domina todas as outras categorias (nós). Além disso, B precede C, F e G; D precede E, C, F e G; e assim por diante.

(15)

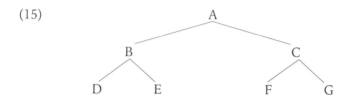

Se X for um núcleo, o seu nó "irmão" é o seu *complemento*; assim, se D e F são núcleos, E e G são os seus complementos respectivos em (15). Assumimos que as relações de ordenação são determinadas por um pequeno número de ligações paramétricas. Assim, em inglês, uma língua de *ramificação-à-direita*, todos os núcleos precedem os seus complementos, ao passo que em japonês, uma língua de *ramificação-à-esquerda* ([44]), todos os núcleos seguem os seus complementos; a ordem é determinada por uma ligação do *parâmetro nuclear* ([45]). Os exemplos dados adiante que abstraem das línguas particulares são usualmente interpretados independentemente da ordem apresentada. As relações de dominação são determinadas por princípios gerais (seção 1.3.2).

Um conceito fundamental que se aplica em todos os módulos da gramática é o de *comando* (Klima, 1964; Langacker, 1969; Lasnik, 1976; Reinhart, 1976; Stowell, 1981; Aoun e Sportiche, 1981). Dizemos que α *c-comanda* β se não domina β e todo o γ que domina α domina β. Assim, em (15), B c-comanda C, F e G; C c-comanda B, D, E; D c-comanda E e vice-versa; F c-comanda G e vice-versa. Quando γ se restringe a projeções máximas, dizemos que α *m-comanda* β.

---

[44] No original, "right-branching" e "left-branching", respectivamente.
[45] No original, "head parameter".

Um segundo conceito fundamental é o de *regência* (Chomsky, 1981a, 1986a; Rizzi, 1990), uma variedade mais "local" de comando à qual voltamos na seção 1.4.1.

Dada a língua L, cada DE é uma sequência (π, λ, δ, σ), sendo estes indicadores sintagmáticos retirados dos níveis PF, LF, Estrutura-D e Estrutura-S, respectivamente. O elemento δ reflete as propriedades dos itens selecionados do léxico num formato apropriado para a sua interpretação pelos princípios da UG, uma vez ligados os parâmetros para L. Os elementos σ e λ são formados por sucessivas aplicações das operações do sistema computacional sobre δ; e possuem as propriedades de δ, com as modificações introduzidas por estas operações. A representação PF π é uma sequência de símbolos primitivos fonéticos com uma indicação da estrutura silábica e da estrutura de entoação, e é derivada por uma computação a partir de σ. Assumimos que os símbolos primitivos não são modificados no decurso da derivação de δ até λ.

Uma entrada lexical típica consiste numa matriz fonológica e em outros traços, entre estes os traços categoriais N, V e assim por diante; e no caso de Ns, Caso e traços de concordância (pessoa, número, gênero), a partir de agora os *traços*-φ. Em princípio, qualquer um destes traços pode estar ausente. Num caso com particular interesse, a matriz fonológica inteira está ausente. Nesse caso, o elemento é uma EC (categoria vazia). Entre estas ECs temos o elemento *e* de (16), (17); usamos * para indicar um desvio sério, e ? para indicar um desvio mais fraco ([46]).

(16)   a. John expected [*e* to hurt himself]
        b. it is common [*e* to hurt oneself]

(17)   * *e* arrived yesterday ("he arrived yesterday")

Referimo-nos à EC de (16) como *PRO*, um elemento que pode ser *controlado* pelo seu *antecedente* (*John*, em (16a)) ou que pode ser interpretado

---

[46] (16)   a. o João esperava [*e* criticar-se]
          b. *expl* é comum [*e* criticar-se]
      (17)   * *e* chegou ontem ("ele chegou ontem")

Neste exemplo e em exemplos seguintes, no sentido de manter a interpretação reflexiva pretendida, usamos o verbo *criticar*(*-se*) em vez de *magoar*(*-se*) (tradução de *to hurt*) visto que *magoar-se* pode ser analisado como um verbo inacusativo em português, com *se* intrínseco. A diferença entre *himself* e *oneself* não tem equivalente em português. (16b) é degradado em português com a interpretação arbitrária (cf. *é comum uma pessoa criticar-se*). Uma análise deste fato encontra-se além do âmbito destas notas.

arbitrariamente, como em (16b). O caso (16b) é talvez também um caso de controle por uma EC que ocupa a mesma posição que *for us* em (18) (Epstein, 1984) (⁴⁷).

(18) it is convenient for us [for others to do the hard work]

Se assim for, PRO é sempre controlado. Ver a seção 1.4.2.

A EC de (17) é um elemento pronominal, que passamos agora a chamar *pro*. Não é permitido nesta posição em inglês; o equivalente desta frase é gramatical em italiano, uma *língua de sujeito nulo*. Sobre os fatores relevantes para a ligação destes parâmetros, ver Rizzi, 1982, 1986a; Huang, 1984; Borer, 1984; Jaeggli e Safir, 1989. Esta EC tem um comportamento muito semelhante ao de um pronome ordinário, sendo a sua referência determinada pelo contexto ou por algum antecedente numa posição apropriada. As relações estruturais nos pares (antecedente, *pro*) são também em geral semelhantes àquelas que encontramos nos pares (antecedente, pronome), e diferentes daquelas que encontramos no controle. Por exemplo, numa língua de sujeito nulo encontramos os equivalentes de (19c-d) (tomando *John* como o antecedente de *pro, he*) (⁴⁸).

(19) a. the people that *pro* taught admired John
b. * *pro* admired John
c. the people that he taught admired John
d. * he admired John

O comportamento de *pro* e *he* é semelhante, ao passo que PRO nunca pode aparecer nestas posições.

(⁴⁷) (18) *expl* é conveniente para nós [*compl* outros fazer o trabalho pesado] ('é conveniente para nós que outros façam o trabalho pesado')
(⁴⁸) (19) a. as pessoas que *pro* ensinou admiravam o João
b. * *pro* admirava o João
c. as pessoas que ele ensinou admiravam o João
d. * ele admirava o João
(19a) é degradado em português com a interpretação coreferente pretendida, o que parece indicar que (nesta língua, pelo menos), quando *pro* possui um antecedente, tem de ser c-comandado por ele.

Os exemplos de (20) ilustram um terceiro tipo de EC, que não é retirada do léxico, mas sim construída no decurso da derivação ([49]):

(20) a. I wonder [who John expected [*e* to hurt himself]]
     b. John was expected [*e* to hurt himself]

Referimo-nos a esta EC como *vestígio* (*t*), uma noção relacional *vestígio-de* X, em que X é o elemento movido funcionando como o antecedente que *liga* o vestígio. Assim, *John* liga *e* em (20b) do mesmo modo que *e* liga o reflexivo ou como *they* liga o recíproco em (21), o qual por sua vez liga o reflexivo ([50]).

(21) they expected [each other to hurt themselves]

Em (20a), *e* é o vestígio do NP *who*. O vestígio funciona como uma variável ligada por *who*, entendido como um quantificador restrito: "para qual *e*, *e* uma pessoa". *e*, por sua vez, liga *himself*, tal como *each other* liga *themselves* em (21) e *Bill* liga *himself* em (22), com *Bill* substituindo a variável de (20a) ([51]).

([49]) (20) a. eu não sei [quem o João esperava [*e* criticar-se]] (*) ('eu não sei quem o João esperava que se criticasse')
  b. João era esperado [*e* criticar-se] (*) ('esperava-se que o João se criticasse')
O predicado (passivo) *ser suposto* permite, para alguns falantes (chamemos a estes dialetos de "liberais"), a extração do sujeito de um complemento oracional infinitivo (simples) para a posição de sujeito principal. Assim, para o autor destas notas, (ia) é gramatical com a mesma significação de (ib):
(i) a. eles eram supostos [*t* criticar-se]
  b. era suposto [que eles se criticassem]
Com a estrutura aí indicada, (ia) é no essencial estruturalmente equivalente a (20b). Ver a nota ([51]). Sempre que for necessário para a clarificação da estrutura, substituímos o predicado *ser esperado* (ou outros predicados de elevação do inglês) por *ser suposto*, sem mais comentários.

([50]) (21) eles esperavam [um o outro criticar-se] (*) ('eles esperavam que cada um deles criticasse o outro')
A anáfora *um o outro* (*uns os outros*) não pode ocorrer em posição de sujeito, com Caso nominativo, em português; e pede obrigatoriamente uma preposição interna (*um com o outro* etc.).

([51]) (22) o João esperava [o Bill criticar-se] (*) ('o João esperava que o Bill se criticasse') Repare-se que mesmo no dialeto "liberal" (ver a nota ([49])) o verbo *supor*, quer na ativa quer na passiva, não admite um NP lexical na posição de sujeito do seu complemento infinitivo, embora admita um vestígio:
(i) a. * o João supunha [os rapazes criticar-se]
  b. * era suposto [os rapazes criticar-se]
(ii) os rapazes eram supostos [*t* criticar-se]
O verbo *supor* (no dialeto liberal) não é, pois, inteiramente paralelo ao inglês *expect*.

(22)   John expected [Bill to hurt himself]

Em (20a), tanto *e* como *himself* funcionam como variáveis ligadas pelo quantificador restrito: a forma LF é interpretada como "eu pergunto-me [para qual *e*, *e* uma pessoa, John esperava *e* magoar *e*]" ([52]). Note-se que usamos o termo *ligar* aqui para falar da associação de um antecedente com o seu vestígio de um modo bastante geral, incluindo o caso da ligação (sintática) de uma variável por um elemento de tipo quantificador; e também usamos o termo, em LF, no sentido de ligação entre um quantificador e a sua variável.

Em (20b) o verbo *was* é formado pelo elemento lexical *be* e os elementos flexionais [pretérito, 3ª pessoa, singular]. Assuma-se agora que o processo de composição efetua a adjunção da cópula aos elementos flexionais (elevação). Lembremo-nos de que existem duas interpretações para este processo: (1) elevação de *be* para a posição da flexão da frase de modo a construir a forma combinada [*be* + flexões], ou (2) elevação de [*be* + flexões] (= *was*, retirado do léxico com os seus traços já atribuídos) para a posição da flexão, onde os traços são verificados. De qualquer maneira, temos um segundo vestígio em (20b) = (23) ([53]).

(23)   John was e_2 expected [e_1 to hurt himself]

A EC e_2 é o vestígio de *be* ou de *was*; e_1 é o vestígio de *John*, ligando *himself*. Em cada caso o vestígio ocupa a posição a partir da qual o antecedente foi movido. Adotamos concretamente a teoria da verificação (2): o que se eleva em (23) é *was*.

A elevação de *was* para a posição da flexão é necessária para verificar as propriedades flexionais. O mesmo acontece com os outros verbos flexionados, por exemplo, *wonder* em (20a), que se analisa em [presente, 1ª pessoa, singular]. Assim, uma representação mais completa (ainda que apenas parcial) é (24), em que e_1 é o vestígio de *wonder* ([54]).

(24)   I wonder e_1 [who John expected [e_2 to hurt himself]]

([52]) No original, "I wonder [for which *e*, *e* a person, John expected *e* to hurt *e*]". A LF associada ao exemplo português correspondente na nota ([49]) é: 'não sei [para qual *e*, *e* uma pessoa, o João esperava *e* criticar *e*]' (' ... que *e* criticasse *e*]').
([53]) (23) o João era e_2 esperado [e_1 criticar-se] (*) ('esperava-se que o João se criticasse')
([54]) Neste exemplo, e_1 é o vestígio de *sei*.

Existem motivos para acreditar que em inglês (24) é uma representação LF, ao passo que a representação equivalente em outras línguas semelhantes (por exemplo, no francês) é uma representação de Estrutura-S; (23) e os seus equivalentes são representações de Estrutura-S em ambos os tipos de línguas (Emonds, 1978; Pollock, 1989) ([55]).

Assim, os auxiliares em inglês são elevados em Estrutura-S, mas os verbos principais apenas são elevados em LF, ao passo que os elementos correspondentes em francês são todos elevados em Estrutura-S. O inglês e o francês são assim idênticos (nos aspectos relevantes) na Estrutura-D e em LF, mas divergem na Estrutura-S, com a expressão inglesa (25a) (que corresponde à estrutura-D basicamente comum às duas línguas) contrastando com a expressão francesa (25b) (que corresponde à forma LF basicamente comum às duas línguas).

(25) a. John often [kisses Mary]
      b. Jean embrasse   souvent   [*t* Marie]
         Jean beija   frequentemente Marie

Informalmente, o vestígio funciona sempre como se o antecedente estivesse nessa posição, recebendo e atribuindo propriedades sintáticas e semânticas. Assim, *e* é a posição normal do antecedente de um reflexivo tanto em (20a) como em (20b). E, em (25b), o vestígio é o núcleo verbal do VP, o qual atribui uma função semântica particular e um Caso gramatical ao seu objeto nominal.

Note-se que PRO e vestígio têm propriedades muito diferentes. Assim, um elemento que controla PRO é um argumento independente no sentido da seção 1.2, recebendo uma função semântica independente; mas o elemento que liga um vestígio não é um argumento independente. Compare-se (16a) com (20b), repetidos aqui ([56]).

(26) a. John expected [*e* to hurt himself]
      b. John was expected [*e* to hurt himself]

Em (26a), *John* é o argumento sujeito de *expected*, tal como em (22); a EC controlada por *John* tem uma função independente, a de sujeito de *hurt*.

---

[55] O português é semelhante ao francês; ver *Faculdade*, cap. 7, seção 6.
[56] Note-se que o verbo *(to) expect* em inglês pode entrar tanto em estruturas de controle como em estruturas de elevação (e ECM).

Em (26b), pelo contrário, *John* não tem função semântica além daquela que "herda" do seu vestígio, enquanto sujeito de *hurt*. Como o sujeito de *is expected* não recebe nenhuma função argumental independente, pode ser um não argumento (um *expletivo*), como em (27) ([57]).

    (27)   there is expected [to be an eclipse tomorrow]

Seguem-se outras diferenças na interpretação. Comparem-se, por exemplo, (28a) e (28b) ([58]).

    (28)   a. your friends hoped   [*e* to finish the meeting happy]
                b. your friends seemed [*e* to finish the meeting happy]

Em (28a), *your friends* e *e* são argumentos independentes, recebendo a sua função semântica como sujeitos de *hope* e de *finish*, respectivamente; logo, a EC tem de ser PRO, controlada por *your friends*. Mas *seem* não atribui uma função semântica ao seu sujeito, o qual pode de novo ser um expletivo, como em (29) ([59]).

    (29)   a. it seems   [your friends finished the meeting happy]
                b. there seems [*e* to be a mistake in your argument]

Por conseguinte, a EC em (28b) tem de ser um vestígio, com o seu antecedente *your friends* recebendo uma função semântica enquanto argumento, como se estivesse naquela posição. Sabemos além disso que o adjectivo *happy* modifica o sujeito da sua própria oração, não o sujeito de uma oração mais elevada. Assim, em (30), *happy* modifica *meeting*, não *your friends*; a frase significa que os teus amigos tinham esperança que a atmosfera seria alegre quando o encontro terminasse ([60]).

---

[57] (27)   *expl* é esperado [haver um eclipse amanhã] (*) ('espera-se que haja um eclipse amanhã')
           Cf. é suposto haver um eclipse amanhã.
[58] (28)   a. os teus amigos tinham esperança de [*e* terminar a reunião alegres]
                 b. os teus amigos pareciam   [*e* terminar a reunião alegres]
[59] (29)   a. *expl* parece [(que) os teus amigos terminaram a reunião alegres]
                 b. *expl* parece [*e* haver um erro no teu argumento]
[60] (30)   os teus amigos tinham esperança [(que) o encontro terminasse alegre] (??) ('os teus amigos tinham esperança que o encontro terminasse (com uma atmosfera) alegre').
           O argumento é válido em português, apesar do estatuto degradado do exemplo.

(30) your friends hoped [the meeting would finish happy]

Logo, em (28) *happy* modifica PRO em (a) e o vestígio em (b). O exemplo (28a) significa assim que os teus amigos tinham um determinado desejo: de estar alegres quando a reunião terminasse. Mas (28b) tem mais ou menos a significação de (29a), com *happy* modificando *your friends*.

Aparecem igualmente outras diferenças semânticas, como em (31a) e (31b) (Burzio, 1986) ([61]).

(31) a. one translator each was expected *t'* to be assigned *t* to the visiting diplomats
b. one translator each hoped PRO to be assigned *t* to the visiting diplomats

Em (31a) nem *one translator each* nem o seu vestígio *t'* estão numa posição que tenha um estatuto argumental independente. Logo, o constituinte argumental *one translator each* é interpretado como se estivesse na posição do vestígio *t*, com o estatuto argumental de objeto de *assigned*; a significação é que era esperado que um tradutor fosse atribuído aos diplomatas visitantes numa relação biunívoca (isto é, cada diplomata receberia um tradutor). Pelo contrário, em (31b) *one translator each* e PRO são argumentos independentes; é PRO, e não *one translator each*, que liga *t* e é interpretado como se estivesse nessa posição. O sujeito *one translator each* é, portanto, deixado sem interpretação, de maneira muito semelhante ao que se ilustra na construção semelhante (32) ([62]).

(32) one translator each hoped that he would be assigned to the visiting diplomats

---

[61] (31) a. um intérprete cada era esperado *t'* ser atribuído *t* aos diplomatas visitantes
(*) ('esperava-se que um intérprete fosse atribuído a cada um dos diplomatas visitantes')
b. um intérprete cada tinha esperança PRO ser atribuído *t* aos diplomatas visitantes
(*) ('cada intérprete tinha esperança de ser atribuído aos diplomatas visitantes')
Em causa nestes exemplos está a propriedade "distributiva" de *each* 'cada': o argumento sobre o qual se efetua a distribuição (*the visiting diplomats*) tem de estar na mesma oração simples que *each* ou um seu vestígio, o que não acontece em (31b), já que aí o vestígio *t* é ligado por PRO, e não por *one translator each*.
[62] (32) um intérprete cada tinha esperança que ele seria atribuído aos diplomatas visitantes ('cada intérprete tinha esperanças de que seria atribuído aos diplomatas visitantes')
Ver a nota ([61]).

Ainda que o estatuto argumental do antecedente de um vestígio seja determinado na posição do vestígio, o antecedente pode mesmo assim ter uma função semântica independente em outros aspectos. Comparem-se os exemplos de (33) ([63]).

(33) a. * it seems to each other [that your friends are happy]
b. your friends seem to each other [*t* to be happy]
c. it seems [that all your friends have not yet arrived]
d. all your friends seem [to have not yet arrived]

Em (33a), *your friends* não pode ligar o recíproco *each other*, mas pode fazê-lo em (33b), logo funcionando na sua posição visível, e não na posição do seu vestígio. Em (33c) e (33d), as posições visíveis são relevantes para a determinação das propriedades de escopo: assim, só (33c) pode significar que parece que nem todos os teus amigos chegaram, com *not* tomando escopo sobre *all*. Vemos, portanto, que as propriedades de escopo e o estatuto argumental são determinados de um modo diferente para as construções antecedente-vestígio. Estes factos deveriam ser deduzidos como consequência da teoria das ECs e da interpretação semântica. Ver a secção 1.4.2.

PRO e vestígio também diferem na sua distribuição sintática. Assim, em (34), temos as propriedades de controle, com o antecedente e PRO funcionando como argumentos independentes; mas as propriedades do vestígio, implicando um só argumento, não podem ser exibidas nas estruturas correspondentes, como (35) ilustra ([64]).

(34) a. John asked whether [PRO to leave]
b. John expected that it would be fun [PRO to visit London]

([63]) (33) a. * *expl* parece uns aos outros [que os teus amigos estão alegres]
b. os teus amigos parecem uns aos outros [*t* estar alegres]
c. *expl* parece [que todos os teus amigos não chegaram ainda]
d. todos os teus amigos parecem [não ter chegado ainda]

([64]) Nestes exemplos, usamos *como* em vez de *se* (para *whether*) de modo a preservar o estatuto de palavra interrogativa -*wh* (*se* em português é um complementador equivalente ao inglês *if*).
(34) a. o João perguntou como [PRO sair]
b. o João esperava que *expl* seria divertido [PRO visitar Londres]
(35) a. * o João foi perguntado como [*t* sair]
b. * o João era esperado que *expl* seria divertido [*t* visitar Londres]
Comparar (35b) com * *João era suposto que* expl *seria divertido* t *visitar Londres*.

(35) a. * John was asked whether [*t* to leave]
   b. * John was expected that it would be fun [*t* to visit London]

Na realidade, vestígio e PRO não coincidem na sua distribuição; estes fatos deveriam, de novo, ser deduzidos a partir da teoria das ECs.

Admitimos também um quarto tipo de EC, possuindo apenas os traços categoriais [± N, ± V], e projetando normalmente. Estas categorias servem apenas como alvo para o movimento e têm de ser preenchidas no decurso da derivação. Como estes elementos não têm nenhuma função semântica, não satisfazem a condição FI na Estrutura-D (como se explicita adiante), e podemos provisoriamente assumir que eles, e as estruturas projetadas a partir deles, são inseridos no decurso da derivação, de um modo permitido pela teoria da estrutura de constituintes. Ver a seção 1.4.3 para comentários adicionais.

Se todas estas ECs forem na realidade distintas, esperamos que sejam diferentes relativamente à sua composição em traços (Chomsky, 1982; Lasnik, 1989). Na melhor das hipóteses, os traços são exatamente aqueles que distinguem os elementos visíveis. Numa primeira aproximação, suponha-se que os NPs visíveis se distribuem pelas categorias *anáfora* (reflexivos, recíprocos), *pronome*, e *expressão-r* (*John*, *the rational square root of 2*, e outras expressões que são "quase referenciais" no sentido interno da seção 1.1) ([65]). Podemos então assumir que temos dois traços, [anáfora] e [pronominal], cada um com dois valores, obtendo-se assim potencialmente quatro categorias.

(36) a. [+anáfora, -pronominal]
   b. [-anáfora, +pronominal]
   c. [-anáfora, -pronominal]
   d. [+anáfora, +pronominal]

Uma expressão [+anáfora] funciona referencialmente apenas em interação com o seu antecedente; a referência de uma expressão [+pronominal] pode ser determinada por um antecedente (mas a expressão refere). Os reflexivos e os recíprocos pertencem então à categoria (36a) e os pronomes à categoria (36b). A terceira categoria contém elementos que referem mas não são referencialmente dependentes: as expressões-r. As quatro ECs discutidas acima entram na tipologia (37).

---

[65] *o João, a raiz quadrada racional de 2.*

(37) a. Vestígio de NP é [+anáfora, -pronominal].
 b. *Pro* é [-anáfora, +pronominal].
 c. Vestígio de operador (variável) é [-anáfora, -pronominal].
 d. PRO é [+anáfora, +pronominal].

Assim, o vestígio de NP é não referencial, *pro* tem as propriedades de um pronome, e as variáveis são "referenciais" no sentido de serem substitutos posicionais das expressões-r. PRO controlado pertence à categoria (37d), logo todo o PRO, se é verdade que PRO aparentemente não controlado tem um controlador oculto (ver (18)). Esperamos então que vestígio de *NP*, *pro* e variável partilhem propriedades relevantes com as anáforas visíveis, os pronomes e as expressões-r, respectivamente. Elementos como *one* em inglês, *on* em francês, *man* em alemão são talvez equivalentes visíveis parciais de PRO, partilhando com este elemento a interpretação modal da sua versão arbitrária e a sua ocorrência exclusiva na posição de sujeito (Chomsky, 1986b).

Estas expectativas são em larga medida satisfeitas quando abstraímos de outros fatores. Assim, a relação estrutural de um vestígio com o seu antecedente é basicamente a mesma de uma anáfora com o seu antecedente; em ambos os casos o antecedente tem de c-comandar o vestígio, e outras condições estruturais têm de ser satisfeitas, como se ilustra em (38), em que apresentamos os exemplos de modo ligeiramente diferente para evitar fatores que proíbem as estruturas não pretendidas [66].

(38) a. i. John hurt himself
 ii. John was hurt *t*

---

[66] (38) a. i o João criticou-se
 ii. o João foi criticado *t*
 b. i. * si próprio pensou [(que) o João parece ser inteligente]
 ii. * *t* pensou [(que) o João parece que *expl* está a chover]
 c. i. * o João decidiu [(que) si próprio sairia cedo]
 ii. * o João foi decidido [*t* sair cedo]
Utilizamos em português a anáfora *si próprio* em posição de sujeito. Como clarificação, (38bii) seria obtido pela descida do NP *o João* a partir da posição de sujeito de *pensou*, deixando um vestígio; a estrutura-D desse exemplo seria, pois:
(i) o João pensou [(que) *e* parece que está a chover]
A operação que converte (i) em (38bii) é ilegítima, visto que um vestígio tem de ser c-comandado pelo seu antecedente, o que não acontece em (38bii).
Em (i), *e* é a "quarta categoria vazia" mencionada acima (unicamente categorial e servindo de alvo para o movimento).

    b. i. * himself thought [John seems to be intelligent]
        ii. * t thought [John seems that it is raining]
    c. i. * John decided [himself left early]
        ii. * John was decided [t to leave early]

Estas propriedades reduzem drasticamente as opções de movimento dos NPs: elevação mas não descida, objeto-para-sujeito mas não o contrário, e assim por diante (Fiengo, 1977).

PRO obedece a condições semelhantes, mas não exatamente idênticas. Assim, a Condição de C-Comando é ilustrada por (39) ([67]).

(39)   a. John expects [PRO to hurt himself]
       b. * [John's mother] expects [PRO to hurt himself]
       c. * John expects [PRO to tell [Mary's brother] about herself]

Em (39c) PRO está numa posição de onde pode ligar *herself* mas a condição de C-Comando exige que o antecedente de PRO seja *John*, não *Mary*.

Do mesmo modo, as variáveis partilham propriedades relevantes com as expressões-r, tal como esperamos ([68]).

([67]) (39) a. o João espera [PRO criticar-se (a si próprio)]
             b. * [a mãe do João] espera [PRO criticar-se (a si próprio)]
             c. * o João espera [PRO falar (a) [o irmão da Maria] sobre si própria]
([68]) (40) a. i   eles pensam [(que) o João parte amanhã]
                 ii. eu não sei quem (é que) eles pensam [(que) t vai partir amanhã]
             b. i.   * *expl* parece [essas pessoas ser inteligentes]
                 ii. * eu não sei que pessoas (é que) *expl* parece [t ser inteligentes]
             c. i.   ele pensa [(que) o João é inteligente]
                 ii. * eu não sei quem (é que) [ele pensa [(que) t é inteligente]]
                 iii. o João pensa [(que) ele é inteligente]
                 iv. eu não sei quem (é que) [t pensa [(que) ele é inteligente]]

Em (40b), usamos um NP plural (*essas pessoas, que pessoas*) em vez de um nome singular, devido a interferências morfossintáticas que têm a ver com o fato de o infinitivo flexionado de terceira pessoa do singular ser morfologicamente Ø e com o fato de em português o expletivo ser um *pro* nulo. Estas interferências fazem com que as orações equivalentes a (40bii) com um NP singular sejam gramaticais: *eu não sei quem parece ser inteligente*, *eu não sei que pessoa parece ser inteligente*. Na realidade, há duas derivações distintas e legítimas para estas frases, uma delas envolvendo elevação do grupo-*wh* para sujeito de *parecer* antes do movimento-*wh*, com a oração *ser inteligente* um infinitivo simples, e a outra envolvendo movimento-*wh* direto do grupo-*wh* a partir da posição de sujeito da oração *ser inteligente*, neste caso um infinitivo flexionado, e com um *pro* expletivo nulo na posição de sujeito de *parece*. Na primeira derivação, a posição de sujeito de *parece* está ocupada pelo vestígio (variável) do grupo-*wh*, que verifica o Caso e o acordo nessa posição. Na segunda derivação,

(40) a. i.   They think [John will leave tomorrow]
     ii. I wonder who they think [*t* will leave tomorrow]
  b. i.   *it seems [John to be intelligent]
     ii. *I wonder who it seems [*t* to be intelligent]
  c. i.   he thinks [John is intelligent]
     ii. I wonder who [he thinks [*t* is intelligent]]
     iii. John thinks [he is intelligent]
     iv. I wonder who [*t* thinks [he is intelligent]]

Em (40a), o nome próprio e a variável aparecem com a função de sujeito Casualmente marcado de uma oração finita, e as expressões são bem formadas, satisfazendo as condições de marcação Casual sobre as expressões-r, às quais voltamos imediatamente. Em (40b), o nome próprio ([69]) e a variável aparecem com a função de sujeito sem Caso de uma oração infinitiva, e as expressões são seriamente degradadas. Em (40ci) *he* não é referencialmente ligado por *John* (não podemos tomar *he* como referindo-se a *John*, contrariamente a (40ciii)); e na estrutura paralela (40cii) *he* e a variável *t* não se encontram referencialmente relacionados (não podemos tomar *he* como sendo uma variável ligada pelo operador *who*, o qual liga *t*, contrariamente a (40civ)) ([70]). De novo, várias condições sobre o movimento podem ser deduzidas como casos especiais.

Estas ECs possuem também outros traços partilhados pelas expressões visíveis, especificamente traços-ϕ. Assim, o vestígio em (20a) tem os traços

---

    o vestígio-variável do grupo-*wh* verifica o Caso e o acordo na posição de sujeito da oração de infinitivo flexionado mais encaixada (*ser inteligente*). Finalmente, existe uma terceira derivação, aquela descrita no texto principal para (40bii), em que a oração mais encaixada é um infinitivo simples, a posição de sujeito de *parece* está ocupada por um *pro* expletivo nulo e o movimento do grupo-*wh* é feito diretamente da posição de sujeito mais encaixada. Esta derivação, como se aponta no texto, é ilegítima, pois não há Caso para o vestígio-variável do grupo-*wh*. A morfologia, no entanto, é uniformemente a mesma nas três derivações. Daí a escolha do NP plural em (40bii), assegurando que a expressão só se encontra associada à derivação ilegítima aí representada. Continuarei em exemplos futuros a substituir NPs ou nomes singulares por NPs plurais sempre que o problema referido surgir, sem quaisquer comentários adicionais.

([69]) O NP *essas pessoas* na tradução portuguesa, ver a nota ([68]).

([70]) A expressão (40civ) em português é ligeiramente degradada com o pronome visível *ele* na interpretação em que este corresponde a uma variável ligada por *quem*, sendo preferida a variante nula do pronome nessa posição: *eu não sei quem (é que) [t pensa [que pro é inteligente]]*. Ver a esse respeito Montalbetti (1984).

[masculino, singular], explicando-se assim a escolha da anáfora visível particular que aí ocorre ([71]).

Uma EC sem os traços tipológicos de (37) ou sem traços-φ não é interpretável, logo não é permitida em LF pelo princípio FI. Um tal elemento, identificado apenas pelos traços categoriais (NP, V etc.), pode aparecer no decurso da derivação, mas somente com o estatuto de uma posição a ser preenchida ou então eliminada posteriormente.

É uma questão em aberto saber se o movimento deixa sempre um vestígio e, naqueles casos em que deixa, se existem razões independentes para isso. Para os objetivos da nossa exposição, assumimos provisoriamente que o movimento de uma categoria deixa sempre um vestígio e que, no caso mais simples, esse movimento forma uma *cadeia* (α, t), em que α, a *cabeça* da cadeia, é o elemento movido, e *t* é o seu vestígio. A cadeia é uma *cadeia-X* se a sua cabeça tem a propriedade X; voltamos à questão dos valores relevantes de X. Os elementos interpretados no nível de interface LF são as cadeias (por vezes com um só membro), sendo cada cadeia uma representação abstrata da sua cabeça.

A operação de movimento (daqui em diante Mover α) é um princípio invariante da computação, enunciando que uma categoria pode ser movida para uma posição alvo. Consideramos que a categoria movida e o alvo são símbolos primitivos (elementos lexicais, ECs alvos de movimento, ou projeções destes elementos mínimos), com duas opções: ou a categoria α movida substitui o alvo β (substituição), ou é adjunta a ele (adjunção) como em (41) (a ordem é irrelevante, *t* é o vestígio de α, e $β_1$, $β_2$ são duas ocorrências de β).

(41)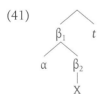

Quaisquer outras restrições sobre o movimento derivam de outros princípios, incluindo condições sobre as representações.

Existem duas interpretações naturais dos elementos formados por adjunção: podemos assumir que cada ocorrência de β em (41) é uma categoria de

---

([71]) A anáfora *se* em português não é especificada com traços-φ (pelo menos visivelmente), mas podemos ilustrar a observação feita no texto se acrescentarmos *a si próprio* à tradução de (20a), *Eu não sei [quem o João esperava [e criticar-se a si próprio]* ('eu não sei quem o João esperava que se criticasse a si próprio').

pleno direito (Lasnik e Saito, 1992) ou que formam juntas uma categoria [β₁, β₂], sendo as duas ocorrências de β os *segmentos* da categoria (May, 1985; Chomsky, 1986a). Como de costume, uma articulação estrutural adicional da teoria traz consequências empíricas.

A distinção entre segmento e categoria requer uma clarificação do conceito de dominância e de outros conceitos que dele derivam (comando etc.). Propomos então que a categoria [β₁, β₂] em (41) *inclui* X, *exclui t*, e *contém* α (o mesmo para outros elementos dominados por estes). Restringimos o conceito de dominação à inclusão. Assim, [β₁, β₂] apenas domina X. Dizemos que um segmento ou categoria α *cobre* β se contiver β, incluir β, ou for = β. Definindo as relações de comando como antes, α c-comanda *t* em (41), visto que α não é dominado por β (apenas está contido em β); mas Y incluído em α não c-comanda *t*. As propriedades de núcleo e de comando serão as mesmas na estrutura pós-adjunção. Assim, se γ é o núcleo da categoria pré-adjunção β e c-comanda δ, então, na estrutura pós-adjunção [β₁, β₂], continua a ser o núcleo e c-comanda δ. Sempre que não for confuso, referimo-nos à categoria pós-adjunção [β₁, β₂] simplesmente como β.

A substituição é restringida por um princípio da UG de *recuperabilidade do apagamento* ([72]), exigindo que nenhuma informação se perca na aplicação da operação; assim, β pode ser substituído por α apenas se não houver nenhum conflito de traços entre as duas categorias. Deste modo, o alvo da substituição é sempre uma EC com os mesmos traços categoriais da categoria movida (a hipótese de preservação da estrutura de Emonds, 1976). A adjunção, segundo parece, obedece a uma propriedade semelhante (ver a seção 1.3.3).

Mover α permite movimento múltiplo (*sucessivamente cíclico*), como em (42), derivado a partir das Estruturas-D (43), com os alvos do movimento inseridos ([73]).

(42) a. John seems [*t'* to have been expected [*t* to leave]]
b. I wonder [who John thought [*t'* Bill expected [*t* to leave]]]

---

[72] No original, "recoverability of deletion".
[73] (42) a. o João parece [*t'* ter sido esperado [*t* sair]] (*) ('parece que se esperava que o João saísse')
b. eu não sei [quem o João pensou [*t'* (que) o Bill esperava [*t* sair]]] (*) 'não sei quem o João pensou que o Bill esperava que saísse')
(43) a. *e* parece [*e* ter sido esperado [o João sair]]
b. eu não sei [*e* o João pensou [*e* (que) o Bill esperava [*quem* sair]]]

(43) a. *e* seems [*e* to have been expected [John to leave]]
    b. I wonder [*e* John thought [*e* Bill expected [*who* to leave]]]

Em (42a), temos a cadeia (*John, t', t*) com os *elos* (*John, t'*) e (*t', t*); em (42b) a cadeia (*who, t', t*), também com dois elos. As *cabeças* das cadeias são *John* e *who*, respectivamente.

Assumimos até agora que a operação Mover α forma apenas um único elo de uma cadeia. Alternativamente, podemos assumir que a operação não é Mover α, mas sim Formar Cadeia, uma operação que forma as cadeias completas de (42) a partir das Estruturas-D (43) numa etapa única. Num contexto teórico mais rico, a distinção poderá ser mais do que meramente notacional (ver o cap. 3). Assumimos aqui provisoriamente a interpretação mais convencional de Mover α. A operação Mover α satisfaz condições de localidade estritas. Suponha-se que a posição do vestígio intermédio *t'* em (42) está preenchida, como em (44), de tal modo que a cadeia tem de ser formada com um só elo, omitindo (⁷⁴) a posição bloqueada (ocupada por *it*, *whether* e *whether*, respectivamente) (⁷⁵).

(44) a. * John seems that [*it* was expected [*t* to leave]]
    b. ?what did John remember [*whether* [Bill fixed *t*]]
    c. * how did John remember [*whether* [Bill fixed the car *t*]]

As cadeias (*John, t*), (*what, t*) e (*how, t*) não satisfazem as condições de localidade, e as expressões são degradadas, ainda que de maneiras marcadamente diferentes, um fato que pede uma explicação em termos de propriedades da UG. Note-se que no caso (44c) é a forma PF com *essa interpretação* – isto é, com *how* interpretado na posição do vestígio – que é degradada; se *how* for

---

(⁷⁴) No original, "skipping".
(⁷⁵) (44) a. * essas pessoas parecem que [*expl* era esperado [*t* sair]]
    b. ?o que (é que) o João (não) se lembra [*quando* [o Bill consertou *t*]]
    c. * como (é que) o João (não) se lembra [*quando* [o Bil! consertou o carro *t*]]
Sobre o uso de *essas pessoas* em vez de *o João*, ver a nota (⁶⁸); usamos *quando* em vez de *se* (a tradução de *whether*) para manter o estatuto de palavra-*wh* no exemplo português, e omitimos a representação do seu vestígio, irrelevante para o que se pretende ilustrar. Nos exemplos em português, a posição bloqueada na formação das cadeias encontra-se preenchida, respectivamente, por *pro* (o expletivo nulo), *quando* e *quando*, respectivamente. Cf. também, a par de (44a), a não gramaticalidade de *essas pessoas parecem que (expl era suposto [t sair]]*; ver a nota (⁴⁹)).

interpretado modificando *remember*, não há desvio. A forma PF única tem duas DEs distintas, uma fortemente degradada, a outra não ([76]).

Lembremo-nos de que cada elemento tem de possuir uma interpretação independente de qualquer língua particular no nível da interface LF (o princípio FI). Alguns elementos são argumentos que recebem funções semânticas específicas (funções-θ), tais como agente e meta (ver a seção 1.2); as anáforas visíveis, PRO e as expressões-r (incluindo as variáveis) são argumentos. Os expletivos (por exemplo, o inglês *there*, o italiano *ci*) não recebem nenhuma função-θ. Certos elementos (por exemplo, o inglês *it*, o francês *il*, *pro* em italiano) podem funcionar ambiguamente como argumentos ou expletivos. Devido ao princípio FI, os expletivos têm de ser de algum modo eliminados em LF (seção 1.3.3).

Um argumento tem de receber uma função-θ de um núcleo (marcação-θ). Um argumento pode também receber uma função semântica através de predicação por um XP (ver Williams, 1980), em que XP pode ser uma frase aberta (por exemplo, a oração relativa de (45), com uma posição variável *t*). (Se vamos ou não considerar esta função semântica como uma verdadeira função-θ é uma questão interna à teoria que pomos aqui de lado.) ([77])

(45)   the job was offered to Mary, [who everyone agreed *t* had the best qualifications]

Outros XPs (os *adjuntos*, como, por exemplo, os constituintes adverbiais) atribuem uma função semântica a um predicado, a um núcleo, ou a outro adjunto. Como se ilustra em (44b-c), o movimento dos adjuntos tem propriedades bastante diferentes do movimento dos argumentos (Huang, 1982; Kayne, 1984; Lasnik e Saito, 1984, 1992; Aoun, 1986; Rizzi, 1990; Cinque, 1990) ([78]). Uma *posição-θ* é uma posição à qual se atribui uma função-θ. Os elementos que recebem uma interpretação em LF são as cadeias. Assim, cada cadeia argumental (46) tem de conter pelo menos uma posição-θ.

---

[76] O mesmo é válido para o exemplo em português correspondente.
[77] (45)   o trabalho foi oferecido à Maria, [que todo mundo concordava (que) *t* tinha as melhores qualificações]
[78] Repare-se que em (44b) *what* 'o que' é um argumento, mas em (44c) *how* 'como' é um adjunto. A hipótese normalmente aceita é que a diferença de aceitabilidade entre as duas expressões se deve a esse fator (a extração de um adjunto para fora de uma ilha tem resultados piores que a extração de um argumento).

(46) (α_1, ..., α_n)

Além disso, α_n, a posição ocupada por α_1 em Estrutura-D, tem de ser uma posição-θ, devido ao fato de a interpretação da Estrutura-D ser uma realização gramatical das propriedades lexicais. De acordo com isto, a marcação-θ tem de ser efetuada na Estrutura-D: um elemento, movido ou não, tem em LF exatamente as mesmas propriedades de marcação-θ (atribuindo e recebendo funções-θ) que tem na Estrutura-D. Nessa ordem de ideias, concluímos que nenhum elemento pode ser movido para uma posição-θ, recebendo uma função-θ que não tenha sido atribuída na Estrutura-D. Assim, uma cadeia não pode ter mais do que uma posição-θ, ainda que qualquer número de funções semânticas possa ser atribuído nessa posição. Em (47), por exemplo, *the wall* recebe uma função semântica de *paint* e outra de *red* ([79]).

(47) we painted the wall red

A teoria do Caso (seção 1.4.3) exige que todo o argumento tenha um Caso abstrato (e que pode ser realizado visivelmente de um modo ou de outro, o que depende de propriedades morfológicas particulares da língua em questão). Assim, uma cadeia argumental (46) tem de possuir uma e uma só posição-θ (nomeadamente, α_n) e pelo menos uma posição onde o Caso é atribuído (uma *posição Casual*). Seguindo ideias de Joseph Aoun, podemos pensar que a função do Caso consiste em tomar uma cadeia argumental *visível* para a marcação-θ. A condição de Último Recurso sobre o movimento (ver a seção 1.1) exige que o movimento seja permitido apenas para satisfazer alguma condição, em particular, para satisfazer a visibilidade (logo, FI). Quando um argumento é movido para uma posição Casual, já não pode ser movido de novo, visto que todas as condições relevantes se encontram agora satisfeitas. Concluímos assim que toda a cadeia argumental tem de possuir como cabeça uma posição Casual e tem de terminar numa posição-θ (a *Condição sobre as Cadeias*).

Note-se que estas condições são válidas para argumentos que não sejam PRO, uma anomalia à qual voltamos na seção 1.4.3. Sobre o estatuto das cadeias cuja cabeça é um expletivo relativamente à Condição Sobre as Cadeias, ver a seção 1.3.3.

---

[79] (47) pintamos a parede (de) vermelho

Até agora, consideramos cadeias com origem numa posição argumental de NP em Estrutura-D. Estas cadeias distribuem-se pelos dois tipos ilustrados em (42), que repetimos aqui.

(48) a. John seems [t' to have been expected [t to leave]]
b. I wonder [who John thought [t' Bill expected [t to leave]]]

Em (48a) temos, entre outras, a cadeia argumental (*John, t', t*) e em (48b) a cadeia operador-variável (*who, t', t*).

As cadeias podem também ter origem numa posição que não é de NP. Um caso, já mencionado, consiste no movimento de uma categoria lexical (*movimento de núcleo*), como em (23), (24), repetidos aqui, e que ilustram a elevação de V para as posições flexionais ([80]).

(49) a. John was *t* expected to hurt himself
b. I wonder *t* who John expected to hurt himself

Aqui, temos as cadeias (*was, t*) e (*wonder, t*), esta última uma cadeia LF em inglês ([81]).

Em muitas línguas, o movimento de um núcleo também entra na formação de palavras compostas. Suponha-se que formamos um verbo causativo com a significação "causar-cair" a partir da Estrutura-D subjacente (50), através da adjunção de *fall* a *cause* ([82]).

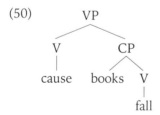

(50)

Esta operação produz a estrutura (51), sendo *t* o vestígio de *fall*.

([80]) (49) a. o João era *t* esperado criticar-se
b. eu não sei *t* quem o João esperava criticar-se
([81]) (*era, t*), (*sei, t*); ver a nota ([54]).
([82]) *causar, livros, cair*.

(51)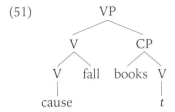

Ver Baker (1988). Aqui, *cause* é o núcleo de uma categoria verbal de dois segmentos, se assumirmos uma teoria da adjunção baseada em segmentos.

Um segundo tipo de cadeia que tem origem numa posição que não é de NP surge a partir do movimento de não argumentos (adjuntos, predicados), como em (52) ([83]).

(52) a. [to whose benefit] would that proposal be *t*
b. [how carefully] does he expect to fix the car *t*
c. [visit England], he never will *t*
d. [as successful as Mary], I don't think that John will ever be *t*

Em cada caso o constituinte não argumental entre parênteses é o antecedente do vestígio; assim, as cadeias são ([*to whose benefit*], *t*), ([*how carefully*], *t*), ([*visit England*], *t*) e ([*as successful as Mary*], *t*), respectivamente ([84]). O elemento interrogado em (52a) é na realidade *who*; o resto é "transportado" ([85]), porque *who* não pode ser extraído da sua posição na Estrutura-D (53) (o fenômeno do "pied-piping"; Ross, 1967) ([86]).

([83]) (52) a. [para o benefício de quem] seria essa proposta *t*
b. [quão cuidadosamente] espera ele consertar o carro *t*
c. [visitar a Inglaterra], ele não vai *t*
d. [tão bem-sucedido como a Maria], não acho que o João seja nunca *t*

([84]) ([para o benefício de quem], *t*), ([quão cuidadosamente], *t*), ([visitar a Inglaterra], *t*), ([tão bem-sucedido como a Maria], *t*)

([85]) No original, "carried along".

([86]) (53) essa proposta seria [para quem + POSSESSIVO benefício]
O português, como se sabe, não possui Caso genitivo ('s) atribuído à esquerda do núcleo nominal do NP; o Caso genitivo é consistentemente atribuído à direita do núcleo e marcado com a preposição *de*. Assim, a estrutura correspondente a (53) em português é (i):
(i) essa proposta seria [para o benefício de quem]
Também neste caso *quem* não pode ser extraído sozinho, ou acompanhado apenas pela preposição *de*:
(ii) a. * [quem] seria essa proposta para o benefício de.
b. * [de quem] seria essa proposta para o benefício.

(53)   that proposal would be [to who + POSSESSIVE benefit]

A interpretação natural reflete a forma da Estrutura-D; a significação é "para qual pessoa *x*, essa proposta seria para o benefício de *x*" ([87]). Existe evidência de que a forma LF tem na realidade de ser construída de maneira semelhante a esta paráfrase (ver a seção 1.3.3). O caso (52b) pode ser interpretado de modo semelhante; assim, a interpretação é "para qual grau *x*, ele espera consertar o carro [*x* cuidadosamente]". Podemos então argumentar que estes exemplos não são na realidade casos de movimento dos próprios constituintes adjuntos, mas antes dos elementos interrogativos *who*, *how*, sendo o constituinte adjunto transportado. Podemos ir mais longe e concluir que o movimento de operador é o único tipo de movimento possível para os constituintes adjuntos, contrariamente aos argumentos, que podem formar cadeias argumentais. Como apoio para esta conclusão, observamos que, ainda que os adjuntos possam ocorrer tipicamente em diversas posições dentro de uma oração, não são interpretados como se fossem movidos de uma posição mais profundamente encaixada (Saito, 1985). Assim, (54a) não recebe a interpretação de (54b); essa, no entanto, seria a interpretação natural se *carefully* em (54a) fosse movido da posição de Estrutura-D ocupada por *carefully* em (54b) ([88]).

(54)   a. carefully, John told me to fix the car
       b. John told me to [fix the car carefully]

Este fato sugere que (52b) deve também ser considerado como um tipo de pied-piping, com o elemento movido *how* transportando o constituinte maior *how carefully*. Ver os caps. 3 e 4.

No âmbito da teoria das categorias vazias e das cadeias, podemos voltar à questão da direcionalidade das relações entre os níveis, levantada na seção 1.1. Como observamos aí, essa questão é obscura na melhor das hipóteses, e torna-se ainda mais sutil quando adotamos os pressupostos da teoria dos vestígios. Considerem-se de novo as representações de Estrutura-S (42), derivadas das representações de Estrutura-D (43) (repetidas aqui).

([87]) No original, "for which person *x*, that proposal would be to *x*'s benefit".
([88]) (54)   a. cuidadosamente, o João disse-me para eu consertar o carro
              b. o João disse-me para eu [consertar o carro cuidadosamente]

(55) a. John seems [*t'* to have been expected [*t* to leave]]
    b. I wonder [who John thought [*t'* Bill expected [*t* to leave]]]

(56) a. *e* seems [*e* to have been expected [John to leave]]
    b. I wonder [*e* John thought [*e* Bill expected [*who* to leave]]]

A nossa dúvida agora é se (55a-b) é derivado a partir de (56a-b) através do movimento de *John* e *who*, respectivamente; ou se a Estrutura-D é derivada a partir da Estrutura-S por um algoritmo (Sportiche, 1983; Rizzi, 1986b), sendo a Estrutura-D, na realidade, uma propriedade derivada da Estrutura-S; ou se existe simplesmente uma relação não direcional entre as expressões de cada par. Todas estas possibilidades são expressões alternativas da relação entre a Estrutura-S e o léxico. Estas três abordagens são todas "transformacionais", no sentido abstrato de levarem em consideração a relação entre um "elemento deslocado" e a posição na qual esse elemento é normalmente interpretado; e, no caso de (55b), a posição na qual esse elemento é visível na Estrutura-S de línguas como o chinês e o japonês (ver a seção 1.1). Essas relações de deslocamento constituem uma característica fundamental da linguagem humana, e têm de ser captadas de alguma maneira. Quando se aprofunda a investigação, as diferenças aparentes entre formulações alternativas acabam frequentemente por se dissolver em questões notacionais quanto ao melhor modo de exprimir essa propriedade. Levantam-se questões semelhantes sobre as diferenças aparentes entre as abordagens que postulam "níveis múltiplos" e outras alternativas "com um só nível" que codificam propriedades globais dos indicadores sintagmáticos em termos de símbolos complexos (Chomsky, 1951; Harman, 1963; Gazdar, 1981). No caso presente, a possibilidade de distinguir empiricamente as diferentes abordagens depende demasiadamente de considerações internas à teoria. Continuamos aqui a adotar a abordagem derivacional da seção 1.1, assumindo que este assunto, no seu âmago, tem um valor de verdade, ainda que sutil.

Para vermos alguns dos problemas que surgem, considerem-se as condições de localidade sobre Mover α. Uma condição geral, ilustrada em (44), é que o alvo do movimento tem de ser a posição mais próxima possível, com efeitos que variam segundo o tipo de movimento em questão. A condição é muito estrita para o movimento de núcleos: um núcleo não pode passar sobre o núcleo mais próximo que o c-comanda (a *Restrição Sobre o Movimento de Núcleos* (HMC)) ([89]), um caso especial de princípios mais gerais; ver a seção 1.4.1).

([89]) Do original inglês "Head Movement Constraint".

Assim, em (57), a formação de (b) a partir da Estrutura-D (a), através da elevação de *will* para a posição inicial da oração, satisfaz a HMC; mas a elevação de *read* para essa mesma posição, cruzando a posição de alvo possível ocupada por *will*, entra em violação da HMC, derivando a expressão interrogativa (57c), altamente degradada ([90]).

(57) a. John will read the book
b. will John *t* read the book
c. * read John will *t* the book

No entanto, as relações de localidade expressas por uma computação passo a passo podem não estar diretamente representadas nos níveis de output. Ou seja, uma derivação pode satisfazer a HMC em cada passo, mas é possível que no output a condição pareça ter sido violada. Considere-se de novo a formação de um verbo causativo com a significação "causar-cair", feita através da adjunção de *fall* a *cause*, como em (51). Recordemo-nos de que um verbo tem de ser também elevado para a posição da flexão. Assim, a categoria formada *cause-fall* tem agora de ser elevada para essa posição, formando a estrutura (58) (em que TP é o constituinte cujo núcleo é tempo, t_f é o vestígio de *fall*, e t_c é o vestígio de *cause-fall*) ([91]).

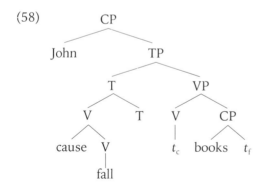

Temos duas cadeias em (58): (*cause-fall*, t_c) e (*fall*, t_f). Cada passo na formação das cadeias satisfaz a condição estrita de localidade. Mas a cadeia resultante

---

([90]) (57) a. o João vai ler o livro
b. vai o João *t* ler o livro
c. * ler o João vai *t* o livro
([91]) *o João, causa-cair, livros.*

cuja cabeça é *fall* não satisfaz a condição. Na Estrutura-S, a cadeia (*fall*, t_f) encontra-se em violação da HMC por causa do núcleo interveniente t_c, um alvo de movimento possível que é "omitido" pela cadeia. A forma deveria assim ser tão degradada como (57c), mas na realidade é bem formada. As condições de localidade são satisfeitas passo a passo na derivação, mas não são satisfeitas pela cadeia que constitui o output da derivação. As modificações exigidas por abordagens não transformacionais não são inteiramente simples.

1.3.2 Estrutura-D

O sistema computacional forma DEs que exprimem os fatos estruturais básicos da língua (sintáticos, fonológicos e semânticos) na forma de indicadores sintagmáticos, com sequências terminais retiradas do léxico. Assumimos que determinadas propriedades da linguagem natural, como, por exemplo, as que têm a ver com os "elementos deslocados", são expressas por níveis de representação múltiplos, cada um deles simples na sua forma, e relacionado com os outros através de operações simples como Mover α. Cada nível capta determinados aspectos sistemáticos da complexidade total. A relação do sistema computacional com o léxico é expressa no nível de interface interno Estrutura-D. A Estrutura-D é projetada em LF, a interface com os sistemas conceituais e da performance; num determinado ponto (Estrutura-S), talvez variando um pouco de língua para língua, a derivação "ramifica" ([92]) e uma projeção independente (a fonologia) forma a representação PF, que fornece a interface com os sistemas sensório-motores. Ver (4).

As tentativas iniciais de desenvolver a gramática generativa no sentido moderno postulavam um único nível de representação, formado por regras com a forma (59), em que A é um símbolo único e X, Y, Z são sequências (X e Y possivelmente nulos), S é o símbolo inicial designado, e existe um conjunto de símbolos terminais designados que são posteriormente projetados em formas fonéticas por outras regras.

(59)   XAY → XZY

Assumia-se que os símbolos eram *complexos*, consistindo em dois tipos de elementos: categoriais e estruturais. Os elementos categoriais eram NP, V e assim sucessivamente. Os elementos estruturais eram traços que codificavam

---

[92] No original, "branches".

propriedades globais dos indicadores sintagmáticos; por exemplo, a concordância NP-VP em *the men are here* ([93]) é codificada pelo traço [+plural] atribuído a S e "herdado" pelo NP e pelo VP através da aplicação da regra [S, +plural] → [NP, +plural] [VP, +plural] (Chomsky, 1951). Trabalho subsequente "dividiu" ([94]) esta complexidade por duas componentes, restringindo os símbolos apenas à sua parte categorial (regras de estrutura de constituintes que formam indicadores sintagmáticos), e adicionando regras transformacionais para exprimir as propriedades globais das expressões (Chomsky, 1975a; Lees, 1963; Matthews, 1964; Klima, 1964). Uma etapa posterior restringiu a parte recursiva do procedimento generativo a regras com a forma (59) e separou o léxico do sistema computacional (Chomsky, 1965). Este resultado nos deu um sistema de dois níveis: as regras de estrutura de constituintes e a inserção lexical formam a Estrutura-D e as transformações formam os indicadores sintagmáticos derivados de *estrutura de superfície*, que são submetidos em seguida à interpretação fonética. A *Teoria Standard* assumia além disso que só as Estruturas-D são sujeitas à interpretação semântica, uma posição teórica elaborada na *Semântica Generativa* (Lakoff, 1971). A *Teoria Standard Alargada* (EST) propôs a ideia de que a estrutura de superfície determina elementos cruciais da interpretação semântica (Jackendoff, 1972; Chomsky, 1972). Trabalho posterior levou à concepção da EST, esboçada acima, postulando quatro níveis de representação; e à abordagem P&P, a qual dispensa inteiramente os sistemas de regras para línguas particulares e para construções particulares.

A separação do léxico e do sistema computacional permite simplificar as regras (59) na forma de regras livres do contexto, com X, Y nulos. Assim, em vez de (59), temos as regras livres do contexto (60).

(60)   a. A → Z
       b. B → *l*

Em (60), A e B são símbolos não terminais, Z é uma sequência não nula de símbolos não terminais ou de formativos gramaticais, e *l* é uma posição de inserção lexical. B é uma categoria *lexical* não ramificante, e Z contém no máximo uma categoria lexical. Z em (60a) é assim como em (61a) ou (61b), em que C_i é uma categoria não lexical, X e Y são sequências de categorias não lexicais, e L é uma categoria lexical.

([93]) *os homens estão aqui.*
([94]) No original, "factored".

(61) a. $A \to C_1 \ldots C_n$
      b. $A \to XLY$

Estes desenvolvimentos mostraram a redundância crucial que existe nas regras de estrutura de constituintes, já discutida nas seções 1.1, 1.2: a forma de Z em (60a) depende de propriedades inerentes dos itens lexicais. Outras redundâncias também aparecem imediatamente. Em (60b) as propriedades da categoria lexical B são completamente determinadas pelo elemento lexical inserido em *l*. Considerando as formas possíveis em (61), observamos também que em (61b) as propriedades de A são determinadas por L: assim, se L for N, A é NP; se L for V, A é VP; e assim por diante. A regra é *endocêntrica*, com o *núcleo* L da construção *projetando* a categoria dominante A. Suponha-se que assumimos que as regras (61a) são também endocêntricas, tomando A como sendo a projeção de um dos C_is (uma concretização de ideias desenvolvidas na linguística estrutural em termos de procedimentos de descoberta na análise de constituintes (Harris, 1951)). Temos agora regras com a forma (62).

(62) a. $X^n \to ZX^mW$
      b. $X^0 \to l$

Em (62), *n* é tipicamente *m* + 1, e X^i é um qualquer conjunto de traços categoriais (ver (14)); e X^0 é uma categoria lexical. O elemento inserido na posição *l* determina os traços de X^i e, em grande parte, as escolhas de Z e W. Com este sistema, as regras de estrutura de constituintes são em larga medida eliminadas das línguas particulares, sendo expressas como propriedades gerais da UG, no âmbito do quadro teórico da *teoria X-barra*.

Uma outra proposta restringe as regras (62a) às formas de (63).

(63) a. $X^n \to ZX^{n-1}$
      b. $X^m \to X^mY$
      c. $X^1 \to X^0W$

Para *n* máximo, usamos o símbolo convencional XP em vez de X^n; *n* = 0 é frequentemente omitido, quando não houver confusão. Para formar um indicador sintagmático completo, cada X^0 é substituído por um elemento lexical com os traços categoriais de X.

Suponha-se que *n* = 2 e *m* = 1 ou 2 em (63); nesse caso, as regras possíveis são as de (64).

(64) a. $X^2 \to X^2Y$
b. $X^2 \to ZX^1$
c. $X^1 \to X^1Y$
d. $X^1 \to X^0W$

Os elementos não terminais são X^1, X^2 (convencionalmente, X', X'', ou X, X), X^2 = XP. Vamos também assumir que Z, Y são símbolos únicos. Chamamos a Z o *especificador* (Spec) de X^2; aos elementos de W os *complementos* de X^0; e a Y em (64a), um *adjunto* de X^2. O estatuto de Y em (64c) é ambíguo, e depende do modo como articularmos a teoria; provisoriamente, classificamos esse elemento como um adjunto. Note-se que as noções de especificador, complemento e adjunto são funcionais (relacionais), e não categoriais; assim, não existe um símbolo categorial *Spec*, mas sim uma relação especificador-de e assim por diante.

Este é essencialmente o sistema de Chomsky (1981a), e a base para conceitos adicionais definidos aí. Continuamos com esses pressupostos, voltando mais tarde a modificações exigidas por outras alternativas.

Muysken (1982) propôs que os níveis X-barra são determinados pelo sistema de traços [projetado, máximo]. Assim, X^0 = [X, -projetado, -máximo], X^1 = [X, +projetado, -máximo]; X^2 = [X, +projetado, +máximo]. Note-se que esta abordagem permite distinguir entre estruturas de adjunção formadas em Estrutura-D e estruturas de adjunção formadas por operações de adjunção. Ver também Jackendoff (1977), Stowell (1981), Speas (1986), Fukui (1986), Baltin e Kroch (1989).

Com a adoção da teoria X-barra, o sistema de estrutura de constituintes para uma língua particular fica em larga medida restringido a uma especificação dos parâmetros que determinam a ordem entre núcleo e complemento, núcleo e adjunto, e especificador e núcleo. As escolhas ilustradas acima são típicas para as línguas com *núcleos iniciais*. Quanto às regras (62)-(64), pertencem à UG (ordem à parte), e não às gramáticas particulares. Como discutimos nas seções 1.1 e 1.2, a eliminação das regras de estrutura de constituintes foi sempre um objetivo plausível da teoria linguística, por causa da sua redundância relativamente às propriedades lexicais não elimináveis. Se a teoria X-barra puder ser mantida na sua forma mais geral, a escolha de itens a partir do léxico determina os indicadores sintagmáticos de Estrutura-D, para uma determinada língua com os parâmetros ligados.

Os itens do léxico pertencem a dois tipos gerais: com ou sem conteúdo substantivo. Restringimos o termo *lexical* para a primeira categoria; à segunda categoria chamamos *funcional*. Cada item é um conjunto de traços. Os elementos lexicais constituem o núcleo de NP, VP, AP e PP, e das suas subcategorias (constituintes adverbiais etc.). Na Estrutura-D e em LF, cada um destes XPs desempenha uma função semântica apropriada, satisfazendo o princípio FI, como já foi discutido. Os núcleos destas categorias têm (1) traços categoriais; (2) traços gramaticais, entre os quais os traços-ϕ e outros, verificados no decurso da derivação, continuando a assumir uma das interpretações da estrutura morfológica discutidas na seção 1.1; (3) uma matriz fonológica, completada durante a projeção em PF; (4) traços inerentes, semânticos e sintáticos, que determinam a *seleção-s(emântica)* e a *seleção-c(ategorial)*, respectivamente. Assim, *persuade* ([95]) tem traços determinando que esse item toma um complemento NP e um complemento proposicional, com as suas funções-θ específicas. Como discutimos na seção 1.2, a seleção-c é, pelo menos em parte, determinada pela seleção-s; se essa determinação for completa, podemos concentrar a nossa atenção sobre a seleção-s. Podemos agora assumir que um complemento aparece em Estrutura-D apenas numa posição-θ, θ-marcada pelo seu núcleo. Dado que as regras computacionais não podem acrescentar complementos, conclui-se que em cada nível os complementos são posições-θ; na realidade, são θ-marcados da mesma maneira em cada nível (o *Princípio da Projeção*). O Princípio da Projeção e as condições de marcação-θ relacionadas fornecem uma interpretação particular para a condição geral FI em Estrutura-D e em LF.

Os itens funcionais também possuem uma estrutura de traços, mas não entram na marcação-θ. A sua presença ou ausência é determinada por princípios da UG, com alguma parametrização. Cada elemento funcional tem determinadas propriedades selecionais: toma um determinado tipo de complementos, e pode ou não aceitar um especificador. Os especificadores são tipicamente alvos de movimento (ainda que talvez nem sempre), no sentido discutido anteriormente. Logo, não têm nenhuma função semântica independente. Como sugerimos na seção 1.3.1, podemos assumir que são inseridos no decurso da derivação, a menos que alguma condição geral sobre a Estrutura-D exija a sua presença.

Assumimos que uma oração plena tem como núcleo um complementador C, logo é um CP, satisfazendo a teoria X-barra. C pode possuir um especificador e tem de tomar um complemento, um constituinte proposicional que assumimos ter como núcleo uma outra categoria funcional I (flexão), a

---

([95]) *persuadir*.

qual por sua vez toma o complemento obrigatório VP. Deste modo, uma oração tem tipicamente a forma (65) (Bresnan, 1972; Fassi Fehri, 1980; Stowell, 1981; Chomsky, 1986a).

(65)   [$_{CP}$ Spec [$_{C'}$ C [$_{IP}$ Spec [$_{I'}$ I VP]]]]

Os especificadores são tipicamente opcionais; em particular, [Spec, CP] é opcional. O *Princípio da Projeção Alargada* (EPP) diz que [Spec, IP] é obrigatório, possivelmente devido a uma propriedade morfológica de I ou em virtude da natureza predicativa do VP (Williams, 1980; Rothstein, 1983). O especificador de IP é o *sujeito de* IP; o complemento nominal do VP é o *objeto de* VP. Consideramos estas noções como sendo funcionais e não categoriais; para abordagens diferentes, ver Bresnan (1982) e Perlmutter (1983). Pelo Princípio da Projeção, o objeto é uma posição-θ. O sujeito pode ou não ser uma posição-θ; pode ser preenchido por um expletivo ou por um argumento em Estrutura-D. [Spec, IP] é assim uma posição-θ potencial. Uma posição-θ real ou potencial é uma *posição-A*; as outras são *posições-Ā* (posições A-barra). Tal como a teoria tem sido articulada até aqui, o complemento e o sujeito ([Spec, IP]) são posições-A; [Spec, CP] e as posições de adjunção são posições-Ā. Uma cadeia cuja cabeça é um elemento numa posição-A é uma *cadeia-A*; uma cadeia cuja cabeça é um elemento numa posição-Ā é uma *cadeia-Ā*. A distinção entre posições-A e -Ā, bem como entre cadeias-A e -Ā, desempenha um papel crucial na teoria do movimento e em outros módulos da gramática. Voltamos adiante a alguns problemas relativos a estas noções.

Recordemo-nos das duas interpretações da regra sintática *R* que associa os itens lexicais com os seus traços flexionais: formação de palavras por adjunção, ou verificação (ver a seção 1.1). Se adotarmos a primeira aproximação, conclui-se que a operação *R* se aplica na derivação entre a Estrutura-D e a Estrutura-S, porque "alimenta" ([96]) as regras da componente fonológica (PF). A alternativa com verificação não implica estritamente que as propriedades morfológicas sejam determinadas em Estrutura-S ([97]), mas vamos adotar essa conclusão de qualquer forma. Concluímos assim que o núcleo

---

([96]) No original, "feeds".
([97]) Recorde-se que, na alternativa com verificação, os itens lexicais são retirados do léxico já com as suas propriedades morfológicas (flexionais). Deste modo, o fato de essas propriedades serem visíveis em PF não implica necessariamente que sejam verificadas durante a parte "visível" da derivação, antes da Estrutura-S, mas deve-se unicamente ao fato de "já estarem lá" desde a Estrutura-D.

flexionado do VP tem os seus traços atribuídos ou verificados por I em Estrutura-S, quer através da descida de I para V ou através da elevação de V para I (ver as seções 1.3.1, 1.3.3). No caso em que há descida, a cadeia na Estrutura-S é deficiente. É, pois, necessário aplicar uma operação em LF que eleve a estrutura de adjunção [V-I] para substituir o vestígio do I descido, anulando a violação potencial e produzindo uma LF semelhante àquela que encontramos numa língua com elevação em Estrutura-S (ver o cap. 2 para algumas consequências empíricas deste caso). Assim, em LF, V encontra-se numa posição no mínimo tão alta quanto I em (65).

O complexo [V-I] pode ainda ser elevado para a posição C mais alta. Nas línguas *V-dois* (como as línguas germânicas em geral), V é elevado para C e outro constituinte qualquer é elevado para [Spec, CP] na oração principal (Den Besten, 1989; Vikner, 1990). O mesmo fenômeno aparece mais marginalmente nas interrogativas e em outras construções do inglês. Assumimos que estas construções têm a forma ilustrada em (66), com *who* em [Spec, CP] e *has* elevado para C deixando o vestígio *t*; t_w é o vestígio de *who* ([98]).

(66)   [$_{CP}$ who has [$_{IP}$ John *t* [$_{VP}$ met t_w]]]

Em virtude de propriedades gerais da teoria X-barra, as únicas opções na posição pré-IP, que introduz uma oração, são YP-X^0 ou X^0; X^0 pode ser nulo e tem de o ser normalmente em orações encaixadas no caso de [Spec, CP] ser não nulo (o *Filtro do Comp Duplamente Preenchido*; ver Keyser, 1975). Em geral, assumimos que o movimento visível das palavras interrogativas é para a posição de [Spec, CP], passando-se o mesmo em outras construções.

As estruturas com a forma (65) podem também aparecer em posições encaixadas, como na interrogativa indireta (67a) ou nas orações declarativas (67b) ([99]).

(67)   a. (I wonder) [$_{CP}$ who C [$_{IP}$ John has met t_w]]

([98]) (66)   [$_{CP}$ quem teria [$_{IP}$ o João *t* [$_{VP}$ encontrado t_w]]]
    Alteramos o tempo do auxiliar *ter* para escapar à interpretação necessariamente aspectual (iterativa) do presente do indicativo deste verbo em português. Continuamos a efetuar essa alteração em futuros exemplos sem qualquer comentário.
([99]) (67)   a.   (eu não sei) [$_{CP}$ quem C [$_{IP}$ o João teria conhecido t_w]]
        b. i.   (eu acredito) [$_{CP}$ que [$_{IP}$ o João tinha conhecido o Bill]]
           ii. (eu prefiro) [$_{CP}$ *compl* [$_{IP}$ o João conhecer o Bill]] (*) ('prefiro que o João conheça o Bill')
           iii. (*expl* foi decidido) [$_{CP}$ C [$_{IP}$ PRO encontrar o Bill]]

b. i. (I believe) [$_{CP}$ that [$_{IP}$ John has met Bill]]
   ii. (I prefer) [$_{CP}$ for [$_{IP}$ John to meet Bill]]
   iii. (it was decided) [$_{CP}$ C [$_{IP}$ PRO to meet Bill]]

Em (67a) e (67biii) o núcleo de CP, C, é nulo; em (67bi) é *that* ([100]); e em (67bii) é *for*. O núcleo de IP é [+tempo] em (67a), (67bi); é [-tempo] em (67bii-iii). [Spec, CP] não está preenchido em (67b), mas pode ser realizado em outras construções encaixadas, por exemplo, em (67a), na oração relativa (68a), ou na oração adjetiva complexa (68b); nestes casos existem bons motivos para crer que Op é um operador vazio em [Spec, CP]. C está vazio em ambos os casos e *t* é o vestígio de Op ([101]).

(68) a. the man [$_{CP}$ Op C [$_{IP}$ John met *t*]]
     b. Mary is too clever [$_{CP}$ Op C [$_{IP}$ PRO to catch *t*]]

As orações encaixadas de (68) são predicados, frases abertas com uma posição de variável. Em (68a), Op poderia ser *who*, também semanticamente vazio neste caso. É um fato empírico (não trivial) que a condição FI em LF inclui a propriedade da *ligação forte*: toda a variável tem de possuir a sua extensão determinada por um quantificador restrito, ou tem de possuir o seu valor determinado por um antecedente. Dado que os operadores de (68) são vazios, o valor da variável tem de ser determinado pelos antecedentes *man*, *Mary*, sendo a escolha determinada por condições de localidade sobre a predicação.

Estas propriedades são suficientes para explicar exemplos tais como (3c), repetido aqui em (69a), em que a oração-*if* tem a forma de (69b) ([102]).

([100]) *que*.

([101]) (68) a. o homem [$_{CP}$ Op C [$_{IP}$ o João conheceu *t*]] (*) ('o homem que o João conheceu')
      b. a Maria é demasiado inteligente [$_{CP}$ Op C [$_{IP}$ PRO apanhar *t*]] (*) ('A Maria é demasiado inteligente para ser apanhada')
      Repare-se que no exemplo português equivalente a (68a), a posição C é obrigatoriamente preenchida pelo complementador *que* (cf. *the man that John met* em inglês); quanto a (68b), um exemplo português estruturalmente mais próximo é *a Maria é difícil de apanhar*, em que *de* ou é exterior à oração ou está na posição C (ver Kayne, 1983, cap. 5; Raposo, 1987b).

([102]) (69) a. se a Maria é demasiado inteligente esperar alguém apanhar, então não esperamos ninguém apanhar a Maria (*) ('se a Maria é demasiado inteligente para se esperar que alguém a apanhe, então não esperamos que ninguém apanhe a Maria')
      b. a Maria é demasiado inteligente [$_{CP}$ Op C [$_{IP}$ PRO esperar [alguém apanhar *t*]]]
      Ver a nota ([4]).

(69) a. if Mary is too clever to expect anyone to catch, then we don't expect anyone to catch Mary
b. Mary is too clever [$_{CP}$ Op C [$_{IP}$ PRO to expect [anyone to catch t]]]

O CP encaixado é um caso típico de movimento longo (sucessivamente cíclico), análogo a (70) com *who* em vez de Op ([103]).

(70) (I wonder) [who he expected [them to catch t]]

A variável não pode ser ligada por *anyone* ou PRO em (69b), tal como não pode ser ligada pelos elementos *them* ou *he* em (70); voltamos ao princípio relevante da teoria da ligação nas seções 1.3.3, 1.4.2. Pela condição da ligação forte, a variável necessita assim ter *Mary* como antecedente. Além disso, PRO tem de ser arbitrário, porque, se fosse ligado por *Mary* (como em *Mary is too clever [PRO to catch Bill]*) ([104]), a variável seria ligada por PRO, em violação do princípio que acabamos de ilustrar. Temos assim a interpretação (69a). Note-se que esta análise pressupõe crucialmente que a ligação se baseia numa relação de equivalência; ver a seção 1.4.2 ([105]).

Com estes mesmos pressupostos, podemos reduzir o problema da explicação do desvio de (71) ao problema do desvio de estruturas com movimento de um operador visível, como no exemplo correspondente em (72) ([106]).

(71) a. * the man [you met people that caught t]
b. * Mary is too clever [to meet [people that caught t]]

([103]) (70) (eu não sei) [quem ele esperava [eles apanhar t]] (*) ('não sei quem (é que) ele esperava que eles apanhassem')
([104]) *a Maria é demasiado inteligente [PRO apanhar o Bill]* (*) ('a Maria é demasiado inteligente para apanhar o Bill').
([105]) Em português, o predicado adjetival *(demasiado) inteligente (para)* exige controle obrigatório de PRO pelo sujeito principal. Assim, no equivalente de (69b) em português, *a Maria é demasiado inteligente para PRO esperar (que)...*, PRO é controlado por *a Maria*. É devido a esse motivo que o objeto de *apanhar* não pode ser um vestígio-variável ligado de modo forte por *a Maria*, como em (ia); nesse caso a variável seria ligada por PRO, o que não é permitido pelo princípio discutido no texto. Em português é, pois, necessário recorrer a um elemento pronominal (como em (ib)), o qual não está sujeito ao princípio de ligação que rege a variável:
(i) a. * a Maria$_i$ é demasiado inteligente para [$_{CP}$ Op$_i$ C [$_{IP}$ PRO$_i$ esperar [que alguém apanhe t_i]]]
b. a Maria é demasiado inteligente para [$_{CP}$ C [$_{IP}$ PRO esperar [que alguém *a* apanhe]]]
([106]) (71) a. * o homem [(que) tu conheceste gente que apanhou t]
b. * a Maria é demasiado inteligente [conhecer [gente que apanhou t]] ('a Maria é demasiado inteligente para se conhecer gente que a apanhou')
(72) a. * quem (é que) o João conheceu gente que apanhou t

(72) * who did John meet people that caught *t*

Em todos os casos as condições de localidade sobre o movimento são violadas. Ver a seção 1.4.1 ([107]).

Temos assumido até aqui que as orações infinitivas encaixadas são CPs, como em (67bii-iii) ou (73) ([108]).

(73) I wonder who he decided [$_{CP}$ C [PRO to catch *t*]]

Nestes casos, o sujeito encaixado é PRO se o núcleo C for nulo e é um NP visível se o núcleo C for o elemento atribuidor de Caso *for*, com alguma variação dialetal. Mas existem outros constituintes proposicionais nos quais nem PRO nem o complementador (atribuidor Casual) *for* podem aparecer, por exemplo, (74) ([109]).

(74) a. John believes [Bill to be intelligent]
 b. John considers [Bill intelligent]
 c. that gift made [Bill my friend for life]

Assim, em (74a) não podemos ter *for Bill* ou PRO em vez de *Bill*. Do mesmo modo, em construções deste tipo, o sujeito encaixado pode ser um vestígio, contrariamente aos CPs infinitivos. Compare-se ([110]):

(75) a. Bill is believed [*t* to be intelligent]
 b. * Bill was decided [$_{CP}$ [*t* to be intelligent]]

Em geral, o sujeito encaixado de (74) comporta-se em larga medida como se fosse o objeto do verbo da oração principal (o verbo *matriz*), ainda que

---

([107]) Estes exemplos ilustram violações da restrição do NP complexo; ver *Faculdade*, p.393 et seq. A explicação é idêntica, porque se pressupõe que em (71) existe um operador Op não fonético, o qual também é movido para fora de um NP complexo (ver (68)).
([108]) (73) eu não sei quem ele decidiu [$_{CP}$ C [PRO apanhar *t*]]
([109]) (74) a. o João acredita [o Bill ser inteligente] (*) ('o João acredita que o Bill é inteligente')
 b. o João considera [o Bill inteligente]
 c. esse presente tornou [o Bill meu amigo para toda a vida]
([110]) (75) a. o Bill é acreditado [*t* ser inteligente] (*) ('acredita-se que o Bill é inteligente')
 b. * o Bill foi decidido [$_{CP}$ [*t* ser inteligente]]
 Um exemplo paralelo a (75a) em português poderá talvez ser *o Bill é suposto [t ser inteligente]*; ver a nota ([49]).

não seja um complemento θ-marcado desse verbo, mas sim o sujeito de uma oração encaixada. As construções com a forma (74a) são bastante idiossincráticas no inglês; em línguas semelhantes (por exemplo, o alemão), as expressões correspondentes têm as propriedades de (67bii-iii), (73) e assim por diante ([111]).

A oração encaixada de (74a) contém I, logo contém IP; e não há evidência de que exista qualquer estrutura adicional. Para dar conta das diferenças entre (74a) e os casos com CPs infinitivos encaixados, temos de assumir que a oração encaixada é apenas IP, ou que existe um complementador EC ([112]) que atribui Caso, como *for* (Kayne, 1984). No quadro do primeiro pressuposto, que adotamos aqui, o sujeito encaixado é regido pelo verbo matriz, uma relação que é suficiente para atribuir Caso, licenciar um vestígio, e proibir PRO, tal como nas construções verbo-objeto. Note-se que não surge a questão de saber se (75a) é uma construção de elevação (como *John seems [t to be intelligent]*) ou uma construção passiva (como *his claims were believed t*) ([113]), já que estes conceitos foram abandonados por terem o estatuto de artefatos taxonômicos (seção 1.1). A construção (75a) é formada em "último recurso" por Mover α, devido ao fato de a propriedade de atribuição Casual do verbo ser "absorvida" pela morfologia passiva. Nos exemplos de (74b-c), não existe nenhum núcleo funcional visível. Assumindo as fronteiras de constituinte indicadas aí, ou existe uma EC I, ou os grupos encaixados são projeções dos seus predicados, as chamadas *orações pequenas* ([114]) (Stowell, 1978, 1981). De qualquer modo, *Bill* é o sujeito da oração encaixada, comportando-se como em (74a) e diferentemente do sujeito de um CP encaixado.

Consideramos até aqui duas categorias funcionais: I e C. Estas ideias são naturalmente aplicáveis aos grupos nominais. Assim, tal como as proposições, também os grupos nominais tradicionais são projeções de categorias funcionais. O núcleo funcional neste caso é D, uma posição preenchida por um determinante, um elemento de concordância possessivo, ou um

---

[111] O mesmo acontece em português, no qual expressões como (74a) e (75a) não são possíveis; ver, no entanto, a nota ([49]).
[112] Ou seja, vazio (sem conteúdo fonético).
[113] *o João parece [t ser inteligente]*, *as suas afirmações foram acreditadas t* ('acreditou-se nas suas afirmações').
[114] Na terminologia usada por linguistas brasileiros, *minioracões*.

pronome (Postal, 1966b; Brame, 1981, 1982; Abney, 1987). Os sintagmas *that picture of Bill* e *John's picture of Bill* ([115]) têm assim as formas de (76) ([116]).

(76) a. [_DP_ that [_NP_ picture of Bill]]
b. [_DP_ John Poss [_NP_ picture of Bill]]

Em (76a), [Spec, DP] não existe; em (76b), está preenchido pelo "sujeito" do DP, *John*, ao qual se encontra adjunto o afixo Poss como resultado de uma operação fonológica. O núcleo D é *that* em (76a) e Poss em (76b) (em algumas línguas – por exemplo, em turco – manifestando concordância visível com o sujeito; ver Kornfilt, 1985). Os grupos nominais no sentido informal são, assim, semelhantes na sua estrutura interna às orações (talvez mesmo contendo uma posição de "complementador"; Szabolcsi, 1987). Podemos assim esperar encontrar elevação de N para D, semelhante à elevação de V para I; ver Longobardi, 1994. Existem outras consequências, que não podemos analisar aqui. Usamos a notação informal Grupo Nominal em vez de DP ou NP, a não ser que surja confusão.

Podemos perguntar se estas considerações podem ser generalizadas a outras categorias principais, por exemplo, AP e VP; nesse caso, estas categorias também são complementos de um elemento funcional, mesmo em construções V-VP ou Modal-VP. Uma escolha natural seria um elemento que participasse em processos de atribuição Casual e de concordância (chamemos-lhe *Agr*, uma coleção de traços-φ). Estas possibilidades sugerem que se reconsidere o elemento funcional I, o qual tem a estranha propriedade de possuir um "núcleo duplo" na versão da teoria X-barra aqui considerada, assumindo que T(empo) e Agr são núcleos independentes. Seguindo Pollock (1989), vamos assumir que T e Agr são núcleos de projeções máximas separadas. Assumindo que VP (e AP) é um complemento de Agr, temos agora a estrutura [Spec- T-Agr- VP] para o constituinte a que temos chamado IP (agora um termo usado meramente por conveniência), com T tomando AgrP como complemento, e VP, AP como complementos do núcleo Agr de AgrP. Pollock apresenta argumentos para a mesma estrutura [Spec- T-Agr-VP] a partir de considerações diferentes. Nesta estrutura, o especificador de IP não é comandado (c- ou m-comandado) por Agr, logo não é regido por esse

---

([115]) *esse retrato do Bill, o João Poss retrato do Bill* ('o retrato do Bill do João/pertencente ao João').
([116]) (76) a. [_DP_ essa [_NP_ fotografia do Bill]]
b. [_DP_ o João Poss [_NP_ retrato do Bill]]

elemento. Se as relações operativas entre os elementos se baseiam nessas relações locais (como assumimos até aqui), não há uma maneira natural de exprimir a concordância entre o sujeito e o verbo. Existe evidência adicional sugerindo que a ordem deve ser Agr-T (Belletti, 1990), com Agr participando na concordância com o sujeito e na atribuição de Caso nominativo. A reconciliação correta destas propostas contraditórias pode consistir na ideia de que existem dois elementos Agr em IP, cada um deles uma coleção de traços-ϕ, e em que um deles participa na concordância do sujeito e no Caso do sujeito, e o outro na concordância do objeto e no Caso do objeto. Assim, a estrutura completa é (77), em que Agr_S e Agr_O são notações informais para distinguir as duas funções de Agr, *Spec* é uma função, como se discutiu acima, e IP = AgrP.

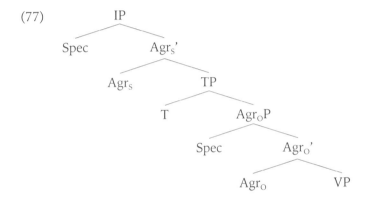

Omitimos aqui um possível [Spec, TP]. Poderia haver também, encaixado nesta estrutura, um constituinte tendo como núcleo o elemento funcional *Negação*, ou talvez, de um modo mais geral, uma categoria que inclui um marcador de afirmação, e outros (Pollock, 1989; Laka, 1990). Poderíamos agora adotar também o pressuposto de que o Caso e a concordância em geral são manifestações da relação Spec-núcleo (Koopman, 1987; Mahajan, 1990; ver também a seção 1.4.3 e os capítulos 2, 3).

O estatuto de [Spec, IP] é anômalo de várias maneiras. Por exemplo, pode ser ou não ser uma posição-θ, dependendo de escolhas lexicais. Assim, em (78), o sujeito de *hurt* é uma posição-θ ocupada pelo vestígio do argumento *John*, entendido como o agente de *hurt*; mas o sujeito de *seems* é uma posição não θ, que pode ser ocupada também pelo expletivo *it* [117].

---

[117] (78) a. o João parece [*t* ter se criticado]
  b. *expl* parece [que o João se criticou]

(78)   a. John seems [t to have hurt himself]
       b. it seems [that John has hurt himself]

[Spec, IP] é também a única posição em que uma função-θ não é atribuída dentro do domínio de m-comando de um núcleo lexical.

Estas propriedades idiossincráticas são eliminadas se assumirmos que um sujeito temático tem a sua origem numa posição dentro do VP, elevando-se seguidamente para [Spec, IP]. Eliminando a distinção entre os nós flexionais e representando-os unicamente por I (meramente por conveniência), a Estrutura-D subjacente a *John met Bill* ([118]) seria então (79) (Kitagawa, 1986; Kuroda, 1988; Sportiche, 1988; Koopman e Sportiche, 1991).

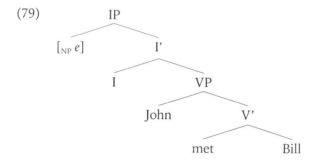

O sujeito e o objeto são agora θ-marcados dentro do domínio de m-comando do verbo *met*, dentro do VP. Com estes pressupostos, *John* é [Spec, VP] e é elevado para [Spec, IP] para receber Caso e produzir uma cadeia visível. Em LF, *met* está elevado em I. Se V é elevado para I em Estrutura-S e o seu sujeito é elevado para [Spec, IP] unicamente em LF, temos uma língua VSO (em Estrutura-S). Se a função-θ atribuída ao sujeito (a função-θ *externa*, no sentido de Williams, 1980) for em parte determinada composicionalmente (Marantz, 1984), estas propriedades podem ser expressas dentro do VP, como propriedades do par de elementos (sujeito, V').

Os pressupostos aqui delineados nos dão uma determinada versão de uma "hipótese da base universal", uma noção que tem sido explorada a partir de vários pontos de vista. Se esses pressupostos forem plausíveis, a variação tipológica reduz-se aos parâmetros de ordenação e às propriedades dos elementos funcionais. Como observamos anteriormente, esperamos que a Estrutura-D e LF variem pouco nas suas propriedades essenciais,

---

([118]) *o João conheceu o Bill.*

a primeira porque reflete propriedades lexicais através dos mecanismos da teoria X-barra e através das opções paramétricas dos elementos funcionais; e a segunda porque é o produto de um processo computacional invariante que projeta a Estrutura-D na Estrutura-S e seguidamente em LF. Uma outra proposta é que existe uma representação estrutural uniforme das funções-θ: assim, agente associa-se tipicamente com a posição [Spec, VP], tema ou paciente com o complemento de V e assim por diante. Esta hipótese ganha plausibilidade à medida que aumenta a evidência pondo em causa a existência de línguas ergativas no nível da teoria-θ (Baker, 1988; Johns, 1987). Ver a secção 1.2.

Temos até aqui seguido o pressuposto de Chomsky (1981a) de que todas as funções-θ internas (todas as funções-θ à parte a função do sujeito) são atribuídas a constituintes irmãos do núcleo. Este pressuposto tem sido repetidamente posto em causa e foi em larga medida abandonado. Por exemplo, Kayne (1984) propõe que toda a ramificação é binária (produzindo "caminhos não ambíguos") ([119]). Nesse caso, algumas funções-θ internas são atribuídas a constituintes que não são irmãos do núcleo. Kayne sugere, por exemplo, que os verbos que tomam objetos duplos têm a estrutura ilustrada em (80); nesse caso, *give* θ-marca NPs contidos propriamente dentro do seu complemento ([120]).

(80)   give [Mary books]

Algumas ideias parecidas foram também desenvolvidas em outros estudos. Belletti e Rizzi (1988) argumentam que (81) é a estrutura subjacente a construções com "verbos psicológicos" como *the problem disturbed John* ([121]); em (81), o constituinte irmão de *disturb* recebe a função-θ tema (como é usual), sendo seguidamente elevado para [Spec, IP], ao passo que o constituinte irmão de V' recebe a função-θ experienciador (ver também Pesetsky, 1995; Bouchard, 1991).

([119]) No original, "unambiguous paths".
([120]) dar [a Maria livros] ('dar livros à Maria')
    O português não possui a construção de objeto duplo, em que o Recipiente/Benefativo de verbos como *dar* se realiza como objeto direto.
([121]) *o problema preocupou o João.*

(81)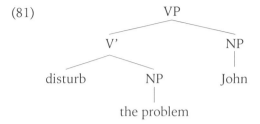

Larson propõe que os verbos que entram na construção de objeto duplo, como *give*, ocorrem numa Estrutura-D com a forma (82) (Larson, 1988, 1990; para uma abordagem contrária, ver Jackendoff, 1990a).

(82)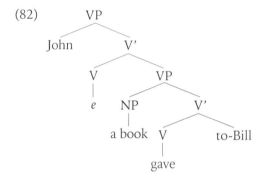

V é elevado para a posição vazia do verbo principal da *concha VP* mais alta, dando *John gave a book to Bill* ([122]). Alternativamente, certas operações semelhantes àquelas que produzem a construção passiva podem "absorver" o Caso de *Bill*, obrigando este NP a ser elevado para a posição de *a book* (a qual tem características de posição de sujeito); *a book*, por sua vez, torna-se um adjunto, e o resultado é *John gave Bill a book* ([123]). Em (82), o objeto direto *a book*, ainda que θ-marcado como tema pelo verbo, não é irmão do verbo. Larson propõe igualmente que os advérbios são os complementos mais internos do V. Assim, a estrutura subjacente a *John read the book carefully* seria (83) ([124]).

([122]) *o João deu um livro a o Bill.*
([123]) *o João deu o Bill um livro*; ver a nota ([120]).
([124]) *o João leu o livro cuidadosamente.*

(83)

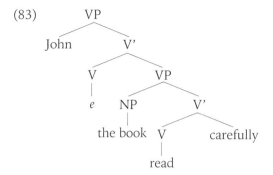

Neste caso o constituinte irmão do verbo é um advérbio que não é de modo nenhum θ-marcado, e a única função-θ interna é atribuída a um constituinte que não é irmão do verbo (*the book*).

Com estas alterações, a noção "posição-θ" continua bem definida; o mesmo já não se pode dizer das noções "posição-A" e "posição-Ā". Formalmente, estas têm uma natureza bastante diferente. Uma ocorrência particular de uma categoria num indicador sintagmático é ou não é uma posição-θ; isso depende de a categoria ser ou não ser θ-marcada nesse indicador sintagmático. A noção de "posição-A", contudo, depende da noção "marcação-θ potencial", o que pressupõe uma relação de equivalência entre indicadores sintagmáticos. Uma posição-A é uma posição que é θ-marcada na posição equivalente de algum membro da classe de equivalência ([125]). Esta noção não é inteiramente clara, e, quando introduzimos as alterações propostas acima, deixamos de conseguir especificá-la de um modo adequado para sustentar o peso teórico considerável que foi posto na distinção entre A e -Ā, uma distinção fundamental em áreas variadas da investigação corrente.

O conteúdo intuitivo da distinção que queremos captar é razoavelmente claro. As posições-θ e os especificadores dos elementos flexionais têm em comum uma série de propriedades estruturais; outras posições não θ-marcadas ([Spec, CP], elementos adjuntos a XP, e posições não θ-marcadas regidas

---

([125]) Por exemplo, a posição ocupada por *o João* em (ia) não é uma posição-θ (sujeito de *parecer*, que não atribui uma função-θ externa); mas no indicador sintagmático subjacente a (ib), que pertence à mesma classe de equivalência do indicador subjacente a (ia) (por hipótese), a posição equivalente ocupada por *o João* ([Spec, IP]) é uma posição-θ (sujeito de *tentar*, que atribui uma função-θ externa); logo, a posição de sujeito de *parecer*, embora não seja uma posição-θ, é uma posição-θ potencial, ou seja, uma posição-A.

(i) a. o João parece [*t* estudar muito]
    b. o João tentou [PRO estudar muito]

por um núcleo) ([126]), têm em comum uma série diferente de propriedades estruturais. Estas são as anteriores posições-A e -Ā, respectivamente. Existem várias propostas para captar esta distinção em termos de classes naturais, assim como para aplicar a distinção a outros casos e clarificá-la (por exemplo, relativamente a [Spec, DP]).

Existe uma abordagem (ver o cap. 3) que se baseia na observação de que determinados elementos funcionais são, na realidade, traços de um núcleo, na medida em que têm de ser adjuntos a esse núcleo para verificar os seus traços inerentes (alternativamente, para lhe atribuir esses traços inerentes). O Tempo e os elementos Agr são traços do V nesse sentido, mas C não é. Dado um núcleo lexical L, dizemos que uma posição é *L-relacionada* se for o especificador ou o complemento de um traço de L. As posições L-relacionadas são as anteriores posições-A, com exceção dos elementos não θ-marcados como *carefully* em (83). Mas essa exceção não levanta problemas se pudermos, de modo independente, bloquear o movimento de tais elementos para qualquer posição L-relacionada (elevação). Existindo condições de economia que permitam a elevação apenas quando esta é exigida (isto é, que permitam apenas o movimento em Último Recurso), o problema não surge; ver as seções 1.1, 1.3.1 ([127]).

De acordo com estas ideias, podemos reconstruir algo semelhante à distinção entre A e Ā. A nova proposta tem como base as propriedades da ocorrência de uma categoria num indicador sintagmático, sem referência a classes de equivalência de indicadores sintagmáticos. Parece que os outros usos em que estas noções participam, como na teoria da ligação, podem ser integrados sem demasiadas dificuldades. Deixamos o assunto com estas indicações informais de um caminho a seguir, apenas notando aqui que determinados conceitos que funcionam como fundamento de muito do trabalho atual foram originalmente definidos com base em pressupostos em larga medida já abandonados, tendo assim de ser reconstruídos de modo diferente. Com estas qualificações, continuamos a usar as noções com o seu conteúdo intuitivo, como é normal nos trabalhos atuais de natureza técnica.

([126]) O último caso é ilustrado pela posição ocupada pelo advérbio *carefully* em (83).

([127]) No âmago desta discussão encontra-se a ideia de que as noções de posição-A (L-relacionada) e -Ā são sobretudo importantes para a teoria do movimento, em particular para caracterizar a posição que é alvo do movimento; logo, se um elemento adverbial não pode ser movido para uma posição L-relacionada, ou seja, se não pode ser movido como um argumento (ver o texto logo a seguir ao exemplo (53)), o fato de a posição que ocupa na "base" ser L-relacionada por definição (por ser complemento de V, como *carefully* em (83)) não levanta maiores problemas.

1.3.3 Representações sintáticas derivadas

Adotamos o pressuposto da EST de que a derivação que vai da Estrutura-D até PF e LF tem uma parte comum: a Estrutura-D é projetada na Estrutura-S por Afetar α, e a derivação ramifica seguidamente em dois percursos independentes, um formando o nível PF, e o outro formando o nível LF (a *componente PF* e a *componente LF*, respectivamente). Estes são os dois níveis de interface externos. Como nos ocupamos aqui da sintaxe em sentido estrito, restringimo-nos à computação que vai da Estrutura-D até LF.

A parte desta derivação que projeta a Estrutura-S em LF é por vezes trivial, mas, sempre que existem propriedades estruturais relevantes para o significado que não estão já expressas na Estrutura-S, esta projeção é importante. Seguindo Chomsky (1977) e May (1977), assumimos que o escopo dos operadores é estruturalmente representado em LF em termos de c-comando. Quanto aos operadores interrogativos, como discutimos a seguir, o movimento para uma posição de escopo apropriada ocorre por vezes entre a Estrutura-D e a Estrutura-S e por vezes entre a Estrutura-S e LF. O movimento dos quantificadores (a regra de "elevação do quantificador" de May, QR) é em geral uma operação entre a Estrutura-S e LF. Os exemplos de quantificação com "ligação inversa" discutidos por May, como (84), indicam claramente que a configuração de Estrutura-S não é suficiente ([128]).

(84)   everybody in some Italian city likes it

Em (84), o grupo *some Italian city* tem escopo largo, ainda que em Estrutura-S esteja contido dentro do NP quantificado universalmente. Damos a representação estrutural da interpretação correta em (85); nessa representação, todo o NP sujeito sofre QR, e a expressão existencial é elevada ainda mais ([129]).

(85)   [$_{IP}$ [some Italian city]$_i$ [$_{IP}$ [everybody in t_i]$_j$ [$_{IP}$ t_j likes it]]]

Ver May (1977, 1985) para outras motivações em favor de QR.

Por ser um nível de interface, há outras exigências sobre LF. Por causa do princípio FI, qualquer elemento da representação LF de uma expressão tem necessariamente de ser submetido a uma interpretação nessa interface. Como

---

([128]) (84)   todo mundo em alguma cidade italiana gosta dela.
([129]) (85)   [$_{IP}$ [alguma cidade italiana]$_i$ [$_{IP}$ [todo mundo em t_i]$_j$ [$_{IP}$ t_j gosta dela]]]

notamos na seção 1.1, isto implica que não existem expletivos verdadeiros numa representação LF. Assim, em expressões como as de (86), o elemento expletivo *there* tem de ser eliminado de qualquer modo na projeção da Estrutura-S em LF ([130]).

(86)   there is a man in the room

Uma possibilidade que podemos descartar imediatamente é que o expletivo seja simplesmente apagado. O princípio EPP exige que uma oração tenha um sujeito em todos os níveis sintáticos. O apagamento de *there* estaria em violação dessa exigência em LF. O expletivo também parece ter traços-θ que participam na concordância com o verbo flexionado. Em (86), esses traços são [3ª pessoa, singular]; em (87), são [3ª pessoa, plural] ([131]).

(87)   there are men in the room

Uma forma forte do princípio de recuperabilidade dos apagamentos proíbe presumivelmente o apagamento de um elemento com traços-φ. Dado que *there* tem de ser eliminado mas não pode ser apagado, existe outra possibilidade: ser alvo de uma operação de movimento, com o *associado* do expletivo (*a man* em (86) e *men* em (87)) movendo-se para a posição do expletivo. Independentemente de esta operação ser construída como substituição ou adjunção, podemos assumir que produz um novo elemento, o qual combina os traços relevantes do expletivo e do seu associado: [*there, a man*] em (86), [*there, men*] em (87). Chamemos a este elemento novo um *expletivo amalgamado*, deixando em aberto a sua forma exata.

Temos agora uma análise para a concordância à direita nestes casos, aparentemente anômala, isto é, para o fato de o verbo flexionado concordar com o NP que o segue: *is* e *are* não podem ser trocados em (86), (87) ([132]). A análise com movimento LF prediz diretamente este paradigma. *There* tem de ser

---

([130]) (86)   *expl* está um homem no quarto
Em português (e nas línguas pro-drop em geral) o expletivo é o elemento nulo *pro*. Preferimos usar o verbo *estar* em vez do existencial *haver* (como em *há um homem no quarto*), para preservar em português o padrão de concordância dos exemplos do inglês. Com o existencial *haver* a concordância é sempre (no dialeto padrão) singular, independentemente do número do NP pós-verbal (cf. *há um homem no quarto, há homens no quarto*).

([131]) (87)   *expl* estão homens no quarto

([132]) *está, estão.*

trocado por outro elemento, mas o constituinte que vai amalgamar com o expletivo tem de ser não distinto do expletivo quanto aos seus traços. Se a operação for substituição, esta exigência é uma consequência da condição de recuperabilidade dos apagamentos. Se a operação for adjunção, é uma consequência da exigência de conformidade de traços. Outra possibilidade seria assumir que *there* não tem traços-φ e que a concordância visível é um reflexo em Estrutura-S de um processo de concordância no nível LF entre o verbo flexionado e o expletivo amalgamado, sendo os traços de concordância do expletivo trazidos pelo associado. Note-se ainda que uma das propriedades centrais destas construções – a própria existência de um argumento associado com o expletivo – é também uma consequência, visto que o princípio FJ exige que o expletivo seja trocado.

Assim, a partir de uma Estrutura-S correspondendo a (86), derivamos a representação LF (88), em que *t* é o vestígio de *a man*.

(88) [there, a man] is *t* in the room

Como o expletivo ocupa uma posição-A em Estrutura-S ([Spec, IP]), o movimento LF que forma o expletivo amalgamado é um caso de movimento-A. Consequentemente, a relação entre o associado e o seu vestígio satisfaz as condições estritas sobre o movimento-A. Temos agora uma análise para o fato de, nas expressões visíveis ([133]), o expletivo e o seu associado obedecerem às exigências de localidade das cadeias-A, uma consequência do fato de ambos estarem amalgamados em LF, formando uma cadeia-A. Assim, temos relações entre expletivo e associado com a forma ilustrada acima, mas não temos as de (89), semelhantes a (90) ([134]).

---

[133] Ou seja, (86) e (87).
[134] (89) a. * *expl* parecem que *vários homens* estão no quarto
    b. * *expl* parecem que o João viu *vários homens*
    c. * *expl* foram pensados que [retratos de *vários homens* estavam à venda]
 (90) a. * *vários homens* parecem que *t* estão no quarto
    b. * *vários homens* parecem que o João viu *t*
    c. * *vários homens* foram pensados que [retratos de *t* estavam à venda]
Usamos um NP plural nos exemplos do português para obter a estrutura em que o expletivo em (89) tem como associado esse NP (como nos exemplos do inglês) e não a oração subordinada a *parecer*, como na sequência aceitável *pro parece que um homem está no quarto*, gramatical com a estrutura em que o expletivo *pro* se associa com a oração complemento (recordemo-nos de que, em português, o expletivo *pro* se associa tanto a um NP como a uma oração, contrariamente ao inglês, que distribui essas funções por *there* e *it*, respectivamente). No

(89) a. * *there* seems that *a man* is in the room
 b. * *there* seems that John saw *a man*
 c. * *there* was thought that [pictures of *a man* were on sale]

(90) a. * *a man* seems that *t* is in the room
 b. * *a man* seems that John saw *t*
 c. * *a man* was thought that [pictures of *t* were on sale]

Note-se que a condição de localidade sobre o par expletivo-associado é a do movimento-A, e não a da ligação, possível no exemplo semelhante a (90c) ([135]).

(91) *we* thought that [pictures of *each other* were on sale]

Voltamos a alguns aspectos problemáticos desta análise na seção 1.4.3.

Na seção 1.3.1 fizemos alusão a uma abordagem do Caso em termos de visibilidade para a marcação-θ. Os expletivos parecem contradizer este princípio, visto que não são θ-marcados mas aparecem unicamente em posições nas quais se pode atribuir Caso – na realidade apenas num subconjunto dessas posições (a posição de sujeito), uma consequência do fato de os complementos de Estrutura-D, quando presentes, exigirem uma função semântica (tipicamente, uma função-θ) ([136]). Assim, encontramos (92a) com *there* nominativo, e (92b) com *there* acusativo, mas (92c) é impossível ([137]).

(92) a. I believe [there is a man here]
 b. I believe [there to be a man here]
 c. * I tried [there to be a man here]

---

 exemplo (90c) em português, o estatuto da preposição "órfã" *de* introduz um desvio adicional ausente no exemplo inglês, e irrelevante para a discussão no texto.
([135]) (91) *nós* pensamos que [retratos *uns dos outros* estavam à venda]
([136]) Ou seja, como as posições de complemento exigem uma função-θ, um expletivo não pode ocorrer nessas posições, visto que não pode receber uma função-θ.
([137]) (92) a. Eu acredito [(que) *expl* estão alguns homens aqui]
 b. Eu acredito [*expl* estar alguns homens aqui] (*) ('acredito estarem alguns homens aqui')
 c. * Eu tentei [*expl* estar alguns homens aqui]
 De novo usamos um NP plural para impedir uma estrutura com infinitivo flexionado; ver a nota ([68]).

Mas estes fatos encaixam-se agora claramente na abordagem em termos de visibilidade. Em LF, temos (93), em que *t* é o vestígio de *a man* e EA é o expletivo amalgamado.

(93) a. I believe [[$_{EA}$ *there, a man*] is *t* here]
     b. I believe [[$_{EA}$ *there, a man*] to be *t* here]
     c. * I tried [[$_{EA}$ *there, a man*] to be *t* here]

Quando um expletivo está numa posição sem Caso em Estrutura-S, o argumento associado encontra-se necessariamente nessa posição em LF e, consequentemente, é invisível para a marcação-θ.

A análise agora esboçada sugere que o Caso é verificado em LF ainda que se manifeste na Estrutura-S; isto é, sugere que as condições que exigem a verificação ou a atribuição de Caso são condições de LF e não condições de Estrutura-S, apesar das aparências. A mesma conclusão é sugerida pela abordagem geral do Caso em termos de visibilidade, com a ligação da atribuição de Caso à teoria-θ. Como se discutiu acima, em termos conceituais gerais, preferem-se condições de interface a condições de Estrutura-S. As várias considerações que fizemos até aqui apontam no mesmo sentido, mas surgem problemas sérios quando tentamos seguir esse caminho. Voltamos ao assunto na seção 1.4.3.

Voltando-nos agora para a representação de Estrutura-S, quando os parâmetros se encontram ligados, esta é determinada (presumivelmente de maneira única) pela escolha das representações de Estrutura-D e de LF. A Estrutura-S é diferente dos três níveis básicos (Estrutura-D, PF, LF) em não satisfazer restrições externas ao sistema computacional. É, pois, razoável esperar que as condições que têm a ver com a interface (em particular, as condições que têm a ver com a interpretação semântica das DEs) se limitem apenas aos níveis de interface, não se aplicando na Estrutura-S. No entanto, é possível que haja condições da UG que têm de ser satisfeitas no nível da Estrutura-S.

Existe alguma variação entre as línguas relativamente à natureza da Estrutura-S; em particular, os elementos funcionais variam quanto ao modo como se articulam em Estrutura-S e logo quanto ao modo da sua realização visível. As línguas podem também divergir, como notamos, quanto ao lugar da Estrutura-S no decurso da derivação que vai da estrutura-D até LF, isto é, quanto ao ponto da ramificação para PF. Um caso bem estudado é o da aplicação de Mover α na determinação do escopo de um constituinte interrogativo (usualmente chamado "constituinte-*wh*" por acidente histórico), aplicação essa que move o dito constituinte para a periferia da proposição.

Em línguas como o inglês, os efeitos da operação de movimento são visíveis, produzindo a forma de Estrutura-S (94), em que *t* é o vestígio de *what* ([138]).

(94)   a. what do you want [John to give *t* to Bill]
       b. what do you want [John to give *t* to whom]

Numa interrogativa *múltipla* como (94b), só um dos constituintes interrogativos é movido na Estrutura-S.

No equivalente de (94a) numa língua como o chinês, o elemento correspondente a *what* fica *"in situ"* na Estrutura-S, ocupando a posição do vestígio em (94). Seguindo Huang (1982) e vários trabalhos posteriores, assumimos que o constituinte é movido em LF para a posição periférica da oração, produzindo uma forma LF parecida com (94). De um modo mais geral, em ambos os tipos de línguas todos os constituintes interrogativos ter-se-ão movido durante a derivação para uma posição de escopo através desta operação na componente LF, no caso de não terem sido movidos antes (Higginbotham e May, 1981; Aoun, Hornstein e Sportiche, 1981).

Em aspectos relevantes, as formas de Estrutura-D são assim iguais em línguas como o inglês e como o chinês, o mesmo acontecendo com as formas de LF; esta é a expectativa normal. Mas as formas de Estrutura-S diferem, dependendo do ponto de aplicação da operação que coloca o constituinte interrogativo na posição que determina o escopo: antes ou depois da ramificação da Estrutura-S para a componente PF. Um tipo de línguas (o inglês, o francês etc.) usa o *movimento visível* de um constituinte interrogativo no decurso da derivação da Estrutura-S a partir da Estrutura-D, alimentando ([139]) a componente fonológica; outro tipo de línguas (o chinês, o japonês etc.) deixa todos os constituintes interrogativos *in situ* na Estrutura-S. Ambos os tipos usam *movimento não visível* dentro da componente LF para qualquer constituinte interrogativo *in situ*. Um terceiro tipo de línguas (por exemplo, o polonês) tem movimento visível de todos os constituintes interrogativos. As representações de Estrutura-D e de LF são de novo

---

([138]) (94)   a. o que (é que) tu queres [o João dar *t* ao Bill] (*) ('...que o João dê...')
              b. o que (é que) tu queres [o João dar *t* a quem] (*) ('o que (é que) tu queres que o João dê a quem')
([139]) No original, "feeding".

semelhantes aos outros dois tipos de línguas, mas as Estruturas-S diferem (Lasnik e Saito, 1984).

Dada uma teoria estrita da variação paramétrica como aquela que discutimos ([140]), estes três tipos de línguas teriam de divergir nas propriedades de um qualquer traço funcional. Cheng (1991) argumenta que o modo (interrogativo, declarativo etc.) tem de ser indicado em Estrutura-S na posição pré--IP, logo através da escolha quer de C quer de [Spec, CP]; o núcleo de CP e o seu especificador servem assim de "indicadores de força", mais ou menos no sentido fregiano desta expressão. Se o léxico contiver um elemento Q (como marca de interrogativas *sim-não*), esse elemento é suficiente para identificar uma expressão como sendo interrogativa, independentemente de haver ou não um constituinte interrogativo *in situ*. Não existe nesse caso necessidade de elevar o constituinte interrogativo para [Spec, CP] em Estrutura-S. Não possuindo o elemento Q, uma língua tem de usar o movimento visível de um constituinte interrogativo para [Spec, CP], de modo a permitir a identificação de uma estrutura como interrogativa em Estrutura-S.

Suponhamos também que existem princípios de economia que favorecem as operações que não servem de input à componente PF, contra as operações que alimentam esse input; assim, se houver operações que não necessitem ser visíveis para satisfazer uma determinada condição, são atribuídas à componente LF, aplicando-se tão "tardiamente" na derivação quanto possível, no momento em que a sua aplicação é forçada por condições de LF (no caso em discussão, condições de escopo). Estes pressupostos nos levam a esperar duas categorias básicas de línguas no caso mais simples: (1) línguas com um elemento Q e o constituinte interrogativo *in situ* (o chinês, o japonês); e (2) línguas sem um elemento Q e com uma só palavra interrogativa em [Spec, CP] (o inglês, o alemão). Em LF, todos os constituintes interrogativos terão sido movidos, de modo que os quase quantificadores possam ser interpretados com o seu escopo determinado e com uma variável ligada na posição de cabeça de uma cadeia argumental. Outras diferenças tipológicas reduzir--se-ão em princípio à morfologia interna do constituinte interrogativo – por exemplo, em línguas como o polonês e o húngaro, com movimento múltiplo de constituintes interrogativos para a posição inicial em Estrutura-S (ainda que talvez não para [Spec, CP]; ver Cheng, 1991). Aceitando pressupostos

---

([140]) Isto é, uma teoria que restringe a variação paramétrica às propriedades morfológicas das categorias funcionais, ou a propriedades globais dos núcleos.

deste tipo, concluímos que existem condições que têm de ser satisfeitas pelas representações de Estrutura-S.

É possível que o movimento visível e o movimento não visível tenham propriedades diferentes. Huang (1982) propôs que as condições de fronteira ([141]) sobre o movimento visível são mais fracas na componente LF, obtendo-se assim pares como (95a) em inglês e (95b) em chinês ([142]).

(95) a. *who do you like [books that criticize t]
    b. ni   xihuan   [piping shei de shu]
       você gosta-de   [critica quem REL livro]

As duas expressões têm a interpretação "para qual pessoa x, tu gostas de livros que criticam x", mas apenas (95b) é bem formado. O exemplo inglês (95a) está em violação de uma condição de localidade sobre o movimento (a *Subjacência*); o seu equivalente chinês não se encontra sujeito a essa restrição (para abordagens diferentes, ver, entre outros, Huang, 1982; Lasnik e Saito, 1984; Nishigauchi, 1986; Fiengo et al., 1988; Watanabe, 1991).

Encontramos um fenómeno semelhante em estruturas de interrogativas múltiplas em línguas como o inglês. Assim, a expressão inglesa (96a) é bem formada com a interpretação (96b), expressa na forma LF (96c) ([143]).

(96) a. who [t likes books that criticize whom]
    b. for which persons y, x, [x likes books that criticize y]
    c. [whom$_j$, who$_i$] [t$_i$ likes books that criticize t$_j$]

Assumimos que o movimento visível, como em (94) ou em (96a), coloca o constituinte interrogativo na posição [Spec, CP]. É possível que o movimento não visível, cuja aplicação não é exigida para a especificação do modo ([144]), efetue-se por adjunção do constituinte interrogativo a IP, tratando esse constituinte como se fosse um grupo de quantificador, com o escopo atribuído por QR. Tipicamente, constituintes interrogativos como *who*, *whom* possuem propriedades semânticas e distribucionais em comum com os grupos

---

([141]) No original, "bounding conditions".
([142]) (95) a. *quem (é que) tu gostas (de) [livros que criticam t]
([143]) (96) a. quem [t gosta (de) livros que criticam quem]
         b. para quais pessoas y, x, [x gosta (de) livros que criticam y]
         c. [quem$_j$, quem$_i$] [t$_i$ gosta (de) livros que criticam t$_j$]
([144]) Do modo interrogativo, entenda-se; cf. a discussão anterior.

de quantificador, e podem eventualmente ser formados por um quantificador indefinido, um traço-*wh* e a restrição no quantificador (Chomsky, 1964; Kuroda, 1965; Nishigauchi, 1986; Kim, 1990; Watanabe, 1991). Deste modo, *who* seria formado por [algum *x*, *wh-*, *x* uma pessoa]; e assim por diante. Não seria então surpreendente se estes constituintes interrogativos tivessem propriedades em comum com o quantificador indefinido, sofrendo adjunção a IP na componente LF por aplicação de QR, ainda que seja necessário explicar por que é que se movem tão livremente, contrariamente a QR, que tipicamente se aplica dentro de domínios oracionais.

Em línguas como o inglês, as orações relativas são formadas de maneira muito parecida com a das orações interrogativas: um constituinte operador é movido para [Spec, CP]. Este constituinte é uma categoria vazia EC (que designamos Op), ou é morfologicamente idêntico a um constituinte interrogativo; e o seu movimento deixa um vestígio que funciona como uma variável, o que se ilustra em (97) ([145]).

(97) a. the people [who John expected to meet *t*]
      b. the people [Op (that) John expected to meet *t*]

Em qualquer dos casos, a oração relativa é uma frase aberta que funciona como um predicado (ver (68)). Nestas construções, o movimento efetua-se na sintaxe visível (pré-Estrutura-S), como se ilustra em (97a), e satisfaz as condições de fronteira sobre o movimento visível, como se mostra em (98) ([146]).

(98) a. * the man [who you like books that criticize *t*]
      b. * the man [Op (that) you like books that criticize *t*]

Ainda que o chinês e o japonês tenham as palavras interrogativas *in situ*, as suas orações relativas manifestam as propriedades do movimento visível (Huang, 1982; Watanabe, 1991; Ishii, 1991). Estas observações sugerem que

---

[145] (97) a. as pessoas [quem o João esperava encontrar *t*] (*)
          b. as pessoas [Op (que) o João esperava encontrar *t*]
   Traduzimos aqui *who* por 'quem'. (97a) é malformado em português. No pressuposto que o elemento relativo *que* é um complementador, as orações relativas em que o elemento relativizado é o sujeito ou o objeto direto não possuem em português equivalentes ao inglês (97a); se o elemento relativizado é o objeto indireto (cf. *as pessoas [a quem o João deu o livro t]*), o operador é idêntico a uma expressão interrogativa (e não ocorre o complementador).

[146] (98) a. * o homem [quem tu gostas (de) livros que criticam *t*]
          b. * o homem [Op (que) tu gostas (de) livros que criticam *t*]

as orações relativas exigem movimento visível. A razão pode residir no fato de a predicação ser necessariamente estabelecida em Estrutura-S (Williams, 1980). Nesse caso, temos outro exemplo de uma condição de Estrutura-S. Resta ainda aplicar a análise às línguas que formam as relativas com pronomes *in situ* (pronomes resumptivos) e com núcleos NP completos na posição da variável (Sells, 1984; Demirdache, 1991).

Estas considerações aplicam-se a outras construções com operadores EC, tais como as construções adjetivas complexas discutidas na seção 1.3.2 ((68)-(69)), com as propriedades de localidade características do movimento visível (repetimos um dos exemplos) ([147]).

(99) a. Mary is too clever [$_{CP}$ Op C [$_{IP}$ PRO to expect [anyone to catch *t*]]]
b. * Mary is too clever [$_{CP}$ Op C [$_{IP}$ PRO to meet [anyone who caught *t*]]]

Dadas as propriedades da localidade, as frases abertas que funcionam como predicados devem ter sido formadas por movimento visível, pré-Estrutura-S.

Algumas propriedades semânticas das expressões linguísticas parecem ser determinadas por configurações da Estrutura-S, independentemente das operações da componente LF. Seja P uma tal propriedade. Duas análises são então possíveis.

(100) a. P aplica-se em Estrutura-S.
b. P aplica-se em LF depois da *reconstrução*, isto é, com o constituinte movido tratado "como se" estivesse na posição do vestígio.

Se a primeira análise for correta, a propriedade P implica uma condição sobre a Estrutura-S. Existem vários modos de construir a noção de reconstrução.

O princípio da teoria da ligação chamado *Comando* permite esclarecer estas questões. Este princípio estipula que um pronome não pode c-comandar o seu antecedente (ver as seções 1.3.2, 1.4.2). Podemos formular este fato

---

([147]) (99) a. a Maria é demasiado inteligente [$_{CP}$ Op C [$_{IP}$ PRO esperar [alguém apanhar *t*]]] (*) ('a Maria é demasiado inteligente para esperar que alguém a apanhe')
b. *a Maria é demasiado inteligente [$_{CP}$ Op C [$_{IP}$ PRO conhecer [alguém que apanhou *t*] ('a Maria é demasiado inteligente para conhecer alguém que a apanhou')

através do seguinte requisito: uma expressão-r α tem de ser *A-livre*, isto é, não pode ser c-comandada por um pronome numa posição-A conectado ([148]) com α, no sentido da teoria da ligação. Assim, em (101a) e (101b), *John* é A-livre; o pronome (*him, his*) ([149]) não c-comanda *John* e pode tomar *John* como antecedente. Mas em (101c) *he* ([150]) c-comanda *John*, e consequentemente tem de estabelecer a sua referência de outro modo ([151]).

(101) a. John thought Mary took a picture of him
b. [his mother] thought Mary took a picture of John
c. he thought Mary took a picture of John

O princípio Comando aplica-se sobre as expressões-r em geral, logo aplica-se sobre as variáveis do mesmo modo que se aplica sobre *John*, como se pode ver em (102), semelhante a (101), com o vestígio de *who* na posição de *John* em (101) ([152]).

(102) a. the man who [t thought Mary took a picture of him]
b. the man who [[his mother] thought Mary took a picture of t]
c. the man who [he thought Mary took a picture of t]

Em (102a) e (102b), o pronome não c-comanda *t*. Mesmo se o pronome e a variável forem referencialmente conectados, a variável é A-livre, ainda que

---

([148]) No original, "linked".
([149]) *lhe, ele*.
([150]) *ele*.
([151]) (101) a. o João acha que a Maria lhe tirou uma fotografia
b. [a mãe dele] acha que a Maria tirou uma fotografia ao João
c. ele acha que a Maria tirou uma fotografia ao João
Para os efeitos da exposição no texto, as diferenças nos exemplos do português não são significativas (o clítico *lhe* em vez da forma forte *him*, o genitivo pós-nominal *(d)ele* em vez do genitivo pré-nominal *his*). Em todos os casos, as relações de comando são as mesmas descritas no texto.
([152]) (102) a. o homem que [t acha que a Maria lhe tirou uma fotografia]
b. o homem a quem [[a mãe dele] acha que a Maria tirou uma fotografia t]
c. o homem a quem [ele acha que a Maria tirou uma fotografia t]
Adaptamos ligeiramente os exemplos de modo a refletir a proibição de preposições "órfãs" em português. Se a "preposição" dativa não é na realidade uma "verdadeira" preposição, mas tão somente um marcador Casual, o vestígio *t* destes exemplos pode ser considerado como uma variável *bona fide*, como nos exemplos ingleses (e não como o vestígio de um PP, com a verdadeira variável reconstruída posteriormente "dentro" do vestígio).

Ā-ligada pelo seu operador. A variável e o pronome podem, pois, ser interpretados como variáveis ligadas (Ā-ligadas) por *who*. As interpretações são, respectivamente, "o homem x tal que x pensou que Mary tirou uma fotografia a x", "o homem x tal que a mãe de x pensou que Mary tirou uma fotografia a x"; o desvio de (102b), se existe, é mínimo (Chomsky, 1982; Higginbotham, 1983; Lasnik e Stowell, 1991).

Mas, em (102c), *he* c-comanda *t*; logo, não pode ser conectado com esta variável; caso contrário, a variável não é A-livre. (102c) não pode, portanto, ter a interpretação "o homem x tal que x pensou que Mary tirou uma fotografia a x". Não existe nada de "anormal" com esta interpretação; na realidade, é a interpretação de (102a). Mas não pode ser atribuída a (102c), em virtude do princípio Comando (a propriedade do *cruzamento forte*; Postal, 1971; Wasow, 1972; Lasnik, 1976).

O princípio Comando também entra na explicação da significação das construções adjetivas complexas de (99), como discutimos antes (ver (68)-(69)). Perguntamos agora em que nível o princípio Comando se aplica. Consideremos os exemplos de (103) ([153]).

(103) a. you said he liked [the pictures that John took]
b. [how many pictures that John took] did you say he liked *t*
c. who [*t* said he liked [how many pictures that John took]]

Em (103a) *he* c-comanda *John* e não pode tomar *John* como antecedente; em (103b), não existe nenhuma relação de c-comando entre estes elementos, e *John* pode ser o antecedente de *he*. Na construção com interrogativa múltipla (103c), *John* não pode na realidade ser o antecedente de *he*. Concluímos que *he* c-comanda *John* no nível de representação em que se aplica o princípio Comando; as propriedades de ligação de (103c) são as de (103a), não as de (103b).

Voltando às duas opções de (100), parece que somos levados aqui a adotar a primeira: que o princípio Comando se aplica em Estrutura-S, antes de o constituinte interrogativo entre parênteses ser movido para a posição pré-oracional em LF, visto que, em LF, (103c) é formalmente semelhante a (103b), e não a (103a). Alternativamente, podemos assumir, diante de exemplos deste tipo,

---

[153] (103) a. tu disseste (que) ele gostou (de) [as fotografias que o João tirou]
b. (de) [quantas fotografias que o João tirou] (é que) tu disseste (que) ele gostou *t*
c. quem (é que) [*t* disse (que) ele gostou (de) [quantas fotografias que o João tirou]]

que a segunda opção, a reconstrução, aplica-se nos casos de elevação em LF, mas não nos casos de movimento visível. Ou podemos simplesmente abandonar as duas opções, rejeitando o pressuposto tácito de que (104) é formado a partir de (103c) por movimento em LF (em (104) *t'* é o vestígio do constituinte movido em LF) ([154]).

(104) [[how many pictures that John took] who] [*t* said he liked *t'*]

Recordando que o movimento em LF não obedece às condições de localidade estrita a que se encontra submetido o movimento em Estrutura-S, podemos rejeitar o pressuposto de que o NP é integralmente transportado ([155]) quando *how many* é elevado para a posição de escopo, e assumir em vez disso que *how many* é extraído do NP, produzindo aproximadamente uma forma LF como (105), em que *t'* é o vestígio de *how many* ([156]).

(105) [[how many] who] [*t* said he liked [*t'* pictures that John took]]

A resposta, neste caso, poderia ser o par (12, *Bill*, significando que o Bill disse que tinha gostado de 12 fotografias que o John tirou. Mas, na forma LF (105), *he* c-comanda *John*; logo, o princípio Comando aplica-se como em (103a). Seguindo este tipo de raciocínio, não precisamos mais adotar o pressuposto de que o princípio Comando se aplica em Estrutura-S, e podemos manter a opção mais satisfatória que as condições que têm a ver com a interpretação se aplicam unicamente nos níveis de interface. Concluímos também que (103b-c) possuem formas um tanto quanto diferentes em LF; as consequências empíricas dessa diferença não são claras (Hornstein e Weinberg, 1990).

Outras construções ilustram o processo de reconstrução e são assim consistentes com a ideia de limitar ao nível LF as condições sobre a interpretação. Consideremos (106) ([157]).

---

[154] (104) [(de) [quantas fotografias que o João tirou] quem] [*t* disse (que) ele gostou *t'*]
[155] No original, "pied-piped".
[156] (105) [[quantas] quem] [*t* disse (que) ele gostou (de) [*t'* fotografias que o João tirou]]
[157] (106) a. eles disseram (que) ele admira o pai do João
  b. quem [*t* disse (que) ele admira o pai do João]
  c. (adivinha) o pai de quem [eles disseram (que) ele admira *t*] ('...o pai de qual pessoa...')

(106) a. they said he admires John's father
b. who [*t* said he admires John's father]
c. (guess) whose father [they said he admires *t*]

Em (106a) e (106b), *he* c-comanda *John* e não pode tomar *John* como antecedente, pelo princípio Comando. Em (106b), *he* não c-comanda *t*, logo ambos podem ser tomados como variáveis ligadas por *who*, dando a interpretação "para qual pessoa *x*, *x* disse que *x* admira o pai do John" ([158]). Em (106c), *he* não c-comanda *who*, mas não pode ser tomado como uma variável ligada por *who*, ainda que essa interpretação deixe *t* A-livre ([159]). O complemento de *guess* é interpretado como (107), com *he* não ligado, semelhante a (106a) ([160]).

(107) for which person *x* [they said he admires *x*'s father]

Temos assim reconstrução: um tratamento de [*whose father*] ([161]) como se o constituinte estivesse na posição do seu vestígio *t* em (106c) (Chomsky, 1977; Freidin e Lasnik, 1981) ([162]).

As questões multiplicam-se rapidamente quando continuamos a investigação.

Considerem-se, por exemplo, construções como as de (108), formadas pelo movimento sucessivamente cíclico do constituinte interrogativo a partir da posição ocupada por *t*, para a posição ocupada por *t'*, e seguidamente para [Spec, CP] da oração matriz ([163]).

(108) a. [which picture of himself] did *John* say [*t'* that *Bill* liked *t* best]
b. [which pictures of each other] did *they* say [*t'* that *we* liked *t* best]

Barss (1986) observa que a anáfora pode tomar qualquer um dos NPs em itálico como antecedente. Mas uma anáfora só pode ser ligada pelo sujeito mais

---

([158]) Esta interpretação é mais clara em português com o pronominal nulo *pro* (em vez de *ele*).
([159]) Em (106c), *t* fica A-livre porque é o vestígio da expressão *whose father*; se *he* é ligado por *who* dentro de *whose father*, não pode obviamente ligar ou ser ligado por *whose father*: o vestígio *t* desta expressão é, pois, A-livre (em particular, não é ligado por *he*).
([160]) (107) para qual pessoa *x* [eles disseram (que) ele admira o pai de *x*]
([161]) *o pai de quem* ('[o pai de qual pessoa]').
([162]) Logo, em que *he* c-comanda *who* (a variável *x* em (107)), e em que o princípio Comando se aplica, proibindo que *he* e *who* tenham o mesmo valor.
([163]) (108) a. [qual fotografia de si próprio] (é que) *o João* disse [*t'* que *o Bill* preferiu *t*]
b. [quais fotografias uns dos outros] (é que) *eles* disseram [*t'* que *nós* preferimos *t*]

próximo que a c-comanda, como se vê nas expressões correspondentes (109), sem movimento-*wh* (¹⁶⁴).

> (109) a. John said [that Bill liked [that picture of himself] best]
> b. they said [that we liked [those pictures of each other] best]

Aqui, os antecedentes têm de ser *Bill*, *we*. Em (108), as mesmas condições sobre a ligação exigem que cada um dos vestígios seja "visível", sendo o constituinte interrogativo interpretado relativamente à ligação como se estivesse numa ou em outra destas posições (*ligação por cadeias*).

Outro exemplo problemático é (110a), com a interpretação (110b) e, no âmbito dos nossos pressupostos, com a representação LF (110c) (Higginbotham, 1980, 1983) (¹⁶⁵).

> (110) a. guess which picture of which boy [they said he admires t]
> b. for which boy x, which picture y of x, [they said he admires y]
> c. [[which boy]$_i$ [which picture of t_i]]$_j$ [they said he admires t_j]

A reconstrução como em (106c) e (107) não produz uma estrutura proibida pelo princípio Comando (¹⁶⁶). No entanto, *he* não pode ser interpretado como uma ocorrência da variável ligada x.

A propriedade formal relevante para a reconstrução neste exemplo parece ser que os membros do par (expressão-r α, pronome β) são referencialmente desconectados em LF se existir um γ tal que γ contém α e β c-comanda γ ou o seu vestígio. Mas esse princípio, aplicado sobre a Estrutura-S, deriva resultados incorrectos para (103) (¹⁶⁷), proibindo a ligação do pronome em (103b). A discrepância sugere que o problema com (110) é outro.

(¹⁶⁴) (109) a. o João disse [que o Bill preferiu [essa fotografia de si próprio]]
  b. eles disseram [que nós preferimos [essas fotografias uns dos outros]]
(¹⁶⁵) (110) a. adivinhem qual fotografia de qual rapaz [eles dizem (que) ele admira t]
  b. para qual rapaz x, qual fotografia y de x, [eles dizem (que) ele admira y]
  c. [[qual rapaz]$_i$ [qual fotografia de t_i]]$_j$ [eles dizem que ele admira t_j]
(¹⁶⁶) A estrutura reconstruída é (110b), onde *he* não c-comanda a variável x, visto que só y é reconstruído. Agradeço a Howard Lasnik (comunicação pessoal) por ter clarificado este ponto. O cap. 3 introduz pressupostos diferentes sobre a reconstrução (a teoria dos vestígios como "cópias"), com consequências diferentes para este exemplo.
(¹⁶⁷) Em (103b), γ é [*how many pictures that John took*], e o pronome *he* (β) c-comanda o vestígio de γ, tal como em (110a), em que γ = [*which picture of which boy*]. Em (103b), no entanto, o

Os problemas são mais gerais. Considere-se (111) ([168]).

(111) a. the claim that John was asleep, he won't discuss *t*
b. the claim that John made, he won't discuss *t*

O caso (111a) é semelhante a (110); o caso (111b) é semelhante a (103b) ([169]). No âmbito dos pressupostos aqui adotados, o pronome não pode tomar *John* como antecedente nem em (111a) nem em (111b) ([170]); a conclusão é correta para (111a), mas não para (111b). Surgem ainda outras complicações quando consideramos as diferenças entre estes exemplos de movimento-Ā e construções de "scrambling" ([171]), nas quais a ordem normal sujeito-objeto é invertida.

Deixemos o tópico nesta situação não resolvida. Para uma discussão adicional destas questões e outras relacionadas, a partir de perspectivas variadas, ver Lakoff (1968), Reinhart (1976, 1983), Van Riemsdijk e Williams (1981), Higginbotham (1980, 1983), Langendoen e Battistella (1982), Barss (1986), Freidin (1986), Lebeaux (1988), Saito (1989) e o cap. 3.

Quando consideramos o movimento-Ā em LF, somos também levados a concluir que existe uma condição de Estrutura-S que licencia construções com *vazios parasitas* (PG) ([172]) como (112a), interpretado como (112b) ([173]).

(112) a. which book did you file *t* [without my reading *e* first]
b. for which *x*, *x* a book, you filed *x* without my reading *x* first

---

pronome pode ser ligado por *John* (o α contido dentro de γ), mas em (110a) o pronome não pode ser ligado por *which boy* (o α contido dentro de γ).

[168] (111) a. a afirmação (de) que o João estava dormindo, ele não discute *t*
b. a afirmação que o João fez, ele não discute *t*

[169] Ou seja, a correferência entre *John* e *he* não é possível em (111a), mas é possível em (111b); a diferença entre os dois exemplos é que a expressão que modifica *claim* em (111a) é um complemento (de *claim*), ao passo que em (111b) é uma oração relativa.

[170] Em virtude da "propriedade formal relevante para a reconstrução" discutida no parágrafo anterior: nos dois casos, o pronome c-comanda o vestígio de γ, que contém *John* (= α). Ver o cap. 3 para uma reanálise destes exemplos.

[171] Mantemos na tradução o termo original inglês.

[172] No original, "parasitic gap" (evitamos a sigla VP, de "vazio parasita", para evitar confusão com a sigla para "Grupo Verbal").

[173] (112) a. que livro (é que) tu arrumaste *t* [sem eu ler *e* primeiro]
b. para qual *x*, *x* um livro, tu arrumaste *x* sem eu ler *x* primeiro
Usamos o infinitivo flexionado na oração adverbial, que é praticamente equivalente ao gerúndio inglês neste contexto.

O licenciamento de PGs por cadeias-Ā é bastante geral, mas as cadeias formadas por movimento em LF não licenciam PGs, como se ilustra em (113), com a Estrutura-S (113a) e a forma LF (113b) ([174]).

(113) a. * who [t filed which book [without my reading *e*]]
b. * [[which book]$_j$ who$_i$] [t$_i$ filed t$_j$ [without my reading *e*]]

A interpretação não pode ser "para qual livro *x*, quem arrumou *x* sem eu ler *x*". Vemos deste modo que as construções com PGs nos dão alguma evidência em favor da existência de condições de Estrutura-S.

As condições que licenciam PGs também têm de dar conta do fato de estas construções serem licenciadas por cadeias-Ā, mas não por cadeias-A. Assim, a cadeia-A (*the book*, t) de (114) não licencia o PG *e*, contrariamente à cadeia-Ā (*which book*, t) de (112a), com a mesma relação *t-e* ([175]).

(114) * the book was filed t [without my reading *e* first]

Para discussão adicional, ver Taraldsen (1981), Engdahl (1983, 1985), Chomsky (1982, 1986a), Kayne (1984), Longobardi (1985), Browning (1987) e Cinque (1990).

Note-se que até os PGs aceitáveis são um tanto marginais; tal como em casos discutidos anteriormente, estamos interessados na degradação relativa das diferentes construções, algo que é muito claro e pede uma explicação. A literatura geral sobre PGs usa regularmente como ilustração pares como (115), onde o primeiro exemplo é completamente gramatical e o segundo exemplo fortemente degradado, mas estes casos não são suficientes para mostrar que as cadeias-Ā licenciam PGs, contrariamente às cadeias-A, porque (115b) é excluído por razões independentes que têm a ver com a teoria do controle, como se ilustra em (116) (Lasnik e Uriagereka, 1988) ([176]).

(115) a. the book that you filed [without PRO reading *e*]
b. * the book that was filed [without PRO reading *e*]

([174]) (113) a. * quem [t arrumou qual livro [sem eu ler *e*]]
b. * [[qual livro]$_j$ quem$_i$] [t$_i$ arrumou t$_j$ [sem eu ler *e*]]
([175]) (114) * o livro foi arrumado t [sem eu ler *e* primeiro]
([176]) (115) a. o livro que tu arrumaste [sem PRO ler *e*]
b. * o livro que foi arrumado [sem PRO ler *e*]
(116) a. o livro que tu arrumaste [sem PRO pensar]
b. * o livro que foi arrumado [sem PRO pensar]

(116) a.   the book that you filed [without PRO thinking]
      b. * the book that was filed [without PRO thinking]

A questão das condições de Estrutura-S surge igualmente em relação com os elementos lexicalmente identificados como afixos (por exemplo, clíticos pronominais, flexões verbais, traços Casuais). Dado que estas propriedades são normalmente visíveis em PF, têm de se manifestar em Estrutura-S (Lasnik, 1981; omitimos aqui a possibilidade de as regras da componente PF serem suficientemente ricas para dar conta do fenômeno). Como notamos acima, a questão ganha um grau de sutileza considerável se assumirmos que os traços flexionais são interpretados através da verificação. Suponhamos de novo que a forma inglesa *walked* é inserida na Estrutura-D com as propriedades [walk], [passado], sendo a propriedade [passado] verificada e licenciada por uma regra sintática R que junta [passado] e *walked* ([177]). Suponhamos além disso que o elemento funcional [tempo] (entre outros) não tem uma matriz fonológica, sendo, portanto, invisível em PF. Não precisamos assim assumir que R é uma regra de abaixamento que efetua a adjunção de [passado] a *walked*, regra essa cujos efeitos seriam revertidos em LF; uma outra possibilidade é que as Estruturas-D e -S sejam iguais, com a regra R elevando o verbo para a posição flexional em LF, espelhando o processo que é visível com auxiliares e também em línguas como o francês (para uma discussão de alguns argumentos internos à teoria que têm a ver com estas questões, ver os caps. 2 e 3). A mesma questão surge relativamente à marcação Casual. Mesmo se esta for visível, existe a possibilidade conceitual de que os elementos entrem no sistema computacional com os traços Casuais já indicados, sendo estes verificados apenas no nível LF. Qualquer exigência Casual aparente da Estrutura-S teria de ser satisfeita de modo diferente ([178]). Ver a seção 1.4.3 e o cap. 3 ([179]).

Outras considerações internas à teoria sugerem que as categorias vazias são licenciadas em Estrutura-S, em particular os vestígios em cadeias argumentais (Lasnik e Saito, 1984, 1992; ver a seção 1.4.1). Se a relação de predicação entre um XP e o seu sujeito (sintático) tem de satisfazer condições de Estrutura-S, como sugerimos acima, é também natural (ainda que não

---

[177] *caminhou, caminh-*. Repare-se que se distingue aqui entre o elemento [passado] ao qual se junta *walked* (presente na estrutura) e a propriedade (lexical) [passado] inerente a *walked*.
[178] Ou seja, qualquer exigência Casual da estrutura-S além da visibilidade do Caso em PF.
[179] Ver também nota ([97]).

necessário) supor que o licenciamento de uma EC com a função de sujeito de uma predicação também seja efetuado neste nível. Assim, de acordo com a teoria de Rizzi, o parâmetro do sujeito nulo é redutível a propriedades do sistema da flexão verbal: em italiano, a concordância (Agr) "forte" licencia um *pro* sujeito; em francês ou em inglês, o Agr "mais fraco" não tem essa propriedade. Uma expectativa plausível é que esta condição seja satisfeita pela configuração de Estrutura-S.

A plausibilidade deste pressuposto aumenta se considerarmos as propriedades de *pro* expletivo. Considerem-se as Estruturas-D (117) ([180]).

(117) a. *e* was stolen a book
b. *e* seems [*e'* to be a book missing]

Numa língua de sujeito nulo, as expressões podem ser realizadas com esta forma, com *e* igual a *pro* expletivo e *e'* o seu vestígio ([181]); nesse caso, *pro* é licenciado por Agr forte. Mas, numa língua de sujeito não nulo, a substituição de *e* tem de estar completada quando se atinge a Estrutura-S, quer por um expletivo visível quer pela elevação de *a book*, que preenche a posição do expletivo, como em (118) ([182]).

(118) a. i. ?there was stolen a book
ii. a book was stolen *t*
b. i. there seems [*t* to be a book missing]
ii. a book seems [*t* to be *t'* missing]

Parece que uma propriedade qualquer da Estrutura-S obriga a que as opções de (118) sejam tomadas até a derivação chegar à Estrutura-S, e não na componente LF. O problema torna-se mais severo se adotarmos a versão forte do princípio FI, exigindo que os expletivos sejam trocados em LF (seções 1.3.1, 1.3.3). Nesse caso, as Estruturas-S de (117) aparecem em LF essencialmente

---

([180]) (117) a. *e* foi roubado um livro
b. *e* parece [*e'* estar um livro fora do seu lugar]
Usamos a expressão *fora do seu lugar* em vez da tradução literal *desaparecido*, menos feliz neste contexto.
([181]) Ver também a nota ([182]).
([182]) (118) a. i ? *expl* foi roubado um livro
ii. um livro foi roubado *t*
b. i. *expl* parece [*t* estar um livro fora do seu lugar]
iii. um livro parece [*t* estar *t'* fora do seu lugar]

com a forma (ii) de (118). Concluímos assim que as distinções relevantes têm de ser estabelecidas na Estrutura-S: *pro* é licenciado em Estrutura-S, permitindo (117) em italiano, mas não em inglês. Vejam-se os caps. 3 e 4 para análises alternativas.

Também foi proposto que algumas das condições que se pensava pertencerem a LF se aplicam na realidade na derivação entre a Estrutura-S e PF (Jaeggli, 1980; Aoun et al., 1987). É impossível que estas condições se apliquem no próprio nível de representação PF, porque no nível da interface PF temos apenas traços fonéticos sem qualquer outra estrutura relevante. O pressuposto é, na realidade, que estas condições se aplicam em Estrutura-S ou em qualquer nível intermediário entre a Estrutura-S e PF.

Assumimos até aqui que a teoria X-barra se aplica sobre a Estrutura-D, sendo as suas propriedades "transportadas" ([183]) até a Estrutura-S e LF pelos processos computacionais. Suponha-se que a teoria X-barra se aplica igualmente sobre a Estrutura-S. Van Riemsdijk (1989) argumenta que, com este pressuposto, o movimento não tem de ser restringido a constituintes mínimos e máximos (X^0 e XP), como se tem tacitamente assumido. O movimento de X' (X^1) pode ser permitido, seguindo-se-lhe um processo de "regeneração" tão mínimo quanto possível com a função de formar uma estrutura X-barra correta no nível da Estrutura-S. Com esta análise, (119) é derivado pelo movimento da categoria N' *Lösung*, seguido da geração de *eine* para satisfazer a teoria X-barra em Estrutura-S, sendo *eine* uma "realização" dos traços-ϕ de *Lösung*.

(119) [eine Lösung] hat er [eine bessere *t*] ais ich
uma solução tem ele uma melhor do-que eu

Se a teoria X-barra se aplicar na Estrutura-S, a hipótese da preservação de estrutura de Emonds, aplicada à substituição ([184]), (seção 1.3.1) pode ser deduzida nos seus aspectos essenciais, visto que o conflito de traços categoriais entra em violação dos princípios X-barra teóricos. Uma conclusão semelhante é igualmente válida para a adjunção. Suponha-se, por exemplo, que um elemento X^0 é adjunto ao Z de categoria YP, formando (120).

(120) [$_{YP}$ X^0 [$_{YP}$ Z]]

---

[183] no original, "carried over".
[184] Exigindo que o alvo da operação de substituição seja uma EC independentemente gerada pelas regras da base, e com os mesmos traços categoriais do elemento movido.

Esta estrutura está em violação da teoria X-barra, a qual exige que X^0 seja o núcleo de uma estrutura X'. A adjunção de XP a YP, contudo, produz uma estrutura consistente com a teoria X-barra. A adjunção de X^0 a Y^0 produz uma categoria de dois segmentos $[Y^0, Y^0]$, com uma estrutura interna "invisível" para a teoria X-barra. Seguindo esta linha de raciocínio, talvez seja possível derivar uma versão da hipótese da preservação de estrutura aplicável à adjunção: no essencial, a condição de que uma categoria só pode ser adjunta a outra categoria com o mesmo nível de barras.

1.4 Os módulos da linguagem

1.4.1 A Teoria da Regência

Referimo-nos várias vezes à noção de *regência*, uma variedade mais "local" de comando (seção 1.3.1). Assumimos provisoriamente que a noção relevante de comando é o c-comando. O conceito de regência tem sido amplamente aplicado ao estudo dos vários módulos da gramática. Isso significa que qualquer ligeira modificação na sua formulação tem amplas consequências empíricas (ver, entre outros, Aoun e Sportiche, 1981; Chomsky, 1981a, 1986a; Kayne, 1984; Lasnik e Saito, 1984, 1992; Rizzi, 1990).

Dizemos que α rege β se α c-comanda β e não existe nenhuma categoria γ que "protege" β da regência por α. γ protege β neste sentido se for c-comandado por α e quer (121a) quer (121b) forem satisfeitos.

(121) a. γ é uma *barreira* que domina β.
b. γ *intervém* entre α e β.

A regência é *canônica* se a ordem linear de (α, β) for conforme ao parâmetro nuclear (Kayne, 1984). Falamos de "regência-X" quando o regente tiver a propriedade X. Há duas categorias principais de regência a considerar: a *regência por antecedente* ([185]) de α por um antecedente de α, e a *regência nuclear* de α por um núcleo. Referimo-nos a estas categorias pelo termo *regência própria* ([186]).

Para dar precisão ao conceito de localidade, temos de explicitar as noções de "barreira" e "intervém" em (121). Consideremos cada uma separadamente.

---

[185] Por vezes traduzido também como "regência por antecedência".
[186] Uma tradução mais feliz seria "regência correta". Mantemos, no entanto, o termo "regência própria", já estabelecido na terminologia portuguesa.

Consideramos que uma barreira é um XP que não é um complemento, pondo por agora de lado o estatuto ambíguo dos não complementos de V quando consideramos as ramificações da teoria dos caminhos não ambíguos de Kayne (seção 1.3.2) ([187]). Assim, em (122), as expressões entre parênteses são XPs, mas apenas aquelas com o subíndice *B* são barreiras para os elementos no seu interior ([188]).

(122) a. I wonder which book [John told the students [that [they should read *t*]]]
 b. ?? I wonder which book [John met [someone [$_B$ who read *t*]]]
 c. * I wonder how [John met [someone [$_B$ who [fixed the car *t*]]]]
 d. ?? I wonder which book [John left New York [$_B$ before he read *t*]]
 e. * I wonder how [John left New York [$_B$ before he fixed the car *t*]]

Em cada um dos casos o vestígio indica a posição de extração, na interpretação pretendida: assim, em (122e) pergunta-se como é que John consertou o carro, não como é que ele saiu de Nova Iorque. Se extrairmos para fora de uma barreira, o vestígio deixado não é regido por antecedência; caso contrário, o vestígio é regido por antecedência. Quando a extração atravessa uma barreira, a expressão é degradada, indicando que a regência por antecedente é uma condição sobre cadeias corretamente formadas. Em (122a) nenhuma barreira é atravessada e a frase é completamente gramatical. Nos outros casos, uma barreira é atravessada e as frases são degradadas. As violações são mais severas nos casos (122c) e (122e), ilustrando uma diferença característica entre a extração de argumentos e a extração de adjuntos.

Há indicações de que não é só um complemento que fica isento do estatuto de barreira; o especificador de um complemento também não é uma barreira. Belletti e Rizzi (1981) observam que o processo de cliticização de *ne* em italiano extrai *ne* para fora do objeto do verbo, mas não para fora do sujeito. O objeto, complemento do verbo, não é uma barreira para a regência; assim,

---

([187]) Por exemplo, o estatuto de elementos adverbiais ocupando uma posição idêntica à de *carefully* em (83).

([188]) (122) a. eu não sei qual livro [o João disse (a)os estudantes [que [eles deviam ler *t*]]]
 b. ?? eu não sei qual livro [o João conheceu [alguém [$_B$ que leu *t*]]]
 c. * eu não sei como [o João conheceu [alguém [$_B$ que [consertou o carro *t*]]]]
 d. ?? eu não sei qual livro [o João deixou Nova Iorque [$_B$ antes de ler *t*]]
 e. * eu não sei como [o João deixou Nova Iorque [$_B$ antes de consertar o carro *t*]]
 Adaptamos ligeiramente estes exemplos em pontos não importantes.

o clítico *ne* rege o vestígio deixado pela extração de *ne* para fora do objeto, tal como a teoria exige. Mas o vestígio da extração de *ne* para fora do sujeito não é regido por antecedência: o sujeito não é um complemento, logo é uma barreira, quer a regência se baseie no c-comando quer no m-comando. Assim, temos (123a), mas não (123b).

(123) a. *pro* ne-ho   visto [molti *t*]
          eu de.eles-tenho   visto muitos
          'Eu tenho visto muitos deles'
     b. * [molti *t*] ne-sono   intelligenti
          muitos de.eles-são   inteligentes

Mas consideremos agora (124b), derivado da Estrutura-D (124a).

(124) a. *pro* ritengo [α[molti ne]   intelligenti]
          eu acredito   muitos de.eles   inteligentes
     b. ne-ritengo   [[molti *t*]   intelligenti]
          de.eles-eu.acredito muitos   inteligentes
          'Eu acredito que muitos deles (são) inteligentes'

Aqui, o complemento α de *ritengo* é uma oração pequena. O constituinte [*molti ne*] é o especificador da oração pequena, logo não é um complemento. Mas mesmo assim a extração é permitida. Voltamos a outras ilustrações do mesmo ponto.

Concluímos então que XP não é uma barreira se for o complemento de um núcleo H ou o especificador do complemento de H. Esta configuração de propriedades não é surpreendente, dado que o núcleo não só compartilha tipicamente com a sua projeção máxima os traços desta, mas também concorda com o seu especificador, de modo que se estabelece uma relação de concordância indireta entre uma projeção máxima e o seu especificador. A mesma observação sugere que podemos generalizar esta propriedade ainda mais: se α for o complemento de H, então os constituintes que são filhos de α (o seu especificador e o seu núcleo) não são barreiras. Quando o núcleo é um X^0, a questão da extração para fora do núcleo não surge, mas a questão pode surgir em outras configurações. Suponhamos que numa oração pequena (125), YP = XP, sendo XP o núcleo de YP e sendo NP o especificador (o sujeito do predicado XP).

(125) V [$_{YP}$ NP XP]

Assim, em (124a), α = YP = AP, e o seu núcleo é o AP *intelligenti*. Já observamos que o especificador não é uma barreira. O exemplo (126) mostra que o núcleo também não é uma barreira ([189]).

(126) whom does he consider [$_{AP}$ Bill [$_{AP}$ angry at *t*]]

O estatuto de (126) não é diferente do de *whom is he angry at* ([190]). Assim, nem o complemento nem o núcleo de um complemento são barreiras. Do mesmo modo, em (127), o grupo verbal principal da oração encaixada não é uma barreira, e o seu núcleo VP também não é uma barreira, permitindo assim a livre extração de *who* ([191]).

(127) I wonder [who [John [$_{VP}$ [$_{VP}$ met *t*] [last night]]]]

Note-se que no caso da oração pequena (126), tal como no caso de (127), podemos fazer apelo à teoria dos segmentos sobre a adjunção (seção 1.3.1), exigindo que uma barreira seja uma categoria, não um segmento, e considerando os núcleos como segmentos, logo impossibilitados de serem barreiras. Tratamos de modo preliminar o caso (a) de (121); consideremos agora o caso (b), com a configuração (128), em que γ intervém entre α e .

(128) ... α ... γ ... β ...

Lembremo-nos de que α c-comanda o elemento interveniente γ, e assumimos igualmente que γ c-comanda β; assim, a ordem linear esquerda-direita em (128) exprime a relação de c-comando. Dois casos de intervenção foram explorados na literatura; na sequência de Rizzi (1990), chamamos-lhes *minimalidade rígida* e *minimalidade relativizada*.

(129) a. Rígida: γ é um núcleo H (α arbitrário).
       b. Relativizada: γ é do mesmo "tipo" que α.

---

[189] (126) quem (é que) ele considera [$_{AP}$ o Bill [$_{AP}$ zangado com *t*]] (*) ('com quem é que ele considera o Bill zangado')
Recorde-se que o português não admite preposições órfãs. O equivalente gramatical em português também ilustra o ponto discutido.
[190] *quem (é que) ele está zangado com* (*) ('com quem é que ele está zangado').
[191] (127) eu não sei [quem [o João [$_{VP}$ [$_{VP}$ conheceu *t*] [ontem à noite]]]]

A minimalidade rígida pode ser reformulada em termos de barreiras, tomando a categoria que domina imediatamente γ como sendo uma barreira. Para explicitar o conceito de minimalidade relativizada, temos de caracterizar os tipos relevantes, dados em (130).

(130) a. Se α é um núcleo, então γ é um núcleo.
b. Se α está numa posição-A, então γ é um especificador numa posição-A.
c. Se α está numa posição-Ā, então γ é um especificador numa posição-Ā.

Recordemo-nos de que os conceitos de posição-A e -Ā não se encontram devidamente definidos na teoria atual; já sugerimos um modo de abordar esse problema no final da secção 1.3.2 e continuamos a assumir essas ideias aqui.

Os três casos básicos da minimalidade relativizada são ilustrados em (131), relativamente a um núcleo, a uma posição-A e a uma posição-Ā, respectivamente; colocamos γ em letras maiúsculas (ver (44), (57)) ([192]).

(131) a. * how fix [John WILL [*t* the car]]
b. * John seems [that [$_{IP}$ IT is certain [*t* to fix the car]]]
c. * guess [$_{CP}$ how [John wondered [WHY [we fixed the car *t*]]]]

Usando a terminologia convencional, o caso (131a) ilustra a *Restrição Sobre o Movimento de Núcleos* (HMC); o caso (131b), a *superelevação*; e o caso (131c), a *Restrição da Ilha-Wh*. Como a estrutura indica, a interpretação relevante de (131c) exprime as dúvidas do John sobre o modo como consertamos o carro, e não uma interrogação sobre a sua ignorância ou modo de perguntar. Em (131a), *will* intervém entre *fix* e o seu vestígio, e tanto *fix* como *will* são núcleos. Em (131b), *it* intervém entre John e o seu vestígio, tanto *it* como *John* estão em posições-A, e *it* é o especificador de IP. Em (131c), *why* intervém entre *how* e o seu vestígio, tanto *why* como *how* estão em posições-Ā,

---

([192]) (131) a. * como consertar [o João VAI [*t* o carro]]
b. * essas pessoas parecem [que [$_{IP}$ *EXPL* é suposto [*t* consertar o carro]]]
c. * adivinhem [$_{CP}$ como [o João não sabe [POR QUE [nós consertamos o carro *t*]]]]
Usamos em (131b) *ser suposto* em vez de *ser certo* para manter no exemplo português a propriedade de "predicado de elevação" que o inglês *to be certain* possui; cf. o contraste entre *they are certain* [*t to fix the car*] em inglês, e **eles estão certos (de* [*t construir o carro*] em português. Ver também as notas ([49]) e ([75]).

e *why* é o especificador de CP. Nos três casos as expressões são severamente degradadas.

Notamos anteriormente que os adjuntos e os argumentos se comportam de modo um pouco diferente em relação à extração para fora de uma barreira (ver (122)). O mesmo acontece no caso da intervenção (130c): compare-se (131c) (extração de um adjunto) com (132) (extração de um argumento) ([193]).

(132) ??guess [$_{CP}$ what [John wondered [*why* [we fixed *t*]]]]

Ainda que não seja aceitável, (132) é uma violação muito menos séria do que (131c).

Estas observações têm um alcance considerável no que diz respeito à adequação descritiva, mas não nos oferecem um princípio explicativo satisfatório. Voltamos ao assunto no final desta seção.

Discutimos algumas das propriedades do primeiro caso de regência própria: a regência por antecedente. Consideremos agora o segundo caso: a regência nuclear. Em praticamente todos os módulos da gramática, encontramos relações (H, XP), em que H é um núcleo e XP é um constituinte com alguma propriedade atribuída (ou verificada) por H. Estas relações satisfazem relações de localidade tipicamente mais estritas do que o comando (em qualquer das suas variedades), e são assim consideradas frequentemente como pertencendo à categoria da regência. Notamos atrás que a regência por um verbo é suficiente para atribuir Caso, impedir PRO, e licenciar um vestígio (seção 1.3.2). Em todos os casos a relação em causa é mais estrita do que a de comando.

Na teoria do Caso, verificamos que um verbo V pode atribuir (ou verificar) o Caso de um XP apenas se esse XP estiver numa relação local com V. O verbo *find* atribui Caso acusativo a *the book* em (133), mas não em (134) ([194]).

(133) a. we found the book
b. we found [$_{AP}$ the book incomprehensible]

([193]) (132) ??adivinhem [$_{CP}$ o que [o João não sabe [*por que* [nós consertamos *t*]]]]
Ver também a nota ([78]).
([194]) (133) a. nós achamos o livro
b. nós achamos [$_{AP}$ o livro incompreensível]
(134) a. nós achamos [$_{CP}$ que [$_{IP}$ o livro era incompreensível]]
b. nós achamos a resposta [α quando o livro chegou]

(134) a. we found [$_{CP}$ that [$_{IP}$ the book was incomprehensible]]
b. we found the answer [α when the book arrived]

Em (133) nenhuma barreira protege *the book* da regência por *find*. O mesmo acontece em (134a), mas aqui o núcleo interveniente C⁰ (= *that*) impede a regência de *the book* por *find* (¹⁹⁵). Em (134b), α é uma barreira. Assim, em (134), *the book* tem de receber Caso de qualquer outra maneira. Se a construção em que aparece é infinitiva, não recebe nenhum Caso, e a construção não é gramatical, como em (135) (¹⁹⁶).

(135) a. * we tried [$_{CP}$ e [$_{IP}$ the book to win a prize]]
b. * we found John [α when the book to arrive]

Em (135a), o núcleo interveniente C (= *e*) impede a regência de *the book*, tal como em (134a). É então natural supor que a regência participa de um modo crucial na teoria do Caso.

As posições a que um verbo pode atribuir Caso são também tipicamente aquelas em que um vestígio pode aparecer, sugerindo que a regência por um verbo pode licenciar um vestígio. Assim, a par de (133), (134) e (135), temos (136) e (137) (¹⁹⁷).

(136) a. the book was found *t*
b. the book was found [$_{AP}$ *t* incomprehensible]
c. the book was believed [*t* to be incomprehensible]
d. the book seems [*t* to be incomprehensible]

(¹⁹⁵) Em (134a) nem CP nem IP são barreiras, CP porque é complemento de *found*, e IP porque é o complemento de *that*. Ver, no entanto, a discussão a seguir ao exemplo (144).
(¹⁹⁶) (135) a. * nós tentamos [$_{CP}$ e [$_{IP}$ o livro ganhar um prémio]]
b. * nós achamos o João [α quando o livro chegar]
Repare-se que em nenhum destes exemplos o infinitivo pode ser flexionado, preservando--se assim a propriedade de não atribuição Casual dos exemplos originais.
(¹⁹⁷) (136) a. o livro foi achado *t*
b. o livro foi achado [$_{AP}$ *t* incompreensível]
c. o livro foi acreditado [*t* ser incompreensível] (*) ('acreditou-se que o livro era incompreensível')
d. o livro parece [*t* ser incompreensível]
(137) a. * O livro foi achado [$_{CP}$ que [$_{IP}$ *t* era incompreensível]]
b. * O livro foi tentado [$_{CP}$ e [$_{IP}$ *t* ganhar um prémio]]
Recordemo-nos que *acreditar* em português não é um predicado ECM. Contraste-se (136c) com *o livro era suposto [t ser incompreensível]*, aceitável no dialeto "liberal" da nota (⁴⁹).

(137) a. * the book was found [$_{CP}$ that [$_{IP}$ *t* was incomprehensible]]
　　　b. * the book was tried [$_{CP}$ *e* [$_{IP}$ *t* to win a prize]]

Considerando agora PRO, encontramos uma configuração semelhante. PRO não pode aparecer em posições regidas, ou seja, naquelas em que, com a forma verbal apropriada, o Caso pode ser atribuído ou um vestígio pode ser licenciado ([198]).

(138) a. * we found PRO
　　　b. * we found [$_{AP}$ PRO incomprehensible]

PRO também não pode ocorrer em posições regidas mas em que o Caso não pode ser atribuído, como em (139) ([199]).

(139) a. * they expressed the belief [$_{IP}$ PRO to be intelligent]
　　　b. * we expected [there to be found PRO]
　　　c. * it was believed [PRO to be intelligent]
　　　d. * it seems [PRO to be intelligent]

Como discutimos na seção 1.3.2, assumimos que o verbo *believe* em inglês seleciona um complemento IP, e não CP. Assim, PRO é regido por *belief* em (139a) e por *believed* em (139c), ainda que a marcação Casual não seja possível ([200]). As construções não são permitidas. Assim, (139a) não significa que eles exprimiram a crença que alguma pessoa ou outra é inteligente, com PRO arbitrário, ou que eles exprimiram a crença que eles próprios são inteligentes, com PRO ligado por *they*. Do mesmo modo, (139c) não significa que se acreditava que alguma pessoa ou outra era inteligente; a forma fonética só pode

---

[198] (138) a. * nós achamos PRO
　　　　　b. * nós achamos [$_{AP}$ PRO incompreensível]
[199] (139) a. * eles exprimiram a crença [$_{IP}$ PRO ser inteligentes]
　　　　　b. * nós esperávamos [*expl* ser achado PRO]
　　　　　c. * *expl* era acreditado [PRO ser inteligente]
　　　　　d. * *expl* parece [PRO ser inteligente]
[200] Em (139a), porque N não atribui Caso, e em (139c), porque um particípio passivo não atribui Caso. EM (139b), PRO, embora regido por *found*, não recebe Caso, pela mesma razão que em (139c) (*found* é um particípio passivo); quanto a (139d), recordemo-nos de que *seems* não atribui Caso acusativo, embora reja a posição de sujeito do seu complemento oracional infinitivo (cf. a "generalização de Burzio", que diz que um verbo que não atribui uma função-θ externa não atribui Caso estrutural acusativo).

ser interpretada com *it* elevado, deixando um vestígio na posição de PRO. E (139b) não significa que nós esperávamos que alguma pessoa ou outra fosse achada, com PRO arbitrário.

Também na teoria-θ encontramos uma relação de localidade entre núcleo e XP. Assim, um verbo θ-marca apenas os XPs dentro do VP que tem esse verbo como núcleo. No âmbito dos pressupostos da seção 1.3.2, o verbo θ-marca o especificador do VP e os irmãos de V', relações que não caem exatamente sob a alçada da teoria da regência; e θ-marca também o complemento, que é regido.

Analisando mais de perto a regência nuclear, vemos que C (= C⁰), quer visível quer nulo, comporta-se de modo bastante diferente dos outros núcleos que temos considerado. Assim, PRO não é proibido em posições regidas por C, como se ilustra em (140) (²⁰¹).

(140) we decided [_CP_ *e* [_IP_ PRO to leave at noon]]

Do mesmo modo, C parece não licenciar um vestígio. Assim, vemos que os XPs em geral podem ser movidos com bastante liberdade, incluindo VP e CP, mas não IP (²⁰²).

(141) a. [_VP_ admit that he was wrong], John never will *t*_VP_
b. [the claim *t*_CP_] was made [_CP_ that John was wrong]
c. * [_IP_ Bill will visit tomorrow], I think [that *t*_IP_]

C também não licencia o vestígio de um sujeito. Assim, ainda que C seja o regente do vestígio em (142), a extração é proibida; como se sabe, as línguas têm vários dispositivos especiais ao seu alcance para resolver este problema (ver abaixo) (²⁰³).

(²⁰¹) (140) nós decidimos [_CP_ *e* [_IP_ PRO sair ao meio-dia]]
(²⁰²) (141) a. [_VP_ admitir que ele estava errado], o João não vai *t*_VP_
b. [a afirmação *t*_CP_] foi feita [_CP_ que o João estava errado]
c. * [_IP_ o Bill vai visitar(-nos) amanhã], penso [que *t*_IP_]
É duvidoso que (141a) em português tenha a estrutura aí indicada, se o verbo é elevado para fora do VP também em orações infinitivas (ver Pollock, 1989). Nesse caso o exemplo do português não é relevante para a conclusão que se estabelece no texto.
(²⁰³) (142) * quem (é que) tu disseste [_CP_ que [_IP_ *t* saiu ontem]]
Mais uma vez, é a estrutura particular (142) que está em causa. A sequência é aceitável em português, sugerindo que a estrutura não é a mesma, isto é, que o português "tem um dispositivo especial ao seu alcance para resolver este problema".

(142) * who did you say [$_{CP}$ that [$_{IP}$ *t* left yesterday]]

Ilustram-se outras propriedades de C em (143) ([204]).

(143) a. * John was decided [$_{CP}$ *e* [$_{IP}$ *t* to leave at noon]]
      b. * we decided [$_{CP}$ *e* [$_{IP}$ John to leave at noon]]
      c.   we decided [$_{CP}$ *e* [$_{IP}$ PRO to leave at noon]]

Se o núcleo *e* do CP licenciasse o vestígio em (143a), a elevação de *John* para a posição de sujeito da oração principal seria permitida. Note-se que *e* não intervém entre *John* e o seu vestígio, se adotarmos as noções da minimalidade relativizada ([205]) (mas, nos pressupostos da minimalidade rígida, intervém). Os exemplos (143b) e (143c) ilustram o fato de que *e* intervém na realidade entre o verbo principal e o sujeito encaixado, bloqueando uma relação de regência entre eles. Assim, em (143b), *John* não pode receber Caso do verbo principal, e em (143c) PRO é permitido, visto que nem o verbo principal nem C o regem propriamente. Logo, C funciona como um núcleo interveniente, mas não como um regente próprio capaz de licenciar um vestígio.

Do mesmo modo, ao passo que outros X⁰ são tipicamente elevados, regendo nuclearmente o seu vestígio e logo licenciando-o, isso não acontece com C. Encontramos elevação de V para V ou para I, elevação de N para V (incorporação nominal), elevação de I para C (o fenômeno V-dois) e assim sucessivamente, mas não encontramos elevação de C para o verbo principal que rege C (por exemplo, a incorporação de um verbo elevado para a posição V-dois num verbo mais elevado). Também estes fatos são uma consequência da hipótese que C não rege propriamente.

C também é diferente dos outros núcleos no seu comportamento relativamente às barreiras. Recordemo-nos de que um núcleo liberta tipicamente o seu complemento e os constituintes que são filhos do complemento (o especificador do complemento e o seu núcleo) do estatuto de barreira. Mas no caso de C a situação é diferente. Considerem-se as seguintes observações de Torrego (1985), que nota o contraste entre (144) e (145) em espanhol.

---

[204] (143) a. * o João foi decidido [$_{CP}$ *e* [$_{IP}$ *t* sair ao meio-dia]]
           b. * nós decidimos [CP *e* [$_{IP}$ o João sair ao meio-dia]]
           c.   nós decidimos [$_{CP}$ *e* [$_{IP}$ PRO sair ao meio-dia]]
[205] Porque *e* é um núcleo, e *John* está numa posição-A.

(144) a. [α de qué autora] [no sabes [_CP [β qué traducciones tα]
de que autora não sabes   que traduções
[tβ han ganado premios internacionales]]]
aux ganho prêmios internacionais
b. * esta es la autora [_CP [α de la que] C [_IP [β varias
esta é a autora   d a qual   várias
traducciones tα] han ganado premios internacionales]]
traduções   aux ganho   prêmios internacionais

Em (144a) CP é o complemento de *sabes* e, logo, não é uma barreira; o seu especificador β também não é uma barreira, e a regência por antecedente não é bloqueada, permitindo a extração. Em (144b), contudo, a extração é bloqueada; ainda que β seja o especificador do complemento de C, é uma barreira que bloqueia a regência por antecedente. Uma conclusão plausível é que C não liberta o seu complemento (ou os constituintes que são filhos do complemento) do estatuto de barreira, contrariamente aos outros X⁰s que temos considerado; a investigação destes assuntos, no entanto, leva-nos a complexidades que ignoramos aqui.

C é diferente dos outros núcleos que consideramos também no que diz respeito a outras propriedades. Contrariamente aos elementos flexionais, C não é um traço do verbo; logo, o seu especificador não é L-relacionado, e consequentemente é uma posição-Ā, não uma posição-A como no caso dos outros especificadores (seção 1.3.2). A C também falta o conteúdo semântico que alguns outros núcleos possuem.

Em geral, e numa primeira abordagem plausível, os regentes próprios restringem-se aos traços lexicais (categorias lexicais, traços flexionais do verbo, e outros talvez) e apenas os regentes próprios libertam o seu complemento do estatuto de barreira.

Vimos que C não é suficiente para desempenhar o papel de regente nuclear exigido pelo vestígio de um sujeito. Em (143a) o complementador nulo *e* não licencia o vestígio do movimento-A. A mesma incapacidade pode ser observada com um C visível na configuração semelhante (145) ([206]).

(145) * John is important [_CP (for) [_IP *t* to leave at noon]]

([206]) (145) * o João é importante [_CP (*compl*) [_IP *t* sair ao meio-dia]]

O paradigma com movimento-Ā (em oposição a movimento-A) do sujeito é menos claro. (142) é inaceitável, mas fica perfeitamente bem formado sem o complementador visível ([207]).

(146) who did you say [$_{CP}$ [$_{IP}$ *t* left yesterday]]

Na abordagem desenvolvida acima, trata-se de saber como o vestígio do sujeito é regido nuclearmente. Suponha-se que existe um complementador nulo e que o movimento de *who* é efetuado de modo sucessivamente cíclico passando pelo Spec do CP mais baixo. Então a representação é a de (147).

(147) who did you say [$_{CP}$ *t' e* [$_{IP}$ *t* left yesterday]]

Nesta configuração existe concordância Spec-núcleo entre *t'* e *e*. Sugerimos provisoriamente que esta concordância dá a *e* os traços que lhe permitem licenciar o vestígio *t*. Por outro lado, a não gramaticalidade de (142) (normalmente chamada *efeito that-vestígio* ([208])) indica que essa partilha de traços não é possível com complementador visível *that*. Note-se também que não existe para (143) nenhuma derivação semelhante à de (147), dado que, de modo bem geral, o movimento para uma posição-A não pode passar por [Spec, CP]. Um tal "movimento incorreto" tem como resultado uma variável A-ligada ilícita, como nas construções que caem sob a alçada do princípio Comando discutido na seção 1.3.3 (ver também a seção 1.4.2).

Uma das preocupações da literatura inicial sobre a regência própria (Huang, 1982; Lasnik e Saito, 1984) era a ausência do efeito *that-t* em estruturas com adjuntos. Assim, (148) é gramatical com ou sem *that* ([209]).

(148) why do you think [(that) John left *t*]

Na medida em que um adjunto, tal como o sujeito, não é um complemento, surge a questão de saber como é que o seu vestígio é regido nuclearmente. Quando *that* está ausente, o mesmo mecanismo proposto para (147) pode ser usado. Mas, quando *that* está presente, esse mecanismo não existe, como (142) demonstra (ver Rizzi, 1990). O quadro teórico de Lasnik e Saito era

---

[207] (146) quem (é que) tu disseste [$_{CP}$ [$_{IP}$ *t* saiu ontem]] (*)
[208] No original, "efeito *that*-trace".
[209] (148) por que (é que) tu pensas [(que) o João saiu *t*]

ligeiramente diferente, e o problema técnico aí era na realidade a falta aparente de regência *por antecedente*, mas a solução sugerida por eles é válida igualmente com os pressupostos aqui adotados. Lasnik e Saito sugerem que uma das consequências do Princípio da Projeção é o fato de o vestígio de um argumento ser licenciado (γ-marcado, na terminologia deles) em Estrutura-S, ao passo que o vestígio de um adjunto é licenciado apenas em LF. (142) é assim excluído em Estrutura-S, ao passo que (148) não é. Em seguida, na componente LF, *that* pode ser eliminado, na medida em que é semanticamente vazio. Se a exigência de regência nuclear se aplicar em LF, a configuração resultante permite a regência do vestígio do adjunto exatamente da mesma maneira que permite a regência do vestígio do sujeito em (147) ([210]).

Nos exemplos considerados, o vestígio de um adjunto é possível numa situação em que o vestígio do sujeito não é. Também encontramos (quase) a situação contrária. (149), com movimento do adjunto *how*, é completamente impossível, ao passo que (150), com movimento do sujeito, não apresenta um desvio tão severo ([211]).

(149) * how do you wonder [whether John said [Mary solved the problem *t*]]

(150) ??who do you wonder [whether John said [*t* solved the problem]]

Em ambos os exemplos, o vestígio inicial está apropriadamente regido, da maneira que acabamos de discutir ([212]). A diferença entre (149) e (150) deve-se a outro fator.

Considere-se a estrutura destes exemplos com mais detalhe. Assumimos que *whether* ocupa a posição de Spec do CP em que ocorre.

(151) * how do you wonder [$_{CP}$ whether [$_{IP}$ John said [$_{CP}$ *t' e* [$_{IP}$ Mary solved the problem *t*]]]]

---

[210] Para que o mecanismo seja o mesmo, é necessário que em (148) exista igualmente um vestígio intermédio do adjunto, *t'*, em [Spec, C] que concorde com *e* (em que *e* resulta da eliminação de *that*).

[211] (150) ??quem é que tu não sabes [quando o João disse [(que) *t* resolveu o problema]]
De novo, usamos a palavra interrogativa *quando* (omitindo o seu vestígio) em vez de *se*, para manter o estatuto de palavra-*wh*.

[212] Ver a nota ([210]) e texto correspondente.

(152) ??who do you wonder [$_{CP}$ whether [$_{IP}$ John said [$_{CP}$ t' e [$_{IP}$ t solved the problem]]]]

Lasnik e Saito argumentam que os vestígios intermédios também são propriamente regidos, não apenas os iniciais. Mas o vestígio intermédio t' não é regido por antecedência nem em (151) nem em (152). No caso de (152), Lasnik e Saito argumentam que o vestígio intermédio rege por antecedência o vestígio inicial t e é em seguida apagado na componente LF. Uma tal derivação não é possível para (151) se o licenciamento do vestígio de um adjunto for no nível LF, como sugerem. Assim, se t' estiver presente na representação LF de (151), t é propriamente regido, mas t' não. E se t' não estiver presente no nível LF, então t não é propriamente regido. De qualquer modo, a representação contém um vestígio que não é propriamente regido.

Acabamos de ver como (149) e (150) podem ser diferenciados em termos da regência própria. Em (149) há inevitavelmente um "vestígio violador", mas não é necessário que haja um em (150). No entanto, ainda que (150) seja muito melhor que (149), não é um exemplo perfeito, e esse fato ainda está por explicar. Evidentemente, o movimento-*wh* não pode ignorar um [Spec, CP] intermédio, o que acontece tanto em (151) como em (152). Isso é uma consequência da restrição da subjacência, que se aplica sobre o movimento, e que foi proposta por Chomsky (1977) como uma unificação parcial de várias restrições sobre o movimento propostas anteriormente, incluindo as de Chomsky (1964) e as de Ross (1967). Mantendo outros fatores constantes, as violações da Subjacência são tipicamente menos severas do que as violações da regência própria. Uma outra propriedade da Subjacência que a distingue da regência própria foi mencionada na seção 1.3.3. A Subjacência restringe o movimento visível, mas aparentemente não restringe o movimento não visível entre a Estrutura-S e LF, o que se pode ver no seguinte par quase mínimo, repetido de (95a), (96a).

(153)   *who do you like [books that criticize t]

(154)   who [t likes books that criticize whom]

A posição de *whom* na Estrutura-S (154) é a posição em LF do vestígio de *whom* depois da elevação em LF, uma operação que produz uma estrutura idêntica nos seus aspectos relevantes à representação de Estrutura-S (e LF) de (153). No entanto, os dois exemplos contrastam severamente no que diz respeito à gramaticalidade. Do mesmo modo, como se discute em Huang (1982), em línguas com expressões interrogativas *in situ*, como o chinês, o movimento LF destas expressões não é restringido pela Subjacência. (155) (=(95b)) é o exemplo chinês correspondente a (153), mas é aceitável, como (154).

(155) ni   xihuan   [piping shei de   shu]
      você gosta-de [critica quem REL livro]

Ainda que o movimento LF pareça não cair sob a alçada da Subjacência, respeita a exigência da regência própria. O seguinte exemplo do chinês permite que *sheme* "o quê" seja movido em LF para a oração mais elevada, mas não permite que *weisheme* "porquê" seja movido dessa forma.

(156) ni   xiang-zhidao [Lisi weisheme mai-le   sheme]
      você pergunta-se   Lisi porquê   comprou o-quê

(156) pode ter a significação de (157), mas não a de (158).

(157) qual é a coisa tal que você se pergunta por que é que a Lisi comprou essa coisa

(158) qual é a razão tal que você se pergunta o que é que a Lisi comprou por essa razão

Na operação que produz a interpretação proibida (158), o vestígio do movimento LF de *weisheme* para a oração mais elevada não é propriamente regido.

Tendo revisto alguns aspectos da teoria do movimento, regressemos ao conceito básico de regência que participa crucialmente nesta teoria e, aparentemente, também em outros módulos da gramática. Notamos que a regência é uma forma "local" de comando, aceitando provisoriamente que a noção operatória é o c-comando. Foram introduzidos dois elementos da localidade: a regência é bloqueada por certas barreiras e por uma categoria interveniente (a Condição de Minimalidade). A Condição de Minimalidade possui duas variantes: a Minimalidade Rígida e a Minimalidade Relativizada. Seguindo Rizzi (1990), escolhemos a segunda. Para a teoria do movimento, consideramos que as formas relevantes da regência e da regência própria eram a regência por antecedente e a regência nuclear por um núcleo lexical ou pelos seus traços (as flexões verbais) ([213]).

Como se discutiu anteriormente, estas ideias possuem uma adequação descritiva considerável, mas lhes falta a generalidade e a clareza que esperamos encontrar numa teoria explicativa da linguagem (ver a seção 1.1). Em particular, a intuição básica e atrativa que está por detrás do princípio da Minimalidade Relativizada não é realmente captada pelos mecanismos propostos, os quais dão uma lista com três casos arbitrários e acrescentam complexidade não explicada (o papel do especificador em dois dos casos); ver (130).

A intuição básica é que a operação Mover α tenta sempre construir "o elo mais curto". Se um alvo legítimo do movimento já estiver ocupado, o custo é uma degradação (ver Rizzi, 1990, p.22-24; também o cap. 3). Podemos considerar esse resultado como sendo parte do princípio geral da economia das derivações. Certas condições completamente independentes da Minimalidade Relativizada exigem que só um núcleo possa ser movido para uma posição de núcleo, e que só elementos em posição-A possam ser movidos para uma posição-A. Além disso, também por motivos independentes, um XP só pode ser movido para uma posição de especificador, e α só pode ser movido para uma posição que c-comande α. Assim, as propriedades especiais que aparecem em forma de lista em (130) podem ser eliminadas da formulação da condição, ficando esta reduzida a (159).

(159) Minimizar os elos das cadeias.

Se esta abordagem for viável, podemos eliminar a condição de intervenção em (121), substituindo-a por uma condição geral sobre a economia das derivações ([214]), e restringindo a definição de regência a (160).

(160) α rege β se α c-comanda β e não existir nenhuma barreira para β c-comandada por α.

Queremos que a regência seja restringida pela mesma condição de localidade que aparece na teoria da ligação e em outros lugares. Assim, um antecedente α liga uma anáfora β apenas se for o seu ligador *local*; isto é, não pode

---

([213]) Ou seja, por categorias lexicais e por categorias funcionais compostas por, ou contendo traços, das categorias lexicais.
([214]) Ou seja, (159).

haver um γ ligado por α e ligando β (ver a seção 1.4.2). Do mesmo modo, α só rege β se não houver um γ regido por α e regendo β. Esta condição é agora satisfeita no caso da regência por antecedente, pela condição de economia (159). Mas é ainda necessário estipular uma condição semelhante para a regência nuclear. Este fato levanta então a questão de saber se a condição da regência nuclear não é na realidade supérflua (Frampton, 1992; ver também o cap. 3). Continuamos a nossa exposição assumindo que essa condição é necessária, notando o aspecto problemático desse pressuposto.

Para tornar mais precisa e descritivamente mais correta esta exposição intuitiva, temos de explicar em que sentido é que existe um "custo" em não efetuar o movimento mais curto, e por que é que a violação da condição de economia é mais severa para os adjuntos do que para os argumentos, como se notou atrás ([215]). Adaptando alguns mecanismos que acabamos de discutir, podemos supor que, quando Mover α forma o elo de uma cadeia, o vestígio criado recebe * se a condição de economia (159) for violada no processo de criação do vestígio (uma versão da operação de marcação-γ de Lasnik e Saito, 1984, 1992).

Note-se igualmente que apenas determinadas entidades são objetos legítimos em LF, tal como apenas determinadas entidades são objetos legítimos em PF (por exemplo, uma vogal [+alta, +baixa] ou uma consoante acentuada não são objetos legítimos em PF, e uma derivação que produza um tal output não forma uma DE correta). Precisamos, portanto, de uma noção de objeto legítimo em LF. Suponhamos que a cadeia C de (161) é um objeto legítimo em LF apenas se C for *uniforme* (ver Browning, 1987).

(161) C = (α_1,...,α_n)

Os únicos objetos legítimos em LF além deste são as construções operador--variável (α, β), em que α está numa posição-Ā e β é a cabeça de uma cadeia legítima (uniforme).

A noção de uniformidade é relacional: a cadeia C é *uniforme relativamente a P* (UN[P]) se cada α$_i$ tiver a propriedade P ou se cada α$_i$ tiver não P. Uma escolha óbvia para a propriedade relevante P é o relacionamento-L, uma propriedade que sugerimos estar na base da distinção entre posições-A e posições-Ā; ver a seção 1.3.2. Uma cadeia é UN[L] se for uniforme relativamente ao relacionamento-L. Os núcleos e os adjuntos não são L-relacionados e só

([215]) A condição de economia é (159). Ver também as notas ([78]), ([193]) e texto correspondente.

são movidos para posições não L-relacionadas; assim, as cadeias formadas por estes elementos são UN[L]. Uma cadeia argumental contém apenas posições L-relacionadas, logo é UN[L]. Os tipos básicos – núcleos, argumentos e adjuntos – são assim cadeias uniformes, objetos legítimos em LF.

Tomando estes resultados como uma primeira aproximação, consideramos agora que a operação de apagamento, tal como o movimento, é um princípio de "último recurso", um caso especial do princípio de economia das derivações (construir derivações tão curtas quanto possível, com elos tão curtos quanto possível): em geral, as operações só são permitidas para formar um objeto legítimo em LF. O apagamento não é permitido numa cadeia uniforme, visto que esta já é um objeto legítimo. O apagamento na cadeia C de (161) é, no entanto, permitido para α_i numa posição-Ā, em que $n > i > 1$ e em que α_n se encontra numa posição-A – isto é, no caso do movimento sucessivamente cíclico de um argumento. Neste caso, um vestígio com uma estrela pode ser apagado em LF, anulando a violação; em outros casos, não pode ([216]).

Uma expressão (uma DE) contém uma violação da Subjacência se a sua derivação produzir um vestígio com uma estrela. Mas contém uma violação do Princípio da Categoria Vazia (ECP) se, além disso, esse vestígio com uma estrela permanecer em LF; deste modo, as violações da ECP são mais severas do que as violações da Subjacência, as quais não deixam resíduo em LF. Note-se que o conceito de ECP é agora um termo geral descritivo para vários tipos de violações que são marcadas em LF, entre as quais as violações do princípio de economia (a Minimalidade Relativizada).

Continuamos a assumir que um vestígio tem de ser propriamente regido: tanto regido por antecedência como regido nuclearmente por um traço lexical (isto é, excluindo C). Para unificar o tratamento, digamos que um vestígio é marcado com * se falhar qualquer uma destas condições. Assim, um vestígio é marcado com ** se falhar ambas as condições, ou se falhar uma delas juntamente com o princípio de economia, e é marcado com *** se falhar as três, com a multiplicidade de estrelas indicando desvios mais acentuados. Não temos regência por antecedência se o movimento atravessar uma barreira, ou no caso de movimento por descida, em violação da Condição do C-Comando; e, a não ser que o vestígio violador seja apagado, a violação permanece em LF. Especulamos atrás que apenas os regentes próprios libertam o seu complemento

---

[216] Ver a discussão que segue imediatamente (152). A análise proposta neste parágrafo permite o apagamento do vestígio intermédio em (152), mas não em (151), visto que *who* é um argumento, mas *how* é um adjunto.

do estatuto de barreira. Segue-se então que IP (o complemento de C) só fica livre do estatuto de barreira se C tiver um traço lexical: isso acontece se V-I for elevado para C.

A regência é agora o caso especial do c-comando local quando não existe nenhuma barreira. As violações da Subjacência não satisfazem a condição de economia que exige que os elos das cadeias sejam mínimos. Em geral, a degradação é maior se a violação deixar um resíduo na representação LF. Os vestígios têm de ser propriamente regidos (regência nuclear e por antecedente), exigindo elevação e não descida, com degradação se a elevação atravessa uma barreira. As propriedades especiais de C, manifestadas de vários modos, como vimos, impõem restrições adicionais sobre a extração do sujeito. O apagamento, tal como o movimento, é determinado pelo princípio FI: a exigência de as derivações formarem objetos legítimos em LF. O princípio guia é a economia das derivações e das representações: as derivações não contêm etapas supérfluas, tal como as representações não contêm símbolos supérfluos. Ver os caps. 2 e 3 para uma discussão mais elaborada.

1.4.2 A Teoria da Ligação

Se tomarmos o conjunto das relações anafóricas imagináveis entre NPs, algumas são possíveis, outras necessárias, e outras ainda proibidas, dependendo da natureza dos NPs que participam na relação e das configurações sintáticas em que ocorrem. Por exemplo, em (162) *him* pode ser referencialmente dependente de *John* (pode tomar *John* como antecedente), ao passo que em (163) não pode ([217]).

(162) John said Mary criticized him

(163) John criticized him

Isto é, (163) não tem uma leitura em que *him* se refere a *John*, no sentido em que *himself* em (164) se refere a John ([218]).

---

[217] (162) o João disse (que) a Maria o criticou
(163) o João criticou-o
O fato de os pronomes serem clíticos não afeta a argumentação desenvolvida.
[218] (164) o João criticou-se (a si próprio)
Nos exemplos que se seguem, usamos sem mais comentário quer a anáfora clítica *se* quer a anáfora forte *si próprio/a* (ou ambas).

(164) John criticized himself

Aparentemente, um pronome não pode ter um antecedente que esteja "demasiado próximo" dele. Note-se que em (162), onde a antecedência é possível, existe uma fronteira de oração que intervém entre o pronome e o antecedente. Não existe uma tal fronteira entre o pronome e o antecedente em (163).

Como vimos na seção 1.3.3, a distância neste sentido nem sempre é suficiente para tornar a antecedência possível. Consideremos (165), onde uma fronteira de oração intervém entre *he* e *John*, e, no entanto, a conexão referencial é impossível ([219]).

(165) he said Mary criticized John

É importante notar que não é a relação linear entre o pronome e o nome próprio que inibe a conexão anafórica. Isso se torna evidente ao considerarmos (166), onde *he* de novo precede *John*, mas em que a conexão anafórica é possível ([220]).

(166) after he entered the room, John sat down

Do mesmo modo, em (167), *his* pode tomar *John* como antecedente ([221]).

(167) his boss criticized John

A generalização que cobre (165)-(167) é aproximadamente (168).

(168) Um pronome não pode tomar como antecedente um elemento do seu domínio (de c-comando).

O *domínio de c-comando* de um elemento é o constituinte mínimo que contém esse elemento. Assim, em (165), o domínio do pronome é a frase inteira.

([219]) (165) ele disse (que) a Maria criticou o João
Não repetimos a tradução de exemplos semelhantes diferindo apenas em anotações estruturais.
([220]) (166) depois de ele ter entrado no quarto, o João sentou-se
Em português, a conexão referencial é mais feliz com um pronome nulo (*pro*) em vez de *ele*.
([221]) (167) o patrão dele criticou o João
Embora o pronome genitivo ocorra numa configuração sintática diferente em português, o argumento se mantém válido.

Como o antecedente suposto está trivialmente incluído nesse domínio, a interpretação anafórica é inconsistente com a generalização (168). Em (166), por outro lado, o domínio do pronome é a oração adverbial, a qual não inclui o antecedente *John*. Do mesmo modo, em (167) o domínio do pronome é o NP sujeito, *his boss*, o qual não inclui *John*.

Existem várias maneiras possíveis de exprimir teoricamente a generalização (168), que relaciona aspectos da estrutura e da significação de um enunciado. Uma delas é em termos de uma restrição (171) sobre a *ligação* (uma relação estrutural definida em (169)), e o conceito de *liberdade* (definido em (170)).

(169) α liga β se α c-comanda β e α, β estão coindexados.

(170) Se β não é ligado, β é livre.

(171) Uma *expressão-r* (expressão plenamente referencial – não um pronome ou uma anáfora) tem de ser livre.

A relação fundamental desta abordagem, a *coindexação*, é simétrica. Para uma alternativa em termos de uma relação assimétrica, a *conexão* ([222]), ver Higginbotham (1983, 1985). Consideremos o modo como a restrição (171), usualmente chamada *Condição* C da teoria da ligação, trata os exemplos (165)-(167). A representação (172) para a frase (165) é excluída, ao passo que as representações (173) e (174), para (166) e (167), respectivamente, são permitidas.

(172) * he$_i$ said Mary criticized John$_i$

(173) after he$_i$ entered the room, John$_i$ sat down

(174) his$_i$ boss criticized John$_i$

Note-se que, de acordo com (171), (175) é permitido se i ≠ j.

(175) he$_i$ said Mary criticized John$_j$

Assim, se (171) desempenha um papel realmente importante na expressão da generalização (168), temos de propor uma interpretação da indexação de

---

([222]) No original, "linking".

(175) que proíba explicitamente a interpretação impossível. (176) é suficiente para este caso.

> (176) Se o índice de α é distinto do índice de β, então nem α é o antecedente de β nem β é o antecedente de α.

Veremos daqui a pouco que existem motivos para tornar mais forte esta restrição sobre a interpretação da contraindexação ([223]).

Voltando agora ao fenômeno ilustrado em (163), na medida em que também aí encontramos uma restrição sobre a antecedência, é razoável supor que (176) desempenha de novo uma função na análise desse exemplo. O que é necessário, evidentemente, é que a configuração (177) seja permitida, e a configuração (178) proibida.

> (177)   John$_i$ criticized him$_j$

> (178)   *John$_i$ criticized him$_i$

(171) não exclui (178), visto que essa restrição se limita aos casos em que o elemento ligado é uma expressão-r, ao passo que em (178) o elemento ligado é um pronome. Além disso, não queremos generalizar (171) de maneira a incluir os pronomes como possíveis elementos ligados, visto que essa proposta bloqueia incorretamente a antecedência em (162) através da proibição da representação (179).

> (179) John$_i$ said Mary criticized him$_i$

Como notamos anteriormente, há um efeito de localidade em ação neste paradigma. Um pronome é claramente capaz de existir dentro do domínio do seu antecedente, logo pode ter um elemento ligador, mas não pode estar "demasiado perto" dele. (180) é uma formulação aproximada da restrição necessária (a *Condição B* da teoria da ligação).

> (180) Um pronome tem de ser livre num domínio local.

Resta especificar a natureza precisa do domínio local relevante. Os exemplos estudados sugerem que o domínio local é aproximadamente a oração

---

[223] Ou seja, o caso em que o índice de dois NPs é diferente.

mínima que contém o pronome. Limitamos a nossa atenção aqui a abordagens puramente estruturais. Ver Williams (1989) para um tratamento em termos de funções-θ, e Reinhart e Reuland (1993) para um tratamento baseado na predicação.

Predizemos também que um pronome pode ter um antecedente na sua oração se esse antecedente não c-comandar o pronome. (181) é uma representação permitida (^{224}).

(181) John's$_i$ boss criticized him$_i$

As anáforas, que incluem os recíprocos e os reflexivos, exigem antecedentes que as liguem. Neste aspecto, o seu comportamento é bastante diferente do comportamento dos pronomes, os quais *podem* ter antecedentes que os liguem, mas não *necessitam* tê-los. Além disso, pelo menos em inglês e em algumas outras línguas, o antecedente de uma anáfora tem de ser local em relação à anáfora. Em particular, temos (182), a *Condição A* da teoria da ligação.

(182) Uma anáfora tem de ser ligada num domínio local.

Na hipótese nula de que o "domínio local" é o mesmo para a Condição A e para a Condição B, predizemos que existe complementaridade entre pronomes e anáforas. Esta previsão é confirmada num grau substancial. A expressão malformada (178) torna-se gramatical se o seu pronome ligado for substituído por uma anáfora, como em (183) (^{225}).

(183) John$_i$ criticized himself$_i$

No entanto, a expressão bem formada (179) torna-se impossível se o seu pronome for substituído por uma anáfora (^{226}).

(184) * John$_i$ said Mary criticized himself$_i$

(^{224}) (181) o patrão do João$_i$ criticou-o$_i$
Este exemplo é possível porque o pronome, ainda que coindexado com o seu antecedente dentro da sua oração mínima, não é c-comandado por ele – logo, é livre (ver (169), (170)), satisfazendo (180).
(^{225}) (183) o João$_i$ criticou-se$_i$
(^{226}) (184) *o João$_i$ disse (que) a Maria se$_i$ criticou

Para completar esta abordagem preliminar, temos agora que especificar a interpretação para a coindexação. Isto é, temos de garantir que (183) não signifique que o John criticou o Harry. O princípio de interpretação necessário não é inteiramente óbvio. Por enquanto, vamos assumir (185), deixando temporariamente em aberto o conteúdo exato da noção de "antecedente".

(185) Se o índice de α é idêntico ao índice de β, então α é o antecedente de β ou β é o antecedente de α.

Temos agora três restrições sintáticas, repetidas aqui em (186A-C), e os dois princípios interpretativos (176) e (185).

(186) A. Uma anáfora tem de ser ligada num domínio local.
B. Um pronome tem de ser livre num domínio local.
C. Uma expressão-r tem de ser livre.

Antes de considerar mais profundamente a natureza precisa do domínio local envolvido nas Condições A e B, voltemos brevemente ao conteúdo semântico das relações de indexação. Sugerimos acima que (176) precisa de uma formulação mais forte. Consideremos a este respeito a representação (187) ([227]).

(187) after John$_i$ walked in, John$_j$ criticized him$_i$

Esta representação é plenamente compatível com as únicas condições sintáticas relevantes, as Condições B e C. Nenhuma ocorrência de *John* é ligada, e *him* é livre na sua oração ([228]). De acordo com (176), *John$_j$* não pode ser o antecedente de *him*, mas *John$_i$* é um antecedente apropriado. É assim pouco claro o motivo pelo qual (187) não tem a interpretação (e o estatuto) de (188), em que a interpretação correferente das duas ocorrências de *John* degrada apenas minimamente a expressão ([229]).

([227]) (187) depois de o João$_i$ entrar, o João$_j$ criticou-o$_i$.
([228]) *him* é livre porque, embora c-comandado por *John$_j$*, não possui o mesmo índice.
([229]) (188) depois de o João$_i$ entrar, o João$_i$ criticou-se$_i$.
   A questão coloca-se no pressuposto que *John$_i$* e *John$_j$* em (187) podem ser correferentes, como se mostra em (188); repare-se que, em (187), (176) é trivialmente satisfeito: um nome próprio, sendo plenamente referencial, não pode ter um antecedente, por definição (ver o parágrafo que segue o exemplo (194) no texto). Nesse caso, (187) deveria ter uma interpretação semelhante a (188), visto que o pronome pode tomar o primeiro NP como antecedente; e, por transitividade, deveria então ser correferente com o segundo NP, *John$_j$*.

(188) after John_j walked in, John_j criticized himself_j

Dado o contraste marcado entre (188) e (187) na interpretação relevante ([230]), o extremo desvio de (187) não pode ser atribuído à repetição do nome próprio; esse desvio parece dever-se à relação entre a segunda ocorrência do nome próprio e o pronome. Temos de excluir a correferência (intencional) entre esses dois NPs ([231]), mesmo quando o segundo não toma o primeiro como antecedente ([232]). Obtemos esse resultado formulando (176) de um modo mais forte, (189) ([233]).

(189) Se o índice de α é distinto do índice de β, então α e β são não correferentes.

(185) Tem também de ser modificado em (190), de modo a corresponder a (189).

(190) Se o índice de α é idêntico ao índice de β, então α e β são correferentes.

Considere-se o contraste entre o exemplo (191), com um leve desvio, e o exemplo (192), severamente degradado, ambos na interpretação relevante em que há apenas um indivíduo ([234]).

(191) ?after John walked in, John sat down

(192) * John criticized John

A Condição C exclui a representação (193) para (192), mas permite (194).

([230]) Ou seja, a interpretação em que existe correferência entre as duas ocorrências de *John*, e em que tanto *him* como *himself* são correferentes com *John*.

([231]) Isto é, entre a segunda ocorrência do nome próprio e o pronome.

([232]) Isto é, quando o pronome não toma a segunda ocorrência de *John* como antecedente, como na hipotética interpretação de (187) discutida atrás, obtida por transitividade; ver a nota ([108]).

([233]) Repare-se que (176) permite que, em (187), o pronome tome o *primeiro* NP *John* como antecedente, permitindo assim que, por transitividade, o pronome seja (erradamente) correferente com o segundo NP. (189) exclui agora essa possibilidade.

([234]) (191) ?depois de o João entrar, o João sentou-se
(192) * o João criticou o João

(193) * John_j criticized John_i

(194) John_i criticized John_j

Mas agora (189) garante corretamente a não correferência dos dois NPs de (194). Mas considere-se agora (191). Na interpretação pretendida, as duas ocorrências de *John* não podem ser contraindexadas, visto que (189) exige não correferência para uma tal representação. Assumindo (185), a coindexação também é problemática, visto que (185) exige antecedência numa direção ou em outra; no entanto, um nome próprio, na medida em que é plenamente referencial por natureza própria, não pode presumivelmente ter um antecedente. Mas o problema não surge quando substituímos (185) por (190).

Só prestamos atenção até aqui às relações anafóricas entre NPs singulares. Surgem certas complicações quando alargamos o escopo da investigação a NPs plurais. Neste caso, as configurações que produzem efeitos de não correferência pelos mecanismos esboçados acima parecem produzir também efeitos de *referência disjunta* (Postal, 1966a). Tal como a interpretação correferente dos dois NPs é marcadamente degradada em (195), também a sobreposição ([235]) é degradada em (196) ([236]).

(195) he likes him

(196) they like him

Do mesmo modo, não podemos ter (197), com NPs que exigem correferência devido à sua natureza lexical; e temos também uma degradação substancial em (198), com NPs que exigem sobreposição referencial ([237]).

(197) * I like me

(198) ?* we like me

([235]) No original, "overlap".
([236]) (195) ele gosta (d)ele
(196) eles gostam (d)ele
A leitura pretendida em (196) é a de sobreposição parcial. Nessa interpretação (degradada), o referente de *him* (ele) pertence ao conjunto dos referentes de *they* (eles).
([237]) (197) * eu gosto (de) mim
(198) ?* nós gostamos (de) mim
Em (198), trata-se de novo de um caso de sobreposição parcial (lexicalmente determinada).

Estes fatos sugerem que temos de formular (189) de uma maneira ainda mais forte.

(199) Se o índice de α é distinto do índice de β, então α e β são referencialmente disjuntos.

Nos exemplos (195)-(198), a Condição B exclui a coindexação, e (199) exige a referência disjunta dos NPs necessariamente contraindexados. Mas surge um problema para os pronomes que não estão em configurações submetidas à Condição B. Considerem-se (200) e (201) ([238]).

(200) they think he will be victorious

(201) we think I will be victorious

Em contraste com (197) e (198), (200) e (201) permitem uma interpretação em que a referência do segundo NP está incluída na referência do primeiro. O resultado é que (200) é ambíguo e (201) é gramatical. Mas com os dois princípios interpretativos (190) e (199) não há agora nenhuma representação possível que se possa atribuir a estes exemplos. Nem (202) nem (203) permitem uma interpretação consistente para (201).

(202) we$_i$ think I$_j$ will be victorious

(203) we$_i$ think I$_i$ will be victorious

Devido a (199), na representação (202) *we* e *I* têm de ser referencialmente disjuntos, mas este resultado é inconsistente com a significação lexical destes dois pronomes. E, devido a (190), na representação (203) os dois pronomes têm de ser correferentes, o que é de novo inconsistente com as suas significações lexicais. Note-se também que o problema não se resolve através do enfraquecimento de (190), no sentido de este princípio exigir apenas sobreposição referencial, em vez de correferência. A razão deve-se a (204), por exemplo, em que a correferência é claramente exigida entre o sujeito

---

([238]) (200) eles pensam (que) ele vai ganhar
(201) nós pensamos (que) eu vou ganhar

pronominal e o objeto reflexivo; no entanto, segundo este hipotético enfraquecimento de (190), a sobreposição entre esses dois elementos seria suficiente ([239]).

(204) they$_i$ praised themselves$_i$

É evidente que precisamos de um conjunto de possibilidades notacionais mais rico do que aquele desenvolvido até aqui. Temos de dar conta pelo menos de três casos – correferência, referência disjunta e sobreposição (parcial) de referência. Mas a distinção puramente binária permitida pela coindexação *versus* contraindexação apenas permite tratar com clareza dois dos casos. Para resolver esta limitação, usa-se por vezes um dispositivo notacional que consiste num índice que não é um número inteiro simples, mas sim um conjunto de números inteiros (Sportiche, 1985). (É tentador tomar a cardinalidade do índice como tendo uma correspondência direta com a cardinalidade do referente do NP. Mas essa ideia não tem uma base formal e depara-se com dificuldades intransponíveis. Ver Higginbotham, 1985; Lasnik, 1989.) De acordo com esta convenção, redefinimos livre do seguinte modo:

(205) β é livre relativamente a α se ou α não c-comanda β ou a intersecção dos índices de α e β é nula.

Modificamos também a regra interpretativa (199) de modo a corresponder a (205).

(206) Se a intersecção do índice de α e do índice de β é nula, então α e β são referencialmente disjuntos.

O contraste problemático entre (198) e (201) fica agora resolvido de um modo claro. Pela Condição B, *me* em (198) tem de ser livre, ou do modo indicado em (207a) ou do modo indicado em (207b).

(207) a. we$_{\{i\}}$ like me$_{\{j\}}$
b. we$_{\{j,k\}}$ like me$_{\{i\}}$

───────────

([239]) (204) eles$_i$ louvaram-se$_i$
Ou seja, (204) não pode ter uma interpretação em que a referência do segundo NP (anafórico) está contida na referência do primeiro.

Seguidamente, (206) exige que, nestas representações, o sujeito e o objeto tenham referência disjunta ([240]). Em (201), por outro lado, a Condição B é irrelevante ([241]). Os índices do sujeito e do objeto podem, pois, sobrepor-se (parcialmente; mas continuam a não poder ser iguais, pelo princípio (190), que mantemos) ([242]).

(208) we_{i,j} think I_{i} will be victorious

O fenômeno dos antecedentes diferenciados ([243]) também é devidamente tratado, como se mostra em (209a-b) ([244]).

(209) a. John_{i} told Mary_{j} that they_{i,j} should leave
b. John_{i} told Mary_{j} that they_{i,j,k} should leave

Podemos considerar igualmente outras opções. Assim, em vez de usar índices que são conjuntos, podemos enriquecer a interpretação dos índices simples usados anteriormente. Considere-se o seguinte procedimento interpretativo:

(210) a. Suponha-se que NP e α são coindexados. Então
i. se α é uma anáfora, α é correferente com NP;
ii. se α é um pronome, α está em sobreposição referencial com NP.
b. Suponha-se que NP e α são contraindexados. Nesse caso são disjuntos.

Os casos normais da correferência, referência distinta e referência disjunta têm agora um tratamento adequado. Em (195)-(198) a contraindexação é exigida pela Condição B, e os pronomes são interpretados como sendo

---

([240]) O que entra em conflito com a interpretação lexical dos pronomes, produzindo degradação.
([241]) É irrelevante porque o domínio "local" de *I* (onde *I* tem de ser livre), ou seja, a oração subordinada, exclui *we* (ver (186B)).
([242]) Ou seja, neste caso, a Condição B não exige que a intersecção dos índices seja nula; pode, pois, haver sobreposição, como em (208), com a consequência que o referente do segundo pronome está contido no referente do primeiro; poderia haver *a priori* igualdade de índices (pela Condição B), mas o princípio (190), que exige correferência nesse caso, proíbe-o, dada a interpretação lexical de *I* e *we*.
([243]) No original, "split antecedents".
([244]) (209) a. o João_{i} disse (à) Maria_{j} que eles_{i,j} deviam sair
b. o João_{i} disse (à) Maria_{j} que eles_{i,j,k} deviam sair

disjuntos ([245]). Em (200)-(204) a coindexação é permitida, e (210aii) nos dá a interpretação pretendida de sobreposição referencial ([246]). Resta ainda, contudo, tratar de modo adequado o fenômeno da antecedência diferenciada, e surgem também novas questões no caso de construções mais complexas que não consideramos aqui.

Uma outra possibilidade consiste em unificar o procedimento de indexação e o procedimento interpretativo com as próprias condições de ligação, dispensando a indexação e simplificando (210) em (211), onde D é o domínio local relevante.

(211) a. Se α é uma anáfora, α recebe uma interpretação correferente com um constituinte que c-comanda α em D.
b. Se α é um pronome, α recebe uma interpretação disjunta de qualquer constituinte que c-comande α em D.

Seguindo Lasnik (1976), reformulamos de maneira semelhante a anterior condição de indexação para as expressões-r.

(212) Se α é uma expressão-r, α recebe uma interpretação disjunta de qualquer constituinte que c-comande α.

Nada se diz sobre a interpretação em outros casos. Os exemplos normais são interpretados de maneira óbvia. A antecedência diferenciada é agora entendida como um caso especial de referência livre. Assim, em (209), qualquer interpretação é permitida, incluindo aquelas indicadas em (209), e outras também, por exemplo, uma interpretação em que *they* é compreendido como referindo-se a John e a outro indivíduo, mas não a Mary.

Consideremos casos mais complexos, como (213) (Wasow, 1972) ([247]).

(213) the woman who loved him$_i$ told him$_j$ that John$_i$ was intelligent

Em (213) temos de excluir a interpretação na qual todos os NPs (ou seja, os dois pronomes e *John*) são correferentes. O problema está em que as condições de ligação permitem que tanto *John*$_i$ como *him*$_j$ sejam correferentes

---

([245]) Com a consequente degradação de (197-198), devido à significação lexical dos pronomes.
([246]) Para (200)-(203), já que em (204) a anáfora *themselves* é interpretada por (210ai).
([247]) (213) a mulher que o$_i$ amava disse-lhe$_j$ que o João$_i$ era inteligente

com him_i (^{248}). Concluímos, pois, incorretamente, que $John_i$ e him_j podem ser correferentes. Na teoria esboçada acima, esta situação é excluída pelo fato de a coindexação ser uma relação de equivalência; assim, a coindexação dos dois elementos $John_i$ e him_j com him_i implica que $John$ é coindexado com him_j, o que é proibido pela Condição C. Mas, como na teoria agora considerada não temos coindexação, também não temos nenhuma relação de equivalência.

Podemos mesmo assim conseguir um resultado idêntico simplesmente como uma consequência da própria interpretação (Lasnik, 1976). Devido a (212), $John_i$ é disjunto de him_j. A interpretação livre permite que os dois pronomes sejam correferentes e permite que $John_i$ seja correferente com him_i. Se adotarmos estas opções, him_j e $John_i$ são correferentes, o que resulta numa interpretação inconsistente, com $John_i$ ao mesmo tempo correferente com him_j e disjunto de him_j. Não temos de acrescentar mais nada. Muitos outros casos complexos são tratados do mesmo modo.

A primeira teoria esboçada acima, a teoria padrão neste domínio, contém um procedimento de indexação que satisfaz as condições da ligação e contém também (explícita ou implicitamente) um procedimento interpretativo. A abordagem que acabamos de propor unifica as três componentes num único procedimento interpretativo. Qualquer que seja a abordagem escolhida, falta-nos agora considerar o "domínio local" no qual as anáforas têm de ser ligadas e os pronomes têm de ser livres.

Até aqui, o domínio local tem sido a oração mínima que contém a anáfora ou o pronome. Mas esta caracterização é inadequada para um conjunto mais vasto de fenômenos. Em (214), a anáfora é livre na sua oração mínima, mas o exemplo é bem formado (^{249}).

(214) $John_i$ believes [$himself_i$ to be clever]

Do mesmo modo, (215) é um exemplo degradado, ainda que o pronome seja livre na oração complemento (^{250}).

(215) * $John_i$ believes [him_i to be clever]

(^{248}) Porque him_i não c-comanda nem him_j nem $John_i$.
(^{249}) (214) o João$_i$ acredita [si próprio$_i$ ser inteligente] (*) ('o João acredita que é inteligente')
(^{250}) (215) *o João$_i$ acredita [ele$_i$ ser inteligente]

Consideramos que a diferença relevante entre estes exemplos e os casos com orações encaixadas considerados anteriormente tem a ver com a regência. Em (214) e (215), o verbo principal rege o sujeito do complemento infinitivo, o que é óbvio quando vemos que esse sujeito manifesta o Caso acusativo. Em (216), por outro lado, é evidente que não existe essa relação de regência, e os juízos de gramaticalidade são o oposto dos de (214), (215) ([251]).

(216) a. * John$_i$ believes [himself$_i$ is clever]
b. John$_i$ believes [he$_i$ is clever]

O domínio local, ou *categoria de regência*, como é frequentemente chamado, contém uma referência à regência, mais ou menos como em (217), numa primeira aproximação.

(217) A categoria de regência (GC) de α é a oração mínima que contém α e um regente de α.

Em (214) e (215), a GC ([252]) para a anáfora ou para o pronome é a frase inteira, já que o regente, *believe*, encontra-se na oração mais elevada. Visto que tanto a anáfora como o pronome são ligados nesse domínio, o primeiro exemplo é gramatical, obedecendo à Condição A, mas o segundo não é, porque se encontra em violação da Condição B. Em (216), a GC é a oração encaixada, já que o sujeito recebe Caso nominativo de um regente interno a essa oração, o I finito (assumindo que a regência é definida em termos de m-comando). Dado que dentro da oração encaixada não existe nenhum elemento que possa ligar o sujeito dessa oração, (216a) está em violação da Condição A, e (216b) está em conformidade com a Condição B. Note-se que (217) prediz corretamente que a diferença entre complementos finitos e infinitivos só afeta a posição de sujeito. Para a posição de objeto, as orações finitas e não finitas são paralelas ([253]).

([251]) (216) a. * o João$_i$ acredita [(que) si próprio$_i$ é inteligente]
b. o João$_i$ acredita [(que) ele$_i$ é inteligente]
([252]) Seguindo *Faculdade*, mantemos aqui a abreviação GC, do inglês "Governing Category".
([253]) (218) a. * o João$_i$ acredita [(que) a Maria gosta   (de) si próprio$_i$)
b.   (d) ele$_i$
(219) a. * o João$_i$ acredita [a Maria gostar   (de) si próprio$_i$)
b.   (d) ele$_i$ (*)

(218) a. * John$_i$ believes [Mary likes himself$_i$]
b.   him$_i$
(219) a. * John$_i$ believes [Mary to like himself$_i$]
b.   him$_i$

Nos quatro exemplos, a GC para a anáfora ou para o pronome é a oração encaixada, visto que o verbo da oração encaixada é um regente do seu objeto.

O domínio local para as Condições A e B, além de IP, pode também ser NP, como se ilustra em (220) ([254]).

(220) * John$_i$ likes [$_{NP}$ Bill's stories about himself$_i$]

Este fato sugere que (217) tem de ser alterado (de maneira óbvia) no sentido de incluir NP. O NP maior seria então a GC para *himself*, dado que *about* rege essa anáfora. Contudo, a situação é ligeiramente mais complicada: inesperadamente, (221) é gramatical ([255]).

(221) John$_i$ likes [stories about himself$_i$]

Com a modificação sugerida, (221) também deveria ser impossível ([256]).

Note-se que em (220) (que contrasta nesse aspecto com (221)), o NP maior contém não somente a anáfora, mas também um elemento que "potencialmente" pode ligar a anáfora, isto é, outro NP que c-comanda a anáfora ([257]). A nossa modificação final incorpora esta observação; além disso, generalizando a partir de IP e NP, usa a noção de *complexo funcional completo* (CFC), em que um CFC é uma projeção que contém todas as funções gramaticais compatíveis com o seu núcleo.

(222) A GC para α é o CFC mínimo que contém α e um regente de α e no qual a condição de ligação de α pode em princípio ser satisfeita.

---

[254] (220) * o João$_i$ gosta (de) [$_{NP}$ as histórias do Bill sobre si próprio$_i$]
Repare-se que em português o possessivo (genitivo) é pós-nominal. Isto não parece ter relevância para os argumentos apresentados.
[255] (221) o João$_i$ gosta (de) [histórias sobre si próprio$_i$]
[256] Visto que a anáfora *himself* está agora livre dentro da sua GC [*stories about himself*], contra a Condição A.
[257] Assumimos que o mesmo se passa no exemplo equivalente do português, ou seja, que o NP genitivo *(d)o Bill* c-comanda e liga potencialmente a anáfora, o que sugere uma análise de estilo "larsoniano" para a sequência *do Bill sobre si próprio*.

Esta formulação distingue corretamente (220) de (221). Como notamos acima, existe um elemento ligador potencial para a anáfora no NP maior em (220) (*Bill's*), mas não em (221). Neste último exemplo, a GC para a anáfora é, pois, a frase inteira, e a Condição A é satisfeita. Na hipótese mencionada na secção 1.3.2, segundo a qual o sujeito é gerado inicialmente numa posição dentro do VP, o próprio VP é a GC, com o vestígio do sujeito (movido para [Spec, IP]) servindo de elemento ligador.

Note-se que a presença ou a ausência de um elemento ligador potencial (por oposição a um real) não deveria desempenhar nenhum papel de relevo para a Condição B, visto que não se exige de um pronome que este tenha um elemento ligador. Assim, o CFC mínimo contendo α e um regente de α (em que α é um pronome) é sempre o CFC mínimo com essas propriedades e no qual a condição de ligação de α pode em princípio ser satisfeita. Prevemos assim que *os dois exemplos* (223) e (224) são gramaticais, se de facto o NP objecto de *likes* em (224) se qualifica como um CFC ([258]).

(223) John$_i$ likes [Bill's stories about him$_i$]

(224) John$_i$ likes [stories about him$_i$]

Como se espera, (223) é perfeito. (224), se bem que talvez um pouco pior, é, contudo, razoavelmente aceitável. Este último exemplo ilustra, pois, um contexto em que a usual diferença distribucional entre anáforas e pronomes parece desaparecer. (221), com *himself* em vez de *him*, é também claramente gramatical. Como se prevê também, repare-se que a distribuição distinta se mantém no caso de existir um elemento ligador real dentro do NP maior, como em (225) ([259]).

(225) a. I like [John's$_i$ stories about himself$_i$]
     b. *   him$_i$

O NP *John's stories about* ____ é o CFC potencial menor em que a Condição A ou a Condição B pode ser satisfeita. Enquanto em (225a) a Condição A é satisfeita nesse domínio, em (225b) a Condição B não é satisfeita.

([258]) (223) O João$_i$ gosta (de) [as histórias do Bill sobre ele$_i$]
      (224) O João$_i$ gosta (de) [as histórias sobre ele$_i$]

([259]) a. eu gosto (de) [as histórias do João$_i$ sobre si próprio$_i$]
     b. *   ele$_i$

Existe alguma evidência de que a aparente sobreposição distribucional observada em (221), (224) é apenas ilusória. Em (224), em que *him* é interpretado como *John*, as histórias não são tomadas como sendo da autoria do John. Este fato torna-se ainda mais claro em (226), visto que, nesse exemplo, a significação do verbo obriga praticamente a que as histórias sejam da autoria do John ([260]).

(226) ?*John$_i$ told [stories about him$_i$]

Isto sugere que (224) pode na realidade ter uma estrutura semelhante a (223), mas com o NP contendo um sujeito foneticamente nulo. Nesse caso, o NP objeto de *likes* seria claramente um CFC. Em (226), por outro lado, mesmo se o NP objeto de *told* tiver um sujeito nulo, *him$_i$* é ainda assim ilicitamente ligado no CFC mínimo, visto que esse sujeito é compreendido como sendo *John* ([261]).

Existe, contudo, outra situação em que a distribuição disjunta usual desaparece definitivamente. O inglês possui, limitadamente, configurações que permitem anáforas de "longa distância". (227) é um exemplo representativo ([262]).

(227) Mary$_i$ thinks [[pictures of herself$_i$] are on display]

Ainda que *herself* seja livre tanto dentro de um NP como dentro de uma oração finita ([263]), é ligado na sua GC, que é a frase inteira. Não existe em nenhuma posição da oração encaixada qualquer elemento ligador potencial para a anáfora, logo a Condição A não pode ser satisfeita, mesmo em princípio, dentro dessa oração. Permite-se assim que *herself* procure o seu ligador na oração mais elevada, onde, de fato, o encontra. Mas agora note-se que um pronome é possível em vez da anáfora ([264]).

(228) Mary$_i$ thinks [[pictures of her$_i$] are on display]

O CFC mínimo que contém *her* e um regente de *her* (*of* ou *pictures*, dependendo de certos pressupostos sobre a atribuição do Caso genitivo; ver a seção 1.4.3)

---

[260] (226) ?*o João$_i$ contou [histórias sobre ele$_i$]
[261] Logo, o princípio B proíbe o pronome.
[262] (227) a Maria$_i$ pensa [(que) [fotografias de si própria$_i$] estão à mostra]
[263] Ou seja, a oração subordinada.
[264] (228) a Maria$_i$ pensa [(que) [fotografias dela$_i$] estão à mostra]

e no qual *her* pode em princípio ser livre é o NP *pictures of her* (no caso de este ter um sujeito foneticamente nulo), ou a oração encaixada (no caso contrário). E *her* é, de fato, livre nesse domínio. A sobreposição distribucional limitada que existe é assim corretamente tratada pela noção "relativizada" de GC em (222).

Há ainda um problema adicional a considerar antes de deixarmos este tópico. Recordemo-nos do exemplo (216a), repetido aqui em (229).

(229) * John$_i$ believes [himself$_i$ is clever]

Com a anterior noção absoluta de GC, este exemplo é corretamente excluído pela Condição A. Mas, com a caracterização de (222), deixa de ser. Ainda que *himself* tenha um regente (Infl finito) no S encaixado, não existe um elemento ligador potencial. A GC deveria então ser a frase inteira, e *John* deveria poder assumir o estatuto de ligador legal. Assumindo que a formulação da teoria da ligação agora desenvolvida é basicamente correta, algum outro princípio que não a Condição A tem de ser responsável pela má-formação de (229). Sugerimos que a condição relevante é uma que discutimos na seção 1.4.1: a condição que não permite um vestígio numa configuração se esse vestígio não for propriamente regido. À primeira vista, esta condição pode parecer irrelevante, porque não existe nenhum vestígio evidente em (229). Contudo, é plausível considerar que a relação entre um reflexivo e o seu antecedente pede concordância. Dado que a concordância é em geral um fenômeno estritamente local, o reflexivo tem de mover-se para uma posição suficientemente próxima do seu antecedente. Este movimento pode ocorrer na sintaxe, como no processo de cliticização das línguas românicas. Caso contrário, ocorre na componente LF. Em (229), esse movimento deixa um vestígio que não é propriamente regido. Esta abordagem dá conta diretamente da observação várias vezes feita que as relações de ligação e os processos de movimento obedecem a restrições muito semelhantes, quando consideradas abstratamente. Além disso, se é na verdade a exigência de concordância que obriga ao movimento (LF) do reflexivo, excluímos (230), um exemplo que seria de outro modo problemático ([265]).

(230) * himself left

([265]) (230) *si próprio saiu

Note-se que não existe um elemento ligador potencial para o reflexivo; logo, a Condição A não exclui o exemplo, dada a formulação de GC em (222) ([266]). Contudo, na ausência de um antecedente, a exigência de concordância não pode ser satisfeita. Estas especulações sugerem que não existe nenhuma exigência de localidade para os reflexivos sem concordância (Yang, 1983; Pica, 1987).

Dado que as restrições impostas sobre os reflexivos pela Condição A são agora parcialmente captadas pela exigência de regência própria sobre os vestígios, surge a questão de saber se estas duas condições podem ser unificadas de um modo mais geral. Heim, Lasnik e May (1991), desenvolvendo uma proposta de Lebeaux (1983), sugerem que a exigência de localidade entre uma expressão recíproca e o seu antecedente se deve a condições sobre o movimento. Sobre a Estrutura-S de uma frase como (231), aplica-se uma operação LF de movimento de *each*, a qual efetua a adjunção do distribuidor *each* ao seu "antecedente", produzindo (232) ([267]).

(231) The men saw each other

(232) [$_{IP}$[$_{NP}$[$_{NP}$ the men]$_i$ each$_j$] [$_{VP}$ saw [$_{NP}$ t_j other]]]

Em (233), este movimento em LF pode ser de longa distância. Uma leitura desta frase (a não contraditória) pode ser representada como em (234) ([268]).

(233) they said that they are taller than each other

(234) [$_{IP}$[$_{NP}$[$_{NP}$ they]$_i$ each$_j$] [$_{VP}$ said [$_{CP}$ that they$_j$ are taller than [t_j other]]]]

Contudo, quando o verbo da oração principal não pertence à classe dos verbos "ponte" ([269]), o movimento é caracteristicamente bloqueado. Compare-se (235) com (236) ([270]).

---

[266] O princípio A é satisfeito "vacuamente", visto que, faltando-lhe um ligador potencial, a anáfora não possui na realidade uma GC. Ver *Faculdade*, p.460.
[267] (231) Os homens viram uns os outros (*) ('...viram-se uns aos outros...')
(232) [$_{IP}$[$_{NP}$[$_{NP}$ os homens]$_i$ uns$_j$] [$_{VP}$ viram [$_{NP}$ t_j os outros]]]
[268] (233) eles disseram que eles eram mais altos uns do que os outros
(234) [$_{IP}$[$_{NP}$[$_{NP}$ eles]$_i$ uns$_j$] [$_{VP}$ disseram [$_{CP}$ que eles$_j$ eram mais altos [t_j do que os outros]]]]
[269] No original, "When the verb of the main clause is a 'non bridge' verb... "
[270] (235) quem (é que) eles disseram que eles eram mais altos do que t (*) ('do que quem é que eles disseram que eram mais altos')

(235) who did they say that they are taller than *t*

(236) ?* who did they mutter that they are taller than *t*

Do mesmo modo, a leitura de "escopo largo" para *each* não é viável com verbos que não pertençam à classe dos verbos "ponte", o que deixa apenas a leitura contraditória ([271]).

(237) they muttered that they are taller than each other

Concluímos assim que ambas as classes de anáforas lexicais, os reflexivos e os recíprocos, são sensíveis a restrições que sugerem movimento.

Voltemo-nos agora, finalmente, para a questão de qual ou quais são os níveis de representação relevantes na aplicação das condições sobre a ligação. (238), em cuja derivação o antecedente se eleva para uma posição apropriada em que pode ligar o reflexivo, sugere que a Estrutura-D não necessita satisfazer a Condição A ([272]).

(238) John seems to himself$_i$ [t_i to be clever]

A questão não é inteiramente clara, dadas as considerações da discussão anterior, mas assumimos provisoriamente que a conclusão é correta. Observe-se então que (239), derivado a partir de uma Estrutura-D como (240), indica igualmente que a Condição C não necessita ser satisfeita na Estrutura-D ([273]).

(239) [who that John$_i$ knows] does he$_i$ admire

(240) he$_i$ admires [who that John$_i$ knows]

Compare-se com a frase (241), uma violação típica da Condição C ([274]).

(241) * he$_i$ admires everyone that John$_i$ knows

---

(236) ?*quem (é que) eles resmungaram que eles eram mais altos do que *t* (*) ('do que quem é que eles resmungaram que eram mais altos')

([271]) (237) eles resmungaram que eles eram mais altos uns do que os outros

([272]) (238) o João$_i$ parece a si próprio$_i$ [t_i ser inteligente]

([273]) (239) [quem que o João$_i$ conhece] (é que) ele$_i$ admira
(240) ele$_i$ admira [quem que o João$_i$ conhece]

([274]) (241) * ele$_i$ admira todo mundo que o João$_i$ conhece

Além disso, (242) indica que a satisfação em LF da Condição C não é suficiente. A representação LF de (241) depois de QR, dada em (242), é estruturalmente muito semelhante à Estrutura-S (e presumivelmente à LF) de (239) ([275]).

(242) [everyone that John$_i$ knows]$_j$ [$_{IP}$ he$_i$ admires t_j]

A diferença relevante entre (239) e (242) parece não aparecer nem em LF nem em Estrutura-D, mas tão somente em Estrutura-S. Alternativamente, como se discutiu na seção 1.3.3, pode ser que haja reconstrução no segundo caso. Na hipótese nula de que as condições sobre a ligação se aplicam em bloco, o nível de representação em que se aplicam é a Estrutura-S, ou, assumindo reconstrução, o nível LF.

Quanto à Condição A, consideramos a distribuição e a interpretação dos reflexivos. A categoria vazia PRO, discutida brevemente na seção 1.3.1, é muito semelhante às anáforas na sua interpretação e em alguns aspectos da sua distribuição. PRO controlado só tem normalmente a interpretação de um reflexivo. Este fato, na realidade, esteve na base da análise destas construções com apagamento de *self* ([276]), proposta em Chomsky e Lasnik (1977). Por outro lado, os princípios relevantes para o controle de PRO parecem, numa primeira inspeção, ser semelhantes àqueles que participam na atribuição de antecedentes às anáforas. Por exemplo, como já discutimos, uma anáfora na posição de sujeito de uma oração infinitiva pode ser legitimamente ligada pelo sujeito da oração imediatamente superior, como em (243), um caso paralelo à ligação de PRO na configuração (244) ([277]).

(243) John$_i$ believes [himself$_i$ to be clever]

(244) John$_i$ tries [PRO$_i$ to be clever]

Nenhum destes elementos é permitido como sujeito de uma oração finita ([278]).

([275]) (242) [todo mundo que o João$_i$ conhece]$_j$ [$_{IP}$ ele$_i$ admira t_j]
([276]) o morfema reflexivo das anáforas reflexivas em inglês (*himself* etc.).
([277]) (243) o João$_i$ acredita [si próprio$_i$ ser inteligente] (*) ('o João acredita que é inteligente')
    (244) o João$_i$ tenta [PRO$_i$ ser inteligente]
([278]) (245) * o João$_i$ acredita [(que) si próprio$_i$ é inteligente]
    (246) * o João$_i$ promete [(que) PRO$_i$ vai assistir às aulas]
    cf. o João$_i$ promete [PRO$_i$ assistir às aulas]
    Repare-se que a sequência (246) é gramatical em português, mas com *pro* no lugar de PRO.

(245) * John_i believes [himself_i is clever]

(246) * John_i promises [PRO_i will attend class]
cf. John_i promises [PRO_i to attend class]

Além disso, ainda que tanto as anáforas como PRO sejam permitidos na posição de sujeito de uma oração não finita, na maior parte dos casos o seu antecedente tem de ser o sujeito da oração imediatamente superior ([279]).

(247) * John_i expects [Mary to believe [himself_i to be clever]]

(248) * John_j expects [Mary to try [PRO_i to be clever]]

À parte estas semelhanças, existem, no entanto, diferenças marcantes na distribuição de PRO e das anáforas normais. Por exemplo, a posição paradigmática para uma anáfora – a de objeto direto – não é permitida a PRO ([280]).

(249) John injured himself

(250) * John injured PRO

Além disso, mesmo naquelas posições estruturais que permitem quer PRO quer uma anáfora, por exemplo, (243) e (244), a distribuição exata é em geral complementar, e não idêntica, como se pode ver pelo contraste entre (243), (244), por um lado, e (251), (252), por outro ([281]).

---

[279] (247) * o João_i espera [a Maria acreditar [si próprio_i ser inteligente]] ('*o João espera que a Maria acredite que si próprio é inteligente')
(248) * o João_i espera [a Maria tentar [PRO_i ser inteligente]] ('*o João_i espera que a Maria tente PRO_i ser inteligente')
[280] (249) o João feriu-se (a si próprio)
(250) * o João feriu PRO
[281] (251) * o João acredita [PRO ser inteligente]
(252) * o João tenta [si próprio ser inteligente]
Embora tenhamos colocado um * em (251) respeitando o seu estatuto de tradução do exemplo inglês, convém notar que a frase do português, *com essa estrutura*, é na realidade bem formada, visto que *acreditar* é um verbo de controle em português, e não entra em construções ECM, o oposto exato de *believe* em inglês. Em português, na realidade, *acreditar* e *tentar* são ambos verbos de controle e excluem ECM (embora difiram em outras propriedades).

(251) * John believes [PRO to be clever]

(252) * John tries [himself to be clever]

Existem assim obstáculos claros e bem conhecidos quando tentamos analisar PRO simplesmente como uma anáfora, e, consequentemente, quando tentamos determinar a sua distribuição e interpretação através da Condição A. Houve várias tentativas interessantes para ultrapassar estes obstáculos, algumas delas fazendo apelo à teoria do Caso, e que analisamos na seção 1.4.3. Suponha-se, por exemplo, que *himself* exige Caso, visto que é lexical, ao passo que PRO não tolera Caso, dado que não é lexical. Então damos imediatamente conta de (250): PRO é aí Casualmente marcado. (252) é imediatamente explicado no pressuposto comum de que *try* não pode atribuir Caso "excepcionalmente"; isto é, pode atribuir Caso a um NP complemento, mas não pode atribuir Caso ao sujeito de uma oração complemento. E (251) é excluído, visto que *believe* atribui Caso excepcional, como se vê em (243). Mas existem aspectos da distribuição de PRO que não podem ser deduzidos deste modo. Consideremos (253) ([282]).

(253) * John believes sincerely [Mary to be clever]
cf. John believes sincerely that Mary is clever

Em (253) *Mary* não recebe Caso, talvez devido à exigência de adjacência na atribuição Casual. Mas (254) não é melhor do que (251) ([283]).

(254) * John believes sincerely [PRO to be clever]

Vemos assim que um filtro proibindo Caso em PRO é insuficiente ([284]).
Outros exemplos que têm sido bastante discutidos mostram a existência de outras deficiências em análises que apelam unicamente para a teoria do

---

[282] (253) * o João acredita sinceramente [a Maria ser inteligente]
cf. o João acredita sinceramente que a Maria é inteligente
[283] (254) * o João acredita sinceramente [PRO ser inteligente]
Ver a nota ([281]).
[284] A lógica deste argumento é a seguinte: se a atribuição Casual é bloqueada em (253) pelo advérbio interveniente, também deveria sê-lo em (254). Se a generalização sobre PRO é que este elemento não pode receber Caso, (254) deveria então ser possível.

Caso na tentativa de dar conta da distribuição de PRO. Como PRO em (255) não está numa configuração de atribuição Casual (um NP lexical é impossível aí), poder-se-ia esperar que o exemplo fosse gramatical, presumivelmente com uma interpretação "arbitrária" de PRO, como em (256) ([285]).

(255) * it is likely   [PRO to solve the problem]

(256)   it is important [PRO to solve the problem]

Poderíamos também esperar que (257) fosse gramatical com uma interpretação arbitrária, ou talvez com PRO controlado por John, dada a ausência generalizada de efeitos da Condição A (ou pelo menos uma minimização desses efeitos) em orações com sujeitos expletivos, como se ilustra em (258) ([286]).

(257) * John believes [it to be likely [PRO to solve the problem]]

(258)   John$_i$ believes [it to be likely [that pictures of himself$_i$ will be on display]]

(259)-(260), discutidos na seção 1.4.1 (ver (139)), mostram outra configuração em que a marcação Casual é inaplicável, mas mesmo assim PRO é impossível ([287]).

---

[285] O que se pretende mostrar com o exemplo (255) é o fato de um predicado de elevação como *to be likely* (cf. *John is likely [t to solve the problem]* não permitir PRO em vez de vestígio na posição de sujeito da sua oração complemento, ainda que esta não seja uma posição Casual – contrariamente a (256), com *to be important*, que não é um predicado de elevação (cf. **John is important [t to solve the problem]*). Para manter (na medida do possível) os efeitos do contraste inglês, substituímos *ser provável* por *ser suposto* (cf. o dialeto "liberal" da nota ([49])):
(255) * *expl* é suposto   [PRO resolver o problema]
(256)   *expl* é importante [PRO resolver o problema]

[286] (257) * o João acredita [*expl* ser suposto [PRO resolver o problema]]
(258)   o João acredita [*expl* ser suposto [que fotografias de si próprio$_i$ vão estar à mostra]]
Ver a nota anterior. Comparar estes exemplos com (247) e (248), em que a Condição A intervém. Repare-se que a *expressão* (257) tem uma derivação possível em português, com o infinitivo flexionado na oração inferior e com *pro* em vez de PRO, o que é irrelevante para o argumento no texto (o asterisco denota assim a não gramaticalidade da estrutura indicada). Do mesmo modo, enquanto o Caso do expletivo *it* na oração intermédia em inglês é atribuído por *believe*, em português o Caso do expletivo (*pro*) vem de dentro da própria oração, que é (também) um infinitivo flexionado (recorde-se que a flexão infinitiva de [3, sg] é morfologicamente zero).

[287] (259) * a minha crença [o Harry ser inteligente]
          cf. a minha crença que o Harry é inteligente

(259)　* my belief [Harry to be intelligent]
　　　　cf. my belief that Harry is intelligent

(260)　* my belief [PRO to be intelligent]

Em Chomsky (1981a), argumenta-se que o fator crucial que determina a distribuição de PRO é a regência. Em particular, (261) é apresentado como uma generalização descritiva (ver também a seção 1.4.1).

(261)　PRO tem de ser não regido.

No pressuposto normal de que a marcação Casual exige regência, esta generalização implica que PRO não é Casualmente marcado. Mas a condição é agora mais ampla, visto que existe regência sem marcação Casual. É essa situação que encontramos em (254), (255), (257) e (260). A distribuição de PRO é assim corretamente descrita.

A própria condição (261) pode ser deduzida a partir de propriedades mais gerais, nomeadamente as Condições A e B. Se tomarmos PRO como sendo simultaneamente uma anáfora e um elemento pronominal, como se sugeriu na seção 1.3.1, concluímos que não pode ter uma GC, porque, se tivesse, seria submetido a exigências contraditórias, dado que *livre* implica não ligado. Deduzimos assim (261), visto que um elemento regido tem sempre uma GC. A relevância destas observações para a presente discussão reside no fato de o controle ter agora de ser independente da Condição A, a condição que determina a antecedência para as anáforas (puras), visto que, para existir, PRO tem de satisfazer a Condição A trivialmente, precisamente por não ter uma GC ([288]).

Esta situação é amplamente considerada como sendo uma consequência pouco feliz, ou mesmo intolerável, e um número bastante razoável de trabalhos tem procurado redefinir PRO e/ou construir caracterizações alternativas da noção de "categoria de regência". Para algumas discussões particularmente interessantes seguindo esta linha, veja-se, por exemplo, Bouchard (1984) e Manzini (1983). Aqui, gostaríamos de sugerir que o controle é um fenômeno suficientemente diferente da ligação anafórica, justificando realmente um

---

(260)　* a minha crença [PRO ser inteligente]

[288] A Condição A diz que uma anáfora tem de ser ligada na sua Categoria de Regência (GC). Uma anáfora (na realidade, qualquer elemento) *sem uma GC* satisfaz trivialmente a condição A, assim como satisfaz trivialmente a Condição B, que também faz referência à GC (ver *Faculdade*, p.460).

mecanismo separado para a atribuição de antecedência. Consideremos em primeiro lugar a observação bem conhecida de que, além dos casos de controle pelo sujeito ilustrados acima, um controlador pode ser regularmente um objeto, como em (262) ([289]).

(262) John told Mary$_i$ [PRO$_i$ to leave]

Até aqui, não temos evidência para distinguir o controle da ligação, visto que a ligação pode ser igualmente por um objeto ([290]).

(263) John told Mary$_i$ about herself$_i$

Mas surgem pelo menos duas diferenças quando analisamos estes casos com mais detalhe. Primeiro, o controle é em geral por um argumento especificamente designado (ver Nishigaushi, 1984). (264), em que o controle é pelo sujeito em vez de ser pelo objeto, não é bem formado ([291]).

(264) * John$_j$ told Mary [PRO$_j$ to leave]

A ligação, por outro lado, não tem restrições desse tipo em inglês, como se pode ver pela gramaticalidade de (265) ([292]).

(265) John$_j$ told Mary about himself$_j$

Existe assim uma opcionalidade quanto à escolha do elemento ligador que não existe regularmente na escolha do controlador, uma diferença significativa entre os dois fenómenos.

Ora, é sabido que existem línguas diferentes do inglês relativamente a esta propriedade da ligação. Mais particularmente, existem línguas em que,

---

([289]) (262) o João disse à Maria$_i$ [PRO$_i$ sair] (*) ('o João disse à Maria para sair')
    Não é claro que o equivalente gramatical do português seja um exemplo de controle com PRO (uma hipótese é que seja um caso de *pro* numa oração com infinitivo flexionado). Um exemplo mais próximo de (262) é (i):
    (i) o João persuadiu a Maria$_i$ a [PRO$_i$ sair]
([290]) (263) o João falou à Maria$_i$ sobre si própria$_i$
([291]) (264)   * o João$_j$ disse à Maria [PRO$_j$ sair] (*) Ver também (i):
       (i) * o João$_j$ persuadiu a Maria$_i$ a [PRO$_j$ sair]
([292]) (265) o João$_j$ falou à Maria sobre si próprio$_j$

aparentemente, só o sujeito pode ser elemento ligador. O polonês é uma destas línguas, como se vê no seguinte paradigma, de Willim (1982):

(266) Jan$_i$ opowiadał Marii$_j$ o swoim$_i$ ojcu
João falando Maria sobre refl pai
"o João estava falando com a Maria sobre o seu pai (dele)"

(267) *Jan$_i$ opowiadał Marii$_j$ o swoim$_j$ ojcu
João falando Maria sobre refl pai
"o João estava falando com a Maria sobre o seu pai (dela)"

Estas línguas possuem uma segunda diferença entre a ligação e o controle. Assim, enquanto a ligação de uma anáfora por um não sujeito é impossível, o controle por um não sujeito é possível (ou mesmo necessário), tal como em inglês.

(268) Jani kazał Marii$_j$ [PRO$_{j/*i}$ napisac' artykuł]
João disse Maria escrever artigo
"o João disse à Maria para escrever um artigo"

A natureza específica do parâmetro que distingue a ligação anafórica que encontramos em línguas como o inglês (qualquer elemento que c-comande a anáfora pode ser o elemento ligador) da ligação anafórica que encontramos em línguas como o polonês (só o sujeito pode ser o elemento ligador) está longe de ser clara. Mas aquilo que parece claro é que esta diferença paramétrica não se aplica ao controle. Por esta e por outras razões, existe evidência considerável em favor da existência de um módulo do controle separado dentro da teoria da gramática.

1.4.3 A Teoria do Caso

Em algumas línguas (o sânscrito, o latim, o russo, ...), o Caso manifesta-se morfologicamente, ao passo que em outras tem pouca realização visível (o inglês, o francês, ...) ou mesmo nenhuma (o chinês, ...). De acordo com as linhas gerais da nossa abordagem, assumimos que o Caso se encontra sempre presente abstratamente. Em línguas nominativas/acusativas, o sujeito de uma oração finita recebe Caso *nominativo*; o objeto de um verbo transitivo recebe Caso *acusativo* (com alguma variação paramétrica e lexical, discutida por Freidin e Babby (1984), Neidle (1988), entre outros); e o objeto de uma pre- ou posposição recebe o Caso *oblíquo* (de novo com variação substancial). As ideias básicas da teoria do Caso nasceram a partir da investigação sobre a distribuição dos NPs visíveis, com um conteúdo morfológico. Chomsky e Lasnik (1977) propuseram um conjunto de filtros de superfície para captar essa distribuição, mas Vergnaud (1982) observou que a maioria dos seus efeitos podia ser unificada se o Caso fosse atribuído do modo que acabamos de indicar, e se o Caso fosse exigido para a realização morfológica, algo que se pode formular como em (269), o *Filtro Casual*.

(269) Todo o NP foneticamente realizado tem de receber um Caso (abstrato).

Os filtros de Chomsky e Lasnik, tal como a alternativa proposta por Vergnaud, diziam sobretudo respeito à posição de sujeito das orações infinitivas. Em larga medida, um NP lexical é proibido nessa posição ([293]).

(270) * it seems [*Susan* to be here]

(271) * I am proud [*Bill* to be here]

A contraparte finita destas construções é possível ([294]).

(272) it seems [that *Susan* is here]

(273) I am proud [that *Bill* is here]

Estes fatos são predizíveis, dado que, em (272)-(273), os NPs em itálico recebem Caso nominativo, ao passo que nenhum Caso é atribuído aos NPs correspondentes em (270)-(271).

---

[293] (270) * *expl* parece [*a Susan* estar aqui]
(271) * eu estou orgulhoso [*o Bill* estar aqui]
Recordemo-nos de que o português tem um infinitivo flexionado. As observações do texto aplicam-se sem alterações aos casos de infinitivo simples, *não flexionado*. Ver *Faculdade*, cap. 12, seções 1, 2, e cap. 13, seções 1-3, e Raposo (1987a).
[294] (272) *expl* parece [que *a Susan* está aqui]
(273) eu estou orgulhoso [que *o Bill* esteja aqui]

Determinadas categorias vazias são permitidas na posição dos NPs lexicais em (270)-(271). Em (274), temos o vestígio do NP elevado *Susan*, em vez do próprio NP *Susan*, e em (275) temos PRO em vez de *Bill* [295].

(274) Susan seems [t to be here]

(275) I am proud [PRO to be here]

Na verdade, como se discutiu na seção 1.3.1, é a necessidade de Caso que obriga ao movimento, produzindo (274) a partir de uma estrutura subjacente como (270). (269) não tem de ser satisfeito na Estrutura-D; pelo contrário, é uma condição que tem de ser satisfeita num nível de representação derivado.

(276) ilustra outra construção que permite PRO como sujeito de uma oração infinitiva, mas que proíbe um NP lexical [296].

(276) a. Bill tried [PRO to be here]
     b. * Bill tried [Mary to be here]

Contrastando surpreendentemente com o complemento de *try*, encontramos um comportamento exatamente oposto com *believe* [297].

(277) a. * Bill believed [PRO to be here]
     b.   Bill believed [Mary to be here]

Como vimos na seção 1.4.2, (276a) *versus* (277a) é analisado em termos da teoria da ligação. O complemento CP de *try* é uma barreira para a regência do seu sujeito, logo PRO é permitido, visto que não tem uma GC nesta configuração. Assumindo que *believe* seleciona apenas um complemento IP como

---

[295] (274) a Susan parece [t estar aqui]
(275) eu estou orgulhoso (de) [PRO estar aqui]
Repare-se que o exemplo (275) em português exige a preposição *de* antes da oração infinitiva (cf. **estou orgulhoso estar aqui*). Para uma discussão desta questão, ver Raposo (1987b). De acordo com os pressupostos do texto, a preposição tem de estar estruturalmente "afastada" de PRO (de modo a não reger PRO).
[296] (276) a. o Bill tentou [PRO estar aqui]
        b. * o Bill tentou [a Maria estar aqui]
[297] (277) a. * o Bill acreditava [PRO estar aqui]
        b.   o Bill acreditava [a Maria estar aqui] (*)
Ver a nota [281].

propriedade lexical, PRO em (277a) é regido, logo tem uma GC. Neste caso, a Condição A ou a Condição B são necessariamente violadas. (277b), contudo, ainda não tem explicação. Nesse exemplo, *Mary* não é o sujeito de uma oração finita, o objeto de um verbo transitivo, ou o objeto de uma preposição, logo a condição (269) deveria ser violada. O fato de o exemplo ser aceitável indica que *Mary* recebe Caso; (278) indica que esse Caso é acusativo (ou oblíquo), mas não nominativo [298].

(278) Bill believed [her (*she) to be here]

Além disso, existe evidência que o atribuidor Casual é o verbo principal *believe(d)*. Talvez devido ao fato de o inglês ter um sistema Casual visível pobre, a atribuição Casual obedece em geral a uma exigência de adjacência, como se ilustra em (279) [299].

(279) a.   Bill sincerely believed Sam
      b. * Bill believed sincerely Sam

Encontramos este mesmo efeito com o sujeito do complemento infinitivo de *believe* [300].

(280) a.   Bill sincerely believed [Mary to be here]
      b. * Bill believed sincerely [Mary to be here]

É evidente que *believe* pode atribuir Caso acusativo não somente ao seu objeto (a atribuição menos marcada) como em (279a), mas também ao sujeito do seu complemento infinitivo, um fenômeno frequentemente chamado *atribuição Casual excepcional* (ECM) [301]. Lembrando-nos de que (277a) mostra que

---

[298] (278) o Bill acreditava [-a (*ela) estar aqui] (*)
[299] (279) a.   o Bill sinceramente acreditava (n)o Sam
           b. * o Bill acreditava sinceramente (n)o Sam.
      Repare-se que o verbo *acreditar* em português requer um complemento preposicional (cf. *o Bill acreditava no Sam*), talvez por não atribuir Caso acusativo (cf. * *o Bill acreditava o Sam*). De qualquer modo, a condição de adjacência sobre a atribuição Casual não é operativa em português (cf. *o Bill atropelou violentamente o Sam*), talvez devido ao fato de o verbo ser elevado para Infl em português na sintaxe visível, contrariamente ao inglês.
[300] (280) a.   o Bill sinceramente acreditava [a Maria estar aqui] (*)
           b. * o Bill acreditava sinceramente [a Maria estar aqui] (*)
[301] No original, "exceptional Case marking", de onde derivamos a sigla "ECM" (ver *Faculdade*).

existe uma relação de regência nessa configuração, concluímos que o Caso é atribuído sob regência (e, parametricamente, adjacência), uma condição ligeiramente mais fraca do que a relação núcleo-complemento que lhe é central. Concluímos provisoriamente que a atribuição de Caso nominativo também é feita sob regência, neste caso regência do sujeito pelo núcleo flexional de IP (assumindo uma definição de regência baseada no m-comando).

Em inglês, os núcleos lexicais V e P parecem ser atribuidores Casuais, ao passo que N e A não são. É por este motivo que um NP pode ocorrer diretamente como complemento de V e P, categorias [-N], mas não como complemento de N e A, categorias [+N], ainda que a teoria X-barra crie a expectativa de um leque idêntico de complementos em todos os casos. Assim, enquanto *proud* pode tomar um complemento oracional, como se vê em (273) e (275), não pode tomar um NP simples ([302]).

(281) * I am proud my students

Do mesmo modo, o verbo *criticize* admite um complemento NP, contrariamente à sua nominalização *criticism* ([303]).

(282) John criticized the theory

(283) *John's criticism the theory

Em lugar dos complementos NP em (281) e (283), encontramos um aparente grupo preposicional, com uma preposição semanticamente vazia, *of* ([304]).

(284) I am proud of my students

(285) John's criticism of the theory

Parece que *of* é inserido para providenciar um atribuidor Casual para o NP lexical, que de outro modo ficaria sem Caso. A inserção de um elemento

---

[302] (281) * eu estou orgulhoso os meus estudantes
[303] (282) o João criticou a teoria
(283) * o João'POSS crítica a teoria (cf. '*a crítica a teoria pelo João')
[304] (284) eu estou orgulhoso de os meus estudantes ('...dos...')
(285) o João'POSS crítica de a teoria (*) (cf. 'a crítica da teoria pelo João')
A preposição correspondente em português é *de*.

pleonástico para satisfazer um requisito morfossintático é um processo bastante comum. A regra de "Apoio de *Do*" ([305]) salva um afixo flexional que é isolado de V devido ao movimento de I para C, como em (286) ([306]).

(286) did John leave

Existem, no entanto, motivos para questionar este tratamento de (284)-(285). Em particular, nenhuma das outras violações do Filtro Casual ilustradas acima pode ser salva pela inserção de *of* ([307]).

(287) * it seems of *Susan* to be here (cf. (270))

(288) * I am proud of *Bill* to be here (cf. (271))

(289) * Bill tried of *Mary* to be here (cf. (276b))

(290) * Bill believed sincerely of *Sam* (cf. 279b))

(291) * Bill believed sincerely of *Mary* to be here (cf. 280b))

Ao paradigma (271) *versus* (288), em que o núcleo da construção é um adjetivo, podemos acrescentar o par (292a) *versus* (292b), em que o núcleo é nominal ([308]).

(292) a. * my proof *John* to be here
      b. * my proof of *John* to be here

(293) mostra que *proof* pode tomar um complemento oracional ([309]).

([305]) No original, "*Do*-support".
([306]) (286) aux o João sair ('o João saiu?')
([307]) (287) * *expl* parece de *a Susan* estar aqui
       (288) * eu estou orgulhoso de *essas pessoas* estar aqui
       (289) * o Bill tentou de *a Maria* estar aqui
       (290) * o Bill acreditava sinceramente de *o Sam*
       (291) * o Bill acreditava sinceramente de *a Maria* estar aqui
([308]) (292) a. * a minha prova *essas pessoas* estar aqui
       b. * a minha prova de *essas pessoas* estar aqui
       Provar (prova) é usado aqui no sentido de 'demonstrar' ('demonstração').
([309]) (293) a minha prova que o João está aqui

(293) my proof that John is here

Além disso, esperaríamos que proof pudesse tomar um complemento infinitivo, visto que o verbo relacionado pode ([310]).

(294) a. I proved that John is here
b. I proved John to be here

É importante notar que em outras circunstâncias a "inserção de *of*" é possível com *proof*, como se pode ver em (295) ([311]).

(295) a. * my proof the theorem
b.   my proof of the theorem

Os dados examinados até aqui sugerem duas condições. Em primeiro lugar, a "inserção de *of*" aplica-se apenas no contexto de um núcleo [+N] (N ou A). E, em segundo lugar, *of* é permitido apenas para o *complemento* de um núcleo apropriado, não sendo possível em circunstâncias "excepcionais". Estes fatos sugerem uma perspectiva diferente sobre a inserção de *of*. Em vez de inserir *of* antes do complemento de um A ou de um N numa situação de último recurso, suponhamos que A e N são, na realidade, atribuidores de Caso (genitivo), como é visível em alemão (Van Riemsdijk, 1981). *Of* pode então ser considerado como a realização desse Caso genitivo, nessa configuração, em inglês ([312]). Seguindo Chomsky (1986b), distinguimos então os *Casos estruturais* acusativo e nominativo, atribuídos unicamente em termos de configurações de Estrutura-S, e os *Casos inerentes*, incluindo o genitivo, associados com a marcação-θ. Isto é, o Caso inerente só é atribuído por α a um NP se α θ-marcar esse NP. Assim, em (292), *John* não pode receber Caso inerente de *proof*, visto que não recebe nenhuma função-θ desse elemento. O Caso estrutural não tem essa exigência temática, mas *proof*, sendo um nome, não tem um Caso estrutural para atribuir. Assim, *John* não recebe nenhum Caso e não satisfaz o Filtro Casual. Note-se que, na análise que considera a inserção

---

[310] (294) a. eu provei que o João está aqui
b. eu provei o João estar aqui (*)
[311] (295) a. * a minha prova o teorema
b. a minha prova de o teorema ('...do...')
[312] Ou seja, na configuração em que o "receptor" do Caso é um complemento, e não o sujeito de um complemento.

de *of* como um Caso inerente, o Caso abstrato necessário para satisfazer o Filtro Casual tanto pode ser estrutural como inerente.

A construção passiva é outro exemplo em que não há Caso, mas em que a inserção de *of*, agora vista como atribuição de Caso inerente, não é aplicável. (296) ilustra essa situação relativamente ao Caso "excepcional" ([313]).

(296) * it is believed (of) Mary to be here

Compare-se com *Mary is believed to be here* e com *it is believed that Mary is here* ([314]). Estes exemplos nos mostram que um verbo passivo, contrariamente a uma preposição ou a um verbo ativo, não é um atribuidor de Caso estrutural. A impossibilidade de *of* aqui não é surpreendente, considerando as exigências temáticas observadas. (297) é mais problemático ([315]).

(297) * it is believed (of) Mary
 cf. Mary is believed

De novo, não há Caso estrutural, indicando que um verbo passivo não é [-N], como se sugere em Chomsky e Lasnik (1977). Mas, dado que *Mary* é o complemento θ-marcado de *believed*, poderíamos esperar a presença de Caso genitivo inerente. A ausência deste indica que um verbo passivo, não sendo um verbo ([+V, -N]), também não é um adjetivo ([+V, +N]), mas sim uma categoria neutralizada [+V] sem marcação para o traço [N]. Alternativamente, como é proposto por Baker, Johnson e Roberts (1989), o morfema passivo é na realidade um argumento que recebe a função-θ de sujeito atribuída pelo verbo e o Caso acusativo também atribuído pelo verbo. O Caso acusativo deixa então de estar disponível para o objeto do verbo, ou para o sujeito de um complemento infinitivo oracional.

---

[313] (296) **expl* é acreditado (de) a Maria estar aqui.
[314] *a Maria é acreditada estar aqui* (*), *expl é acreditado que a Maria está aqui* ('pensa-se que a Maria está aqui')
[315] (297) **expl* é acreditado (de) a Maria
 cf. a Maria é acreditada (*)
 Um par mais revelador em português, com um verbo transitivo, é dado em (i) (ver a nota ([299])):
 (i) * foi visto de a Maria
 Note-se que em português pode ser atribuído Caso ao objeto direto de uma passiva, o que complica o argumento, cf. *foi vista a Maria (na festa)*. Ver Burzio (1986), Belletti (1988), Raposo e Uriagereka (1990) e *Faculdade*, p.512 et seq.

O Filtro Casual foi originalmente proposto como uma exigência morfológica, e, ainda que uma tal exigência possa muito bem ser a sua componente central, existem fenômenos relevantes que não parecem cair sob o alcance de um tal tratamento morfológico. O vestígio do movimento-*wh* tem em geral de obedecer ao Filtro Casual; note-se que praticamente todos os contextos examinados até aqui em que um NP lexical é proibido também proíbem um vestígio-*wh* ([316]).

(298) * who does it seem [*t* to be here]

(299) * who are you proud [*t* to be here]

(300) * who did Bill try [*t* to be here]

(301) * who are you proud *t*

(302) * which theory did you understand the proof *t*

(303) * who is it believed *t*

Ainda que os vestígios tenham traços, não têm realização morfológica, logo o paradigma (298)-(303) não é esperado. Poder-se-ia pensar que é na realidade o grupo-*wh* antecedente do vestígio que tem de satisfazer (269), sendo o Caso transmitido de algum modo em interrogativas-*wh* bem formadas como (304), a partir do vestígio, e através dos elos da cadeia de movimento ([317]).

(304) who did you see *t*

No entanto, o paradigma é duplicado em construções nas quais o próprio operador movido não tem uma realização morfológica visível, como nas orações relativas (305) ou nas construções adjetivas complexas de (306) ([318]).

---

[316] (298) * que pessoas (é que) *expl* parece [*t* estar aqui]
(299) * que pessoas (é que) tu estás orgulhoso [*t* estar aqui]
(300) * que pessoas (é que) o Bill tentou [*t* estar aqui]
(301) * que pessoas (é que) tu estás orgulhoso *t*
(302) * qual teoria (é que) tu compreendeste a prova *t*
(303) * quem (é que) *expl* é acreditado *t*
[317] (304) quem (é que) tu viste *t*
[318] (305) a. os homens (quem) eu vejo
        b. * os homens (quem) *expl* parece estar aqui

(305) a.   the man (who) I see
 b. * the man (who) it seems to be here
 c. * the man (who) you are proud to be here
 d. * the man (who) Bill tried to be here
 e. * the man (who) I am proud
 f. * the theory (which) you understand the proof
 g. * the man (who) it is believed

(306) a.   Mary$_i$ is too clever [Op$_i$ [for us to catch t_i]]
 b. * Mary$_i$ is too reclusive [Op$_i$ [for it to seem t_i to be here]]
 c. * Bill$_i$ is too unpopular [Op$_i$ [for you to try t_i to be here]]

É evidente que tanto os NPs foneticamente realizados como as variáveis (vestígios do movimento de operadores) têm de possuir Caso abstrato. É provável que *pro*, o sujeito nulo pronominal em línguas como o italiano e o espanhol, tenha a mesma exigência, visto que ocorre tipicamente como sujeito de uma oração finita. Em termos da fonética e da morfologia, estas três categorias de NPs constituem uma classe que não é natural. É por esse motivo que podemos seguir um outro caminho, e atribuir os efeitos do Filtro Casual à teoria-θ. Como mencionamos na seção 1.3.1, assumimos que um argumento tem de ser visível para que lhe seja atribuída uma função-θ, e é o Caso que o torna visível. Esta proposta distingue corretamente os NPs visíveis, as variáveis e *pro*, por um lado, e os vestígios de NP, por outro lado. Apenas os primeiros são argumentos.

Assumimos então que o Filtro Casual é, na realidade, parte do princípio da marcação-θ: uma cadeia só é visível para a marcação-θ se possuir uma posição Casual. As condições de economia (de Último Recurso) bloqueiam qualquer movimento adicional se uma posição Casual for alcançada na formação

---

 c. * os homens (quem) tu estás orgulhoso estar aqui
 d. * os homens (quem) o Bill tentou estar aqui
 e. * os homens (quem) eu estou orgulhoso
 f. * as teorias (quais) tu compreendes a prova
 g. * o homem (quem) *expl* é acreditado
(306) a.   as moças$_i$ são demasiado inteligentes [Op$_i$ [para nós apanharmos t_i]]
 b. * as moças$_i$ são demasiado reclusas [Op$_i$ [para *expl* parecer t_i estar aqui]]
 c. * os rapazes$_i$ são demasiado impopulares [Op$_i$ [para tu tentares t_i estar aqui]]
Ver as notas ([101]) e ([145]). Em (306 b-c), *t* na posição de sujeito da oração infinitiva não recebe Caso.

de uma cadeia. Dada a condição de interface sobre a Estrutura-D ([319]), derivamos a Condição sobre as Cadeias: numa cadeia argumental ($\alpha_1, ..., \alpha_n$), α_1 é uma posição Casual e α_n é uma posição-θ.

Ao discutir a Condição sobre as Cadeias na seção 1.3.1, notamos dois problemas graves: um relativo aos expletivos e o outro relativo a PRO. O primeiro foi discutido na seção 1.3.3; resta agora dar conta do fato de PRO argumental aparecer em posições não Casuais, um fato que aparentemente nos obriga a adotar uma versão disjuntiva da Condição de Visibilidade, e que consequentemente impede esta condição de ser uma verdadeira generalização.

(307) Uma cadeia é visível para a marcação-θ se possuir uma posição Casual (necessariamente a sua cabeça), ou se a sua cabeça for PRO.

Os problemas relativos a PRO são na realidade mais sérios. Assim, PRO comporta-se como os outros argumentos: tem de ser movido para fora de uma posição não Casual, e não pode ser movido para fora de uma posição marcada Casualmente, dois fatos que não são explicados, nem mesmo pela pouco satisfatória disjunção (307).

O primeiro problema é ilustrado por construções como (308) ([320]).

(308) we never expected [there to be found α]

Se α for um NP indefinido, o exemplo equivalente a (308) é gramatical em muitas línguas e marginalmente aceitável em inglês (sobretudo com "NPs pesados" como *a hitherto unknown play by Shakespeare*) ([321]); em LF, α é elevado para a posição do expletivo, derivando uma cadeia que satisfaz a Condição de Visibilidade. Mas, com α = PRO, a frase é completamente excluída, ainda que todas as condições relevantes sejam satisfeitas: PRO ocupa uma posição-θ enquanto objeto de *find*, e a escolha de PRO arbitrário deveria satisfazer a

---

[319] Ou seja, a condição em que a Estrutura-D reflete as propriedades lexicais da seleção-s, obrigando os argumentos a ocorrerem aí na posição em que recebem a sua função-θ.

[320] (308) nós nunca esperamos [*expl* ser encontrado α]
Recorde-se que em (308) α está numa posição não Casual, embora regida (objeto de uma estrutura passiva), e que o verbo inglês *expect* possui as duas opções de verbo de controle (com a posição de sujeito da sua oração complemento não regida) e de verbo ECM (com a posição de sujeito do complemento regida). Na discussão imediatamente a seguir faz-se uma suspensão temporária do princípio (261), no sentido de descobrir até que ponto é que PRO pode ser assimilado a NPs argumentais visíveis.

[321] *uma peça de Shakespeare desconhecida até agora.*

"condição de definitude", dando a significação "nós nunca esperaríamos que alguma pessoa arbitrária fosse encontrada". A elevação visível de PRO para a posição ocupada por *there* é possível, como em (309), mas com um sentido completamente diferente, em que há controle de PRO por *we* ([322]).

(309) we never expected [PRO to be found *t*]

Concluímos assim a seguinte observação descritiva, ainda por explicar: o movimento de PRO para fora de uma posição não Casual ocorre necessariamente em Estrutura-S, ao passo que, para outros argumentos, o movimento (obrigatório) para fora de uma posição não Casual pode ocorrer quer em Estrutura-S quer em LF ([323]).

Para impedir (308) ([324]), podemos apelar para o princípio de que PRO não pode ser regido (ver a secção 1.4.2) ([325]). Mas nesse caso temos de assumir que essa condição se aplica na Estrutura-S ([326]); se a condição é uma consequên-

---

[322] (309) nós nunca esperamos [PRO ser encontrados *t*]

[323] Pressupõe-se crucialmente que em (308), com *there* expletivo na posição de sujeito da oração infinitiva, a elevação para fora da posição não Casual só pode ser efetuada na componente *não visível* da derivação (a componente LF), quer α seja NP lexical quer seja PRO. Recordemo-nos também de que neste argumento o princípio (261) está suspenso. A ausência da leitura arbitrária em (308) mostra que a elevação em LF de PRO para a posição ocupada por *there* não é permitida, ao passo que a existência da leitura com controle em (309) mostra que a elevação *visível* de PRO é permitida (neste caso não há *there* na estrutura, logo o movimento é visível, para satisfazer o princípio EPP). Repare-se, aliás, que nem a leitura com controle é possível em (308) com α = PRO, o que reforça a ideia de que PRO não pode ser elevado em LF. Em contrapartida, se α = NP lexical indefinido, pode ser movido para fora de uma posição não Casual, quer em Estrutura-S (*we never expected a man to be found t* 'nunca esperamos um homem ser encontrado' – '... que um homem fosse encontrado'), quer em LF (*we never expected there to be found a man* 'nunca esperamos *expl* ser encontrado um homem' – '... que fosse encontrado um homem').

[324] Subentende-se aqui, com α = PRO.

[325] Neste ponto reintroduz-se (261).

[326] Porque em (308) PRO = α está numa posição em que é regido por *found*, e *found*, embora não seja um atribuidor Casual, é um regente. Mas a condição tem de aplicar-se na Estrutura-S, precisamente para impedir que PRO possa ser elevado em LF para a posição ocupada por *there*, que não é necessariamente uma posição regida por *expect* – ver a nota ([320]). Recorde-se que, com o tratamento proposto para estruturas como *there* na secção 1.3.3, não parece ser necessária a atribuição Casual a *there* em (308) com PRO, visto que, por hipótese, o princípio (261) implica a versão disjuntiva da Condição de Visibilidade (307), ou seja, PRO não necessita de Caso – logo, a posição ocupada por *there* não precisa ser regida por *expect* em (308), abrindo a possibilidade de que a versão de *expect* aí presente seja a do predicado não reduzido (não ECM).

cia das Condições A e B da teoria da ligação, então também estas, por sua vez, aplicam-se na Estrutura-S. Para dar conta de (309), podemos modificar a condição do Último Recurso de modo a permitir o movimento de PRO para fora de uma posição regida ([327]).

Tanto o pressuposto de que a teoria da ligação se aplica em Estrutura-S como a ampliação da condição do Último Recurso são discutíveis. Além disso, são empiricamente inadequados, por causa do segundo problema: tal como se passa com qualquer outro argumento, o movimento de PRO não pode ser para fora de uma posição marcada Casualmente, mesmo para escapar à regência ([328]). O problema é ilustrado em (310) ([329]).

(310) a. α to talk about β
b. α to strike β [that the problems are insoluble]
c. α to seem to β [that the problems are insoluble]

Suponha-se que (310a) é uma Estrutura-D no contexto *it is unfair* ___ ([330]), com α = *e* e β = *John*. A condição do Último Recurso proíbe a elevação de β para a posição α, produzindo (311a), porque a cadeia (*John*) já é visível para a marcação-θ sem necessitar de movimento. Suponha-se que β = PRO. No âmbito dos pressupostos que estamos considerando agora, PRO tem de ser elevado para a posição α para satisfazer a exigência de não regência. Mas esse movimento não é permitido, mesmo se α for uma posição legítima para PRO em outras construções, como em (311c) ([331]).

---

[327] Recordemo-nos de que a Condição do Último Recurso foi formulada unicamente para o Caso. A sugestão aqui é que a condição seja "ampliada", de modo a incorporar a necessidade de "não regência" por PRO; ou seja, em (309), PRO move-se em Último Recurso para "escapar à regência" (na sintaxe visível, como se concluiu). Lembremo-nos de que em (309) a posição para a qual PRO é movido não é regida, visto que *expect* é apenas opcionalmente um predicado ECM.

[328] O que milita em favor de uma formulação da condição do Último Recurso limitada ao Caso.

[329] (310) a. α falar sobre β
b. α espantar β [que os problemas sejam insolúveis]
c. α parecer a β [que os problemas são insolúveis]
Usamos *espantar* nos exemplos do português (em vez de *ocorrer*, tradução mais literal de *strike*) para manter o Caso acusativo do original.

[330] *expl não é justo*.

[331] (311) a. *expl não é justo [o João falar sobre *t*]
b. *expl não é justo [PRO falar sobre *t*]
c. *expl* não é justo [PRO falar sobre o João]

(311) a. * it is unfair [John to talk about *t*]
b. * it is unfair [PRO to talk about *t*]
c.   it is unfair [PRO to talk about John]

Neste caso, pode-se argumentar que existe uma violação da teoria-θ, visto que o sujeito é uma posição obrigatoriamente -marcada ([332]) (uma proposta um tanto duvidosa, como se vê nas nominalizações em que nenhuma função-θ externa é atribuída; ver Chomsky, 1981a) ([333]). Mas esse argumento não é suficiente para (310b-c) (Lasnik, 1992). Aí, α ocupa uma posição não θ, e as frases são bem formadas com α = expletivo e β = *John*, como em (312a-b) ([334]).

(312) a. it is rare for it to strike John that the problems are insoluble
b. it is rare for it to seem to John that the problems are insoluble

Mesmo assim, β = *John* não pode ser elevado para a posição α, deixando um vestígio, como em (313) ([335]).

Nos exemplos do português, temos de abstrair a violação causada pela preposição órfã (a violação não existe em inglês).

([332]) Ou seja, em (311b) PRO teria duas funções-θ: uma atribuída na posição de complemento de *talk about* e outra atribuída na posição de sujeito de *talk*, o que é proibido pelo critério-θ.

([333]) Como, por exemplo, em construções como *a destruição de Roma*, sem sujeito e sem atribuição de função-θ externa pelo predicado *destruição*. A lógica aqui parece ser que a atribuição da função-θ externa não é obrigatória.

([334]) (312) a. *expl* é raro *compl expl* espantar o João que os problemas sejam insolúveis ('é raro *expl* espantar o João que os problemas sejam insolúveis')
b. *expl* é raro *compl expl* parecer ao João que os problemas são insolúveis ('é raro *expl* parecer ao João que os problemas são insolúveis')

Há uma diferença entre os exemplos do inglês e as versões gramaticais (entre parênteses) do português. Nos primeiros, o Caso do segundo expletivo (o *it* sujeito de *to strike* e de *to seem*) é atribuído pelo complementador preposicional *for*, ao passo que, nos exemplos do português, o Caso do expletivo nulo vem de dentro da própria oração infinitiva (um infinitivo flexionado). Essa diferença não afeta o argumento no texto.

([335]) (313) a. * nós queremos o João espantar *t* que os problemas   sejam insolúveis
b. * nós queremos o João parecer a *t* que os problemas   são insolúveis

Recordemo-nos de que *want* possui a dupla possibilidade de predicado ECM (*we want [John to leave]* ('queremos o João sair') ou predicado de controle (*we want [PRO to leave]* 'queremos sair'), com PRO não regido, segundo a teoria baseada em (261). Qualquer que seja a opção de (313), as estruturas aí representadas não são permitidas pela Condição do Último Recurso (com base na teoria do Caso), visto que *John* recebe Caso na posição do vestígio; além disso, na versão ECM de *want*, (313) é ainda excluído pelo fato de *John* receber dois Casos, um na posição do vestígio e o outro atribuído por *want*.

(313) a. * We want John to strike *t* that the problems are insoluble
       b. * We want John to seem to *t* that the problems are insoluble

No caso de β = *John*, a condição do Último Recurso dá conta do fenômeno, visto que existe um Caso atribuído na posição do vestígio, e, logo, qualquer movimento adicional é proibido. Mas suponha-se que β = PRO em (310). A exigência de não regência obriga ao movimento, produzindo (314) ([336]).

(314) a. PRO to strike *t*   [that the problems are insoluble]
       b. PRO to seem to *t* [that the problems are insoluble]

PRO está agora numa posição não regida, e é cabeça de uma cadeia θ-marcada ([337]).
Logo, todas as condições são satisfeitas. Mas as construções são radicalmente agramaticais, qualquer que seja o contexto ([338]).
Concluímos então que a proposta de exigir uma condição de não regência para PRO em Estrutura-S, e de incorporar esta exigência na condição do Último Recurso, não resolvem o problema ([339]). Mesmo aceitando estas propostas de caráter duvidoso, a formulação disjuntiva da Condição de Visibilidade continua a ser empiricamente inadequada, e também pouco satisfatória ([340]). Deve haver outro princípio exigindo que PRO se comporte como um argumento normal, obrigado a mover-se para fora de posições não Casuais ([341]) e impedido de mover-se para fora de posições Casuais ([342]).
Repare-se que estas anomalias são ultrapassadas se PRO, como qualquer outro argumento, tiver um Caso, mas um Caso diferente dos Casos já conhecidos: nominativo, acusativo e assim por diante. Do ponto de vista da

---

[336] (314) a. PRO espantar *t* [que os problemas sejam insolúveis]
            b. PRO parecer a *t* [que os problemas são insolúveis]
[337] Por exemplo, encaixando (314) no contexto "we want ___" ('nós queremos ___'); ver a nota ([335]).
[338] Ver de novo a nota ([335]).
[339] Ou seja, conclui-se que PRO não pode ser movido para fora de uma posição Casual (como qualquer outro argumento), mesmo para satisfazer a exigência de não regência. Conclui-se assim que a condição (261) é inadequada, como o é, consequentemente, a derivação das propriedades de PRO a partir dos princípios da teoria da ligação.
[340] Ver (307) e texto.
[341] Como em (309).
[342] Como em (314) e (311b) (no caso de (311b), pondo de lado as considerações de natureza temática apontadas).

interpretação, podemos considerar que PRO é um NP argumental "mínimo", sem propriedades independentes de natureza fonética, referencial ou outras. Propomos então que PRO é o único NP que pode possuir Caso nulo (ainda que possa ter outros Casos também, em condições marcadas que não mencionamos aqui). Concluímos assim que a condição do Último Recurso se aplica sobre PRO exatamente como se aplica sobre qualquer argumento: ou seja, permitimos que PRO seja movido para fora de uma posição não Casual, para uma posição onde possa receber ou verificar o seu Caso; e não permitimos que PRO seja movido para fora de uma posição Casual. A Condição de Visibilidade pode agora ser simplificada na forma (315).

(315) Uma cadeia é visível para a marcação-θ se contiver uma posição Casual.

– necessariamente a cabeça da cadeia, pela condição do Último Recurso ([343]).

Note-se também que, em algumas línguas, a concordância desempenha a mesma função do Caso em tornar uma cadeia visível (Baker, 1988). Assim, o Caso abstrato deveria incluir a concordância, lado a lado com os fenômenos Casuais normais. A realização do Caso abstrato depende então de escolhas paramétricas relativas às categorias funcionais. O Caso é uma relação de XP com H, em que H é um núcleo X^0 que atribui ou verifica o Caso de XP. Quando o traço aparece tanto em XP como em H, designamos a relação como sendo de "concordância"; quando aparece somente em XP, designamo-la como sendo "Casual".

Em inglês, espanhol e outras línguas com marcação Casual visível mínima, a concordância manifesta-se frequentemente com PRO e com NPs visíveis, como se ilustra em (316), onde o predicado concorda necessariamente com o sujeito da oração subordinada ([344]).

(316) a. I want [them to be officers]
b. * they want [me to be officers]

---

[343] Uma consequência deste tratamento é que (308) tem de ser considerado agora uma construção ECM, em que PRO é efetivamente movido para a posição ocupada por *there* em LF. A estrutura é excluída porque o Caso "excepcional" atribuído nessa posição é o acusativo, incompatível com PRO, que exige o Caso nulo.

[344] (316) a. eu quero [-os ser oficiais] ('eu quero que eles sejam oficiais')
b. * eles querem [-me oficiais] (* 'eles querem que eu seja oficiais')
c. eles querem [PRO ser oficiais]

c. they want [PRO to be officers]
   d. Juan cree   [PRO   estar enfermo]
      Juan acredita [(si próprio) estar doente]

PRO contém assim traços-ϕ para a concordância, ou seja, elementos do Caso abstrato, se construirmos esta categoria do modo proposto acima. É então apenas um pequeno passo supor que PRO, tal como os outros NPs, contém um Caso normal, juntamente com traços de concordância.

Sendo assim, em que posições se atribui, ou é verificado, o Caso nulo? (Concretizando, vamos assumir verificação.) Recordemos que o Caso nominativo é normalmente verificado em [Spec, IP], em que I contém traços de tempo e de concordância (T, Agr). Este Caso é, assim, a realização de uma relação Spec-núcleo, com o núcleo = I, o núcleo de IP. É natural então considerar que o Caso nulo é a realização da mesma relação quando I não contém tempo e traços de concordância: o I mínimo verifica o Caso nulo, e só o NP mínimo pode ter esse Caso. De um modo mais geral, podemos assumir que o elemento infinitivo (com concordância nula) e o núcleo Ing dos nominais gerundivos verificam ambos o Caso nulo, podendo assim PRO aparecer em construções como as de (317) ([345]).

   (317) a. PRO to VP (to be sick)
         b. PRO Ing VP (being sick)

Existe ainda uma anomalia séria na teoria do Caso. Temos considerado o Caso abstrato como sendo a expressão de uma relação (XP, núcleo). Mas, como temos duas relações distintas de núcleo a XP, ficamos ainda com uma formulação disjuntiva pouco satisfatória: enquanto o Caso nominativo (e agora o Caso nulo) realiza uma relação Spec-núcleo, o Caso acusativo é atribuído por V a um NP regido por esse V. Quando discutimos estes tópicos anteriormente, ampliamos a regência com base no m-comando para incorporar a atribuição de Caso nominativo; mas, pondo de parte a relação Casual, o c-comando parece ser a base apropriada para a relação de regência. Seria mais natural supor que o Caso estrutural em geral realiza uma relação Spec-núcleo, enquanto o Caso inerente, associado, como vimos, com a marcação-θ, é atribuído por núcleos lexicais. Já mencionamos de passagem essa possibilidade

---

([345]) (317) a. PRO VP infinitivo (estar doente)
              b. PRO N do VP (estando doente)

quando discutimos o sistema flexional na seção 1.3.2; aí, propusemos para esse sistema a forma (318) (=(77)).

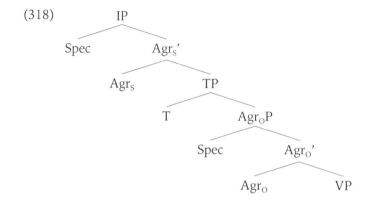

Como antes, as notações *Agr*$_S$ e *Agr*$_O$ são termos mnemônicos; existe apenas um elemento Agr, consistindo numa coleção de traços-φ. Continuamos a omitir um possível [Spec, T] e a negação, e a assumir que na Estrutura-D o sujeito ocupa a posição de [Spec, VP].

Lembremo-nos igualmente de que o núcleo V do VP entra numa amálgama com os núcleos Agr$_O$, T e Agr$_S$; e que, pelo menos em LF, V com os seus afixos é elevado para eliminar todos os vestígios não c-comandados pelos seus antecedentes. Os verbos podem ou não ter a capacidade de atribuir Caso, e assumimos que essa capacidade é indicada por um traço [Caso] com dois valores, para os verbos acusativos e para os verbos inacusativos, respectivamente (Perlmutter, 1978; Burzio, 1986). Se V possui [+Caso], a amálgama [Agr$_O$, V] também possui esse traço e verifica o Caso acusativo na posição [Spec, Agr$_O$]; se V possui [-Caso], um NP em [Spec, Agr$_O$] não tem o seu Caso verificado e necessita, portanto, de ser movido para [Spec, Agr$_S$]. A amálgama [Agr$_S$, T] verifica o Caso nominativo ou o Caso nulo na posição [Spec, Agr$_S$], o que depende da especificação de T em [+tempo] ou [-tempo]. O Caso estrutural em geral é simplesmente uma manifestação da relação [Spec, Agr], podendo a realização desta relação ser o Caso ou a concordância, o que por sua vez depende da morfologia particular de cada língua.

Como vimos, um tipo normal de variação paramétrica entre as línguas diz respeito à posição da Estrutura-S na derivação de LF a partir da Estrutura-D. Assim, determinadas operações que são necessárias para satisfazer condições de LF podem aplicar-se antes ou depois do ponto de ramificação para a componente PF. O mesmo se passa com as operações que elevam NP para as posições de [Spec, Agr] para a verificação do Caso. Suponha-se que todas as operações de elevação de NP se aplicam em LF e que a língua realiza os núcleos à esquerda, com V elevando-se visivelmente para a posição flexional. Então, como notamos antes (seção 1.3.2), temos uma configuração VSO em Estrutura-S, com V e os elementos flexionais formando uma amálgama, com o vestígio de V na posição de núcleo do VP em (318) e com o sujeito e o objeto permanecendo nas suas posições dentro do VP. O sujeito é elevado para [Spec, Agr_S] e o objeto para [Spec, Agr_O] em LF. Suponha-se que a elevação do sujeito é visível e que a elevação do objeto é não visível, efetuada na componente LF. Temos então uma configuração SVO em Estrutura-S, em que o núcleo do VP é V ou o seu vestígio, o que por sua vez depende do tipo de operação que essa língua tem: ou as flexões descem para V (como no inglês) ou V eleva-se para a flexão (como no francês, ou no caso dos auxiliares em inglês; ver a seção 1.3.1). Suponhamos que a língua realiza os núcleos à direita e tem elevação visível do objeto e elevação não visível do sujeito; temos então a ordem OSV na Estrutura-S (o scrambling). Se tanto o sujeito como o objeto são elevados visivelmente numa língua com núcleos à direita, temos ainda a ordem SOV, mas com vestígios nas posições de origem dentro do VP. Outras opções são igualmente possíveis.

Os parâmetros em questão são semelhantes àqueles que diferenciam as línguas como o inglês, que exigem elevação visível de um constituinte interrogativo, das línguas como o chinês, que deixam todos esses constituintes *in situ*. Como vimos na seção 1.3.3, consideramos que os princípios de economia preferem as operações não visíveis, que não alimentam ([346]) a componente PF, em detrimento das operações visíveis que alimentam essa componente. Assim, a menos que uma língua exija que o movimento seja visível, esse movimento aplica-se em LF, como nas construções interrogativas em línguas como o chinês ou em frases com grupos-*wh* múltiplos em línguas como o inglês. Podemos assumir que o fator determinante é uma condição sobre a concordância Spec-núcleo em Estrutura-S, em que o núcleo particular é o C para onde o grupo-*wh* se eleva – isto é, uma condição Casual, no sentido lato deste termo que estamos considerando agora. As condições sobre Agr_S e Agr_O são semelhantes. A elevação visível só é permitida se a concordância Spec-núcleo (o Caso, no sentido lato) for exigida em Estrutura-S: em inglês, com Agr_S, mas não com Agr_O. Para uma formulação que elimina a condição na Estrutura-S, ver o cap. 3.

([346]) No original, "feed".

Esta abordagem, reduzindo o Caso e a concordância a reflexos da relação Spec-núcleo, exige que a formulação de um certo número de princípios básicos discutidos anteriormente seja alterada, deixando, no entanto, o seu conteúdo essencialmente intacto; por exemplo, a condição do Último Recurso sobre o movimento e a Condição (associada) sobre as Cadeias. Consideremos a Estrutura-D (319) ([347]).

(319) a. we believe [e to have [$_{VP}$ John won the election]]
b. we believe [e to have [$_{VP}$ been elected John]]

Assumindo a hipótese do sujeito interno ao VP, *John* está dentro do VP em (319a), e tem de ser elevado para a posição de sujeito *e*; o mesmo acontece em (319b); obtemos então as formas de Estrutura-S (320).

(320) a. we believe [John to have [*t* won the election]]
b. we believe [John to have [been elected *t*]]

O tratamento padrão, descrito antes ([348]), explica este fato em termos da Condição sobre as Cadeias, assumindo uma condição em Estrutura-S sobre a atribuição Casual. O movimento é uma operação de último recurso legítima.

Mas agora não podemos usar esse argumento para o movimento em Estrutura-S. O problema é que as formas de Estrutura-S (320) ainda não satisfazem a Condição Sobre as Cadeias, porque o Caso é verificado apenas na representação LF (321) ([349]).

---

[347] (319) a. nós acreditamos [e ter [$_{VP}$ o João ganho a eleição]]
b. nós acreditamos [e ter [$_{VP}$ sido eleito o João]]
Omitimos a tradução dos exemplos (320)-(321), que apenas diferem de (319) em aspectos estruturais.

[348] Por "tratamento padrão" (do Caso), entende-se aqui o tratamento disjuntivo, em que o Caso acusativo é atribuído sob regência (baseada no c-comando), mas o nominativo é atribuído com base na relação [Spec, núcleo] (ver o texto a seguir ao exemplo (317)). No tratamento agora em discussão, todos os Casos (estruturais) são atribuídos com base na relação [Spec, Agr]. No tratamento padrão, o movimento de *John* em (320) é efetuado em "último recurso" para satisfazer o Caso (acusativo), atribuído sob regência por *believe*. No tratamento presente, a situação é diferente, visto que o Caso (acusativo) de *John* só é satisfeito na posição [Spec, Agr$_O$] da oração principal. Ver o texto adiante.

[349] Ou seja, com *John* na posição [Spec, Agr$_O$] que c-comanda o VP cujo núcleo é *believe*. *John* é elevado para essa posição a partir da posição de sujeito da oração encaixada que ocupa em (320) (ocupada em (321) por *t'*).

(321) a. we [John believe [*t'* to have *t* won the election]]
      b. we [John believe [*t'* to have been elected *t*]]

Temos aqui um exemplo de uma série de problemas que dizem respeito à posição de sujeito [Spec, IP], uma posição não θ que pode ser ocupada quer por um argumento (elevado de uma posição-θ), quer por um expletivo, o qual por sua vez pode ser visível (*there, it*) ou vácuo, isto é, nada mais do que um alvo para o movimento. O expletivo pode ser *pro* se a língua permitir sujeitos nulos. Nesse caso, exemplos semelhantes a (319) são em princípio aceitáveis em Estrutura-S com *e* = *pro*, assumindo que outras condições são satisfeitas (a condição de indefinitude etc.) ([350]). Em seguida, *pro* é normalmente substituído pelo seu associado através de movimento em LF ([351]).

Repare-se que estes problemas aparecem de modo diferente no tratamento padrão. Em parte, os problemas são conceituais: o tratamento padrão baseia-se no pressuposto duvidoso de que o Caso tem de ser verificado em Estrutura-S, ainda que, conceitualmente, esperemos que a Condição de Visibilidade, logo a Condição sobre as Cadeias, aplique-se apenas na interface LF. Em parte, os problemas eram semelhantes àqueles que acabamos de colocar. Assim, na construção (322), por exemplo, o constituinte *an error* é elevado em Estrutura-S, ainda que a posição alvo não receba Caso estrutural; este é verificado (ou atribuído) apenas em LF, depois da troca do expletivo ([352]).

(322) there was an error made *t* in the calculation

O problema é semelhante àquele levantado para (319)-(321).

O princípio EPP (ver a seção 1.3.2) exige, para o inglês, que a posição de [Spec, IP] esteja presente no decorrer de uma derivação; portanto, que seja ocupada por um expletivo em Estrutura-D. Podemos assumir que outras

---

([350]) Isto é, a condição de que determinados NPs *in situ* associados a expletivos têm de ser (ou são preferencialmente) indefinidos. Ver Reuland e ter Meulen (1987), Belletti (1988). Outra condição que tem de ser satisfeita em exemplos semelhantes a (319) numa língua de sujeito nulo é a existência de uma fonte Casual para *pro*.

([351]) O problema mencionado neste parágrafo pode ser resumido do seguinte modo: no novo tratamento, o movimento para a posição [Spec, IP] encaixada, em (320), não é aparentemente motivado pelo "último recurso", visto que o Caso só é verificado na posição mais elevada de (321). O mesmo acontece com o movimento visível de *an error* 'um erro' em (322), visto que o Caso também não é verificado nessa posição.

([352]) (322) *expl* foi um erro cometido *t* nos cálculos ('cometeu-se um erro nos cálculos')
Para a razão da degradação do exemplo português, ver Raposo e Uriagereka (1990).

posições opcionais (por exemplo, [Spec, Agr$_O$]) são inseridas no decurso da derivação como parte da própria operação de movimento, inserindo um alvo para o movimento, em conformidade com a teoria X-barra. Quando o expletivo é inserido para satisfazer o princípio EPP, tem de ser *pro* ou um alvo radicalmente vazio para o movimento. O inglês não possui a primeira opção e vê-se assim obrigado a aceitar a segunda: o expletivo radicalmente vazio, que serve unicamente de alvo para o movimento.

Um expletivo radicalmente vazio, sendo apenas um alvo para o movimento, tem de ser eliminado "assim que possível". Assim, ou é eliminado pela própria operação de movimento que o inseriu como alvo, ou, no caso de ter sido inserido em Estrutura-D para satisfazer o princípio EPP, é eliminado na primeira oportunidade durante a derivação. Quando a derivação chega à Estrutura-S, o expletivo já foi eliminado, no decorrer da aplicação cíclica das regras a partir da estrutura mais profundamente encaixada até a categoria mais elevada. Assim, indiretamente, (320) é a única opção para o inglês. É agora necessário aplicar este raciocínio a outras construções que têm um leque semelhante de propriedades, um assunto que requer uma análise mais exata das noções de economia e do estatuto dos expletivos. Para uma discussão usando um quadro teórico consideravelmente simplificado, ver o cap. 3.

Voltando a nossa atenção para a nova versão da teoria do Caso, podemos agora dar conta do fato de termos elevação em Estrutura-S em construções como (319) ([353]). E, dado que o inglês não exige verificação do Caso acusativo em Estrutura-S, as operações visíveis não podem formar (321). Falta agora dar uma interpretação nova da Condição sobre as Cadeias e da Condição do Último Recurso, de acordo com estes novos pressupostos.

Estas revisões são claras. A Condição de Visibilidade considera o Caso (agora incluindo a concordância) como uma condição para a marcação-θ. Assumimos anteriormente que esta condição se aplicava sobre cadeias (a Condição sobre as Cadeias). Propomos agora que se trata de uma condição sobre *cadeias conectadas* ([354]); uma cadeia conectada é formada através da conexão de duas cadeias C$_1$ e C$_2$ como em (323), onde $\alpha_n = \beta_1$.

(323) a. C$_1$ = ($\alpha_1,...,\alpha_n$)
b. C$_2$ = ($\beta_1,...,\beta_m$)

---

[353] Ver o parágrafo anterior. Explicitando, a elevação em Estrutura-S agora passa a se dever unicamente ao princípio EPP, e não à necessidade de Caso, visto que este só é atribuído (ou verificado) em LF – ver (321)-(322).
[354] No original, "linked chains".

A nova cadeia conectada C₃ tendo como cabeça α_1 e terminando em β_m, é o objeto LF que tem de satisfazer a Condição sobre as Cadeias. Nos exemplos (319)-(321), temos em cada caso a cadeia conectada (*John, t', t*) em LF. Este tratamento pode ser simplificado ainda mais, algo que não exploramos aqui.

Voltando-nos agora para a condição do Último Recurso, o seu conteúdo intuitivo consiste na ideia de que as operações só são permitidas se formarem objetos legítimos em LF. Podemos agora enfraquecer essa exigência, dizendo que uma operação é permitida se for um *passo necessário* para a formação de um objeto legítimo em LF; se a operação não se aplicar, a derivação não consegue formar esse objeto. A elevação em Estrutura-S é agora uma operação de último recurso permitida porque, se não se aplicasse, a derivação não produziria objetos legítimos em LF nos casos de (320), (322); (322), em particular, indica que esta interpretação da condição do Último Recurso já era necessária no tratamento padrão.

Quando apresentamos o tratamento padrão, notamos que o Filtro Casual não é satisfeito em Estrutura-D, sendo antes uma condição sobre um nível de representação derivado. Pondo de parte as construções com expletivos, esse nível é a Estrutura-S, para o inglês. Com o novo tratamento, temos agora um pressuposto preferível do ponto de vista conceitual, ou seja, a ideia de que o Filtro Casual é satisfeito apenas no nível de interface. O movimento em Estrutura-S, quando é exigido, é uma consequência das condições de economia, do princípio EPP e das propriedades dos expletivos (incluindo o parâmetro do sujeito nulo).

Estão ainda por resolver muitas outras questões (ver o cap. 3). Mas a estrutura básica do sistema é razoavelmente clara e oferece algumas perspectivas para unificar as propriedades da teoria do Caso e para integrá-la no quadro teórico geral de um modo natural.

1.5 Outros tópicos

A resenha que fizemos é superficial e incompleta, deixando praticamente ou completamente de parte vários tópicos importantes. Foram apontados alguns exemplos, entre os quais o estatuto da morfologia, uma questão com amplas ramificações, qualquer que seja a resolução dos problemas. A nossa discussão do sistema computacional foi igualmente demasiado restrita, na medida em que excluiu a componente PF. Esta restrição no escopo da nossa resenha não somente omitiu tópicos fundamentais (ver Chomsky e Halle,

1968; Goldsmith, 1976; McCarthy, 1979; Clements, 1985; Dell e Elmedlaoui, 1985; Halle e Vergnaud, 1988; entre muitos outros), mas também evitou certas questões; como notamos brevemente acima, existem questões em aberto sobre se determinadas operações e propriedades que atribuímos à componente LF não pertencerão na realidade à componente PF (seção 1.3.3).

Surgem questões semelhantes sobre a real "divisão de trabalho" entre a componente PF e a sintaxe visível. Considere-se, por exemplo, o "requisito de paralelismo" – chamemos-lhe RP – que tem de ser satisfeito por expressões como (324) ([355]).

(324) John said that he was looking for a cat, and so did Bill [say that he was looking for a cat]

O primeiro termo da conjunção é ambíguo de várias maneiras. Suponha-se que resolvemos as ambiguidades numa das maneiras possíveis, digamos, tomando o pronome como referindo-se ao Tom, e interpretando *a cat* de modo não específico: ou seja, o John disse que a procura do Tom seria satisfeita por qualquer gato. A restrição RP exige que o segundo termo da conjunção seja interpretado da mesma maneira que o primeiro – neste caso, com *he* referindo-se ao Tom e *a cat* compreendido como não específico. O mesmo acontece com a construção elíptica (325) ([356]).

(325) John said that he was looking for a cat, and so did Bill

Aqui também a interpretação satisfaz RP (Lasnik, 1972; Sag, 1976; Ristad, 1993).

Com base nos pressupostos desenvolvidos até aqui, RP aplica-se sobre a representação LF. Se (325) for gerado em Estrutura-S, temos de assumir que existe um processo qualquer em LF que "regenera" algo como (324), uma estrutura que é então submetida a RP. Uma alternativa simples consiste em negar que (325) seja gerado na Estrutura-S, e propor que é formado por uma regra da componente PF que apaga o material entre parênteses de (324), formando (325), como em versões mais antigas da gramática generativa. Esta alternativa recebe um grau de plausibilidade adicional quando observamos

---

[355] (324) o João disse que ele estava à procura de um gato, e o Bill também [disse que ele estava à procura de um gato]
[356] (325) o João disse que ele estava à procura de um gato, e o Bill também

uma propriedade fonética marcante de (324): o constituinte entre parênteses tem uma entoação baixa ([357]) bem distintiva. Assumimos que esta propriedade é determinada dentro da componente PF. A regra de apagamento poderá assim resumir-se a permitir o apagamento opcional de qualquer material com esta propriedade entonacional. Na medida em que expressões como (324) têm o seu estatuto particular na língua, têm claramente de ser geradas, independentemente dos seus equivalentes elípticos. Ficamos assim com um tratamento bem simples da elipse, reduzindo o fenômeno ao apagamento, por um princípio geral, de material foneticamente marcado. Os problemas do paralelismo, e outros, têm ainda de ser devidamente analisados em exemplos como (324), mas isso é um fato independente do modo como tratamos a elipse.

Se esta abordagem for correta, uma classe ampla de construções elípticas é formada na componente fonológica, e não através de operações da sintaxe visível. Ficam inúmeros problemas por esclarecer, como, por exemplo, o estatuto de expressões como (326), derivadas a partir das presumíveis formas subjacentes (327); neste caso, no entanto, estas são malformadas ([358]).

(326) a. John said that he was looking for a cat, and Bill did too
b. John likes poetry, but not Bill

(327) a. John said that he was looking for a cat, and Bill did [say he was looking for a cat] too
b. John likes poetry, but not Bill [likes poetry]

É muito possível que a solução para este problema implique mudanças significativas no modo como os processos flexionais e a negação são tratados na sintaxe visível. Deixamos a questão em aberto, notando apenas que esta abordagem da elipse, a qual em princípio parece ser bastante plausível, baseia-se em propriedades da componente PF; este tratamento pode ter consequências importantes, se continuarmos a explorar essa via. Também aqui a omissão da componente PF deixa questões importantes não resolvidas.

A discussão dos módulos da linguagem também foi seriamente incompleta. Por exemplo, pouco dissemos na prática sobre a teoria-θ e a estrutura

---

[357] No original, "low-flat intonation".
[358] (326) b. o João gosta de poesia, mas não o Bill
(327) b. o João gosta de poesia, mas não o Bill [gosta de poesia]
A diferença entre (327a)/(326a) e (324)/(325) é intraduzível em português.

argumental (ver, entre muitos outros, Gruber, 1965; Jackendoff, 1972, 1983, 1987, 1990b; Williams, 1981; Bresnan, 1982; Higginbotham, 1985, 1988; Hale e Keyser, 1986, 1991; Wilkins, 1988; Grimshaw, 1990; Pustejovsky, 1992) e mal mencionamos a teoria do controle, dois tópicos que entram crucialmente em interação com outros aspectos da sintaxe. A investigação adicional destes tópicos levanta a questão de saber se o sistema de módulos é de fato uma propriedade real da arquitetura da linguagem, ou apenas uma conveniência descritiva.

É desnecessário acrescentar que esta resenha omite também muitos outros tópicos importantes que foram objeto de investigações altamente produtivas, e que fornece apenas uma amostragem dispersa das fontes relevantes sobre os tópicos que foram abordados. Como explicamos no início, apenas tentamos indicar o tipo de trabalhos que se realizam no quadro teórico geral P&P, e delinear algum do pensamento que subjaz a esses trabalhos e os guia.

Capítulo 2
Algumas notas sobre a economia das derivações e das representações[*]

Os últimos anos viram o desenvolvimento de uma abordagem do estudo da linguagem que constitui um desvio bastante radical da tradição histórica, mais ainda do que a gramática generativa contemporânea o foi nas suas origens. Refiro-me à abordagem do modelo de Princípios e Parâmetros (P&P)[1], que põe em causa o pressuposto que uma língua particular é, na sua essência, um sistema de regras específico. Se esta abordagem for correta, não existem dentro da sintaxe (excluindo a fonologia)[2] regras que se apliquem a línguas particulares, nem princípios que digam respeito a construções específicas. Deste modo, uma língua[3] não é um sistema de regras, mas sim um conjunto de especificações para parâmetros, num sistema invariante de princípios da Gramática Universal (UG); e as construções gramaticais tradicionais devem ser vistas como epifenômenos taxonômicos, coleções de estruturas com propriedades que resultam da interação de princípios fixos com parâmetros ligados de um modo ou de outro. Resta um sentido derivativo segundo o qual podemos dizer que uma língua L é um "sistema de regras" de um certo tipo: nomeadamente, as regras de L são os princípios da UG na sua parametrização particular para L.

---

[*] Este capítulo apareceu originalmente em *Principles and Parameters in Comparative Syntax*, organizado por Robert Freidin (Cambridge, Mass.: MIT Press, 1991), e publica-se aqui com algumas revisões menores. [Nota do autor.]

No decurso deste trabalho recente, surgiram alguns conceitos unificadores – unificadores no sentido de aparecerem em todas as componentes de um sistema altamente modular: o c-comando e a regência, por exemplo. Parecem existir também princípios bastante gerais em que esses conceitos participam, com efeitos bastante difundidos. O Princípio da Categoria Vazia (ECP), que pertence à teoria da regência, é um desses princípios, e tem sido objeto de muito trabalho proveitoso. Estes conceitos e princípios desempenham um papel penetrante num sistema firmemente integrado; ligeiras modificações na sua formulação produzem uma série de consequências empíricas diversificadas e muitas vezes complexas, que também têm sido exploradas num número bastante elevado de línguas. E podemos estar bem seguros de que temos ainda muito que aprender sobre a sua formulação correta.

Penso que também podemos apreender pelo menos as linhas gerais de um determinado número de princípios ainda mais gerais, que podemos tomar como "guias" orientadores da investigação, visto serem formulados de um modo demasiado vago para merecerem a designação de "princípios da UG". Alguns destes guias orientadores lembram uma certa ideia de "menor esforço", no sentido de legislarem contra "elementos supérfluos" nas representações e nas derivações. Assim, a noção de "Interpretação Plena" (FI) exige que as representações sejam mínimas, num certo sentido. A condição do Último Recurso sobre o movimento, que nos dá uma explicação parcial da necessidade de uma cadeia-A ter como cabeça uma posição Casual e terminar numa posição-θ (a "Condição sobre as Cadeias"), tem igualmente o efeito correspondente de eliminar passos supérfluos nas derivações, minimizando assim o seu comprimento[4]. Neste trabalho, gostaria de procurar algumas áreas onde seja possível trazer à superfície alguns efeitos empíricos destes guias orientadores, na perspectiva de elevá-los ao estatuto de princípios efetivos da linguagem, se é que eles realmente o são.

2.1 Pressupostos preliminares

Comecemos com um leque de pressupostos sobre a arquitetura da linguagem, em geral bem conhecidos, se bem que frequentemente controversos, e que vou adotar sem argumentação específica.

Vou assumir o quadro teórico conhecido da Teoria Standard Alargada (EST), entendido no sentido da abordagem P&P. Distinguimos o léxico do sistema computacional da linguagem, a sintaxe em sentido lato (incluindo a fonologia). Assumimos que a sintaxe oferece três níveis de representação fundamentais, cada um deles constituindo uma "interface" do sistema gramatical com algum outro sistema da mente/cérebro: a Estrutura-D, a Forma Fonética (PF), e a Forma Lógica (LF).

O léxico é um conjunto de elementos lexicais, cada um deles um sistema articulado de traços. O léxico especifica, para cada um destes elementos, as suas propriedades fonéticas, semânticas e sintáticas idiossincráticas, mas nada mais; se os traços de uma entrada lexical indicam que a entrada pertence a uma determinada categoria K (por exemplo, começa com uma consoante, verbo ou verbo de ação), essa entrada não deve nesse caso conter especificações das propriedades da categoria K como tal; caso contrário, perdem-se generalizações. A entrada lexical do verbo *hit* ([1]) tem de especificar apenas o número mínimo de propriedades que sejam suficientes para determinar o seu som, significação e funções sintáticas, através da operação de princípios gerais, parametrizados para a língua em questão. Não deve conter informações redundantes, por exemplo, sobre a qualidade da vogal ou sobre propriedades dos verbos de ação em geral, ou sobre o fato de, junto com o seu complemento, o verbo formar um VP[5].

Tem-se sugerido que os parâmetros da UG estão relacionados não com o sistema computacional, mas sim com o léxico. Podemos interpretar esta ideia no seguinte sentido: cada parâmetro refere-se a propriedades de elementos específicos do léxico ou a categorias de itens lexicais – a regência canônica, por exemplo. Se for possível manter esta proposta de forma natural, existe apenas uma língua humana, à parte o léxico, e a aquisição da linguagem é essencialmente uma questão de determinar as idiossincrasias lexicais. As propriedades do léxico são também fortemente restringidas, pela UG ou por outros sistemas da mente/cérebro. Se os elementos substantivos (verbos, nomes etc.) forem retirados de um vocabulário universal invariante, só os elementos funcionais são parametrizados. O pressuposto mais restrito parece ser plausível; a exposição que se segue é consistente com ele[6].

O nível da Estrutura-D está diretamente associado com o léxico. É uma representação "pura" da estrutura-θ, exprimindo relações-θ através das condições X-barra-teoréticas, de acordo com o Princípio da Projeção. É possível que obedeça a alguma "condição de uniformidade"[7] forte; nesse sentido, poderá ser invariante de língua para língua. Vou assumir aqui uma teoria X-barra de dois níveis, do tipo convencional, talvez restringida por um

---

([1]) *agredir*.

princípio de ramificação binária de acordo com a teoria dos "caminhos não ambíguos" de Kayne (1984)[8].

O nível PF é a interface com os sistemas sensório-motores, e o nível LF é a interface com sistemas da estrutura conceitual e do uso da linguagem.

Cada um destes níveis é um sistema de representação de um tipo determinado, e as suas propriedades são especificadas por princípios da UG[9]. Para uma língua particular, a escolha da Estrutura-D, PF e LF tem de satisfazer as restrições "externas" da relação de interface. Além disso, os três níveis encontram-se inter-relacionados por mecanismos permitidos pela faculdade da linguagem. A *descrição estrutural* de uma expressão E na língua L inclui – talvez *seja* – o conjunto $\{\delta, \pi, \lambda\}$, respectivamente representações nos níveis de Estrutura-D, PF e LF, cada um satisfazendo as condições "externas"[10]. Podemos tomar a *estrutura* de L como sendo o conjunto das descrições estruturais, para todas as expressões E. A língua L em si mesma consiste num léxico, numa escolha específica de valores para os parâmetros da UG, e em outras regras que sejam necessárias, talvez restringidas à fonologia. Entendo aqui *língua* no sentido daquilo que tenho chamado em outros trabalhos *língua-I*, onde a terminologia pretende sugerir "interiorizado" e "intensional". Assim concebida, uma língua é intuitivamente "*um* modo de falar e de compreender", num sentido tradicional; possuir um tal modo de falar e de compreender (isto é, "ter uma língua" ou "conhecer uma língua") é possuir a língua-I como uma componente da mente/cérebro. Repare-se que, ainda que sejam "externas" ao sistema computacional da linguagem, as restrições da interface são "internas" relativamente à mente/cérebro. Outras interações – por exemplo, aquelas que participam no estudo da referência e da verdade – constituem um assunto diferente.

De acordo com o quadro teórico geral da EST, pressuponho que os três níveis não se encontram diretamente relacionados uns com os outros; essa relação é mediada pelo nível intermediário da Estrutura-S, que constitui o único ponto de interação entre os três níveis fundamentais. Deste ponto de vista, a Estrutura-S é um conceito derivativo. Para uma língua específica L, as propriedades da Estrutura-S são determinadas pelas propriedades dos níveis fundamentais e pela condição que a sua relação com estes níveis seja estabelecida pelos princípios apropriados. O nível da Estrutura-S para L é o sistema que satisfaz estas condições, um pouco como a solução para um determinado conjunto de equações. Podemos presumir que os princípios da arquitetura da linguagem exigem que esta "solução" seja única.

Não é inteiramente claro como devemos entender exatamente estes princípios de interação entre os níveis. Vou adotar o pressuposto geral de que a

Estrutura-S se relaciona com LF pela aplicação repetida do princípio Mover α (substituição e adjunção), apagamento e inserção – isto é, pelo princípio Afetar α no sentido de Lasnik e Saito (1984) –; e que a Estrutura-S se relaciona com PF por este princípio e pelas regras da componente fonológica.

A relação da Estrutura-S com o léxico tem sido interpretada de várias maneiras. Vou assumir que a relação é mediada pela Estrutura-D, no modo que acabei de descrever, e que a Estrutura-D se relaciona com a Estrutura-S exatamente da mesma forma que a Estrutura-S se relaciona com LF e (em parte) com PF, isto é, pela aplicação repetida de Afetar α. Alternativamente, pode ser que a Estrutura-D seja determinada por um algoritmo de formação de cadeias aplicado sobre a Estrutura-S (ou talvez sobre LF); nesse sentido, a Estrutura-D é "projetada" a partir da Estrutura-S como uma espécie de propriedade da Estrutura-S; esse algoritmo exprime nesse caso a relação da Estrutura-S com o léxico.

A escolha entre estas duas opções tem sido um problema em aberto desde as origens da teoria dos vestígios, antes de a abordagem P&P ter se cristalizado. Nunca foi inteiramente claro se o problema constitui uma questão empírica real. Na melhor das hipóteses, existe uma diferença bem sutil entre a ideia de que os dois níveis estão somente relacionados, sem mais, e a ideia de que a relação é uma "projeção direcional" ([2]). Do mesmo modo, é uma questão sutil saber se a relação da Estrutura-S com o léxico é mediada por um nível de Estrutura-D com propriedades independentes, funcionando como um dos níveis de "interface" fundamentais. A minha intuição bem provisória é que esta é uma questão real, e que se vai acumulando evidência, ainda que sutil e inconclusiva, em apoio do quadro que acabei de traçar, com três níveis de interface fundamentais e com a relação entre a Estrutura-D e a Estrutura-S interpretada como uma projeção direcional[11]. Vou adotar esta interpretação para os propósitos da exposição, notando que é adotada na prática de um modo bem geral, com resultados por vezes reconstruídos em seguida em termos da concepção alternativa, um fato sugestivo e possivelmente significativo. Muito daquilo que se segue é neutro entre as várias interpretações deste sistema.

É possível que a Estrutura-S tenha talvez de satisfazer condições independentes, por exemplo, os princípios da teoria da ligação, as condições sobre a identificação das categorias vazias, e talvez a teoria X-barra[12].

([2]) No original, "directional mapping".

2.2 Algumas propriedades da flexão verbal

Entre as muitas áreas que podemos investigar no esforço de clarificar os guias orientadores gerais do tipo que mencionamos, vou me concentrar no tópico que diz respeito ao movimento de um X^0, um assunto de particular interesse por causa das suas implicações para o estudo da formação de palavras, ainda que haja outros casos, por exemplo, o movimento de V no sentido de Koopman (1984) e outros. Relativamente à formação de palavras, há duas categorias principais em que a questão do movimento X^0 surge: os predicados complexos (em construções causativas, de incorporação nominal etc.) e a morfologia flexional. Existe atualmente um debate interessante sobre se o movimento X^0 se aplica nesses casos, e, em caso positivo, como se aplica. Não vou considerar aqui os predicados complexos, limitando a minha atenção à flexão. Vou assumir que participam na flexão regras sintáticas como a elevação de V para I e a descida de I para V (o salto do afixo). Estou, portanto, assumindo uma distinção clara e fundamentada entre a morfologia flexional, contida propriamente na sintaxe, e a morfologia estritamente derivacional, contida no léxico, talvez sujeita ao princípio do núcleo-à-direita no sentido de Edwin Williams e outros. Estou, portanto, assumindo algo como a primeira versão da hipótese lexicalista.

Relativamente ao movimento X^0, existe um fato descritivo saliente – a Restrição Sobre o Movimento de Núcleos (HMC) – e uma questão central sobre essa restrição: será que é redutível, parcial ou completamente, a princípios sobre o movimento sintático motivados independentemente? Assuma-se para já como um dado adquirido o movimento de XP (movimento-A e -Ā), com os seus princípios, especificamente a ECP. Vou assumir que a ECP se reduz à propriedade da regência por antecedência, relacionando a condição da regência própria do vestígio com outras condições que têm que ver com a "identificação" das categorias vazias[13]. Perguntamos então se esses mesmos princípios nos permitem derivar a HMC como um caso especial. Se a resposta for positiva, temos uma verdadeira redução da HMC e, consequentemente, a redução de um conjunto de propriedades da formação de palavras a princípios da sintaxe estabelecidos independentemente[14].

Comecemos com algumas ideias recentes de Jean-Yves Pollock, baseadas por sua vez em trabalho de Joseph Emonds sobre a flexão verbal em línguas como o inglês e em línguas como o francês[15]. Vou em geral seguir as propostas de Pollock, adaptando algumas de maneira diferente, e perguntando se têm algo a dizer sobre os guias orientadores de "menor esforço" e sobre o estatuto da HMC.

Assuma-se o princípio da teoria X-barra S = I'' (IP), com a concomitante estrutura básica da oração dada em (1)[16].

(1)
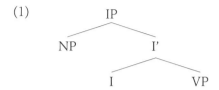

Deixamos em aberto a questão de saber se o NP sujeito é gerado na base no lugar que ocupa ou se é elevado de dentro do VP, como tem sido proposto em estudos recentes; deixamos também em aberto muitas outras questões que não são diretamente relevantes.

A ideia básica de Emonds é que em línguas como o francês V é elevado para I, enquanto em línguas como o inglês I desce para V. Existe um leque variado de evidência empírica que apoia esta conclusão. Vamos, portanto, assumir que a conclusão é correta. Concluímos então que os advérbios de VP, que supomos serem gerados sob o VP em adjunção a outro VP ([3]), são pré-verbais em inglês e pós-verbais em francês, como se mostra em (2) ([4]).

(2) a. John often kisses Mary
     b. John completely lost his mind
     c. Jean embrasse souvent Marie
     d. Jean perdit complètement la tête

Mas os auxiliares ingleses *have* e *be* ([5]) comportam-se aproximadamente como os verbos normais em francês, o que se ilustra em (3) ([6]).

([3]) Ver a estrutura (6).
([4]) (2) a. o João frequentemente beija a Maria
         b. o João completamente perdeu a cabeça
         c. o João beija frequentemente a Maria
         d. 'o João perdeu completamente a cabeça
O português alinha com o francês, sendo (2c-d) bastante melhores que (2a-b). O português apresenta, no entanto, possibilidades adicionais no que diz respeito à colocação de elementos adverbiais, que não podemos comentar aqui.
([5]) *Ter* e *ser*.
([6]) (3) a. o João tem completamente perdido a cabeça (' ... perdeu completamente a cabeça ...')
         b. (os) livros são frequentemente (completamente) reescritos para as crianças

(3) a. John has completely lost his mind
     b. books are often (completely) rewritten for children

Deste modo, a distinção não é entre a elevação em francês e a descida em inglês, mas tem a ver com outra diferença que obriga os verbos em francês e os auxiliares em inglês a ser elevados, mas proíbe essa possibilidade para os outros verbos em inglês.

Com base em outros fenômenos, tem-se postulado que o elemento Agr é "mais forte" em francês do que em inglês. Assuma-se que isso é verdadeiro. Assuma-se também que Agr fraco não é capaz de "atrair" verbos verdadeiros como *kiss* ou *lose* ([7]), ainda que seja capaz de atrair auxiliares, ao passo que Agr forte atrai todos os verbos[17].

Por que motivo é que Agr fraco e Agr forte têm este comportamento? Uma possibilidade, sugerida por Howard Lasnik, é que este fato é simplesmente uma propriedade morfológica: só Agr forte pode aceitar um elemento "pesado" como um verbo, ainda que qualquer Agr possa aceitar um elemento "leve" como um auxiliar. Outra possibilidade, desenvolvida por Pollock, é que a diferença se reduz à teoria-θ: Agr forte permite que um elemento adjunto a ele seja a cabeça de uma cadeia-θ, contrariamente a Agr fraco. Se os auxiliares não forem marcadores-θ, podem elevar-se para Agr sem violações do Critério-θ, mas a elevação de um verbo verdadeiro para Agr fraco leva a uma violação do Critério-θ.

Analisando a questão com mais pormenor, considere-se o efeito de elevar Y^0 em adjunção a X^0. Esse processo nos dá a estrutura (4), em que *t* é o vestígio de Y^0.

(4)

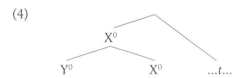

A teoria da regência tem de permitir que Y^0 reja o seu vestígio *t* nesta estrutura, de modo a satisfazer a ECP. Se a teoria da regência proibir a regência de Y^0 por um elemento fora do complexo X^0 formado por adjunção, o movimento

---

([7]) *beijar, perder.*

sucessivamente cíclico de Y^0 é proibido ([8]); assim, a formação de predicados causativos, por exemplo, não pode escapar à HMC (assumindo que a HMC se reduz à ECP) através do movimento sucessivamente cíclico ([9]). Vou assumir estas conclusões, pondo de lado uma formulação precisa.

A cadeia (Y^0, t) é assim bem formada em (4) relativamente à ECP. Suponha-se que Y^0 é um marcador-θ. Então t tem de ser capaz de θ-marcar; a propriedade de marcação-θ de Y^0 tem de ser "transmitida" através da cadeia. Isso é possível se X^0 for forte, mas não se for fraco. Temos então uma violação do Critério-θ se um marcador-θ Y^0 for adjunto a Agr fraco.

Em vez de Y^0 se elevar em adjunção a X^0 para derivar (4), suponha-se que X^0 desce em adjunção a Y^0. Este processo de novo forma o elemento complexo [Y^0-X^0], mas com uma estrutura diferente de (4) – nomeadamente, (5) – em que t é o vestígio de X^0.

(5)
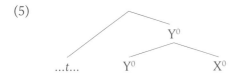

Aqui, o Y^0 mais baixo é o núcleo da construção, e podemos assumir o seguinte: qualquer que seja a natureza de X^0, Y^0 retém todas as relações relevantes com outros elementos, logo, retém a capacidade de θ-marcar um complemento. As propriedades normais da adjunção, logo, têm o efeito desejado, como Pollock observa: a descida de Agr fraco para o verbo v não proíbe a marcação-θ do complemento, mas a elevação de v para Agr fraco proíbe a marcação-θ do complemento.

Pollock alarga o domínio das observações à negação, propondo a estrutura mais articulada (6), numa análise com caminhos não ambíguos ao estilo de Kayne.

([8]) Ou seja, proíbe-se aquilo que na literatura se chama "excorporação"; ver Roberts (1991). A lógica deste raciocínio é que, se Y^0 for movido para fora do complexo X^0, tem de reger o seu vestígio dentro de X^0, pela ECP. Se essa relação de regência for proibida, conclui-se que Y^0 não pode sofrer um movimento adicional depois de "entrar dentro" de X^0.

([9]) Ou seja, assumindo que há um alvo para Y^0 mais elevado que X^0, Y^0 não pode ser movido diretamente para esse alvo passando sobre X^0, por causa da HMC; nem pode ser movido passando *por dentro de* X^0, pelos motivos discutidos no texto e na nota anterior.

(6)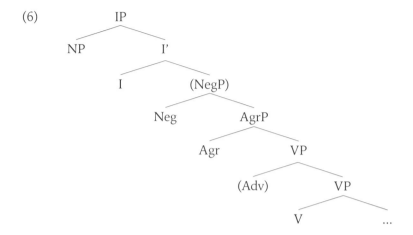

Em (6), I pode ser [± finito] e Neg é *not* em inglês e *pas* em francês[18]. Esta representação, separando I e Agr, elimina a estranha nuclearidade dupla de I presente em tratamentos anteriores. O pressuposto é que os infinitivos têm Agr (em geral vácuo).

Suponha-se que V é elevado para Agr. Temos então a ordem de Estrutura-S Verbo-Advérbio-Objeto, como no caso dos auxiliares em inglês e dos verbos em geral em francês. Se Agr desce para V, temos a ordem Adv-V-Obj, como no caso dos verbos não auxiliares em inglês. Se V se eleva para Agr e o complexo resultante se eleva seguidamente para I, temos formas como (7) ([10]).

(7) a. John has not seen Bill
     b. Jean (n') aime pas Marie
        Jean (*ne*) love NEG Marie
        'o João não ama a Maria'

Se V é elevado para Agr mas não para I, temos (8) em francês, em que *sembler* "parecer" em (8a) contrasta com *être* "ser" em (8b).

(8) a. ne pas sembler heureux
        ne NEG parecer feliz
        'não parecer feliz'
     b. n' être pas heureux
        ne ser NEG feliz
        'não ser feliz'

([10]) (7) a. o João tem não visto o Bill (*) ('o João não tem visto o Bill').

Derivam-se as propriedades ilustradas em (7) e (8) com base no pressuposto de que [+finito] é forte e [-finito] é fraco. Sendo forte, [+finito] permite a adjunção do verbo *aime*, o qual passa sobre Neg (*pas*), em (7b). Sendo fraco, [-finito] não permite a adjunção do verbo *sembler* passando sobre Neg, em (8a) ([11]), mas o auxiliar *être* pode elevar-se para I fraco, tal como os auxiliares podem elevar-se para Agr fraco.

Ainda que a regra de elevação de V em francês seja obrigatória em orações temporalizadas, é opcional em orações infinitivas. Assim, a par de (8b) temos a opção (9a); e a par da forma V-Adv-NP (obrigatória para verbos finitos como em (2c)), temos (9b).

(9)   a. ne pas être heureux
       b. souvent   paraître triste
          frequentemente parecer triste

(9a) resulta da ausência de elevação de *être* para I [-finito], passando sobre Neg; e (9b) resulta da ausência de elevação de *paraître* para Agr, passando sobre o advérbio na construção infinitiva ([12]). Voltamos na secção 2.3.2 à questão de saber por que é que a elevação é opcional precisamente no caso do infinitivo, e na secção 2.5 a outras questões sobre a natureza de Agr. Vamos assumir provisoriamente a análise que acabamos de esboçar, pondo de lado a opcionalidade com os infinitivos.

Na Estrutura-S, o verbo tem normalmente de combinar-se com os seus vários afixos, para derivar as formas corretas em PF; os vários afixos em (6) têm de formar um complexo único com o verbo. Vamos supor que estes afixos possuem todos algum traço particular que garante a associação correta em Estrutura-S. Assim, qualquer sequência de aplicação das regras que separe os afixos do verbo é proibida por uma condição de Estrutura-S apropriada, e não temos que nos preocupar com a possibilidade de o sistema de regras permitir aplicações "selvagens" das regras, deixando os afixos incorretamente espalhados entre as palavras da frase gerada. Note-se que outras aplicações incorretas das regras são proibidas pela condição exigindo que os

---

([11]) Ou seja, *ne sembler pas heureux* é impossível em francês.
([12]) Podemos completar estes paradigmas com as sequências abaixo, mostrando *être* e *paraître*, respectivamente, elevados para Agr (ou seja, aparecendo à esquerda do advérbio) mas não para I [-finito] (aparecendo à direita de *pas*):
       (i) a. ne pas être souvent heureux
           b. ne pas paraître souvent triste

itens identificados lexicalmente como afixos estejam corretamente "ligados" em Estrutura-S.

Assumindo o parâmetro de Pollock, temos afixos flexionais fortes e afixos flexionais fracos. A escolha [+finito] para I (temporalizado) é forte e a escolha [-finito] (infinitivo) é fraca. Agr é forte em francês, fraco em inglês. Derivamos os fenômenos básicos como uma consequência deste sistema, com alguma idealização dos dados.

Pollock observa que determinados estágios anteriores do inglês eram muito semelhantes ao francês, sugerindo plausivelmente que uma mudança no parâmetro Agr levou à coleção de fenômenos que diferencia as duas línguas no seu estágio atual. Algumas das formas refletem a Estrutura-D diretamente: por exemplo, (9a-b) em francês e os seus equivalentes em inglês. Outras formas refletem as consequências da elevação de V para Agr ou para I, como se ilustrou. Pollock nota que um tratamento unitário dos dados comparativos – com toda a série de fatos que dizem respeito à oposição tempo vs. infinitivo, a negação e os advérbios, os verbos e os auxiliares – depende crucialmente da análise dos morfemas de Tempo e Concordância "como entidades sintáticas separadas num nível de representação abstrato", nomeadamente, a Estrutura-D. A análise, conclui Pollock, argumenta em favor da condição rígida de mononuclearidade na teoria X-barra e em favor da consequente distinção entre Agr e I, e também em favor da distinção entre as representações de Estrutura-D e de Estrutura-S.

2.3 Um tratamento de "menor esforço"

2.3.1 Minimização das derivações

Vejamos agora como é que uma análise deste tipo tem relevância para os guias orientadores em discussão. Vou pôr de lado a relação da Estrutura-S com PF e da Estrutura-D com o léxico. Consideramos, portanto, as relações entre a Estrutura-D, a Estrutura-S e LF. Por conveniência expositiva, vou me referir à relação entre a Estrutura-D e a Estrutura-S através da expressão *sintaxe visível* (visto que as consequências das operações que relacionam estes dois níveis são normalmente refletidas em PF).

A análise da flexão verbal esboçada na seção 2.2 baseia-se crucialmente no princípio de que a elevação é necessária se for possível. Isso pode ser uma consequência do pressuposto que as derivações mais curtas são sempre escolhidas em detrimento das mais compridas. A razão é que a descida de um elemento flexional Inf, como no caso dos verbos verdadeiros em inglês, produz uma cadeia incorreta (t, ..., Inf), em que Inf está adjunto a V na Estrutura-S formando [$_V$ V-Inf] e t é o vestígio de Inf, c-comandando Inf. A elevação subsequente de [$_V$ V-Inf] em LF para a posição de t é, portanto, necessária para criar uma cadeia correta. O resultado é essencialmente idêntico àquele obtido com uma derivação mais curta, em que apenas se aplica elevação na sintaxe visível. Logo, por uma condição de "menor esforço", apenas esta última derivação é permitida.

Uma análise mais atenta nos mostra que a condição do "menor esforço" não pode reduzir-se simplesmente a uma questão de contar passos numa derivação. Considerem-se as interrogativas em inglês. Vamos assumir que uma construção interrogativa possui o complementador Q ([+*wh*]), que a distingue em Estrutura-D da construção declarativa correspondente e que determina a entoação apropriada em PF e a interpretação correta em LF. Se Q for também um afixo, tem de ser "completado" na sintaxe visível por elevação de X^0. A representação de Estrutura-D (10) produz, por descida, uma representação de Estrutura-S com o verbo [V-Agr-I][19], e com vestígios nas posições de I e de Agr ([13]).

(10)   Q John I Agr write books

A forma resultante não se distingue da forma declarativa em PF e é além disso ilegítima (em Estrutura-S) se Q for um elemento real, como postulamos. Para permitir um output a partir da representação legítima de Estrutura-D (10), o inglês utiliza o elemento fantoche ([14]) *do* para apoiar o afixo, não havendo nesse caso descida; em vez disso, Agr e I sofrem adjunção a *do*. Chamemos a esse processo apoio de *do* ([15]); o processo é específico a uma língua particular, e depende da fraqueza de Agr ([16]); por motivos expositivos, vamos assumir que se trata de uma regra da sintaxe visível que insere *do* na posição Modal, daí a designação inserção de *do*; *do* atrai os afixos (que são elevados para *do*),

---

[13] (10) Q o João I Agr escrev- livros
   A partir de agora omitem-se as traduções deste exemplo ou das suas manifestações negativa, interrogativa ou enfática.
[14] No original "dummy element".
[15] No original, "do-support".
[16] Visto que, se Agr fosse forte, o verbo principal subiria em adjunção a Agr, não sendo necessário o "apoio" de *do*.

e é elevado seguidamente para Q. Com este dispositivo, podemos formar *did John write books* a partir de (10)[20].

O mesmo dispositivo, contudo, permite a forma ilegítima *John did write books* (com *do* não acentuado), a par de *John wrote books*, ambos derivados a partir da forma declarativa que corresponde a (10) (sem Q). Na realidade, a primeira opção é não somente possível, mas provavelmente obrigatória, se as derivações mais curtas forem sempre preferidas. A razão é que a forma ilegítima exige apenas a regra de inserção de *do* e elevação, ao passo que a forma correta exige descida visível e elevação subsequente em LF.

Para obtermos os resultados corretos, a condição do "menor esforço" tem de ser interpretada de maneira que os princípios da UG se apliquem onde for possível, com as regras particulares de cada língua usadas apenas para "salvar" a representação de Estrutura-D que não produza um resultado: as formas interrogativas sem modal ou sem verbos que não θ-marquem, neste caso ([17]). Os princípios da UG são assim "menos caros" ([18]) do que os princípios específicos das línguas particulares. Podemos considerar os princípios da UG, intuitivamente, como "intrinsecamente conectados" ([19]) distinguindo-se assim dos elementos adquiridos da linguagem, que têm um custo mais elevado[21].

Consideremos agora uma expressão negativa com a representação de Estrutura-D (11) ([20]).

(11)   John I Neg Agr write books

A derivação correta é aquela com inserção de *do* e elevação de Agr para formar o verbo complexo [*do*-I-Agr], com a representação de Estrutura-S (12).

(12)   John did (does) not write books

Mas de novo se levanta um problema: por que é que I não desce para Agr, e depois para V, formando o verbo complexo [V-Agr-I], como na forma sem negação, obtendo-se então em Estrutura-S e em PF *John not wrote (writes)*

([17]) Ou seja, sem auxiliares.
([18]) No sentido econômico de "caro". Neste caso, tanto elevação como a descida são mais econômicos do que a regra particular de inserção de *do*, visto que são processos da UG.
([19]) No original, "wired-in". A significação pretendida é a de 'intrinsecamente conectados na mente humana'.
([20]) Recordemo-nos de que o autor pressupõe, seguindo Pollock, que a projeção de Neg ocorre entre I e Agr; ver a estrutura (6).

books? Seguidamente, aplicaríamos a elevação em LF, eliminando a cadeia incorreta, exatamente como no caso do exemplo equivalente não negativo. Este processo põe em ação apenas os princípios da descida visível e da elevação em LF, ambos pertencentes à UG, evitando a regra particular de inserção de *do*. Não só esta derivação é possível, mas na realidade é exigida pela condição do "menor esforço", com a revisão que acabamos de propor.

Uma solução parcial para este problema é dada pela HMC. O processo de elevação em LF tem de passar sobre Neg, violando assim a HMC. Existe, portanto, uma única derivação legítima: aquela com inserção de *do*, que é assim exigida nestes casos.

Assumimos assim que, dada uma representação bem formada em Estrutura-D, aplicamos necessariamente a derivação menos cara que seja legítima, para formar uma Estrutura-S e, em última instância, um output PF.

Mas surgem imediatamente ainda outras questões. Consideremos o equivalente francês de (11) ou, o que dá no mesmo, a forma inglesa (13).

(13)   John I Neg Agr have written books

Em (13), a derivação correta exige que o verbo *have* ([21]) seja elevado para Agr, depois para I, passando sobre Neg, para derivar (14).

(14)   John has not written books

Temos uma situação idêntica com um verbo principal em francês, por exemplo, no equivalente da representação de Estrutura-D (11). Se a HMC bloqueia a derivação incorreta com elevação em LF sobre Neg no caso de (11), por que é que também não bloqueia a derivação *exigida* com elevação visível sobre Neg, no caso de (14), e no caso da expressão francesa equivalente a (11)?

Note-se que se coloca também uma questão semelhante no caso de (11). Assim, a derivação exigida implica elevação de Agr para I sobre Neg, para formar o verbo complexo [*do*-I-Agr], depois da inserção de *do*. Por que é que então a elevação visível de Agr sobre Neg não provoca uma violação da HMC?[22]

Para abordar estes problemas, temos de considerar mais cuidadosamente a natureza do processo de apagamento. Parece claro que não podemos apagar um elemento se este desempenha uma função em LF: por exemplo, o vestígio

---

([21]) O verbo auxiliar, *ter*.

de um verbo. Mas estas considerações não exigem que o vestígio de Agr permaneça em LF, visto que não desempenha nenhuma função nesse nível. Podemos então supor que o vestígio de Agr pode ser apagado (volto a esta conclusão num contexto mais geral na seção 2.6.2). Temos também de determinar com exatidão a maneira como queremos formular o processo de apagamento. Existem várias respostas possíveis para esta questão, mas a literatura, em geral, não as discute, porque não há como distingui-las empiricamente. No contexto presente, contudo, há consequências empíricas, logo devemos chegar a uma decisão específica. Uma resposta plausível é que o apagamento de um elemento deixa uma categoria sem traços, que podemos representar como [*e*]. O apagamento deixa uma posição mas não deixa traços, e em particular não deixa traços categoriais. O apagamento de [$_{Agr}$ *t*], o vestígio de Agr, deixa [*e*], e, em virtude dos princípios da teoria X-barra, a categoria dominante AgrP é agora *e*P, um XP sem traços[23]. Esta é uma conclusão satisfatória, dado que AgrP não desempenha nenhuma função em LF.

Com estes pressupostos, regressemos aos nossos problemas. Consideremos em primeiro lugar a elevação de Agr para I passando sobre Neg, para formar [*do*-I-Agr], na derivação correta a partir da representação de Estrutura-D (11). Este processo é, na realidade, uma violação da HMC se considerarmos a HMC como uma condição sobre derivações, mas não há de fato nenhuma violação da ECP em LF depois do apagamento do vestígio de Agr. Lembremo-nos de que estamos a considerar que a ECP é uma condição sobre cadeias, seguindo as conclusões da discussão em Chomsky (1986a); logo, que não se aplica sobre as categorias vazias PRO, *pro* e *e*, mas apenas sobre vestígios. Não temos assim nenhuma violação da ECP, ainda que tenhamos uma violação da HMC. Mas, se a HMC se reduzir à ECP, podemos ignorá-la, porque não é mais do que um artefato descritivo, válido unicamente na medida em que realmente se reduz à ECP. No caso em análise, a HMC não se reduz à ECP e por conseguinte é inoperativa.

Voltemo-nos agora para a questão mais geral. Por que é que a elevação em LF de [V-Agr] para I passando sobre Neg é feita em violação da HMC ([22]), ao passo que a elevação visível de [V-Agr] para I passando sobre Neg (como no caso dos auxiliares em inglês e de todos os verbos em francês) não é feita em violação da HMC? Para responder a esta pergunta, temos que considerar de novo mais atentamente as estruturas formadas por adjunção.

([22]) Para excluir a derivação de * *John not wrote books*; ver o texto a seguir ao exemplo (12).

Regressemos às representações de Estrutura-D (11) e (13), repetidas aqui em (15).

(15)   a. John I Neg Agr write books
         b. John I Neg Agr have written books

A descida de I para Agr forma o elemento [$_{Agr}$ Agr-I], deixando o vestígio t_1. A descida subsequente para V do elemento complexo que resulta da primeira operação forma [$_V$ V [$_{Agr}$ Agr-I]], um verbo, deixando o vestígio t_{Agr}. Mas este vestígio é apagado, deixando [e], uma posição sem traços. Aplicando estes processos sobre (15a), derivamos então a representação de Estrutura-S (16).

(16)   John t_1 Neg [e] [$_{VP}$ [$_V$ write [$_{Agr}$ Agr-I]] books]

Consideremos agora a elevação em LF. O complexo V eleva-se para a posição [e], deixando um vestígio de V; podemos assumir que este processo é feito por substituição, e não por adjunção, numa interpretação natural da condição de recuperabilidade dos apagamentos. Elevamos agora este elemento para a posição t_1, de novo deixando um vestígio de V. Este último vestígio não pode evidentemente ser apagado, visto que é parte de uma cadeia com um conteúdo substantivo em LF. Este passo é dado em violação da HMC; e o seu resíduo, (17), está em violação da ECP em LF.

(17)   John [$_V$ write-Agr-I] Neg t'_V [$_{VP}$$t_V$ books]

Aqui, a regência por antecedente de t'_V encontra-se bloqueada pelo elemento intermediário Neg, pela Condição de Minimalidade. Temos, portanto, uma violação da ECP em LF. Neste caso, a HMC, que se reduz à ECP, é um princípio descritivo válido, violado pela derivação.

Note-se que esta situação contrasta com a elevação visível de V para Agr, depois para I passando sobre Neg, como no caso de (15b) (e de todos os verbos em francês). Aqui a elevação para Agr é permitida, logo obrigatória, dada a condição do "menor esforço". Seguindo a derivação passo a passo, primeiro elevamos V para Agr, deixando um vestígio de V e formando [$_{Agr}$ V-Agr]. Depois elevamos este elemento complexo para I passando sobre Neg, formando [$_I$ V-Agr-I] e deixando um vestígio-Agr; este passo é feito em violação da HMC. O vestígio-Agr é agora apagado, deixando [e]. Derivamos assim a forma (18).

(18)   John [_I have-Agr-I] Neg [e] [_VP t_V...]

Esta representação não contém nenhuma violação da ECP[24], ainda que a derivação que a forma tenha violado a HMC. De novo, vemos que a HMC é válida descritivamente apenas no caso de ser reduzida à ECP.

Os problemas surgidos recebem assim soluções evidentes quando consideramos a natureza da adjunção, tal como esta é normalmente definida. Note-se, contudo, o pressuposto crucial de que os "elementos não necessários" são apagados em LF; voltamos a esta questão na seção 2.6.2. Também crucial é o pressuposto de que a Estrutura-D se relaciona com a Estrutura-S por uma projeção direcional, um processo derivacional passo a passo. Na representação de Estrutura-S (e LF) (18), *have* está "longe demais" do seu vestígio t_V para satisfazer a ECP, mas a exigência de localidade é satisfeita no decorrer da derivação que vai da Estrutura-D até a Estrutura-S[25].

2.3.2 O elemento I

Consideremos agora algumas ideias especulativas sobre o estatuto de IP e a opcionalidade observada anteriormente nas construções infinitivas em francês. Se I é [+finito] (I = T = tempo), presumivelmente não pode ser apagado, visto que um grupo temporalizado desempenha uma função em LF. Temos assim elevação visível para [+finito] ou elevação em LF para a posição do vestígio de [+finito].

Contudo, não existe nenhum motivo forte para supor que temos a mesma situação com [-finito] (infinitivo). Se [-finito] e a sua projeção IP não desempenham nenhuma função em LF, deve ser possível apagar [-finito], tal como se pode apagar Agr (na realidade, t_{Agr}). Vamos então assumir esta conclusão[26].

Antes de considerarmos as consequências deste passo, temos de resolver uma questão técnica menor sobre a flexão infinitiva: será que [-finito] se liga à forma de base do verbo ou não? Esta questão não tem consequências de maior no caso presente; concretamente, vamos partir do princípio de que a resposta é afirmativa.

Concentrando-nos agora sobre o francês, considerem-se os verbos que podem ser elevados para a flexão fraca, por exemplo, *être* 'ser'. Suponha-se que temos a forma (19), com *être* elevado para Agr ([23]).

---

[23] Ver as traduções dos exemplos (8) e (9).

(19)   ne I pas être heureux

Nesta construção, *être* pode em seguida ser elevado normalmente para I, derivando-se a forma (20) ([24]).

(20)   n'être pas heureux

Mas existe também outra opção. A forma *être* pode permanecer não movida, com I descendo para [*être-Agr*], deixando não um vestígio, mas sim [*e*]. Este passo é permitido com o pressuposto que estamos agora a considerar: que [-finito] pode ser apagado, visto que não desempenha nenhuma função em LF. A forma resultante é (21), idêntica a (19), mas com [*e*] no lugar de I ([25]).

(21)   ne pas être heureux

Em cada uma destas opções aplica-se uma regra. Logo, as duas têm o mesmo custo e são alternativas genuínas, em conformidade com o guia orientador de "menor esforço". Como observamos atrás, estes dois casos são ambos permitidos em francês.

Considere-se agora um verbo verdadeiro, como *paraître* 'parecer'. Sabemos que não pode ser elevado para I ([26]), logo I tem de descer para Agr, deixando [*e*]. Suponha-se agora que *paraître* entra numa construção adverbial, como na representação de Estrutura-D (22).

(22)   souvent paraître triste

Se *paraître* for elevado para Agr da maneira usual, derivamos a forma (23).

(23)   paraître souvent triste

Suponha-se, contudo, que [Agr-I] desce para a posição V, deixando [*e*] em vez de vestígio. A forma resultante é (22), uma forma legítima sem violação da ECP. Temos de novo duas opções, (22) e (23); em cada uma delas aplica-se

---

[24] Recordemo-nos de que o vestígio deixado (de Agr) é apagado, sem causar, portanto, qualquer violação da ECP.
[25] Ou seja, mais especificamente:
(i) ne [*e*] pas être heureux
[26] Porque I [-finito] é "fraco" em francês; ver a discussão a seguir a (8), no texto.

uma só regra, e ambas são legítimas. A razão é que Agr e a sua projeção, exatamente como I [-finito] e a sua projeção, não desempenham nenhuma função em LF e podem, portanto, ser apagados.

Concluímos assim que, ainda que não existam opções nas formas finitas, as construções infinitivas equivalentes permitem as opções ilustradas. Seguindo estas linhas, esperamos dar conta das observações de Pollock sobre o leque de opções para as construções infinitivas, que é diferente do leque de opções para as orações finitas.

Não explicitamos ainda a natureza exata da elevação em LF para o vestígio de [+finito]. O que se exige é que o constituinte finito (temporalizado), na medida em que funciona em LF, não seja apagado. Essa exigência é satisfeita com a elevação em LF, que pode ser tanto por adjunção ou por substituição. Se for por adjunção, a forma resultante é (24), que constitui o núcleo de TP, com T = [+finito] (tempo).

(24) $[_T [_V V [_{Agr} \text{Agr-T}] t_T]]$

Temos então de considerar legítima esta forma, com T c-comandando o seu vestígio t_T. Se a elevação em LF for por substituição, derivamos (25) em lugar de (24) na posição I, sendo (25) agora núcleo de VP ([27]).

(25) $[_V V [_{Agr}\text{Agr-T}]]$

([27]) Em forma de árvore, as estruturas correspondentes a (24) e a (25) são as seguintes:

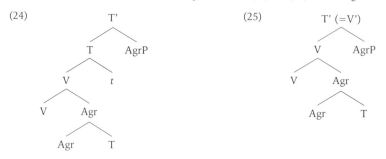

Em (24), a categoria T mais encaixada c-comanda o seu vestígio *t* visto que apenas está contida em Agr, V e T, e não dominada por estas categorias (ver o cap. 1, texto a seguir ao exemplo (41)); em (25), V é núcleo de VP porque o complexo elevado tem a etiqueta V e *substitui* o vestígio de T. O que projeta em LF é, pois, V, em V' e VP. O complexo elevado tem etiqueta V (e não Agr), porque a elevação do complexo para *e* na posição Agr é também por substituição (ver a discussão imediatamente a seguir a (16)).

A questão da regência de t_T não surge nesta alternativa, mas temos de nos perguntar sobre o modo exato como o elemento (25) na posição I satisfaz a exigência de interpretação temporal em LF. Estas novas implicações não são claras, e deixo o assunto em aberto.

2.4 Síntese: sobre a economia derivacional

Em resumo, selecionamos uma opção particular para tornar mais precisa a noção de apagamento, até aqui com um estatuto indeterminado; e introduzimos uma distinção entre elementos que podem ser apagados e elementos que não podem ser apagados, com base na sua função em LF. Estas propostas são naturais e não parecem de modo geral excepcionais. À parte isso, mantivemo-nos largamente fiéis a pressupostos conhecidos, aceitando também a análise básica de Pollock, modificada de várias maneiras. Com a explicitação da interpretação do formalismo para a adjunção e outras noções, derivamos as observações empíricas básicas.

O nosso tratamento sugere outras conclusões mais gerais. Em primeiro lugar, a HMC não é um princípio, ainda que tenha bastante precisão enquanto generalização descritiva. O princípio só é válido na medida em que se reduz à ECP, e pode ser violado quando outros processos esvaziam uma violação potencial da ECP através da eliminação de um "vestígio violador". Em segundo lugar, temos agora uma interpretação de certo modo mais específica dos guias orientadores de "menor esforço"; a condição exige que a derivação menos cara seja usada, eliminando as consequências em Estrutura-S e em PF das derivações mais caras. Numa primeira aproximação, o custo é determinado pelo comprimento da derivação; a condição exige a derivação mais curta, exigindo-se a elevação visível onde for possível. Mas o "custo" tem um significado mais sutil: os princípios da UG são menos caros do que as regras específicas das línguas particulares que dependem de escolhas paramétricas (ver a nota 20); e a inserção de *do,* em particular, funciona apenas como um processo de "último recurso", para "salvar" uma representação de Estrutura-D válida, que de outro modo não seria subjacente a nenhuma derivação legítima.

Outros fatos bem conhecidos sugerem alterações da noção de "derivação menos cara". Considere-se, por exemplo, um caso típico de movimento de longa distância, como em (26) ([28]).

([28]) (26) como é que tu pensas que o João disse [que o Bill consertou o carro *t*]?

(26) how do you think that John said [that Bill fixed the car *t*]?

A frase é bem formada com movimento sucessivamente cíclico ([29]). Existe, é claro, uma derivação mais curta – nomeadamente com um só passo – ([30]) e nesse caso, pelos princípios assumidos até aqui, a frase não deveria ter um estatuto diferente do de (27) ([31]).

(27) how do you wonder why John asked [which car Bill fixed *t*]

A derivação mais curta não proíbe a derivação mais longa, sucessivamente cíclica, para (26) ([32]). Na realidade, a derivação *mais curta* é proibida; não é verdade que (26) seja estruturalmente ambíguo, com uma interpretação dada pela derivação legítima e uma outra interpretação degradada obtida através da derivação ilegítima mais curta. Logo, a medida baseada no custo prefere o movimento curto ao movimento longo, exigindo o primeiro onde for possível ([33]).

([29]) Isto é, com a derivação em que a palavra-*wh* passa sucessivamente pelas duas posições de [Spec, C] intermédias (cujo núcleo é *that*), até chegar ao [Spec, C] mais elevado.

([30]) Nesse caso a palavra interrogativa não para em nenhum dos [Spec, C] intermédios, sendo movida directamente para o [Spec, C] mais elevado.

([31]) (27) como é que tu não sabes por que o João perguntou [qual carro o Bill consertou *t*]

([32]) O exemplo (27) tem um estatuto degradado em inglês (o mesmo se passando com o seu equivalente em português). Neste exemplo, a palavra-*wh how* (*como*) atinge o [Spec, C] mais elevado num só passo, visto que os [Spec, C] intermédios estão preenchidos (por *which car* (*qual carro*) e *why* (*por que*)), o que torna o movimento sucessivamente cíclico de *how* impossível. A derivação "com um só passo" de (26) é, assim, formalmente idêntica à única derivação possível de (27), e a degradação manifestada em (27) como consequência desse tipo de derivação (violação da ilha-*wh*, subjacência etc.) deveria aparecer igualmente em (26), *se* a derivação "com um só passo" fosse obrigatória também para (26). A conclusão só pode ser então que, para (26), a derivação mais curta não proíbe a derivação sucessivamente cíclica "mais longa" (ver a nota ([33]) a seguir, para uma clarificação da natureza aparentemente paradoxal desta passagem).

([33]) Para a compreensão deste trecho, é importante distinguir a noção de "*derivação* mais curta" – isto é, aquela que contém "um só passo", como a de (27) – da noção de "movimento curto" – isto é, o *movimento* que percorre um espaço "mais curto" na representação estrutural, ou seja, *cada um* dos elos do movimento sucessivamente cíclico na derivação de (26). Como se pode ver, a derivação mais curta é a que tem o movimento mais "longo" (com "um só passo", em que *how* é elevado directamente para o [Spec, C] mais elevado), e a derivação mais longa (com vários passos) é aquela que tem movimentos mais curtos. É neste sentido que a medida baseada no custo prefere o "movimento curto" ao "movimento longo"; se a medida escolhesse (neste caso) a "derivação mais curta", em vez da "derivação mais longa", (26) deveria ter o mesmo grau de degradação que (27). Em última instância, estes

Com base em casos deste tipo, podemos chegar a formulações mais adequadas das condições de "menor esforço" sobre o movimento, elevando-as do estatuto de guias imprecisos ao estatuto de princípios reais da UG.

Repare-se que esta abordagem tende a eliminar a possibilidade da opcionalidade nas derivações. As escolhas derivacionais só são toleráveis se as derivações resultantes tiverem todas um custo mínimo, como no caso das construções infinitivas do francês discutidas antes. Outros exemplos de aplicação opcional das regras têm de ser atribuídos a outra componente qualquer do sistema da linguagem, talvez uma componente "estilística" situada no percurso entre a Estrutura-S e PF. É muito possível que esta conclusão seja demasiado forte, o que levanta um problema para a abordagem aqui proposta.

2.5 O sistema da concordância: algumas especulações

No sistema esboçado, surgem algumas questões sobre o estatuto de Agr. Seguindo Pollock, assumimos que Agr é dominado por T(empo). Pressupondo que estes elementos são dissociados, podemos conjecturar em vez disso que Agr domina T, visto que Agr se encontra presumivelmente numa relação de regência com o sujeito em orações temporalizadas, com os efeitos concomitantes bem conhecidos da concordância sujeito-verbo. Existe evidência morfológica, discutida por Belletti (1990), sugerindo uma conclusão idêntica: num determinado número de línguas onde se pode obter evidência relevante, o elemento de concordância é "externo" ao elemento de tempo na morfologia verbal, o que pode ser construído como uma consequência da adjunção sucessiva, se Agr dominar T. Mesmo assim, os fatos ilustrados acima e outros do mesmo tipo levaram Pollock a postular uma posição intermediária entre T e VP, por ele considerada como sendo a posição Agr.

Podemos reconciliar estes conflitos notando que existem na realidade dois tipos de concordância Verbo-NP: com o sujeito e com o objeto. Assim, e seguindo as linhas básicas da análise de Pollock, esperamos encontrar dois elementos Agr: o elemento de concordância com o sujeito, Agr_s, e o elemento de concordância com o objeto, Agr_o. Com base em pressupostos com

---

fatos mostram que a medida baseada no custo opta por avaliar o tamanho dos *elos do movimento*, em detrimento do tamanho da própria computação (em termos do número de passos efetuados).

uma certa generalidade, Agr$_O$ está mais próximo de V, e Agr$_S$, mais próximo do sujeito, logo, mais distante de V[27]. O elemento Agr na estrutura (6) de Pollock, adotada aqui como base da nossa discussão, é, assim, Agr$_O$, providenciando uma posição intermédia para a elevação. Será então desnecessário supor que os infinitivos manifestam necessariamente concordância com o sujeito (em geral, uma concordância vácua), se bem que agora temos de assumir que Agr$_O$ está presente na estrutura mesmo no caso dos verbos não transitivos. A estrutura (6) de Pollock é agora mais plenamente articulada em (28), com Agr$_S$ = I, o núcleo de I' e de IP, e com F = [± finito].

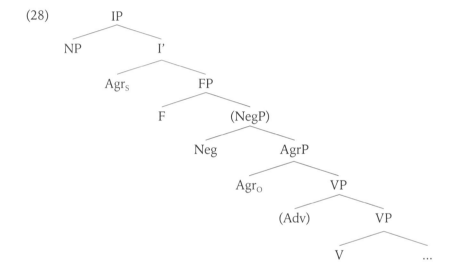

Nos termos desta proposta, a análise precedente considerou apenas a estrutura dominada por FP, que, por sua vez, é idêntica à estrutura (6) de Pollock (ignorando algumas notações)[28].

Estas conclusões são consistentes com a análise que Kayne (1989) faz da concordância do particípio num número variado de línguas românicas. Kayne assume um elemento Agr, núcleo de AgrP, que toma VP como complemento. Este elemento é diferente do elemento Agr que participa na concordância com o sujeito; podemos considerá-lo como sendo Agr$_O$. Deste modo, temos representações de Estrutura-D como a de (29) para uma construção de particípio em francês, pondo de lado I e Agr$_S$.

(29)   NP V$_{Aux}$ [$_{AgrP}$ Agr [$_{VP}$ V-particípio NP]]

Se o NP objeto for um grupo-*wh* que se eleva, então o particípio pode ou não concordar com esse grupo. Kayne assume que essas opções correspondem a duas estruturas distintas, dadas em (30), em que *t* e *t'* são os vestígios do grupo-*wh* 'quantas mesas'.

(30) a. combien de tables [Paul a [$_{AgrP}$ *t'* [$_{AgrP}$ Agr [repeint- *t*]]]]
    quantas (de) mesas Paul Aux   tornado a pintar
 b. combien de tables [Paul a [$_{AgrP}$ Agr [repeint- *t*]]]

As duas formas são sinônimas, significando 'quantas mesas tornou o Paul a pintar'. Em (30a), o particípio aparece na forma *repeintes* (plural), e em (30b) na forma *repeint* (sem concordância).

Na derivação de (30a), o grupo-*wh* é elevado para a posição do vestígio *t'*, em adjunção a AgrP. Nesta posição, está numa relação de regência com Agr (nos nossos termos, Agr$_O$). O particípio concorda assim com o grupo-*wh* que é o seu objeto[29]. O pressuposto subjacente é que a concordância com o objeto depende de uma relação de regência entre Agr e NP, exatamente como no caso da concordância com o sujeito. Em (30b) o grupo-*wh* não passa pela posição adjunta, logo não pode haver concordância[30].

Dado que *t'*, em adjunção a AgrP, está numa posição-Ā, conclui-se, segundo Kayne, que não há concordância do particípio com o grupo-*wh* no caso de termos um expletivo como sujeito (o que se verifica), pressupondo que temos troca do expletivo, um fenômeno ao qual voltamos na seção 2.6.3. A razão é que a troca do expletivo exige nesse caso que o vestígio *t'* do grupo-*wh* seja movido incorretamente de uma posição-Ā para uma posição-A.

Se ficar algum NP na posição de objeto, não há concordância com o particípio, ainda que haja de novo concordância no caso do movimento de um clítico, como em (31) ([34]).

(31) a. Paul a repeint (*repeintes) les tables
 b. Paul les a repeintes

A razão é que o objeto *les tables* em (31a) não está na posição apropriada de regência com Agr$_O$ (a relação é proibida pela Condição de Minimalidade sobre

---

[34] (31) a. o Paulo Aux repintado (*repintadas) as mesas (*) ('o Paulo pintou as mesas de novo')
 b. o Paulo as Aux repintadas (*) ('o Paulo pintou-as de novo')

a regência, visto que o particípio intervém), ao passo que em (31b) o clítico é elevado para uma posição regida por Agr, talvez para [Spec, AgrP]. Kayne mostra igualmente que existe evidência comparativa sugerindo que os dois processos de concordância (com movimento *wh* e com clíticos) são de fato distintos, ainda que não sejam claramente dissociados em francês, e que o clítico não é adjunto a AgrP.

Surge agora a questão de saber por que é que o NP objeto não pode aparecer na posição postulada em associação com Agr, digamos, na posição de especificador, como em (32) ([35]).

(32) * Paul a [les tables repeint(es)]

A geração de base (nessa posição) fica excluída se considerarmos que a marcação-θ é à direita em francês; ou podemos assumir que a marcação-θ se faz dentro da projeção do núcleo que θ-marca (como se tem proposto em trabalho recente que assume elevação do sujeito de dentro do VP para [Spec, IP]), logo impossível em (33).

(33) ...[$_{AgrP}$ NP Agr [$_{VP}$ V]]

A razão pela qual o objeto não clítico não é elevado para a posição que ocupa em (32) é uma consequência da Condição sobre as Cadeias, se o particípio atribui Caso diretamente ao seu objeto, isto é, se atribui esse Caso à direita na representação de base ([36]), como Kayne assume[31].

Sem fazer um exame das consequências adicionais que Kayne desenvolve, repare-se que a análise apoia a ideia de que existe uma posição Agr que intervém entre T e V, e que este elemento é distinto do elemento de concordância com o sujeito. Além disso, temos evidência de que a concordância com o objeto, tal como a concordância com o sujeito, depende de uma relação de regência entre Agr (neste caso, Agr$_O$) e o NP.

Koopman (1987) propôs independentemente que a concordância é sempre o reflexo de uma relação Spec-núcleo[32]. Podemos rever esta proposta de modo a concordar com a proposta de Kayne: a concordância com um NP é

([35]) (32) * o Paulo Aux [as mesas repintad(as)]
([36]) Recordemo-nos de que a Condição sobre as Cadeias exige que a *cabeça* da cadeia tenha Caso, o que entra em conflito com a elevação do NP para [Spec, Agr$_O$], se o Caso for atribuído ao NP pelo particípio, da esquerda para a direita, logo, com o NP na posição pré-elevação. Será, no entanto, necessário dizer algo para o caso dos clíticos, como em (31) (ver nota 31 do Autor).

sempre o reflexo de uma relação de regência entre o núcleo Agr e o NP, quer seja a relação Spec-núcleo quer seja a relação entre o núcleo e um elemento adjunto, sendo Agr tipicamente associado ao verbo em Estrutura-S pelos processos que temos discutido. Koopman sugere também que esta ideia pode relacionar-se com a sua proposta anterior que os parâmetros de ordem do sistema X-barra contêm dois fatores independentes: a direcionalidade da marcação Casual e a direcionalidade da marcação-θ (Koopman, 1984, ver também Travis, 1984). Se a marcação Casual for para a esquerda e a marcação-θ for para a direita, encontramos NP em posição pré-nuclear, e outros complementos θ-marcados em posição pós-nuclear [37].

Podemos explorar ainda mais estas propostas, supondo que o Caso estrutural em geral se correlaciona com a concordância, refletindo uma relação de regência entre o NP e os elementos Agr apropriados. Assim, a concordância sujeito-verbo está associada ao Caso nominativo e é determinada pela relação do especificador com o núcleo Agr_S de Agr_SP (=IP, em (28)), ao passo que a concordância verbo-objeto está associada ao Caso acusativo e é determinada pela relação do NP com o núcleo Agr_O de Agr_OP, quer na posição de especificador quer em adjunção a Agr_OP. As relações podem ser uniformes em LF, parametrizadas em Estrutura-S, com a verificação Casual e a marcação Casual talvez dissociadas.

Repare-se finalmente no seguinte: se pudermos manter estas propostas, com Agr_O distinto de Agr_S, desaparece um dos problemas discutidos anteriormente em relação com o exemplo (11), repetido em (34).

(34)   John I Neg Agr write books

O problema consistia em assegurar que a inserção de *do* e a elevação de Agr formassem o verbo complexo [$_V$ *do*-Agr-I], sem violar a HMC, ao mesmo tempo que se proibia uma derivação alternativa com descida visível. Se adotarmos a estrutura (28) em vez de (6), distinguindo Agr_S de Agr_O, Agr em (34) é na realidade Agr_O, e este elemento não tem de se elevar passando sobre Neg, mas tem de descer para V (com elevação subsequente em LF para a posição do vestígio de Agr_O, para formar uma cadeia correta). Não temos assim,

---

[37] Porque um NP, depois de receber uma função-θ (à direita do núcleo), tem de ser movido (para a esquerda do núcleo) para receber Caso, enquanto complementos de categoria PP, por exemplo, não sendo Casualmente marcados, se mantêm à direita do núcleo que lhes atribui a função-θ.

claramente, nenhuma violação da HMC. Contudo, os problemas mais gerais discutidos anteriormente permanecem, continuando a motivar o argumento então apresentado ([38]).

2.6 Economia das representações

Tem-se defendido a sugestão de que o movimento só ocorre em "último recurso". A discussão anterior sugere que o processo de apagamento também pode ser visto como uma operação de "último recurso", aplicável quando necessária, mas não de outro modo, o mesmo acontecendo com o processo de apoio de *do*, independentemente da sua concretização particular: talvez inserção, se essa for a maneira correta de interpretar o fenômeno. De um modo mais geral, é possível que o princípio Afetar α só se aplique quando necessário. Este princípio global ([39]) exprime assim uma propriedade geral das regras transformacionais – ou, mais corretamente, *da* regra transformacional, na realidade um princípio da UG. O significado intuitivo desse princípio é que as derivações devem ser tão econômicas quanto possível: não existem aplicações supérfluas de uma regra. O conteúdo intuitivo da ideia, contudo, é explicitado em termos de noções específicas de custo que fazem uma distinção entre os princípios da UG e as propriedades particulares das línguas, que introduzem considerações de localidade e assim por diante. Temos assim um princípio plausível de "menor esforço", mas um princípio aparentemente específico à faculdade da linguagem na sua formulação real. Esta conclusão é também conhecida em outros domínios e tem implicações para a natureza da faculdade da linguagem em geral.

O princípio semelhante para as representações estipula que, assim como não podem existir passos supérfluos nas derivações, também não podem existir símbolos supérfluos nas representações. Esse é o conteúdo intuitivo da noção de Interpretação Plena (FI), que afirma que um elemento só pode aparecer numa representação se for corretamente "licenciado". A pergunta seguinte consiste em saber como é que esta noção intuitiva pode ser melhorada, num esforço para levá-la igualmente do estatuto de guia orientador ao estatuto de princípio da UG.

([38]) Ou seja, o argumento em favor de uma concepção em que o vestígio de Agr e o vestígio de I [-finito] são apagados.

([39]) No original, "overarching principle". A referência aqui é à condição do "Último Recurso".

É natural esperar que a condição FI se aplique em cada um dos três níveis fundamentais que constituem as interfaces entre o sistema computacional da linguagem e outros sistemas: logo, nos níveis de Estrutura-D, PF e LF. Se assim for, o "licenciamento" determinado pela condição FI é expresso em termos de condições que relacionam a sintaxe, construída em sentido lato, com outros sistemas da mente/cérebro.

Na Estrutura-D, a condição FI aplica-se por definição, já que este nível é simplesmente a projeção de uma estrutura lexical em termos das noções da teoria X-barra[33]. Em PF, assume-se sem questionamento ou discussão que a condição se aplica de uma forma forte. Isto é, uma das condições sobre a representação fonética é que cada símbolo seja interpretado em termos de mecanismos articulatórios e perceptuais, de um modo invariante em relação às línguas particulares; uma representação sem esta propriedade não é simplesmente considerada como sendo uma representação fonética, mas sim uma representação num "nível mais elevado", que tem ainda de ser convertida numa PF. Tal como para a Estrutura-D, entendemos que PF é definida por uma determinada versão da condição FI. A noção correspondente em LF seria que todo o elemento que aparece em LF tem de possuir uma interpretação invariante, independente das línguas particulares, e em termos das interações com os sistemas da estrutura conceitual e do uso da linguagem. Vamos então explorar esta ideia um pouco mais.

2.6.1 Operadores e variáveis

Uma das consequências desta ideia é a proibição da quantificação vácua. Isto é, a linguagem difere dos sistemas formais típicos que permitem livremente a quantificação vácua, com a expressão bem formada "(x) $(2 + 2 = 4)$" ([40]) recebendo a mesma interpretação que "$2 + 2 = 4$". Os sistemas formais são construídos deste modo para facilitar a descrição e a computação, mas a arquitetura da linguagem humana é diferente. Assim, não podemos ter uma expressão como (35a) interpretada como 'John viu Bill', ou (35b) interpretada como 'alguma pessoa saiu' ([41]).

([40]) A ler, "para todo o x, $2 + 2 = 4$"
([41]) (35) a. quem (é que) o João viu o Bill
               quem aux o João viu o Bill
          b. toda alguma pessoa saiu

(35) a. who John saw Bill
    who did John see Bill
  b. every some person left

Do mesmo modo, se uma língua permite uma estrutura como (36), a interpretação em que o operador é vácuo é excluída ([42]).

(36) a. who did Mary see him
  b. the man that Mary saw him

Estas expressões não podem ser interpretadas significando 'Mary viu *x*', 'o homem *y* tal que Mary viu *x*', respectivamente. Se qualquer teoria gramatical estipular dispositivos e regras específicos para proibir tais construções e interpretações, concluímos que a teoria está errada: essa teoria gera expressões e estruturas com demasiada precisão, e é consequentemente incorrecta. Não há nenhum paradoxo nesta conclusão. As construções proibidas são excluídas com base em princípios gerais, em termos da condição global FI ([43]); não existem razões para supor que os mecanismos da linguagem contêm dispositivos e regras supérfluos para chegar ao mesmo resultado, redundantemente, em casos especiais. Do mesmo modo, a componente fonológica não contém regras que exprimem casos especiais de propriedades gerais da fonética universal ou das representações fonéticas.

Uma questão relacionada diz respeito às variáveis livres. Qual é o seu estatuto na linguagem natural? Tipicamente, os sistemas formais permitem expressões bem formadas com variáveis livres, interpretando-as como sendo universalmente quantificadas ou com a variável livre tratada como se fosse um nome próprio arbitrário, como, por exemplo, no decurso da dedução natural ou nas matemáticas intuitivas em geral. Um elemento semelhante a uma variável livre na linguagem natural seria uma categoria vazia ligada por

---

[42] (36) a. quem (é que) a Maria o viu
     b. o homem que a Maria o viu
  Ou seja, não podemos ignorar o operador, e o pronome é necessariamente uma variável ligada pelo operador (*quem* e Op, respectivamente); a interpretação de (36a), por exemplo (se a expressão for possível numa dada língua), é necessariamente "quem é a pessoa *x* tal que a Maria viu *x*".
[43] No original, "overarching condition".

um operador vazio. Há indicações fortes de que tais construções existem, por exemplo, nas construções adjetivas complexas como (37) ([44]).

(37) a. John is too clever to catch
   b. John is too clever to expect anyone to catch
   c. * John is too clever to meet anyone who caught
   d. Mary expected John to be too clever to catch

As propriedades gerais destas construções e de muitas outras são uma consequência do pressuposto de que a sua representação subjacente de Estrutura-D é (38a) (para (37a)), e que o movimento de um operador vazio, obedecendo às condições normais sobre o movimento-Ā, eleva a categoria vazia Op para a posição C da oração entre parênteses (para a posição de especificador de CP), deixando o vestígio *t* na representação de Estrutura-S (38b).

(38) a. John is too clever [$_{CP}$ PRO to catch Op]
   b. John is too clever [$_{CP}$ Op [PRO to catch *t*]]

Mas as variáveis estão sujeitas à propriedade chamada por vezes de "ligação forte": uma variável tem de possuir um domínio determinado pelo seu quantificador restrito (visto que a linguagem não permite quantificação irrestrita, contrariamente aos sistemas formais típicos) ([45]), ou um valor determinado

---

[44] (37) a. o João é demasiado inteligente apanhar (*) ('o João é demasiado inteligente para ser apanhado')
   b. o João é demasiado inteligente esperar alguém apanhar (*) ('o João é demasiado inteligente para se esperar que alguém o apanhe')
   c. *o João é demasiado inteligente conhecer alguém que apanhou ('o João é demasiado inteligente para se conhecer alguém que o apanhou')
   d. a Maria esperava o João ser demasiado inteligente apanhar (*) ('a Maria esperava que o João fosse demasiado inteligente para ser apanhado')
   Ver o cap. 1, p.114 et seq., e p.134 do presente texto.

[45] Num sistema de *quantificação restrita*, cada quantificador vem acompanhado de uma função proposicional (a *restrição*), que especifica o domínio da sua variável, e que é independente da proposição principal; assim, nesse sistema, as expressões *todo o homem é mortal* e *algum homem é mortal* têm as representações de (i), em que *x* = *homem* é a restrição:

(i) a. $\forall x: x = $ homem (x é mortal)
   b. $\exists x: x = $ homem (x é mortal)

Num sistema de quantificação irrestrita (usado na maioria dos manuais de lógica), todas as variáveis têm o mesmo domínio, e a restrição é dada na própria proposição principal sobre a qual o quantificador tem escopo; concomitantemente, a proposição principal contém (pelo

por um antecedente que satisfaz determinadas propriedades estruturais: assim, *John* mas não *Mary* em (37d). A segunda condição se aplica quando o operador é uma categoria vazia. (37a), por exemplo, não pode significar que John é tão inteligente que não pode apanhar tudo, ou que não pode apanhar alguma coisa (alguém) ou outra, contrariamente a *John ate* ([46]), que significa que John comeu alguma coisa ou outra. Em resumo, a linguagem não permite variáveis livres: a propriedade da ligação forte determina as propriedades semânticas curiosas destas construções. Podemos supor que esta condição é uma aplicação específica da condição FI da UG.

Consideramos nestes termos que o operador vazio ligando um pronominal vazio, no sentido do trabalho de Huang (1984) sobre o chinês, é "restringido", na medida em que esse operador está necessariamente relacionado com o discurso. Existem variáveis semilivres como PRO e *one* ([47]); estas, contudo, parecem sempre ter propriedades especiais, especificamente, humano ou animado (por exemplo, *it is easy to roll down a hill* ([48]) não se refere a uma pedra). Logo, uma interpretação em que a variável é realmente livre não é permitida.

2.6.2 Elementos legítimos em LF

Podemos tornar mais explícita a condição FI perguntando quais são os elementos válidos no nível LF. O problema aqui é semelhante à questão de saber quais são os elementos fonéticos no nível PF. Cada elemento relevante em LF é uma cadeia (39), com a possibilidade de cadeias de um só membro.

(39) $(\alpha_1,...\alpha_n)$

Parece que os elementos seguintes são permitidos em LF, cada um deles uma cadeia com a forma (39):

---

menos) duas expressões atômicas, ligadas pelo conectar da implicação no caso da quantificação universal, e pelo conector da conjunção no caso da quantificação existencial:
(ii)   a. $\forall x$ (x é homem $\Rightarrow$ x é mortal)
         b. $\exists x$ (x é homem $\wedge$ x é mortal)
Em (ii), a variável tem como domínio o conjunto de todas as coisas (objetos, pessoas, ...) e a restrição é dada por uma das proposições atômicas. Para uma discussão mais detalhada, incluindo argumentos em apoio da ideia de que as línguas naturais só permitem a quantificação restrita, ver McCawley (1993, p.172-181).

([46]) *o João comeu.*

([47]) *um*; também o morfema *se* impessoal (ou indefinido) das línguas românicas (ver Raposo e Uriagereka, 1996).

([48]) *é fácil rolar por uma ribanceira abaixo.*

1. Argumentos: cada elemento está numa posição-A, α_1 Casualmente marcado e α_n θ-marcado, de acordo com a Condição sobre as Cadeias[34].
2. Adjuntos: cada elemento está numa posição-Ā.
3. Elementos lexicais: cada elemento está numa posição X^0.
4. Predicados, possivelmente cadeias predicativas se existir elevação de predicados, movimento de VP na sintaxe visível[35], e outros casos.
5. Construções operador-variável, cada uma delas uma cadeia (α_1, α_2), em que o operador α_1 está numa posição-Ā e a variável α_2 está numa posição-A.

Estes são os únicos elementos que parecem ter uma interpretação em LF. Suponha-se então que estes são os únicos elementos permitidos em LF, de acordo com a condição FI. Nesse caso, a regra Afetar α só pode aplicar-se (e deve aplicar-se) se produzir um elemento permitido, nos casos em que tem um objeto ilegítimo como input. Concluímos que o vestígio de Agr (e talvez o vestígio de [-finito]) tem de ser eliminado, e que o vestígio de V não pode ser eliminado, de acordo com o que se exige para o funcionamento correto da ECP, se o argumento esboçado anteriormente for correto[36] ([49]).

Consideremos o movimento-Ā sucessivamente cíclico que começa numa posição-A. Este movimento produz uma cadeia que não é um objeto legítimo; é uma "cadeia heterogênea", que consiste numa cadeia de adjuntos e num par (Ā, A) (uma construção operador-variável, em que a posição-Ā está ocupada por um vestígio). Esta cadeia heterogênea só pode ser convertida num objeto legítimo – nomeadamente, uma construção genuinamente operador-variável – se eliminarmos os vestígios-Ā intermédios. Concluímos assim que estes vestígios têm de estar apagados no ponto em que atingimos a representação LF[37]. Contrastando com este caso, os vestígios-Ā intermédios formados pelo movimento sucessivamente cíclico a partir de uma posição-Ā não necessitam ser apagados, visto que a cadeia formada já é um objeto legítimo – nomeadamente um adjunto; e, como não necessitam ser apagados, não podem ser apagados, pelo princípio de "menor esforço" sobre as derivações, discutido acima ([50]). O mesmo acontece com as cadeias-A (argumentos) e com as cadeias X^0

---

[49] Ou seja, o argumento relativo à redução da HMC à ECP, que se baseia crucialmente no apagamento dos vestígios de Agr e de I [-finito]; ver a seção 2.3.1.
[50] Os dois casos são exemplificados pelas seguintes representações; em (ia), a cauda da cadeia é uma posição-A e, em (ib), é uma posição-Ā:
(i) a. [que carro] (é que) achas [*t'* que [o Luís lavou *t*]]
     b. [como] (é que) achas [*t'* que [o Luís lavou o carro *t*]]

(elementos lexicais). Com base nestes pressupostos naturais – se bem que não logicamente necessários – derivamos, com efeito, o princípio básico do apagamento de vestígios estipulado na teoria da ECP de Lasnik e Saito, um princípio agora interpretado como uma consequência da condição geral FI, com a expressão "pode ser apagado" entendida de um modo mais forte como "tem de ser apagado". Existem outras consequências, e surgem questões interessantes sobre o especificador de NP, que tem certas propriedades em comum com as posições-A e outras em comum com as posições-Ā, mas não entro aqui numa investigação desses assuntos.

2.6.3 A condição FI e os expletivos

Consideremos finalmente o estatuto dos elementos expletivos, como o inglês *there* ou o italiano *ci*, e elementos correspondentes, nulos ou visíveis, em outras línguas. Este elemento não recebe nenhuma interpretação e, portanto, não é licenciado como um objeto legítimo em LF. Logo, tem de ser eliminado de qualquer modo. Em outros trabalhos, sugeri que *there* é eliminado por substituição em LF[38].

Mas *there* tem traços específicos, e podemos supor que, em virtude disso, não pode ser apagado, por causa da condição da recuperabilidade dos apagamentos – uma condição que ainda temos de formular de modo preciso. Nesse caso, temos de tratar *there* como um afixo em LF; algum elemento tem de ser adjunto a *there*.

O expletivo *there* possui três propriedades salientes. Em primeiro lugar, é necessário que haja na construção um NP numa determinada relação formal com *there*; chamemos a este elemento o *associado* do expletivo e consideremos que o expletivo é licenciado pela sua presença. Em segundo lugar, a concordância em número não é com *there*, mas sim com o associado. E, em terceiro lugar, existe uma forma alternativa com o associado de fato na posição de

---

Em (ia) temos as duas subcadeias (t', t) (uma cadeia (Ā, A)), e ([que carro], t') (uma cadeia (Ā, Ā)); ou seja, temos uma "cadeia heterogênea", que fica legítima se apagarmos o vestígio intermédio, obtendo então (ii), apenas com a cadeia ([que carro], t), uma construção operador-variável:

(ii)   [que carro] (é que) achas [que [o Luís lavou t]]

Em (ib), pelo contrário, todas as posições da cadeia são Ā (*como* é um adjunto que ocupa uma posição-Ā em Estrutura-D), e pelo princípio do "menor esforço" nenhum elo da cadeia pode nesse caso ser apagado: a cadeia é inteiramente legítima.

sujeito, depois de sofrer elevação visível. Assim, temos (40), com o associado em itálico, mas não (41) ([51]).

(40) a. there is *a man* in the room
 b. there are *men* in the room
 c. *a man* is in the room

(41) a. * there was decided to travel by plane
 b. * there is unlikely that anyone will agree

Conseguimos explicar naturalmente estas propriedades com base no pressuposto, derivado da condição FI, de que o expletivo é um afixo em LF, e que o seu associado é adjunto a ele. Como *there* não possui traços-φ inerentes (incluindo de número) ou traços categoriais, esses traços lhe são atribuídos por "percolação" a partir do seu associado, de acordo com pressupostos conhecidos. Se a concordância for verificada em LF, é necessário que tenha sido já estabelecida em Estrutura-S entre Agr_S e o associado de *there*, como em (40a-b), realizando a concordância visível observada. Esta análise se encaixa bem no quadro teórico já esboçado, particularmente se a concordância e o Caso forem tratados do modo sugerido: ambos atribuídos antes da Estrutura-S ou na Estrutura-S, visto que podem aparecer visivelmente, mas ambos verificados em LF, visto que têm consequências neste nível, quer no que diz respeito à visibilidade (o Filtro Casual), quer no que diz respeito à Condição sobre as Cadeias[39]. Se assumirmos também que o especificador de IP (Agr_SP, se as especulações da seção 2.5 forem corretas) é um NP com traços-φ conformes com Agr_S, concluímos também que o associado tem de ser um NP; e é este NP que é elevado na sintaxe visível, como em (40c).

Burzio (1986) argumenta também que, se o expletivo for um clítico, tem de satisfazer outras restrições gerais sobre os clíticos e a posição associada a esses elementos; em particular, uma condição de localidade muito restritiva que tem de ser satisfeita, segundo Burzio, na Estrutura-D; com este pressuposto adicional, Burzio deriva uma coleção interessante de fenômenos que distingue as construções com expletivos do inglês, do italiano,

---

([51]) (40) a. *expl* está *um homem* no quarto
 b. *expl* estão *homens* no quarto
 c. *um homem* está no quarto
(41) a. * *expl* foi decidido viajar de avião
 b. * *expl* é improvável que alguém concorde

do francês e do piemontês. Com os pressupostos gerais da abordagem P&P, esperamos descobrir que este tipo de construções com expletivos possui as mesmas propriedades básicas de língua para língua, sendo as diferenças explicáveis em termos das propriedades lexicais dos elementos que participam nessas construções.

Por estas razões, é, pois, plausível assumir que o elemento *there* (e os seus equivalentes) é na realidade um afixo em LF, como é exigido pela condição FI.

Em (40a), a adjunção do associado ao expletivo em LF deriva o constituinte (42) como sujeito; por percolação, o complexo é um NP.

(42)   [$_{NP}$ there-[$_{NP}$ a man]]

Outros princípios bem estabelecidos conspiram de modo a garantir que o único elemento que pode ser adjunto ao expletivo é o associado com as propriedades apropriadas.

Como *there* tem de possuir um associado de categoria NP, conclui-se que outro expletivo (*it* em inglês) se associa com orações, como em (43), contrastando com (41) ([52]).

(43)   a. it was decided to travel by plane
       b. it is unlikely that anyone will agree

Assim, tomando em linha de conta as propriedades lexicais de expletivos como *there* e *it*, não precisamos estipular condições sobre a sua distribuição ou sobre a distribuição de elementos equivalentes em outras línguas[40].

Também concluímos que em Estrutura-S um expletivo E e o seu associado A têm de satisfazer todas as condições impostas em LF sobre as cadeias, visto que existe uma cadeia ([A-E],...t_A) em LF. Dada a Condição sobre as Cadeias em LF, é necessário que na Estrutura-S o expletivo E esteja numa posição Casualmente marcada, e o associado A numa posição-θ[41]. Além disso, pressupondo que a teoria da ligação se aplica em LF, na Estrutura-S A e E têm de estar numa relação que satisfaça a Condição A, visto que as suas posições respectivas na Estrutura-S vão ficar ocupadas por uma relação antecedente-vestígio em LF. Do mesmo modo, a ECP, uma condição sobre cadeias em LF, tem de ser satisfeita pelo par expletivo-associado em

---

([52]) Ver as traduções de (41).

Estrutura-S. Estas consequências são em grande parte descritivamente corretas, como se vê em (44)[42] ([53]).

(44)   a. * *there* seems that *a man* is in the room (violação da ECP)
         b. * *there* seems that John saw *a man* (violação da Condição A)

Do mesmo modo, outras condições sobre o movimento têm de ser satisfeitas. Vejam-se os exemplos de (45) ([54]).

(45)   a. * *there* was thought that [pictures of *a man* were on sale]
         b. *we* thought that [pictures of *each other* were on sale]
         c. * *a man* was thought that [pictures of *t* were on sale]

Os elementos em itálico estão correctamente relacionados em (45b), mas não em (45a) ou (45c). O problema com (45a) não tem a ver com a teoria da ligação, como (45b) mostra, mas sim com uma condição sobre o movimento (a ECP), como se conclui a partir da observação de (45c).

Estas propriedades dos expletivos são agora uma consequência da condição FI, sem mais estipulações. Uma outra consequência, repare-se, é que a teoria da ligação se aplica em LF; e é uma questão à parte saber se na realidade se aplica também em outros níveis da representação (incluindo a Estrutura-S).

Uma outra consequência diz respeito à Condição C da teoria da ligação, que exige que uma expressão-r (por exemplo, o associado do expletivo) não seja ligada. Uma questão perene tem sido a da existência ou não existência de uma violação da Condição C no caso de um expletivo e do seu associado. Mas agora assumimos simplesmente que os dois elementos têm índices diferentes[43]. Não há assim necessidade de complicar a teoria da ligação para excluir este caso, como num certo número de trabalhos dos últimos anos ([55]).

([53]) (44) a. * *expl* parecem que *vários homens* estão no quarto
           b. * *expl* parecem que o João viu *vários homens*
      Usamos aqui um associado plural para evitar exemplos gramaticais com uma estrutura potencial em que o associado do expletivo é a oração.
([54]) (45) a. * *expl* foram pensados que [fotografias de *vários homens* estavam à venda]
           b. *nós* pensamos que [fotografias *uns dos outros* estavam à venda]
           c. * *vários homens* foram pensados que [fotografias de *t* estavam à venda]
([55]) A exclusão mencionada refere-se à estipulação arbitrária de que casos como (40a-b) não cairiam sob o escopo da Condição C da teoria da ligação, e não obviamente à exclusão dessas construções, que são perfeitamente gramaticais.

Um determinado número de problemas relativos ao escopo, discutidos particularmente por Edwin Williams, também desaparece. Considerem-se as frases de (46) ([56]).

(46) a. I haven't met many linguistics students
b. there aren't many linguistics students here

(46a) possui uma ambiguidade de escopo, mas em (46b) *many* tem escopo estreito, e a frase não é ambígua. A representação de (46b) em LF é dada em (47).

(47) [$_{NP}$ [there [$_A$ many linguistics students]] are not t_A here]

Se *many linguistics students* substituísse literalmente *there*, esperaríamos que tivesse escopo sobre *not*, mas em (47) não se estabelece nenhuma relação entre os dois elementos, e podemos assumir que o escopo de *many* é estreito, como em *pictures of many students aren't here*[44] ([57]).

2.6.4 Outras questões sobre elevação em LF

A generalização que o expletivo E e o seu associado A estão numa relação determinada pela teoria da ligação (pela Condição A) em Estrutura-S tem uma exceção importante – nomeadamente, as construções de elevação como (48) ([58]).

(48) * *there* seems [*a man* to be in the room]

Aqui, o par expletivo-associado satisfaz todas as condições sobre cadeias, mas a expressão não é gramatical.

---

[56] (46) a. eu não tenho conhecido muitos estudantes de linguística
b. *expl* não estão muitos estudantes de linguística aqui
[57] *retratos de muitos estudantes não estão aqui*. Se *many linguistics students* substituísse *there* em (47), *not* seria c-comandado por esse NP, e esperaríamos que o NP tivesse escopo sobre *not*, considerando o c-comando como a expressão estrutural do escopo. Mas, no tratamento com adjunção proposto no texto, assume-se que *many linguistics students* não c-comanda *not* (tal como no caso da frase que se traduz nesta nota), não havendo, portanto, razão para esperar que tenha escopo sobre a negação.
[58] (48) *expl parecem [*vários homens* estar no quarto]

Uma explicação natural para estes fatos é dada pela teoria da atribuição do Caso partitivo proposta por Belletti (1988). Tomando o Caso partitivo como sendo oblíquo, logo θ-relacionado de acordo com a condição de uniformidade sobre a atribuição Casual (ver Chomsky, 1986b) ([59]), esse Caso não pode ser atribuído ao associado em (48), mas é corretamente atribuído em Estrutura-S ao associado do expletivo à direita dos verbos inacusativos e, temos de assumi-lo, à direita da cópula, como em *there arrived a man, there is a man in the room* ([60]). Vamos partir do princípio, na sequência do que dissemos anteriormente, que o Caso tem de ser atribuído em Estrutura-S, já que aparece em PF e é relevante em LF. Nesse caso, (48) recebe *, visto que uma condição de Estrutura-S é violada. Mesmo com estes pressupostos, repare-se que ainda podemos concluir que *there* tem de estar numa posição Casualmente marcada, por causa da Condição sobre as Cadeias, que exige que uma cadeia em LF tenha como cabeça uma posição Casualmente marcada[45].

Se estes argumentos forem corretos, não pode haver um processo de transmissão Casual, visto que esse processo possibilitaria a satisfação do Filtro Casual por (48). Em vez disso, o Caso tem de ser atribuído em Estrutura-S diretamente por algum atribuidor Casual ou por outro dispositivo[46]. Lasnik (1989) observa que podemos chegar a conclusões semelhantes a partir de exemplos como (49) ([61]).

(49)   a.   I consider [there to be a solution]
         b. *I consider [there a solution] (semelhante a *I consider John intelligent*)

Em (49a), é necessário que *be* atribua Caso diretamente a *a solution*; *there* também recebe Caso (de *consider*); e a Condição sobre as Cadeias é satisfeita depois da elevação em LF. Não existe, tudo o indica, nenhum processo em

---

([59]) O Caso que tem esta definição é aí chamado *inerente* (ver também a p.196 do presente texto).
([60]) *expl chegou um homem, expl está um homem no quarto.* O partitivo não pode ser atribuído em (48) por *seems a a man* porque este NP não é θ-marcado pelo verbo (o complemento do verbo é a oração). Levanta-se um problema idêntico (aparentemente ignorado no texto) relativamente ao segundo exemplo traduzido nesta nota, se for analisado como contendo uma oração pequena (a análise que parece ser assumida no texto).
([61]) (49)   a.   eu considero [*expl* haver uma solução]
            b. *eu considero [*expl* uma solução]
              (*Eu considero o João inteligente*)

Estrutura-S transmitindo o Caso do expletivo *there* para o seu associado, o constituinte *a solution* nestes exemplos ([62]).

Safir (1985) observa que existem pares como (50a-b)[47] ([63]).

(50) a. [$_{wh}$ how many men] did John say that [there were t_{wh} in the room]
b. * [$_{wh}$ how many men] did John say that [t_{wh} were in the room]

(50b) é uma violação típica da ECP; o vestígio t_{wh} está numa posição que não é γ-marcada, no sentido de Lasnik e Saito (1984). O problema reside agora em saber por que é que não acontece o mesmo com (50a), se o vestígio t_{wh} (o associado do expletivo *there*) é elevado para a posição de *there* por elevação em LF. A teoria de Lasnik e Saito tem uma explicação para isto, quer se assuma substituição em LF quer se assuma adjunção em LF, como no nosso tratamento anterior. Em qualquer dos casos o vestígio t_{wh} é γ-marcado pelo processo de movimento-*wh* na sintaxe visível, e retém essa propriedade quando é elevado para a posição do expletivo, não havendo, portanto, uma violação da ECP. Aplicamos um raciocínio semelhante na análise da extração-*wh* do sujeito em italiano proposta por Rizzi (1982): primeiro o sujeito é extraposto, deixando um sujeito *pro* expletivo, e depois é movido por movimento-*wh* normal, deixando um vestígio *t*, γ-marcado na sintaxe visível e elevando-se seguidamente em LF para a posição do expletivo.

A noção de adjunção em LF elimina uma grande parte da motivação em favor das teorias da transmissão do Caso como explicação das relações entre o expletivo e o seu associado, e estas abordagens são ainda mais duvidosas à luz das observações que acabamos de descrever (ver Pollock, 1981; e Kayne, 1989). Existe, contudo, alguma evidência em apoio da transmissão Casual.

([62]) O exemplo (49b) é crucial neste argumento, pois sugere que é *be* de fato o responsável pelo Caso de *a solution* em Estrutura-S; e sugere também que este NP precisa de um Caso em Estrutura-S, já que em LF o NP elevado para *there* tem à sua disposição o Caso atribuído a *there* nesta posição (ver a nota 41 do autor e texto que a abre). Se houvesse um processo de transmissão Casual anterior a LF, o Caso de *there* (atribuído pelo verbo ECM *consider*) deveria ser passado para o NP pós-verbal, e (49b) deveria ser gramatical.

([63]) (50) a. [$_{wh}$ quantos homens] (é que) o João disse que [*expl* estavam t_{wh} no quarto]
b. * [$_{wh}$ quantos homens] (é que) o João disse que [t_{wh} estavam no quarto]
Repare-se que em português as duas estruturas não se diferenciam de modo visível, dado que o expletivo é nulo; por outro lado, como se sabe, o efeito *that*-vestígio não existe nas línguas românicas pro-drop, visto que estas possuem presumivelmente uma estratégia para evitar a extração pré-verbal; ver *Faculdade*, cap. 16, seção 3, e o texto imediatamente a seguir.

Um argumento indireto, ainda que plausível, em favor da transmissão Casual foi desenvolvido por Koopman (1987) num estudo comparativo da língua bambara, falada na África Ocidental, e de línguas como o francês e o inglês. Koopman assume uma diferença paramétrica entre línguas que possuem cadeias Casuais ([+CC]) e línguas que não possuem essas cadeias ([-CC]). O bambara é [-CC] e o inglês-francês, [+CC]. Koopman considera três tipos de cadeias Casuais.

(51)   a. (V, ...*t*) em que V é um atribuidor Casual
       b. (Op, ...*t*) em que Op é um operador e *t* é a variável ligada por ele
       c. (E, ..., NP) em que E é um expletivo e NP é o seu associado

A categoria representada por (51a) é o resultado da elevação de V. Numa língua [+CC], o vestígio de V atribui o Caso "transmitido" por V através da cadeia. Numa língua [-CC], sem cadeias Casuais, o vestígio fica incapacitado de atribuir Caso, e a elevação de verbos transitivos é, portanto, impossível.

A categoria (51b) representa o processo normal de movimento de um operador. Tipicamente, o vestígio tem de estar numa posição marcada Casualmente e, Koopman assume, o operador tem de herdar o Caso do vestígio para satisfazer o Filtro Casual. Isso é possível numa língua [+CC], mas é impossível numa língua [-CC], que não pode, portanto, possuir movimento de operadores na sintaxe visível.

A categoria (51c) representa a relação expletivo-associado. Numa língua [+CC], o Caso pode ser transmitido de E para NP, como nas teorias padrão da transmissão Casual, e o Filtro Casual é assim satisfeito. Numa língua [-CC], não pode haver expletivos, visto que a transmissão Casual é impossível, na medida em que as cadeias Casuais não são permitidas.

Koopman observa que, de forma geral, as línguas como o inglês-francês são [+CC], ao passo que o bambara é [-CC]. Omitindo alguns detalhes, encontramos em bambara as seguintes propriedades. Consideremos as cadeias Casuais do tipo (51a). Um verbo que não atribui Caso é elevado para I, mas um verbo que atribui Caso fica no seu lugar original, com um elemento "fantoche" inserido para carregar o afixo; a explicação é que o Caso não pode ser atribuído se o verbo é elevado. Na formação de predicados causativos, um verbo intransitivo é elevado para formar normalmente uma construção complexa V-causativo, mas isso é impossível com um verbo transitivo; estes só permitem a formação do complexo causativo se o argumento externo for suprimido, como se tivesse havido uma aplicação prévia de passivização. Estas propriedades são uma consequência do pressuposto de que o vestígio de um verbo transitivo não pode atribuir Caso; na medida em que o verbo complexo atribui o seu Caso único ao objeto obrigatório, o sujeito não pode aparecer [64].

Quanto à propriedade (51b), o bambara tem apenas *wh- in situ*, como se prediz. Quanto a (51c), não há expletivos visíveis; em vez disso, o associado é elevado visivelmente para a posição de sujeito, o que de novo é predito.

Temos, portanto, um argumento indireto em favor da transmissão Casual, ausente precisamente naqueles casos em as cadeias Casuais não são permitidas de modo geral.

Será possível reinterpretarmos estes dados de modo a resolver o conflito entre o argumento em favor da transmissão Casual e a evidência contra um tal processo? Suponha-se que reinterpretamos o parâmetro proposto por Koopman da seguinte maneira, de acordo com o princípio plausível e geralmente aplicável segundo o qual os parâmetros são lexicais, isto é, formuláveis apenas em termos de elementos e categorias X^0. Consideramos então a propriedade [C], que um elemento X^0 pode ou não possuir. Um elemento [+C] pode participar em relações Casuais, quer atribuindo quer recebendo Caso; um elemento [-C] não pode. Suponha-se também que os elementos X^0 com conteúdo lexical são sempre [+C], mas que as línguas podem diferir relativamente ao estatuto [+C] ou [-C] de outros elementos X^0. O parâmetro fica restringido a elementos funcionais, de acordo com a condição plausível discutida anteriormente. Línguas como o francês-inglês são [+C], o que implica que todos os elementos X^0 podem participar em relações Casuais; o bambara é [-C], o que implica que apenas os X^0 lexicais podem participar nessas relações.

Regressando às três propriedades, deduzimos (51a) diretamente: em bambara, o vestígio de V, sendo [-C], não pode atribuir Caso. Quanto a (51b), o vestígio do operador não pode receber Caso em bambara, na medida em que é [-C], e temos uma violação do Filtro Casual (ou da exigência de visibilidade a partir da qual derivamos o filtro), com uma variável na posição de cabeça de uma cadeia (talvez com um só membro) em violação da Condição sobre as Cadeias, visto que não tem Caso. Repare-se que não temos de pressupor que o operador necessita de Caso, um pressuposto

---

[64] Isto é, só está disponível o Caso atribuído pelo V causativo superior, alvo do movimento do V inferior; logo, a estrutura só sobrevive com um argumento, o objeto do V inferior; o sujeito inferior desaparece, "como se tivesse havido um processo prévio de passivização".

sem qualquer motivação na teoria, e particularmente pouco natural para os operadores vazios.

A propriedade que nos interessa mais diretamente é a de (51c). Como o bambara é [-C], um expletivo não pode receber Caso. Se a língua tivesse expletivos, a elevação em LF (assumida por Koopman) produziria uma cadeia cuja cabeça seria um elemento que não está numa posição Casual, em violação da Condição sobre as Cadeias. Logo, não pode haver expletivos, e exige-se a elevação visível.

Se estes argumentos ou outros parecidos forem viáveis, parece não haver argumentos fortes em favor da transmissão Casual[48]. Temos, contudo, evidência em favor de uma diferença paramétrica na teoria do Caso, uma diferença especificada de modo bem restrito, e com um leque de consequências interessantes. Não conheço mais nenhuma evidência convincente em favor da transmissão Casual, logo talvez se possa eliminar esta propriedade da UG, em favor de movimento em LF, determinado pela condição FI.

2.7 Algumas conclusões sobre a arquitetura da linguagem

Em resumo, encontramos alguma evidência em apoio dos pressupostos básicos sobre a arquitetura da linguagem esboçados na seção 2.1, em apoio dos pressupostos mais específicos relativos ao estatuto sintático separado dos elementos Tempo e Concordância, e em apoio dos pressupostos discutidos em seguida. Existem indicações variadas sugerindo que tanto as derivações como as representações estão sujeitas a uma forma particular de uma condição de "menor esforço"; e que têm de ser mínimas, num sentido bastante bem definido, sem passos supérfluos no caso das derivações, e sem símbolos supérfluos no caso das representações. Continuando no modo indicado, temos esperança de conseguir elevar estes guias orientadores de "menor esforço" ao estatuto de princípios gerais da UG. Ainda que estes princípios tenham um certo tipo de naturalidade e de generalidade que não existem nos princípios específicos da UG, tais como a ECP, a teoria da ligação e assim por diante, repare-se que mesmo assim a sua formulação detalhada pertence inteiramente à faculdade da linguagem.

Como se discute em outro trabalho (ver Chomsky, 1991a), estas propriedades da UG, se na verdade forem reais, são bastante surpreendentes sob vários ângulos. Para começar, pertencem àquela categoria de propriedades que produzem dificuldades computacionais, visto que as descrições estruturais têm de obedecer a condições "globais" ([65]). Do ponto de vista do processamento, suponha-se que temos um processo que recupera uma representação de Estrutura-S σ a partir da representação PF π. Então, para determinar o estatuto de σ, temos de efetuar um determinado número de operações. Temos de determinar se σ é derivado a partir de uma representação δ corretamente formada, em que δ é uma Estrutura-D licenciada pelo léxico, e temos de determinar se a derivação que vai de δ até a representação LF λ é mínima no sentido exigido, menos cara do que qualquer outra derivação a partir de δ. Mais ainda, temos de determinar se λ satisfaz as condições do licenciamento externo, a condição FI, e outras propriedades de LF. Em geral, estas computações podem ser não triviais. Nesse sentido, a arquitetura da linguagem parece ser problemática do ponto de vista de uma teoria do processamento, ainda que seja elegante se a olharmos independentemente de considerações que tenham a ver com o seu uso. Estas propriedades já são ilustradas pelo pressuposto básico de que os níveis fundamentais são aqueles que satisfazem as condições de licenciamento externo na "interface" com outros sistemas; as condições de "menor esforço", ainda que sejam naturais e plausíveis em termos das suas consequências empíricas, voltam a ilustrar esse ponto. As discrepâncias entre a arquitetura da linguagem natural e a estrutura dos sistemas formais construídos com o objetivo de alcançar a eficiência computacional também podem ser relevantes para esta questão, assim como outras propriedades da linguagem natural, como, por exemplo, a existência de categorias vazias, que também podem, plausivelmente, levantar problemas processuais. Repare-se que não é fácil motivar as condições sobre a economia das representações em termos de considerações sobre o processamento, visto que as condições sobre as representações se aplicam em LF, e apenas derivativamente em Estrutura-S ([66]). Nem parece existir nenhum argumento em apoio da ideia de que as propriedades particulares da arquitetura da linguagem são necessárias para sistemas como a linguagem. Estas propriedades são contingentes à linguagem natural.

---

[65] No sentido em que, por exemplo, para escolher a derivação de menor custo, a computação dessa derivação tem de compará-la com outras derivações, qualquer que seja o modo como essa comparação se efetua; este problema será uma das preocupações dos capítulos seguintes.

[66] Ou seja, as restrições processuais aplicam-se sobre PF para recuperar uma Estrutura-S, ao passo que as condições de economia se aplicam sobre LF; os domínios de aplicação são, pois, divergentes.

Existem "truques computacionais" que permitem uma determinação fácil das propriedades gramaticais de uma representação de Estrutura-S num número amplo de casos, suficientemente grande para permitir que a linguagem seja usável na prática. Mas a arquitetura da linguagem parece ser em vários sentidos "disfuncional", com propriedades que não estão bem adaptadas às funções que a linguagem é chamada a desempenhar. Não há nenhum paradoxo real aqui; não existe nenhuma razão para supor *a priori* que a arquitetura geral da linguagem seja conducente a um uso eficiente. Pelo contrário, parece que aquilo que descobrimos cada vez mais são propriedades da arquitetura da linguagem curiosas e inesperadas, propriedades que não são diferentes daquelas que têm sido descobertas no decorrer da investigação sobre a natureza da linguagem, ainda que sejam pouco usuais entre os sistemas biológicos do mundo natural.

Notas

1. Esse modelo é por vezes chamado *Teoria da Regência e Ligação* (GB), um termo enganador que deveria na minha opinião ser abandonado; ver Chomsky (1988, palestra 2). A gramática generativa deu origem a muitas controvérsias, justificadamente por vezes, mas nem sempre. Tem havido uma boa dose de simples mal-entendidos, começando com a própria noção de gramática generativa. Sempre entendi que uma gramática generativa não era mais do que uma gramática explícita. Outros aparentemente pensam que é uma coisa diferente. Por exemplo, numa recensão de Chomsky (1986b), McCawley (1988) nota que nessa obra eu interpreto o conceito como significando unicamente algo explícito, como sempre o fiz (ver, por exemplo, Chomsky, 1965, p.4), e conclui erradamente que essa é uma "mudança clara" no meu uso, que dá ao empreendimento generativo uma forma inteiramente diferente daquela que tinha nos anos 1960, quando as tarefas, no seu entender, consistiam em "especificar os membros de um conjunto de frases que é identificado com uma língua" (p.355-356; McCawley entende que o conjunto de frases é aquilo que eu tenho chamado "estrutura" da língua, isto é, o conjunto de descrições estruturais). Mas a caracterização que ele propõe não implica que "generativo" signifique algo mais do que "explícito"; além disso, não existe a esse respeito nenhuma alteração nem no uso nem na concepção do termo, pelo menos para mim. A recensão contém ainda outros mal-entendidos, e existem mais em outros trabalhos, mas não vou discutir essas questões aqui.
2. Sobre os motivos pelos quais se pode esperar que só a fonologia possui um sistema de regras específico, ver Bromberger e Halle (1989).

3. Ou aquilo que se chama por vezes *núcleo de uma língua* ([1]). A distinção núcleo-periferia, na minha opinião, deve ser vista como um dispositivo da exposição, refletindo um nível de compreensão que tem de ser ultrapassado à medida que vamos obtendo progressos na investigação sobre a natureza da linguagem. Ver Chomsky (1988).
4. Sobre estas noções, ver Chomsky (1986b). Condições gerais deste tipo foram investigadas com algum detalhe nos primeiros trabalhos da gramática generativa, no contexto do estudo dos procedimentos de avaliação das gramáticas; ver Chomsky (1951).
5. Diz-se por vezes que os elementos lexicais são *atômicos* do ponto de vista das operações computacionais. Tomando a metáfora literalmente, concluímos que nenhum traço de um item lexical pode ser modificado ou mesmo considerado numa operação computacional (digamos, para a verificação diante de outro elemento conforme), e que nenhum traço pode ser acrescentado a um elemento lexical. Assim concebida, a condição é demasiado forte; a sua formulação exata é uma questão que ponho de lado.
6. Sobre a restrição da variação paramétrica aos elementos funcionais, ver Borer (1984) e Fukui (1986, 1988).
7. Sobre este tópico, ver, entre outros, Baker (1988).
8. Como notação para exprimir a teoria X-barra, vou usar, para cada X, apóstrofo em vez de barra, X^0 para a categoria de nível menor, e XP para X''.
9. Tenho aqui em mente a noção de "nível de representação" discutida em Chomsky (1975a) e em trabalhos posteriores.
10. Alguns investigadores propuseram que determinadas condições sintáticas se aplicam em PF; ver, por exemplo, Aoun et al. (1987). O nível em que estas condições se aplicam não pode ser exatamente PF, visto que neste nível não existe estrutura relevante, nem sequer palavras, em geral. Mais razoavelmente, esta abordagem assume um nível adicional S-P intermediário entre a Estrutura-S e PF, e as condições propostas aplicam-se nesse nível S-P.
11. Ver Burzio (1986) e Chomsky (1987). Alguns investigadores exprimiram a opinião de que há uma questão de princípio profunda diferenciando teorias com "dois níveis", que incluem uma relação entre a Estrutura-D e a Estrutura-S, de teorias "de um só nível", que relacionam a Estrutura-S com as propriedades lexicais de um modo diferente; para algumas observações, ver a minha resposta (1981b) às questões em Longuet-Higgins, Lyons e Broadbent (1981, p.63 et seq.) e Chomsky (1981a). É bem possível que haja uma questão real aqui, mas, como se nota, é na melhor das hipóteses bem sutil.

([1]) No original, "core language".

12. Sobre a aplicação em Estrutura-S das condições X-barra-teoréticas, ver Van Riemsdijk (1989). Em palestras dadas em Tóquio em janeiro de 1987, sugeri algumas razões adicionais que motivam uma aplicação destas condições em Estrutura-S.
13. Pressuponho aqui o quadro teórico geral de Chomsky (1986a), baseado no essencial em Lasnik e Saito (1984), ainda que sejam necessárias outras modificações que não considero aqui.
14. Note-se que também poderia haver uma redução parcial, por exemplo, uma formulação da ECP exprimindo uma generalização sobre o movimento X^0 e outros casos; esse parece ser o conteúdo de uma proposta apresentada por Rizzi (1990). Deveríamos também considerar o outro caso possível de movimento: o movimento de X'. Para alguma evidência em favor desta opção, ver Van Riemsdijk (1989). Ver também Namiki (1979).
15. Ver Pollock (1989). Considero apenas algumas das questões tratadas por Pollock. Ver Emonds (1978) e, para um desenvolvimento mais recente da sua abordagem, Emonds (1985).
16. Para as formulações abstratas, a ordem é irrelevante, aqui e no que se segue.
17. Os termos de Pollock para *forte* e *fraco* são *transparente* e *opaco*, respectivamente, por motivos que ficam claros adiante.
18. Pollock trata o morfema *ne* na construção *ne-pas* como sendo o núcleo clítico de NegP, o qual se eleva em seguida para uma posição mais elevada. Podemos considerar que *ne* é uma espécie de marcador de escopo.
19. Mais explicitamente, o verbo [$_V$ V [$_{Agr}$ Agr I]].
20. É necessário especificar ainda os mecanismos que relacionam os modais e *do* com os afixos flexionais. Se pudermos mostrar que a regra de apoio de *do* é o reflexo de uma ligação paramétrica (que assumimos consistir na escolha de Agr fraco), então essa regra não será exatamente uma regra específica a uma língua particular. Vamos mesmo assim continuar a usar essa terminologia como conveniência expositiva. Encontramos em outros casos o mesmo mecanismo que consiste em utilizar deste modo elementos fantoches, e também nesses casos podemos considerar com plausibilidade que resulta de uma ligação paramétrica; ver a seção 2.6.4 para um exemplo.
21. Note-se que estes pressupostos têm consequências empíricas. Implicam que, no estado firme atingido no decorrer da aquisição da língua, os princípios da UG continuam a distinguir-se das propriedades particulares da língua aprendida. Esta conclusão é confirmada por um trabalho sugestivo de Flynn (1987) sobre a aquisição de uma segunda língua.
22. Existe, na realidade, uma solução bem clara para este problema particular, em termos de uma análise à qual voltamos na seção 2.5, mas ponho-a de lado aqui, visto que não tem nada a dizer sobre as outras questões que acabamos de colocar.

23. Repare-se que *e* é considerado aqui como sendo um símbolo real da representação mental, mas sem traços-ϕ e sem traços categoriais. Não devemos confundir *e* com o elemento identidade de um nível sintático, considerado como uma construção algébrica, como em Chomsky (1975a).
24. Recordemo-nos que pressupomos aqui essencialmente a teoria da ECP de Lasnik e Saito (1984), com as modificações de Chomsky (1986a). Nesta teoria, t_v em (18) é γ-marcado depois da elevação de V para Agr, e o apagamento subsequente do vestígio de Agr nesta posição não deixa nenhuma violação da ECP.
25. Sobre outros casos semelhantes, ver Chomsky (1987).
26. O que implica que as propriedades semânticas dos infinitivos são entendidas como propriedades da construção, e não do seu núcleo [-finito].
27. Uma verificação rápida sugere que as consequências morfológicas são as que se esperam, nas línguas em que se pode detectar a posição hierárquica da concordância do objeto e do sujeito.
28. Em vários pontos a reinterpretação exige ligeiros retoques na exposição e na análise. Vou omitir comentários adicionais sobre estas questões, que não parecem levantar problemas de maior.
29. Mais precisamente, a concordância é estabelecida entre o grupo-*wh* e Agr_O; Agr_O é o alvo da elevação do particípio, que assim concorda com o grupo-*wh*; o mesmo acontece com a concordância sujeito-verbo.
30. Repare-se que temos que pressupor que as duas derivações têm um "custo idêntico", sendo cada uma delas "mínima" com movimento sucessivamente cíclico. Esta consideração leva a um refinamento adicional da noção de "custo".
31. O caso do movimento do clítico depende de pressupostos sobre a cliticização internos à teoria, mas não parecem surgir problemas novos neste domínio. O argumento de Kayne é ligeiramente diferente daquele apresentado acima.
32. Koopman considera a possibilidade de elevação do objeto para [Spec, VP]; alternativamente, podemos supor que o processo em questão é elevação para [Spec, AgrP].
33. Existem melhoramentos adicionais a considerar. Por exemplo, será que os expletivos têm de estar presentes em Estrutura-D ou são inseridos no decorrer da derivação? Qual é o estatuto dos elementos funcionais? E assim por diante.
34. Se adotarmos o tratamento da elevação do NP discutido em Chomsky (1986a), temos nesse caso de fazer uma distinção entre a cadeia (39) formada por movimento e a "cadeia derivada" intermédia que entra no processo de marcação-γ de α_n.
35. Uma possibilidade alternativa, sugerida por certos fatos sobre a ligação e a interpretação dos vestígios, é que o movimento do VP se restrinja à componente PF (com o estatuto de "regra estilística" opcional) e talvez também ao movimento LF (obrigatório), de acordo com as ideias principais de uma reinterpretação do quadro teórico das barreiras (Chomsky, 1986a) discutida nas minhas palestras

de Tóquio em janeiro de 1987. Esta conclusão pode na realidade ser uma consequência das considerações discutidas acima sobre a opcionalidade, dentro do quadro teórico presente.
36. Repare-se que necessitamos de um tratamento mais preciso para explicitar exatamente quando e como esta condição se aplica.
37. Podem estar presentes em etapas anteriores, em que as condições de licenciamento ainda não se aplicam, servindo então, como observa Norbert Hornstein, para permitir a aplicação de princípios como aqueles propostos por Barss (1986), sobre a interpretação das anáforas em constituintes deslocados ([2]).
38. Ver Chomsky (1986b). Para uma discussão detalhada dos expletivos, aqui seguida em grande parte, ver Burzio (1986). Ver também Travis (1984) sobre a tipologia dos expletivos. O estatuto de *it* (e dos seus equivalentes) em construções com extraposição é mais complicado por várias razões, incluindo a questão de saber se ocupa uma posição-θ.
39. Ver Baker (1988) sobre a função do Caso e da concordância quanto a esta questão.
40. Com os pressupostos de Chomsky e Lasnik (1977), estas propriedades tinham de ser estipuladas, mas talvez seja possível dispensá-las, de acordo com a linha de raciocínio no texto. Estas razões são suficientes para levantarmos algumas dúvidas sobre a ideia de que o elemento adjunto ao expletivo é uma oração pequena que tem como sujeito o expletivo ([3]); assim, pressuponho aqui que o elemento que é adjunto em (40a) é *a man*, e não a oração pequena [*a man in the room*] ([4]). Existem outras razões para supor que esta é a análise correta. Kayne (1989) observa (ver a sua nota 6) que o pressuposto é necessário para explicar a ausência de concordância entre o particípio e o objeto quando há elevação do objeto nas construções com expletivos. Considere-se também uma expressão como **there seems to be several men sick* ([5]), excluída pela falta de concordância entre *several men* e *seems*. Mas o constituinte [*several men sick*] pode ser singular, como em [*several men sick*] *is a sign that the water is polluted* ([6]), e um leque de casos semelhantes discutidos por Safir (1987), ainda que fiquem muitas questões por resolver. Sobre a possibilidade de não concordância entre o verbo e o associado do expletivo, ver Burzio (1986, p.132-133). Repare-se que nada exige que os dois tipos de expletivos sejam morfologicamente distintos ([7]).

([2]) Ver a este respeito a discussão dos exemplos de (108) no cap. 1 e o cap. 3, seção 3.5.
([3]) Ou seja, em que o expletivo é o sujeito externo (não interno) de toda a oração pequena.
([4]) *um homem no quarto.*
([5]) *expl parece estar vários homens doentes.*
([6]) *[vários homens doentes] é um sinal que a água está poluída.*
([7]) É o caso do português e (em geral) de outras línguas românicas de sujeito nulo, em que o expletivo *pro* corresponde quer a *there* quer a *it*.

41. Pressupomos que o Caso de uma categoria é passado para os seus constituintes imediatos, um processo que é por vezes morfologicamente visível; logo, é passado da categoria do elemento complexo [A-E] para o elemento adjunto A que é a cabeça da cadeia (A, ... t_A). Recordemo-nos que A adjunto a E é na realidade a cabeça da cadeia, com base nos nossos pressupostos anteriores.
42. Repare-se que podemos dar conta destes exemplos através de estipulações sobre a distribuição dos expletivos, como em Chomsky e Lasnik (1977), mas estamos agora explorando a possibilidade, que parece plausível, de essas estipulações serem dispensáveis.
43. Ou que não estão conectados, no sentido de Higginbotham (1983). Repare-se que não podemos pressupor que o expletivo não possui um índice – por exemplo, pode ter sido elevado, deixando um vestígio indexado.
44. Para dar conta das propriedades de escopo apropriadamente, exigem-se pressupostos mais elaborados, que levem em consideração quer a posição da cabeça quer a posição do elemento terminal na cadeia do associado (A, ..., t). Numa construção de elevação como *there appear (not) to have been many linguistics students here* (⁸), temos de nos assegurar de que o escopo de *many* está incluído no escopo de *appear* e de *not*; a representação LF proposta não determina nenhuma relação, mas essa relação é estabelecida de modo correto se a posição do vestígio for considerada, dado que a cabeça da cadeia não tem relação com os outros elementos relevantes (⁹). Resta ainda determinar quais são as implicações exatas com um leque de considerações maior. Ver o capítulo 4.
45. O "Caso quirky" (¹⁰), atribuído em Estrutura-D sob a condição de uniformidade, mas realizado numa posição Casual em Estrutura-S, cai sob a alçada de considerações semelhantes.
46. Ver Pollock (1981) para argumentos contra a transmissão do Caso. Para argumentos adicionais, ver Kayne (1989).
47. Para uma discussão destes exemplos e dos exemplos precedentes, ver Shlonsky (1987).
48. Koopman considera outras cadeias Casuais possíveis, mas a evidência é menos convincente.

(⁸) *expl parecem (não) ter estado muitos estudantes de linguística aqui.*
(⁹) Visto que, de novo, *many linguistics students* na posição de adjunção a *there* não c-comanda nem é c-comandado por *appear* ou por *not*.
(¹⁰) Mantemos o termo original.

Capítulo 3
Um programa minimalista para a teoria linguística*

3.1 Algumas considerações gerais

Tem-se estudado a linguagem e o uso da linguagem sob várias perspectivas. Uma das abordagens, que pressupomos aqui, considera que a linguagem é uma parte do mundo natural. O cérebro humano providencia uma série de capacidades que participam no uso e na compreensão da linguagem (a *faculdade da linguagem*); estas capacidades parecem ser em boa medida especializadas para essa função, e parecem constituir igualmente um dom natural comum aos seres humanos, dom esse independente de condições e circunstâncias humanas muito variadas. Uma componente da faculdade da linguagem é um procedimento generativo (uma *língua-I*, daqui em diante uma *língua*) que gera *descrições estruturais* (DEs); cada DE é um complexo de propriedades, incluindo as propriedades normalmente chamadas "semânticas" e "fonéticas". Estas DEs são as *expressões* da língua. A teoria de uma língua particular é a sua *gramática*. A teoria das línguas e das expressões que essas línguas geram é a *Gramática Universal* (UG); a UG é a teoria do estado inicial S_0 da componente relevante da faculdade da linguagem. Podemos fazer uma distinção entre, por um lado, a língua e, por outro lado, um sistema conceitual

---

* Este capítulo apareceu originalmente em *The View from Building 20: Essays in Linguistics in Honor of Sylvain Bromberger*, organizado por Kenneth Hale e Samuel Jay Keyzer (Cambridge, Mass.: MIT Press, 1993), e publica-se aqui com revisões menores. [Nota do autor.]

e um sistema de competência pragmática. Ultimamente, tem-se acumulado evidência mostrando que esses sistemas podem ser seletivamente danificados e dissociados no seu desenvolvimento (Curtiss, 1981; Yamada, 1990; Smith e Tsimpli, 1991), e que as suas propriedades são bastante diferentes.

Um pressuposto comum é que a UG especifica determinados *níveis linguísticos*, cada um deles um sistema simbólico, frequentemente chamados "sistemas de representação". Cada nível linguístico nos dá um meio de apresentar uma determinada informação sistemática sobre as expressões linguísticas. Cada expressão linguística (DE) é uma sequência de representações, uma em cada nível linguístico. Em variantes da Teoria Standard Alargada (EST), cada DE é uma sequência (δ, σ, π, λ), representações, respectivamente, nos níveis de Estrutura-D, Estrutura-S, Forma Fonética (PF) e Forma Lógica (LF).

Algumas das propriedades básicas da linguagem são pouco usuais entre os sistemas biológicos, nomeadamente, e de modo notável, a propriedade da infinidade discreta. Uma hipótese de trabalho na gramática generativa tem sido que as línguas se baseiam em princípios simples que entram em interação para formar estruturas complexas, e que a faculdade da linguagem é não redundante, ou seja, os fenômenos particulares não são "sobredeterminados" pelos princípios da linguagem. Estas propriedades são igualmente inesperadas em sistemas biológicos complexos, e estão mais próximas daquilo que se esperaria encontrar (por razões não explicadas) no estudo do mundo inorgânico. Esta abordagem, contudo, tem tido êxito, sugerindo que as hipóteses são algo mais do que um artefato refletindo um determinado modo de investigação ([1]).

Outro tema recorrente tem sido o da função exercida por "princípios de economia" na determinação das computações e das DEs que as computações geram. Estas considerações têm surgido de formas variadas e em feitios diferentes à medida que as perspectivas teóricas têm mudado. Sou da opinião que existem bons motivos para pensar que são fundamentais na arquitetura da linguagem, desde que sejam corretamente compreendidas[1].

A língua está encaixada em sistemas de performance que permitem que as suas expressões sejam usadas para articular, interpretar, referir, perguntar, refletir e exercer outras ações. Podemos considerar que cada DE é um complexo de instruções para estes sistemas da performance, fornecendo informação relevante para o seu funcionamento. Ainda que a ideia de que a linguagem é "desenhada com vista ao uso" ou "bem adaptada às suas funções" não tenha

---

([1]) Ver as notas ([5]) da introdução e ([30]) do cap. 1, e o texto que as introduz.

um sentido claro, esperamos encontrar conexões entre as propriedades da linguagem e a maneira como é usada.

Os sistemas da performance parecem agrupar-se em dois tipos gerais: articulatório-perceptual e conceitual-intencional. Se assim for, uma expressão linguística contém instruções para cada um destes sistemas. Assim, dois dos níveis linguísticos são os *níveis de interface* A-P e C-I, fornecendo as instruções para os sistemas articulatório-perceptual e conceitual-intencional, respectivamente. Cada língua determina um conjunto de pares pertencendo aos níveis A-P e C-I. Considera-se em geral que o nível A-P é PF; o estatuto e a natureza de C-I têm provocado alguma controvérsia.

Outro pressuposto comum é que uma língua é formada por duas componentes: o léxico e um sistema computacional. O léxico especifica os itens que participam nas operações do sistema computacional, com as suas propriedades idiossincráticas. O sistema computacional usa estes elementos para gerar derivações e DEs. A derivação de uma expressão linguística particular implica assim uma escolha de itens a partir do léxico e uma computação que constrói o par de representações de interface.

Até aqui estamos no domínio da necessidade conceitual prática ([2]), pelo menos se adotarmos a visão geral que acabamos de esboçar[2]. A UG tem de determinar a classe das línguas possíveis. Tem de especificar as propriedades das DEs e das representações simbólicas que participam nessas DEs. Em particular, tem de especificar os níveis de interface (A-P, C-I), os elementos que constituem esses níveis, e as computações através das quais esses níveis são construídos. Uma planta arquitetônica particularmente simples para a linguagem considera que os níveis de interface (conceitualmente necessários) são os únicos níveis existentes. Este pressuposto vai fazer parte do programa "minimalista" aqui explorado.

Nos trabalhos iniciais da gramática generativa, pressupunha-se que a interface C-I era o nível dos marcadores-T, na realidade um elemento complexo combinando todos os níveis da representação sintática ([3]). Nas abordagens baseadas na orientação da EST, considera-se em geral que a interface C-I é LF. No âmbito deste pressuposto, cada língua determina um conjunto de pares (π, λ) (π retirado do vocabulário de PF e λ retirado do vocabulário

---

[2] No original, "virtual conceptual necessity". Neste contexto, "virtual" (e o termo português "prático") significam "quase", como em "isto é praticamente um dado adquirido". A expressão implica que, se existem exceções, elas são residuais, e podem ser ignoradas de um ponto de vista mais abstrato; ver a nota 2 do autor.

[3] Ver, por exemplo, Chomsky (1965, cap. 3).

de LF). Estes pares constituem as representações formais de som e de significado dessa língua, desde que sejam determinadas pela própria língua. As partes do sistema computacional que são relevantes apenas para π, e não para λ, formam a *componente PF*[3]. As partes que são relevantes apenas para λ, e não para π, formam a *componente LF*. As partes do sistema computacional que são relevantes para ambas as componentes constituem a *sintaxe visível* – um termo que é um tanto enganador, visto que essas partes podem conter categorias vazias que não recebem uma forma fonética. A natureza destes sistemas é uma questão empírica; e não nos deixemos enganar pelo valor conotativo não pretendido de expressões como "forma lógica" e "representar", adotadas a partir do uso técnico que têm em vários domínios de investigação.

O modelo idealizado típico da aquisição da linguagem considera que o estado inicial S_0 é uma função que projeta a experiência (os dados linguísticos primários, DLP) numa língua. A UG preocupa-se com os princípios invariantes de S_0 e o leque de variação permitido. A variação tem de ser determinada por aquilo que é "visível" para a criança que adquire a língua, isto é, pelos DLP. Não é, pois, surpreendente que se encontre algum grau de variação na componente PF e em aspectos do léxico: a arbitrariedade saussuriana (a associação de conceitos com matrizes fonológicas), as propriedades dos formativos gramaticais (a flexão etc.) e determinadas propriedades gerais dos itens lexicais, facilmente detectáveis (por exemplo, o parâmetro nuclear) ([4]). A variação na sintaxe visível ou na componente LF parece ser mais problemática, visto que a evidência só pode ser bastante indireta. Uma conjectura restritiva é que não existe variação nesses níveis: além das opções em PF e da arbitrariedade lexical (que vou ignorar a partir de agora), a variação limita-se às partes não substantivas do léxico e às propriedades gerais dos itens lexicais. Sendo assim, há apenas um único sistema computacional e um só léxico, à parte este tipo limitado de variedade. Adotemos provisoriamente este pressuposto – extremo, talvez, mas não implausível, segundo parece – como outro elemento do Programa Minimalista[4].

Os trabalhos iniciais da gramática generativa abordavam estas questões de uma maneira diferente, seguindo linhas de raciocínio sugeridas por uma longa tradição: identificavam-se vários níveis, com as suas propriedades e as suas inter-relações particulares; a UG fornecia um determinado formato, e os sistemas de regras permitidos obedeciam necessariamente a esse formato; ou seja, qualquer realização desse formato constituía uma língua específica.

([4]) No original, "head parameter".

Cada língua era um sistema de regras rico e complexo, e essas regras, tipicamente, diziam respeito a construções particulares e a línguas particulares: as regras que formavam os grupos verbais ou as frases passivas ou as orações relativas do inglês, por exemplo, eram específicas a *essas* construções *nessa* língua. As semelhanças entre construções e entre línguas derivavam das propriedades do formato que determinava os sistemas de regras.

A abordagem mais recente de princípios e parâmetros (P&P), pressuposta aqui, rompe radicalmente com esta tradição, e dá passos no sentido da arquitetura minimalista esboçada acima. A UG providencia um sistema fixo de princípios e uma série finita de parâmetros com valores finitos. As regras particulares a cada língua reduzem-se à escolha de valores para esses parâmetros. A noção de construção gramatical é eliminada e, com ela, as regras particulares a cada construção. Construções como grupo verbal, oração relativa e frase passiva permanecem apenas como artefatos taxonômicos, coleções de fenômenos explicados através da interação dos princípios da UG, com os valores dos parâmetros ligados de uma determinada maneira.

Relativamente ao sistema computacional, pressupomos que S_0 é constituído por princípios invariantes; as opções restringem-se aos elementos funcionais e às propriedades gerais do léxico. Uma seleção Σ entre essas opções determina uma língua. Uma língua, por sua vez, determina uma série infinita de expressões linguísticas (DEs); cada DE é um par (, λ) que pertence aos níveis de interface (PF, LF), respectivamente. A aquisição de uma língua consiste numa ligação ([5]) particular de Σ; a gramática da língua descreve Σ, e nada mais (pondo de lado a arbitrariedade lexical e a componente PF). Se existir um sistema de processamento invariante e não aprendido (como se pressupõe frequentemente), esse sistema projeta (Σ, π) num objeto perceptual estruturado ([6]), em alguns casos associado com uma DE[5]. As condições a que obedecem as representações – as da teoria da ligação, da teoria do Caso, da teoria-θ e assim por diante – aplicam-se apenas na interface, e são motivadas por propriedades da interface; e a maneira correta de interpretar estas propriedades consiste talvez em dizer que são modos de interpretação a que recorrem os sistemas da performance. As expressões linguísticas constituem as realizações ótimas das condições de interface, em que a "otimalidade" é determinada pelas condições de economia da UG. Vamos tomar estes pressupostos também como fazendo parte do Programa Minimalista.

([5]) No original, "fixing".
([6]) No original, "structured percept".

Nos primeiros trabalhos da gramática generativa, as considerações de economia faziam parte da métrica de avaliação; e pressupunha-se que esta selecionava uma realização particular do formato permitido para os sistemas de regras, com base nos DLP. À medida que a investigação progrediu, a suposta função de uma métrica de avaliação foi sendo relegada cada vez mais a um papel secundário; no âmbito da abordagem P&P, pressupõe-se em geral que essa métrica é completamente dispensável: os princípios são suficientemente restritivos, permitindo que os DLP sejam suficientes para ligar os valores paramétricos que determinam uma língua, no caso normal[6].

Parece, contudo, que determinados princípios de economia do gênero dos que foram explorados nos primeiros trabalhos têm um papel significativo a desempenhar na análise das propriedades da linguagem. Com uma formulação correta desses princípios, torna-se possível nos aproximarmos de uma arquitetura minimalista: uma teoria da linguagem que considera que uma expressão linguística ([7]) não é mais do que um objeto formal que satisfaz as condições de interface da melhor maneira. Um outro objetivo consiste em mostrar que os princípios básicos da linguagem são formulados em termos de noções pertencentes ao domínio da necessidade conceitual (prática).

Os princípios invariantes determinam aquilo que conta como uma derivação possível e um objeto derivado possível (expressão linguística, DE). Dada uma língua, estes princípios determinam um conjunto específico de derivações e de DEs geradas, em que cada DE é um par (π, λ). Dizemos que uma derivação D *converge* se produz uma DE legítima, e que *fracassa* se não produz uma DE legítima; D *converge em PF* se π for legítimo, e *fracassa em PF* se π não for legítimo; D *converge em LF* se λ for legítimo, e *fracassa em LF* se λ não for legítimo. No quadro teórico da EST, com DE = $(\delta, \sigma, \pi, \lambda)$ (δ, uma representação de Estrutura-D; σ, uma representação de Estrutura-S), existem outras possibilidades: δ ou σ podem ser defeituosos; ou as relações entre $(\delta, \sigma, \pi, \lambda)$ podem ser defeituosas. No Programa Minimalista, todas as possibilidades são excluídas, menos o estatuto de π e λ. Uma versão ainda mais explícita exclui a possibilidade de π e serem ambos legítimos mas não poderem ser emparelhados, por qualquer motivo determinado pela UG. Vamos adotar igualmente esta condição mais restritiva. Assim, pressupomos que uma derivação converge se convergir em PF e em LF; a convergência é determinada pela

---

[7] Não esquecer que as expressões linguísticas são as Descrições Estruturais (DEs); ver o primeiro parágrafo deste capítulo.

inspeção independente dos níveis de interface – um pressuposto que não é de modo nenhum empiricamente inofensivo[7].

Os princípios que acabamos de esboçar são simples e restritivos; o peso empírico para mostrar que são corretos é considerável; e será talvez necessário usar argumentos bem complexos para consegui-lo – um resultado desejável, qualquer que seja a abordagem correta em última instância.

Estes tópicos têm sido estudados e elaborados no decorrer dos últimos anos; os resultados sugerem que a concepção minimalista esboçada pode não estar demasiado longe da verdade. A minha primeira intenção neste artigo era apresentar uma exposição completa, mas esse plano se revelou demasiado ambicioso. Assim, manter-me-ei no nível de um esboço informal, limitando-me a indicar alguns dos problemas que têm de ser resolvidos[8].

3.2 Relações fundamentais: a teoria X-barra

O sistema computacional toma como input representações com uma determinada forma e as modifica. Logo, a UG tem de providenciar um meio de apresentar uma série de itens lexicais numa forma acessível ao sistema computacional. Podemos considerar que essa forma consiste numa versão da teoria X-barra. Os conceitos da teoria X-barra são, pois, fundamentais. Numa teoria minimalista, as propriedades e as relações cruciais são formuladas nos termos simples e elementares da teoria X-barra.

Uma estrutura X-barra é composta por projeções de núcleos selecionados a partir do léxico. O núcleo é assim um dos termos que participam nas relações básicas. Além disso, as relações básicas são tipicamente "locais". Em estruturas com a forma de (1), há duas relações locais: a relação de *(E)spec(ificador)-núcleo* entre ZP e X, e a relação de *núcleo-complemento* entre X e YP (a ordem em (1) é irrelevante; e se aplicam as convenções usuais) ([8]).

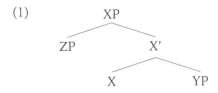

(1)

([8]) Ver, por exemplo, a nota 8 do autor no capítulo 2.

A relação núcleo-complemento é não apenas "mais local", mas também mais fundamental – sendo tipicamente associada com as relações temáticas (-θ). A relação Spec-núcleo, como sugiro mais abaixo, pertence a uma categoria que podemos denominar de "restante". Pondo a adjunção de lado por agora, a hipótese mais restritiva e ao mesmo tempo plausível é que as estruturas X-barra se restringem à forma (1); apenas são consideradas as relações locais (logo não se considera uma relação entre X e um constituinte qualquer incluído dentro de YP ou de ZP); e a relação núcleo-complemento é a relação local central. Uma outra relação local admissível é a relação *núcleo-núcleo*; por exemplo, a relação entre um verbo e o (núcleo do) Grupo Nominal complemento desse verbo (a seleção). Outra relação é a que se estabelece entre os *elos de uma cadeia*, e voltamos a ela mais adiante. A versão do programa minimalista aqui explorada exige que consideremos unicamente relações deste tipo, pondo de lado noções como a de regência por um núcleo (regência nuclear). Mas a regência nuclear desempenha um papel crítico em todos os módulos da gramática; logo, temos de os reformular todos, se quisermos continuar com o programa.

Tomemos a teoria do Caso. Pressupõe-se normalmente que a relação Spec-núcleo determina o Caso estrutural para a posição de sujeito, ao passo que a posição de objeto recebe Caso sob regência de V, incluindo aquelas construções em que o objeto Casualmente marcado por um verbo não é o complemento deste (a marcação Casual excepcional)[9]. A abordagem mais restritiva

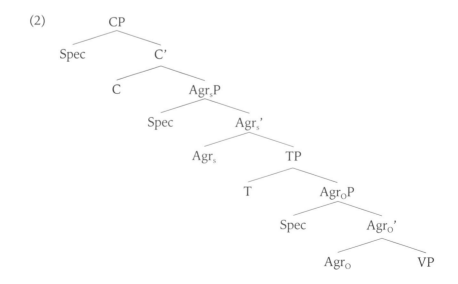

aqui considerada exige que todas estas maneiras diferentes de atribuir o Caso estrutural sejam reconstruídas em termos X-barra-teoréticos unificados, provavelmente usando a relação Spec-núcleo. Como discutimos no cap. 2, uma elaboração da teoria de Pollock (1989) sobre a flexão nos dá um mecanismo natural; tomamos assim (2) como sendo a estrutura básica da oração.

Omitimos aqui um possível especificador de TP ([Spec, TP]) e um constituinte cujo núcleo é o elemento funcional *Neg(ação)*, ou talvez, de um modo mais geral, uma categoria que inclua um marcador de afirmação e também outros marcadores (Pollock, 1989; Laka, 1990). Agr_S e Agr_O são mnemônicas informais para distinguir as duas funções de Agr. Agr é uma coleção de traços-φ (gênero, número, pessoa); estes traços são comuns aos sistemas de concordância do sujeito e do objeto, ainda que Agr_S e Agr_O possam evidentemente ser duas seleções diferentes, do mesmo modo que dois verbos ou dois NPs em (2) podem ser diferentes[10].

Consideramos agora que tanto a concordância como o Caso estrutural são manifestações da relação Spec-núcleo (NP, Agr). Mas as propriedades Casuais dependem de características de T e do núcleo V do VP. Pressupomos então que T se eleva para Agr_S, formando (3a), e que V se eleva para Agr_O, formando (3b); o complexo contém os traços-φ de Agr e o traço Casual fornecido por T ou V[11].

(3)   a. [$_{Agr}$ T Agr]
        b. [$_{Agr}$ V Agr]

O pressuposto básico é que há uma simetria entre os sistemas flexionais do sujeito e do objeto. Em ambas as posições, a relação do NP com V é mediada por Agr, que consiste numa coleção de traços-φ; em ambas as posições, a concordância é determinada pelos traços-φ do núcleo Agr do complexo Agr, e o Caso é determinado por um elemento que é adjunto a Agr (T ou V). Um NP que entre numa relação Spec-núcleo com este complexo Agr contém o Caso e os traços de concordância associados com esse complexo. As relações Spec-núcleo e núcleo-núcleo são assim as configurações centrais para a morfologia flexional.

A marcação de Caso excepcional por V é agora interpretada como sendo elevação do NP para o Spec do AgrP que domina V. É, pois, elevação para [Spec, Agr_O], o caso semelhante à operação familiar de elevação para [Spec, Agr_S]. Se a hipótese de que o sujeito tem origem dentro do VP for correta (como se pressupõe daqui em diante), temos de perguntar por que é que o objeto (direto, ou dentro do complemento (⁹)) é elevado para [Spec, Agr_O], ao passo que o sujeito é elevado para [Spec, Agr_S], produzindo trajetos inesperadamente cruzados, e não a situação normal em que um trajeto está propriamente encaixado dentro do outro (¹⁰). Voltamos a este assunto mais adiante; veremos então que o fenômeno em questão é uma consequência de pressupostos plausíveis bem gerais, e que pode ser considerado como uma propriedade bastante "profunda" da linguagem. Se os parâmetros forem morfologicamente restringidos do modo esboçado anteriormente, não deveria haver variação entre as línguas no que diz respeito a esse fenômeno.

A mesma hipótese é naturalmente aplicável a adjetivos predicativos, com a estrutura subjacente (4) (*Agr_A*, de novo, é uma mnemônica para uma coleção de traços-φ, neste caso associados a um adjetivo) (¹¹).

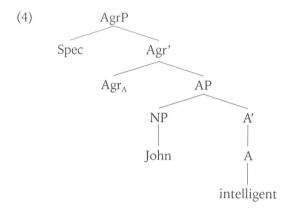

A elevação do NP para Spec e de A para Agr_A constrói a estrutura para a concordância NP-adjetivo dentro do grupo predicativo. A estrutura resultante é um candidato plausível para formar a oração pequena complemento de *considerar*, *be* e assim por diante (¹²). Na primeira construção (a de complemento de *consider*), o NP se eleva seguidamente para [Spec, Agr_O] em LF para receber Caso acusativo; na segunda (a de complemento de *be*), o NP se eleva seguidamente de modo visível para receber Caso nominativo e concordância verbal, derivando a forma visível *John is intelligent* (¹³), em que *John* participa em

---

(⁹) O objeto dentro do complemento corresponde à construção ECM; ver o cap. 1, p.208 et seq.
(¹⁰) No original, "nested paths"; ver Pesetsky (1982).
(¹¹) *o João inteligente*. Para uma proposta idêntica, ver Raposo e Uriagereka (1990).
(¹²) *considerar, ser*.
(¹³) *o João é inteligente*.

três relações: (1) uma relação Casual com [T Agr$_S$] (logo, em última instância, com o complexo verbal [[T Agr$_S$] V]), (2) uma relação de concordância com Agr$_S$ (logo, com o complexo verbal) e (3) uma relação de concordância com o elemento Agr da estrutura (4) (logo, com o complexo adjetival). Nas duas construções, o NP sujeito está fora de um AP completo na construção de oração pequena, como se exige ([14]); e este tipo de estrutura ocorre regularmente[12].

Vemos assim que um NP pode entrar em dois tipos de relações estruturais com um predicado (verbo, adjetivo): a concordância, um processo no qual participam traços partilhados pelo NP e pelo predicado; ou o Caso, manifestado unicamente no NP. O sujeito de um verbo ou adjetivo, e o objeto de um verbo, participam nestas relações (mas não o objeto de um adjetivo, se esse objeto recebe Caso inerente, e não estrutural). Ambas as relações implicam Agr: unicamente Agr, para as relações de concordância; e unicamente o elemento T ou V (elevando-se para Agr), para as relações Casuais ([15]).

A estrutura de CP em (2) é em grande parte determinada por outras propriedades da UG, pressupondo a abordagem minimalista, com Agr abstraído como propriedade comum da concordância adjetival e dos sistemas flexionais do sujeito e do objeto. Este é um pressuposto razoável, visto que a concordância aparece sem o Caso (como na concordância NP-AP), e o Caso aparece sem a concordância (como nos expletivos transitivos, em que o expletivo está presumivelmente na posição de [Spec, Agr$_S$], e o sujeito em [Spec, T], onde recebe Caso; ver a nota 11) ([16]). Qualquer versão apropriada do Filtro Casual exige duas ocorrências de Agr se houver dois NPs dentro do VP que exijam Caso estrutural; e as condições sobre Mover α exigem por sua vez a hierarquia ilustrada em (2), se o Caso estrutural funcionar do modo que acabamos de propor. Suponha-se que o VP contém apenas um NP. Nesse caso, um dos dois elementos Agr fica "ativo" (e o outro fica inerte, ou não existe mesmo). Qual deles? Duas opções são possíveis: Agr$_S$ ou Agr$_O$. Se a escolha é Agr$_S$, o único

---

([14]) Por causa da verificação do Caso, que é necessariamente fora do AP, quer com *consider* quer com *be*. Ver a nota 12 do autor.

([15]) Ou seja, distingue-se aqui entre a *fonte* do Caso – os elementos T ou V – e a configuração em que o Caso é *atribuído* (pelo menos em inglês, ver o parágrafo seguinte e a nota 11 do autor) – a posição [Spec, Agr], em que Agr (Agr$_S$ ou Agr$_O$) está amalgamado com T ou V, respectivamente.

([16]) O que acontece em islandês: ver as referências da nota 11 do autor e o cap. 4, seções 4.9 e 4.10. Nestas construções, o Caso é atribuído ao NP sujeito diretamente em [Spec, T], e não em [Spec, Agr$_S$], contrariamente ao inglês, em que o Caso é atribuído em [Spec, Agr$_S$], com Agr, e a fonte Casual T amalgamados.

NP presente tem as propriedades do sujeito de uma oração transitiva; se a escolha é Agr$_O$, o NP tem as propriedades do objeto de uma oração transitiva (temos assim as línguas do tipo nominativo-acusativo e ergativo-absolutivo, respectivamente). Estas são as duas únicas opções possíveis, pondo de parte possíveis misturas de sistemas. A distinção entre os dois tipos de línguas reduz-se a uma questão trivial da morfologia, tal como esperamos ([17]).

Nesta perspectiva, os termos *nominativo, absolutivo* e assim por diante não têm um significado substantivo independentemente daquilo que é determinado pela escolha do elemento Agr "ativo" *versus* o elemento Agr "inerte"; e não existem questões reais quanto à correspondência entre estes termos nos dois tipos de línguas.

O elemento "ativo" (Agr$_S$ nas línguas de tipo nominativo-acusativo e Agr$_O$ nas línguas de tipo ergativo-absolutivo) atribui tipicamente um Caso menos marcado no seu Spec, e este Spec, por sua vez, está mais alto na hierarquia das possibilidades de extração, entre outras propriedades ([18]). É natural esperar que o Caso menos marcado seja compensado (de novo, como tendência) por uma concordância mais marcada (uma concordância visível mais rica com o nominativo e o absolutivo do que com o acusativo e o ergativo, respectivamente). A Condição de C-Comando sobre as anáforas nos leva também a esperar ligação pelo nominativo e pelo ergativo em construções transitivas[13] ([19]).

Aplicam-se considerações semelhantes relativamente ao licenciamento de *pro*. Assumindo a teoria de Rizzi (1982, 1986a), *pro* é licenciado numa relação Spec-núcleo com Agr$_S$ "forte", ou quando é regido por determinados verbos V*. Podemos reformular estas propostas numa forma X-barra-teórica uniforme: *pro* é licenciado unicamente numa relação Spec-núcleo com [$_{Agr}$ α Agr], em que α é [+tempo] ou V, e Agr é forte ou V = V*. O licenciamento de *pro* cai assim sob a alçada da teoria do Caso num sentido mais lato. Considerações deste tipo se aplicam também a PRO de uma forma bastante natural[14].

([17]) É importante levar em conta que, neste sistema, Agr$_S$ e Agr$_O$, enquanto realizações de traços-φ, não são intrinsecamente diferentes, contrariamente a categorias como V e N. Por isso se afirma várias vezes que os subíndices "S" e "O" não são mais do que mnemônicas. O que distingue Agr$_S$ de Agr$_O$ é a configuração estrutural em que ocorrem: o Agr que c-comanda TP é "Agr$_S$", e o Agr c-comandado por T (o Agr mais próximo do VP) é "Agr$_O$".

([18]) Ou seja, as categorias com Caso nominativo e absolutivo, respectivamente, ocupam o topo da hierarquia de extração. Sobre hierarquias de extração, ver Keenan e Comrie (1977).

([19]) Porque uma anáfora é c-comandada pelo seu antecedente e os elementos nominativo e ergativo, sendo realizados no Spec mais elevado ([Spec, Agr$_S$]), c-comandam os elementos acusativo e absolutivo, realizados no Spec mais baixo ([Spec, Agr$_O$]).

Suponhamos que outras propriedades da regência nuclear possuem também uma expressão natural em termos das noções mais fundamentais da teoria X-barra. Suponha-se também que a regência por antecedente é uma propriedade das cadeias, formulável em termos de c-comando e de barreiras. Então o conceito de regência é dispensável, e os princípios da linguagem ficam restringidos a algo mais próximo da necessidade conceitual: relações locais de natureza X-barra-teórica com o núcleo de uma projeção, e a relação entre os elos de uma cadeia.

Olhemos mais atentamente para as noções X-barra teóricas locais, considerando-as como fundamentais. Vamos assumir unicamente a ramificação binária, ou seja, apenas estruturas com a forma (1). Voltando-nos agora para a adjunção, de acordo com os pressupostos de Chomsky (1986a), não existe adjunção a complementos, e esta operação (pelo menos na sintaxe visível) tem uma certa natureza "preservadora da estrutura"; e adotamos a distinção segmento-categoria[15]. Assim, as estruturas consideradas têm a forma ilustrada em (5), onde XP, ZP e X possuem um segmento mais alto e um segmento mais baixo, indicado por subíndices (H e X são núcleos).

(5)

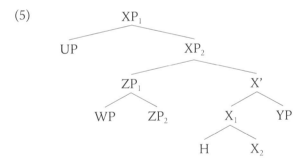

Consideremos agora as noções que entram num programa minimalista. Os elementos básicos da representação são cadeias. Consideramos em primeiro lugar o caso das cadeias de um só membro, construindo as noções abstratamente na perspectiva de as generalizar. A estrutura (5) só pode surgir através da elevação de H para uma posição de adjunção a X (ignoramos aqui questões sobre as origens possíveis de UP, WP). Logo, H é a cabeça de uma cadeia CH = (H,...t), e só esta cadeia participa em relações núcleo-α, não H isoladamente. As categorias que vamos estabelecer se definem para H tal como para X, mas, ao passo que participam em relações núcleo-α relativamente a X, não participam em tais relações relativamente a H (só participam nessas relações relativamente à cadeia CH), o que é uma questão importante.

Vamos pressupor que todas as relações são irreflexivas, a menos que se dê alguma indicação em contrário. Vamos pressupor a noção comum de dominância para o par (σ, β), σ um segmento. Dizemos que a categoria α *domina* β se todos os segmentos de α dominarem β. A categoria α *contém* β se algum segmento de α dominar β. Assim, a categoria de dois segmentos XP domina ZP, WP, X' e qualquer elemento que estes dominem; XP contém UP e qualquer elemento que UP e XP dominem; ZP contém, mas não domina, WP. A categoria de dois segmentos X contém, mas não domina, H.

Para um núcleo α, consideremos que Max(α) é a menor projeção máxima com o estatuto de categoria plena que domina α. Assim, em (5), Max(H) = Max(X) = [XP_1, XP_2], a categoria de dois segmentos XP.

Consideremos que o *domínio* de um núcleo α é o conjunto de nós contidos em Max(α) que são distintos de α e não contêm α. Assim, o domínio de X em (5) é {UP, ZP, WP, YP, H} e qualquer elemento que estas categorias dominem; o domínio de H é o mesmo, menos H ([20]).

Como notamos, a relação X-barra teorética fundamental é a de núcleo-complemento, caracterizada tipicamente por estar associada com uma relação-θ determinada por propriedades do núcleo. Vamos definir o *domínio de complemento* de α como sendo o subconjunto do domínio reflexivamente dominado pelo complemento da construção: YP em (5) ([21]). O domínio de complemento de X (e H) é assim YP e qualquer elemento que YP domine.

Ao resto do domínio de α, vamos chamar o *resíduo* de α. Assim, em (5), o resíduo de X consiste no seu domínio menos YP e os elementos que YP domina. O resíduo é um conjunto heterogêneo, que inclui o Spec e qualquer elemento adjunto (permitindo-se adjunção à projeção máxima, ao seu Spec, ou ao seu núcleo; em (5), UP, WP e H respectivamente).

As relações operativas têm uma natureza local. Estamos assim interessados não exatamente nos conjuntos definidos acima, mas antes em subconjuntos *mínimos* desses conjuntos que incluam apenas as categorias relacionadas localmente com o núcleo. Para qualquer conjunto S de categorias, vamos considerar Min(S) (S mínimo) como sendo o menor subconjunto K de S tal que,

---

[20] O domínio de H não contém H por definição: nenhum nó do domínio de X pode ser idêntico a X ou conter X.

[21] O "complemento da construção" é a categoria irmã do núcleo considerado na definição: em (5), YP, tanto para X como para H (note-se que a categoria [X_1, X_2] não domina H; a primeira categoria que domina H é X': H e YP são, pois, categorias irmãs). YP pertence ao domínio de complemento, visto que a definição invoca dominância reflexiva, e YP autodomina-se.

para qualquer γ ∈ S, algum β ∈ K domine γ reflexivamente. No caso que nos interessa, S é função de um núcleo α (por exemplo, S = domínio de α). Restringimo-nos a este caso, isto é, a Min(S(α)), para um núcleo dado α. Assim, em (5), o domínio mínimo de X é {UP, ZP, WP, YP e H}; o seu domínio de complemento mínimo é YP; e o seu resíduo mínimo é {UP, ZP, WP, H}. O domínio mínimo de H é {UP, ZP, WP, YP}; o seu domínio de complemento mínimo é YP; e o seu resíduo mínimo é {UP, ZP, WP} ([22]).

Vamos chamar ao domínio de complemento mínimo de α o seu *domínio interno*, e ao resíduo mínimo de α o seu *domínio de verificação*. A terminologia pretende indicar que os elementos do domínio interno são tipicamente argumentos internos de α, ao passo que o domínio de verificação participa tipicamente na verificação dos traços flexionais. Recordemo-nos de que o domínio de verificação é heterogêneo: é o conjunto "restante". O domínio mínimo também desempenha um papel importante, que abordamos imediatamente.

É necessário clarificar um ponto técnico. O domínio interno e o domínio de verificação de α são os únicos domínios desse tipo definidos para α; especificamente, se α (ou um dos seus elementos, no caso de α ser uma cadeia não trivial) for movido, não queremos que os domínios interno e de verificação sejam "redefinidos" na construção derivada; caso contrário, temos um elemento com subdomínios múltiplos – resultando, por exemplo, numa especificação ambígua dos argumentos internos. Temos, pois, de interpretar a noção Min(S(α)) *derivacionalmente*, e não *representacionalmente*: a noção é definida para α como parte do processo que consiste em introduzir α na derivação. Se α é uma cadeia trivial (de um só membro), Min(S(α)) é definido quando α é inserido lexicalmente; se α é uma cadeia não trivial (β$_1$...,β$_n$), Min(S(α)) é definido quando α é formado pela elevação de β$_1$. Em (5), o núcleo H não tem domínio mínimo, interno, ou de verificação, porque é elevado a partir de outra posição, formando a cadeia CH = (H,...,t), e H já recebeu esses subdomínios na posição agora ocupada por *t*; esses subdomínios são, no entanto, definidos para a nova cadeia CH, de uma maneira que discutimos imediatamente a seguir. Do mesmo modo, se o complexo [H X] for elevado em seguida, formando a cadeia CH' = ([H X], *t*'), Min(S(α)) é definido como parte da operação para α = CH', mas não para α = X, H, ou CH.

---

[22] A definição de domínio mínimo permite eliminar de cada domínio todos os nós à exceção dos mais elevados, visto que, para cada domínio, apenas estes dominam reflexivamente todos os nós do domínio (incluindo a autodominação, permitida pela definição).

Voltando a (5), suponhamos que X é um verbo. Então, YP, o elemento único do domínio interno de X, é tipicamente um argumento interno de X. Suponhamos que X é Agr, e H é um verbo elevado para Agr, formando a cadeia CH = (H, t). Nesse caso, o especificador ZP (e possivelmente os elementos adjuntos UP, WP) do domínio de verificação de X e de CH tem traços de concordância em virtude da sua relação local com X, e traços Casuais em virtude da sua relação local com CH. H não tem um domínio de verificação, mas CH tem[16] ([23]).

Até aqui, consideramos apenas cadeias de um só membro. Temos de ampliar as noções definidas de modo a cobrirem o caso de uma cadeia não trivial CH, com $n > 1$ (sendo α_1 uma categoria de nível zero), como em (6).

(6)   CH = $(\alpha_1,...\alpha_n)$

Vamos nos restringir ao caso em que $n = 2$, o caso normal para os núcleos lexicais, embora não necessariamente o único caso[17].

A questão surge, por exemplo, se adotarmos uma análise dos verbos com argumentos múltiplos de acordo com as ideias sugeridas em Larson (1988); por exemplo, se considerarmos que a estrutura subjacente a (7) é (8) ([24]).

(7)   John put the book on the shelf

(8)
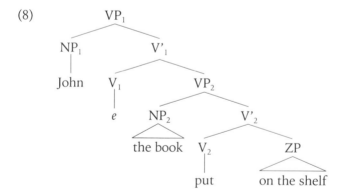

V_2 é elevado para a posição vazia V_1, formando a cadeia (*put*, t) (seguidamente, NP_1 é elevado para [Spec, Agr_S] na sintaxe visível e NP_2 para [Spec, Agr_O] na sintaxe não visível).

([23]) Na configuração (5), obviamente.
([24]) (7) o João pôs o livro na prateleira.

O resultado pretendido é que o domínio mínimo da cadeia (*put*, *t*) seja {NP$_1$, NP$_2$, ZP} (os três argumentos), e que o seu domínio interno seja {NP$_2$, ZP} (os argumentos internos). Obtemos este resultado através da generalização natural das definições já sugeridas. Vamos definir o domínio de CH em (6) como sendo o conjunto dos nós contidos em Max(α_1) e que não contenham nenhum α_i. O domínio de complemento de CH é o subconjunto do domínio de CH reflexivamente dominado pelo complemento de α_1. O resíduo e Min(S(α)) são definidos como anteriormente, agora para α = CH. Os conceitos definidos anteriormente são os casos especiais em que CH tem um só membro.

Suponhamos, por exemplo, que CH = (*put*, *t*), depois da elevação de *put* para V$_1$ em (8), deixando *t* na posição V$_2$. Então o domínio de CH é o conjunto de nós contidos em VP$_1$ (= Max(V$_1$)) que não contenham quer *put* quer *t* (nomeadamente, o conjunto {NP$_1$, NP$_2$, ZP} e qualquer elemento que estes nós dominem); o domínio mínimo é {NP$_1$, NP$_2$, ZP}. O domínio interno da cadeia CH é {NP$_2$, ZP} (os dois argumentos internos) ([25]), e o domínio de verificação de CH é NP$_1$, a posição típica do argumento externo nesta versão da hipótese do sujeito interno ao VP (basicamente a versão de Larson).

Suponhamos que, em vez de substituir *e*, *put* é adjunto a um elemento não nulo X, formando a categoria complexa [$_x$ *put* X], como na adjunção de H a X em (5). O domínio, o domínio interno e o domínio de verificação da cadeia são exatamente os mesmos. Não há domínio mínimo, domínio interno ou domínio de verificação para o elemento *put* em si mesmo depois da elevação; esses domínios existem, sim, para a cadeia CH = (*put*, *t*). É nos termos destes conjuntos mínimos que as relações locais núcleo-α são definidas, sendo o núcleo agora a cadeia não trivial CH.

Assim, em (8) os domínios relevantes são os pretendidos depois da elevação de V para V$_1$. Note-se que VP$_2$ não se encontra no domínio interno de CH (= (*put*, *t*)), porque domina *t* (= α_n de (6)).

As mesmas noções são aplicáveis a uma análise da estrutura lexical baseada em ideias de Hale e Keyser (1993a). Neste caso, uma representação

---

([25]) Repare-se que, na computação do domínio interno da cadeia, o primeiro passo consiste em identificar o complemento de V$_1$, ou seja, a sua categoria irmã, = VP$_2$. O domínio interno da cadeia consiste no subconjunto de nós *pertencentes ao domínio mínimo* e reflexivamente dominados por VP$_2$. Mas VP$_2$, crucialmente, não pertence ao domínio interno, ainda que se autodomine. A razão é que VP$_2$ não faz parte do domínio mínimo da cadeia, porque contém um α_i, neste caso o vestígio de *put*. Os outros nós do domínio mínimo dominados por VP$_2$ são NP$_2$ e ZP, o que constitui o resultado pretendido para o domínio interno.

semelhante a (8) é a estrutura subjacente de *John shelved the book* ([26]), em que V_2 é um "verbo leve", e ZP é uma versão abstrata de *on the shelf* (= [P *shelf*]). Aqui, *shelf* é elevado para P, a amálgama resultante é elevada para V_2, e o elemento assim formado é elevado para V_1, de maneira semelhante a *put* em (7)[18].

Até aqui não usamos a noção de "domínio mínimo". Mas esta noção também tem uma interpretação natural quando consideramos os fenômenos relativos ao Princípio da Categoria Vazia (ECP). Tenho de pôr de lado um desenvolvimento cuidadoso, mas o modo como a noção é relevante para certos aspectos básicos destes fenômenos é intuitivamente claro. Tomemos o fenômeno da superioridade (como em (9a)) e da minimalidade relativizada no sentido de Rizzi (1990) (como em (9b)) ([27]).

(9) a. i.   whom$_1$ did John persuade t_1 [to visit whom$_2$]
    ii. * whom$_2$ did John persuade whom$_1$ [to visit t_2]
    b. a superelevação, a Restrição sobre o Movimento Nuclear (HMC), as ilhas de [Spec, CP] (incluindo as ilhas-*wh*) ([28]).

Analisando estes fenômenos em termos de considerações de economia, torna-se claro que em todos os casos "ruins" algum elemento não fez "o movimento mais curto". Em (9aii), o movimento de *whom$_2$* para [Spec, CP] é mais longo num sentido natural (que se pode definir em termos de c-comando) do que o movimento de *whom$_1$* para essa mesma posição. Em todos os casos de (9b), o elemento movido "passa sobre" ([29]) uma posição que poderia ter alcançado através de um movimento mais curto, se essa posição não estivesse preenchida. Uma explicitação adequada destas noções de modo a dar conta do leque de casos relevantes não é de maneira nenhuma uma questão trivial. Mas essa explicitação parece ser possível, de um modo razoavelmente conforme ao Programa Minimalista. Levando em conta os nossos propósitos, vamos pressupor simplesmente que essa tarefa pode ser executada, e que os fenômenos do tipo ilustrado são analisados deste modo em termos de considerações de economia[19].

---

[26] *o João "prateleirizou" o livro* ('...pôs o livro na prateleira').
[27] (9) a. i.   quem$_1$ (é que) o João persuadiu t_1 (a) [visitar quem$_2$]
       ii. * quem$_2$ (é que) o João persuadiu quem$_1$ (a) [visitar t_2]
[28] Ver o cap. 1, (131), e a discussão desses exemplos.
[29] No original, "skipped".

Parece haver um conflito entre duas noções naturais de economia: movimento mais curto *versus* número menor de passos numa derivação ([30]). Se uma derivação se limita aos movimentos mais curtos, tem mais passos; se reduz o número de passos, tem movimentos mais longos. O paradoxo fica resolvido se considerarmos que a operação transformacional básica não é Mover α, mas sim *Formar Cadeia*, uma operação que se aplica, digamos, sobre a estrutura (10a) para formar (10b) num passo único, derivando a cadeia CH (10c) ([31]).

(10) a. *e* seems [*e* to be likely [John to win]]
      b. John seems [*t'* to be likely [*t* to win]]
      c. CH = (*John, t', t*)

Podemos derivar do mesmo modo outros casos de movimento sucessivamente cíclico. Não temos assim qualquer conflito quando reduzimos as derivações ao menor número de passos ao mesmo tempo que mantemos os elos da cadeia tão pequenos quanto possível, ou seja, mínimos (a Condição do "Movimento Mais Curto"). Há razões independentes para pensar que esta é a abordagem correta: note-se, por exemplo, que o movimento-*wh* sucessivamente cíclico de um argumento não trata os passos intermédios como se fossem movimento de um adjunto, o que deveria acontecer caso se tratasse de uma sucessão de aplicações de Mover α ([32]). O movimento sucessivamente cíclico levanta uma série variada de problemas interessantes, mas de novo vou pô-los de lado, restringindo-me ao caso mais simples.

Colocam-se várias questões no caso de construções como (8), consideradas agora na forma mais abstrata (11).

---

[30] Ver o cap. 2, seção 2.4, sobretudo a discussão dos exemplos (26)-(27); e as notas ([32]) e ([33]) do cap. 2.
[31] (10) a. *e* parece [*e* ser suposto [o João ganhar]]
          b. o João parece [*t'* ser suposto [*t* ganhar]]
      Ver a nota ([49]) do cap. 1.
[32] Ver o cap. 2, seção 2.6.2, e a nota ([50]) desse capítulo.

(11)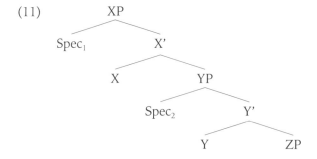

No caso particular de (8), $Spec_1 = NP_1$ (*John*), $X = V_1$ nulo, $Spec_2 = NP_2$ (*the book*), $Y = V_2$ (*put*), e ZP é o complemento deste verbo (*on the shelf*). Outro caso de (11) é o da elevação do objeto para [Spec, Agr] (Agr = Agr_O), como em (12).

(12)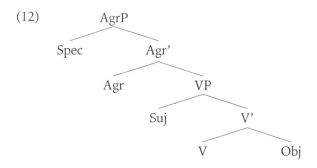

Aqui, Suj é O sujeito dentro do VP (ou o seu vestígio), e Obj é o objeto. A configuração e as operações são exatamente as mesmas de (8), com a diferença que em (12) V é *adjunto* a Agr (como no caso de H em (5)), ao passo que em (8) V *substitui* a categoria vazia V_1. Nos nossos pressupostos, o Obj tem de se elevar para Spec para verificar o seu Caso, passando sobre o Suj ou o seu vestígio. Deste modo, (12) contém uma violação da Minimalidade Relativizada, e é com efeito um caso de superelevação, em violação da Condição do "Movimento Mais Curto".

Outro caso de (11) é o da incorporação no sentido de Baker (1988). Por exemplo, a incorporação de V num verbo causativo é representada por uma estrutura semelhante a (12), mas com uma oração encaixada S em vez do objeto Obj, o que se ilustra em (13).

(13)
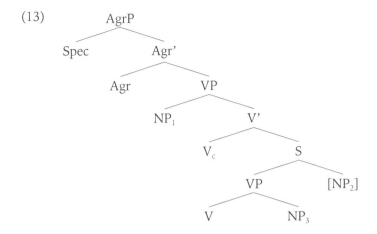

Num exemplo de Baker, tomando como base uma frase do chicheŵa, NP_1 = *the baboons*, V_c = *make*, NP_2 = *the lizards*, V = *hit*, e NP_3 = *the children*; a frase resultante é *the baboons made-hit the children [to the lizards]* ([33]), com a significação "os macacos fizeram os lagartos agredir as crianças". A incorporação de V no causativo V_c deriva a cadeia (V, *t*), com V adjunto a V_c. O núcleo complexo [V V_c] é elevado em seguida para Agr, formando a nova cadeia ([V V_c], *t*') ([34]), com [V V_c] adjunto a Agr, formando α = [$_{Agr}$ [V V_c] Agr]. A estrutura resultante é (14)[20].

(14)
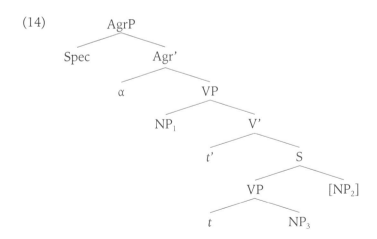

([33]) *os macacos, fazer, os lagartos, agredir, as crianças; os macacos fizeram-agredir as crianças aos lagartos.*
([34]) Ver a nota ([2]) na p.328.

Em (14), NP$_3$ é o objeto do complexo verbal, que recebe Caso acusativo (com concordância de objeto opcional). Nos nossos termos, isso significa que NP$_3$ é elevado para [Spec, α], passando sobre NP$_1$, o sujeito principal ou o seu vestígio (outra opção consiste em passivizar o verbo complexo e elevar NP$_3$ para [Spec, Agr$_s$]) ([35]).

No último exemplo, o domínio mínimo da cadeia ([V V$_c$], t') é {Spec, NP$_1$, S}. O exemplo é, assim, semelhante a (8), onde a elevação de V cria um domínio mínimo alargado para a cadeia. É natural supor que (12) possui a mesma propriedade: V é elevado em primeiro lugar para Agr, derivando a cadeia (V, t) com o domínio mínimo {Spec, Suj, Obj}. Os casos que acabamos de descrever são agora formalmente idênticos e deveriam receber uma análise idêntica. Os dois últimos casos parecem estar em violação da Condição do "Movimento Mais Curto" ([36]).

Procuremos explicitar a noção de "movimento mais curto" do seguinte modo:

(15)   Se α, β estão no mesmo domínio mínimo, são equidistantes de γ.

Em particular, dois alvos de movimento são equidistantes se estiverem ambos no mesmo domínio mínimo.

No caso abstrato de (11), se Y é adjunto a X, formando a cadeia (Y, t) com o domínio mínimo {Spec$_1$, Spec$_2$, ZP}, Spec$_1$ e Spec$_2$ são equidistantes de ZP (ou de qualquer elemento que ZP contenha); nesse caso ZP (ou um elemento contido em ZP) pode ser elevado para Spec$_1$ passando sobre Spec$_2$. Olhando agora para as manifestações problemáticas de (11), em (12) o Obj pode ser elevado para Spec, passando sobre o Suj ou o seu vestígio, sem violação da condição de economia; e no exemplo (14), com incorporação, NP$_3$ pode ser elevado para Spec, passando sobre NP$_1$ ([37]).

([35]) Ou seja, para uma posição mais elevada, que não está ilustrada em (14).

([36]) Em (12), porque o Obj passa sobre o Suj (ou o seu vestígio) para alcançar [Spec, Agr], e em (14) porque NP$_3$ passa sobre NP$_1$ para alcançar [Spec, α].

([37]) Em (12), a elevação de V para Agr forma a cadeia (V, t), com o domínio mínimo {Spec, Suj, Obj}; logo, Spec e o Suj são equidistantes do Obj, e o Obj pode ser elevado para Spec sem violação da condição de economia (do movimento mais curto). O mesmo acontece em (13)-(14): depois da elevação do complexo [V V$_c$] para Agr, formando a cadeia ([V V$_c$], t') (= (α, t') em (14)), o domínio mínimo da cadeia é {Spec, NP$_1$, S}, com Spec e NP$_1$ equidistantes de NP$_3$. Um problema potencial ignorado pelo autor em (13)-(14) diz respeito a NP$_2$. Este NP intervém igualmente entre NP$_3$ e Spec no sentido do cap. 1, (128) (Spec c-comanda assimetricamente NP$_2$, que, por sua vez, c-comanda assimetricamente NP$_3$). Mas note-se que NP$_2$

Esta análise prediz que a elevação do objeto, como em (12), só é possível se V for elevado para Agr. Em particular, a elevação visível do objeto só é possível se for acompanhada de elevação visível de V. Esta previsão é aparentemente confirmada para as línguas germânicas (Vikner, 1990). A questão não surge no caso semelhante com movimento do objeto em LF, visto que pressupomos que V é invariavelmente elevado para Agr_O na sintaxe não visível, se não for elevado visivelmente, logo "possibilitando" a elevação do objeto para [Spec, Agr_O], a fim de verificar o seu Caso.

Baker explica estruturas semelhantes a (13)-(14) em termos do seu Corolário da Transparência da Regência (CTR), o qual alarga o domínio de regência de V_1 de modo a incluir o domínio de regência de V_2, quando V_2 é adjunto a V_1 [21]. A análise que acabamos de esboçar é aproximadamente idêntica, assumindo que o Caso e a concordância são atribuídos não sob regência nuclear, mas sim através da relação Spec-núcleo. Repare-se que o CTR não é bem um corolário; na realidade é um princípio independente, ainda que Baker desenvolva um argumento de plausibilidade dentro de uma teoria específica da regência. Uma possibilidade a investigar é se o CTR não poderá ser redutível em geral à condição (15), independentemente motivada, nos pressupostos minimalistas aqui investigados.

---

não pertence ao domínio mínimo da cadeia (α, t'), com a consequência que NP_3 não deveria poder passar sobre NP_2. No âmbito do quadro teórico deste capítulo, e de acordo com (15), poderíamos talvez apelar para a cadeia (V, t) construída pela adjunção de V a V_c. O domínio mínimo desta cadeia é {NP_1, NP_2, NP_3}. Como NP_3 e NP_2 pertencem ambos a esse domínio, são equidistantes de Spec, tomado como γ na definição, permitindo o movimento de NP_3 passando sobre NP_2. Mas esta solução não parece estar de acordo com o "espírito" de (15), em primeiro lugar porque o autor parece ter em mente apenas o caso particular em que as categorias equidistantes são alvos (potenciais) do movimento, e em segundo lugar porque a solução exige uma aplicação anticíclica do princípio – ou seja, a cadeia considerada pertence a um domínio mais encaixado (o VP superior) do que o domínio em que se aplica a elevação de NP_3 (AgrP). Além disso, essa aplicação anticíclica de (15) produz resultados errados em outros casos, como em (16), permitindo a elevação do Obj sobre t_{Suj} (há pelo menos um domínio mínimo em (16) que contém t_{Suj} e o Obj, por exemplo, o da cadeia (V, t), resultado da elevação de V para Agr_O). Parece, portanto, que o domínio mínimo mencionado no princípio (15) é necessariamente o domínio em que o movimento se aplica, isto é, aquele que contém o alvo "real" do movimento. Mas se assim for, continuamos com o problema colocado por NP_2 em (14). Trivialmente, a adoção de uma "concha Larsoniana" para o S encaixado de (14), com NP_2 c-comandado por NP_3, resolveria o problema; alternativamente, como Jairo Nunes observou (comunicação pessoal), NP_2 em (14) pode estar contido dentro de um PP (*to the lizards*); nesse caso, não c-comanda NP_3 e o movimento de NP_3 não "passa sobre" NP_2, no sentido técnico da expressão. Todos os problemas levantados pela formulação (15) desaparecem na abordagem do cap. 4; ver particularmente (190) desse capítulo.

Recordemo-nos de que, na exploração destes pressupostos, encontramos o problema de explicar por que é que na satisfação da teoria do Caso encontramos trajetórias cruzadas em vez de trajetórias propriamente encaixadas uma na outra: ou seja, por que é que temos o sujeito dentro do VP elevando-se para [Spec, Agr$_S$], e o objeto elevando-se para [Spec, Agr$_O$], passando sobre o vestígio do sujeito dentro do VP. O princípio (15) implica que esta derivação é possível, como em (12), quando V é elevado para Agr$_O$. Resta mostrar que a derivação desejada não só é permitida, mas é também obrigatória: ou seja, que é a única derivação possível. A demonstração é perfeitamente clara. Suponha-se que em (12) o sujeito interno ao VP em [Spec, VP] é elevado para [Spec, Agr$_O$], quer visivelmente quer não visivelmente, derivando (16), em que t_{Suj} é o vestígio do Suj elevado ([38]).

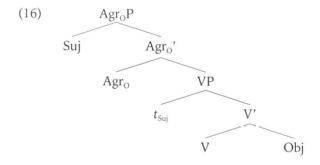

Suponha-se também que V é elevado para Agr$_O$, quer visivelmente quer não visivelmente, formando a cadeia (V, t_v), com o domínio mínimo {Suj, t_{suj}, Obj}. Agora, o Suj e o seu vestígio são equidistantes do Obj, e o Obj pode, portanto, ser elevado para a posição de [Spec, Agr$_O$]. Mas esta posição se encontra ocupada pelo Suj, o que bloqueia esta opção. Logo, para receber Caso, o Obj tem de se mover diretamente para uma posição mais elevada, passando sobre [Spec, Agr$_O$]: ou para [Spec, T] ou para [Spec, Agr$_S$]. Mas essas opções são impossíveis, mesmo depois de o elemento [V, Agr$_O$] ser elevado para as posições flexionais mais elevadas. A elevação de [V, Agr$_O$] forma uma nova cadeia cujo vestígio se encontra na posição Agr$_O$ de (16), e cria um

---

([38]) Não há qualquer incompatibilidade de princípio em mover o Suj para [Spec, Agr$_O$] ou o Obj para [Spec, Agr$_S$]. Recordemo-nos de que "S" e "O" (em Agr$_S$ e Agr$_O$) são simples mnemônicas sem existência real; assim, existe um só elemento Agr, diferenciado configuracionalmente (c-comandando TP ou c-comandado por T), mas não categorialmente.

novo domínio mínimo M ([39]). Mas t_{Suj} não é um membro de M. Logo, o Obj não pode passar sobre t_{Suj} para alcançar uma posição em M (à parte a posição [Spec, Agr_O], já preenchida pelo sujeito). Logo, a elevação do sujeito de dentro do VP para a posição [Spec, Agr_O] bloqueia qualquer tipo de atribuição Casual ao objeto; o objeto fica "imobilizado *in situ*"[22].

Concluímos que o cruzamento dos trajetos, e não o seu encaixe próprio, é a única opção permitida em qualquer língua. O paradoxo da teoria do Caso fica, pois, resolvido, com base em pressupostos naturais que são generalizáveis a uma série de outras situações.

3.3 Para lá dos níveis de interface: a Estrutura-D

Recordemos as necessidades conceituais (práticas) postuladas nesta abordagem geral. A UG determina as representações simbólicas possíveis e as derivações possíveis. Uma língua consiste num léxico e num sistema computacional. O sistema computacional retira elementos do léxico para formar as derivações, apresentando os itens retirados do léxico no formato da teoria X-barra. Cada derivação determina uma expressão linguística, uma DE, contendo um par (π, λ) que satisfaz as condições de interface. O ideal seria que não fosse necessário acrescentar mais nada: cada expressão linguística é uma realização ótima das condições de interface expressas em termos elementares (elo de cadeia, relações X-barra-teoréticas locais), ou seja, um par (π,) satisfazendo estas condições e gerado da maneira mais econômica. Qualquer estrutura ou pressupostos adicionais exigem justificação empírica.

O quadro teórico da EST tem estrutura adicional; concretamente, considere-se *Lectures on Government and Binding* (*LGB*; Chomsky, 1981a). Um pressuposto crucial diz respeito ao modo como o sistema computacional apresenta os itens do léxico para a computação que se segue. O pressuposto é que isso é o resultado de uma operação, chamemos-lhe *Satisfazer*, que seleciona um arranjo ([40]) de itens do léxico e apresenta esse arranjo num formato que

---

[39] Lembremo-nos de que temos uma nova cadeia (e não uma continuação da cadeia de V) porque é Agr_O = [V, Agr_O] (um elemento diferente de V) que se eleva (ver a nota 2, p.328. O novo domínio mínimo M contém {[Spec, T], Suj, VP}, como é fácil verificar.

[40] No original, "array". Repare-se que a noção de "arranjo" é diferente da noção de "conjunto": um arranjo pode conter várias ocorrências do mesmo elemento, contrariamente a um conjunto. Essa diferença é crucial no caso das línguas humanas, porque as frases podem conter ocorrências diferentes do mesmo item lexical (por exemplo, o artigo em *o rato comeu*

satisfaz as condições da teoria X-barra. Satisfazer é uma operação instantânea, que se aplica de uma só vez sobre os elementos selecionados: todos os itens que têm uma função em LF são retirados do léxico antes de a computação começar[23] e são apresentados no formato X-barra.

Postulamos assim um nível adicional, a Estrutura-D, além dos dois níveis de interface externos, PF e LF. A Estrutura-D é a interface *interna* entre o léxico e o sistema computacional, formada por Satisfazer. Nesta teoria, determinados princípios da UG aplicam-se sobre a Estrutura-O, especificamente o Princípio da Projeção e o Critério-θ. O procedimento computacional projeta a Estrutura-D em outro nível, a Estrutura-S, e "ramifica" em seguida, de modo independente, para PF e LF. Determinados princípios da UG, pertencentes a vários módulos da gramática (teoria da ligação, teoria do Caso, o módulo de *pro* etc.), aplicam-se no nível da Estrutura-S (talvez também em outros níveis, em alguns casos).

A justificação empírica para esta abordagem, que se afasta da necessidade conceitual, é substancial. Podemos, contudo, perguntar se a evidência existente justifica na realidade esse peso teórico, ou se é possível dar passos no sentido de um programa minimalista.

Note-se que a operação Satisfazer e os pressupostos que lhe são subjacentes não deixam de ter problemas. Descrevemos Satisfazer como uma operação que seleciona um *arranjo*, e não um *conjunto*; arranjos diferentes de itens lexicais resultam em expressões diferentes ([41]). É necessário clarificar aquilo que se entende exatamente por arranjo. Além disso, este modelo exige condições assegurando que a Estrutura-D tenha determinadas propriedades básicas do nível LF. Em LF, as condições são triviais. Se não forem satisfeitas, a expressão recebe uma interpretação degradada na interface; não há mais nada a dizer. O Princípio da Projeção e o Critério-θ não têm um significado independente em LF[24]. Mas em Estrutura-D os dois princípios são necessários para tornar o modelo coerente; se abandonarmos o modelo, os princípios perdem a sua função principal. Os princípios são, portanto, conceitualmente duvidosos, ainda que seja necessário dar conta das suas consequências

---

o queijo). A noção de "arranjo" será substituída no cap. 4 pelo conceito mais explícito de "numeração". Ver também a nota seguinte.

([41]) Por exemplo, o conjunto dos itens lexicais que formam as duas expressões *o rapaz viu este rapaz e aquele gato* e *o rapaz viu este gato e aquele gato* é o mesmo ({o, este, aquele, viu, rapaz, gato}); aquilo que é selecionado por Satisfazer não pode, pois, ser um conjunto, se queremos distinguir as duas expressões. Ver a nota anterior.

empíricas, como a proibição de elevação por substituição para uma posição-θ ([42]). Se conseguirmos explicar estas consequências empíricas de maneira diferente, e eliminar a Estrutura-D, o Princípio da Projeção e o Critério-θ podem por sua vez ser abandonados.

Mais ainda, a postulação da Estrutura-D levanta problemas empíricos, como aliás se notou imediatamente quando a EST foi reformulada no quadro teórico mais restritivo P&P. Um dos problemas, discutido em *LGB*, tem a ver com as construções adjetivas complexas como (17a), com a representação de Estrutura-S (17b) (*t* o vestígio do operador vazio Op) ([43]).

(17) a. John is easy to please
b. John is easy [$_{CP}$ Op [$_{IP}$ PRO to please *t*]]

Os argumentos em favor da representação de Estrutura-S (17b) são convincentes, mas *John* ocupa uma posição não θ e logo não pode aparecer aí em Estrutura-D. A operação Satisfazer é, pois, violada. Em *LGB* propôs-se um enfraquecimento de Satisfazer: um item lexical como *John* pode ser inserido em posições não θ no decurso da derivação, recebendo a sua função-θ apenas em LF (e, de modo irrelevante, em Estrutura-S). Esta proposta é consistente com os princípios, se bem que se possa argumentar não ser compatível com o espírito desses princípios.

Não precisamos, contudo, perder tempo com a questão, porque o dispositivo técnico em causa não funciona. Como Howard Lasnik notou, a solução de *LGB* falha porque um NP de arbitrariedade complexa pode ocorrer em vez de *John* (por exemplo, um NP que incorpore internamente uma estrutura como a de (17a)) ([44]). Num quadro teórico como o de *LGB* (ou semelhante) somos então levados a adotar uma versão das transformações generalizadas, como nos trabalhos iniciais da gramática generativa ([45]). O problema foi

---

([42]) Ver *Faculdade*, cap. 10, seção 4.
([43]) (17) a. o João é fácil (de) agradar
b. o João é fácil (de) [$_{CP}$ Op [$_{IP}$ PRO agradar *t*]]
([44]) Por exemplo, em português, *uma criança difícil de aturar não é fácil de contentar*. Segundo a solução de Chomsky (1981) (*LGB*), o NP *uma criança difícil de aturar* é inserido no decurso da derivação, e não em Estrutura-D. Mas o modelo P&P tem de atribuir uma Estrutura-D a esse NP, semelhante à Estrutura-D de (17a), com um Op na posição de objeto de *aturar*, por exemplo. Mas, se o NP não pode ocorrer em Estrutura-D, temos um paradoxo irresolúvel.
([45]) Uma "transformação generalizada" é uma operação que se aplica sobre um conjunto de estruturas "frásicas" {E$_1$ E$_2$}, substituindo um elemento terminal "designado" numa delas (por exemplo, em E$_1$) pela outra estrutura (E$_2$). Este era o mecanismo usado no início da gramática

imediatamente identificado, mas foi deixado com o estatuto de paradoxo não resolvido. Trabalho mais recente trouxe à superfície outros casos de expressões interpretáveis em LF mas não na sua posição de Estrutura-D (Reinhart, 1991), juntamente com outras razões para suspeitar que existem transformações generalizadas ou dispositivos semelhantes (Kroch e Joshi, 1985; Kroch, 1989; Lebeaux, 1988; Epstein, 1991). Nesse caso, os pressupostos especiais subjacentes à postulação da Estrutura-D perdem credibilidade. Como esses pressupostos não têm um apoio conceitual independente, somos levados a dispensar o nível da Estrutura-D e a propriedade "instantânea" da operação Satisfazer, e a colocar em seu lugar uma teoria das transformações generalizadas para o acesso lexical – ainda que as consequências empíricas das condições sobre a Estrutura-D tenham de ser encaradas[25] ([46]).

É fácil construir uma teoria do tipo desejado, a qual na realidade possui muitas propriedades desejáveis. Substituímos assim os pressupostos herdados da EST de *LGB* e de outros trabalhos pela seguinte abordagem. O sistema computacional seleciona um item X do léxico e o projeta numa estrutura X-barra-teórica que pode ter uma das formas de (18), onde $X = X^0 = [_x X]$.

(18)   a. X
       b. $[_{X'} X]$
       c. $[_{XP} [_{X'} X]]$

Este é agora o único resíduo do Princípio da Projeção ([47]).

Adotamos agora (mais ou menos) os pressupostos de *LSLT*, com uma só transformação generalizada TG que toma um indicador sintagmático K^1 e o insere numa posição vazia designada Ø pertencente a um indicador

---

generativa como tratamento da recursividade oracional (ver, por exemplo, Chomsky, 1957). O mecanismo das transformações generalizadas foi abandonado em Chomsky (1965), sendo substituído pela inserção recursiva do símbolo "S" através das regras de reescrita da base, juntamente com uma aplicação cíclica das regras transformacionais.

[46] Num modelo com transformações generalizadas, desaparece o problema levantado por frases como *uma criança difícil de aturar não é fácil de contentar*. Nesse modelo, a estrutura subjacente ao NP sujeito é gerada independentemente (*uma criança difícil de [Op [PRO aturar t]]*) e é seguidamente inserida numa posição designada (por exemplo, Δ) da estrutura correspondente à oração principal (*Δ não é fácil de [Op [PRO contentar t]]*). Além disso, como não existe mais um nível de Estrutura-D (e, logo, as restrições sobre esse nível, como a de não inserir elementos interpretáveis em posição não θ), não há problema em inserir *John*, por exemplo, na posição não θ que ocupa em (17).

[47] Ou seja, as três possibilidades de (18) são agora as únicas "projeções" permitidas do léxico para o "espaço" sintático.

sintagmático K, formando o novo indicador sintagmático K*, que por sua vez satisfaz a teoria X-barra ([48]). A computação continua paralelamente, selecionando livremente itens do léxico em qualquer momento. Em cada ponto da derivação temos assim uma estrutura Σ, que podemos considerar como um conjunto de indicadores sintagmáticos. Em qualquer ponto podemos aplicar a operação Spell-Out ([49]), que efetua a ligação para a componente PF. Se Σ não é um indicador sintagmático único, a derivação fracassa em PF, visto que as regras de PF não podem ser aplicadas sobre um conjunto de indicadores sintagmáticos, e nenhuma representação legítima é gerada. Se Σ é um indicador sintagmático único, as regras PF aplicam-se sobre Σ, derivando π, que é legítimo (e a derivação nesse caso converge em PF), ou não é legítimo (e a derivação fracassa de novo em PF).

Depois do Spell-Out, o processo computacional continua, restringido unicamente pela impossibilidade de ter acesso ao léxico (temos de nos assegurar, por exemplo, que *John left* ([50]) não possui a significação "they wondered whether John left before finishing his work") ([51]). Os outputs de PF e de LF têm de satisfazer as condições de interface (externas). A Estrutura-D desaparece, juntamente com os problemas que levantava.

TG é uma operação de substituição. Toma como alvo K e substitui Ø em K por K¹. Mas Ø não é retirado do léxico; logo, é inserido pela própria TG. TG toma assim K como alvo, adiciona-lhe Ø, e substitui Ø por K¹, formando K*, que tem de satisfazer a teoria X-barra ([52]). Repare-se que estamos des-

---

([48]) Ver a nota ([52]).
([49]) Mantemos o termo original.
([50]) *o João saiu*.
([51]) 'eles perguntaram-se se o João saiu antes de acabar o trabalho'. No ponto de entrada no Spell-Out, apenas se retirou do léxico *John* e *left*, logo são estes os elementos que vão ter uma interpretação fonética. Depois do Spell-Out, entramos na componente LF. Se o acesso ao léxico continuasse a ser possível, nada impediria retirar do léxico *they*, *wondered*, *whether* etc., combinar esses elementos apropriadamente com *John left*, e derivar uma expressão com a significação mencionada mas pronunciada apenas como *John left*.
([52]) As operações efetuadas por TG ilustram-se a seguir (A, B arbitrários):

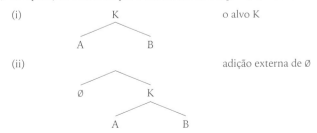

crevendo os mecanismos internos de uma operação única, TG. A descrição é semelhante a um algoritmo particular para Mover α, ou a um algoritmo para a operação de *modus ponens* numa demonstração lógica. Assim, é invisível ao "olho analítico" que só examina a derivação em si mesma, detectando apenas os seus passos sucessivos. Nunca vemos Ø, que é um símbolo subliminar, como a "primeira metade" da elevação de um NP para a posição de sujeito.

Juntamente com a operação de substituição binária TG, que projeta (K, K¹) em K*, temos também a operação de substituição singular Mover α, que projeta K em K*. Suponhamos que esta operação funciona exatamente como TG: toma K como alvo, adiciona-lhe Ø, e substitui Ø por α, em que α neste caso é um indicador sintagmático cuja origem é interna ao próprio indicador sintagmático K que é tomado como alvo. Pressupomos também que a operação deixa um vestígio *t* de α no lugar de origem de α, e forma a cadeia (α, *t*). De novo, Ø é invisível quando examinamos a derivação; faz parte dos mecanismos internos de uma operação que leva a derivação um passo adiante ([53]).

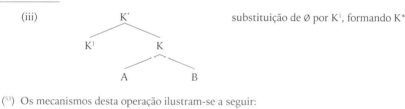

(iii)　　　　substituição de Ø por K¹, formando K*

([53]) Os mecanismos desta operação ilustram-se a seguir:

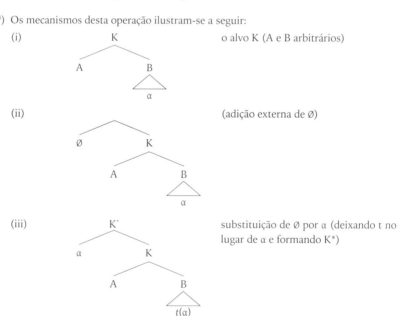

(i)　　　　o alvo K (A e B arbitrários)

(ii)　　　　(adição externa de Ø)

(iii)　　　　substituição de Ø por α (deixando t no lugar de α e formando K*)

Suponha-se que restringimos ainda mais as operações de substituição, exigindo que Ø seja *externo* ao indicador sintagmático K que é tomado como alvo. Deste modo, TG e Mover α ampliam K em K*, em que K* inclui K como uma parte própria[26]. Por exemplo, podemos tomar como alvo K = V', adicionar Ø para formar [β Ø V'], e em seguida elevar α de dentro de V' para substituir Ø, ou inserir outro indicador sintagmático K¹ no lugar de Ø. Em qualquer dos casos, o resultado tem de satisfazer a teoria X-barra, o que significa que o elemento que substitui Ø tem de ser uma projeção máxima YP, o especificador do novo indicador sintagmático VP = β.

A exigência de que as operações de substituição ampliem sempre o seu alvo tem um determinado número de consequências. Em primeiro lugar, podemos derivar uma versão do ciclo estrito, uma versão apoiada pelas considerações empíricas mais elementares: sem ela, perdemos os efeitos daqueles casos da ECP que caem sob a alçada da Minimalidade Relativizada (ver (9b)). Assim, suponha-se que no decorrer de uma derivação alcançamos a etapa (19) ([54]).

(19) a. [$_{I'}$ seems [$_{I'}$ is certain [John to be here]]]
     b. [$_{C'}$ C [$_{VP}$ fix the car]]
     c. [$_{C'}$ C [John wondered [$_{C'}$ C [$_{IP}$ Mary fixed what how]]]]

Sem nenhuma violação da Condição do "Movimento Mais Curto", podemos elevar *John* diretamente para o Spec principal em (19a) num passo único, e inserir seguidamente *it*, retirado do léxico, para formar *John seems it is certain t to be here* (superelevação) ([55]); podemos elevar *fix* em adjunção a C em (19b), e em seguida inserir *can*, retirado do léxico, para formar *fix John can t the car* ([56]) (em violação da HMC); e podemos elevar *how* para a posição [Spec, CP] principal em (19c), e elevar em seguida *what* para a posição [Spec, CP] encaixada, para formar *how did John wonder what Mary fixed t$_{how}$* ([57]) (em violação da Restrição da Ilha-*Wh*)[27] ([58]).

([54]) (19) a. [$_{I'}$ parece [$_{I'}$ é "suposto" [o João estar aqui]]]
        b. [$_{C'}$ C [$_{VP}$ consertar o carro]]
        c. [$_{C'}$ C [o João não sabe [$_{C'}$ C [$_{IP}$ a Maria consertou o que como]]]]
([55]) *o João parece expl é suposto t estar aqui.*
([56]) *consertar o João pode t o carro.*
([57]) *como (é que) o João perguntou o que a Maria consertou t$_{como}$.*
([58]) Usando (19a) como exemplo, podemos explicitar o argumento aqui apresentado. A elevação de *John* para o Spec principal é o movimento mais curto se for efetuada *antes* da inserção no Spec intermédio do expletivo *it*, porque nesse ponto a posição de Spec intermédio

A versão do ciclo estrito baseada na exigência de "ampliação" do alvo é simples e empiricamente justificada, sem ser necessário recorrer a argumentos empíricos demasiado sutis.

Uma segunda consequência da condição de ampliação ([59]) é a seguinte: dada uma estrutura com a forma [$_{x'}$ X YP], não podemos inserir ZP em X' (derivando, por exemplo, [$_{x'}$ X YP ZP]), em que ZP é retirado de dentro de YP (elevação) ou inserido de fora por TG. Do mesmo modo, dada a configuração [$_{x'}$ X], não podemos inserir ZP para formar [$_{x'}$ X ZP] ([60]). Ou seja, não pode haver elevação para uma posição de complemento. Derivamos deste modo uma das consequências principais do Princípio da Projeção e do Critério-θ na Estrutura-D, contribuindo assim para a conclusão de que essas noções são na realidade supérfluas. De um modo mais geral, como notou Akira Watanabe, a natureza binária da operação TG quase nos permite derivar que as estruturas X-barra se restringem à ramificação binária (os "caminhos não ambíguos" de Kayne), ainda que seja necessário mais algum trabalho para conseguir esse resultado.

As operações que acabamos de discutir são transformações por substituição, mas temos de considerar também a adjunção. Continuamos assim a permitir a estrutura X-barra (5), a par de (1), especificamente (20)[28].

(20)   a. [$_X$ Y X]
        b. [$_{XP}$ YP XP]

Em (20a) uma categoria de nível zero Y é adjunta à categoria de nível zero X, e em (20b) uma projeção máxima YP é adjunta à projeção máxima XP. TG e Mover α formam estruturas que satisfazem a teoria X-barra, incluindo agora (20). Repare-se que a motivação empírica extremamente forte em favor do ciclo estrito discutida acima não se aplica nestes casos. Vamos assim assumir

---

não existe – ela só é criada pela própria inserção do expletivo. Logo, a exigência de "ampliação externa" é necessária, para impedir a inserção de *it* depois da elevação de *John* (criando a posição Spec intermédia mas sem ampliar externamente a estrutura); caso contrário, nada impediria a derivação da expressão degradada *John seems it is certain to be here*. A derivação dessa expressão é impossível com a exigência de ampliação externa, porque nesse caso o movimento de *John* para o Spec principal só pode efetuar-se *depois* de *it* ter sido inserido, criando o Spec intermédio (ou seja, a exigência da ampliação externa impõe uma derivação estritamente cíclica); mas nesse caso o movimento de *John* já não é o movimento mais curto (precisamente porque passa sobre *it*). Um raciocínio semelhante aplica-se nos outros casos.

([59]) No original, "extension condition".
([60]) Repare-se que em nenhum destes casos a estrutura X' é ampliada (a inserção é *interna* a X').

que a adjunção não necessita ampliar o alvo. Concretamente, vamos pressupor que só a substituição na sintaxe visível obedece à condição de ampliação; este é o único caso exigido pelo argumento trivial em favor do ciclo[29] [61].

3.4 Para lá dos níveis de interface: a Estrutura-S

Suponha-se que conseguimos eliminar a Estrutura-D com base no raciocínio da seção anterior. Coloca-se a mesma pergunta em relação à Estrutura-S, outro nível cuja única motivação é interna à teoria. A questão básica consiste em saber se existem condições de Estrutura-S. Se tais condições não existem, podemos dispensar o conceito de Estrutura-S, e permitir que o Spell-Out se aplique livremente da maneira indicada acima. Não há dúvida de que esta seria a conclusão ótima.

Existem dois tipos de evidência em favor de condições de Estrutura-S.

(21) a. As línguas diferem relativamente ao ponto em que o Spell-Out se aplica no decurso da derivação para LF. (Será que temos grupos-*wh* movidos ou *in situ*? Será que a língua é como o francês, com elevação de V visível, ou como o inglês, com elevação de V em LF?)
b. Em praticamente todos os módulos da gramática, há evidência considerável de que as condições se aplicam em Estrutura-S.

Para mostrar que mesmo assim a Estrutura-S é supérflua, temos de mostrar que a evidência de ambos os tipos, ainda que substancial, não é inteiramente convincente.

No caso da evidência do tipo (21a), temos de mostrar que a posição do Spell-Out na derivação é determinada por propriedades de PF ou por propriedades de LF, já que estes são os únicos níveis permitidos, com base em pressupostos minimalistas. Além disso, caso o Programa Minimalista continue a ser elaborado nos termos adotados até aqui, as diferenças paramétricas se reduzem a propriedades morfológicas. Existem razões fortes para suspeitar

---

[61] Porque só os movimentos por *substituição* na sintaxe visível satisfazem o princípio da ciclicidade estrita, o qual, por sua vez, motiva diretamente a "condição de ampliação" externa do indicador sintagmático. Tudo leva a crer que os movimentos por adjunção não satisfazem a ciclicidade estrita, logo não têm de obedecer à "condição de ampliação".

de que as condições de LF não são relevantes. A expectativa é que as línguas sejam muito semelhantes no nível LF, e que as divergências existentes sejam apenas um reflexo de propriedades detectáveis em PF; os motivos para esta conclusão reduzem-se basicamente a considerações sobre a aprendizagem ([62]). Esperamos deste modo que, no nível LF, não haja diferenças relevantes entre línguas com constituintes elevados visivelmente e línguas com esses mesmos constituintes *in situ* (por exemplo, grupos-*wh* ou verbos). Somos deste modo levados a procurar propriedades morfológicas que tenham um reflexo em PF ([63]). Procuremos levar em conta esta conclusão ao longo do texto, regressando a ela explicitamente mais adiante.

Quanto à evidência do tipo (21b), um argumento contra as condições de Estrutura-S pode ter força variável, como se mostra em (22).

(22) a. A condição em questão *pode* aplicar-se apenas em LF.
Além disso, a condição por vezes *tem de* aplicar-se em LF.
Além disso, a condição *não* pode aplicar-se em Estrutura-S.

Mesmo (22a), a mais fraca das três categorias de argumentos, é suficiente: LF tem motivação independente, mas a Estrutura-S não tem. O argumento (22b) é mais forte, se aceitarmos o pressuposto de que, no melhor cenário possível, as condições são unitárias: aplicam-se num único nível, logo em LF se possível. O argumento (22c) seria decisivo.

Para dar uma amostra dos problemas que surgem, consideremos a teoria da ligação. Existem argumentos bem conhecidos que mostram que as condições da teoria da ligação têm de aplicar-se na Estrutura-S, e não em LF. Assim, considere-se (23) ([64]).

(23) a. you said he liked [the pictures that John took]
b. [how many pictures that John took] did you say he liked *t*
c. who [*t* said he liked [α how many pictures that John took]]

([62]) No original, "learnability".
([63]) Entenda-se, como explicação da variação do tipo (21a), ou seja, da posição do Spell-Out na derivação.
([64]) (23) a. tu disseste (que) ele gostou (de) [as fotografias que o João tirou]
b. (de) [quantas fotografias que o João tirou] (é que) tu disseste (que) ele gostou *t*
c. quem (é que) [*t* disse (que) ele gostou (de) [α quantas fotografias que o João tirou]]

Em (23a), *he* c-comanda *John* e não pode tomar *John* como antecedente; em (23b), não há relação de c-comando entre os dois elementos e *John* pode ser o antecedente de *he*. Em (23c), *John*, de novo, não pode ser o antecedente de *he*. Como as propriedades de ligação de (23c) são as de (23a), e não as de (23b), concluímos que *he* c-comanda *John* no nível de representação em que a Condição C se aplica ([65]). Mas, se o movimento LF efetua a adjunção de α a *who* em (23c), a Condição C tem de aplicar-se em Estrutura-S.

Contudo, o argumento não é conclusivo. Seguindo a linha de argumentação da seção 1.3.3 (ver (105)), podemos rejeitar o último pressuposto: que o movimento LF efetua a adjunção de α a *who* em (23c), derivando (24), em que *t'* é o vestígio do constituinte movido em LF ([66]).

(24) [[how many pictures that John took] who] [*t* said he liked *t'*]

Podemos pressupor que a única opção permitida é a extração de *how many* do NP mais inclusivo α, derivando uma forma LF aproximadamente como (25), em que *t'* é o vestígio de *how many*[30] ([67]).

(25) [[how many] who] [*t* said he liked [[*t'* pictures] that John took]]

A resposta pode consistir no par (*Bill*, 7), com a significação que o Bill disse que ele gostava de 7 fotografias que o John tirou. Mas em (25) *he* c-comanda *John*, logo a Condição C aplica-se como em (23a). Não somos assim obrigados a pressupor que a Condição C se aplica em Estrutura-S; podemos escolher a opção preferível que as condições relativas à interpretação se aplicam apenas nos níveis de interface. Este argumento é do tipo (22a), fraco mas suficiente. Voltamos mais adiante à possibilidade de argumentos mais fortes como (22b) e (22c).

A expressão visível correspondente a (25) ([68]) exige "pied-piping" ([69]) do NP completo [*how many pictures that John took*], mas não é claro que a situação seja a mesma na componente LF. Na realidade, podemos ir mais longe. A regra LF que associa o grupo-*wh in situ* com o grupo-*wh* em [Spec, CP] não precisa ser construída como um caso de Mover α. Podemos considerar essa

---

[65] Ver o cap. 1, (103), e a discussão desses exemplos.
[66] (24) [(de) [quantas fotografias que o João tirou] quem] [*t* disse (que) ele gostou *t'*]
[67] (25) [[quantas] quem] [*t* disse (que) ele gostou (de) [[*t'* fotografias] que o João tirou]]
[68] Ou seja, (23b).
[69] Mantemos o termo original inglês.

regra como sendo a base sintática para a absorção no sentido de Higginbotham e May (1981), uma operação que associa dois grupos-*wh* formando um quantificador generalizado[31]. Se assim for, a regra em LF não precisa satisfazer nenhuma das condições sobre o movimento.

A existência de evidência mostrando que as condições sobre o movimento não se aplicam no caso das interrogativas múltiplas não é nenhuma novidade. Contudo, a abordagem que acabamos de propor parece ser proibida pelas propriedades de línguas como o chinês e o japonês, com *wh- in situ* generalizado, mas obedecendo pelo menos a algumas das condições sobre o movimento (Huang, 1982). Watanabe (1991), contudo, argumentou que mesmo nessas línguas existe movimento-*wh* visível – neste caso, movimento de um operador vazio, causando os efeitos das restrições sobre o movimento ([70]). Se Watanabe tiver razão, podemos assumir que um operador-*wh* é sempre elevado visivelmente, que Mover α se encontra submetido às mesmas condições em toda a extensão da derivação para PF e LF, e que a operação LF que se aplica nas interrogativas múltiplas em inglês e nas interrogativas diretas em japonês não se encontra submetida a essas condições. A questão que permanece é a de saber por que é que se exige sempre movimento visível do operador, uma questão que pertence à categoria (21a). Voltamos a essa questão.

Recordemos de novo os pressupostos minimalistas que penso podermos manter: todas as condições são condições nas interfaces; e uma expressão linguística é a realização ótima dessas condições nas interfaces. Consideremos estas noções mais cuidadosamente.

Consideremos uma representação π em PF. PF é uma representação que usa o vocabulário da fonética universal, sem qualquer indicação dos elementos sintáticos ou das relações entre eles (estrutura X-barra, ligação, regência etc.). Para ser interpretado pelos sistemas de performance A-P, π tem de ser inteiramente constituído por *objetos legítimos em PF*, isto é, elementos que tenham uma interpretação na interface, interpretação essa uniforme e independente de qualquer língua particular. Nesse caso dizemos que π satisfaz a condição da *Interpretação Plena* (FI). Se π não obedece a FI, não fornece instruções apropriadas para os sistemas da performance. Consideramos que FI é a condição de convergência: se π satisfaz FI, a derivação D que forma π converge em PF; de outro modo, fracassa em PF. Por exemplo, se π contém uma

---

[70] Não esquecer que movimento "visível" significa movimento efetuado antes do Spell-Out (antes da Estrutura-S no modelo P&P); assim, não há contradição no fato de um operador vazio ("invisível", num certo sentido) sofrer movimento "visível".

consoante acentuada ou uma vogal com os traços [+alto, +baixo], D fracassa; do mesmo modo, D fracassa se π contém algum elemento morfológico que "sobrevive" até PF, sem qualquer interpretação na interface. Se D converge em PF, o seu output π recebe uma interpretação articulatória-perceptual, talvez como algaraviada ([71]).

Tudo isto é perfeitamente claro – na verdade, pouco mais fizemos do que exprimir aquilo que já é tacitamente pressuposto. Esperamos agora que o mesmo aconteça em LF.

Para tornar as ideias mais concretas, precisamos saber exatamente quais são os objetos legítimos em PF e LF. Em PF, este é o problema normal da fonética universal. Em LF, pressupomos que os objetos legítimos são cadeias CH = $(\alpha_1,...\alpha_n)$, em que, pelo menos (e talvez não mais do que isso), CH é um núcleo, um argumento, um modificador ou uma construção operador-variável. Uma representação λ satisfaz FI em LF se consistir inteiramente em objetos legítimos; uma derivação que forma λ converge em LF se λ satisfaz FI, e fracassa de outro modo. Uma derivação convergente pode produzir uma algaraviada pura e simples, exatamente como em PF ([72]). As expressões linguísticas podem apresentar "desvios" relativamente a inúmeras escalas incomensuráveis, e não existe nenhuma noção de "frase bem formada" (ver a nota 7). As expressões têm as interpretações que lhes são atribuídas pelos sistemas de performance nos quais a língua está encaixada, e não há mais nada a dizer.

Para desenvolver estas ideias adequadamente, temos de caracterizar noções que captem as propriedades básicas das posições-A e -Ā. Estas noções eram bem definidas no quadro teórico de *LGB*, mas em termos de pressupostos que já não mantemos, em particular, o pressuposto de que a marcação-θ se restringe à configuração estrutural de nós-irmãos, com análises que permitem a ramificação múltipla. Com o abandono desses pressupostos, as noções de posição-A e posição-Ā são usadas apenas num sentido intuitivo. Para as substituir, vamos considerar mais de perto as propriedades morfológicas dos itens

---

[71] No original, "gibberish". Uma derivação convergente em PF mas interpretada como algaraviada é (plausivelmente) uma representação que obedece a todos os princípios e condições *formais* impostos pelo nível PF, mas que apresenta problemas de articulação ao aparelho fonador, talvez devido a razões anatómicas; as violações da hierarquia sonora dentro de uma sílaba (*rc* versus *cr*, por exemplo) podem constituir um caso, dependendo do tratamento formal explícito a dar a esse fenómeno.

[72] Um exemplo de derivação que converge em LF mas cuja interpretação é uma "algaraviada" é dado em (68b)/(69) do cap. 4.

lexicais, que desempenham um papel fundamental no programa minimalista que estamos construindo. (Ver a seção 1.3.2.) (⁷³)

Consideremos o sistema verbal de (2). Tipicamente, o verbo principal "apanha" os traços de T e de Agr (na realidade tanto de Agr$_S$ como de Agr$_O$ no caso geral), e é adjunto a um elemento flexional I, formando [V I]. Há dois modos de interpretar este processo, para um determinado elemento lexical α. Um deles consiste em considerar o elemento α como sendo uma forma básica, não flexionada; as regras PF são então construídas de modo a interpretar o complexo abstrato [α I] como uma palavra fonológica flexionada única. A outra abordagem consiste em considerar que, como propriedade intrínseca, α tem traços flexionais no léxico (no espírito da fonologia lexicalista); esses traços são seguidamente verificados diante do elemento flexional I no complexo [α I][32]. Se os traços de α e de I condizem, I desaparece e α entra na componente PF no ponto do Spell-Out; se esses traços estão em conflito, I permanece e a derivação fracassa em PF. Nesta versão, as regras de PF são simples regras de reescrita do tipo usual; ou seja, não são regras mais elaboradas que se aplicam sobre o complexo [α I].

Tenho pressuposto tacitamente a segunda opção no decorrer deste trabalho. Vamos agora tornar essa escolha mais explícita. Repare-se que não precisamos mais adotar o pressuposto de Pollock-Emonds de que, nas línguas como o inglês, I desce para V (⁷⁴). De qualquer modo, V tem os traços flexionais antes do Spell-Out, e o procedimento de verificação pode ocorrer em qualquer ponto, em particular depois do movimento em LF. As línguas como o francês e as línguas como o inglês são agora iguais em LF, ao passo que a hipótese da descida de I nas línguas como o inglês produzia estruturas de adjunção completamente diferentes daquelas que existem nas línguas com elevação.

Existem várias maneiras de formular com precisão uma teoria da verificação, e de captar generalizações que são válidas tanto na morfologia como na sintaxe. Suponhamos, por exemplo, que o Princípio do Espelho proposto por Baker é absolutamente correto (⁷⁵). Nesse caso, podemos considerar que

---

(⁷³) Particularmente, p.123-124.

(⁷⁴) Ver o capítulo 2 para a posição contrária, agora abandonada.

(⁷⁵) Ver Baker (1985). O Princípio do Espelho afirma que as derivações morfológicas têm de refletir diretamente as derivações sintáticas (e vice-versa). Assim, por exemplo, um complexo verbal [V-A-B], em que A, B são sufixos, corresponde a uma estrutura sintática subjacente [$_B$ B...[$_A$ A... [V...]...]...]; V é primeiro elevado para A, formando o complexo [$_A$ V-A]; e este complexo é, por sua vez, elevado para B, formando o novo complexo [$_B$ [$_A$ V-A]-B].

um elemento lexical – digamos, o verbo V – é uma sequência V = (α, Infl₁,... Inflₙ), em que α é o complexo morfológico [R-Infl₁-...-Inflₙ], R uma raiz e Inflᵢ um traço flexional³³. As regras de PF só "veem" α. Quando V é adjunto a uma categoria funcional F (digamos, Agr_O), o traço Infl₁ é retirado de V se for conforme com F e assim por diante. Se subsistir algum Infl₁ em LF, a derivação fracassa em LF. A forma PF α satisfaz sempre o Princípio do Espelho numa derivação convergente em LF. Outras tecnologias são facilmente imagináveis. Contudo, não é claro neste caso que tais mecanismos sejam necessários; a evidência mais persuasiva em favor do Princípio do Espelho vem de fora do domínio da morfologia flexional; é muito possível que esta seja submetida a princípios diferentes. Suponhamos, por exemplo, que uma morfologia mais rica tem tendência a ser mais "visível", isto é, a estar mais próxima da fronteira de palavra; nesse caso, e se as especulações do parágrafo que termina na nota 13 forem corretas, esperamos que a concordância nominativa ou absolutiva (dependendo do tipo de língua) seja mais periférica na morfologia verbal.

Os elementos funcionais T e Agr contêm assim traços do verbo. Chamemos-lhes *traços-V*: a função dos traços-V de um elemento flexional I consiste em verificar as propriedades morfológicas do verbo selecionado do léxico. De um modo mais geral, chamemos a esses traços de um item lexical L *traços-L* ([76]). Restringindo-nos às noções X-barra-teoréticas, dizemos que uma posição é *L-relacionada* se estiver numa relação local com um traço-L, isto é, se estiver no domínio interno ou no domínio de verificação de um núcleo com um traço-L. Além disso, podemos subdividir o domínio de verificação em duas categorias: não adjunto (Spec) e adjunto. Vamos chamar a estas posições, respectivamente, posição *L-relacionada em sentido estrito* e posição *L-relacionada em sentido amplo*. Uma posição estrutural L-relacionada em sentido estrito tem as propriedades básicas de uma posição-A; uma posição estrutural que seja não L-relacionada tem as propriedades básicas de uma posição-Ā; em particular [Spec, C], que não é L-relacionado se C não contém um traço-V. O estatuto das posições L-relacionadas em sentido amplo (adjuntas) tem sido bastante debatido na literatura, em particular no âmbito da teoria do scrambling³⁴. Levando em conta os nossos objetivos limitados, podemos deixar a questão em aberto.

A estrutura morfológica é assim o espelho direto da derivação sintática (e da hierarquia de c-comando dos elementos que participam na derivação).

([76]) Isto é, os traços das categorias lexicais que são partilhados por categorias funcionais autônomas, como T ou Agr.

Repare-se que pressupomos crucialmente que a elevação de V para C é na realidade elevação de I, com V incorporado em I, uma análise plausível; e que esta elevação é motivada por propriedades do sistema (C, I), e não pela necessidade de verificação morfológica de V ([77]). C também tem outras propriedades que o diferenciam dos traços-V, como se discutiu na seção 1.4.1 ([78]).

As mesmas considerações aplicam-se aos nomes (pressupondo que o núcleo D do DP contém traços-N) e aos adjetivos. Pondo estes casos de lado, podemos continuar a usar informalmente a terminologia posição-A e posição-Ā, agora entendida numa primeira aproximação em termos do relacionamento-L, com a ideia de que será necessário um refinamento adicional deste sistema. Podemos assim definir os objetos legítimos em LF, CH = $(\alpha_1,...\alpha_n)$, mais ou menos do modo já conhecido: núcleos, em que α_i é um X^0; argumentos, em que α_i é uma posição-A; adjuntos, em que α_i é uma posição-Ā; e as construções de operador-variável, às quais voltamos com alguns comentários breves mais adiante[35]. Esta abordagem não parece levantar problemas maiores. Vamos pressupor que assim é, e continuar.

Os traços morfológicos de T e de Agr têm duas funções: verificam o verbo que se eleva para esses elementos, e verificam propriedades do NP (DP) que se eleva para o seu Spec; assim, asseguram que DP e V são corretamente emparelhados. Generalizando a teoria da verificação, vamos assumir que os nomes, tal como os verbos, são retirados do léxico com todos os seus traços morfológicos, incluindo o Caso e os traços-ϕ, e que estes também têm de ser verificados na posição apropriada[36]: neste caso, [Spec, Agr] (que pode conter T ou V). Também esta verificação pode ocorrer em qualquer etapa de uma derivação para LF.

Um argumento típico em favor das condições de Estrutura-S no módulo do Caso é o seguinte: os traços Casuais aparecem em PF, mas são necessariamente "visíveis" em LF; logo, o Caso está presente no ponto em que a derivação atinge a Estrutura-S. Mas esse argumento desaparece se aceitarmos a teoria da verificação ([79]). Podemos, portanto, continuar com o pressuposto de que o Filtro do Caso é uma condição da interface – na realidade, a condição que exige que todos os traços morfológicos sejam verificados em algum

---

([77]) Visto que C não contém traços-V (inversamente, V não contém traços que possam ser verificados por C).

([78]) Ou seja, propriedades que diferenciam C dos núcleos que incorporam traços-V.

([79]) Ou seja, como os traços morfológicos (incluindo o Caso) já estão no DP quando este entra na derivação, são necessariamente visíveis em PF, independentemente do ponto da derivação em que se aplica a operação que os legitima (a verificação).

ponto, para obter convergência. Levantam-se vários problemas interessantes e sutis neste domínio; com alguma relutância, vou pô-los aqui de lado, limitando-me a propor sem argumentação que uma interpretação correta da noção de economia derivacional nos leva bastante longe (talvez completamente) no sentido da resolução destes problemas[37].

Consideremos agora a concordância sujeito-verbo, como em *John hits Bill* ([80]). Os traços-ϕ aparecem em três posições no decurso da derivação: internamente a *John*, internamente a *hits*, e em Agr$_S$. O verbo *hits* é em última instância elevado para Agr$_S$, e o NP *John* para [Spec, Agr$_S$], cada um destes elementos verificando assim os seus traços morfológicos. Se os itens lexicais tiverem sido corretamente escolhidos, a derivação converge. Mas em PF e LF os traços-ϕ aparecem apenas duas vezes, e não três vezes: no NP e no verbo que concordam um com o outro. Agr desempenha apenas um papel mediador: quando termina as suas funções, desaparece. Dado que esta função é dupla, V-relacionada e NP-relacionada, Agr tem na realidade de possuir dois tipos de traços: traços-V que verificam o V adjunto a Agr, e traços-NP que verificam o NP em [Spec, Agr]. O mesmo acontece com T, que verifica o tempo no verbo e o Caso no sujeito. Os traços-V de um elemento flexional desaparecem quando completam a verificação do V, e os traços-NP de um elemento flexional desaparecem quando completam a verificação do NP (ou de N, ou do DP; ver a nota 36). Tudo isto é automático, e no âmbito do Programa Minimalista.

Voltemos agora ao primeiro tipo de condição de Estrutura-S (21a), sobre a posição do Spell-Out: depois da elevação de V nas línguas como o francês, antes da elevação de V nas línguas como o inglês (recorde-se que pusemos de lado o movimento por descida). Como vimos anteriormente, o Programa Minimalista permite apenas uma solução para este problema: aquilo que obriga à elevação do V em francês, mas não em inglês, são condições de PF que refletem propriedades morfológicas. Mas que condições são essas?

Recordemo-nos da intuição subjacente à abordagem de Pollock, que estamos basicamente assumindo: as línguas como o francês têm Agr "forte", que obriga à elevação visível, e as línguas como o inglês têm Agr "fraco", que bloqueia a elevação visível. Adotemos então esta ideia, reformulando-a nos nossos termos: os traços-V de Agr são fortes em francês, e fracos em inglês. Recorde-se que quando os traços-V completam a sua missão, verificando o V adjunto, desaparecem. Se V não é elevado para Agr visivelmente, os traços-V

[80] *o João agride o Bill.*

sobrevivem em PF. Vamos agora aceitar o pressuposto natural de que os traços "fortes" são visíveis em PF, e que os traços "fracos" são invisíveis em PF. Estes traços não são objetos legítimos em PF; não são componentes adequadas de uma matriz fonética. Logo, se um traço forte permanece depois do Spell-Out, a derivação fracassa[38]. Em francês, a elevação visível é exigida para a convergência; em inglês não é.

Ficam ainda duas questões importantes: por que é que a elevação visível é proibida em inglês? Por que é que os auxiliares *have* e *be* do inglês são elevados visivelmente, tal como os verbos em francês?

À primeira pergunta podemos responder com uma condição de economia natural: o movimento em LF é "mais barato" do que o movimento visível (chamemos a este princípio *Procrastinar*). (Ver a seção 1.3.3.) A ideia intuitiva é que as operações em LF são uma espécie de reflexo "conectado" ([81]), operando mecanicamente além de quaisquer efeitos diretamente observáveis. As operações em LF são menos caras do que as operações visíveis. O sistema tenta alcançar PF "tão depressa quanto possível", minimizando a sintaxe visível. Em línguas como o inglês, a elevação visível não é necessária para a convergência; logo, é proibida por princípios de economia ([82]).

Para lidar com o segundo problema, consideremos de novo a intuição subjacente ao tratamento de Pollock: a elevação dos auxiliares reflete o seu vazio semântico; são marcadores posicionais ([83]) para certas construções, na melhor das hipóteses verbos "muito leves" ([84]). Adotando esta intuição (mas não a tecnologia que a acompanha), vamos pressupor que estes elementos, sem traços semânticos relevantes, não são visíveis para as regras de LF. Se não forem elevados visivelmente, não podem ser elevados pelas regras de LF, e a derivação fracassa[39].

Consideremos agora a diferença entre línguas SVO como o inglês ou línguas SOV como o japonês, por um lado, e línguas VSO como o irlandês, por outro. Com os pressupostos aqui adotados, V é elevado visivelmente para I (Agr$_S$) em irlandês, ao passo que S e O são elevados na componente LF para [Spec, Agr$_S$] e para [Spec, Agr$_O$], respectivamente[40]. Só temos uma maneira de exprimir estas diferenças: em termos da força dos traços flexionais. Uma

---

([81]) No original, "a kind of wired-in reflex".

([82]) Comparar com o princípio de economia baseado na minimização das derivações, proposto no cap. 2, seção 2.3.1, o qual, nesse quadro teórico particular, e em condições de igualdade, dava preferência ao movimento visível.

([83]) No original, "placeholders".

([84]) No original, "very light verbs".

possibilidade é que o traço-NP de T seja forte em inglês e fraco em irlandês. Logo, NP tem de ser elevado para [Spec, [Agr T]] em inglês antes do Spell-Out ou a derivação não converge ([85]). O princípio Procrastinar proíbe essa elevação em irlandês. O Princípio da Projeção Alargada, que exige que [Spec, IP] seja realizado (talvez por uma categoria vazia), reduz-se a uma propriedade morfológica de T: traços-NP fortes ou fracos. Note-se que o traço-NP de Agr é fraco em inglês; se fosse forte, o inglês teria deslocamento visível do objeto. Continuamos a manter o pressuposto mínimo de que Agr_S e Agr_O são coleções de traços, sem nenhuma distinção relevante entre sujeito e objeto, logo sem diferenças quanto à força dos traços. Note-se também que uma língua pode permitir uma flexão fraca e uma flexão forte, logo traços-NP fracos e fortes: o árabe é um caso sugestivo, com a ordem SVO *versus* VSO dependendo da riqueza da flexão verbal visível.

Seguindo este raciocínio, podemos eliminar as condições de Estrutura-S sobre a elevação e a descida, em favor de propriedades morfológicas dos itens lexicais, de acordo com o Programa Minimalista. Repare-se que se prediz a existência de uma determinada tipologia de línguas; resta determinar se essa predição é ou não correta ([86]).

Se a teoria do movimento-*wh* de Watanabe (1991) for correta, não existe variação paramétrica relativamente ao *wh- in situ*: as diferenças entre as línguas (digamos, entre o inglês e o japonês) reduzem-se à morfologia, neste caso a morfologia interna dos grupos-*wh*. De qualquer modo, surge a questão de saber por que é que a elevação do operador-*wh* é sempre visível, contrariamente a Procrastinar ([87]). O pressuposto básico da economia derivacional é que as operações são determinadas por necessidade: são operações de "último recurso", que se aplicam se for necessário, mas não se aplicam se não for necessário (Chomsky, 1986b e o cap. 2 deste livro). O nosso pressuposto é que as operações são determinadas por necessidade morfológica: determinados traços têm de ser verificados no domínio de verificação de um núcleo, ou a derivação fracassa. Logo, a elevação de um operador para [Spec, CP] tem de ser determinada por uma exigência desse tipo. O pressuposto natural é

---

[85] Recordemo-nos de que T se eleva para Agr_S em inglês; assim, a atração do sujeito pelo traço forte de T é para o Spec da projeção mais elevada, cujo núcleo é agora uma amálgama de Agr e T.

[86] Ou seja, prediz-se uma tipologia baseada na atribuição dos valores + ou - ("forte" e "fraco", respectivamente) a cada um dos traços V-relacionado e NP-relacionado, para cada categoria funcional.

[87] Ver a nota ([70]) e o texto que a abre.

que C pode ter um traço de tipo operador (podemos considerar que este é o traço-Q ou o traço-*wh* assumido tipicamente em C nesses casos), e que esse traço é uma propriedade morfológica dos operadores de tipo -*wh*. Para um C apropriado, os operadores são elevados para o domínio de verificação de C, com a finalidade de verificarem o seu traço: em particular, são elevados para [Spec, CP] ou em adjunção a Spec (a absorção), satisfazendo assim as suas propriedades de escopo[41]. A topicalização e o foco podem ser tratados do mesmo modo. Se o traço de tipo operador em C é forte, o movimento é visível. A elevação de I para C pode converter automaticamente o traço relevante de C num traço forte (o fenômeno V2). Se a teoria de Watanabe for correta, o traço de operador-*wh* é universalmente forte.

3.5 Extensões do Programa Minimalista

Consideremos agora mais cuidadosamente os princípios de economia. Estes aplicam-se tanto sobre as representações como sobre as derivações. Quanto às primeiras, podemos considerar que o princípio de economia é tão somente a condição FI: todo o símbolo tem de receber uma interpretação "externa" com base em regras que são independentes das línguas particulares. Nem o Princípio da Projeção nem o Critério-θ em LF são necessários. Uma derivação convergente pode violar esses princípios, mas recebe nesse caso uma interpretação defeituosa.

A questão da economia das derivações é mais sutil. Já notamos dois casos: Procrastinar, que não levanta problemas, e o princípio do Último Recurso, que é mais complexo. De acordo com esse princípio, um passo de uma derivação só é legítimo se for necessário para a convergência – se o passo não for dado, a derivação não converge. A elevação de NP, por exemplo, é determinada pelo Filtro do Caso (que pressupomos agora aplicar-se apenas em LF): se o traço Casual de um NP já tiver sido verificado, esse NP não pode ser elevado. Por exemplo, (26a) é plenamente interpretável, mas (26b) não é ([88]):

(26) a. there is [α a strange man] in the garden
b. there seems to [α a strange man] [that it is raining outside]

([88]) (26) a. *expl* estão [α vários homens estranhos] no jardim
b. *expl* parecem a [α vários homens estranhos] [que está chovendo lá fora]

Em (26a), α não está numa posição adequada para a verificação Casual; logo, é elevado em LF, em adjunção ao afixo de LF *there*, deixando um vestígio *t*. Depois desta operação, o constituinte α fica no domínio de verificação da flexão principal. O sujeito principal em LF é [α-*there*], uma palavra em LF com todos os seus traços verificados, mas interpretável apenas na posição do vestígio *t* da cadeia (α, *t*), sendo o seu núcleo "invisível" dentro da própria palavra ([89]). Contrastando com esta situação, α em (26b) tem as suas propriedades Casuais satisfeitas dentro do PP, logo a elevação não lhe é permitida, e ficamos com *there* livre na posição de sujeito ([90]). Este objeto é legítimo, sendo uma cadeia de um só membro com todas as suas propriedades morfológicas verificadas. Logo, a derivação converge. Mas não existe uma interpretação coerente, porque *there* livre não recebe uma interpretação semântica (na realidade nem sequer pode receber uma função-θ numa posição-θ). A derivação converge, mas com o estatuto de semialgaraviada.

A noção de Último Recurso é em parte formulável em termos de economia: uma derivação mais curta é preferível a uma derivação mais longa, e se a derivação D converge sem a aplicação de uma determinada operação, então essa operação não é permitida. Em (26b), a adjunção de α a *there* produz uma interpretação inteligível (algo como "há um homem estranho a quem parece que está chovendo lá fora"). Mas a adjunção não é permitida: a derivação converge com uma interpretação ininteligível. As derivações são determinadas pela exigência mecânica estrita da verificação de traços, e não por uma "procura de inteligibilidade", ou algo desse gênero.

Repare-se que a elevação de α em (26b) é bloqueada pelo fato de *as exigências do próprio elemento* α serem satisfeitas sem elevação, ainda que se possa argumentar que essa elevação resolveria os problemas do afixo de LF *there*. De uma maneira mais geral, Mover α só se aplica sobre um elemento α se as propriedades morfológicas do próprio elemento α não forem satisfeitas de outro modo. A operação não se pode aplicar sobre α de modo a permitir que um elemento diferente β satisfaça as *suas* propriedades. O Último Recurso, então, é sempre "egoísta" ([91]): não é permitido beneficiar outros elementos. A par de Procrastinar, temos assim um princípio de *Cobiça*: O Último Recurso egoísta.

Consideremos a expressão (27), semelhante a (26b), mas sem inserção de *there* a partir do léxico.

([89]) Isto é, com *there* invisível dentro de [α-*there*].
([90]) No original, "freestanding *there*".
([91]) No original, "self-serving".

(27)   seems to [α a strange man] [that it is raining outside]

Aqui, o T principal tem um traço-NP (um traço Casual) que precisa ser atribuído, mas α não pode ser elevado (visivelmente ou não visivelmente) para obviar esse problema. A derivação não pode convergir, contrariamente a (26b), que converge sem uma interpretação adequada ([92]). A propriedade egoísta do Último Recurso não pode ser ignorada mesmo para assegurar a convergência ([93]).

As considerações relativas à economia derivacional possuem tendencialmente uma natureza "global", produzindo uma complexidade computacional de grau mais elevado ([94]). A complexidade computacional pode ou não ser um defeito empírico; é preciso determinar se os casos são caracterizados corretamente (por exemplo, com a complexidade adequadamente relacionada com a dificuldade de processamento, que é várias vezes considerável ou extrema, como se sabe). Contudo, esperamos que a arquitetura da linguagem minimize esse tipo de problemas. A propriedade egoísta do Último Recurso tem o efeito de restringir a classe das derivações que têm de ser consideradas para a determinação da otimalidade; talvez mesmo, numa análise mais minuciosa, se possa mostrar que contribui efetivamente para esse objetivo[42] ([95]).

A formulação das condições de economia em termos dos princípios Procrastinar e Cobiça nos permite derivar uma noção bastante restrita e determinada de *derivação convergente mais econômica* que bloqueia todas as outras. A formulação exata destas ideias é uma questão bastante delicada, e o leque de consequências empíricas é bem amplo.

Assumimos também uma noção de "elo mais curto", expressa em termos da operação Formar Cadeia. Pressupomos assim que, dadas duas derivações

---

([92]) Note-se que, em (26b), *there* descarrega o traço-NP de T, permitindo que a derivação convirja.

([93]) O que mostra que a propriedade egoísta do Último Recurso não é na realidade uma condição de economia, mas sim uma "condição absoluta" sobre o movimento. As verdadeiras condições de economia (como Procrastinar), pelo contrário, podem ser violadas para assegurar a convergência.

([94]) Ver o cap. 2, seção 2.7.

([95]) Não esquecer que a natureza "tendencialmente" global das considerações de economia tem a ver com o fato de ser necessário comparar derivações diferentes, para estabelecer qual é a mais econômica. Nesse sentido, a propriedade da Cobiça diminui a complexidade da computação global, porque qualquer derivação que esteja em violação desta propriedade pode ser descartada imediatamente, o que tem o efeito de diminuir o conjunto das derivações que têm de ser comparadas.

convergentes D₁ e D₂, ambas mínimas e contendo o mesmo número de passos, D₁ bloqueia D₂ se os seus elos forem mais curtos. Desenvolvendo esta ideia intuitiva, que tem, no entanto, de ser consideravelmente refinada, podemos incorporar no Programa certos aspectos da Subjacência e da ECP, como indicamos acima de modo breve.

Para que uma derivação possa convergir, recordemo-nos de que o seu output em LF tem de ser formado por objetos legítimos: provisoriamente, núcleos, argumentos, modificadores e construções operador-variável. Surge um problema no caso das construções com pied-piping como (28) ([96]),

(28) (guess) [[_wh in which house] John lived t]

A cadeia (wh, t) não é uma construção operador-variável. A forma apropriada em LF para a interpretação exige "reconstrução", como em (29) (ver a seção 1.3.3) ([97]).

(29)   a. [which x, x a house] John lived [in x]
       b. [which x] John lived [in [x house]]

Vamos pressupor que (29a) e (29b) são opções alternativas. Há vários modos de interpretar estas opções. Concretamente, vamos selecionar um modo particularmente simples[43].

Suponha-se que em (29a) x é compreendido como uma variável de DP: do ponto de vista posicional, pode ser substituída por um DP (a resposta pode ser *the old one*) ([98]); do ponto de vista objetual, tem como domínio casas, o que é determinado pelo seu operador restrito. Em (29b), x é uma variável de D: do ponto de vista posicional, pode ser substituída por um D (a resposta pode ser *that (house)*) ([99]); do ponto de vista objetual, tem como domínio entidades.

A reconstrução é uma operação curiosa, em particular quando se aplica supostamente a seguir ao movimento em LF, restaurando aquilo que foi movido não visivelmente, como é frequentemente proposto (por exemplo, para (23c)). Se possível, o processo deveria ser eliminado. Uma abordagem por vezes sugerida é a da "teoria do movimento como cópia": o vestígio

---

[96] (28) (adivinha) [[_wh em qual casa] o João viveu t]
[97] (29) a. [qual x, x uma casa] o João viveu [em x]
           b. [qual x] o João viveu [em [x casa]]
[98] *(n)a velha.*
[99] *(n)essa (casa).*

deixado no lugar de origem do movimento é uma cópia do elemento movido, apagada por um princípio da componente PF no caso do movimento visível. Mas em LF a cópia permanece, fornecendo os materiais para a "reconstrução". Vamos considerar essa possibilidade, seguramente preferível se for defensável ([100]).

A operação de apagamento em PF é provavelmente um caso de um princípio mais amplo que se aplica na elipse e em outras construções (ver a secção 1.5). Consideremos expressões como (30a-b) ([101]).

(30) a. John said that he was looking for a cat, and so did Bill
 b. John said that he was looking for a cat, and so did Bill [$_E$ say that he was looking for a cat]

O primeiro termo da conjunção é ambíguo de várias maneiras. Suponha-se que resolvemos a ambiguidade numa das maneiras possíveis, digamos, tomando o pronome como referindo-se ao Tom e interpretando *a cat* de modo não específico, de modo que o John disse que a procura do Tom seria satisfeita por qualquer gato. No caso elíptico (30a), há um requisito de paralelismo de qualquer tipo (chamemos-lhe RP) que exige que o segundo termo da conjunção seja interpretado do mesmo modo – neste caso, com *he* referindo-se ao Tom e *a cat* compreendido de modo não específico (Lakoff, 1970; Lasnik, 1972; Sag, 1976; Ristad, 1993). O mesmo acontece na frase completa (30b), uma expressão linguística não degradada e com uma entoação descendente distinta em E; as propriedades de (30b) também são determinadas pela teoria da gramática. Seguramente, RP aplica-se em LF. Como tem de aplicar-se no caso de (30b), o pressuposto mais simples é que apenas (30b) chega até LF, e (30a) é derivado de (30b) por uma operação da componente PF que apaga cópias. Não há, assim, necessidade de mecanismos especiais para dar conta das propriedades de paralelismo manifestadas por (30a). Surgem questões interessantes quando seguimos estas ideias, mas as ideias em si mesmas parecem promissoras. Se assim for, a operação que apaga vestígios pode muito bem ser uma variante obrigatória de uma operação mais geral que se aplica na componente PF.

Aceitando esta abordagem, (28) é uma abreviação notacional de (31) ([102]).

([100]) Para uma discussão aprofundada do assunto, ver Nunes (1995).
([101]) Ver as notas ([355]) e ([336]) do cap. 1.
([102]) (31) [$_{wh}$ em qual casa] o João viveu [$_{wh}$ em qual casa]

(31)   [_wh in which house] John lived [_wh in which house]

A componente LF converte o grupo *wh* numa forma como (32a) ou (32b), por uma operação parecida com QR ([103]).

(32)   a. [which house] [_wh in *t*]
       b. [which] [_wh in [*t* house]]

Podemos dar a estas representações as interpretações intuitivas de (33a-b) ([104]).

(33)   a. [which *x*, *x* a house] [in *x*]
       b. [which *x*] [in [*x* house]]

Para que exista convergência em LF, precisamos de uma estrutura operador-variável. Isso significa que, na posição do operador [Spec, CP], tudo tem de ser apagado à exceção do grupo operador; logo, o constituinte com a etiqueta *wh* de (32) é apagado. Na posição do vestígio, a cópia daquilo que fica na posição do operador é apagada, deixando apenas o constituinte com a etiqueta *wh* (uma operação em LF semelhante à regra de PF que descrevemos acima). No caso agora em análise, estas escolhas não precisam ser especificadas; outras opções fracassam. Derivamos assim formas em LF com a interpretação de (29a) ou (29b), dependendo da opção selecionada. As formas em LF são agora constituídas por objetos legítimos, e as derivações convergem ([105]).

Seguindo este raciocínio, interpretamos *which book did John read* como "[which *x*, *x* a book] [John read *x*]" (resposta: *War and Peace*) ou como "[which *x*] [John read [*x* book]]" (resposta: *that* (*book*)) ([106]).

Os pressupostos são bem claros e minimalistas em espírito. Mas contribuem apenas parcialmente para uma análise da reconstrução e da interpretação; existem fenômenos complexos e obscuros, muitos deles mal compreendidos. Na medida em que estes pressupostos forem defensáveis e

---

([103]) (32)   a. [qual casa] [_wh em *t*]
                b. [qual] [_wh em [*t* casa]]
([104]) (33)   a. [qual *x*, *x* uma casa] [em *x*]
                b. [qual *x*] [em [*x* casa]]
([105]) No pressuposto de que o objeto legítimo em LF consiste na estrutura operador-variável, é fácil verificar que só as derivações (os apagamentos) descritas convergem.
([106]) *qual livro (é que) o João leu*, '[qual *x*, *x* um livro] [o João leu *x*]' (*Guerra e Paz*), '[qual *x*] [o João leu [*x* livro]]' (*esse* (*livro*)).

adequadamente generalizáveis, podemos eliminar a reconstrução como um processo separado, guardando apenas o termo como parte do aparato descritivo informal para um determinado domínio de fenômenos.

Ampliando observações de Van Riemsdijk e Williams (1981), Freidin (1986) nota que construções como as de (34a-b) têm um comportamento bem diferente no que diz respeito à reconstrução[44] ([107]).

(34) a. which claim [that John was asleep] was he willing to discuss
b. which claim [that John made] was he willing to discuss

Em (34a) a reconstrução aplica-se: o pronome não toma *John* como antecedente. (34b) contrasta com (34a): no segundo exemplo, a reconstrução não é obrigatória e a interpretação anafórica é uma opção ([108]). Ainda que estes casos sejam complicados, numa primeira abordagem o contraste parece reduzir-se a uma diferença entre o estatuto de complemento e o estatuto de adjunto das orações entre parênteses de (34a) e (34b), respectivamente. Lebeaux (1988) propôs uma análise desta distinção em termos de transformações generalizadas. No caso (34a), o complemento tem de aparecer no nível da Estrutura-D; no caso (34b), o adjunto pode ser adjunto ([109]) por uma transformação generalizada no decurso da derivação, na realidade depois dos processos responsáveis pelo efeito de reconstrução ([110]), quaisquer que sejam esses processos[45].

A abordagem é sugestiva, mas problemática. Para já, temos a questão da adequação das transformações generalizadas ([111]). Depois, o mesmo raciocínio

---

[107] (34) a. qual afirmação (de) [que o João estava dormindo] (é que) ele estava disposto a discutir
b. qual afirmação [que o João fez] (é que) ele estava disposto a discutir

[108] Se não há reconstrução, *John* não é c-comandado por *he*, logo é livre, de acordo com a Condição C da teoria da ligação; em (34a), pelo contrário, *he* c-comanda *John* depois da reconstrução.

[109] Nesta frase, a primeira ocorrência da palavra "adjunto" é um nome (como em "adjunto adverbial"); a segunda é um particípio, e refere-se ao processo de adjunção.

[110] Ou seja, numa determinada etapa da derivação, (34b) teria (segundo a proposta aqui em discussão) a seguinte forma:
(i) which claim [was he willing to discuss]
Seguidamente, *depois* dos processos de reconstrução, a oração relativa é introduzida, derivando (34b). Nesta análise, *John* não é c-comandado por *he*, visto que só é introduzido no CP depois da reconstrução.

[111] No contexto da discussão na seção 3.3, temos de interpretar esta passagem numa perspectiva relativa: ou seja, é ou não adequado usar uma transformação generalizada *neste* caso, *desta* maneira. Ver o texto mais adiante.

obriga à reconstrução no caso do movimento-A. Assim, (35) é semelhante a (34a); o complemento está presente antes da elevação e deveria, portanto, causar uma violação da Condição C ([112]).

(35) the claim that John was asleep seems to him [$_{IP}$ *t* to be correct]

Na interpretação que adotamos, o vestígio *t* é idêntico ao sujeito principal. Sendo apagado em PF, fica contudo em LF, produzindo o efeito de reconstrução não pretendido. A Condição C da teoria da ligação exige que o pronome *him* não possa tomar o seu antecedente dentro do IP encaixado (compare-se **I seem to him [to like John]* ([113]), na interpretação em que *him* entra numa relação anafórica com *John*). Mas *him* pode tomar *John* como antecedente em (35), contrariamente à predição que é feita ([114]).

A proposta teórica que investigamos aqui tem uma solução para estas objeções. Adotamos uma teoria máxima das transformações generalizadas, logo os problemas não vêm daí. A propriedade da ampliação para a substituição implica que os complementos só podem ser introduzidos ciclicamente, logo, antes da extração-*wh*, ao passo que os adjuntos podem ser introduzidos não ciclicamente, logo, adjuntos ao grupo-*wh* depois de este ser elevado para [Spec, CP]. Podemos deste modo manter a análise de (34) proposta por Lebeaux ([115]). Quanto a (35), se a "reconstrução" for essencialmente um reflexo da formação de construções operador-variável, aplica-se apenas sobre cadeias-Ā, não sobre cadeias-A. Esta conclusão parece plausível para um leque bastante amplo de casos, e nos dá o resultado certo neste caso.

([112]) (35) a afirmação (de) que o João estava dormindo parece-lhe [$_{IP}$ *t* ser correta].

([113]) *eu pareço-lhe [gostar do João]*.

([114]) A razão é que, em (35), a expressão *that John was asleep* é um complemento, como em (34a); logo, ocorre em Estrutura-D juntamente com o nome *claim* (que θ-marca a expressão) na posição de sujeito do IP encaixado. Segundo a proposta que reduz a reconstrução à teoria dos vestígios como cópia, *him* c-comanda *John* em LF e esperamos que a correferência não seja possível, por causa da condição C. O problema é que a correferência é permitida neste caso, contrariamente ao que se espera.

([115]) Existem, no entanto, problemas com esta solução, que podem estar na base do fato de não voltar a ser mencionada no cap. 4. Como se nota, em (34b) a transformação generalizada não obedece à condição de ampliação, isto é, não amplia "externamente" o alvo da inserção. Mas se toda a transformação "binária" (no sentido da seção 3.3) tem de ampliar externamente o seu alvo, então a solução não é legítima (ver o cap. 4, p.372-373, para a sugestão de que a operação TG binária – aí chamada Compor – amplia sempre o alvo externamente).

Voltemos agora ao problema da aplicação em Estrutura-S das condições da teoria da ligação. Descobrimos um argumento fraco mas suficiente (do tipo (22a)) para rejeitar a conclusão de que a Condição C se aplica na Estrutura-S. E a Condição A?

Considerem-se construções como as de (36)[46] e ([116]).

(36) a. i. John wondered [which picture of himself] [Bill saw *t*]
ii. the students asked [what attitudes about each other] [the teachers had noticed *t*]
b. i. John wondered [who [*t* saw [which picture of himself]]]
ii. the students asked [who [*t* had noticed [what attitudes about each other]]]

As frases de (36a) são ambíguas: a anáfora pode tomar como antecedente o sujeito principal ou o sujeito encaixado; mas as frases de (36b) não apresentam ambiguidade, sendo o vestígio de *who* o único antecedente de *himself, each other* ([117]). Se (36b) fosse formado por elevação em LF do grupo-*wh in situ*, teríamos de concluir que a Condição A se aplica na Estrutura-S, antes da operação de elevação. Mas já vimos que o pressuposto de que o grupo-*wh* se eleva em LF não é justificado. Temos de novo um argumento fraco mas suficiente contra a proposta que a teoria da ligação se aplica em Estrutura-S. Mas uma análise mais atenta mostra que é possível ir mais longe.

Adotando a teoria dos vestígios como cópias, as formas reais de (36a) são as de (37a-b) ([118]).

(37) a. John wondered [$_{wh}$ which picture of himself] [Bill saw [$_{wh}$ which picture of himself]]
b. the students asked [$_{wh}$ what attitudes about each other] [the teachers had noticed [$_{wh}$ what attitudes about each other]]

([116]) (36) a. i o João não sabe [qual fotografia de si próprio] [o Bill viu *t*]
ii. os estudantes perguntaram [que atitudes de uns em relação aos outros] [os professores tinham notado *t*]
b. i. o João não sabe [quem [*t* viu [qual fotografia de si próprio]]]
ii. os estudantes perguntaram [quem [*t* tinha notado [que atitudes de uns em relação aos outros]]]
([117]) *(de) si próprio, (de) uns em relação aos outros.*
([118]) No restante desta seção, os exemplos repetidos que tenham apenas uma anotação estrutural diferente não são traduzidos novamente.

Os princípios de LF projetam (37a) em (38a) ou em (38b), dependendo da opção selecionada como análise do grupo-*wh* ([119]).

(38) a. John wondered [[which picture of himself] [_{wh} t]] [Bill saw [[which picture of himself] [_{wh} t]]]
b. John wondered [which [_{wh} t picture of himself]] [Bill saw [which [_{wh} t picture of himself]]]

Exatamente como fizemos acima, interpretamos seguidamente (38a) como (39a), e (38b) como (39b) ([120]).

(39) a. John wondered [which x, x a picture of himself] [Bill saw x]
b. John wondered [which x] Bill saw [x picture of himself]]

Dependendo da opção selecionada, *himself* entra numa relação anafórica com *John* ou com *Bill*[47].

Podemos analisar (37b) do mesmo modo, derivando as duas opções de (40), correspondendo a (39).

(40) a. the students asked [what x, x attitudes about each other] [the teachers had noticed x]
b. the students asked [what x [the teachers had noticed [x attitudes about each other]]

Em (40a), o antecedente de *each other* é *the students*; em (40b) é *the teachers*.

Suponha-se que alteramos os exemplos de (36a) como em (41a-b), substituindo *saw* por *took* e *had noticed* por *had* ([121]).

(41) a. John wondered [which picture of himself] [Bill took t]
b. the students asked [what attitudes about each other] [the teachers had t]

Consideremos (41a). Como nos exemplos anteriores, *himself* pode tomar como antecedente *John* ou *Bill*. Mas existe uma ambiguidade adicional: o

---

([119]) Ver a discussão sobre (31)-(32).
([120]) Ver a discussão sobre (33).
([121]) (41) a. o João não sabe [qual fotografia de si próprio] [o Bill tirou t]
b. os estudantes perguntaram [que atitudes de uns em relação aos outros] [os professores tinham t]

constituinte *take ... picture* pode ser interpretado quer idiomaticamente (no sentido de "fotografar") ou literalmente ("tirar e levar consigo"). Mas as escolhas na interpretação parecem estar correlacionadas com a escolha do antecedente de *himself*: se o antecedente é *John*, a interpretação idiomática é proibida; se o antecedente é *Bill*, essa interpretação é permitida. Se *Bill* for substituído por *Mary*, a interpretação idiomática é excluída ([122]).

O padrão é semelhante para (41b), com a exceção de que não existe nenhuma ambiguidade de sentido. A única interpretação é que os estudantes perguntaram que tipo de atitudes cada um dos professores tinha relativamente ao(s) outro(s) professor(es) ([123]). Se substituirmos *the teachers* por *Jones*, a expressão não recebe nenhuma interpretação.

O que é que causa esta distribuição particular das interpretações? Consideremos em primeiro lugar (41a). Os princípios discutidos nos dão as duas opções LF de (42a-b).

(42) a. John wondered [which x, x a picture of himself] [Bill took x]
b. John wondered [which x] [Bill took [x picture of himself]]

Se selecionarmos a opção (42a), *himself* toma *John* como antecedente, pela Condição A aplicando-se em LF; se selecionarmos a opção (42b), *himself* toma *Bill* como antecedente, pelo mesmo princípio. Se substituirmos *Bill* por *Mary*, a opção (42a) é obrigatória ([124]). Com o abandono da Estrutura-D, temos de pressupor que a interpretação idiomática ocorre em LF, o que é natural de qualquer modo. Mas não temos operações de reconstrução em LF ([125]). Logo, *take ... picture* pode ser interpretado como "fotografar" apenas se o constituinte estiver presente em LF de modo contínuo, como uma unidade – isto é, em (42b), mas não em (42a). Concluímos que em (42a) temos apenas a interpretação não idiomática de *take*; em (42b), temos qualquer uma das duas. Em resumo, só a opção (42b) permite a interpretação idiomática, bloqueando também *John* como antecedente do reflexivo e proibindo a substituição de *Bill* por *Mary*.

---

[122] Os juízos correspondentes em português me parecem ser semelhantes. Com *Mary* em vez de *Bill*, *himself* (*si próprio*) só pode tomar como antecedente *John*, por causa dos traços de gênero.

[123] Em inglês, *to have an attitude* é uma expressão idiomática significando algo como "ter uma má atitude em relação a qualquer coisa (alguém)". Como no inglês, o exemplo correspondente a (41b) em português nos parece perder a ambiguidade.

[124] Por causa dos traços de gênero.

[125] Ou seja, a "reconstrução" é agora apenas um efeito da teoria dos vestígios como cópias e das operações ilustradas em (31)-(33); não há uma operação de "reconstrução" específica.

Analisamos (41b) da mesma maneira. As duas opções em LF são (43a-b).

(43)   a. the students asked [what x, x attitudes about each other] [the teachers had x]
      b. the students asked [what x] [the teachers had [x attitudes about each other]]

Apenas (43b) tem uma interpretação, com *have ... attitudes* compreendido no seu sentido unitário ([126]).

A derivação destas conclusões só pode ser feita com base no pressuposto crucial de que a Condição A *não* se aplica em Estrutura-S, antes das regras de LF que formam (42)[48]. Se a Condição A se aplicasse em Estrutura-S, *John* poderia ser tomado como antecedente de *himself* em (41a), e os processos de LF subsequentes poderiam escolher livremente quer a interpretação idiomática quer a interpretação literal, independentemente do tratamento escolhido para dar conta dos fenômenos de reconstrução; e *the students* poderia ser tomado como antecedente de *each other* em (41b), com a reconstrução dando seguidamente a interpretação de *have ... attitudes*. Temos assim o tipo mais forte de argumento contra uma condição de Estrutura-S (o tipo (22c)): a Condição A *não pode* aplicar-se em Estrutura-S.

Note-se também que derivamos um argumento forte em favor da representação LF. Os fatos são claramente explicados em termos de um nível de representação com duas propriedades: (1) certos constituintes com uma interpretação unitária, como as expressões idiomáticas *take ... picture* ou *have ... attitudes*, aparecem como unidades; (2) a teoria da ligação aplica-se nesse nível. Nas abordagens típicas da EST, LF é o único candidato com estas propriedades. O argumento é ainda mais claro nesta teoria minimalista, sem Estrutura-D e (como estamos argumentando agora) sem Estrutura-S.

Combinando estas observações com os exemplos de Freidin e Lebeaux, parece que nos confrontamos com um problema, na realidade quase uma contradição. Em (44a), qualquer das opções é permitida: *himself* pode tomar *John* ou *Bill* como antecedente. Mas em (44b), pelo contrário, a reconstrução parece ser obrigatória, proibindo *Tom* como antecedente de *he* (pela Condição C) e *Bill* como antecedente de *him* (pela Condição B) ([127]).

([126]) Ver a nota ([123]).
([127]) (44)   a. o João não sabe [qual fotografia de si próprio] [o Bill viu *t*]
           b. i. o João não sabe [(de) qual fotografia do Tom] [ele gostou *t*]

(44) a. John wondered [which picture of himself] [Bill saw *t*]
  b. i. John wondered [which picture of Tom] [he liked *t*]
   ii. John wondered [which picture of him] [Bill took *t*]
   iii. John wondered [what attitude about him] [Bill had *t*]

A teoria de Freidin e Lebeaux exige reconstrução em todos estes casos, dado que o constituinte cujo núcleo é *of* é um complemento de *picture* ([128]). Mas os factos parecem apontar para uma concepção que distingue a Condição A da teoria da ligação – que não obriga à reconstrução ([129]) – das condições B e C – que obrigam à reconstrução. O que é que leva a esta dicotomia?

Nos nossos termos, o vestígio *t* em (44) é uma cópia do grupo-*wh* no ponto em que a derivação ramifica para as componentes PF e LF. Suponha-se que adotamos agora uma abordagem das anáforas com movimento em LF (ver a secção 1.4.2), pressupondo que uma anáfora, ou parte de uma anáfora, é elevada por uma operação semelhante à cliticização – chamemos-lhe *cliticização*$_{LF}$. Esta abordagem tem pelo menos a propriedade que desejamos: distingue a Condição A das Condições B e C. Repare-se que a cliticização$_{LF}$ é um caso de Mover α; ainda que se aplique na componente LF, precede necessariamente as operações de "reconstrução" que dão as interpretações para o output LF ([130]). Aplicando a cliticização$_{LF}$ sobre (44a) ([131]), derivamos quer (45a) quer (45b), dependendo respectivamente de a regra se aplicar sobre o grupo operador ou sobre o seu vestígio VE[49].

(45) a. John self-wondered [which picture of *t*$_{self}$] [NP saw [$_{VE}$ which picture of himself]]
  b. John wondered [which picture of himself] [NP self-saw [$_{VE}$ which picture of *t*$_{self}$]]

---

  ii. o João não sabe [qual fotografia dele] [o Bill tirou *t*]
  iii. o João não sabe [que atitude em relação a ele] [o Bill tinha *t*]
  As interpretações descritas no texto para (44b) são explicadas com reconstrução obrigatória porque depois da reconstrução *he* c-comanda *Tom* (contra a Condição C) e *Bill* c-comanda *him* dentro da categoria de regência de *him* (contra a Condição B). Neste segundo caso, na realidade, a violação do princípio B é causada pela coindexação de *him* e PRO (sujeito de *picture*, *attitude*), por sua vez controlado por *Bill* (ver a discussão do exemplo (226) no cap. 1).
([128]) Ver a discussão sobre (34a).
([129]) Como na análise de (36ai) em (38a)-(39a). A opcionalidade da reconstrução com uma anáfora está patente na ambiguidade de (44a).
([130]) Ou seja, precede as operações do tipo (32)-(33).
([131]) Com o vestígio explicitado como "cópia".

Aplicamos em seguida as regras de LF que interpretam o grupo-*wh*; estas derivam as duas opções (46a-b) ($\alpha = t_{self}$ ou *himself*).

(46) a. [[which picture of α] t]
b. [which] [t picture of α]

Suponha-se que selecionamos a opção (45a). Nesse caso não podemos selecionar a opção interpretativa (46b) (com $\alpha = t_{self}$); a opção (46b) exige o apagamento de [*t picture of* t_{self}] na posição do operador, quebrando a cadeia (*self*, t_{self}), e deixando o elemento reflexivo sem uma função-θ em LF ([132]). Temos, portanto, de selecionar a opção interpretativa (46a), derivando uma derivação convergente sem reconstrução:

(47) John self-wondered [which *x*, *x* a picture of t_{self}] NP saw *x*

Em resumo, se tomarmos o antecedente do reflexivo como sendo *John*, a única opção que converge é a que não tem reconstrução.

Se tivermos *Tom* ou *him* em vez de *himself*, como em (44b), estas questões não se colocam e qualquer das opções interpretativas converge ([133]). Temos assim uma diferença relevante entre as duas categorias de (44). Para dar conta dos juízos da interpretação, temos apenas de acrescentar um princípio de preferência para a reconstrução: aplicá-la quando possível (ou seja, tentar minimizar a restrição na posição do operador). Em (44b), o princípio de preferência deriva a reconstrução, logo, uma violação da teoria da ligação (Condições C e B) ([134]). Em (44a), começamos com duas opções sobre a aplicação da cliticização$_{LF}$: no operador ou na posição do vestígio. Se escolhermos a primeira opção, selecionando o sujeito principal como antecedente ([135]), o princípio de preferência é inaplicável, visto que só o caso não preferido converge, e derivamos a opção sem reconstrução. Se escolhermos a segunda opção,

---

([132]) Esta opção produz a seguinte estrutura:
(i) John self-wondered [which *x*] [NP saw [*x* picture of himself]]
Em (i), *self* não ocupa uma posição-θ nem está associado a um vestígio numa tal posição.
([133]) Visto que não existe cliticização$_{LF}$, com os problemas notados.
([134]) A proposta é que existe um princípio de preferência para a estrutura reconstruída, ou seja, (ib); em (ib), a restrição do operador é mínima, ou mesmo não existente, dependendo da representação mais articulada que dermos a *which*. Como em (ib) a Condição C é violada (*he* c-comanda *Tom*), a frase não pode ter uma interpretação com correferência entre *he* e *Tom*.
([135]) Isto é, (45a), a opção discutida acima.

selecionando o sujeito encaixado como antecedente ([136]), de novo a questão da preferência não surge ([137]). Temos assim opções genuínas no caso de (44a), mas uma preferência para a reconstrução no caso de (44b) (e, consequentemente, os juízos interpretativos com violações da teoria da ligação)[50].

Existem outras construções que reforçam estas conclusões, por exemplo, (48)[51] ([138]).

(48) a. i.   John wondered what stories about us we had heard
     ii'.   *John wondered what stories about us we had told
     ii''. John wondered what stories about us we expected Mary to tell
   b. i'.   John wondered what opinions about himself Mary had heard
     i''.   *John wondered what opinions about himself Mary had
     ii'.   they wondered what opinions about each other Mary had heard
     ii''. *they wondered what opinions about each other Mary had
   c. i.   John wondered how many pictures of us we expected Mary to take
     ii.   *John wondered how many pictures of us we expected to take (no sentido idiomático)

Repare-se que tornamos ainda mais forte o argumento em favor de um nível LF no qual todas as condições se aplicam: as regras de LF, incluindo agora a elevação das anáforas, dão-nos uma distinção crucial entre os casos, com consequências para a reconstrução.

([136]) Isto é, (45b).

([137]) Neste caso, como é fácil verificar, só a opção *com* reconstrução converge, pela razão já discutida em relação a (45a): sem reconstrução, *self* fica sem a cauda da sua cadeia dentro do constituinte VE em (45b), logo sem função-θ.

([138]) (48) a. i   o João não sabia que histórias sobre nós nós tínhamos ouvido
            ii'.   *o João não sabia que histórias sobre nós nós tínhamos contado
            ii''. o João não sabia que histórias sobre nós nós esperávamos que a Maria contasse
         b. i'.   o João não sabia que opiniões sobre si próprio a Maria tinha ouvido
            i''. *o João não sabia que opiniões sobre si próprio a Maria tinha
            ii'. eles não sabiam que opiniões de uns sobre os outros a Maria tinha ouvido
            ii''. *eles não sabiam que opiniões de uns sobre os outros a Maria tinha
         c. i.   o João não sabia quantas fotografias de nós nós esperávamos que a Maria tirasse
            ii.   *o João não sabia quantas fotografias de nós nós esperávamos tirar

O processo de reconstrução descrito aplica-se apenas sobre as construções operador-variável. O que dizer sobre as cadeias-A, que podemos pressupor ter a forma CH = (α, t) em LF (sendo α o constituinte elevado da sua posição inicial t, com os vestígios intermédios apagados ou ignorados)? Aqui, t é uma cópia completa do seu antecedente, sendo apagado na componente PF. Descritivamente, a análise tem de captar o fato de que a cabeça da cadeia-A recebe uma interpretação na posição t. Assim, em *John was killed t*, *John* recebe a sua função-θ na posição t, como complemento de *kill*. Idiomas como (49) recebem um tratamento semelhante ([139]).

(49)   several pictures were taken t

Em (49), *pictures* é interpretado na posição de t, opcionalmente como parte do idioma *take ... pictures* ([140]). Surgem questões interessantes no caso de construções como (50a-b) ([141]).

(50)   a. the students asked [which pictures of each other] [Mary took t]
       b. the students asked [which pictures of each other] [t' were taken t by Mary]

Em ambos os casos, a interpretação idiomática exige que t seja [*x pictures of each other*], depois da análise em operador e variável (a "reconstrução") ([142]). Em (50a) essa escolha é bloqueada, ao passo que em (50b) é uma opção em aberto ([143]). Os exemplos reforçam a análise sugerida para a reconstrução-Ā, mas é agora necessário interpretar a cadeia (t', t) em (50b) de modo idêntico à cadeia (*several pictures*, t) em (49) ([144]). Uma possibilidade é que o vestígio t

---

([139]) (49) várias fotografias foram tiradas t

([140]) *tirar ... fotografias*.

([141]) (50) a. os estudantes perguntaram [quais fotografias uns dos outros] [a Maria tirou t]
       b. os estudantes perguntaram [quais fotografias uns dos outros] [t' foram tiradas t pela Maria]

([142]) Porque a interpretação idiomática exige que *take ... pictures* seja "unitário" em LF.

([143]) A opção é bloqueada em (50a) porque *Mary* intervém entre *took* [*x pictures of each other*] (com [*x pictures of each other*] reconstruído) e o antecedente *the students* (violação da Condição A). A única interpretação de (50a) é, pois, aquela em que [*x pictures of each other*] faz parte do operador; mas nesse caso *take* só pode ter a interpretação não idiomática de "levar consigo".

([144]) Em (50b), t' é a variável reconstruída, mas a possibilidade da interpretação idiomática mostra que t (um vestígio de NP, ou seja, de movimento-A) também tem de ser "reconstruído", contrariamente a conclusões anteriores (ver a discussão sobre (35), por exemplo). A questão da existência de reconstrução no caso do movimento A continua de certo modo em

da cadeia-θ participa na interpretação do idioma (e em geral na marcação-θ), ao passo que a cabeça da cadeia funciona como de costume relativamente ao escopo e a outros fenômenos.

Suponhamos que em vez de (44a) temos (51) ([145]).

(51) the students wondered [_wh how angry at each other (themselves)] [John was t]

Tal como em (44a), a elevação da anáfora em (51) deveria dar a interpretação aproximada "the students each wondered [how angry at the other John was]" ([146]) (a mesma coisa com o reflexivo). Mas estas interpretações são impossíveis para (51), que exige a opção de reconstrução, a qual, por sua vez, resulta em algaraviada ([147]). Huang (1990) observa que podemos deduzir este resultado pressupondo que o sujeito é interno ao predicado (interno ao VP, ou ao AP; ver (4)). Nesse caso, o vestígio de *John* fica na posição de sujeito do grupo-*wh* operador elevado, bloqueando a associação da anáfora com o sujeito principal (a elevação da anáfora no tratamento que adotamos atrás) ([148]).

Há numerosos problemas ainda sem solução, mas parecem existir bons motivos para supor que as condições da teoria da ligação se aplicam unicamente na interface LF. Se assim for, damos um passo em frente no sentido de uma versão interpretativa extremamente simples da teoria da ligação, formulada em (52), a qual unifica a referência disjunta e a referência distinta (sendo D o domínio local relevante), ultrapassando problemas discutidos particularmente por Howard Lasnik[52].

---

aberto. Independentemente desta questão, note-se que não há nenhuma violação da Condição A em (50b), depois da reconstrução em *t'*.

([145]) (51) os estudantes não sabiam [_wh quão zangados uns com os outros (consigo próprios)] [o João estava *t*]

([146]) 'cada um dos estudantes perguntou [quão zangado com o outro o João estava]'.

([147]) Ou seja, só permite a derivação da seguinte estrutura, após as operações do tipo (32)-(33):
the students wondered [_wh how x [John was [x angry at each other (themselves)]]]
Nesta estrutura, a anáfora não pode ser associada com o seu antecedente pretendido *the students*, em virtude da Condição A (*John* intervém entre os dois).

([148]) Ou seja, a estrutura de (51) é na realidade (i), em que t_j é o vestígio de *John* elevado para fora do AP, bloqueando a associação de *each other* com *the students*.
the students wondered [_wh t_j how angry at each other (themselves)] [John was *t*]
Quer a anáfora fique na posição do operador quer seja reconstruída, a sua associação com o NP *the students* é sempre bloqueada.

(52) A. Se α é uma anáfora, interpretar α como sendo correferente com um constituinte que c-comande α em D.
B. Se α é um pronominal, interpretar α como sendo disjunto de qualquer constituinte que c-comande α em D.
C. Se α é uma expressão-r, interpretar α como sendo disjunto de qualquer constituinte que c-comande α.

A Condição A talvez seja dispensável, se a abordagem em termos de cliticização$_{LF}$ for correta e se os efeitos da sua aplicação puderem ser deduzidos da teoria do movimento (o que não é óbvio); e são necessárias várias elaborações em pontos variados. Podemos então abandonar toda a indexação, o que seria outro resultado bem-vindo[53].

Também aqui regressamos a algumas ideias mais antigas sobre a teoria da ligação, neste caso as de Chomsky (1980a), uma abordagem que foi posta de parte em larga medida por motivos que tinham a ver com a sua complexidade (motivos esses agora superados), mas com vantagens empíricas sobre alternativas que pareciam ser mais simples (ver a nota 52).

Insisto de novo na ideia de que aquilo que se expôs é apenas o esboço de um programa minimalista, identificando alguns dos problemas e algumas soluções possíveis, e omitindo um leque variado de tópicos, alguns dos quais têm sido explorados, outros não. O programa tem sido levado a cabo com algum sucesso. Várias conclusões relacionadas e desejáveis parecem estar ao nosso alcance.

(53) a. Uma expressão linguística (DE) é um par (π,), gerado por uma derivação ótima que satisfaz as condições de interface.
b. Os níveis de interface são os únicos níveis da representação linguística.
c. Todas as condições exprimem propriedades dos níveis de interface, e refletem exigências interpretativas.
d. A UG providencia um sistema computacional único, em que as derivações são determinadas por propriedades morfológicas; e a variação sintática entre as línguas restringe-se às propriedades morfológicas.
e. A noção de economia recebe uma interpretação bastante restrita em termos dos seguintes princípios: FI, comprimento de uma derivação, comprimento dos elos de uma cadeia, Procrastinar e Cobiça.

Notas

Quero agradecer a Samuel Epstein, James Higginbotham, Howard Lasnik e Alec Marantz pelos seus comentários a uma versão anterior deste artigo, bem como a participantes em cursos, palestras e discussões sobre estes tópicos, no MIT e em outros lugares, demasiado numerosos para mencionar.

1. Para um exame mais antigo destes tópicos no contexto da gramática generativa, ver Chomsky (1951, 1975a (daqui em diante *LSLT*)). Para a análise de uma série variada de consequências que estes princípios têm, ver Collins (1994a).
2. Não estamos no domínio da necessidade literal, é claro; omito daqui em diante qualificações óbvias.
3. Sobre a natureza desta componente, ver Bromberger e Halle (1989).
4. Ainda que a intuição subjacente às propostas para restringir a variação a elementos da morfologia seja suficientemente clara, não é uma questão trivial tornar essa intuição explícita, se levarmos em conta os problemas gerais relativos à seleção entre sistemas estruturais equivalentes. Parece prematura neste momento qualquer tentativa de tratar este problema com qualquer grau de generalidade. Do ponto de vista histórico, é estranho que a linguística e as "ciências brandas" em geral estejam submetidas a exigências metodológicas de um tipo que nunca é levado a sério nas ciências naturais mais desenvolvidas. As críticas relativas à indeterminação quineana ([1]) e à formalização são um caso particular. Ver Chomsky (1990, 1992b) e Ludlow (1992). Ignoramos aqui variadíssimas questões, entre as quais a estabilização dos conceitos lexicais; ver Jackendoff (1990b) para uma discussão importante. Sobre as minhas próprias opiniões relativamente

---

([1]) Referem-se aqui as ideias do filósofo norte-americano W. V. O. Quine (ver sobretudo Quine, 1960) sobre a impossibilidade da "tradução radical", devido à sua indeterminação básica: ou seja, a ideia de que podem existir várias traduções de uma língua A para uma língua B, todas elas compatíveis com o comportamento linguístico dos falantes da língua A, mas incompatíveis entre si. Segundo Quine, não há maneira de conhecer o sistema real existente dentro da mente dos falantes de A – na realidade, um tal sistema mental, segundo ele, não existe. Aplicado ao empreendimento linguístico, a tese da indeterminação afirma que o linguista pode construir vários sistemas "equivalentes", no sentido de serem todos compatíveis com os dados linguísticos, mas que não existem bases para escolher nenhum deles como sendo "o correto". Contrariamente a esta visão, Chomsky considera que a escolha entre gramáticas é uma questão real com valor de verdade (e isso tem sido prática corrente na gramática generativa): a escolha é possível (e necessária, se queremos captar a verdade sobre os seres humanos), baseada em considerações de adequação explicativa (ver Chomsky, 1986b, cap. 2). Quanto às críticas relativas ao formalismo, ver Pullum (1989) e a resposta de Chomsky (1990).

a alguns aspectos gerais destes assuntos, ver Chomsky (1992a, 1992b, 1994b, 1994c, 1995).

5. Contrariamente à crença generalizada, os pressupostos relativos à realidade e à natureza da língua-I (competência) têm bases bem mais sólidas do que aqueles relativos ao processamento. Para alguns comentários, ver as referências da nota anterior.

6. A natureza mais ou menos marcada de um dos valores dos parâmetros, se for real, pode ser vista como um último resíduo da métrica de avaliação.

7. Ver Marantz (1984) e Baker (1988) sobre aquilo que Baker chama "o Princípio da Interpretação de PF", e que parece ser inconsistente com este pressuposto. Poderíamos ser tentados a interpretar a classe das expressões da língua L para a qual existe uma derivação convergente como sendo "as expressões bem formadas (gramaticais) de L". Mas este passo parece não ter nenhuma razão de ser. A classe assim definida não tem nenhum significado particular. Os conceitos "bem formado" e "gramatical" permanecem sem qualquer caracterização e sem nenhuma justificação empírica; na prática, não desempenharam nunca nenhuma função no trabalho mais antigo da gramática generativa (ou no trabalho mais recente) exceto na exposição informal. Ver *LSLT* e Chomsky (1965); e, sobre vários mal--entendidos, Chomsky (1980b, 1986b).

8. Outros detalhes e discussão adicionais foram apresentados nas aulas dos meus cursos no MIT, particularmente no outono de 1991. Espero poder voltar a uma exposição mais completa em outro trabalho. Como ponto de partida, pressuponho aqui uma versão da teoria linguística como aquela delineada no cap. 1.

9. Em Chomsky (1981a) e em outros trabalhos, o Caso estrutural é unificado pela regência, entendida como m-comando, de modo a incluir a relação Spec-núcleo (uma proposta que tem problemas); no quadro teórico aqui considerado, o m-comando não desempenha nenhuma função.

10. Vou usar a notação *NP* informalmente para me referir quer a NPs quer a DPs, quando a distinção entre estas duas categorias não tiver importância. *IP* e *I* são usados para o complemento de C e o seu núcleo, respectivamente, quando os detalhes forem irrelevantes.

11. Ponho aqui de parte a possibilidade de elevar o NP para [Spec, T] para a marcação Casual, e seguidamente para [Spec, Agr$_S$] para a concordância. É muito possível que essa opção exista. Para um desenvolvimento desta possibilidade, ver Bures (1992); Bobaljik e Carnie (1992); Jonas (1992); e as seções 4.9 e 4.10 deste livro.

12. A elevação de A para Agr$_A$ pode ser visível ou pode ocorrer na componente LF. No segundo caso, é possível que seja o vestígio do NP elevado que é marcado para a concordância; a elevação do NP para fora de [Spec, Agr$_A$] é determinada pela exigência morfológica da marcação Casual (o Filtro do Caso); vou pôr de lado os aspectos específicos da concretização técnica. Estas considerações aplicam-se

também a uma análise da concordância com o particípio como aquela proposta por Kayne (1989); ver o cap. 2 e Branigan (1992).
13. Para o desenvolvimento de uma abordagem seguindo estas linhas mestras, ver Bobaljik (1992a, 1992b). Para uma análise diferente partilhando alguns dos pressupostos sobre a função da relação Spec-núcleo, ver Murasugi (1991, 1992). Esta abordagem dos dois tipos de línguas adapta as ideias mais antigas sobre estes tópicos propostas no âmbito da gramática generativa (De Rijk, 1972) a um sistema em que a flexão é separada do verbo. Ver Levin e Massam (1985) para uma concepção semelhante.
14. Ver o cap. 1.
15. Ponho de lado neste trabalho a possibilidade de mover X' ou de mover um elemento α para uma posição de adjunção a X', bem como a questão da adjunção a elementos que atribuem ou recebem funções interpretativas na interface e que não sejam complementos.
16. Este é apenas o caso mais simples. No caso geral, V é elevado para Agr_O, formando a cadeia $CH_V = (V, t)$. O complexo [V, Agr_O] é em última instância elevado para uma posição de adjunção a Agr_S. Nem V nem CH_V possuem um novo domínio de verificação atribuído nesta posição. Mas V está no domínio de verificação de Agr_S e logo partilha traços relevantes com Agr_S, e o sujeito em [Spec, Agr_S] está no domínio de verificação de Agr_S, logo concorda indiretamente com V.
17. Para mencionar uma possibilidade, a elevação de V para Agr_O deriva uma cadeia de dois membros, mas a elevação seguinte do complexo [V, Agr_O] pode passar pela posição ocupada pelo vestígio de T através de movimento sucessivamente cíclico, sendo o complexo finalmente adjunto a Agr_S [2]. As questões colocadas na nota 11 são relevantes neste ponto. Ponho esses assuntos de lado.
18. Hale e Keyser distinguem entre (1) operações da estrutura conceitual lexical que formam itens lexicais como *shelve*, e (2) operações sintáticas que elevam *put* para V_1 em (8), atribuindo propriedades um tanto diferentes a (1) e a (2). Não me parece que estas distinções sejam necessárias para os próprios objetivos dos autores, por razões que de novo ponho aqui de lado.

---

[2] Suponhamos que o movimento de Agr_O com V amalgamado (= [V, Agr_O]) para T é por substituição, e não por adjunção, ou seja, Agr_O substitui o vestígio *t* de T, entretanto já elevado para Agr_S. O núcleo que resulta dessa operação é de novo Agr_O = [V, Agr_O] (ver no capítulo 2 o parágrafo imediatamente a seguir ao exemplo (16), e também p.234-235 e nota ([27]) do cap. 2). Se esse núcleo for elevado de novo (para Agr_S), a cadeia resultante, encabeçada por Agr_O, tem agora três membros: (Agr_O, *t'*, *t*). Se, pelo contrário, a elevação de Agr_O (= [V, Agr_O]) para T for por adjunção, o núcleo formado é agora [$_T$ Agr_O, *t*], em que *t* é o vestígio de T elevado para Agr_S. Neste caso, se o complexo resultante desta adjunção for de novo elevado (para Agr_S), o que é elevado não é já Agr_O, mas sim T (= [Agr_O, *t*], formando-se assim uma *nova* cadeia, encabeçada por este elemento. Logo, a cadeia encabeçada por Agr_O adjunto a T contém apenas dois membros.

19. Repare-se que a ECP se reduz agora a uma taxonomia descritiva, sem significado teórico. Se assim for, não há questões significativas sobre se a ECP é conjuntiva ou disjuntiva, se a ECP é um fenômeno de LF ou de PF (ou ambos) e assim por diante. Repare-se que nenhum aspecto da ECP pode ser aplicado na própria interface PF, visto que nesse nível temos apenas uma matriz fonética, sem qualquer estrutura relevante indicada. A proposta de que a ECP se cinde numa propriedade de PF e numa propriedade de LF (como em Aoun et al., 1987) só faz sentido se a primeira dessas propriedades se aplicar na Estrutura-S ou num novo nível de "estrutura superficial" ([3]) entre a Estrutura-S e PF.

20. Note-se que as duas cadeias em (14) são ([V V$_c$], t') e (V, t). Na cadeia (V, t), no entanto, V está demasiado longe do seu vestígio por causa da operação que eleva [V V$_c$] ([4]). Cada etapa da derivação satisfaz a HMC, ainda que o output final esteja em violação dessa condição (visto que o núcleo t' intervém entre V e o seu vestígio). Estas considerações tendem a favorecer uma abordagem da formação de cadeias em termos derivacionais, contra uma abordagem em termos representacionais. Ver os caps. 1 e 2. Recordemo-nos também de que o conceito crucial de subdomínio mínimo só pôde ser interpretado em termos de uma abordagem derivacional ([5]).

21. Para um exemplo, ver Baker (1988, p.163).

22. Lembremo-nos de que, mesmo que o Obj seja substituído por um elemento que não necessite de Caso estrutural, o Suj tem mesmo assim de ser elevado para [Spec, Agr$_s$] numa língua nominativa-acusativa (com Agr$_s$ "ativo").

23. Esta formulação permite a inserção tardia de itens funcionais que são vácuos para a interpretação em LF, por exemplo, o morfema *do* da operação de apoio de *do* ou o morfema *of* da operação de inserção de *of*.

24. Isto não quer dizer que a teoria-θ seja dispensável em LF, por exemplo, o princípio da descarga-θ discutido em Higginbotham (1985). Quer dizer simplesmente que o Critério-θ e o Princípio da Projeção não desempenham aí nenhuma função ([6]).

25. Só conheço um argumento contra as transformações generalizadas, baseado em considerações sobre a natureza restritiva do modelo gramatical que as incorpora (Chomsky, 1965): apenas uma subclasse própria das línguas-I (que aí se

---

([3]) No original, "shallow structure".

([4]) O texto desta nota discute a *representação* da cadeia (V, t) em (14). Nessa representação, o elemento V (dentro do complexo [V, V$_c$], por sua vez encaixado em α) está bem distante do seu vestígio t (irmão de NP$_3$).

([5]) Ver a discussão na p.279.

([6]) Para uma discussão destes princípios, ver *Faculdade*, caps. 9 e 10. Os princípios são triviais em LF, na medida em que têm de ser satisfeitos praticamente "por definição". A sua importância no modelo P&P está no fato de imporem correspondências extremamente restritivas entre os níveis da Estrutura-D, da Estrutura-S e de LF.

chamavam "gramáticas") permitidas pela teoria de *LSLT* parece existir, e apenas esta é permitida se eliminarmos as transformações generalizadas e os marcadores-T, em favor de uma base recursiva que satisfaça o ciclo. A eliminação das transformações generalizadas em favor de uma geração cíclica na base é, portanto, justificada em termos de adequação explicativa. Mas as questões em discussão nesse período não surgem nas teorias atuais, que são bem mais restritivas.

26. É necessária uma modificação para o caso do movimento sucessivamente cíclico, interpretado em termos da operação Formar Cadeia. Ponho esse problema de lado aqui ([7]).

27. Dependendo de outros pressupostos, algumas destas violações podem ser bloqueadas através de várias "conspirações". Assumimos, contudo, que as operações de substituição visível satisfazem geralmente a condição de ampliação (o ciclo estrito), em grande parte com base em considerações de simplicidade conceitual.

28. No caso (19b), assumimos que V é adjunto a C (possivelmente vazio), C = núcleo de CP, mas é a operação de substituição inserindo *can* que entra em violação do ciclo e da HMC. Tem sido várias vezes sugerido que a adjunção em LF pode violar a exigência de "preservação de estrutura" ilustrada em (20), por exemplo, permitindo a incorporação de XP a X^0 ou a adjunção de um quantificador a XP. Qualquer uma destas conclusões é consistente com as considerações presentes. Ver também a nota 15.

29. Sobre a adjunção não cíclica, ver Branigan (1992) e a seção 3.5 a seguir.

30. Ver Hornstein e Weinberg (1990) para o desenvolvimento desta proposta com base em pressupostos e em ideias um pouco diferentes.

31. A concretização técnica pode ser desenvolvida de várias maneiras. Por agora, podemos considerar a operação em questão como uma regra de interpretação para os grupos-*wh* emparelhados.

32. Tecnicamente, α é elevado para o I inferior, formando $[_I \alpha I]$; em seguida, o complexo é elevado para o elemento flexional imediatamente acima; e assim por diante. Recordemo-nos de que, depois da adjunção múltipla, α está ainda no domínio de verificação do I "mais alto".

33. Mais exatamente, $Infl_i$ é uma coleção de traços flexionais verificados pelo elemento funcional relevante.

([7]) Uma análise rápida de (10) é suficiente para mostrar por que é que a condição descrita no texto é incompatível com Formar Cadeia. A TG em discussão no texto se aplicaria sobre uma estrutura semelhante a (10a), mas sem as ocorrências de *e*. Assumindo a operação Formar Cadeia, o primeiro passo consistiria em introduzir duas ocorrências de Ø (nas posições ocupadas em (10a) por *e*); no entanto, apenas uma destas ocorrências amplia o indicador sintagmático K. Este problema certamente contribui para o abandono de Formar Cadeia no capítulo 4.

34. A questão foi levantada por Webelhuth (1989) e tornou-se um tópico de investigação animado. Ver Mahajan (1990) e muitos trabalhos atuais. Note-se que se I é adjunto a C, formando [$_C$ I C], [Spec, C] fica no domínio de verificação da cadeia (I, *t*). Logo, [Spec, C] é L-relacionado (com I), e não L-relacionado (com C). Uma clarificação das noções é, portanto, necessária para determinar o estatuto de C depois da elevação de I para C. Se C tiver traços-L, [Spec, C] é L-relacionado e terá então as propriedades de uma posição-A, não de uma posição-Ā. Levantam-se aqui determinadas questões relacionadas com propostas de Rizzi (1990) sobre a presença de traços de concordância em C, e com o seu trabalho mais recente ampliando estas noções; uma discussão destes tópicos nos levaria demasiado longe.
35. Os núcleos não são L-relacionados em sentido estrito, logo não estão em posições-A, um fato que tem implicações para as questões da ECP. Ver a seção 1.4.1.
36. Continuo a pôr de lado a questão de saber se o Caso deve ser considerado como uma propriedade de N ou de D, bem como a distinção NP-DP em geral.
37. Ver a seção 1.4.3 para alguma discussão.
38. Alternativamente, os traços fracos são apagados na componente PF; deste modo, as regras de PF podem ser aplicadas sobre a matriz fonológica que permanece; os traços fortes não são apagados, e nesse caso as regras de PF não se aplicam, causando o fracasso da derivação em PF.
39. Repare-se que esta ideia é uma reformulação de propostas feitas por Emmon Bach e outros no quadro teórico da Teoria Standard e da Semântica Generativa: que estes auxiliares são inseridos no decurso da derivação, não aparecendo nas estruturas subjacentes semanticamente relevantes. Ver Tremblay (1991) para uma exploração de intuições semelhantes.
40. Fica em aberto a possibilidade de nas línguas VSO o sujeito ser elevado visivelmente para [Spec, TP] e T (incluindo o verbo adjunto) ser elevado para Agr$_S$; ver as referências da nota 11 para alguns argumentos em favor desta análise.
41. A elevação é apenas para [Spec, CP] se a absorção não implicar a adjunção de um grupo-*wh* em [Spec, CP]. Ver a nota 31. Pressuponho aqui que CP não é um alvo adequado para a adjunção.
42. Ver o cap. 2 e Chomsky (1991b). A propriedade do egoísmo pode também ter implicações sobre a natureza das operações de LF, nomeadamente se estas são gratuitas ou simplesmente menos caras.
43. Há uma série de inadequações descritivas nesta versão demasiado simplificada. Talvez a mais importante é que algumas das noções usadas aqui (por exemplo, a de quantificação objetual) não têm uma interpretação clara no caso da linguagem natural, contrariamente ao que se assume na prática usual da nossa disciplina. Além disso, não temos nenhum quadro teórico real no âmbito do qual se possam avaliar "teorias da interpretação"; em particular, é difícil introduzir considerações

de adequação explicativa e considerações sobre a natureza mais ou menos restritiva dos sistemas propostos, se aceitarmos o pressuposto comum (e plausível) de que a componente LF não admite opções. A tarefa principal consiste, pois, em construir uma análise descritiva adequada, uma questão de maneira nenhuma simples; a comparação de opções alternativas não possui nenhuma base clara. Outro problema é que a conexão com a teoria da performance é bem mais obscura do que no caso da componente PF. Muito daquilo que é livremente pressuposto na literatura sobre estes tópicos me parece altamente problemático, quase indefensável. Ver *LGB* e as referências da nota 4 para alguns comentários.

44. Os exemplos semelhantes com topicalização são talvez mais naturais: *the claim that John is asleep (that John made)*,... ([8]). A questão é a mesma, pressupondo uma análise operador-variável para a topicalização.

45. Na teoria de Lebeaux, o efeito é determinado em Estrutura-D, antes da elevação; aqui, vou abstrair dos vários modos de concretizar as ideias gerais revistas. Para uma discussão que tem implicações para estas questões, ver Speas (1990); Epstein (1991). Freidin (1994) propõe que a diferença tem a ver com a diferença entre a representação em LF de um predicado (a oração relativa) e a representação em LF de um complemento; como ele nota, essa abordagem oferece um argumento para limitar a teoria da ligação ao nível LF (ver (22)).

46. Em todos os exemplos com anáforas, à exceção dos mais simples, não é claro se as distinções devem ser interpretadas como tendências de aceitabilidade (variando em grau segundo os falantes) ou como distinções claras obscurecidas por fatores de performance. Para os efeitos da exposição, pressuponho a segunda hipótese. Os juízos são, pois, idealizados, como sempre; se essa idealização é correta ou não neste caso, só uma investigação adicional o poderá dizer.

47. A elevação-*wh* em LF foi eliminada em favor da operação de absorção ([9]); logo, em (36b) a anáfora não pode tomar como antecedente o sujeito principal depois de elevação em LF ([10]).

([8]) *a afirmação (de) que o João está dormindo (que o João fez)*.
([9]) Ver a discussão sobre (23c), p.298-299.
([10]) Como não há elevação-*wh* em LF para Comp do grupo *which picture of himself*, pela Condição A, só o vestígio de *who* pode servir de antecedente para a anáfora Aplicando a operação de *cliticização*$_{self}$ discutida nas p.320-321, obtemos então a seguinte estrutura (ilustramos apenas com (36bi), sendo o primeiro *t* o vestígio de *who*):
(i)   John wondered [who [t self-saw [which picture of t_{self}]]]
As operações de "reconstrução" (ou seja, as regras do tipo (32)-(33)) e a operação de "absorção" derivam agora a seguinte representação LF para (36bi)):
(ii)   John wondered [which x, y [[x man] self-saw [y picture of t_{self}]]]

48. Ignoro aqui a possibilidade de a Condição A se aplicar de modo irrelevante em Estrutura-S, sendo o resultado aceitável apenas se não houver contradição com a aplicação em LF.
49. Ponho aqui de lado algumas questões interessantes sobre a interação entre a morfologia e a elevação, investigadas por Pierre Pica e por outros.
50. Outro caso relevante é (i) ([11]),
    (i) (guess) which picture of which man he saw t
    (i) constitui uma violação da Condição C na interpretação em que *he* é ligado por *which man* (Higginbotham, 1980). Como Higginbotham nota, a conclusão é muito mais clara do que em (44b). Uma possibilidade é que, independentemente das considerações presentes, a operação de absorção é bloqueada quando se aplica a partir de [Spec, CP], obrigando à reconstrução em (iia), logo (iib),

    (ii) a. which x, he saw [x picture of which man]
         b. which x, y, he saw x picture of [$_{NP}$ y man]

    em que (iib) é uma violação da Condição C na interpretação em que *he* entra numa relação anafórica com o NP (ou seja, em que *he* é interpretado dentro do escopo de *which man*). O mesmo raciocínio implica um contraste entre (iiia) e (iiib),

    (iii). a. who would have guessed that proud of John, Bill never was
          b. * who would have guessed that proud of which man, Bill never was

    (com a absorção bloqueada em (iiib), e sem qualquer problema quanto à teoria da ligação) ([12]). A consequência do raciocínio parece ser correta; outros casos levantam várias questões.

([11]) (i)   (adivinha) qual fotografia de qual homem ele viu t.
([12]) (iii) a.   quem teria adivinhado que orgulhoso do João, o Bill nunca esteve
           b. * quem teria adivinhado que orgulhoso de qual homem, o Bill nunca esteve
Em (iiib), não há problemas com a teoria da ligação, visto que lemos duas expressões-r, *Bill* e *which man* (ou melhor, a variável correspondente a este constituinte), necessariamente com uma referência independente, exatamente como em (iiia), em que *Bill* e *John* têm referência independente. Se a absorção não pode ser feita a partir de [Spec, CP], a derivação parece fracassar (assumindo que *proud of which man* 'orgulhoso de qual homem' ocupa uma posição desse tipo em (iiib)); temos de assumir igualmente que a absorção também é bloqueada a partir da posição reconstruída (talvez por estar demasiado longe da palavra-wh no [Spec, CP] principal), como podemos observar em (iv), fechando assim a explicação da não gramaticalidade de (iiib):
(iv) a. * who would have guessed that Bill never was proud of which man
     b. * quem teria adivinhado que o Bill nunca esteve orgulhoso de qual homem

51. Os casos (48ai), (48aii) correspondem aos pares bem conhecidos *John (heard, told) stories about him* ([13]), com a antecedência possível apenas no caso de *heard*, refletindo presumivelmente o fato de uma pessoa contar as suas próprias histórias mas poder ouvir as histórias contadas por outros; algo semelhante acontece nos casos de (48b).
52. Ver os ensaios reunidos em Lasnik (1989); ver também a seção 1.4.2.
53. Um aparato teórico que leve a sério os índices enquanto entidades, permitindo-lhes que apareçam em operações (como a percolação, a conformidade etc.), é questionável em bases mais gerais. Os índices são basicamente a expressão de uma relação, e não entidades de pleno direito. Nesse sentido, devem ser substituíveis por um tratamento estrutural da relação que anotam, sem que nada se perca.

([13]) *o João (ouviu, contou) histórias sobre ele*.
Ver a discussão do exemplo (226) no cap. 1.

Capítulo 4
Categorias e transformações*

Os capítulos precedentes adotaram, modificaram e alargaram o trabalho efetuado no âmbito do modelo de Princípios e Parâmetros (P&P). Neste capítulo final, vou tomar como ponto de partida o quadro teórico para a Gramática Universal (UG), desenvolvido e apresentado nesses capítulos, e vou aplicá-lo a determinadas questões que permaneceram intocadas, sujeitando-o no processo a uma análise crítica, e revendo-o passo a passo num esforço de aproximação tão cerrada quanto possível dos objetivos do Programa Minimalista delineados na introdução. O resultado final é uma concepção substancialmente diferente dos mecanismos da linguagem.

Antes de continuar, vamos rever as ideias-chave do Programa Minimalista.

4.1 O Programa Minimalista

Uma língua L particular é uma realização do estado inicial do sistema cognitivo da faculdade da linguagem, com as opções especificadas. Consideramos que L é um procedimento generativo que constrói pares (π, λ); esses pares são interpretados, respectivamente, nas interfaces articulatória-perceptual (A-P) e conceitual-intencional (C-I), como "instruções" para os sistemas

---

* Sobre o pano de fundo deste capítulo, ver a introdução. [Nota do autor.]

da performance. π é uma representação PF e λ é uma representação LF, e cada uma é formada por "objetos legítimos" que podem receber uma interpretação (talvez uma algaraviada). Qualquer representação gerada que consista inteiramente em objetos desse tipo satisfaz a condição de Interpretação Plena (FI). Uma expressão linguística de L é pelo menos um par (π, λ) que satisfaz esta condição – e, de acordo com pressupostos minimalistas, é, no máximo, um par desse tipo, o que significa que não existem níveis de estrutura linguística, à parte os dois níveis de interface PF e LF. Em particular, não há níveis de Estrutura-D ou de Estrutura-S.

A língua L determina um conjunto de *derivações* (computações). Uma derivação *converge* num dos níveis de interface se produzir uma representação que satisfaça FI nesse nível, e *converge* se convergir em ambos os níveis de interface, PF e LF; de outro modo *fracassa*. Adotamos assim a hipótese (não óbvia) de que não existem interações PF-LF relevantes para a convergência – não queremos dizer com isso, claro está, que uma teoria completa da performance não possa conter operações que se aplicam sobre o par (π, λ). Do mesmo modo, pressupomos que não existem condições que relacionam as propriedades lexicais e os níveis de interface, como o Princípio da Projeção. A questão de saber o que é que conta como um objeto legítimo interpretável levanta questões que não são triviais, algumas discutidas em capítulos anteriores.

Repare-se que estou a ignorar questões com um significado considerável, nomeadamente questões sobre aquilo que no quadro teórico anterior da Teoria Standard Alargada (EST) se chamava "efeitos de superfície" sobre a interpretação. Estes efeitos são variados, e incluem estruturas de tópico-foco e de tema-rema, propriedades de forma e fundo, efeitos de adjacência e de linearidade, e muitos outros. *Prima facie*, parecem implicar um outro nível ou outros níveis dentro da componente fonológica, pós-morfologia mas pré-fonéticos, ao qual ou aos quais se tem acesso na interface, juntamente com PF (Forma Fonética) e LF (Forma Lógica)[1]. Se estas ideias forem corretas, a abstração aqui desenvolvida pode precisar de alguma qualificação. Vou mesmo assim continuar a desenvolvê-la, limitando-me a notar aqui, uma vez mais, que os pressupostos tácitos subjacentes a muito do trabalho recente mais produtivo estão longe de serem inocentes.

Parece que uma expressão linguística de L não pode ser definida unicamente como sendo um par (π, λ) formado por uma derivação convergente. Além disso, a sua derivação tem de ser *ótima*, satisfazendo certas condições de economia naturais: localidade do movimento, ausência de "passos supérfluos" nas derivações e assim por diante. As computações menos econômicas são bloqueadas mesmo se convergirem.

A língua L gera assim três conjuntos relevantes de computações: o conjunto D das derivações, um subconjunto D_C das derivações convergentes, e um subconjunto D_A das derivações admissíveis em D. A condição FI determina D_C, e as condições de economia selecionam D_A. Nos capítulos 1-3 pressupôs-se que as considerações de economia apenas se aplicam sobre as derivações convergentes; se uma derivação fracassa, não bloqueia outras derivações. Logo, D_A é um subconjunto de D_C. Este é um pressuposto empírico, e continuarei a adotá-lo aqui; em última análise, a sua correção depende de considerações factuais. Mas o pressuposto assenta em bases conceituais sólidas; se o alterarmos, afastamo-nos dos objetivos minimalistas. De acordo com pressupostos naturais, uma derivação A em que uma operação se aplica é menos econômica do que uma derivação B que difere de A unicamente no fato de essa operação não se aplicar. Nesse sentido, a derivação mais econômica é aquela que não aplica nenhuma operação sobre uma determinada coleção particular de escolhas lexicais; essa derivação certamente fracassa. Se uma derivação não convergente pode bloquear outras derivações, essa derivação sem operações vai bloquear todas as outras; precisaríamos então de uma teoria mais elaborada, um resultado que não é bem-vindo. Na ausência de evidência convincente em contrário, continuo assim a pressupor que as considerações de economia se aplicam apenas sobre as derivações convergentes: D_A é um subconjunto de D_C ([1]).

As formulações atuais destas ideias deixam ainda vazios substanciais e um leque de alternativas plausíveis, que vou tentar diminuir na continuação deste trabalho. Além disso, está longe de ser óbvio que a linguagem deva possuir propriedades com a natureza que é postulada no Programa Minimalista, que se limita exatamente a ser um programa de investigação preocupado em preencher os vazios e em dar resposta às questões básicas levantadas no

---

[1] Ou seja, a violação de uma condição de economia não causa o fracasso de uma derivação; a função das condições de economia consiste em escolher a melhor (a mais econômica) entre as derivações convergentes. Esta, por sua vez, *bloqueia* todas as outras derivações convergentes. Mas, se uma derivação *fracassa* (o que nunca acontece, por definição, por violar uma condição de economia, mas sim porque algum elemento da representação de interface não é interpretável), o sistema pode tomar outra via alternativa e "tentar" construir uma derivação que não fracasse (baseada nas mesmas escolhas lexicais). Assim, por exemplo, a derivação da expressão do inglês * *is a strange man in the garden* 'está um homem estranho no jardim' fracassa, porque o traço Casual de T (o seu traço-N) não é verificado; mas essa derivação não bloqueia a derivação alternativa de *a strange man is in the garden*, a qual converge.

segundo parágrafo da introdução, em particular à pergunta "Qual é o grau de 'perfeição' da linguagem?"

Suponhamos que a investigação mostra que esta abordagem é mais ou menos correta. O que podemos então concluir sobre a especificidade da faculdade da linguagem (a modularidade)? Não muito. A faculdade da linguagem pode ser única entre os sistemas cognitivos, ou mesmo única no mundo orgânico, precisamente por satisfazer pressupostos minimalistas. Além disso, talvez os parâmetros morfológicos possuam uma natureza única, e talvez o sistema computacional C_{HL} seja um caso biológico isolado.

Outra fonte de possível especificidade na linguagem reside nas condições impostas "do lado de fora", na interface, aquilo a que podemos chamar *condições de output básicas* ([2]). Estas condições são impostas pelos sistemas que utilizam a informação construída por C_{HL}, mas não temos qualquer ideia prévia sobre quão específicas à linguagem as suas propriedades poderão ser – bastante específicas, de acordo com a nossa compreensão atual dos fenómenos. Existe um exemplo óbvio, e com múltiplos efeitos: a informação fornecida por L tem de se acomodar ao aparato sensorial e ao aparato motor dos seres humanos. Deste modo, a UG tem de providenciar uma componente fonológica que possa converter os objetos gerados pela língua L numa forma que esses sistemas "externos" possam usar: ou seja, PF, como se pressupõe normalmente. Se os seres humanos pudessem comunicar entre si por telepatia, não haveria necessidade de uma componente fonológica, pelo menos para os propósitos da comunicação; e o mesmo se pode dizer relativamente ao uso da linguagem em geral. A investigação poderá mostrar que estas exigências ([3]) são fatores cruciais na determinação da natureza íntima de C_{HL} em algum sentido profundo; alternativamente, essas exigências podem ser simplesmente "alheias" a C_{HL}, provocando afastamentos da "perfeição" que são então satisfeitos de uma maneira ótima. Não podemos pôr de lado esta última possibilidade ([4]).

---

[2] No original, "bare output conditions".

[3] Isto é, a exigência de "uma componente fonológica que possa converter os objetos gerados pela língua L numa forma que esses sistemas 'externos' possam usar".

[4] A ideia aqui parece ser que, se não tivéssemos que "exteriorizar" a linguagem através de um sistema sensório-motor, esta poderia ser totalmente "perfeita". A necessidade de converter os símbolos abstratos da linguagem numa determinada modalidade (articulatória, por exemplo) provoca afastamentos dessa perfeição, mas o sistema tenta minimizar esses afastamentos.

Esta propriedade da linguagem poderá ser uma das fontes de um afastamento extraordinário dos pressupostos minimalistas sobre a arquitetura da linguagem: o fato de os objetos linguísticos aparecerem no output sensorial em posições "deslocadas" daquelas onde são interpretados, de acordo com os pressupostos mais fundamentados que podemos conceber sobre a interpretação. Este é um fato irredutível da linguagem humana, expresso de alguma maneira em todas as teorias contemporâneas sobre a linguagem, independentemente do modo como os fatos relativos ao deslocamento são formulados. Esse fato é igualmente uma componente central da gramática tradicional, descritiva e teórica, pelo menos desde a *Lógica* e a *Gramática* de Port-Royal. Queremos determinar por que é que a linguagem tem esta propriedade (ver a seção 4.7) e como é que ela é realizada (a nossa preocupação principal ao longo deste capítulo). Queremos descobrir o grau de satisfação atingido pelas condições que determinam esta propriedade crucial da linguagem, esperando que a resposta seja "as condições são satisfeitas tão bem quanto possível". Os pressupostos minimalistas sugerem que a propriedade é redutível ao movimento determinado pela morfologia. Aquilo que se sabe sobre esses fenômenos parece-me apoiar essa expectativa.

Estas propriedades de "deslocamento" constituem um dos aspectos sintáticos centrais em que a linguagem natural difere dos sistemas simbólicos construídos com uma finalidade ou outra, por vezes chamados "linguagens" por extensão metafórica (linguagens formais, linguagens de programação); há outros aspectos que diferenciam os dois tipos de sistemas, incluindo distinções semânticas[2]. A propriedade do deslocamento reflete a disparidade – na realidade, complementaridade – entre a morfologia (a verificação de traços) e a teoria-θ (atribuição de funções semânticas), um fato evidente sobre a linguagem natural que é realçado cada vez mais à medida que nos aproximamos dos objetivos minimalistas. Ver a seção 4.6.

O Programa Minimalista tem algo a dizer sobre a questão da especificidade da linguagem, mas de um modo limitado. Sugere, por exemplo, onde a questão pode surgir: na natureza do procedimento computacional C_{HL} e no lugar da sua variabilidade (que pressuponho serem os traços formais-morfológicos do léxico); nas propriedades das condições de output básicas; e na questão mais obscura, mas bem interessante, da naturalidade conceitual dos princípios e dos conceitos.

É importante distinguir entre o tópico desta investigação e um tópico diferente: até que ponto (se é que a questão tem razão de ser) é que as propriedades de C_{HL} podem ser expressas em termos de condições de output – digamos, filtros como aqueles discutidos em Chomsky e Lasnik (1977), ou algoritmos de formação de cadeias na sintaxe, no sentido de Rizzi (1986b), ou condições como aquelas recentemente investigadas no âmbito da fonologia em termos da Teoria da Otimalidade (Prince e Smolensky, 1993; McCarthy e Prince, 1993). A questão não é suficientemente precisa: não sabemos o suficiente sobre os sistemas "externos" na interface para chegar a conclusões firmes sobre as condições que impõem; assim, a distinção entre condições de output básicas e outras condições é, em parte, especulativa. De qualquer modo, os problemas são empíricos, e esperamos resolvê-los à medida que aumenta o nosso conhecimento da faculdade da linguagem e dos sistemas com os quais essa faculdade entra em interação. Continuamos na única via possível: construindo pressupostos provisórios sobre os sistemas externos e prosseguindo a partir daí.

A pior situação possível seria precisarmos dos dois tipos de mecanismos: não só dos processos computacionais que projetam representações simbólicas em outras representações simbólicas como também das condições de output. Esse cenário teria de ser apoiado por argumentos empíricos substanciais. É claro que os fatos sempre podem nos empurrar para o pior cenário possível, mas esperamos naturalmente descobrir que C_{HL} apenas utiliza processos de um tipo restrito. É isso que vou pressupor aqui, a menos que o contrário seja demonstrado.

Uma questão relacionada é a de saber se C_{HL} é derivacional ou representacional: será que utiliza operações sucessivas que produzem (π, λ) (se a derivação converge), ou será que opera de qualquer outro modo imaginável – digamos, selecionando duas representações desse tipo e efetuando computações subsequentes para determinar se estão devidamente emparelhadas, selecionando uma representação e derivando a outra e assim por diante?[3] Estas questões não só são pouco explícitas, mas são também bastante sutis; tipicamente, é possível reconstruir uma abordagem em termos de qualquer outra. Mas estas questões também são em última instância empíricas, tendo basicamente a ver com a adequação explicativa. Assim, os filtros foram motivados pelo fato de ser possível, através de simples condições de output, limitar consideravelmente a variedade e a complexidade das regras transformacionais, facilitando os esforços de reduzir essas regras apenas a Mover α (ou Afetar α, no sentido de Lasnik e Saito, 1984), e contribuindo deste modo para o objetivo da adequação explicativa. A teoria do Caso abstrato de Vergnaud, que colocou em terreno mais sólido e plausível uma parte central da teoria dos filtros, foi uma contribuição adicional importante nesse sentido. Do mesmo modo, as propostas de Rizzi sobre a formação de cadeias justificaram-se por explicarem determinados fatos sobre os elementos reflexivos nas línguas românicas, e outras questões.

A minha opinião é que mesmo assim uma abordagem derivacional é correta, e a versão particular do programa minimalista que estou considerando atribui-lhe ainda mais importância, mesmo que persista um resíduo dos filtros no conceito de movimento em Último Recurso determinado morfologicamente, o qual tem as suas raízes na teoria do Caso de Vergnaud. Há certas propriedades da linguagem, segundo parece fundamentais, que sugerem esta conclusão. Vista derivacionalmente, a computação implica tipicamente passos simples expressos em termos de propriedades e relações naturais; o contexto que torna essas relações naturais é muitas vezes "eliminado" por operações subsequentes, ficando assim invisível nas representações em que uma derivação converge. Assim, na sintaxe, as relações cruciais são tipicamente locais, mas uma sequência de operações pode derivar uma representação na qual essa localidade fica obscurecida. O movimento nuclear, por exemplo, é estritamente "local"; contudo, uma sequência de operações desse tipo pode deixar um núcleo separado do seu vestígio por outro núcleo interveniente. Isto acontece, por exemplo, quando N é incorporado em V, deixando o vestígio t_N; e o complexo $[_V V\text{-}N]$ é seguidamente elevado para I, deixando o vestígio t_V: a cadeia (N, t_N), no nível de output, está em violação da propriedade da localidade, e certas operações adicionais (digamos, o deslocamento de XP) podem obscurecer ainda mais radicalmente essa relação, mas a localidade é observada por cada passo individual da derivação [5].

Na fonologia segmental, esses fenômenos são extremamente comuns. Assim, as regras que derivam as formas alternantes *decide-decisive-decision* [6], a partir de uma entrada lexical invariante, são claras e naturais em cada passo, mas os contextos relevantes não aparecem completamente no output; se tivéssemos apenas condições de output, seria difícil entender por que é que *decision* não rima com *Poseidon*, com base nos pressupostos mais simples sobre as representações lexicais, as condições de output e a conformidade dos emparelhamentos de inputs com outputs. Do mesmo modo, a espirantização intervocálica e a redução vocálica são processos naturais e simples que derivam, digamos, a forma do hebreu *ganvu* "eles roubaram", da forma subjacente *g-n-B*, mas o contexto para a espirantização desaparece depois da aplicação da redução; a forma subjacente pode praticamente desaparecer no output, como

---

[5] Ver o cap. 3, nota 20 do autor.
[6] *decidir-decisivo-decisão*.

em *hitu* "eles alargaram", onde da raiz subjacente /ntC/ apenas permanece o /t/ (C uma consoante "fraca")[4, 5].

É em geral possível formular o resultado desejado em termos de outputs. No caso do movimento de um núcleo, por exemplo, podemos apelar para o pressuposto (plausível) de que o vestígio é uma cópia; nesse caso, o vestígio intermédio de V inclui dentro de si um registro da elevação local N → V. Mas parece claro que este tipo de tratamento é incorreto. Em LF, as cadeias relevantes são (N, t_N) e (V, t_V), e nessas perde-se a relação de localidade satisfeita pela elevação sucessiva. Um artifício semelhante pode ser usado nos exemplos fonológicos, de novo inadequadamente, segundo parece. Estas propriedades ([7]) parecem ser fundamentais na linguagem e devem ser captadas, não obscurecidas por truques de codificação, sempre disponíveis. Uma abordagem plenamente derivacional capta essas propriedades diretamente e sugere que elas são extremamente comuns, o que parece ser o caso.

Continuo assim a pressupor que o sistema computacional C_{HL} é estritamente derivacional e que as únicas condições de output são as condições de output básicas determinadas "do lado de fora", na interface.

Esperamos conseguir mostrar que, para uma língua(-I) L particular, os fenômenos do som e da significação para L são determinados por pares (π, λ), formados por derivações convergentes admissíveis (maximamente econômicas) que satisfazem as condições de output – em que a expressão "determinados", claro está, significa "no âmbito da responsabilidade do sistema cognitivo da faculdade da linguagem"[6]. A computação C_{HL} que deriva (π, λ), além disso, tem de satisfazer princípios computacionais que são minimalistas em espírito, tanto na sua natureza como nas condições de economia que selecionam as derivações. Uma outra condição natural é que os outputs sejam formados unicamente pelas propriedades dos itens lexicais (os traços lexicais) – em outras palavras, que os níveis de interface consistam apenas em arranjos de traços lexicais, e nada mais. Se isto for verdade, a linguagem satisfaz uma condição de *inclusividade*[7]. Pressupomos também que nos princípios da UG só participam elementos que funcionam nos níveis de interface; nada mais pode ser "visto" no decurso da computação, uma ideia geral que tornamos mais clara na continuação da nossa investigação.

Ao desenvolvermos um programa minimalista, queremos ter a certeza de que não estamos sorrateiramente introduzindo na teoria conceitos, entidades, relações e convenções inadequados. As nossas incursões ocasionais pelo

---

([7]) Ou seja, as relações de localidade estritas do sistema computacional.

formalismo têm como objetivo clarificar o grau com que C_{HL} satisfaz as condições minimalistas, derivando princípios e convenções sempre que for válido. Quanto mais escassos forem os pressupostos, mais complexa será, com toda a probabilidade, a forma dos argumentos.

4.2 O sistema cognitivo da faculdade da linguagem

4.2.1 A componente computacional

Uma expressão linguística (π, λ) de L satisfaz condições de output nas interfaces PF e LF. Além disso, π e λ têm de ser *compatíveis*: um determinado som não pode ter uma significação qualquer. Em particular, π e λ têm como base as mesmas escolhas lexicais. Podemos então considerar que C_{HL} projeta um arranjo A de escolhas lexicais no par (π, λ). O que é A? Pelo menos, A tem de indicar quais são as escolhas lexicais e quantas vezes cada uma delas é selecionada por C_{HL} na formação de (π, λ). Vamos definir o conceito de *numeração* como um conjunto de pares (IL, i), em que IL é um item do léxico, e i é o seu índice, compreendido como o número de vezes que IL é selecionado. Vamos agora considerar que A é (pelo menos) uma numeração N; C_{HL} projeta N em (π, λ). O procedimento C_{HL} seleciona um item de N e reduz o seu índice de 1, realizando seguidamente computações permitidas. Uma computação construída por C_{HL} não é considerada uma derivação, e muito menos uma derivação convergente, sem que todos os índices sejam reduzidos a zero.

Considerando a língua L como um procedimento gerador de derivações, podemos considerar que L se aplica sobre uma numeração N, e forma uma sequência S de elementos simbólicos ($σ_1$, $σ_2$,...,$σ_n$), terminando apenas se $σ_n$ for um par (π, λ) e N estiver reduzido a zero (a computação pode continuar depois de N = zero). Assim formado, S é uma derivação, a qual converge se os elementos de $σ_n$ satisfizerem FI em PF e LF, respectivamente. As considerações de economia selecionam as derivações convergentes admissíveis.

Dada a numeração N, as operações de C_{HL} constroem recursivamente *objetos sintáticos* a partir dos itens em N e de objetos sintáticos já formados. Temos de determinar o que são esses objetos e como são construídos. Se a condição de inclusividade for válida ([8]), os objetos sintáticos são rearranjos das propriedades dos itens lexicais que em última instância compõem os objetos

---

[8] Ver p.314.

sintáticos. Consideramos agora unicamente a computação N → λ, por razões que se tornam mais claras à medida que continuamos, e que tendem a dar apoio à ideia de que há na verdade algo de "alheio" nas condições impostas sobre a linguagem na interface A-P (sensório-motora).

Suponhamos que a derivação atingiu o estágio Σ, que podemos considerar como um conjunto {$OS_1,...,OS_n$} de objetos sintáticos. Uma das operações de C_{HL} é um procedimento que seleciona um item lexical IL da numeração, reduzindo o seu índice de 1, e o introduz na derivação como OS_{n+1}. Chamemos a esta operação *Selecionar*. Na interface LF, Σ só pode ser interpretado se for um objeto sintático único. Concluímos que C_{HL} tem de conter um segundo procedimento que combina objetos sintáticos já formados. Uma derivação só converge se esta operação se aplicar tantas vezes quantas necessárias para ficarmos com um só objeto sintático, esgotando igualmente a numeração inicial. A operação mais simples desse tipo que podemos conceber toma como ponto de partida um par de objetos sintáticos (OS_i, OS_j) e os substitui por um novo objeto sintático composto OS_{ij}. Chamamos a esta operação *Compor*. Voltamos mais adiante às suas propriedades, limitando-nos a notar aqui que as operações Selecionar e Compor, ou equivalentes próximos destas operações, são componentes necessárias de qualquer teoria da linguagem.

Repare-se que não surge nenhuma questão sobre a motivação para aplicar Selecionar ou Compor no decurso da derivação. Se Selecionar não esgotar a numeração, nenhuma derivação é gerada e não surgem questões de convergência ou de economia. A aplicação insuficiente de Compor tem a mesma propriedade, visto que a derivação não produz nesse caso nenhuma representação LF; de novo, nenhuma derivação é gerada, e não surgem questões de convergência ou de economia. As operações Selecionar e Compor são "gratuitas"; não caem no âmbito das questões relativas à convergência e à economia[8]. Do mesmo modo, não é necessário levantar questões sobre o efeito de operações ilegítimas, da mesma maneira que a teoria lógica das demonstrações não se preocupa com uma sequência de linhas que não satisfaz as condições formais que definem uma "demonstração", ou que um algoritmo de jogar xadrez não se preocupa com a avaliação de passos inadequados ([9]).

---

[9] Ou seja, não surgem igualmente questões relativas à convergência ou à economia se uma derivação contiver um passo que esteja em violação de uma "condição absoluta" de C_{HL}, como, por exemplo, a Condição do Elo Mínimo (MLC), que exige que os elos do movimento sejam mínimos, num sentido bem definido (ver, por exemplo p.369). Isto significa que não faz sequer sentido perguntar se uma derivação com uma violação da MLC converge, ou se

No âmbito deste quadro teórico, também não existe nenhuma questão significativa sobre a razão pela qual uma determinada numeração é formada em vez de outra – ou em vez de nenhuma, no caso do silêncio. Isso seria como pedir que a teoria de uma operação formal sobre números inteiros – digamos, a adição – explicasse por que é que determinados números inteiros são adicionados em vez de outros, ou por que é que nenhum é adicionado. Ou seria como pedir que uma teoria dos mecanismos da visão ou da coordenação motora explicasse por que é que alguém escolhe olhar para um pôr do sol, ou pegar uma banana. O problema da escolha de ação é real, e em grande parte misterioso, mas não surge no domínio limitado do estudo dos mecanismos[9].

Suponha-se que o item lexical IL tem o índice i na numeração N. Se queremos que uma derivação seja gerada, Selecionar tem de ter acesso a IL um número i de vezes, introduzindo o item na derivação. Mas os objetos sintáticos formados por aplicações distintas de Selecionar sobre IL precisam ser diferenciados; duas ocorrências do pronome *he* ([10]), por exemplo, podem ter propriedades completamente diferentes em LF. *l* e *l'* são, pois, marcados como distintos para C_{HL} se forem formados por aplicações distintas de Selecionar acedendo ao mesmo item lexical de N. Repare-se que temos aqui um afastamento da condição de inclusividade, um afastamento indispensável, segundo parece, que tem as suas raízes na natureza da linguagem, e que é talvez redutível a condições de output básicas.

Quer o arranjo inicial A seja uma numeração quer seja outro tipo de objeto, queremos que A não só exprima a relação de compatibilidade entre π e λ, como também que A determine o *conjunto de referência* para avaliar se uma derivação de A para (π, λ) é ótima – isto é, se não é bloqueada por uma derivação mais econômica. A determinação do conjunto de referência é um problema delicado, tal como as considerações de economia em geral. Numa primeira aproximação, consideramos que é a numeração que determina o conjunto de referência: na avaliação das derivações relativamente à economia, só consideramos pois alternativas com a mesma numeração ([11]).

  é avaliada para efeitos de economia (o mesmo para uma derivação com um número insuficiente de aplicações de Selecionar ou Compor).

([10]) *ele*.

([11]) Repare-se que os objetos do conjunto de referência são derivações. Ou seja, o conjunto de referência é o conjunto $\{D_c\}$ das derivações convergentes (ver as p.308-309) que é possível construir com base numa determinada numeração (mas ver o texto imediatamente a seguir, para uma qualificação importante). São *estas* derivações que podem ser comparadas para efeitos de economia, isto é, para escolher a mais econômica. O fato de $\{D_c\}$ ser determinado pela numeração implica, por exemplo, que as derivações dos exemplos do inglês *there is a*

A seleção de uma derivação ótima no conjunto de referência determinado pela numeração N coloca problemas de complexidade computacional demasiado grandes para ser realista. Podemos reduzir o problema com uma interpretação mais "local" dos conjuntos de referência. Num estágio particular Σ de uma derivação, consideramos apenas continuações da derivação já construída – em particular, só consideramos aquilo que sobra na numeração N. A aplicação da operação OP sobre Σ é proibida se este conjunto contiver uma derivação mais ótima ([12]) na qual OP não se aplica sobre Σ ([13]). O número de derivações que temos de considerar para determinar se OP pode ser aplicada é assim drasticamente reduzido à medida que a derivação vai avançando ([14]). Pelo menos este aparato estrutural parece necessário, ou até mais, presumivelmente. Ver a seção 4.9 para alguma evidência empírica em favor desta concepção dos conjuntos de referência (a qual, de qualquer modo, é preferível) – na realidade, em favor de uma condição ainda mais rigorosa.

Uma condição empírica elementar sobre a teoria é que as expressões "usáveis" pelos sistemas da performance recebam representações de interface de um modo que não cause demasiada complexidade computacional. Temos de formular condições de economia que evitem uma "explosão exponencial" na construção e na avaliação das derivações. Uma interpretação local dos conjuntos de referência é um passo nessa direção. Sempre que for necessário considerar propriedades "globais" das derivações, como na determinação da aplicabilidade do princípio Procrastinar (ver o cap. 3), esperamos encontrar um algoritmo estabelecido para reduzir a complexidade computacional.

---

fly in the soup 'está uma mosca na sopa' e *a fly is in the soup* 'uma mosca está na sopa' não são comparáveis relativamente à economia, porque são baseadas em numerações diferentes: a numeração que serve de base ao primeiro exemplo contém o item lexical *there*, ao passo que a numeração que serve de base ao segundo exemplo não contém esse item. Aplicam-se comentários idênticos aos exemplos do português, se analisarmos o primeiro exemplo, mas não o segundo, como contendo um *pro* expletivo. Dada a maneira como as condições de economia funcionam no modelo, este é o resultado correto: se uma das derivações fosse mais econômica, deveria bloquear a outra, com os desvios do costume (degradação, não gramaticalidade etc.), o que não acontece.

([12]) No original, "more optimal". Traduzimos por "mais ótimo" em vez de "melhor" devido ao fato de "ótimo" ser usado pelo autor com um sabor técnico, (pelo menos) "pré-teórico". Sobre Σ, ver p.344.

([13]) Ou seja, numa determinada etapa Σ da derivação, só se considera o conjunto das *extensões* derivacionais convergentes de Σ que é possível construir com *o que resta* na numeração, na etapa Σ.

([14]) Porque o número de itens na numeração vai sendo reduzido, contribuindo para a redução do número de operações e de extensões derivacionais adicionais que são possíveis.

No caso de Procrastinar, é geralmente suficiente ver se existe um traço forte, uma questão simples ([15]) – e ainda mais simples na interpretação da noção de "força" que vamos dar a seguir. Mas ainda estamos longe de uma teoria abrangente da economia, um tópico agora explorado pela primeira vez no contexto de uma investigação capaz de colocar a adequação explicativa na sua agenda.

Dada a numeração N, C_{HL} efetua computações até formar uma derivação que converge em PF e em LF com o par (π, λ), depois de reduzir N a zero (se isso acontecer) ([16]). Uma "língua perfeita" tem de satisfazer a condição de inclusividade: qualquer estrutura formada pela computação (em particular π e λ) é constituída por elementos já presentes nos itens lexicais selecionados para N; nenhum objeto novo é acrescentado no decurso da computação, à parte o rearranjo de propriedades lexicais (em particular, não são acrescentados índices, ou níveis-barra no sentido da teoria X-barra etc.; ver a nota 7). Vamos assumir que esta condição é satisfeita (na prática) pela computação de N para LF (N → λ); as teorias aceitas consideram que essa condição é radicalmente falsa no que diz respeito à computação para PF[10].

Como já notamos, a condição de inclusividade não é inteiramente satisfeita. A distinção entre as seleções de um item lexical único é um afastamento (bastante limitado). Outro afastamento diz respeito à operação de apagamento (Apagar α). Vamos assumir que essa operação marca um objeto como sendo "invisível na interface"; explicitamos mais a nossa concepção desta operação na continuação do texto, pressupondo por agora que o material apagado, ainda que ignorado na interface, é mesmo assim acessível dentro de C_{HL}[11]. A questão na realidade tem ramificações interessantes.

Uma propriedade central de C_{HL} consiste na verificação de traços, a operação que determina o movimento com base na condição do Último Recurso.

---

[15] Recordemo-nos de que Procrastinar favorece a aplicação de um movimento sintático M em LF, a não ser que o adiamento de M até LF cause o fracasso da derivação; nesse caso, a regra se aplica na sintaxe visível. Na etapa da derivação visível em que é apropriado aplicar M (digamos, Σ), a derivação tem assim de "olhar para" LF, "ver" que a computação fracassa caso M não se aplique, e decidir pela aplicação visível de M na etapa Σ. Uma computação deste tipo é "global" (tem de "olhar" para Σ e para LF), e é mais complexa do que uma computação cujas decisões dependam estritamente de um escrutínio "local" de Σ. No caso em discussão, a presença de um traço "forte" é suficiente para desencadear uma aplicação visível de M em Σ de maneira estritamente local, ou seja, atendendo unicamente a propriedades de Σ. Ou seja, o traço "forte" introduz uma "instrução local" para a aplicação visível de M em Σ, sem ser necessário "olhar para a frente".

[16] Por exemplo, a derivação pode ser "cancelada", e nem sequer atingir LF ou PF. Ver o texto, mais adiante.

Uma boa parte das nossas preocupações aqui consiste precisamente em examinar essas noções. Podemos começar por reduzir a verificação de traços ao apagamento; um traço verificado é marcado como "invisível na interface"[12]. Mas mesmo uma análise rápida mostra que estas questões são mais complicadas; vamos, no entanto, pressupor esta concepção da verificação dos traços como ponto de partida, voltando a uma análise mais cuidadosa na seção 4.5.2.

As condições de output mostram que π e λ têm uma constituição diferente. Os elementos interpretáveis na interface A-P não são interpretáveis em C-I, e vice-versa. Assim, em algum ponto, a computação bifurca em duas partes, uma delas formando π e a outra formando λ. Os pressupostos mais simples são: (1) não há qualquer interação adicional entre estas computações, e (2) os procedimentos computacionais são uniformes ao longo de toda a derivação, ou seja, qualquer operação pode ser aplicada em qualquer ponto. Adotamos (1) e pressupomos (2) relativamente à computação de N para λ, mas não relativamente à computação de N para π; esta última modifica estruturas (incluindo a estrutura interna das entradas lexicais) através de processos muito diferentes daqueles que ocorrem na computação N → λ. A investigação das condições de output deveria ser suficiente para estabelecer estas assimetrias, que vou considerar aqui simplesmente como um dado adquirido.

Pressupomos então que, num determinado ponto da computação (uniforme) para LF, há uma operação Spell-Out que se aplica sobre a estrutura Σ já formada. O Spell-Out retira de Σ aqueles elementos relevantes apenas para π, deixando o resíduo $Σ_L$, que é projetado em λ por operações de tipo idêntico àquelas usadas para formar Σ. O próprio Σ é projetado em seguida em π por operações diferentes daquelas da computação N → λ ([17]). Chamamos ao subsistema de C_{HL} que projeta Σ em π a *componente fonológica*, e ao subsistema que continua a computação de $Σ_L$ até LF a *componente não visível*. Dizemos também que a computação pré-Spell-Out é *visível*. Vamos pressupor também que o Spell-Out entrega Σ ao módulo Morfologia, o qual, por um lado, constrói unidades semelhantes a palavras que são em seguida submetidas a outros processos fonológicos que projetam finalmente Σ em π, e, por outro, elimina traços que deixam de ser relevantes para a computação. Tenho pouco a dizer aqui sobre a componente fonológica, à exceção de algumas observações sobre a estrutura morfológica e a ordenação linear.

---

[17] Ou seja, depois do Spell-Out há duas estruturas: o próprio Σ, que continua para PF, e $Σ_L$, que continua para LF.

As propriedades especiais da componente fonológica têm a ver com a necessidade de produzir instruções para os sistemas sensório-motores, para a produção e a percepção. Como notamos, esta necessidade pode ser a fonte de outras imperfeições de C_{HL}, sendo nesse sentido "alheia" à linguagem; estas são possibilidades que exploramos neste trabalho.

Com estes pressupostos bastante elementares sobre a estrutura de C_{HL}, distinguimos dois tipos de traços lexicais: aqueles que recebem uma interpretação apenas na interface A-P (fonológicos) e aqueles que recebem uma interpretação apenas na interface C-I. Pressuponho também que estes conjuntos são disjuntos, levando em conta as propriedades muito especiais da componente fonológica e do seu output PF.

É razoável supor que as operações visíveis não apagam os traços fonológicos; de outro modo, a própria presença destes traços num item lexical teria uma motivação bem fraca. Suponhamos que isso é verdadeiro. Devido ao pressuposto de uniformidade de C_{HL} ([18]), concluímos que as operações não visíveis também não apagam traços fonológicos; se um traço fonológico entrar na componente não visível (depois do Spell-Out), a derivação fracassa em LF, violando a condição FI. Vamos defender o pressuposto ainda mais forte de que as operações visíveis nem sequer podem detectar os traços fonológicos – esses traços não podem, por exemplo, distinguir duas operações visíveis entre si[13]. Deste modo, a matriz fonológica de um item lexical é essencialmente *atômica* no que diz respeito às operações visíveis. Essa matriz é a forma em que se encontram "codificadas" no item lexical as instruções para certas regras da componente fonológica. Para a computação N → λ, nada se altera se as propriedades fonológicas da palavra *book* ([19]) forem codificadas no léxico como 23, com uma regra da componente fonológica interpretando 23 como a matriz fonológica para *book*.

Entre os traços que aparecem nas entradas lexicais, distinguimos também entre traços *formais* acessíveis no decurso da computação, e outros que não são acessíveis no decurso da computação: entre os primeiros, por exemplo, [±N] e [±plural], e entre os segundos, o traço semântico [artefato]. Colocam-se questões substanciais sobre os motivos dessa distinção e os efeitos que a distinção tem[14]. Vou pôr essas questões de lado, entre muitas outras. Estes traços também funcionam de forma diferente na componente fonológica. Como consideramos que a computação que leva a LF é uniforme, não

---

([18]) Isto é, o pressuposto de que os procedimentos computacionais são uniformes ao longo de toda a derivação de N até LF.
([19]) *livro*.

podemos estipular que determinados traços são elimináveis só depois do Spell-Out; mas a projeção em PF tem propriedades completamente diferentes e elimina traços num modo não permitido na computação N → λ – em particular, elimina traços semânticos e formais.

A entrada lexical para *airplane* ([20]), por exemplo, contém três coleções de traços: traços fonológicos como [começa com vogal], traços semânticos como [artefato], e traços formais como [nominal]. Os traços fonológicos são retirados pelo Spell-Out e ficam assim apenas à disposição da componente fonológica; os outros são deixados pelo Spell-Out, e a computação não visível para LF pode continuar a ter acesso a eles. Dentro da componente fonológica, os traços não fonológicos são eliminados no decurso da computação, ainda que possam ser relevantes para a sua operação – pelo menos para a parte inicial dessa operação, dentro da subcomponente morfológica.

À coleção de traços formais do item lexical IL vou chamar *FF(IL)*, um subcomplexo de IL. Assim, FF (*airplane*) é a coleção de traços de *airplane* que funciona na computação N → λ, excluindo os traços fonológicos e os traços (puramente) semânticos. Alguns dos traços de FF (IL) são *intrínsecos*, sendo então explicitamente enumerados na entrada lexical ou estritamente determinados por propriedades enumeradas na entrada lexical. Outros traços são *opcionais*, acrescentados no momento em que IL entra na numeração. Voltamos a este assunto na seção 4.2.2. Na medida em que consideramos as propriedades da computação desde a numeração até LF, restringimos a nossa atenção aos traços formais, ainda que as condições de output básicas na interface A-P por vezes obriguem a um afastamento deste desideratum; ver a seção 4.4.4.

No caso de *airplane*, as propriedades intrínsecas deste item incluem o traço categorial [nominal], o traço de pessoa [3ª pessoa] e o traço de gênero [-humano]. As suas propriedades opcionais incluem os traços não categoriais de número e de Caso. As propriedades intrínsecas de *build* ([21]) incluem o traço categorial [verbal] e o traço Casual [atribuir acusativo], mas os seus traços-f e o seu tempo são opcionais (se forem internos ao item). As ocorrências de um item lexical IL com traços opcionais diferentes constituem membros distintos da numeração. Se (*airplane, i*) estiver na numeração, o primeiro termo tem de incluir o traço categorial [nominal] e os traços não categoriais [3ª pessoa], [-humano], juntamente com uma qualquer escolha dos traços de número e de Caso – talvez [plural] e [acusativo]; nesse caso, o item pode aparecer

---

([20]) *avião*.
([21]) *construir*.

numa derivação convergente para *we build airplanes* ([22]). Uma análise adicional revela outras distinções e complexidades que não parecem relacionar-se com o procedimento computacional C_{HL}, pelo menos com aqueles aspectos de C_{HL} estudados aqui, e muitas outras questões sobre fronteiras, substrutura e interação com traços semânticos, questões que ignoro aqui pela mesma razão – talvez incorretamente, algo que só a investigação futura pode revelar.

Uma intuição que tem servido de guia no Programa Minimalista é que as operações se aplicam em qualquer ponto, sem qualquer estipulação especial; e, se uma "escolha errada" for feita, a derivação fracassa. Vamos assumir que também o Spell-Out funciona assim, tal como as outras operações. Depois do Spell-Out, a componente fonológica não pode selecionar da numeração qualquer item com traços semânticos, e a componente não visível não pode selecionar qualquer item com traços fonológicos. Esta situação é uma exigência para qualquer teoria, mesmo aquela com os pressupostos empíricos mais fracos; de outro modo, as relações som-significado cairiam pela base[15].

Não é, contudo, necessário acrescentar à teoria quaisquer estipulações para obter esse resultado. Quanto à componente fonológica, a questão não surge. Esta componente possui regras de natureza especial, diferentes das regras da computação N → λ, e essas regras só podem modificar formas já apresentadas às regras. Deste modo, Selecionar não opera na componente fonológica: nenhum item pode ser selecionado a partir da numeração na computação que vai do Spell-Out até PF.

Contudo, a operação Selecionar pode ser usada pela componente não visível, assumindo a condição de uniformidade na computação N → λ, Mas se um item com traços fonológicos for selecionado, a derivação fracassa em LF ([23]). A seleção de IL tem de ser feita na componente visível, a menos que IL não possua traços fonológicos. Nesse caso IL pode ser selecionado não visivelmente e composto (na raiz ([24]), exatamente como na composição visível, por razões simples às quais voltamos adiante). Veremos que esta possibilidade conceitual pode concretizar-se.

Um caso interessante tem a ver com os traços fortes: será que um item lexical (fonologicamente nulo) com um traço forte pode ser selecionado não visivelmente?

([22]) *nós construímos aviões*.
([23]) Por causa da condição FI: uma matriz fonológica não é um objeto permitido em LF.
([24]) Ou seja, no nó mais elevado da estrutura já formada, satisfazendo basicamente a condição de ampliação do cap. 3.

Para clarificar estas questões, temos que tomar uma decisão quanto ao tratamento da propriedade da força de um traço. A força de um traço é um dos elementos da variação linguística: um traço formal pode ser forte ou não, obrigando no primeiro caso ao movimento visível, em violação de Procrastinar. Uma análise dos vários casos sugere que a dimensão [±forte] é estritamente restringida, talvez pelo conjunto de opções (1).

(1)   Se F é forte, F é um traço de uma categoria não substantiva e F é verificado por um traço categorial.

Se (1) for correto, os nomes e os verbos principais não possuem traços fortes, e um traço forte pede sempre uma determinada *categoria* no seu domínio de verificação (e não, digamos, um Caso ou traços-φ). Concluímos que o movimento visível de β tomando α como alvo, formando [Spec, α] ou [$_\alpha$ β α], só é possível se α for uma categoria não substantiva, e um traço categorial de β participar na operação[16]. Deste modo, o Princípio da Projeção Alargada (EPP) pode ser plausivelmente reduzido a um traço-D forte de I, e a elevação-*wh* a um traço-D forte de C (pressupondo que -*wh* é uma variante de D (Determinante)). Outros casos incluem a elevação visível de N para D (Longobardi, 1994, e fontes aí citadas), e a elevação de I para C, agora entendida como envolvendo não Agr ou T, mas um verdadeiro modal ou um V adjunto a I, uma ideia que fará mais sentido na continuação do texto. A adjunção de um nominal a um verbo transitivo toma como alvo um complexo [*v*-V], formado pela elevação do verbo principal V para um verbo leve, e a incorporação verbal (de um verbo) é também para um verbo fraco. Vamos assumir que estas propostas, ou outras semelhantes, são corretas.

Para facilitar a exposição, digo por vezes que uma categoria funcional é forte quando quero dizer, mais explicitamente, que um dos seus traços é forte. Passo igualmente por cima de uma possível distinção significativa entre traços-D e traços-N, isto é, entre três variantes do princípio EPP: (1) exigindo um DP como especificador, (2) exigindo um NP, (3) exigindo uma categoria nominal, quer DP quer NP. As diferenças podem ser significativas; volto a elas nas seções 4.9 e 4.10. Até aí, as referências ao princípio EPP serão expressas em termos de traços-D fortes, mas a intenção é ser neutro entre as escolhas (1), (2) e (3).

Um traço forte tem duas propriedades. Em primeiro lugar, desencadeia uma operação visível, antes do Spell-Out. Em segundo lugar, provoca ciclicidade: um α capaz de satisfazer um traço forte não pode "passar sobre" esse traço, sendo o traço mais tarde verificado por β; isso permite violações da Minimalidade Relativizada (da Ilha-*Wh*, a superelevação) ([25]). No cap. 3, a propriedade pré-Spell-Out foi formulada em termos de convergência em PF (um traço forte fracassa em PF e precisa, portanto, ser eliminado antes do Spell-Out), mas essa formulação se baseia numa estipulação agora abandonada: que o acesso ao léxico é efetuado antes do Spell-Out ([26]). A propriedade cíclica foi deixada apenas parcialmente resolvida no cap. 3 (e em Chomsky, 1994a).

Mesmo pondo de parte os problemas e as limitações duma formulação da propriedade da força em termos de convergência em PF, esta solução não é mais do que uma reformulação da propriedade básica, e não uma verdadeira explicação. Na realidade, parece que não há nenhuma maneira de melhorar a formulação nua e crua das propriedades da força. Suponha-se então que, encarando os fatos de frente, definimos um traço forte simplesmente como um traço que uma derivação "não pode tolerar": uma derivação D → Σ é cancelada se Σ contiver um traço forte, num sentido que temos de tornar preciso. Um traço forte desencadeia assim uma regra que o elimina: a propriedade [força] está associada a um par de operações, uma que a introduz na derivação (na realidade, uma combinação de Selecionar e Compor), e uma segunda que a elimina (rapidamente).

A ciclicidade é uma consequência imediata desta concepção[17]. Derivamos também praticamente a conclusão que um traço forte desencadeia uma operação *visível* para o eliminar através da sua verificação. Esta conclusão tem apenas uma exceção: a composição não visível (na raiz) de um item lexical com um traço forte mas sem traços fonológicos – uma opção que mencionamos atrás, e à qual voltamos.

Talvez valha a pena mencionar a propósito destes problemas que o Programa Minimalista, certo ou errado, tem um determinado valor terapêutico. É muito fácil sucumbir à tentação de oferecer aquilo que se pensa ser uma explicação para algum fenômeno, com base em pressupostos que são aproximadamente da mesma ordem de complexidade daquilo que se quer explicar. Se os pressupostos tiverem um alcance mais vasto, podem ser um passo positivo na compreensão dos fenômenos. Mas por vezes os pressupostos não têm esse alcance mais vasto. As exigências minimalistas têm pelo menos o

---

[25] Ver o cap. 1, (131) e o cap. 3, (9).
[26] O raciocínio aqui é o seguinte: se o modelo permite a inserção de um traço forte depois do Spell-Out, na componente não visível (LF), a necessidade de eliminar um traço forte não pode ser formulada com base numa condição sobre o nível de interface PF.

mérito de realçar esses passos, colocando assim de modo muito claro a questão de saber se temos uma explicação genuína ou uma reformulação do problema em outros termos.

Temos de determinar em que sentido exato um traço forte não pode ser incluído numa derivação legítima. A ideia intuitiva é que o traço forte composto na raiz tem de ser eliminado antes de passar a fazer parte de uma estrutura maior formada por operações posteriores. A noção "parte de" pode ser entendida de várias maneiras. Há quatro possibilidades, baseadas nos dois modos de construir estruturas novas (substituição, adjunção)[18] e nas duas opções de projetar (ou é projetada a categoria com o traço forte ou é projetada a categoria que se junta a ela).

Como ilustração, tomemos o caso de T (Tempo) com um traço-V forte e um traço-D forte (como em francês), obrigando à elevação visível de V para T (adjunção) e à elevação visível de DP para [Spec, T] (substituição). Queremos saber como é que T e uma qualquer categoria K podem se juntar para formar uma categoria maior L, consistente com a força de T.

Suponhamos que T e K se juntam e T projeta. Suponhamos que a operação é por substituição, formando L = [$_{TP}$ T K] com núcleo T e complemento K, e o traço forte de T permanece na estrutura. Temos obviamente que admitir esse caso; na realidade, é o único modo de T entrar numa derivação convergente. A projeção de um T forte, logo, permite que a derivação continue quando T e K se juntam: a projeção de T pode tolerar T forte encaixado.

Suponhamos que T e K se juntam e K projeta. Nesse caso, ou T é o especificador ou é o complemento de K (substituição), ou é um adjunto de K (adjunção). Por razões que serão clarificadas na continuação do texto, a junção subsequente de L com T (por adjunção ou por substituição) é proibida. Em geral, então, vamos tentar estabelecer o princípio (2).

(2)   Nada se pode juntar a uma categoria que não projeta.

Isto é, nada se pode juntar a um adjunto, a um especificador ou a um complemento. Logo, não precisamos considerar o caso de T forte que não projeta, visto que, se um traço forte não projeta, a operação necessária para eliminar a força não pode se aplicar ([27]).

([27]) Visto que a "junção subsequente de L com T ... é proibida", em que L é o elemento que efetua (por hipótese) a verificação do traço forte de T.

Se esta for a interpretação correta das opções, a propriedade descritiva da força é (3). Suponha-se que a derivação D forma Σ: que contém α com um traço forte F. Então

(3)   D é cancelado se α está numa categoria cujo núcleo não é α.

Os casos comentados, e outros, são agora uma consequência de (3). Repare-se que (3) não é um princípio que rege a força, mas apenas uma observação descritiva sobre a força, no caso de (2) ser verdadeiro.

Suponha-se que K é adjunto a TP, formando a categoria de dois segmentos M = [$_{TP}$ K TP]. Devido a (3), a derivação tolera os traços fortes de T, que podem ser satisfeitos por operações ulteriores. Esse é o resultado correto. Suponha-se que K é um elemento adverbial. Nesse caso TP pode ser expandido em M = [$_{TP}$ K TP] por adjunção do elemento adverbial K, e M pode ser posteriormente expandido em N = [$_{TP}$ DP M] por inserção de DP como [Spec, T] para satisfazer o princípio EPP, dando expressões como *John probably has left already, there probably will be snow tomorrow* ([28]). Na realidade, o corte NP-I' é uma posição típica para a composição de elementos adverbiais.

Suponha-se que formamos TP com núcleo T e complemento K, e o traço-D forte de T (o traço EPP) ainda não foi verificado. Suponha-se que em seguida compomos TP com C, formando CP com núcleo C e complemento TP. Isso é excluído por (3); a derivação fracassa ([29]). De novo, este é em geral o resultado certo, exigido para evitar violações da Minimalidade Relativizada, como observamos antes.

Estes casos são típicos. Logo, pressupomos que a propriedade (3) é válida para os traços fortes.

Enquanto Compor é gratuito por motivos fundamentados, o movimento não é: a operação só tem lugar quando é forçada (a condição do Último Recurso); e é visível, em violação de Procrastinar, apenas quando exigido para efeitos de convergência. Se α tem um traço forte F, desencadeia uma operação

---

([28])   *o João provavelmente já saiu, expl provavelmente haverá neve amanhã.*
([29])   Nos termos de (3), a derivação é cancelada. Distinguimos o "cancelamento" de uma derivação e o "fracasso" de uma derivação, do seguinte modo: uma derivação *fracassa* (num dos níveis de interface, ou ambos) se contiver elementos que não sejam interpretáveis nesse nível (ou em ambos); ou seja, se estiver em violação do princípio FI. Mas uma derivação é *cancelada* se for interrompida (por qualquer motivo designado, como, por exemplo, uma violação de (3)), antes de chegar aos níveis de interface.

OP que efetua a verificação de F antes da formação de uma categoria maior que não seja uma projeção de α. A operação OP pode ser Compor ou Mover.

4.2.2 O léxico

Pouco tenho a dizer sobre o léxico, mas o que se segue baseia-se em determinados pressupostos que têm de ficar claros. Entendo o léxico num sentido bem tradicional: como um repositório de "exceções", aquilo que não é uma consequência de princípios gerais. Estes princípios pertencem a duas categorias: os da UG, e os de uma língua específica. Os segundos cobrem parte da fonologia e da morfologia, a escolha de opções paramétricas, e tudo o mais que possa entrar na variação linguística. Vamos também pressupor que o léxico nos dá uma "codificação ótima" dessas idiossincrasias.

Tomemos, por exemplo, a palavra *book* ([30]) do inglês. Esta palavra possui uma coleção de propriedades, algumas idiossincráticas, outras variando em generalidade. A entrada lexical para *book* especifica as idiossincrasias, deixando de parte os princípios da UG e as propriedades especiais do inglês. Essa entrada é a codificação ótima da informação que é minimamente suficiente para derivar a representação LF, e que permite à componente fonológica construir a representação PF. Esta assimetria reflete a diferença entre a computação N → λ e a componente fonológica, a primeira satisfazendo (praticamente) os princípios da uniformidade e da inclusividade, e a segunda violando-os radicalmente ([31]).

Uma propriedade idiossincrática de *book* codificada na sua entrada lexical é a relação som-significado. Além disso, a entrada lexical indica, por registro simples ou por implicação, que a palavra possui o traço categorial [N]; deixamos de lado aqui algumas questões em aberto que têm algum interesse[19]. Mas a entrada lexical não deve indicar que *book* tem Caso ou traços-ϕ; isso é uma consequência do fato de ser uma categoria [N] (presumivelmente devido a princípios da UG). A entrada lexical não deve especificar igualmente

---

([30]) *livro*.
([31]) Pelo princípio da inclusividade, uma derivação N → LF não pode introduzir traços distintos daqueles que estão presentes em N. Logo, os traços que compõem em última instância uma representação LF ou fazem parte da caracterização lexical dos itens dessa representação ou são atribuídos a esses itens quando estes entram na numeração – ver a discussão do texto imediatamente a seguir. Em contraste com esta situação, muitos dos traços que compõem uma representação fonética (todos os traços redundantes que não fazem parte da matriz fonológica dos itens lexicais) são introduzidos no decorrer da derivação através das regras da componente fonológica, que não está submetida à inclusividade.

propriedades fonéticas ou semânticas que são universais ou específicas do inglês: interações predizíveis entre vogal e consoante final, ou o fato de *book* poder ser usado para referir algo que é simultaneamente abstrato e concreto, como na expressão *the book that I'm writing will weigh 5 pounds* (³²). Essa propriedade é partilhada por um conjunto amplo de expressões nominais, talvez por todas – uma das muitas razões pelas quais as teorias comuns da referência não são aplicáveis à linguagem natural, na minha opinião (ver a nota 2).

Para a palavra *book*, parece que a codificação ótima deve incluir uma matriz fonológica do tipo familiar, exprimindo exatamente o que não é predizível, e uma representação comparável das propriedades semânticas, sobre a qual sabemos ainda menos (³³). E deve incluir os traços formais de *book* apenas na medida em que estes não são predizíveis a partir de outras propriedades da entrada lexical: talvez o seu traço categorial [N], e mais nenhum. O fato de ser necessário atribuir a *book* Caso e traços-φ é uma consequência de princípios gerais, e não há nada de intrínseco na entrada lexical de *book* que nos diga que uma ocorrência particular da palavra é singular ou plural, nominativa ou acusativa (ainda que o traço de pessoa seja presumivelmente determinado por propriedades semânticas intrínsecas). Em alguns casos esses traços podem ser idiossincráticos (por exemplo, o traço plural de *scissors* (³⁴), ou o gênero gramatical). Mais importante ainda, em algumas línguas o sistema funciona de modo muito diferente: por exemplo, em semítico, onde existe uma regularidade estrutural raiz-vogal (³⁵). Mas as entradas lexicais são determinadas com base nos mesmos princípios gerais.

Suponhamos que a palavra *book* é escolhida como parte do arranjo a partir do qual construímos uma derivação para formar representações PF e LF. Descrevi a escolha de *book* como um processo envolvendo duas etapas: (1) formar uma numeração que inclua (*book*, *i*), com índice *i*, e (2) introduzir *book* na derivação pela operação Selecionar, a qual acrescenta *book* ao conjunto de objetos sintáticos gerados e reduz o seu índice de 1. Os traços opcionais de uma ocorrência particular de *book* (digamos, [acusativo], [plural]) são acrescentados na etapa (1) ou na etapa (2) – presumivelmente na etapa (1), uma

---

(³²) *o livro que eu estou escrevendo vai pesar 5 libras.* Dado o princípio da inclusividade, essa propriedade é então associada a *book* quando *book* entra numa numeração; alternativamente, essa propriedade não é codificada em LF, mas num nível de representação semântico além de LF, fora do escopo do princípio da inclusividade.

(³³) Ver a nota anterior.

(³⁴) *tesoura* (em inglês o número de *scissors* é intrinsecamente plural, como *ônibus* em português).

(³⁵) No original, "root-vowel pattern structure".

decisão que reduz os conjuntos de referência e, portanto, os problemas de computabilidade ([36]). Aceitemos esta conclusão. A numeração N neste caso inclui [*book*, [acusativo], [plural], 2] (pressupondo o índice 2). O fato de estes traços estarem presentes é determinado pela UG (assim o assumimos), mas a sua escolha particular não é.

Recordemo-nos de que estamos interessados apenas nos mecanismos, e não nas escolhas ou nas intenções dos falantes. Logo, de um modo geral, e para todas as derivações, a projeção do léxico na numeração é aleatória quanto à especificação de *book* para o Caso e para os traços-ϕ, e quanto ao índice dessa coleção de propriedades, ainda que a UG exija em todos os casos uma escolha para o Caso, para os traços-ϕ, e um índice.

Até aqui as coisas parecem claras. Não é plausível que o Caso e os traços-ϕ de *book* sejam determinados pela posição da palavra na configuração oracional ([37]). Se a palavra é usada isoladamente, esses traços são determinados de um modo ou de outro, ainda que não exista estrutura. Poder-se-ia dizer que existe uma "estrutura pressuposta", alguma representação das intenções do falante, ou (possivelmente) de pressupostos partilhados pelo falante e pelo ouvinte em alguma troca comunicativa. Mas essa é seguramente a maneira errada de conceber estas questões. É possível (e tem sido proposto) que os

---

([36]) Recordemo-nos de que o conjunto de referência (ou seja, o conjunto das derivações que podem ser comparadas para efeitos de economia) é determinado pela numeração. A decisão mencionada no texto reduz drasticamente o conjunto das derivações possíveis a partir de uma determinada numeração. Por exemplo, suponhamos que a numeração contém os três itens lexicais {gato, o, miar}, sem especificação de Caso ou número no nome *gato* e no artigo *o*, e de traços relevantes para a concordância no verbo *miar*. As derivações possíveis com base nesta numeração são inúmeras – algumas delas destinadas ao fracasso, outras não. Entre as primeiras, temos [o gatos+nom] miou, [os gatos+acus] miaram etc. Entre as segundas, temos [o gato+nom] miou etc. É fácil verificar que, se os traços opcionais estiverem associados aos itens lexicais já na numeração, o número de derivações permitido é drasticamente reduzido; por exemplo, se a numeração for {gato+plural+nom, o+plural+nom, miar+pretérito+[3, plural]}, derivamos unicamente *os gatos miaram*, mas não *o gato miou*, [os gatos+acus] miou etc.

([37]) Esta passagem não deve ser interpretada como uma sugestão de que a configuração estrutural não tem qualquer importância no Caso concreto manifestado por um NP. É evidente que a configuração estrutural em que se encontra *the book* em *he read the book* 'ele leu o livro' exige Caso acusativo para *the book*, e não nominativo. Ou seja, a configuração efetua a verificação do Caso do NP, permitindo certas escolhas e eliminando outras. Ver (105) e a discussão que segue esse exemplo. O que o trecho sugere é que a configuração estrutural não é a causa imediata e direta da presença de algum Caso e de traços-ϕ num NP, visto que um NP usado isoladamente, ou em associação frouxa com uma estrutura sintática (em certos casos de topicalização, por exemplo), possui (algum) Caso e traços-ϕ.

nomes sejam automaticamente selecionados já em configurações nominais mais amplas (com Caso, talvez com traços-φ). É uma possibilidade, mas seria necessário evidência positiva para aceitá-la ([38]). Pressuponho aqui a hipótese nula: que o Caso e os traços-φ são arbitrariamente acrescentados a um nome no momento em que este é selecionado para a numeração.

As mesmas conclusões são apropriadas em outros casos. Consideremos construções como (4) ([39]).

(4)   as far as John is concerned, [$_{CP}$ I doubt that anyone will ever want to speak to the fool again]

Neste exemplo, certas propriedades formais de *a fool* e de *John* estão relacionadas entre si, mas não pelos mecanismos de C_{HL}. O exemplo forma um paradigma com o uso isolado do CP numa situação em que se pressupõe que o John é a pessoa que se discute (uma informação que pode ou não ser dada pelo contexto discursivo). O mesmo se pode dizer sobre o caso mais interessante das expressões nominais em línguas que exprimem os argumentos como adjuntos, e em que estes se encontram associados a elementos pronominais dentro das palavras (ver Baker, 1995, e a seção 4.10.3). A forma particular tomada por esses adjuntos pode depender da associação, mas talvez não possa ser expressa nos termos das relações locais admitidas em C_{HL} (tipicamente, relações H-α, em que H é um núcleo e α está no seu domínio de verificação).

Assim, na numeração, o Caso e os traços-φ dos nomes são especificados, alguns pela entrada lexical (os traços intrínsecos), outros pela operação que forma a numeração (os traços opcionais). As estruturas maiores são relevantes, mas apenas na verificação dos traços do nome que já estão presentes na numeração.

Consideremos os verbos, por exemplo, *explain* ([40]). A sua entrada lexical também representa de forma ótima as instruções para a componente fonológica e para a interpretação da representação LF: uma matriz fonológica e

---

([38]) A expressão "configurações nominais mais amplas" significa aqui uma estrutura sintática com nós e etiquetas. É esta a hipótese rejeitada (ou a ser aceita apenas com base em evidência positiva). Em contrapartida, defende-se no texto que o Caso e os traços-φ são pura e simplesmente acrescentados à matriz formal (de traços) quando um Nome entra na numeração, sem introduzir qualquer estrutura.

([39]) (4) no que diz respeito ao João, [$_{CP}$ duvido que alguém queira falar com esse idiota de novo]

([40]) *explicar*.

uma série qualquer de propriedades semânticas. A entrada também contém as informações que o próprio verbo traz para as operações de C_{HL}. A entrada lexical tem de ser suficiente para determinar que *explain* tem a propriedade categorial V, talvez através de um registro explícito. Quanto aos traços selecionais, na medida em que estes são determinados por propriedades semânticas, quer através da UG quer através de regras específicas do inglês, não são registrados no léxico. O fato de *explain* ter tempo e traços-ϕ não é indicado na entrada lexical, porque essa informação é determinada pela categoria V (presumivelmente em virtude de princípios da UG). A especificação particular destes traços, contudo, também não faz parte da entrada lexical. O verbo tem igualmente uma propriedade atribuidora de Caso, que é intrínseca, quer seja determinada por propriedades da entrada lexical (os traços semânticos) quer seja registrada como sendo idiossincrática. Os traços que se encontram associados ao verbo mas que não são predizíveis a partir da entrada lexical têm duas fontes possíveis: podem ser escolhidos arbitrariamente no momento em que o verbo entra na numeração, ou podem ser o resultado de operações que formam palavras complexas por associação do verbo com outros elementos (por exemplo, adjunção a T). Estas operações podem pertencer à sintaxe visível ou à componente fonológica (incluindo a morfologia). Se a associação é feita por operações da sintaxe visível, as categorias que participam nessas operações são marcadas (no léxico, ou na transição para a numeração) como permitindo ou exigindo afixação.

As decisões são menos claras do que para os nomes, mas os princípios são os mesmos. Toda a informação necessária para permitir a operação das regras fonológicas tem de estar à disposição da computação no momento em que o item é introduzido na derivação, mas a natureza específica desta informação tem de ser descoberta; também temos de descobrir se a informação tem origem numa escolha opcional dos valores dos traços no ponto em que o item entra na numeração, ou se tem origem em operações sintáticas visíveis [41]. Consideremos, por exemplo, a forma flexionada *explain*. O tempo e os traços-ϕ podem ser escolhidos opcionalmente e atribuídos à palavra no ponto em que esta entra na numeração, ou podem resultar de uma elevação visível de V para Agr e T. Ou, ainda, a palavra pode chegar à componente fonológica sem estar flexionada, sendo a forma PF o resultado da sua interação com elementos funcionais dentro da componente fonológica. As respostas podem

---

[41] Em qualquer dos casos, como se pode verificar, a informação está presente no verbo no ponto do Spell-Out.

variar de língua para língua ou dentro da mesma língua[20]. É necessária uma análise para cada caso.

Para os meus propósitos específicos, não interessa muito saber quais destas opções são corretas em última instância, até a seção 4.10, quando reavaliarmos o estatuto das categorias funcionais. Concretamente (e tendo em vista parcialmente a reavaliação posterior), vou pressupor que o tempo e os traços-φ dos verbos (digamos, da forma flexionada *explain*) são escolhidos opcionalmente na altura em que o item entra na numeração, sendo a sua conformidade verificada posteriormente através de outras operações. Mas podemos imaginar alternativas diferentes que sejam compatíveis com grande parte da exposição que segue.

Uma pergunta diferente tem a ver com a forma da codificação dessa informação na entrada lexical. Assim, no caso da palavra *book*, a representação ótima no léxico pode incluir a matriz fonológica normal MF, ou qualquer codificação arbitrária (digamos, 23) interpretada dentro da componente fonológica como MF – presumivelmente a primeira opção, a menos que haja uma forte motivação independente para a segunda. Do mesmo modo, a expressão fonética tipicamente dental do traço [tempo passado] pode ser representada por uma matriz fonológica [dental] ([42]), ou por uma codificação arbitrária (digamos, 47), interpretada na componente fonológica como [dental] (juntamente com todas as complicações que têm de ser codificadas nas entradas dos verbos irregulares) – de novo, presumivelmente a primeira opção, a não ser que haja uma forte motivação independente em contrário. Vou pôr estas questões de lado, pressupondo que têm de ser resolvidas caso a caso, ainda que de uma maneira que não tem grande importância para aquilo que se segue.

Com base nos pressupostos mais simples, a entrada lexical fornece, de uma vez por todas, a informação exigida para as computações posteriores – em particular, para as operações da componente fonológica (incluindo também a morfologia). Não parece haver razões de peso para nos afastarmos deste pressuposto ótimo.

Limitei-me a exemplificar os casos mais simples. Consideremos agora o extremo oposto. Suponhamos que a forma PF de uma entrada lexical é completamente imprevisível: a cópula em inglês, por exemplo. Neste caso a codificação lexical fornece toda a informação que as regras fonológicas precisam

---

[42] O tempo passado dos verbos em inglês manifesta-se tipicamente pelo segmento [d], como em *explain***d**, por exemplo.

usar para atribuir uma forma à estrutura [cópula, {F}], em que {F} é um conjunto qualquer de traços formais (tempo, pessoa etc.). Não parece ter grande interesse (para os nossos propósitos aqui, pelo menos) o modo como essa informação é apresentada: quer como uma lista de formas alternantes, cada uma delas com os seus traços formais, quer através de uma codificação qualquer que permita à componente fonológica escolher a forma alternante ("a inserção tardia").

Este é o caso pior possível. Parece claro ser um erro metodológico generalizar a partir do caso pior para todos os casos – ou seja, inferir a partir da existência do pior caso que o mesmo tratamento tem de ser dado a todos os itens lexicais.

Existem muitos casos intermédios. Considere-se o elemento lexical *come--came* ([43]). Podemos extrair dele alguma regularidade, e apresentá-la na forma de uma matriz fonológica, talvez /kVm/. Mas a escolha da vogal não é regida por qualquer regra e tem assim de ser codificada de uma maneira ou de outra. A linguística estruturalista dedicou imensa energia à questão de saber se a informação devia ser codificada na forma de morfemas alternantes, na forma de regras de item e processo ([44]) que alteram uma forma em outra e assim por diante. Como no caso da supletividade ([45]) pura, não é claro inclusivamente se existe aqui alguma questão empírica. Existem problemas semelhantes, reais ou ilusórios, a respeito dos traços semânticos (a estrutura das expressões idiomáticas etc.).

No que diz respeito às categorias funcionais, aplicam-se as mesmas considerações gerais, ainda que surjam novos problemas. Parece claro que o léxico contém elementos substantivos (nomes, verbos,...) com propriedades idiossincráticas. E parece pelo menos razoavelmente claro que o léxico contém algumas categorias funcionais: complementador (C), por exemplo. Mas a situação é mais obscura no caso de outras categorias funcionais possíveis, em particular T, Agr, traços-ϕ específicos, uma categoria Caso K e assim por diante; é por este motivo que as teorias sobre estas questões têm variado tanto nos últimos anos. A postulação de uma categoria funcional tem de ser justificada, quer por condições de output (de interpretação fonética e semântica), quer por argumentos internos à teoria. A responsabilidade da demonstração recai sobre quem propõe tais categorias, e isso muitas vezes não é fácil.

---

[43] *venho-vim* (verbo *vir*).
[44] No original, "item-and-process rules".
[45] No original, "suppletion".

As categorias funcionais que nos ocupam particularmente aqui são T, C, D, e Agr; a nossa preocupação fundamental ao longo deste trabalho consiste em estabelecer as propriedades formais dessas categorias. T, D e C têm propriedades semânticas; Agr não. Assim, T é [±finito], com outras subdivisões e implicações quanto à estrutura dos eventos, e talvez outras propriedades. D é possivelmente o lugar daquilo que é chamado, sem grande rigor, de "referencialidade"[21]. C é basicamente um indicador de modo ou de força (no sentido fregiano): declarativa, interrogativa e assim por diante. A escolha entre as opções de um dado tipo é arbitrária, parte do processo de formação de uma numeração a partir do léxico, como (pressuponho aqui provisoriamente) no caso dos traços-φ para os verbos, e do Caso e (alguns) traços-φ para os nomes.

As categorias funcionais podem também ter propriedades fonológicas. Assim, T em inglês é dental e C declarativo é *that* (com uma opção nula) (voltamos ao caso de C interrogativo = Q); os Casos em japonês são fonologicamente invariantes; e assim por diante. A entrada lexical, de novo, fornece uma codificação ótima daquilo que não é predizível.

Esperamos tomar decisões diferentes em situações diferentes, dependendo dos detalhes da componente fonológica, do inventário lexical da língua particular e talvez de outras questões ainda. Suponha-se, por exemplo, que certas propriedades morfológicas específicas de uma língua restringem o correlato fonético dos traços formais: por exemplo, que os verbos indicam a pessoa com prefixos, e o número com sufixos, ou que a estrutura morfológica fornece exatamente *n* posições ([46]) para exprimir os traços formais. Nesse caso, as entradas lexicais não especificam essas propriedades, apresentando apenas a informação que as propriedades não determinam. Parece que a estrutura morfológica de certas línguas exige "grelhas posicionais" ([47]). Se assim for, a opção existe universalmente, tal como as operações de adjunção, ou qualquer outro processo exigido pelos fatos empíricos.

Em todos os casos o princípio é claro, ainda que as respostas a perguntas específicas não o sejam: o léxico dá a codificação ótima para as "exceções". Ainda que existam sem dúvida diferenças tipológicas importantes, não parece haver razão de peso para esperar grandes generalizações, não só entre as línguas, como também, frequentemente, dentro de uma língua particular. Talvez Jespersen tivesse razão ao dizer que "nunca ninguém sonhou com uma

---

([46]) No original, "slots".

([47]) No original, "'templatic' conditions".

morfologia universal", na medida em que, tanto quanto se possa ver, a morfologia é principalmente um repositório dos aspectos excepcionais das línguas particulares.

Temos mantido até aqui o pressuposto ótimo: que, para cada item lexical de uma língua particular, as codificações idiossincráticas são dadas numa entrada lexical unificada. Existem teorias mais complexas que espalham as propriedades. Pode-se propor, por exemplo, que os traços formais, as instruções para as regras fonológicas e as instruções para a interpretação em LF aparecem em subléxicos diferentes, acessíveis em pontos diferentes do processo computacional. Estas elaborações podem também exigir níveis novos e relações novas entre várias partes da derivação, para assegurar uma conformidade adequada dos pares (PF, LF). O peso da demonstração recai sempre sobre quem propõe que a teoria tem de ser mais complexa, e esse peso é considerável. Por mim, vou continuar com os pressupostos ótimos, que parecem ser aquilo que já foi indicado – insistindo, contudo, que apenas tocamos aqui "de raspão" em questões sérias que têm a ver com a concretização desses pressupostos e com outros tópicos teóricos gerais.

Não disse nada sobre outras componentes importantes da teoria da formação de palavras: formas compostas, estruturas aglutinativas e muitas outras. As observações precedentes não foram mais do que um esboço extremamente básico, levando em conta unicamente a exposição que se segue.

4.3 A teoria da estrutura de constituintes num quadro teórico minimalista

O desenvolvimento da teoria X-barra nos anos 1960 foi uma etapa inicial no esforço para resolver a tensão entre a adequação explicativa e a adequação descritiva. Um primeiro passo consistiu em separar o léxico das computações, eliminando assim uma redundância séria entre as propriedades lexicais e as regras de estrutura de constituintes, permitindo que estas se reduzissem à forma mais simples (livres do contexto). A teoria X-barra procurou eliminar essas regras completamente, deixando apenas o formato X-barra-teórico geral da UG. O problema principal no trabalho que se seguiu consistiu em determinar esse formato, mas assumiu-se que as regras de estrutura de constituintes eram elimináveis, quando o assunto fosse corretamente compreendido – o que, não é preciso dizer, é um objetivo nunca alcançável, de modo que (sem que isso seja surpreendente) permanecem muitos problemas em aberto, incluindo alguns que são bem centrais no estudo da linguagem[22].

Em artigos anteriores sobre economia e minimalismo (caps. 1-3), pressupõe-se a teoria X-barra, com propriedades estipuladas específicas. Vamos então sujeitar agora esses pressupostos a uma análise crítica, perguntando-nos que forma deve ter uma teoria da estrutura de constituintes num quadro de pressupostos minimalistas, e quais são as consequências para a teoria do movimento.

Na interface LF, deve ser possível ter acesso a um item lexical IL e às suas propriedades não fonológicas LF(IL): as propriedades semânticas e as propriedades formais que são aí interpretadas. Deste modo, IL e LF(IL) têm de estar à disposição de C_{HL}, aceitando o pressuposto minimalista natural, anteriormente discutido, de que as condições de output básicas determinam os itens que são "visíveis" para as computações. Além disso, C_{HL} tem acesso aos traços formais FF(IL), por definição. Também parece evidente que C_{HL} tem acesso a algumas unidades maiores, construídas a partir dos itens lexicais, juntamente com o seu tipo: grupos nominais e grupos verbais, interpretados de modo diferente em termos do seu tipo e assim por diante. Entre as unidades maiores, parece que apenas as projeções máximas são relevantes para a interpretação em LF. Assumindo esta ideia[23], as condições de output básicas colocam à disposição de C_{HL} os conceitos de "projeção mínima e máxima". Mas C_{HL} não deveria ter acesso a outras projeções.

Dada a condição de inclusividade, as projeções mínimas e as projeções máximas não são identificadas por nenhuma marca especial, logo têm de ser determinadas a partir da estrutura em que aparecem; seguindo Muysken (1982), vou considerar que as noções de projeção mínima e projeção máxima são propriedades relacionais das categorias, e não propriedades que lhes são inerentes. (Ver a seção 1.3.2, abaixo de (64)). Não existem entidades como XP (X^{max}) ou X^{min} nas estruturas formadas por C_{HL}, ainda que continuemos a usar aqui as notações informais para efeitos da exposição, juntamente com X' (X-barra) para qualquer outra categoria. Uma categoria que já não projeta é uma projeção máxima XP, e uma categoria que não é projeção de nada é uma projeção mínima X^{min}; qualquer outra é um X', invisível na interface e para a computação[24]. Na continuação do texto, qualifico de certo modo esta conclusão quanto às categorias X^0, que possuem uma função muito especial.

Outro objetivo consiste em mostrar que a computação se restringe a relações locais de α com um núcleo terminal. Todos os princípios da UG devem ser formulados nestes termos – termos que é necessário explicitar – e apenas estas relações são relevantes na interface para os módulos que operam aí[25].

Dada a numeração N, C_{HL} pode selecionar um item de N (reduzindo o seu índice) ou efetuar alguma operação permitida sobre os objetos sintáticos já formados. Como se discutiu anteriormente, uma destas operações é necessária com base unicamente em fundamentos conceituais: uma operação que forma unidades maiores a partir daquelas já construídas, a operação Compor. Aplicada sobre dois objetos α e β, Compor forma o novo objeto K, eliminando α e β. O que é K? K tem de ser constituído de qualquer forma a partir dos dois itens α e β; as únicas outras possibilidades são, ou que K seja fixo para todos os pares (α, β), ou que seja selecionado ao acaso, e não vale sequer a pena considerar seriamente qualquer delas. O objeto mais simples construído a partir de α e β é o conjunto {α, β}; consideramos deste modo que pelo menos este conjunto entra na constituição de K, em que α e β são os *constituintes* de K. Será que isso é suficiente? As condições de output mostram que não; assim, os elementos verbais e os elementos nominais são interpretados diferentemente em LF e têm um comportamento diferente na componente fonológica. Consequentemente, K tem minimamente (e maximamente, pressupomos) a forma {γ, {α, β}}, em que γ identifica o tipo a que pertence K, indicando as suas propriedades relevantes. Chamemos a γ a *etiqueta* de K.

Para já, portanto, os objetos sintáticos em consideração são dos seguintes tipos:

(5)   a. itens lexicais
          b. K = {γ, {α, β}}, em que α, β são objetos e γ é a etiqueta de K

Os objetos do tipo (5a) são complexos de traços, enumerados no léxico. O passo recursivo é (5b). Suponhamos que uma derivação alcança o estado Σ = {α, β, $δ_i$,...$δ_n$}. Nesse caso, a aplicação de uma operação que forma K como em (5b) converte Σ em Σ' = {K, $δ_i$,...$δ_n$}, que inclui K mas não inclui α, β ([48]). Numa derivação convergente, a iteração das operações de C_{HL} projeta a numeração inicial N num objeto sintático único em LF.

---

[48] Os passos desta operação são ilustrados a seguir:
    (i)   Σ = {α, β, $δ_i$,...$δ_n$}
    (ii)   Σ' = {K, $δ_i$,...$δ_n$}

Repare-se que K é um membro de Σ', mas α e β, agora incluídos em K, não são membros de Σ'.

Pressupomos também que a etiqueta de K é determinada derivacionalmente (fixada de uma vez por todas no processo de formação de K), e não derivada representacionalmente numa etapa posterior da derivação (digamos, em LF). É claro que isso não é uma necessidade lógica; a língua marciana poderia ser diferente. Pelo contrário, é um pressuposto sobre o modo como a linguagem *humana* funciona, um pressuposto que se encaixa bem com a tese geral de que os processos computacionais são estritamente derivacionais, sendo guiados por condições de output apenas no sentido de as propriedades que entram na computação serem aquelas que recebem uma interpretação na interface. A pergunta adequada neste caso é se este pressuposto (juntamente com a perspectiva mais geral que propomos aqui) é empiricamente correto, e não se é logicamente necessário; é claro que o pressuposto não é logicamente necessário.

Suponha-se que a etiqueta de {α, β} é determinada univocamente para α, β na língua L, significando isso que apenas uma escolha produz uma derivação convergente admissível. Nesse caso, gostaríamos de poder derivar esse fato a partir de propriedades de α, β, L – ou, se o fato é verdadeiro para α, β na linguagem em geral, a partir de propriedades da faculdade da linguagem. Do mesmo modo, se a etiqueta for determinada univocamente para α, β, L arbitrários, ou quaisquer outros casos. Na medida em que uma tal determinação única é possível, as categorias são representáveis sob a forma mais restrita {α, β}, com a etiqueta determinada univocamente. Vou sugerir abaixo que as etiquetas são univocamente determinadas no caso das categorias formadas pela operação Mover α, deixando a questão em aberto relativamente a Compor, e indicando sempre as etiquetas para clarificar a exposição, mesmo quando sejam determinadas.

A etiqueta γ tem de ser construída a partir dos dois constituintes α e β. Suponhamos que estes são itens lexicais, cada um deles um conjunto de traços[26]. Nesse caso, o pressuposto mais simples é que γ é um dos casos seguintes:

(6) a. a intersecção de α e de β
b. união de α e de β
c. um dos dois, α ou β

Podemos excluir imediatamente as opções (6a) e (6b): a intersecção de α e β é em geral irrelevante para as condições de output, e, além disso, é frequentemente nula; e a união é não somente irrelevante mas "contraditória" se α, β diferirem no valor de algum traço, o que é aliás o caso normal. Ficamos com (6c): a etiqueta γ é α ou β; ou um ou outro *projeta* e é o *núcleo* de K. Se α projeta, então K = {α {α, β}}.

Por conveniência da exposição, podemos representar um objeto construído segundo o formato (5b) como sendo uma configuração mais complexa, incluindo elementos adicionais tais como nós, barras, apóstrofos, XP, subíndices e outros índices e assim por diante. Assim, podemos representar K = {α {α, β}} informalmente como em (7) (sem pressupor qualquer ordem), com o diagrama construído a partir de nós emparelhados com etiquetas e de pares de nós assim etiquetados, e em que as etiquetas são distinguidas através de subíndices.

(7)

(7), contudo, é apenas uma notação informal: é necessária evidência empírica para postular os elementos adicionais que constituem (7), além dos traços lexicais e dos conjuntos necessários. (Ver a nota 7.) Não conheço nenhuma evidência desse tipo e vou, portanto, manter o pressuposto minimalista de que a representação da estrutura de constituintes é "despojada" ([49]), excluindo quaisquer elementos além dos traços lexicais e dos objetos construídos a partir desses traços, como em (5) e (6c), com algumas emendas menores à medida que avançamos para um tratamento ainda mais fundamentado.

Os termos *complemento* e *especificador* podem ser definidos como de costume, em termos do objeto sintático K. A relação núcleo-complemento é a relação "mais local" entre um XP e um núcleo terminal Y, e todas as outras relações dentro de YP são núcleo-especificador (à parte a adjunção, que abordamos imediatamente a seguir). Em princípio, pode haver uma série de especificadores, uma possibilidade com várias consequências, e à qual voltamos. Pressupomos que os princípios da UG são crucialmente formulados em termos destas relações locais.

Quaisquer projeções adicionais satisfazem (6c), pelas mesmas razões. Referimo-nos a qualquer categoria desse tipo como uma *projeção* do núcleo a partir do qual essa categoria é em última instância projetada ([50]), restringindo

---

[49] No original, "bare".
[50] Note-se que a passagem não é redundante, como parece à primeira vista. Assim, por exemplo, na composição de um DP com uma categoria I', segundo (6c), I' ou DP projetam.

o termo *núcleo* aos elementos terminais retirados do léxico, e considerando complemento e especificador como sendo relações com um núcleo.

Revendo as nossas notações, consideramos que um *elemento terminal* IL é um item selecionado a partir da numeração, sem quaisquer partes (além dos seus traços) relevantes para C_{HL}. A categoria X^{min} é um elemento terminal, sem partes categoriais. Restringimos o termo *núcleo* aos elementos terminais. Uma categoria X^0 (de nível zero) é um núcleo ou uma categoria formada por adjunção ao núcleo X, que projeta. O núcleo da projeção K é H(K). Se H = H(K) e K é máximo, K = HP. Estamos frequentemente interessados também na projeção de nível zero máxima do núcleo H (digamos, o núcleo T de TP com V e talvez outros elementos adjuntos a T). Referimo-nos a este objeto como H^{0max}.

Se os constituintes α, β de K são formados no decorrer da computação, um dos dois tem de projetar – digamos, α. Na interface LF, K máximo é interpretado como um grupo de tipo α (por exemplo, como um grupo nominal, se H(K) for nominal); e tem um comportamento homogêneo no decorrer da computação. É então natural considerar que a etiqueta de K é não o próprio α, mas sim H(K), uma decisão que também leva a uma simplificação técnica. Com este pressuposto, consideramos que K = {H(K), {α; }}, em que H(K) é o núcleo de α e a sua etiqueta também, nos casos discutidos até aqui [51]. Vamos manter o pressuposto de que o núcleo determina a etiqueta, ainda que nem sempre através de uma identidade estrita.

A operação Compor (α, β) é assimétrica, projetando α ou β, e o núcleo do objeto que projeta converte-se na etiqueta do complexo formado. Se α projeta, podemos nos referir a α como o *alvo* da operação, adaptando a noção a partir da teoria do movimento, de maneira óbvia [52]. Não existem projeções não ramificadas. Em particular, não existe nenhum modo de projetar a partir de um item lexical α um subelemento H(α) constituído pela categoria de α e por quaisquer outros elementos que entrem na computação posterior, e em que H(α) é o "núcleo" real, sendo α simplesmente o elemento lexical; nem é possível construir "projeções parciais" desse tipo a partir de elementos

---

Vamos assumir (corretamente) que é I', formando IP. Nos termos de (6c), IP é uma projeção de I'; mas, de acordo com a presente passagem do texto, é (também) "uma projeção do núcleo a partir do qual essa categoria é em última instância projetada", ou seja, de I.

[51] Explicitando esta passagem, suponhamos que, na composição de α e β, α projeta. A etiqueta de {α, β} não é α, mas sim o núcleo de α, o elemento terminal a partir do qual α é em última instância projetado.

[52] Na teoria do movimento, é sempre o alvo do movimento que projeta, como se demonstra mais adiante.

maiores. Abandonamos assim estruturas como (8a) com a interpretação usual: *the, book* considerados como itens lexicais terminais e D+, N+ como sendo os símbolos representativos das propriedades destes itens que são relevantes para a computação posterior (talvez a informação categorial D, N; o Caso; etc.). Em lugar de (8a) temos apenas (8b).

(8)

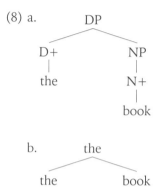

A teoria X-barra padrão é, assim, eliminada em larga medida em favor de elementos essenciais básicos.

Suponha-se que temos a estrutura representada informalmente como (9), e em que *x, y, z, w* são terminais.

(9)

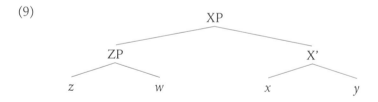

Em (9), ZP = {z, {z, w}}, X' = {x, {x, y}}, XP = {x, {ZP, X'}}; mais precisamente, a árvore que tem ZP como raiz corresponde a {z, (z, w)} e assim por diante; as etiquetas das raízes não têm qualquer estatuto, contrariamente ao que acontece nos indicadores sintagmáticos usuais ([53]). Repare-se que *w* e *y* são ambos elementos mínimos e máximos ([54]); *z* e *x* são apenas elementos mínimos ([55]).

---

[53] Ou seja, a etiqueta ZP da raiz da subárvore em (9) não é uma categoria "nova"; não tem um estatuto independente da própria subárvore em si mesma. Ver também a nota 30 do autor.
[54] Ou seja, não são a projeção de nenhum elemento nem projetam em outro elemento.
[55] Ou seja, não são a projeção de nenhum elemento, mas, contrariamente a *w* e *y*, projetam (de modo informal, em ZP e X', respectivamente).

Os elementos que em (9) desempenham uma função são no máximo as configurações que correspondem aos nós da representação informal (ou às árvores que têm a sua raiz nesses nós): isto é, os terminais lexicais z, w, x, y; o elemento intermédio X' e o seu constituinte-irmão ZP; e o elemento raiz XP. Representados formalmente, os elementos correspondentes são z, w, x, y; $\{x, \{x, y\}\}$ = P e o seu irmão $\{z, \{z, w\}\}$ = Q; e o elemento raiz $\{x, \{P, Q\}\}$. Apenas estes elementos podem desempenhar alguma função; chamemos-lhes os *termos* de XP. Mais explicitamente, para qualquer estrutura K,

(10) a. K é um termo de K.
b. Se L é um termo de K, então os membros dos membros de L são termos de K [56].

Para o caso da substituição, os termos correspondem aos nós das representações informais, entendendo cada nó como representando a subárvore da qual esse nó é a raiz[27].

Em (9), x é o núcleo da construção, y o seu complemento, e ZP o seu especificador. Assim, (9) pode ser a estrutura VP com o núcleo *saw*, o complemento *it*, e o especificador *the man* com a etiqueta *the*, como em (11) [57].

(11)

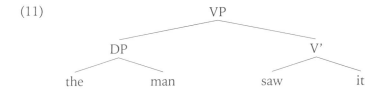

---

[56] (10) é uma definição recursiva, com duas etapas, em que a primeira fornece a base para a aplicação da segunda. Como ilustração, tomemos como exemplo a estrutura (9), na sua representação em termos de conjuntos, isto é, $\{x, \{Q, P\}\}$ em que Q = ZP na árvore, e P = X' na árvore. Em virtude de (10a), o próprio $\{x, \{Q, P\}\}$ é um termo de $\{x, \{Q, P\}\}$. Apliquemos agora (10b). Quais são os membros dos membros desta estrutura? Os membros desta estrutura são a etiqueta x por um lado, e o conjunto $\{Q, P\}$ por outro. Mas a definição pede *os membros dos membros*. Ora, o membro que consiste apenas na etiqueta x não tem membros. O conjunto $\{Q, P\}$, no entanto, tem membros: P e Q, respectivamente. Estabelecemos, pois, que $\{x, \{Q, P\}\}$, P e Q são termos de $\{x, \{Q, P\}\}$. Aplicando de novo a definição, agora sobre Q e P, concluímos facilmente que os termos de (9) são $\{x, \{Q, P\}\}$, P, Q, z, w, x e y.

[57] *o homem viu isso*.

Aqui, V' = VP = *saw*, e DP = *the* ([58]).

Repare-se que este sistema bastante frugal não distingue os verbos inacusativos dos verbos inergativos, uma distinção que parece ser necessária. A solução mais simples para o problema consiste em adotar a proposta de Hale e Keyser (1993a), segundo a qual os inergativos são transitivos, o que passo a assumir aqui ([59]).

Assumimos anteriormente que Compor apenas se aplica na raiz ([60]). No sistema despojado, é fácil ver por que é que esperamos este resultado. Suponha-se que a derivação alcança a etapa Σ, com os objetos α e β. Neste ponto, Compor pode eliminar α e β de Σ, formando o objeto novo K = {γ, {α, β}}, com a etiqueta γ ([61]). Essa é a aplicação mais simples de Compor. Podemos perguntar se C_{HL} também permite uma operação mais complexa: dados α e β, selecionar K dentro de β (ou dentro de α; isso é irrelevante) e construir o objeto novo {γ, {α, K}} que substitui K dentro de β. Essa operação constitui uma aplicação de Compor que encaixa α dentro de uma construção β já formada ([62]). Qualquer complicação deste tipo (que pode ser extremamente séria) exige

---

[58] Repare-se que V' apenas representa a etiqueta de {*saw*, *it*} (ou seja, *saw*), e DP a etiqueta de {*the*, *man*}, ou seja, *the*. Em termos da teoria minimalista, esses constituintes são, pois, {*saw*, {*saw*, *it*}} e {*the*, {*the*, *man*}}. É importante insistir que na teoria minimalista "despojada" da estrutura de constituintes as árvores deixam de ter qualquer estatuto formal na representação estrutural dos constituintes. Essa representação é agora construída unicamente com base na teoria dos conjuntos. Podemos continuar a desenhar árvores, mas estas são apenas "objetos convenientes".

[59] O problema reside no fato de tanto os verbos inacusativos como os inergativos possuírem apenas um argumento; na presente teoria, esse argumento tem (nos dois casos) de ser composto diretamente com o verbo, formando uma projeção com etiqueta V. Logo, as duas classes de verbos não são distinguidas nas representações formais. Numa teoria não minimalista, no caso dos verbos inergativos, seria permitido projetar "vacuamente" V em V', compondo seguidamente V' com um argumento externo. Mas as projeções "vácuas" não são permitidas na teoria X-barra "despojada" do programa minimalista. Na solução proposta, os verbos inergativos combinam-se não vacuamente com um objeto (talvez um objeto nulo, talvez um objeto lexical posteriormente incorporado no verbo), projetando em V'; esta categoria, em seguida, combina-se com o "argumento externo" do verbo, formando um Spec e projetando em VP.

[60] Ou seja, que Compor apenas junta elementos à categoria mais elevada da estrutura em formação – algo que lembra a condição de ampliação do cap. 3.

[61] Ver a nota ([48]).

[62] Essa operação pode ser ilustrada pelas seguintes estruturas. Na etapa Σ, temos de novo os dois objetos sintáticos α e β, em que β é por hipótese a raiz de uma estrutura sintática já formada, e α é retirado do léxico:

(i) Σ = {α, β }
         /\
        A K

uma forte motivação empírica. Como não conheço nenhuma motivação séria, continuo a assumir que tal operação não existe. Compor aplica-se sempre na forma mais simples possível: na raiz ([63]).

A situação é diferente para Mover; voltamos a esta questão ([64]).

Para completar o tratamento minimalista da estrutura de constituintes, temos de resolver várias questões sobre a adjunção. Vamos manter-nos nos limites do caso mais simples (presumivelmente o único): a adjunção de α a β, formando no processo uma categoria de dois segmentos.

Não é pacífico que a adjunção e a substituição existam ambas; assim, Lasnik e Saito (1992) rejeitam a primeira operação, ao passo que Kayne (1993) rejeita em larga medida a segunda operação, assimilando (praticamente) especificadores e adjuntos (ver a secção 4.8 e Chomsky, 1994a). Contudo, vou pressupor que a distinção é real: que os especificadores têm propriedades distintas dos adjuntos, e que as posições-A têm propriedades distintas das posições-Ā (uma distinção relacionada com a primeira, ainda que não seja idêntica).

A substituição forma L = {H(K), {α, K}}, em que H(K) é o núcleo (= a etiqueta) do elemento projetado K. Mas a adjunção forma um objeto diferente. Neste caso, L é uma categoria com dois segmentos, e não uma nova categoria. Consequentemente, tem de haver um objeto construído a partir de K mas com uma etiqueta distinta do seu núcleo H(K). Uma escolha mínima é o par ordenado <H(K), H(K)>. Consideramos assim que L = {<H(K), H(K)>, {α, K}}. Repare-se que <H(K), H(K)>, a etiqueta de L, não é um termo da estrutura formada. Não é *idêntico* ao núcleo de K, como antes, ainda que seja construído a partir dele de maneira trivial. Assim, a adjunção difere da substituição apenas no fato de formar uma categoria de dois segmentos em vez de formar uma nova categoria. Seguindo este raciocínio, podemos formular facilmente as propriedades usuais dos segmentos *versus* categorias e dos adjuntos *versus* especificadores.

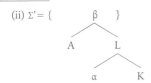

(ii) Σ' = { β }

Na etapa Σ', α é concatenado a K dentro de β, formando o novo objeto L com etiqueta γ, que substitui K dentro de β.

([63]) Mas ver a discussão do exemplo (34b) do cap. 3, e a nota ([115]) do cap. 3.
([64]) Ver também as notas ([65]) e ([66]).

Suponhamos que α é adjunto a K e que o alvo K projeta. Nesse caso a estrutura resultante é L = {<H(K), H(K)>, {α, K}}, substituindo K dentro da estrutura Σ que contém K: o próprio Σ, se a adjunção for na raiz. Recordemo-nos de que é o *núcleo* que projeta; o núcleo *é* a etiqueta ou, na adjunção, determina a etiqueta de um modo trivial.

Temos assim as linhas mestras de uma teoria da "estrutura de constituintes despojada", derivada de uma maneira bem restringida a partir de princípios minimalistas naturais. A teoria despojada afasta-se dos pressupostos convencionais de várias maneiras: em particular, as categorias são construções elementares produzidas a partir das propriedades dos itens lexicais, satisfazendo a condição de inclusividade; não existem níveis de barra nem qualquer distinção entre os itens lexicais e os "núcleos" projetados a partir destes (ver (8)). Uma consequência deste sistema é que um item pode ser simultaneamente um X^0 e um XP. Será que isso levanta problemas? Será que existem exemplos que ilustram essa possibilidade? Não vejo quaisquer problemas particulares, e há um caso que se apresenta como uma ilustração possível: o dos clíticos. Segundo a hipótese DP, os clíticos são Ds. Pressuponha-se também que um clítico é elevado da sua posição-θ, ligando-se a um núcleo flexional. Na sua posição-θ, o clítico é um XP; a sua ligação a um núcleo exige que tenha o estatuto de um X^0 (segundo pressupostos bem estabelecidos). Além disso, o movimento não satisfaz a Restrição Sobre o Movimento Nuclear (HMC)[28], indicando de novo que o clítico é um XP, elevando-se por meio de adjunção-XP até o passo final da adjunção-X^0. Os clíticos parecem partilhar propriedades de XP e de X^0, tal como esperamos de acordo com pressupostos minimalistas.

Se o raciocínio esboçado até aqui for correto, a teoria da estrutura de constituintes nos é "dada" no seu essencial, com base em fundamentos de necessidade conceitual prática, no sentido indicado anteriormente. As estruturas estipuladas em versões anteriores não existem ou são reformuladas em termos elementares que satisfazem condições minimalistas, sem novos objetos além dos traços lexicais. As convenções estipuladas anteriormente são agora derivadas. As operações de substituição e de adjunção são formuladas sem problemas. Pelo menos um objetivo particular do Programa Minimalista parece estar ao nosso alcance: a teoria da estrutura de constituintes pode ser eliminada inteiramente, segundo parece, com base nos pressupostos mais elementares que podemos conceber. Sendo assim, pelo menos este aspecto da linguagem humana é "perfeito" (mas ver a nota 22).

4.4 A operação Mover

4.4.1 Movimento e economia

A estrutura (11) deriva a frase *the man saw it* depois de outros elementos de natureza flexional serem adicionados através de Compor, e depois de o especificador do VP ser elevado (assumindo esta forma da hipótese do sujeito interno ao predicado). Nesta construção participa, assim, a segunda operação que forma categorias: Mover (Mover α). Em que consiste esta operação? Temos assumido até agora que funciona do seguinte modo.

Suponhamos que temos a categoria com os termos K e α. Podemos então formar Σ' *elevando* α, que *toma como alvo* K. Esta operação substitui K em Σ por L = {γ, {α, K}} ([65]). Na teoria ótima, nada mais muda em Σ, e γ é predizível. Consideramos que a linguagem humana é ótima no sentido já indicado: não existem mecanismos adicionais que permitam outras mudanças em Σ. Quanto à possibilidade de predizer γ, esperamos estabelecer a convenção comum que o alvo projeta (no âmbito da classe das derivações convergentes), de tal modo que γ é H(K) ou <H(K), H(K)>, dependendo de a operação ser substituição ou adjunção. A questão não surge para Compor, mas surge para Mover; voltamos a este assunto. A última operação que ainda não discutimos é Apagar (Apagar α); até aqui assumimos que essa operação deixa a estrutura intacta, à parte uma indicação de que c não é "visível" na interface.

A operação Mover forma a cadeia CH = (α, *t* (α)), sendo *t* (α) o vestígio de α[29]. Vamos pressupor também que CH satisfaz várias outras condições

---

([65]) Na etapa Σ, temos a seguinte estrutura:
(i)

Elevando α e concatenando α com K (o alvo), derivamos Σ', com o novo objeto L, com etiqueta γ, que substitui K (*t* o vestígio de α):
(ii)
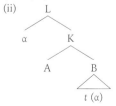

(C-Comando, Último Recurso e outras), que explicitamos mais cuidadosamente na continuação do texto.

Ao formar o IP derivado a partir de (11), o sujeito é elevado para a raiz da categoria Σ, tomando como alvo a projeção de I e convertendo-se em [Spec, I]. Mas a elevação do objeto *it* toma como alvo uma categoria flexional encaixada K que constitui uma substrutura própria de Σ ([66]). Consideramos que essa operação consiste na elevação não visível do objeto para [Spec, Agr$_o$], com a finalidade de satisfazer o Caso e a concordância. Antes desta operação, temos (em notação informal) a estrutura (12a), encaixada na estrutura maior (12b).

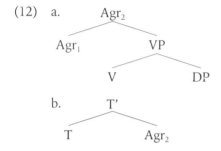

([66]) Ou seja, contrariamente a Compor, Mover pode tomar como alvo um termo encaixado. Na etapa Σ, temos o seguinte objeto, com K e α encaixados.
(i)

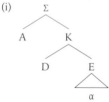

Elevando α e concatenando α com K (o alvo), derivamos Σ', com o novo objeto L, que substitui K em Σ (*t* o vestígio de α):
(ii)

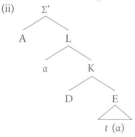

Em (12b), T' é {T, {T, K}}, K (nomeadamente, (12a)) é {Agr, {Agr, VP}}, e VP = {V, {V, DP}}[30]. Se tomarmos K como alvo, compondo DP e K e projetando Agr, como se pretende, formamos (13), em que o DP elevado é agora o especificador de AgrP (Agr^{max}).

(13)

Em (13), AgrP é {Agr, {DP, K}} = L, e o termo T' que domina imediatamente AgrP é {T, {T, L}}, e não {T, {T, K}}, contrariamente à etapa que antecede a elevação do DP através de Mover.

No âmbito da teoria do movimento como cópia (seção 3.5), uma cadeia de dois elementos é um par $<\alpha, \beta>$, em que $\alpha = \beta$. Na medida em que fazemos uma distinção entre seleções lexicais distintas de um item único, sabemos que esses pares só surgem a partir do movimento ([67]). Suponha-se, por exemplo, que construímos o objeto (14), em que β é um núcleo, e derivamos (15) a partir de (14) através da elevação de α, tomando β como alvo e projetando β.

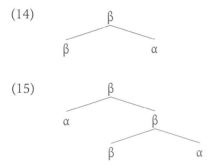

Tomemos K, L como sendo os objetos representados informalmente em (14), (15), respectivamente. Assim, K = {β, {β, α}}, e L = {β, {α, K}}. Estamos agora interessados em dois termos particulares de L, chamemos-lhes τ_1 e τ_2, em que τ_1 é o termo de L tal que L = {β, {τ_1, K}}, e τ_2 é o termo de L tal que K = {β, {β, τ_2}}. Aqui, $\tau_1 = \tau_2 = \alpha$. Queremos agora construir a cadeia CH que

---

([67]) Ou seja, duas ocorrências de um item com o índice 2 na numeração (por exemplo *irmã* em *a irmã viu a irmã*) são distinguidas por um diacrítico (ver p.345), ao passo que a cópia deixada pelo movimento (ou seja, o vestígio) é absolutamente idêntica ao original (por exemplo, em *a irmã foi vista t*, agora construído como *a irmã foi vista a irmã*).

vai servir como o objeto em LF formado a partir destes dois termos de L, aos quais chamamos α e o vestígio de α, respectivamente. A operação que eleva α introduz α pela segunda vez no objeto sintático que é formado pela operação, o único caso em que dois termos podem ser idênticos. Mas queremos distinguir os dois elementos da cadeia CH formada por esta operação. A maneira mais natural de fazê-lo é através da inspeção do contexto em que o termo aparece. Considerando a maneira como os objetos sintáticos são formados, é suficiente considerar o co-constituinte (o irmão) de um termo, que é sempre diferente, relativamente a α e ao vestígio de α. Suponha-se então que α é elevado, tomando M em Σ como alvo, sendo Σ' o resultado da operação, formado pela substituição de M em Σ ([68]) por {N, {α, M}}, N a etiqueta. O elemento α aparece agora duas vezes em Σ', na sua posição inicial e na posição elevada. Podemos identificar a posição inicial de α como sendo o par <α, β> (β o co-constituinte de α em Σ), e a posição elevada de α como sendo o par <α, K> (K o co-constituinte do termo α elevado em Σ'). Na realidade, β e K seriam suficientes para essa identificação; o par é tão somente mais transparente. Ainda que α e o seu vestígio sejam idênticos, as duas posições são distintas. Podemos considerar que a cadeia CH que constitui o objeto interpretado em LF é esse par de posições. Em (14) e em (15) a posição POS_1 de τ_1 é <α, K>, e a posição POS_2 de τ_2 é <α, β>. POS_1 e POS_2 são objetos distintos que constituem a cadeia CH = <POS_1, POS_2> formada pela operação; a cadeia é na realidade (K, β), se adotarmos a versão mais austera. Referimo-nos a CH informalmente como (α, t (α)). Omito aqui um tratamento mais explícito, visto que o assunto fica suficientemente claro para os nossos propósitos.

As relações de c-comando são determinadas pelo modo de construção de L ([69]). As cadeias são determinadas deste modo sem ambiguidade.

Pode, no entanto, ser correto permitir uma certa ambiguidade. Recordemo-nos da discussão anterior sobre a elipse como sendo um caso especial de "entoação-cópia", a entoação especial do constituinte entre parênteses de (16a) (= (324) do cap. 1; ver as seções 1.5 e 3.5) ([70]).

(16) a. John said that he was looking for a cat, and so did Bill [say that he was looking for a cat]
b. John said that he was looking for a cat, and so did Bill

([68]) M = K em (14)-(15).
([69]) Ou seja, (15).
([70]) Ver as notas ([355]) e ([356]) do cap. 1.

(16b) é derivado a partir de (16a) pelo apagamento do constituinte entre parênteses na componente fonológica. Num determinado ponto da derivação, o elemento entre parênteses tem de ser marcado como "sujeito a interpretação paralela". Suponha-se que esta marcação acontece antes do Spell-Out[31]. A marcação em causa pode consistir na eliminação das distinções indicadas pela numeração; nesse caso, o elemento entre parênteses é, num certo sentido, não distinto do constituinte "copiado" (este último ainda marcado pela numeração). Uma tal configuração pode ser interpretada em PF como instrução para atribuir a entoação-cópia à expressão entre parênteses, e em LF como instrução para impor as interpretações paralelas (uma questão complexa e intrigante, que só foi investigada muito parcialmente). Suponha-se que mudamos as marcas da numeração na cópia de modo a ficarem idênticas às do primeiro termo da conjunção, em vez de serem apagadas. Nesse caso o antecedente e a sua cópia são estritamente idênticos e constituem uma cadeia, se entendermos uma cadeia como (construída a partir de) um par de termos (α_1, α_2) idênticos na sua constituição. Nesse caso a cópia é apagada, através do mecanismo que apaga os vestígios na componente fonológica, qualquer que ele seja. Em LF, os dois tipos de construções são muito semelhantes, ainda que não completamente idênticos. É agora necessário mostrar que os objetos legítimos em LF, no sentido dos capítulos anteriores, podem ser inequivocamente identificados em LF, com as cadeias que constituem argumentos (etc.) corretamente distinguidas daquelas que entram nas estruturas de paralelismo.

Sem entrar aqui em detalhes, há bons motivos para supor que a cópia estrita (com apagamento em PF) é geralmente interpretada na interface de modo idêntico ao da cópia não distinta (com entoação-cópia), mas de modo mais forte, e que a construção com entoação-cópia obedece a condições bem mais gerais, que se aplicam também sobre um leque variado de outras construções, e com um alcance bem além da gramática da frase ou do discurso.

Podem-se aplicar ideias semelhantes à noção de cadeias conectadas (no sentido da seção 1.4.3) e às cadeias formadas por movimento sucessivamente cíclico. Voltamos a estas questões.

Uma cadeia CH = (α, t (α)) formada por Mover obedece a certas condições, que consideramos serem parte da definição da própria operação. Uma delas é a Condição do C-Comando: α tem de c-comandar o seu vestígio: não pode haver uma operação que abaixe α ou que mova α "lateralmente"; todo o movimento é elevação, no sentido específico definido pelo c-comando. Uma segunda exigência, que parece ser natural, é que as cadeias satisfaçam a condição de uniformidade (17)[32], em que o *estatuto de estrutura de constituintes* de um elemento é a sua propriedade (relacional) de ser máximo, mínimo, ou nenhum dos dois.

(17)   Uma cadeia é uniforme relativamente ao seu estatuto de estrutura de constituintes.

Uma terceira exigência é que Mover satisfaça a condição do Último Recurso sobre o movimento, que exprime a ideia que Mover é determinado pela verificação de traços, uma propriedade morfológica. Voltamos à interpretação correta da condição do Último Recurso e às consequências empíricas das condições que consideramos serem a definição de Mover. Se o apagamento formar cadeias, como se sugeriu antes ([71]), note-se que essas cadeias podem muito bem não satisfazer nenhuma das condições que se aplicam sobre Mover.

Quaisquer que sejam as condições corretas que constituem a definição de Mover em última instância, não faz sentido perguntar se essas condições podem ser "ignoradas" para obter convergência, assim como não faz sentido perguntar como é que as condições de economia se aplicam sobre elas. Independentemente da sua formulação, as condições que definem Mover fazem parte da definição do algoritmo C_{HL}. Violar essas condições seria a mesma coisa que efetuar um movimento ilegítimo num jogo de xadrez, ou acrescentar de modo ilegítimo uma linha a uma demonstração lógica. Nesses casos, não surgem questões adicionais sobre o objeto que está a ser construído (convergência, economia, jogo ou demonstração mais curtos etc.). Se as condições corretas forem o C-Comando, a uniformidade e o Último Recurso, não se levantam questões significativas sobre os possíveis efeitos de violar essas condições (ou quaisquer outras que se possam introduzir) ([72]).

O sistema computacional C_{HL} assenta sobre duas operações, Compor e Mover. Além disso, assumimos que Compor se aplica sempre da maneira mais simples possível: na raiz. E quanto a Mover? O caso mais simples, de novo, é a aplicação na raiz: se a derivação atinge a fase Σ, Mover seleciona α e toma Σ como alvo, formando {γ, {α, Σ}}. Mas o movimento não visível encaixa tipicamente α, e é assim mais complexo: dado Σ, selecionar K dentro de Σ e

---

[71] Ver a nota 12 do autor, e o texto que abre essa nota.
[72] Assim, num sistema lógico, podemos comparar duas derivações legítimas A e B (isto é, em que todos os passos obedecem às regras de dedução permitidas – *modus ponens*, *modus tollens* etc.), escolhendo a mais curta; mas não faz sentido comparar duas derivações A e B, em que A, por exemplo, contém passos ilegítimos (por exemplo, uma aplicação "errada" de *Modus Ponens*), mesmo se A tiver menos linhas que B. Ver a nota ([9]).

elevar α tomando K como alvo, formando {γ, {α, K}}, que substitui K em Σ ([73]). A operação mais complexa é por vezes determinada por considerações de economia, nomeadamente por Procrastinar, que exige a natureza não visível de algumas operações, logo (tipicamente) operações que efetuam um encaixe ([74]). Além disso, até a adjunção-X^0 visível de α a β é efetuada dentro da categoria $β^{max}$ que tem como núcleo β, logo não é exatamente efetuada na raiz, mesmo se $β^{max}$ for a categoria raiz ([75]).

Para o movimento visível, nem Procrastinar nem a natureza forte de um traço exigem que se tome como alvo uma categoria encaixada (ver (3)). Logo, o movimento visível toma sempre como alvo a raiz, com a qualificação menor notada no caso da adjunção de um núcleo, e é sempre cíclico.

Seria interessante fortalecer esta conclusão: isto é, mostrar que não é possível (e, portanto, não necessário *a fortiori*) que o movimento visível tome como alvo uma categoria encaixada (logo, que não são possíveis movimentos por descida e elevações não cíclicas). Foram propostos argumentos nesse sentido (Kawashima e Kitahara, 1994; Erich Groat, comunicação pessoal), baseados em dois pressupostos: (1) que o c-comando desempenha um papel crucial na determinação da ordem linear, de acordo com a teoria da ordenação de Kayne, à qual voltamos na seção 4.8; (2) que as únicas relações que existem para C_{HL} são aquelas estabelecidas pelo próprio processo derivacional (Epstein, 1994). Especificamente, na teoria de Epstein, o c-comando é pura e simplesmente a relação que existe entre α e elementos de β quando α é ligado

---

[73] Ver a nota ([66]).
[74] Por exemplo, na estrutura (2) do cap. 3, a operação de movimento não visível que eleva o objeto direto de dentro do VP para a posição [Spec, Agr$_O$]. Tecnicamente, esta operação cria uma cópia do DP objeto, toma Agr$_O$' como alvo, efetua a concatenação do DP copiado com Agr$_O$', e substitui Agr$_O$' em (2) pelo resultado da concatenação (= Agr$_O$P = {Agr$_O$, {DP, Agr$_O$'}}). Repare-se que, *antes* de a operação se aplicar, a posição [Spec, Agr$_O$] não está presente na estrutura (contrariamente à representação informal da configuração aí dada). Tecnicamente, portanto, antes da operação, Agr$_O$' é Agr$_O$P, a projeção máxima de Agr$_O$ *nessa* etapa da derivação. Apenas depois da elevação do DP a projeção de Agr$_O$ passa a ter três "camadas".
[75] Ou seja, um requisito para a adjunção a I é a própria introdução prévia de I na estrutura sintática, na configuração (i) (repare-se que nesta etapa a projeção obtida é máxima, visto que ainda não existe Spec):

(i)   IP
      / \
     I   VP

Consequentemente, a adjunção de V a I, por exemplo, já não é efetuada na raiz da estrutura (=IP).

a β por Compor ou por Mover. Sendo assim, se α for ligado por qualquer operação a uma categoria encaixada, α não entra em nenhuma relação de c-comando com qualquer elemento β "mais elevado", logo nenhuma ordenação é estabelecida entre α e β, e a derivação fracassa em PF ([76]). Concluímos que as operações visíveis nunca são do tipo mais complexo pondo em jogo uma categoria encaixada, logo têm de ser cíclicas e são necessariamente operações de elevação (e não de descida). Mas as operações não visíveis podem não satisfazer estas condições, dado que a exigência de ordenação é irrelevante para a convergência em LF[33].

Ficam em aberto algumas questões sobre a teoria da verificação, que resolvemos mais adiante. Uma delas tem a ver com a verificação na estrutura (18), em que F é uma categoria funcional com α adjunto.

(18)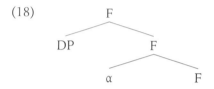

Suponhamos que F é Agr, e α é T ou V, e que estamos interessados na verificação do Caso. O DP está no domínio de verificação tanto de α como de F ([77]). O seu Caso pode, portanto, ser verificado quer por traços de α quer por traços de F. É razoável supor que α possui o traço atribuidor de Caso como propriedade intrínseca: ou enumerado na sua entrada lexical ou determinado por essa entrada. Deste modo, basta considerar o domínio de verificação de α para determinar se o Caso do DP se encontra corretamente selecionado (acusativo se α for V, nominativo se α for T). Uma alternativa mais complexa é que F e α partilham necessariamente todos os traços relevantes para a verificação, e que o DP é verificado através de F. Isso significa que, na numeração,

---

([76]) Por exemplo, segundo esta proposta, na seguinte estrutura, em que α é ligado a C (por Compor ou Mover), α mantém relações de c-comando com C, D e E, mas não com β:

(i)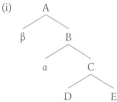

([77]) Na realidade, está no domínio de verificação da cadeia (α, t) (ver o cap. 3).

F possui a propriedade de atribuição Casual, conforme com a de α. Como de costume, vou adotar o pressuposto mais simples, dada a ausência de evidência em favor do contrário ([78]). Veremos mais tarde que esta conclusão tem igualmente motivação empírica razoável (o que é também, como de costume, um fato interessante).

O problema de saber se a mesma conclusão é válida para os traços-φ é uma questão de fato, e não propriamente uma decisão, e depende das respostas a uma pergunta colocada na seção 4.2.2: como é que os traços-φ são associados aos verbos e aos adjetivos? Assumi provisoriamente que a atribuição desses traços é opcional, feita na transição do léxico para a numeração. Sendo assim, o Caso e os traços-φ funcionam do mesmo modo; não são propriedades da categoria funcional Agr (F, em (18)), e não existe nenhuma relação de conformidade entre F e α. Vou, portanto, continuar a assumir que os traços de T e de V que efetuam a verificação do Caso ou dos traços-φ de um DP aparecem unicamente nessas categorias, e não em Agr, que não possui esses traços. Esta decisão tem pouca relevância até a seção 4.10.

4.4.2 Projeção do alvo

Consideremos de novo (11), encaixado em categorias flexionais mais elevadas, como em (19) (I = [Agr_S, T]).

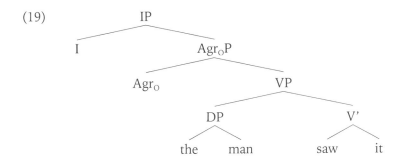

Pressupomos que o passo seguinte é a elevação visível do DP *the man* tomando como alvo IP, e que *it* é elevado não visivelmente, tomando Agr_OP como alvo ([79]); cada um dos elementos elevados converte-se no especificador da categoria tomada como alvo. Como notamos, existe outra opção: o próprio constituinte

---

([78]) Isto é, o pressuposto de que apenas α tem a propriedade de atribuição Casual.
([79]) Ver a nota ([74]).

elevado pode projetar. Se esse constituinte possui complexidade interna, passa a ser um X', sendo AgrP o seu especificador; se esse constituinte é um X⁰, fica com o estatuto de núcleo da nova projeção, sendo AgrP o seu complemento. Deste modo, se o DP elevado projeta, o IP tomado como alvo passa a ser o especificador da categoria D núcleo de *the man*, que é agora um D'; e o Agr₀P alvejado por *it* passa a ser o complemento de *it*, por sua vez o núcleo de um novo DP. Depois de serem elevados e de projetarem, nem *the man* nem *it* são DPs, contrariamente ao seu estatuto antes de a operação se aplicar (⁸⁰). Em trabalho anterior ao Programa Minimalista, estas opções, obviamente não pretendidas, eram excluídas por condições sobre as transformações e por propriedades estipuladas da teoria X-barra. Mas agora já não podemos ou queremos recorrer a esses mecanismos, logo, esperamos mostrar que os pressupostos convencionais são de fato deriváveis com base em princípios fundamentados – que é impossível a operação Mover elevar α, tomando K como alvo, e projetar seguidamente α em vez de K.

(⁸⁰) No primeiro caso, obtemos a estrutura (i), em que IP é o especificador do D *the* (a ordem entre o especificador IP e D' é irrelevante):

(i)

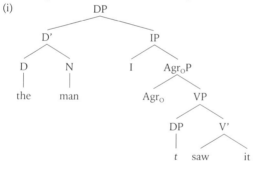

No segundo caso, obtemos a substrutura (ii), a qual substitui Agr₀P em (19) (assumindo que *it* pertence à categoria D):

(ii)

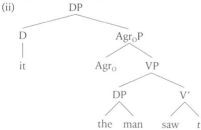

Repare-se que estas questões surgem apenas relativamente a Mover, e não relativamente a Compor; para esta operação, a conclusão é verdadeira por definição ([81]).

Recordemo-nos do pressuposto que nos tem guiado: o movimento de α tomando K como alvo só é permitido se a operação for determinada morfologicamente, pela necessidade de verificar algum traço (o Último Recurso). Esta ideia pode ser formulada de várias formas. Consideremos três interpretações do Último Recurso, adaptadas da literatura[34].

(20) α pode tomar K como alvo apenas se
    a. um traço de α é verificado pela operação
    b. um traço de α ou um traço de K é verificado pela operação
    c. a operação é um passo necessário para alguma operação seguinte na qual um traço de α é verificado[35].

Existem aqui vários pontos pouco claros, e que vou esclarecendo na continuação do texto. Recordemo-nos de que a condição do Último Recurso, independentemente do modo como venha a ser interpretada, tem de ser compreendida como fazendo parte da definição da operação Mover – isto é, como uma tentativa de captar de um modo preciso a ideia intuitiva de que o movimento é determinado por exigências da verificação morfológica.

Suponhamos então que α é elevado tomando K como alvo, formando L= {H(α), {α, K}}, L uma projeção de α com a etiqueta H(α) = núcleo de α. Visto que a operação é de substituição, temos dois casos a considerar.

(21)   a. α é o núcleo de L e K é o seu complemento.
    b. K é o especificador de H(α).

Consideremos em primeiro lugar o caso (21a) ([82]). A operação não é permitida nas versões (20a) ou (20b) do Último Recurso. Nenhuma propriedade P pode ser verificada na estrutura núcleo-complemento que é formada. A operação só pode ser permitida na interpretação (20c): α pode ser elevado para permitir que α atinja uma posição a partir da qual possa de novo ser elevado tomando K' como alvo, onde a propriedade P é satisfeita. Contudo, qualquer posição a que α tem acesso a partir da posição agora formada de núcleo

---

([81]) Ver a nota ([52]) e o texto que a abre.
([82]) Ver a nota ([80]), estrutura (ii).

de [$_L$ α K] pode igualmente ser atingida a partir da posição do seu vestígio; a HMC, ou qualquer outra condição, segundo parece, não pode ser evitada deste modo ([83]). Logo, este caso não surge. Como mais tarde vou propor uma versão do Último Recurso que exclui esta opção numa base fundamentada, eliminando (20c), não discuto mais as questões que se levantam relativamente a esta opção.

A projeção de *it* depois de ser elevado para [Spec, Agr$_O$] é, pois, proibida em (19), juntamente com muitos outros casos; assim, é impossível elevar V, tomando K como alvo, e projetar V para formar [$_{VP}$ V K] com núcleo V e complemento K.

A única possibilidade, então, é o caso (21b): depois da elevação, K = [Spec, H(α)] ([84]). α é, pois, um α^{max} não trivial (de outro modo, K seria o seu complemento) ([85]); na cadeia CH = (α, *t* (α)) formada pela operação, *t* (α) é um X^{max}. Mas α projeta depois da elevação, logo é uma categoria X'. Esta nova categoria X' não pode ser movida de novo, porque é invisível para o sistema computacional C$_{HL}$ ([86]); logo, a interpretação (20c) não é diretamente relevante – e, de qualquer modo, podemos pôr a questão de lado, antecipando a eliminação desta opção. Restringindo-nos apenas a (20a) e a (20b), a questão consiste em saber se é legítima a operação que forma L = {H(α), {α, K}}, com K = [Spec, H(α)], e α a cabeça da cadeia CH. Esperamos mostrar que essa operação não é legítima.

Existem dois tipos de argumentos que podem proibir essa operação. Uma das abordagens consiste em questionar a legitimidade da cadeia CH = (α, *t* (α)) formada pela operação. De fato, CH está em violação da condição de uniformidade (17), que exige que α e *t* (α) tenham o mesmo estatuto quanto à estrutura de constituintes, visto que *t* (α) é máximo e α não é ([87]).

Assumindo esta condição, concluímos assim que α não máximo não pode ser elevado por substituição, tomando K como alvo, qualquer que seja

---

[83] Ou seja, para α = *it* atingir uma posição β mais elevada do que Agr$_O$P em (19), não precisa passar pela posição intermédia da estrutura (ii) da nota ([80]); nem esse movimento "intermédio" permite obviar a qualquer violação da HMC que possa existir de outro modo. Logo, α pode atingir β diretamente a partir da posição ocupada na estrutura subjacente (19) (a posição do vestígio). Isso implica que, para satisfazer uma propriedade P em β, o movimento ilustrado em (ii) da nota ([80]) é proibido por considerações de economia.

[84] Ver a nota ([80]), estrutura (i).

[85] Um "α^{max} não trivial" é um α que *não* é simultaneamente máximo e mínimo. Se α fosse trivial, obteríamos de novo uma estrutura semelhante a (ii) da nota ([80]).

[86] Recordemo-nos de que só projeções mínimas e máximas são visíveis para C$_{HL}$.

[87] Visto que α projeta; assim, na estrutura (i) da nota ([80]), α = D', mas o seu vestígio = DP.

o elemento que projete. Se K projeta, α é máximo e o seu vestígio não é, violando a condição de uniformidade (⁸⁸). Se α projeta, a condição de uniformidade é satisfeita mas K é o complemento de α, e a operação é proibida (o caso (21a)) (⁸⁹). As interpretações não pretendidas de (19) são assim excluídas, pelo caso (21a) para DP = D e pelo caso (21b) para DP ≠ D. Do mesmo

---

(⁸⁸) Suponhamos uma estrutura semelhante a (19), mas com *the woman* 'a mulher' em vez de *it*. Se o D *the* de *the woman* for elevado, tomando Agr₀P como alvo, numa operação de substituição, e Agr₀P projeta, obtemos a seguinte estrutura:
(i)

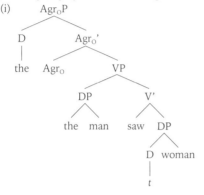

Em (i), D é máximo (visto que Agr₀' projeta), mas o seu vestígio é não máximo (visto que projeta, em DP); a estrutura está, pois, em violação da condição de uniformidade (17). Concluímos assim que um núcleo não trivial não pode ser elevado para uma posição Spec, ainda que o alvo projete. Repare-se que o argumento não exclui uma estrutura semelhante a (i), mas com um DP mínimo/máximo como *it* (ver (19)). Neste caso, *it* elevado é máximo, mas o seu vestígio também é.

(⁸⁹) Este caso é distinto de (ii) da nota (⁸⁰), visto que D é aqui *não máximo*:
(i)

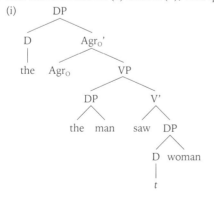

Em (i), tanto *the* como o seu vestígio são não máximos, mas obtemos uma estrutura núcleo-complemento, que não é de verificação.

modo, o núcleo D de um DP não trivial não pode ser elevado, tomando como alvo XP (digamos, um AgrP), deixando o resíduo do DP no lugar de origem, quer D quer o alvo projetem ([90]); e o núcleo V de um VP não trivial não pode ser elevado, tomando K como alvo, quer V quer K projetem.

Uma abordagem diferente do caso (21b) leva em conta não a cadeia CH, mas a estrutura L que é formada pela projeção do elemento elevado α. Em L, o alvo K = [Spec, H(α)] encontra-se no domínio de verificação de H(α), mas α e os seus constituintes não estão no domínio de verificação de H(K) (o núcleo de K). Voltando a (19), se *the man* é elevado, tomando IP como alvo, e o DP elevado projeta, os elementos do IP ficam no domínio de verificação do núcleo D de *the man*, mas *the man* não está no domínio de verificação do núcleo de IP ([91]). Podemos perguntar se uma relação de verificação correta é estabelecida nesse caso.

Para responder a esta pergunta, temos de resolver uma ambiguidade sobre a verificação que não foi ainda esclarecida com o cuidado devido. A ideia intuitiva é que as operações em que participam o Caso e a concordância são assimétricas. A intuição tradicional é que um verbo atribui Caso ao seu objeto, e não o contrário. Esta assimetria é aceita apenas parcialmente em algumas das abordagens iniciais baseadas na regência: um verbo transitivo atribui Caso ao DP que esse verbo rege, e o núcleo concorda com o seu especificador para a verificação de traços-ϕ – mas o Caso nominativo é atribuído no âmbito da relação Spec-núcleo. Adotando uma interpretação uniforme do Caso como uma relação Spec-núcleo, com um tratamento idêntico à concordância, a intuição sobre a assimetria pode ser de novo expressa, mas não é captada. A descrição informal é que o núcleo V ou T verifica o Caso do DP em Spec, e não que o DP verifica o núcleo; e os traços-ϕ do núcleo são determinados pelos do DP em Spec – o verbo concorda com o sujeito, e não o sujeito com o verbo. Do mesmo modo, tem-se tipicamente considerado que o grupo--*wh* elevado para [Spec, C] é licenciado por um traço-Q do complementador C, e não que esse traço é licenciado pelo grupo-*wh* elevado. A base intuitiva para estas distinções é bastante clara. O Caso é uma propriedade intrínseca de um verbo ou de um elemento I ([92]), e não do DP que "recebe" o Caso numa determinada posição; e os traços-ϕ são propriedade do DP, e não do verbo ou do adjetivo que assumem esses traços numa configuração Spec-núcleo.

([90]) As estruturas (i) da nota ([89]) e (i) da nota ([88]), respectivamente.
([91]) Ver a nota ([80]), estrutura (i).
([92]) "I" = "flexão".

A pergunta considerada aqui é se estas intuições desempenham na realidade alguma função no processo computacional C_{HL} ou se, como outras de uma safra mais antiga (construção gramatical etc.), acabam por se dissolver, ganhando o estatuto de artefatos taxonômicos.

Se a relação Spec-núcleo é realmente assimétrica, como se supõe na descrição informal, então não se estabelece uma relação de verificação pelo fato de K se encontrar no domínio de verificação de H(α) na construção L formada pela elevação do elemento movido α. O motivo é que H(K) é que tem de verificar os traços de α, ao passo que H(α) não pode verificar os traços de K ([93]). Se a intuição não é relevante para o funcionamento de C_{HL}, fica estabelecida uma relação de verificação e a construção ilegítima L não é proibida com base nesse tipo de fundamentação ([94]).

Estas duas abordagens não são logicamente equivalentes, mas coincidem nos casos mais típicos, obrigando o alvo a projetar. O fato de serem redundantes sugere que pelo menos uma das abordagens é incorreta. A abordagem em termos de uniformidade ([95]) tem certas vantagens: aplica-se em outros casos e é conceitualmente muito mais simples; além disso não temos de introduzir uma noção de assimetria expressa em última instância em termos de propriedades intrínsecas dos núcleos – o que não seria uma tarefa simples, como fica ainda mais claro na continuação do texto. Não existe, que eu saiba, nenhuma razão para pensar que a propriedade [intrínseco] desempenha qualquer função em C_{HL}. Por estas razões, vou assumir a abordagem baseada na uniformidade.

Em resumo, existem bons motivos para a conclusão que é o alvo, e não o elemento elevado, que projeta na operação de substituição.

Em casos especiais, existem outros argumentos que levam à mesma conclusão. Continuando a restringir-nos ao caso da substituição, suponhamos que o alvo K é um constituinte dentro da categoria N = {H(K), {K, M}}, projetada de K. Note-se que K é uma categoria X^0; se não fosse, seria uma

---

[93] Recordemos que, na estrutura (i) da nota ([80]), IP é o especificador do D *the* de *the man*. IP está, pois, no domínio de verificação de *the*. Mas *the* não pode verificar traços de IP; pelo contrário, é o núcleo de IP = I que tem de verificar traços de *the man*. Se a relação Spec-núcleo é assimétrica, como se contempla nesta passagem por hipótese, a relação de verificação necessária não é estabelecida.

[94] Isto é, se a relação Spec-núcleo é simétrica, em (i) da nota ([80]), Spec = IP pode verificar o traço Casual de α – que podemos supor estar presente no núcleo H(α) = [$_D$ *the*].

[95] Ou seja, a que questiona "a legitimidade da cadeia CH = (α, t (α)) formada pela operação". Ver a nota ([87]) e texto que a abre.

categoria X', que não é um alvo visível (⁹⁶). Logo, K tem de ser H(K) ou uma projeção X⁰ de H(K) formada pela adjunção de elementos a H(K), sendo M o complemento de K (⁹⁷).

Suponhamos que α é elevado, tomando K como alvo, e projetando, de modo a formar L = {H(α), {α, K}}. L substitui agora o termo K em N, formando N' = {H(K), {L, M}} (⁹⁸). O núcleo de N' é H(K) (⁹⁹), o núcleo de L é H(α), e o núcleo de M é H(M). Todos eles são distintos uns dos outros; o núcleo de N' é distinto do núcleo de qualquer dos seus constituintes. N' não é um objeto sintático legítimo do tipo permitido pelo procedimento recursivo (5). A derivação é, portanto, cancelada.

O argumento aplica-se diretamente no caso da adjunção de α a K, tendo L agora como etiqueta <H(α), H(α)> (¹⁰⁰). Ainda assim, a substituição do termo K em N por L produz um objeto sintático ilegítimo. Este caso é particularmente interessante, levando em conta o papel da adjunção X⁰ na computação, que vai ser cada vez mais central à medida que continuamos.

(⁹⁶) Recordemos de novo que as categorias X' não são visíveis para C_{HL}, logo K não é (por hipótese) X', visto que, na hipótese a discutir, K é um alvo. K não pode ser máximo, visto que ele próprio projeta, na estrutura considerada (= N). Logo, só pode ser mínimo.

(⁹⁷) Ou seja, N (projeção de K) é a estrutura seguinte, em que K = K⁰ ou K⁰ᵐᵃˣ, e em que [p(K)] significa 'projeção de K':
(i)   N [p(K)]
       /   \
      K   M

(⁹⁸) Ou seja, obtemos (i):

(⁹⁹) Recordemo-nos de que as etiquetas são determinadas derivacionalmente, de modo unívoco, e não podem ser alteradas "representacionalmente". Assim, quando L substitui K dentro de N, formando N', a etiqueta H(K) de N, já determinada derivacionalmente, não pode ser alterada.

(¹⁰⁰) Ou seja, obtendo-se (i) (representação informal), com α adjunto a K e projetando:

Em resumo, temos as seguintes soluções para a questão da projeção depois de Mover. Suponhamos que α, K são categorias em Σ, e α é elevado tomando K como alvo. Se a operação é substituição, K tem de projetar para obtermos convergência, quer K esteja encaixado em Σ (elevação não visível) quer K = Σ (elevação visível). Suponhamos que a operação é adjunção a H⁰ dentro de N = {H, {H⁰, M}} = [$_{HP}$ H⁰ M], com núcleo H e complemento M. De novo, o alvo X⁰ tem de projetar quando α é adjunto a H⁰ ([101]). Além disso, a adjunção de um α não máximo a XP (incluindo a raiz Σ) é proibida pela condição de uniformidade ([102]).

Os únicos casos ainda não cobertos são a adjunção de α a K numa estrutura de adjunção N = [K, M], com M adjunto a um K não mínimo ou em que M projeta. Em casos deste tipo, α, K e M são todos não mínimos (XPs), ou são todos não máximos (X⁰s); voltamos aos detalhes. Veremos que a adjunção de um YP a um XP possui um estatuto duvidoso, e este caso marginal ainda mais ([103]). Vamos, pois, ignorá-lo, restringindo a nossa atenção a N = [K, M] com α, K e M todos X⁰s, e com M projetando de modo a formar L = {<H(M), H(M)>, {K, M}} ([104]). Este caso entra em violação de condições morfológicas plausíveis. K pode ser adjunto a M se M possuir um traço morfológico [-K] exigindo K como afixo de M. Se [-K] for forte, a adjunção de K é visível; de

---

([101]) Comparar com as estruturas das duas notas anteriores a esta.
([102]) Nesse caso, obtemos uma das seguintes estruturas:

Se XP projeta (i), a configuração é proibida pelo princípio de uniformidade (17), visto que o vestígio de α dentro de XP (sendo não máximo) projeta; se α projeta (ii), a configuração é presumivelmente proibida por um princípio da Morfologia proibindo elementos X⁰ de conterem projeções máximas (ver (118) e texto que segue esse exemplo).
([103]) Isto é, o caso em que α, K e M são todos XPs. As configurações descritas são as seguintes:

([104]) Antes da adjunção de α a K, a estrutura é a seguinte ([-K] é o traço de afixo de M, codificando o fato de M exigir a adjunção de K):

outro modo, é não visível. Suponhamos que α é adjunto a K e α projeta, formando N = {<H(α), H(α)>, {K, α}}. N substitui K em L, formando L'. A categoria L' é um objeto sintático legítimo neste caso, mas o traço [-K] de M não é satisfeito, visto que M tem agora α em vez de K como afixo – assumindo que K e α diferem morfologicamente de maneira relevante ([105]). Logo, a derivação fracassa, por razões morfológicas. Sendo assim, este caso não existe.

Existem assim bases bem sólidas para assumir que o alvo do movimento projeta, quer a operação seja substituição quer seja adjunção, quer a operação seja visível quer seja não visível.

4.4.3 O último recurso: alguns problemas

Até aqui não encontramos nenhuma razão especial para adotar a interpretação (20c) da condição do Último Recurso, a versão mais problemática. Esta interpretação era uma das componentes do princípio da Cobiça assumido nos capítulos precedentes e em Chomsky (1994a), formulado com a forma (22).

(22) Mover só eleva α se as propriedades morfológicas do próprio elemento α não forem satisfeitas de outro modo na derivação.

Com base neste pressuposto, não podemos, por exemplo, derivar (23b) a partir de (23a) por elevação, com o significado de (23c), violando a Cobiça para satisfazer o princípio EPP (o traço-D forte de I); e (24a) não pode ser interpretado aproximadamente como (24b), com elevação não visível[36] ([106]).

([105]) Isto é, obtém-se a seguinte estrutura:
(i)

Em (i), M tem α e não K como afixo porque em N, que substitui K em L (ver a estrutura da nota anterior), é α que projeta. Ora, isso está em contradição com o traço [-K] de M. Repare-se que L' é legítimo porque um dos seus constituintes, M, projeta. Um caso que ilustraria (i) seria, por exemplo, a estrutura resultante da elevação de T para Agr, projetando Agr. Subsequentemente, V é elevado por adjunção a T (em vez de adjunção a Agr), com V projetando em vez de T.

([106]) (23) a. parece [(que) os rapazes são inteligentes]
b. *os rapazes parecem [(que) t são inteligentes]
c. *expl* parece (que) os rapazes são inteligentes

(23) a. seems [(that) John is intelligent]
    b. * John seems [(that) *t* is intelligent]
    c. it seems (that) John is intelligent

(24) a. * there seem [(that) [_A a lot of people] are intelligent]
    b. it seems (that) a lot of people are intelligent

Assumindo o princípio da Cobiça, as computações não desejadas são proibidas; todas as propriedades relevantes de *John* e de *a lot of people* ([107]) são satisfeitas sem elevação.

Estas computações, no entanto, são legítimas sob a interpretação (20b) da condição do Último Recurso, visto que um traço do alvo K é satisfeito pela operação: em (23) o traço-D forte do I principal (EPP) é verificado através da elevação do DP *John*; e em (24) a elevação não visível do associado A satisfaz o Caso ou os traços de concordância do I principal (ou ambos), ou alguma propriedade de *there*.

A elevação de α tomando K como alvo é proibida por (22), a não ser que alguma propriedade de α seja satisfeita através do movimento de α para ou através dessa posição, e essa propriedade não for satisfeita se a operação não se aplicar. De um modo consistente com o princípio da Cobiça, esse movimento é permitido se não houver nenhuma outra forma de α atingir uma posição onde os seus traços sejam eventualmente satisfeitos. É possível pensar em circunstâncias em que essa eventualidade pode surgir, ainda que haja problemas computacionais, que não são pequenos. Em vez de continuar por esse caminho, vejamos se não há uma maneira mais fácil de desenvolver a questão.

4.4.4 Mover F

A formulação correta do princípio da Cobiça levanta questões complicadas. A sensação que se tem, no entanto, é que estas questões não surgem se a teoria do movimento for corretamente formulada. Vamos, pois, considerar uma concepção mais limitada que elimina o leque completo de opções

---

(24) a. **expl* parecem [(que) [_A muitas pessoas] são inteligentes]
    b. *expl* parece (que) muitas pessoas são inteligentes

([107]) *os rapazes* e *muitas pessoas*, respectivamente, nos exemplos do português.

permitido pela interpretação (20c) do Último Recurso, evitando assim inteiramente essas questões.

Até aqui tenho seguido o pressuposto normal de que a operação Mover seleciona α e eleva α, tomando K como alvo, em que α e K são categorias construídas a partir de um ou mais itens lexicais. Mas, se aceitarmos os pressupostos minimalistas gerais, essa interpretação da operação não é natural. A ideia intuitiva subjacente é que a operação Mover é determinada por considerações morfológicas: a exigência de verificar algum traço F. A operação mínima, portanto, deveria elevar apenas o traço F: deveríamos restringir α na operação Mover α apenas a traços lexicais. Investiguemos então o que acontece se substituirmos a operação Mover α pela operação mais fundamentada Mover F, F um traço.

A primeira coisa a fazer é alargar a classe de objetos sintáticos que podem funcionar no sistema computacional. Juntamente com aqueles permitidos pelo procedimento (5), permitimos agora também (25).

(25)   K = {γ, {α, β}}, em que α, β são traços de objetos sintáticos já formados.

A extensão só se aplica a Mover; é vazia para Compor ([108]). Até aqui só consideramos um único caso com a forma (25), nomeadamente K = {γ, {F, β}}, em que F é elevado tomando como alvo β. Veremos que a extensão é ainda mais limitada: se α é elevado tomando β como alvo, β tem de ser uma categoria de pleno direito e α pode (e num certo sentido mais profundo *tem* de) ser um traço.

Surge imediatamente uma pergunta: quando F é elevado tomando K como alvo, por que é que o traço F não é elevado sozinho para formar {γ, {F, K}}? Suponhamos que o sujeito é elevado para [Spec, IP]. O pressuposto mais simples é que apenas os traços formais do núcleo que entra na verificação são elevados para essa posição, deixando o resto do DP não afetado. Por que é que isso não acontece? A resposta deve ser procurada numa condição de economia natural.

(26) F transporta o mínimo de material necessário para a convergência.

---

[108] Ou seja, o acesso ao léxico e a inserção lexical implicam sempre categorias plenas, e não traços de categorias.

Assumimos agora que a operação Mover tenta elevar apenas F. Qualquer "bagagem a mais" que seja necessária para a convergência implica um tipo de "pied-piping generalizado" ([109]). Numa teoria ótima, nada mais tem de ser dito sobre o assunto; as condições de output básicas determinam exatamente aquilo que é transportado, no caso de algo ser transportado, quando F é elevado.

Na grande maioria dos casos – talvez sempre – são propriedades da componente fonológica que exigem esse pied-piping. Traços isolados e outras partes espalhadas de uma palavra não podem ser submetidos às regras dessa componente. Se isso acontece, a derivação é cancelada; ou a derivação pode prosseguir até PF com elementos "não pronunciáveis", em violação do princípio FI. Podemos conceber que haja uma condição morfológica obrigando os traços de um item lexical individual a estar localizados dentro de um só elemento X⁰ (ver McGinnis, 1995). De qualquer modo, as propriedades da componente fonológica têm um efeito extremamente importante (talvez total) na determinação do pied-piping.

Para considerar um exemplo concreto, suponhamos que as palavras *who*, *what* têm três componentes: o traço-*wh*, um elemento abstrato subjacente a pronomes indefinidos, e o traço [±humano][37]. Suponhamos que o elemento interrogativo C (= Q) é forte, como em inglês. O traço-*wh* não pode ser elevado sozinho visivelmente para verificar Q porque a derivação fracassa em PF ([110]). Assim, pelo menos toda a palavra *who*, *what* é transportada na elevação visível. Suponha-se agora que *who* aparece no constituinte *whose book*, que assumimos ter a estrutura (27), sendo D o elemento possessivo e *book* o seu complemento ([111]).

(27)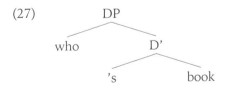

Suponhamos que Mover F tenta elevar o traço-*wh* para verificar o elemento Q forte, transportando *who* e deixando o resíduo -*'s book*. Essa derivação também

---

([109]) No original, "generalized pied-piping".
([110]) Ver a discussão sobre os traços fortes, p.351-356. Parece assumir-se aqui de novo que um traço forte em PF provoca o fracasso da derivação (em PF).
([111]) *quem POSS livro*.

fracassa em PF (pelo menos) ([112]). A palavra *whose* ([113]), por sua vez, também não pode ser elevada porque não é um objeto sintático, portanto não pode ser afetada pelo movimento. Logo, a categoria menor que pode ser elevada pela operação Mover [wh-] neste caso é o constituinte *whose book* – ainda que do ponto de vista do procedimento computacional, só o traço [wh-] é elevado; o resto é automaticamente transportado em virtude da condição de economia (26).

A convergência em PF é determinada neste caso por uma propriedade morfológica do determinante D = Possessivo. Suponhamos que essas propriedades de D não proíbem a extração do grupo-*wh*. Nesse caso deveria ser permitida uma violação da Condição do Ramo Esquerdo ([114]). Uriagereka (1988) descobriu uma correlação entre a possibilidade de extração de um ramo esquerdo e a "riqueza" de D, num sentido particular que ele caracteriza: a Condição do Ramo Esquerdo aplica-se a línguas com D rico. Uriagereka observa que a correlação pode ser derivada se o raciocínio aqui esboçado for correto.

Não é claro até que ponto podemos generalizar as considerações sobre a convergência em PF; uma resposta mais explícita depende de uma compreensão mais profunda da morfologia e da estrutura interna dos constituintes. Note-se que estas considerações podem inclusivamente permitir a elevação visível sem pied-piping, dependendo da estrutura morfológica, como na teoria da elevação visível dos operadores vazios em japonês, desenvolvida por Watanabe (1992) ([115]).

([112]) Por causa de uma propriedade morfológica de 's (basicamente, a de ser um afixo), exigindo um elemento visível no seu Spec ao qual se possa ligar (esse elemento não pode, pois, ser um vestígio).

([113]) *whose* = *who* + *'s*.

([114]) Ou seja, a condição que proíbe a extração de elementos dominados por um ramo esquerdo numa configuração sintática.

([115]) Isto é, a teoria pode permitir a elevação de material sem conteúdo fonético antes do Spell-Out. É crucial distinguir o binômio componente visível/componente não visível (cuja linha de demarcação é o Spell-Out), do binômio elementos fonéticos/elementos não fonéticos. Segundo a proposta Mover F, a componente não visível não move categorias, mas apenas feixes de traços formais – logo, não há movimento de material fonético. Mas, na componente visível, nada proíbe em princípio o movimento de traços formais sem uma matriz fonética – como, por exemplo, o movimento visível do operador *Wh* vazio postulado por Watanabe, ou talvez de elementos como *pro* ou PRO. Nestes casos podemos perguntar mesmo se haverá alguma base empírica ou conceitual para conceber o movimento destes elementos como um caso de Mover α para uma posição Spec, ou como um caso de Mover F, em adjunção a um núcleo, sobretudo dada a formulação (28) do texto. Ver também as notas 40 e 41 do autor.

O Programa Minimalista

O pied-piping pode também depender, em princípio, de fatores que restringem o movimento: barreiras, considerações relativas ao Princípio da Categoria Vazia (ECP), a Condição do Elo Mínimo (MLC) que exige "movimentos mais curtos" ou qualquer outro princípio que se venha a revelar correto nesta área pouco clara da sintaxe, ainda que muito estudada. No caso de todos estes princípios, uma questão em aberto consiste em saber se as violações causam o fracasso das derivações ou se permitem a sua convergência, embora com desvios (por exemplo, uma violação da Subjacência vs. uma violação da ECP) ([116]). A questão pode ser respondida nos termos agora considerados. Assim, se a obrigatoriedade do pied-piping se deve à necessidade de satisfazer algum princípio P, concluímos que a violação de P leva ao fracasso da derivação, de modo que não se proíbam derivações menos econômicas com pied-piping – por exemplo, o princípio P que por vezes proíbe preposições órfãs ([117]).

Qualquer conceitualização adicional é um afastamento dos pressupostos minimalistas, e só pode ser aceita se formos obrigados a isso numa base empírica: nunca, no melhor dos casos. Surgem, no entanto, problemas que parecem difíceis. A tarefa básica consiste em determinar qual é o grau necessário de afastamento destes pressupostos ótimos (se é que é necessário algum afastamento) para dar conta do "pied-piping generalizado"; que papel desempenham as considerações relativas a PF e LF; o que estas considerações implicam quanto à estrutura dos constituintes e ao estatuto e à natureza das condições sobre o movimento; e de que modo a variação linguística é determinada.

Como o notaram Hisa Kitahara e Howard Lasnik, o princípio de economia proposto ([118]) nos dá mais um argumento para o princípio Procrastinar: absolutamente nada é o mínimo que pode ser transportado para obter

---

([116]) Ver, por exemplo, o cap. 1, p.162.

([117]) No original, "preposition stranding". Este termo designa uma configuração em que o complemento de uma preposição é extraído, deixando a preposição órfã (*in situ*): por exemplo, *who did you talk to* em inglês. As línguas românicas não admitem preposições órfãs (à parte alguns casos claramente marcados). Repare-se que o raciocínio deste parágrafo depende inteiramente das considerações minimalistas desenvolvidas. Se uma derivação com uma preposição órfã em português convergisse com um estatuto degradado em vez de fracassar (por exemplo, * *quem falaste com*), bloquearia outras derivações menos econômicas, como, por exemplo, *com quem falaste* (menos econômica porque transporta mais material, tomando agora (26) como sendo um princípio de economia). Agradeço a Noam Chomsky a confirmação de um erro tipográfico neste parágrafo, no original inglês ("without" em vez de "with" na penúltima linha).

([118]) Isto é, (26).

convergência, e isso só é possível se a elevação for não visível, sem entrar na componente fonológica ([119]).

Consideremos agora o caso do movimento não visível. As questões relativas à convergência em PF não surgem, de modo que o pied-piping generalizado neste caso só pode ser exigido por condições sobre o movimento ([120]). As discussões anteriores sobre Mover α assumem que os princípios que regem a operação só são válidos para as categorias, visto que se pressupunha que só as categorias eram movidas. Nesse caso, os princípios só se aplicam no caso do movimento visível, que tem de transportar categorias plenas para assegurar a convergência em PF. A conclusão pode muito bem ser verdadeira devido a outras razões, mesmo se o pressuposto for falso ([121]). Se a conclusão é verdadeira (qualquer que seja a razão) a elevação não visível restringe-se à elevação de traços. A operação Mover F transporta um "excesso de bagagem" apenas quando é "ouvida" no output fonético. Este é o quadro geral que vou assumir aqui. O pressuposto encaixa-se bem na perspectiva minimalista geral, e não tem nenhum defeito empírico evidente.

Assumimos assim provisoriamente que só a convergência em PF obriga à elevação de algo mais do que traços ([122]). Se isso é verdade, ou na medida em que é verdade, temos mais uma razão para suspeitar que as "imperfeições" da linguagem surgem da exigência externa de que os princípios computacionais se adaptem ao aparato sensório-motor, que é de certa forma "alheio" aos sistemas centrais da linguagem revelados na computação $N \rightarrow \lambda$ ([123]).

Quando o traço F do item lexical IL é elevado sem o pied-piping de IL ou de outra categoria maior α, o que acontece (sempre) na elevação não visível, será que o traço é literalmente elevado sozinho, ou será que leva automaticamente consigo outros traços formais? Existem motivos empíricos fortes para

---

([119]) Ou seja, (26) poderá eventualmente servir de base para uma derivação fundamentada do princípio Procrastinar.

([120]) Como, por exemplo, a necessidade de não violar ilhas para a extração. Ver Moritz e Valois (1994) para uma proposta de pied-piping em LF com essas propriedades, mas que não se encaixa bem no presente modelo.

([121]) O raciocínio desenvolvido nesta passagem parece ser o seguinte: a conclusão de que as condições sobre o movimento restringem apenas o movimento visível pode ser verdadeira, mesmo que seja falso o pressuposto de que o movimento visível só pode mover categorias plenas. Esta interpretação parece ser forçada pelo texto da nota 40 do autor. Ver também a nota ([12]), e nesta a chamada para a nota ([115]) na p.555.

([122]) Entenda-se "traços formais", visto que o material fonológico de uma categoria também está codificado em forma de traços.

([123]) Reitera-se aqui a ideia de que tudo aquilo que tem a ver com PF introduz desvios na perfeição do sistema computacional que vai da numeração a LF.

assumir que Mover F transporta automaticamente FF(IL), o conjunto dos traços formais de IL. Entendemos deste modo a operação Mover F como tendo a formulação (28), em que FF[F] é FF(IL), F um traço do item lexical IL.

(28) Mover F "transporta" FF[F] ([124]).

Esta quantidade mínima de pied-piping é automática, refletindo o fato de Mover servir para a verificação de traços formais. O pied-piping mais geral existe na medida em que é necessário para a convergência – e é "alheio", na medida em que a convergência em PF for o fator determinante desse pied-piping, o que assumimos provisoriamente acontecer "sempre".

Quando a operação Mover se aplica sobre o traço F, cria pelo menos uma, e talvez duas, "cadeias derivativas", juntamente com a cadeia $CH_F = (F, t_F)$ construída pela própria operação. Uma delas é $CH_{FF} = (FF[F], t_{FF[F]})$, que consiste no conjunto de traços formais FF[F] e o seu vestígio; a outra é $CH_{CAT} = (\alpha, t\alpha)$, α uma categoria transportada pelo pied-piping generalizado e que inclui pelo menos o item lexical IL contendo F. A cadeia CH_{FF} é sempre construída, a cadeia CH_{CAT} só é construída quando é necessária para a convergência. O sistema computacional C_{HL} "olha" na realidade para CH_F, mas pelo canto do olho pode "ver" igualmente as outras duas cadeias. Cada uma delas funciona em determinadas operações. Assim, CH_{CAT} determina o output PF, e CH_{FF} participa em operações de verificação de um modo que discutimos adiante no texto. Como notamos, CH_{CAT} seria completamente dispensável, se não fosse a necessidade de satisfazer o aparato sensório-motor.

Surgem problemas empíricos variados e complexos, e é bastante fácil descobrir contraexemplos aparentes. De momento, vou pôr esses problemas de parte, assumindo simplesmente o resultado final ideal, nomeadamente, que a UG resolve o assunto – uma posição de modo nenhum inocente, como é evidente. Pressuponho, portanto, que a operação Mover eleva F e derivativamente eleva também FF[F], transportando um constituinte contendo F apenas quando o movimento é visível, da maneira que for necessária para obter convergência. As linhas gerais desta abordagem são naturais, se não mesmo obrigatórias, quando aceitamos pressupostos minimalistas; a abordagem, como veremos, tem um certo número de vantagens ([125]).

---

[124] No original, "carries along".
[125] Recordemo-nos de que um item lexical (uma categoria plena) é um conjunto de três subconjuntos de traços: fonológicos, formais e semânticos. Como nota Jairo Nunes (comunicação

Repare-se que continuamos a trabalhar com o pressuposto de que apenas as derivações convergentes são comparadas para a aplicação das condições de economia – que as derivações admissíveis D_A são um subconjunto das derivações convergentes D_C. Assim, a elevação sem pied-piping é mais económica num certo sentido natural, mas isso é irrelevante se essa derivação não converge ([126]).

Já encontramos um caso especial que se parece com o princípio de economia (26): nomeadamente, o movimento-*wh* e outras operações semelhantes. Como se discutiu na secção 3.5, não é necessário que o grupo-*wh* inteiro seja elevado não visivelmente para a verificação dos traços e para a determinação do escopo; e talvez na realidade não o seja; assim, encontramos motivos fortes para crer que apenas o constituinte *how many* (e nada mais) é elevado não visivelmente de dentro do grupo *how many pictures of John*. Uma extensão natural dessa análise consiste em dizer que apenas o traço-*wh* é elevado na operação não visível, e que o resto do constituinte permanece *in situ*.

A revisão de Mover α em Mover F amplia este raciocínio a todos os casos. Permite igualmente uma maneira de captar a essência da condição do Último Recurso (que voltamos a rever mais tarde) como uma propriedade da operação Mover F.

(29) F não está verificado e entra numa relação de verificação.

Assim, a variável F em Mover F tem como domínio os traços não verificados, e o resultado da operação consiste na entrada do traço F numa relação de verificação, quer verificando um traço do alvo, quer sendo ele próprio verificado[38].

---

pessoal), o movimento não visível não pode na realidade transportar o subconjunto de traços fonológicos, visto que este já foi "extirpado" pelo Spell-Out. Logo, mesmo se o movimento não visível mover uma categoria plena, só pode mover necessariamente, no máximo, o subconjunto de traços semânticos e o subconjunto de traços formais dessa categoria. Dada a estipulação (28) (Mover F implica o pied-piping "automático" do subconjunto completo dos traços formais), não é empiricamente claro até que ponto é que a proposta "Mover F" não é mais do que uma variante terminológica da regra "Mover categoria" (neste caso a categoria nuclear plena). Em última instância, a decisão assenta sobre a questão de saber se o conjunto dos traços semânticos também é movido, ou se é deixado *in situ*, uma questão para a qual, presumivelmente, existe pouca (ou nenhuma) evidência (ver Kitahara, 1997, para um sistema minimalista que pressupõe crucialmente que os traços semânticos não são movidos na componente não visível).

([126]) Ver a nota ([117]).

Estamos agora provisoriamente pressupondo que, se todos os traços de uma categoria α foram verificados, α fica inacessível para o movimento, quer α seja um núcleo, quer seja uma projeção. Mas, se algum traço F ainda não está verificado, a categoria α pode ser movida. As condições de economia excluem movimentos "extra" e não permitem mais do que o pied-piping mínimo necessário para a convergência. No movimento não visível, apenas os traços são elevados. Procrastinar exprime a preferência pela opção não visível.

Esta reinterpretação simples e natural de Mover α, já motivada no caso do movimento-*wh*, permite-nos eliminar inteiramente as complexidades da interpretação (20c) do Último Recurso, um resultado desejável. Podemos dispensar (20b) igualmente: o traço elevado F tem de entrar numa relação de verificação, o que só é possível se o alvo K tem um traço ainda não verificado. Temos assim uma interpretação muito limitada e restritiva do princípio da Cobiça, incorporada sem problemas na definição de Mover. Voltamos mais adiante a outras formulações melhores, resolvendo ambiguidades e imprecisões, e incorporando na discussão propriedades até aqui ignoradas.

Nos casos que acabamos de discutir, derivamos diretamente os resultados desejados. O primeiro problema consistia em proibir o movimento de α tomando K como alvo, com α projetando em vez de K. O argumento apresentado antes aplica-se de novo sem qualquer alteração ([127]). Mantemos assim a conclusão que o alvo projeta. Casos como (23)-(24) também se encaixam bem na nova teoria: ainda que o alvo seja legítimo, visto que possui um traço não verificado, a categoria elevada é invisível para o movimento, visto que não possui traços não verificados (uma análise que vamos rever mais abaixo). A elevação na construção ECM é permitida se algum traço for verificado: o traço forte do I encaixado que exprime o princípio EPP, neste caso ([128]). O princípio da Cobiça parece ser dispensável, visto que aquilo que dele mantemos está incorporado em (29).

Consideremos o movimento-*wh* sucessivamente cíclico. Esse movimento é permitido nesta abordagem apenas se tiver um reflexo morfológico. Esse reflexo é por vezes visível em PF, como em irlandês e em ewe (ver Collins, 1993); mas continua a ser uma questão em aberto saber se essa visibilidade é apenas um acidente da morfologia, revelando o funcionamento de um

---

([127]) Ver a seção 4.4.2.
([128]) Por exemplo, a elevação de *John* em (i), no âmbito da hipótese do sujeito interno ao VP:
   (i) I believe [$_{IP}$ *John* to [$_{VP}$ *t* be intelligent]]
      Eu acredito João ser inteligente
      'Acredito que o João é inteligente'

processo mais geral, talvez universal, mesmo se não forem detectados reflexos morfológicos no output PF ([129]).

A adjunção a um XP não mínimo é agora proibida, a não ser que algum traço seja verificado através da operação (ver Oka, 1993, para um desenvolvimento dessa possibilidade) ([130]); a adjunção sucessivamente cíclica é ainda mais problemática. Poderíamos restringir a condição ([131]) ao movimento-A, ou talvez modificá-la de modo a incluir a satisfação da MLC juntamente com a verificação de traços ([132]), ainda que as consequências dessas alterações sejam bastante complexas. Ver Collins (1994b) para uma discussão adicional; voltamos a algumas questões sobre a adjunção-XP.

Uma questão que tem ainda de ser clarificada é o estatuto da MLC. A conclusão preferida é que a MLC faz parte da definição de Mover: Mover F tem de obedecer a esta condição, efetuando o "movimento mais curto" admissível. Se pudermos estabelecer esse resultado, conseguimos reduzir dramaticamente a complexidade computacional que entra na determinação da legitimidade de uma operação particular OP, no decurso de uma derivação. Pelo contrário, se a MLC é uma condição de economia que seleciona entre derivações, OP só é admissível se nenhuma outra derivação convergente tiver elos mais curtos. É difícil imaginar como se poderia formular uma tal condição, e muito menos aplicá-la de um modo computacionalmente realista; por exemplo, como é que comparamos derivações com elos mais curtos em posições diferentes? Mas a questão não surge se as violações da MLC não constituírem passos legítimos. Seguindo aqui a intuição minimalista usual, vamos, pois, assumir que qualquer violação da MLC é um passo ilegítimo, explorando as questões que se levantam à medida que continuamos ([133]).

---

[129] Em causa aqui estão as etapas Comp-para-Comp do movimento *wh* sucessivamente cíclico, previamente à chegada ao Comp [+WH] mais elevado que desencadeia a operação. Se os Comps intermédios não possuem um traço morfológico que entre numa relação de verificação com um traço do constituinte-*wh*, essas operações parecem não ser permitidas, no sistema aqui proposto, dado que não são em "Último Recurso". Sugere-se assim no texto que pode existir uma verificação "universal" nos Comps intermédios, revelada de modo visível apenas em algumas línguas, devido a acidentes da morfologia (tal como o Caso abstrato, que também só é visível em algumas línguas).

[130] Ver a nota ([103]) e texto que a abre.

[131] Ou seja, (29).

[132] Ou seja, obrigando a derivação a ter os elos mais curtos possíveis, independentemente da verificação de traços, o que permitiria o movimento sucessivamente cíclico, caso as etapas intermédias não sejam fundamentadas pela verificação de traços.

[133] Ou seja, a MLC *não* é construída como uma condição de economia, que pode eventualmente ser violada para permitir a convergência de uma derivação, ou que determina a "escolha" da derivação "mais curta" entre duas derivações que convergem; ver também as notas ([9]) e ([72]).

Suponhamos que F é elevado, transportando o resto da categoria α, e tomando K como alvo. Pela versão (29) do Último Recurso, a operação só é permitida se satisfizer uma relação de verificação. É, pois, necessário que haja um modo elementar de determinar os traços de α e de K que entram nesta relação de verificação, independentemente do grau de encaixe desses traços em α e em K.

Para o elemento elevado α, a questão não surge. É o próprio traço F que tem de entrar na relação de verificação, segundo (29); outros traços de FF[F] também podem entrar em relações de verificação como "passageiros livres" [134], transportados na cadeia derivativa $CH_{FF} = (FF, t_{FF})$ automaticamente construída, mas facilmente detectável, dado F. Se for a composição de α no domínio de verificação de β que estabelece uma relação de verificação [135], os traços relevantes no novo domínio de verificação são os do núcleo de α, e estes, por sua vez, são imediatamente determinados pela etiqueta de α[39]. As únicas perguntas que surgem dizem respeito à categoria K que é o alvo do movimento, e que ganha um domínio de verificação (por adjunção ou por criação de um especificador) em virtude da operação.

Suponha-se que $K = \{\gamma, \{L, M\}\}$ é o alvo do movimento. Nesse caso, um traço F_K de K pode entrar numa relação de verificação se estiver dentro da projeção H^{0max} do núcleo H de K. H e H^{0max} são construídos trivialmente a partir da etiqueta λ, e esta é, por sua vez, imediatamente determinada por inspeção de K. F_K é um traço do próprio núcleo H ou um traço de algum elemento adjunto a H e assim por diante; simplificamos esta caracterização ainda mais na seção 4.10. Lembremo-nos de que estamos a manter o pressuposto ótimo de que não somente H, mas também os traços adjuntos a H podem entrar numa relação de verificação com α no domínio de verificação (ver o final da seção 4.4.1).

A determinação dos traços relevantes é assim igualmente trivial para o alvo: estes são os traços associados com a etiqueta, aos quais podemos chamar *subetiquetas*.

(30) Uma subetiqueta de K é um traço de $H(K)^{0max}$.

---

[134] No original, "free riders".
[135] Isto é, se a relação for estabelecida por Compor, e não por Mover.

Isto é, é um traço da projeção de nível zero do núcleo H(K) de K ([136]). Quando Mover F eleva F tomando K como alvo, alguma subetiqueta de K tem de legitimar a operação entrando numa relação de verificação com F, e outros traços de FF[F] podem também entrar em relações de verificação com subetiquetas de K como passageiros livres.

Os traços que legitimam a operação que eleva α tomando K como alvo são assim determinados sem problema, independentemente do seu grau de encaixe em α e em K: por exemplo, os traços-*wh* em *pictures of whose mother did you think were on the mantelpieces* ([137]). A computação só "olha" para F e para uma subetiqueta de K, mas "vê" mais. O procedimento elementar para determinar os traços relevantes do elemento α elevado constitui outro reflexo da abordagem estritamente derivacional da computação que temos assumido.

Para tomar um caso concreto, suponhamos que em LF o núcleo de IP é T com o elemento verbal α adjunto, assumindo que todas as outras categorias funcionais são irrelevantes nesse ponto (voltamos a este pressuposto).

(31)

A operação Mover F que forma (31) eleva o traço categorial *v* do verbo V, transportando FF[*v*] automaticamente, numa cadeia derivativa. Se a operação é não visível, como em inglês, nada mais acontece: α em (31) é *v*. Se a operação é visível, como em francês, então α é o próprio V, transportado para permitir a convergência em PF. Em qualquer caso, *v* tem de entrar numa relação de verificação com o traço de afixo [-*v*] ("toma um afixo verbal") de T, e qualquer outro traço de FF[*v*] pode em princípio entrar numa relação de

---

([136]) Ou seja, é um traço de H^0 (o núcleo de K), ou de A, B, C, ou de outros elementos adjuntos a estes, numa configuração como (i):
(i)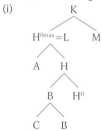

([137]) *retratos da mãe de quem (é que) pensaste que estavam na lareira.*

verificação com um traço de T (que pressupomos ser T^{0max} antes da elevação). As subetiquetas de IP, assim formado, são os traços de T e de α.

Do mesmo modo, quando o traço Casual de IL ([138]) é elevado por Mover F, também são elevados os traços-ϕ de IL, e qualquer um destes passageiros livres pode igualmente entrar numa relação de verificação (derivativa) com uma subetiqueta do alvo. Por exemplo, a elevação de um DP para a verificação do Caso transporta os seus traços-ϕ, que podem efetuar a verificação dos traços de concordância do alvo. Voltamos a várias consequências destas possibilidades.

Juntando os vários pedaços da nossa análise, temos a seguinte teoria da operação Mover. Mover só eleva um traço F tomando como alvo K em Σ se as condições de (32) forem satisfeitas, sendo (33a) e (33b) consequências automáticas, e sendo (33c) uma consequência adicional (assumida, mas não completamente estabelecida).

(32) a. F é um traço não verificado.
b. F entra numa relação de verificação com uma subetiqueta de K como resultado da operação.

(33) a. FF[F] é elevado juntamente com F.
b. Uma categoria α contendo F só é movida juntamente com F se a convergência assim o exigir.
c. As operações não visíveis consistem unicamente em elevação de traços.

Outros traços de FF[F] podem verificar uma subetiqueta de K como passageiros livres. (32a) e (32b) incorporam a Condição do Último Recurso.

Consideremos agora algumas questões que surgem quando formulamos a teoria do movimento como Mover F.

A etapa recursiva na definição (5) de objetos admissíveis permitia a construção de L = {γ, {α, β}}, em que α, β são objetos sintáticos e γ é a etiqueta de L. Na discussão anterior, restringimo-nos ao caso em que α, β são itens lexicais ou constituintes maiores construídos a partir deles, mas consideramos agora um caso mais geral, ao permitir que as variáveis possam ser traços. Especificamente, admitimos um objeto L = {γ, {F, K}}, F um traço, formado

---

([138]) "item linguístico".

pela elevação de F tomando K como alvo, sem transportar a categoria α. Surgem várias perguntas, incluindo as seguintes:

(34) a. Será que a operação pode ser substituição?
b. Será que o alvo tem de projetar?
c. Será que K pode ser um traço em vez de ser uma categoria?

As respostas dependem do modo como interpretamos as noções de "X^{max}" e de "núcleo", que até aqui foram unicamente definidas relativamente a constituintes construídos a partir de itens lexicais, e não relativamente a traços. Mas estas noções não têm um sentido claro para os traços. Vamos supor então que as definições dadas anteriormente continuam a ser aplicadas sem qualquer alteração. Sendo assim, temos uma resposta para as perguntas de (34).

Suponhamos que o traço F é elevado, tomando K como alvo, formando {γ, {F, K}}.

A resposta à pergunta (34a) é negativa. F não pode se converter num complemento por razões já discutidas ([139]). Terá, portanto, de ser um especificador de K, logo um X^{max} por definição. A ideia não tem sentido se as noções X^{max} (etc.) não forem definidas para X = um traço. Se essas noções fossem definidas para os traços, F seria um novo tipo de X^{max}, e a cadeia formada entraria em violação da condição de uniformidade (17), em qualquer interpretação natural. Em qualquer dos casos, a operação tem de ser adjunção de F a K. Mover F só pode ser substituição no caso do movimento visível, com uma categoria transportada para obter convergência.

Quanto à pergunta (34b), o alvo tem de projetar; γ não pode ser (ou não pode ser construído a partir de) o núcleo de F se a noção de "núcleo de F" não for definida. A pergunta (34c) também tem uma resposta: K não pode ser um traço; se for, o objeto construído não tem etiqueta ([140]).

Com base em pressupostos plausíveis, a classe de objetos admissíveis fica minimamente alargada com a extensão de (5) em (25), permitindo que as variáveis α, β tenham traços como domínio, na etapa recursiva da caracterização dos objetos sintáticos K = {γ, {α, β}}. Na realidade, os únicos objetos novos permitidos são aqueles formados pela adjunção não visível de traços a um núcleo – o que é equivalente a dizer que uma propriedade formal de um

---

([139]) Recordemo-nos de que a configuração núcleo-complemento não é uma configuração de verificação. Ver a seção 4.4.2.
([140]) Pelo mesmo motivo: a etiqueta tem de ser construída a partir do núcleo.

item lexical pode entrar não visivelmente no domínio de verificação de uma categoria, se a questão da convergência em PF for irrelevante[40]. Além disso, vemos que o alvo projeta sempre neste caso, como se pretende.

De um ponto de vista mais fundamental, a classe de objetos admissíveis fica radicalmente limitada com estas revisões. Os únicos objetos sintáticos "reais" são os itens lexicais e L = {γ, {F, K}}, em que F é um traço, K é uma categoria que projeta, e γ é construído a partir de H(K). Esta visão capta de um modo bastante aproximado o conceito de movimento (transformações) para o qual tem vindo a convergir desde há vários anos o trabalho em gramática generativa: as operações de "último recurso" determinadas por exigências morfológicas, altamente limitadas quanto às suas possibilidades de variação, e produzindo diferenças tipológicas cruciais. Os restantes objetos só são formados se for necessário para obter convergência – talvez unicamente a convergência em PF, ilustrando de novo a natureza "alheia" do elo com os sistemas sensório-motores.

Suponhamos que o alvo K é não mínimo. Uma conjectura razoável é que o objeto formado, com um traço adjunto a uma projeção máxima pura (não mínima), seja não interpretável em LF; independentemente, veremos que existem razões empíricas para supor que um elemento adjunto a um K não mínimo não está no domínio de verificação do seu núcleo H(K); a operação é assim proibida pelo Último Recurso. Com este pressuposto, concluímos que a elevação de um traço puro – logo toda a elevação não visível – consiste na adjunção de um traço a um núcleo, o qual projeta. Os únicos objetos novos L = {γ, {F, K}} permitidos são aqueles construídos pela adjunção do traço F ao núcleo K, o qual projeta: γ nos dá assim o "tipo" de K.

Já vimos que, no caso do movimento de uma categoria, o alvo projeta sempre. A conclusão é agora geral, cobrindo todos os casos de movimento, permanecendo apenas algumas questões relativamente à adjunção de YP a XP.

O quadro a que chegamos é bem simples e direto, e os argumentos são derivados a partir de pressupostos que parecem conceitualmente naturais e de acordo com o Programa Minimalista. Se o quadro for minimamente correto, a linguagem humana está surpreendentemente próxima da "perfeição", no sentido já descrito. Saber se estas conclusões são empiricamente corretas ou não é outra questão, de maneira nenhuma trivial.

4.4.5 A elevação não visível

A mudança de perspectiva que acabamos de esboçar tem consequências ainda mais profundas. No caso do movimento-*wh*, se o traço-operador [*wh*-] não estiver verificado, é elevado para uma posição apropriada, não visivelmente se possível (devido a Procrastinar), logo, sem pied-piping. Se a elevação for visível, o pied-piping é determinado (assim o esperamos) pela convergência em PF e pelas propriedades morfológicas da língua. Do mesmo modo, se o objeto gramatical Obj é elevado para a verificação do Caso ou de outro traço formal qualquer, os traços FF[F] do seu núcleo são elevados derivativamente, e a operação só transporta uma categoria plena se o movimento for visível. Se a elevação é visível, o objeto converte-se em [Spec, Agr$_O$]. Se a elevação é não visível, os traços FF[F] são elevados sem mais, em adjunção a Agr$_O$, que por sua vez já tem V (ou os seus traços relevantes) adjunto a si[41].

O mesmo acontece com a elevação do sujeito Suj. Os seus traços não verificados podem ser elevados. A operação é de substituição, com pied-piping, se for visível (digamos, para satisfazer o princípio EPP), e é adjunção ao núcleo apropriado sem pied-piping, se for não visível (talvez no caso das línguas VSO).

Suj e Obj deveriam funcionar de uma maneira bastante semelhante em LF, quer sejam elevados visivelmente como categorias plenas quer não visivelmente, enquanto traços. Em qualquer dos casos, o elemento elevado contém pelo menos FF(IL), IL o núcleo do Suj ou do Obj. FF(IL) inclui o traço categorial do constituinte nominal e deveria ter propriedades argumentais (de posição-A), incluindo a capacidade de controlar ou de ligar. Numa reanálise e ampliação de algumas observações de Postal (1974), Lasnik e Saito (1991) argumentam que essa situação se verifica no caso da elevação do objeto: o Obj elevado não visivelmente para [Spec, Agr$_O$] para a verificação do Caso possui basicamente as mesmas propriedades argumentais de posição-A de um objeto visível, como se ilustra por exemplo em (35), com juízos de certo modo idealizados ([141]).

([141]) (35) a. O advogado do Estado [provou [os presos ser culpados] durante os julgamentos uns dos outros] (*)

b. *o advogado do Estado [provou [que os presos eram culpados] durante os julgamentos uns dos outros] (*)

c. o advogado do Estado [acusou os presos durante os julgamentos uns dos outros] (??)

(35) a. the DA [proved [the defendants to be guilty] during each other's trials]
b. * the DA [proved [that the defendants were guilty] during each other's trials]
c. the DA [accused the defendants during each other's trials]

Para que a conclusão seja válida na teoria Mover F, temos de concluir que os traços adjuntos a Agr$_O$ possuem igualmente propriedades de posição-A, c-comandando e ligando normalmente. Temos boas razões para assumir a veracidade dessa hipótese.

Consideremos as construções com expletivos de (36a-b)[42] ([142]).

(36) a. there is [a book missing from the shelf]
b. there seem [*t* to be some books on the table]

A concordância é com o associado do expletivo (nomeadamente *book-books*), o que, nos nossos termos, implica que os traços-φ do associado são elevados para o domínio de verificação do I principal. Mas a operação é não visível. Logo, não é o associado que é elevado, mas sim os seus traços não verificados, deixando o resto *in situ*. O pressuposto natural, de novo, é que estes traços são adjuntos a I, e não ao seu especificador *there*[43].

As interpretações de (37) são assim semelhantes às interpretações dos casos correspondentes de (38) – ainda que apenas aproximadamente, porque nesta análise só os traços formais do associado são elevados, deixando os traços semânticos ([143]) no lugar original ([144]).

(37) a. there is considerable interest (in his work)

Note-se que *prove* 'provar' é um predicado ECM em inglês; nos termos da análise do texto, o objeto eleva-se (não visivelmente) para [Spec, Agr$_O$] da oração principal, para a verificação Casual.

([142]) (36) a. *expl* está [um livro fora da prateleira]
b. *expl* parecem [*t* estar alguns livros sobre a mesa]
([143]) Ver a nota ([125]).
([144]) (37) a. *expl* há um interesse considerável (pelo seu trabalho)
b. *expl* não estão muitos quadros (na parede)
c. *expl* estão quadros de muitos presidentes (na parede)
(38) a. o interesse é considerável (pelo seu trabalho)
b. os quadros não são muitos (na parede)
c. os quadros são de muitos presidentes (na parede)

    b. there aren't many pictures (on the wall)
    c. there are pictures of many presidents (on the wall)

(38) a. interest is considerable (in his work)
    b. pictures aren't many (on the wall)
    c. pictures are of many presidents (on the wall)

O mesmo se passa em outros casos semelhantes. As conclusões gerais sobre as construções com expletivos são assim derivadas. Especificamente, o associado tem de possuir traços não verificados para ser elevado, dando assim conta de exemplos típicos como (24a) (ver também a nota 36); voltamos a outros efeitos de localidade. A HMC é em larga medida inoperativa, independentemente do modo como se interprete a sua aplicação sobre o movimento de traços[44].

Concluímos também que o expletivo *there* não pode verificar todos os traços de I; se o fizesse, I já não seria um alvo legítimo para o associado. Claramente, *there* verifica o traço forte de I (EPP); caso contrário, as construções com expletivos como (37) sequer existiriam. Mas *there* não pode ter Caso ou traços-ϕ, ou ambos; caso contrário, todos os traços de I são verificados, e o associado não é elevado. Não haveria assim nenhum modo de exprimir a concordância do verbo principal com o associado; (39a) teria o mesmo estatuto de (39b) ([145]).

(39) a. * there seem to be a man in the room
    b.   there seems to be a man in the room

A elevação não visível para Agr_S coloca os traços do associado numa posição estrutural com as propriedades formais mais importantes de [Spec, Agr_S]. Esperamos então que o associado possua as propriedades de ligação e de controle de um sujeito visível, de modo semelhante ao caso da elevação não visível do objeto para Agr_O (ver (35)). Estas questões ficam de certo modo mais claras numa língua de sujeito nulo. Aqui, esperamos que o equivalente de expressões como as de (40) sejam possíveis, contrastando com (41) ([146]).

([145]) (39) a. *expl* parecem estar um homem no quarto
        b. *expl* parece estar um homem no quarto
([146]) (40) a. *expl* chegaram três homens (ontem à noite) sem se identificar
        b. *expl* chegaram com os seus próprios livros três homens (vindos) da Inglaterra
    (41) a. * Eu conheci três homens (ontem à noite) sem se identificar
        b. * Eu encontrei com os seus próprios livros três homens (vindos) da Inglaterra

(40) a. there arrived three men (last night) without identifying themselves
b. there arrived with their own books three men from England

(41) a. * I met three men (last night) without identifying themselves
b. * I found with their own books three men from England

Esta conclusão parece ser correta. Assim, encontramos os seguintes contrastes entre o italiano (42a-b) e o francês (42c-d)[45]:

(42) a. sono   entrati   tre uomini senza identificarsi
         são   entrados três homens sem   identificar-se
         "entraram três homens sem se identificar"
    b. ne   sono entrati   tre t senza dire   una parola
       deles são entrados três   sem dizer uma palavra
       "entraram três sem dizer uma palavra"
    c. * il   est entré   trois hommes sans s' annoncer
         ele-expl é   entrado três homens sem se anunciar
    d. * il   en   est entré   trois t sans s' annoncer
         ele-expl deles é   entrado três   sem se anunciar

Em italiano, uma língua que tem um sujeito nulo expletivo com as mesmas propriedades relevantes do inglês *there*, a elevação em LF do Suj para I (na realidade, dos seus traços formais) atribui propriedades de posição-A ao Suj para a ligação e o controle, incluindo o caso de extração de *ne*, que torna bem claro que o Suj se encontra visivelmente no domínio interno do verbo (basicamente na "posição do objeto"). Em francês, que tem o expletivo *il* (um NP pleno) semelhante ao inglês *it*, a operação em LF é proibida, visto que todos os traços do constituinte I principal, o alvo potencial, já foram verificados pelo expletivo. Deste modo, não há elevação não visível, logo não há ligação nem controle.

Considere-se o exemplo alemão semelhante (43).

(43) es   sind gestern viele Leute   angekommen, ohne sich zu
     expl. são ontem   muitas pessoas chegadas   sem se   inf.
     identifizieren
     identificar
     'chegaram muitas pessoas ontem sem se identificar'

Aqui a concordância é com o associado, e não com o expletivo, e as propriedades de ligação e de controle são como em (42), como se prevê[46].

A concordância com o associado parece estar assim correlacionada com o fato de o associado ter propriedades de ligação e de controle típicas do sujeito principal, como se espera com base no pressuposto minimalista de que o Caso e a concordância são relações Spec-núcleo locais, e que os traços são elevados obedecendo à Condição do Último Recurso, não visivelmente se possível. Voltamos a uma análise mais cuidada dos fatores que intervêm nesta análise.

Repare-se que toda a discussão assenta no pressuposto de que o Caso e os traços-ɸ de um nome N fazem parte da sua constituição interna, quer sejam intrínsecos a N quer sejam acrescentados opcionalmente a N no ponto em que N é selecionado do léxico para a numeração. Logo, estes traços fazem parte de FF[N] e funcionam no "pacote" de traços formais que determinam a computação, sendo elevados num todo. Já vimos que esta conclusão tem uma fundamentação independente; e é confirmada pelo papel central que desempenha no sistema computacional, o qual se confirma mais ainda na continuação do texto. O abandono desta conclusão (digamos, tomando o Caso ou os traços-ɸ de N como sendo categorias lexicais separadas com as suas posições próprias nos indicadores sintagmáticos) causaria complicações não insignificantes.

Ainda que determinadas predições centrais sejam verificadas, surgem várias questões. Um problema imediato tem a ver com o fato de o associado elevado *não poder* ligar em expressões como (44), em que *t* é o vestígio de *there* (ver Lasnik e Saito, 1991) ([147]).

(44) * there seem to each other [*t* to have been many linguists given good job offers]

Sabemos que (44) é uma construção expletivo-associado com concordância do associado, como se vê substituindo *each other* por *us* ([148]). Esta conclusão nos deixa com uma contradição direta aparente: o associado pode e não pode ligar, conforme os casos.

([147]) (44) *expl parecem uns aos outros [t ter ficado muitos linguistas com boas ofertas de trabalho] (*)
  Alteramos ligeiramente a tradução para obter um exemplo equivalente em português.
([148]) *parecem-nos ter ficado muitos linguistas com boas ofertas de trabalho.*

A solução deste paradoxo pode estar na teoria da ligação. Suponhamos que a abordagem com movimento em LF, como aquela mencionada no cap. 3 e desenvolvida em detalhe em outras obras, é correta. Nesse caso, o núcleo da oração principal de (44), em LF, tem a estrutura (45a) ou (45b), dependendo da ordenação das operações não visíveis; em (45), An é a anáfora e α é o complexo X⁰ formado por I e o V principal.

(45) a. [₁ An [FF(*linguists*) α]]
      b. [₁ FF(*linguists*) [An α]]

Com base em pressupostos razoáveis, nenhuma destas estruturas pode ser uma configuração legítima para a teoria da ligação, com An tomando FF(*linguists*) como antecedente. Este problema não surge nos exemplos (40) e (42), ou em exemplos típicos como (46) ([149]).

(46) they seemed to each other [*t* to have been angry]

Estes fenômenos nos dão evidência adicional de que os traços do associado são elevados para I, e não adjuntos ao expletivo, independentemente do fato de a primeira operação ser normal, ao passo que a adjunção ao expletivo a partir da posição do associado é uma operação sem paralelo na teoria. Se a adjunção fosse na realidade ao expletivo, não deveria haver nenhuma diferença relevante entre (44) e (46). Os fenômenos também nos dão evidência adicional para uma análise das anáforas com movimento em LF.

A elevação visível do Suj e do Obj para Spec produz uma cadeia-A. E a elevação não visível correspondente? Será que a posição dos traços adjuntos do Suj e do Obj é também uma posição-A? Não é claro que tenha importância decidir a questão de uma maneira ou de outra; ainda que as posições-A e -Ā sejam diferentes no que toca às propriedades usuais, não é claro que possuam algo mais do que um papel taxonômico no Programa Minimalista. Mas suponhamos que se exige uma resposta. Nesse caso, concluímos que a adjunção não visível dos traços do Suj e do Obj estabelece uma cadeia-A: o conceito de "posição-A" deve cobrir a posição ocupada pelos traços formais do Suj e do Obj, tanto antes quanto depois da operação de adjunção. Consideramos antes que as posições-A são aquelas L-relacionadas em sentido estrito com um núcleo H. Adaptando a terminologia da seção 1.3.2, vamos incluir todas

---

([149]) (46) eles pareciam uns aos outros [*t* ter estado zangados]

as subetiquetas de H^{max} no conjunto das posições L-relacionadas com H em sentido estrito, incluindo o próprio H, traços de H e quaisquer traços adjuntos a H[47].

Estas conclusões parecem condizer com as propriedades de ligação e de controle do objeto e do sujeito elevados não visivelmente, com base em pressupostos normais. Concluímos também que os efeitos da minimalidade relativizada (no sentido de Rizzi, 1990) são os das cadeias-A [150], ainda que esse fato possa na realidade ser uma consequência de considerações independentes.

4.5 A interpretabilidade e as suas consequências

Chegamos agora a um ponto em que as distinções entre os vários tipos de traços formais de FF(IL) estão se tornando importantes. Vamos analisar esses traços com um pouco mais de atenção, continuando a assumir que F transporta automaticamente FF[F] e, se o movimento é visível, uma categoria plena α, do modo que for necessário para obter convergência (talvez unicamente convergência em PF).

4.5.1 Tipos de traços

As seguintes distinções entre os traços são dignas de nota, entre outras:

(47) a. traços categoriais
 b. traços-φ
 c. traços Casuais
 d. F forte, em que F é categorial

Como vimos antes, existem outras distinções que cruzam as de (47): alguns traços são intrínsecos, quer enumerados no item lexical IL quer determinados por traços enumerados; outros são opcionais, acrescentados arbitrariamente no momento em que IL entra na numeração.

Suponha-se que temos uma derivação convergente para (48) [151].

---

[150] Ou seja, a computação dos efeitos da minimalidade relativizada leva em conta FF(arg) em adjunção a I, e não apenas categorias em Specs L-relacionados em sentido estrito.
[151] (48) nós construímos aviões

(48)   we build airplanes

Os traços intrínsecos dos três itens lexicais incluem os traços categoriais, [1ª pessoa] em FF(*we*), [3ª pessoa] e [-humano] em FF(*airplanes*), [atribuir Caso Acusativo] em FF(*build*), e [atribuir Caso nominativo] em FF(T) ([152]). Os traços opcionais incluem [plural] nos nomes e os traços-φ de *build*.

Como já discutimos, estes traços são usados no uso descritivo informal. As distinções também têm uma correlação aproximada com outros fatos. Assim, os traços-φ de um DP especificador aparecem usualmente tanto no DP como no núcleo verbal, mas o traço Casual do DP não aparece no núcleo verbal. Existe pelo menos uma tendência para os traços-φ se manifestarem visivelmente quando a elevação para o domínio de verificação é visível em vez de não visível, como se vê na concordância verbal com o sujeito *versus* o objeto em línguas do tipo nominativo-acusativo com o princípio EPP ([153]), ou na concordância visível com o particípio em francês, como reflexo da elevação visível. Na teoria Mover F, a diferença se reduz às construções [Spec, H] *versus* [$_H$ F H], e à tendência de os traços-φ serem visíveis em H na primeira construção, mas não na segunda. Vamos assumir provisoriamente esta descrição, ainda que não tenhamos uma explicação fundamentada dos fatos empíricos em questão, que exigem claramente uma análise muito mais cuidada, abarcando um leque de fenômenos maior.

A distinção intrínseco-opcional não desempenha praticamente nenhum papel aqui, mas existe uma distinção muito mais importante à qual não temos prestado muita atenção até agora. É evidente que certos traços de FF(IL) participam nos processos interpretativos em LF, ao passo que outros são não interpretáveis, e têm de ser eliminados para obter convergência. Temos, portanto, uma distinção crucial ±interpretável. Entre os traços Interpretáveis encontram-se os traços categoriais e os traços-φ dos elementos nominais[48]. As operações que interpretam (48) na interface LF têm de reconhecer que *build* é um V e que *airplanes* é um N com os traços-φ [plural], [-humano], [3ª pessoa]. Por outro lado, estas operações não têm mecanismos para interpretar o Caso de *airplane* ou os traços de concordância de *build*, que têm assim de ser eliminados para obter convergência em LF.

([152]) Repare-se que T especificado com o traço [+finito] é também um elemento retirado do léxico e incluído na numeração de (48).

([153]) Ou seja, o princípio que obriga à elevação visível do sujeito.

A interpretabilidade em LF está relacionada apenas frouxamente com a distinção intrínseco-opcional. Assim, o traço opcional [±plural] dos nomes é Interpretável, logo não é eliminado em LF. Os traços Casuais de V e de T são intrínsecos, mas são -Interpretáveis, logo são eliminados em LF (partindo do princípio que esses traços se distinguem das propriedades semânticas que refletem intimamente) [154]. Segue-se que estes traços do núcleo têm de ser verificados ou a derivação fracassa. Os traços Interpretáveis, assim, são os traços categoriais em geral e os traços-ϕ dos nomes[49]. Os outros são -Interpretáveis.

A interpretabilidade se relaciona intimamente com a assimetria formal da relação de verificação, na qual participam um traço F do domínio de verificação do alvo K e uma subetiqueta F' de K. F' é sempre -Interpretável: a força de um traço, traços de afixo, o traço de atribuição Casual de T e de V, os traços-ϕ do verbo e do adjetivo. O alvo possui traços Interpretáveis, como, por exemplo, o traço categorial, mas estes nunca participam em relações de verificação. Contudo, F no domínio de verificação pode ser um traço Interpretável, incluindo traços categoriais e traços-ϕ. Estas diferenças entre o elemento verificador [155] (dentro do alvo) e o elemento verificado [156] (dentro do domínio de verificação) desempenham uma certa função na computação. Por sua vez, dão um certo significado à assimetria intuitiva, ainda que apenas com uma correlação fraca com o uso informal, como a noção de "concordância" mostra [157].

Estas observações descritivas levantam duas perguntas óbvias: (1) Por que é que uma subetiqueta F' do alvo, que participa numa relação de verificação, é invariavelmente -Interpretável? (2) Sendo -Interpretável, por que é que F' está realmente presente? A pergunta (2) faz parte de uma outra questão mais fundamental: Por que é que a linguagem possui a operação Mover? Se a linguagem possui essa operação, e se a operação é determinada morfologicamente, como assumimos, então tem de haver, na categoria que é tomada como alvo, elementos que verificam traços. O fato de esses elementos do alvo

---

[154] Por exemplo, a transitividade, para o Caso acusativo.
[155] No original, "checker".
[156] No original, "checked".
[157] Ver p.388-389. Para a discussão sobre a assimetria. Repare-se que o "traço F do domínio de verificação" (o elemento verificado) referido neste parágrafo é o traço F elevado para o domínio de verificação de K ou um dos traços contidos em FF[F] (ver (28) e a discussão que segue esse exemplo); o traço "dentro do alvo" (o elemento verificador), por sua vez, é uma subetiqueta F' de K.

que verificam traços serem sempre -Interpretáveis sublinha de novo a função especial da propriedade do deslocamento de categorias, característica da linguagem humana: a única função destes elementos que verificam traços é a de obrigar ao movimento, por vezes visível. Estas questões começam a fazer sentido à medida que olhamos mais cuidadosamente para a teoria do movimento.

O Caso se distingue dos traços-ϕ em ser sempre -Interpretável, para ambos os termos da relação de verificação. O Caso é assim o traço formal por excelência, e não é surpreendente que este programa de investigação tenha tido as suas origens no Filtro Casual de Vergnaud.

4.5.2 A teoria da verificação

A interpretabilidade em LF é determinada pelas condições de output básicas e é claramente uma propriedade importante dos traços. Prestando-lhe alguma atenção, vemos imediatamente que tanto a noção de verificação proposta agora como as suas versões anteriores são defeituosas em pontos fundamentais. As versões anteriores são pouco claras sobre o estatuto de um traço verificado, mas não diferenciavam entre os vários casos. Vemos, contudo, que existem diferenças cruciais que dependem da Interpretabilidade. Em seções anteriores, consideramos que a verificação consistia num apagamento. Assim, um traço verificado é acessível ao sistema computacional, mas não é visível para a interpretação em LF. Mas esta conclusão não pode ser correta. Alguns traços continuam visíveis em LF mesmo depois de serem verificados: por exemplo, os traços-ϕ dos nomes, que são interpretados. E outros, pura e simplesmente, o sistema computacional não tem acesso a eles, depois de serem verificados: o traço Casual dos nomes, por exemplo; o sistema não tem acesso a este traço depois da sua verificação.

Precisamos, assim, de uma análise mais sofisticada da relação entre visibilidade em LF e a acessibilidade ao sistema computacional. As duas propriedades relacionam-se através da generalização descritiva (49).

(49) a. Os traços visíveis em LF são acessíveis à computação C_{HL} no decorrer da derivação, quer sejam verificados quer não.
b. Os traços invisíveis em LF são inacessíveis a C_{HL} depois de serem verificados.

O caso (49a) se aplica sem exceção; (49b) apenas em parte, de um modo interessante.

A parte válida da generalização é imediatamente derivada a partir de uma modificação simples da teoria da verificação, na realidade um melhoramento da teoria que é necessário de qualquer modo. A operação de verificação aqui adotada a partir de trabalhos anteriores tem algumas propriedades estranhas. Para já, parece ser redundante: as propriedades relevantes são determináveis através de um algoritmo a partir da própria representação LF ([158]). Mas vemos agora que a proposta é insustentável ([159]). Haverá então algum modo de abandonar a operação de verificação inteiramente?

Suponha-se que o fazemos, mantendo apenas a relação a partir da qual a operação é derivada: a relação de verificação que se aplica entre traços do domínio de verificação e traços do alvo (traços que são facilmente detectáveis, como vimos acima) ([160]). Assumimos até aqui que a operação Mover F se define em termos das condições propostas em (32), que repetimos:

(50)   a. F é um traço não verificado.
       b. F entra numa relação de verificação com uma subetiqueta de K como resultado da operação.

Com (50a), pretendia-se proibir que um grupo nominal que já satisfez o filtro do Caso pudesse ser elevado de novo para satisfazer o mesmo filtro numa posição mais elevada. A conclusão é correta, mas a formulação do princípio tem de ser revista de modo a derivar a condição (49). Temos agora a possibilidade de fazê-lo sem qualquer problema.

A chave do problema encontra-se na propriedade até aqui negligenciada ±Interpretável. Esta propriedade é determinada por condições de output básicas, logo nos é dada "gratuitamente". Podemos então fazer uso dela para reformular (50), sem qualquer custo. Continuamos a restringir a nossa atenção aos traços formais, nesta investigação do sistema computacional. Para

---

[158] Tomemos, por exemplo, o processo de verificação proposto no cap. 3, p.303. Esse processo consiste em (i) a verificação da conformidade entre os traços do elemento movido e do alvo, e (ii) a eliminação no elemento movido dos traços verificados. É lícito perguntar se a segunda parte da operação de verificação tem de ser estipulada, ou se pode ser deduzida de princípios mais gerais.

[159] É insustentável porque nem todos os traços verificados são eliminados (ver (49)); ou seja, o que acontece aos traços +Interpretáveis depois de serem verificados é diferente do que acontece aos traços -Interpretáveis: os primeiros continuam acessíveis à computação e são "lidos" em LF, contrariamente aos segundos.

[160] De novo, leve-se em conta que os "traços do domínio de verificação" são os traços que entram dentro do domínio de verificação do núcleo por adjunção a este.

começar, simplifiquemos (50), eliminando (a) inteiramente e permitindo que a variável F em Mover F tenha como domínio, livremente, os traços formais. Seguidamente, substituímos (50b) por (51), a versão final neste livro da Condição do Último Recurso.

(51)   *Último Recurso*

Mover F eleva F tomando K como alvo apenas se F entrar numa relação de verificação com uma subetiqueta de K.
Mas temos ainda de captar os efeitos pretendidos de (50a): crucialmente, que um traço [-Interpretável] fica "congelado *in situ*" quando é verificado, sendo o Caso o protótipo deste tipo de traços.
Continuando a considerar que "apagado" significa "invisível em LF mas acessível ao sistema computacional", reformulamos agora as operações de verificação e de apagamento no modo indicado em (52).

(52)   a. Um traço verificado é apagado sempre que for possível.
         b. α apagado é rasurado sempre que for possível.

A rasura é uma "forma mais forte" do apagamento, eliminando o termo inteiramente, de maneira que este fique inacessível a qualquer operação, e não apenas à interpretabilidade em LF[50].

A "possibilidade" em (52) deve ser interpretada relativamente a outros princípios. Assim, o apagamento é "impossível" se violar princípios da UG. Especificamente, um traço verificado não pode ser apagado se essa operação contradiz o princípio prevalecente da recuperabilidade dos apagamentos, que é válido sob qualquer forma em qualquer sistema razoável: os traços Interpretáveis não podem ser apagados mesmo se forem verificados. A questão da rasura, assim, só surge para um traço F -Interpretável, que é rasurado por (52b) a menos que essa operação seja proibida por qualquer propriedade P de F. P tem de ser facilmente detectável, para evitar uma excessiva complexidade computacional. Uma dessas propriedades é a variação paramétrica: F pode ser marcado como não rasurado quando é apagado, uma possibilidade que será explorada mais adiante em ligação com as construções de Specs múltiplos. Provisoriamente, podemos assumir que essa é a única propriedade relevante de F.

A rasura também é proibida se criar um objeto ilegítimo que bloqueie a geração de uma derivação. Essa situação também é trivialmente determinada. O caso crucial tem a ver com a rasura de um termo completo α de um objeto sintático Σ. Seja N = {γ, {α, β}}. A rasura de α substitui N por N' = {γ, {β}}, que não é um objeto sintático legítimo (ver (24)). Concluímos que:

(53)   Um termo de Σ não pode ser rasurado.

A rasura de uma categoria plena cancela a derivação ([161]). Nos casos com paralelismo discutidos anteriormente ([162]), por exemplo, o apagamento não é seguido de rasura na computação N → λ, através de uma aplicação de (52); o que acontece na componente fonológica, que tem características completamente diferentes, é uma questão à parte. No entanto, não se formam objetos ilegítimos através da rasura *dentro* de um termo (ver a nota 12). Logo, esse tipo de rasura não é proibido pelas razões apontadas acima.

Abandonamos agora a operação de verificação ([163]). Os problemas com a interpretabilidade mencionados na discussão anterior desaparecem, e a generalização descritiva (49) é uma consequência imediata nos casos em que é válida. O caso (49a) é verdadeiro sem exceções: os traços Interpretáveis não podem ser apagados (*a fortiori*, rasurados) e permanecem, portanto, acessíveis à computação e visíveis em LF. O caso (49b) é válido a não ser que a rasura do traço verificado -Interpretável elimine um termo ou seja proibida por uma propriedade paramétrica P do traço. Ainda que existam exemplos deste tipo, são pouco numerosos; o caso (49b) é válido de uma maneira bastante geral. Para facilitar a exposição, vou falar do apagamento como se fosse rasura, a não ser que a questão surja explicitamente.

A revisão da teoria da verificação não tem consequências para os traços -Interpretáveis no domínio de verificação, como, por exemplo, o Caso de um argumento. Estes traços são aqueles que têm de ficar inacessíveis depois de verificados; os exemplos discutidos são típicos desta situação. A rasura desses traços nunca cria um objeto ilegítimo, logo a verificação é apagamento, seguida de rasura, sem exceções. Os traços do alvo são sempre -Interpretáveis, por motivos que têm ainda de ser explicados. A teoria da verificação revista os apaga sem exceção, e os rasura tipicamente. Pode-se perguntar o que é que acontece quando todos os traços de FF(IL) são -Interpretáveis e IL

---

[161] Ver a nota ([29]).
[162] Ver (16) e a discussão sobre esses exemplos.
[163] Isto é, abandonou-se uma operação complexa de verificação como a do cap. 3, em favor de uma versão mantendo apenas (51); o apagamento e a rasura de traços caem agora sob a alçada de princípios independentes (como (52), (53), e o princípio de recuperabilidade dos apagamentos).

é elevado para o domínio de verificação de K: a elevação do associado de um expletivo ou a concordância não visível de um objeto, por exemplo. Não é possível que todos os traços de FF(IL) sejam rasurados; se isso acontece, forma-se um objeto ilegítimo ([164]). Mas não temos que resolver este problema, porque ele não surge. FF(IL) contém sempre traços Interpretáveis: o traço categorial e os traços-φ do argumento.

A única exceção às conclusões do parágrafo anterior são os expletivos puros; voltamos a estes elementos.

Para ilustrar as consequências deste sistema, voltemos à frase (48), *we build airplanes*. Quando o sujeito *we* é introduzido na derivação dentro do grupo verbal, FF(*we*) inclui D e determinadas escolhas específicas de traços-φ e de Caso. Como I tem um traço-D forte (o princípio EPP), o traço categorial de *we* é elevado visivelmente para o seu domínio de verificação, transportando ([165]) todo o DP; logo, a operação é substituição em [Spec, I]. Neste caso, *we* poderia na realidade ter sido elevado de duas maneiras diferentes, dependendo do modo como F é selecionado para a operação Mover F. Se F = D, estabelece-se uma relação de verificação entre o traço categorial elevado de *we* e o traço-D forte de I. O traço Casual de *we* é verificado por T enquanto passageiro livre, tal como os traços-φ, depois de a elevação não visível do verbo estabelecer a relação de verificação necessária ([166]). F poderia também ser o Caso; o princípio EPP seria então satisfeito pelo traço categorial enquanto passageiro livre. Mas F não poderia ser um traço-φ neste caso, porque o verbo só é elevado não visivelmente, de modo que a relação de verificação entre traços-φ só é estabelecida posteriormente; o Último Recurso (51) é violado se a computação tiver acesso aos traços-φ de *we* na elevação visível. O traço Casual de *we* é -Interpretável, logo é rasurado quando verificado. Os seus traços-φ, no entanto, são Interpretáveis, logo outras operações posteriores podem aceder a esses traços, tal como podem aceder ao traço categorial ([167]).

Repare-se que o princípio EPP não tem nada a ver com o Caso. Assim, assumimos que todos os valores de T determinam o princípio EPP em inglês,

---

([164]) Por causa de (53).
([165]) No original, "pied-piping".
([166]) Recordemo-nos (último parágrafo antes da seção 4.4.2) de que Agr não possui traços-φ; estes estão presentes apenas nos argumentos e nos predicadores (verbo e adjetivo). Logo a relação de verificação dos traços-φ em T só pode ser estabelecida depois de o verbo ser elevado para T (não visivelmente em inglês).
([167]) Para uma aplicação destas ideias a alguns fenômenos sintáticos do português, ver Raposo e Uriagereka (1996).

incluindo os infinitivos, ainda que apenas os infinitivos de controle atribuam Caso (nulo); os infinitivos que exigem elevação não atribuem esse Caso (ver a secção 1.4.3).

Podemos agora voltar a uma pergunta que foi deixada em aberto: por que é que os traços do alvo que participam numa relação de verificação são invariavelmente -Interpretáveis? Suponhamos que uma subetiqueta F' da categoria-alvo K é Interpretável. Suponhamos que o traço F ao qual tem acesso a operação OP, e que é elevado para o domínio de verificação de F', é Interpretável e entra numa relação de verificação com F'. Ambos os traços são Interpretáveis, logo não são alterados pela operação. A operação OP é "localmente supérflua" e não é exigida pelos traços que participam na relação de verificação que determina essa operação. Mas OP poderia mesmo assim contribuir para a convergência. Por exemplo, um passageiro livre de FF[F] poderia entrar numa relação de verificação com outra subetiqueta do alvo, sendo um deles afetado (rasurado ou apagado); ou OP poderia ser uma etapa necessária com vista a uma operação seguinte que efetivamente apaga e talvez rasure traços -Interpretáveis, permitindo a convergência. Estas possibilidades existem em abundância, alargando consideravelmente a classe das derivações possíveis, e tornando assim mais difícil a computação da economia, talvez permitindo também derivações de um modo demasiado livre (e talvez não muito fácil de determinar). De preferência, essa operação OP deveria ser excluída. Essa operação é excluída se F' for necessariamente -Interpretável, logo, sempre afetado pela operação. Se F é elevado tomando K como alvo, a subetiqueta que é verificada por F é apagada e tipicamente rasurada.

Esta propriedade dos elementos que efetuam a verificação de traços elimina a possibilidade de operações de movimento "localmente supérfluas". A propriedade reforça a natureza minimalista do sistema computacional, permitindo que as suas operações sejam formuladas de um modo bastante elementar, sem uma proliferação de derivações não pretendidas. Em outras palavras, a "imperfeição" da linguagem, determinada pela propriedade do deslocamento, fica restringida pela própria arquitetura da linguagem, de modo a evitar uma complexidade computacional excessiva.

Considere-se a elevação sucessivamente cíclica, como em (54) ([168]).

---

[168] (54) nós somos supostos [t_3 ser deixados [t_2 inf [t_1 construir aviões]]]

Alteramos o exemplo inglês (literalmente *nós somos prováveis ser pedidos construir aviões*) para obter uma estrutura que possa ser analisada como um caso de movimento sucessivamente cíclico com um mínimo de plausibilidade (embora a expressão seja degradada). Ver a nota ([49]) do cap. 1.

(54)   we are likely [t_3 to be asked [t_2 to [t_1 build airplanes]]]

A elevação visível de *we* de t_1 para t_2 tem acesso a D para satisfazer o princípio EPP na oração mais profundamente encaixada, sendo esta a única possibilidade, já que o infinitivo que determina a elevação não atribui Caso. D é Interpretável, logo não é afetado pela verificação. A operação seguinte, que eleva *we* para t_3, tem de novo acesso a D, satisfazendo o princípio EPP na oração intermédia. A elevação posterior, da posição t_3 para a posição de sujeito principal, pode ter acesso a qualquer dos traços que participam numa relação de verificação nessa posição.

Considere-se agora um caso diferente de elevação sucessivamente cíclica, na construção adjetiva simples (55) ([169]).

(55)   John is [$_{AgrP}$ t_2 Agr [$_{AP}$ t_1 intelligent]]

John é elevado da posição de sujeito t_1, interna ao predicado, para [Spec, Agr] (t_2), para a concordância, com o adjetivo, por sua vez elevado para Agr[51]. Em virtude da Condição do Último Recurso (51), a operação tem de aceder aos traços-ϕ de *John*, os quais verificam a concordância. Estes são Interpretáveis, logo não são afetados. *John* é seguidamente elevado para a posição de sujeito principal, satisfazendo o princípio EPP, o Caso e a concordância. Aqui a operação pode ter acesso a qualquer um dos traços relevantes, visto que todos eles participam numa relação de verificação (a operação tem acesso a um deles, e os outros participam em relações de verificação como passageiros livres). Deste modo, *John* participa numa concordância dupla: com cada um dos dois nós Agr ([170]), logo com a cópula e com o adjetivo. Aquilo que aparece em PF depende de propriedades morfológicas particulares[52].

Este exemplo ilustra o fato de se poder atribuir a concordância com ou sem Caso – na posição de [Spec, Agr] mais elevada e menos elevada, respectivamente. Como o traço categorial e os traços-ϕ do DP permanecem acessíveis depois da verificação, mas não o traço Casual, um único DP pode participar em satisfações múltiplas do princípio EPP e em concordâncias múltiplas, mas não pode participar em relações Casuais múltiplas. Esta última possibilidade é o exemplo central que queremos excluir, no âmbito da Condição do Último Recurso e dos seus antecedentes, começando com o Filtro Casual proposto

---

([169]) (55) os rapazes são [$_{AgrP}$ t_2 Agr [$_{AP}$ t_1 inteligentes]]
([170]) Note-se que o nó Agr principal não está anotado em (55).

por Vergnaud. Mas as outras possibilidades têm certamente de ser permitidas, e são permitidas, no modelo aqui apresentado.

Em (55) todos os traços do sujeito são verificados e os -Interpretáveis são rasurados. Suponha-se que encaixamos (55), como em (56) ([171]):

(56)   I(nfl) seems [that John is intelligent]

Ainda que o traço Casual de *John* tenha sido rasurado, o seu traço categorial e os seus traços-φ continuam inalterados. Logo, *John* pode ser elevado para a posição de sujeito principal ([Spec, I]), satisfazendo o princípio EPP e a concordância na oração principal, e derivando (23b), aqui repetido ([172]):

(57)   * John [I(nfl) seems [that *t* is intelligent]]

Mas *John* não tem nenhum traço Casual para a verificação, logo a derivação fracassa, em vez de convergir com a interpretação "parece que o John é inteligente" ([173]). Em (56), *John* está efetivamente "congelado *in situ*", como nos exemplos que motivaram originalmente o princípio da Cobiça (ver a nota 36), ainda que não pelos motivos apresentados nas teorias anteriores. Estes motivos eram defeituosos num sentido fundamental, na medida em que não levavam em conta a propriedade ±Interpretável e a sua relação com a acessibilidade ao sistema computacional.

Concluímos que o traço Casual intrínseco de T se dissocia não somente do seu traço EPP (que varia parametricamente), mas também das propriedades semânticas (talvez invariáveis) que o traço reflete. Sendo -Interpretável, o traço Casual tem de ser verificado para que a derivação convirja. Como o traço não é verificado em (57), a derivação fracassa.

Suponha-se que o I principal em (56) é [-tempo]. Se a estrutura for um infinitivo de controle, a derivação fracassa de novo, por motivos Casuais ([174]). Se a estrutura for um infinitivo de elevação, a construção é proibida, presumivelmente

---

[171] (56) I(nfl) parecem [que os rapazes são inteligentes]
[172] (57) * os rapazes [I(nfl) parecem [que *t* são inteligentes]]
[173] 'parece que os rapazes são inteligentes'
[174] Recorde-se que no modelo aqui assumido um infinitivo de controle tem um traço Casual (nulo). A derivação fracassa porque *John*, tal como no exemplo anterior, já verificou o seu Caso na oração subordinada, e este é rasurado, não podendo, portanto, verificar o Caso nulo do infinitivo, que permanece ilegitimamente.

por motivos que têm a ver com a seleção ([175]): uma estrutura infinitiva não encaixada pode ser uma estrutura de controle com PRO arbitrário (em algumas línguas e em certas construções), mas não pode ser um infinitivo de elevação sem quaisquer propriedades relevantes a não ser o traço-D forte (EPP). Encaixes adicionais em estruturas de elevação reintroduzem o mesmo problema; em resumo, *John* permanece "congelado *in situ*" em (56) também com I infinitivo[53].

Suponha-se que uma língua permite a construção (56), mas que a única relação de verificação na oração subordinada é com a concordância, e não com o Caso. Nessa língua, a elevação deveria ser possível. O traço categorial e os traços-ϕ de *John* são Interpretáveis, logo são acessíveis mesmo depois de verificados; e o traço Casual não é verificado, logo ainda está disponível para a verificação. Elevando *John* para a posição de sujeito principal, derivamos (57), de novo com dupla concordância e dupla satisfação do princípio EPP, mas com uma só relação Casual: na oração principal. A existência de construções desse tipo foi proposta para um certo número de línguas, em primeiro lugar (neste contexto) para o grego moderno (Ingria, 1981). Assumindo que as descrições são corretas, constituem violações *prima facie* do Filtro Casual (e têm sido consideradas como tal). Mas vemos que se encaixam bem na teoria agora proposta. Esperamos que o sujeito principal em (57) tenha o Caso exigido nessa posição, o qual pode em princípio ser diferente do nominativo: numa construção ECM, por exemplo. Sendo assim, confirma-se a conclusão de que o Caso não é atribuído na oração encaixada; se o fosse, haveria um conflito Casual[54].

O movimento sucessivamente cíclico levanta outras questões; voltamos a elas depois de termos estabelecido completamente o pano de fundo teórico.

Uma consequência desta reanálise da teoria do movimento é que os traços Interpretáveis não necessitam participar em relações de verificação, visto que, de qualquer modo, sobrevivem em LF. Em particular, o traço categorial e os traços-ϕ de um NP não necessitam ser verificados. Esta conclusão resolve um problema pendente quanto ao Caso inerente: nunca foi claro como se verificavam os traços-ϕ de um nominal que recebe Caso inerente, na ausência de qualquer categoria funcional plausível; mas a questão não surge se esses traços não precisarem ser verificados. A mesma consideração permite

---

([175]) Com um infinitivo de elevação, não se pode invocar o fracasso por razões Casuais, visto que esse infinitivo não tem um traço de atribuição Casual.

ultrapassar o problema da verificação dos traços-ϕ em construções de deslocamento ou de coordenação, como em *John and his friends are here*[55] ([176]).

Consideremos agora α incorporado em β (digamos, um nome incorporado num verbo), o que pressupõe que α possui o traço morfológico [afixo] que permite a operação ([177]). Se este traço é -Interpretável, a excorporação de α é impossível porque o traço é rasurado e fica, portanto, não disponível para qualquer verificação posterior; α já não pode ser adjunto a um segundo núcleo, ainda que as suas outras propriedades permaneçam intactas.

Esta teoria melhorada do movimento tem consequências para as construções com Specs múltiplos, as quais são em princípio permitidas, com base em pressupostos minimalistas sobre a teoria da estrutura de constituintes, como notamos atrás. Se esta opção se realizar, temos a estrutura (58), com uma possível proliferação adicional de Specs.

(58)

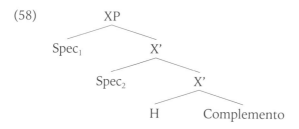

Em (58), podemos provisoriamente assumir que Spec₁ e Spec₂ são alvos equidistantes para o movimento, visto que se encontram no mesmo domínio mínimo[56].

Suponha-se que uma língua permite (58) para uma determinada construção. Suponhamos também que um traço F -Interpretável de H não é necessariamente rasurado quando é verificado e apagado, o que consideramos ser uma propriedade paramétrica ([178]). Nesse caso, F pode verificar cada Spec, até ser rasurado opcionalmente num determinado ponto, para assegurar a convergência. Se F for um traço Casual, pode atribuir o mesmo Caso repetidamente; um tratamento segundo estas linhas foi proposto para a verificação do Caso múltiplo em japonês e em outras línguas (ver a nota 56). A teoria do Caso em camadas de Watanabe (1993a), tal como reformulada na nota 49,

---

([176]) *O João e os seus amigos estão aqui.*
([177]) E que entra numa relação de verificação com um traço correspondente de afixo [-α] em β; ver o parágrafo que segue o exemplo (31) no texto.
([178]) Ver p.419-420.

pode também ser tratada nestes termos. Na seção 4.10, veremos que algumas ideias semelhantes têm consequências interessantes, em áreas de natureza mais central para a nossa empreitada.

Spec₁ permite também uma posição-escape para violações da Minimalidade Relativizada e para o scrambling com propriedades de posição-A (relativamente à ligação, à obviação de efeitos de cruzamento fraco etc.), contrariamente ao scrambling para uma posição-Ā, uma construção que, com base em pressupostos anteriores, implica reconstrução plena; a ideia foi introduzida por Reinhart (1981) para dar conta de violações da Ilha-*Wh* em hebreu. Ura (1994) propõe que a superelevação, o scrambling-A e a atribuição múltipla de Caso estão correlacionados em muitas línguas. Se assim for, temos um suporte empírico adicional para a conclusão de que (58) é uma opção que uma língua pode ter[57].

4.5.3 Expletivos

Suponha-se que uma derivação atinge uma estrutura correspondente à construção (56), e que a numeração contém um expletivo; derivamos assim, por exemplo, (24a), que repetimos aqui[58] ([179]).

(59) * there seem [that [$_{Suj}$ a lot of people] are intelligent]

O expletivo *there* verifica o traço forte de I (o princípio EPP), mas não verifica (pelo menos) um traço -Interpretável de H = [I, *seem*], que tem de ser rasurado para obtermos convergência. Os traços -Interpretáveis de H são o seu traço Casual e os seus traços-ϕ. De novo, concluímos que o expletivo não pode ter Caso ou traços-ϕ, ou ambos (ver a discussão de (39)).

Suponha-se que *there* tem Caso, de modo que apenas os traços-ϕ de H permanecem não verificados. Mas os traços-ϕ do Suj são Interpretáveis; logo, o Suj (na realidade, os traços formais do seu núcleo) pode ser elevado não visivelmente, verificando os traços-ϕ de H e permitindo que a derivação convirja – incorretamente, com uma interpretação semelhante a "parece que muitas pessoas são inteligentes". Concluímos que *there* não pode ter Caso.

Suponha-se que o expletivo tem traços-ϕ. Suponhamos que estes não são conformes com os traços do seu associado, como em (39a), aqui repetido,

---

([179]) (59) *expl parecem [que [$_{Suj}$ muitas pessoas] são inteligentes]

com *there* plural e o seu associado *a man* singular, e o verbo de elevação no plural, em conformidade com *there* ([180]).

(60) * there seem to be [a man] in the room

Os traços-φ de *seem* são rasurados na relação Spec-núcleo com *there*. Os traços-φ de *there*, sendo -Interpretáveis, visto que se trata de um expletivo, são igualmente rasurados nesta relação de verificação. O traço Casual de *seem* é rasurado pela elevação do associado *a man*. Dado que os traços-φ de *a man* são Interpretáveis, não necessitam ser verificados. Logo, a derivação de (60) converge, incorretamente.

Concluímos assim que o expletivo não tem nem Caso nem traços-φ. FF(*there*) contém apenas D, que é suficiente para satisfazer o princípio EPP: o expletivo não tem traços formais além da sua categoria.

Repare-se que a concordância se manifesta visivelmente no verbo que tem *there* como sujeito. Consideramos atrás a sugestão de que a manifestação visível de traços-φ é um reflexo da relação [Spec, H], e não da relação [$_H$ F H]. A observação sobre a concordância em construções com expletivos é consistente com esta proposta, mas entra em conflito com a ideia alternativa de que a distinção reflete a concordância visível, em vez da concordância não visível ([181]). As duas sugestões distinguem-se empiricamente neste caso, talvez o único.

Suponhamos que *there* é um expletivo puro sem traços semânticos e sem traços formais, além da sua categoria D. Esperamos então que seja invisível em LF, de modo a satisfazer o princípio FI. Sabemos que *there* não pode ser literalmente rasurado quando é verificado; isso constitui uma violação da condição fundamental (53), na medida em que forma um objeto sintático ilegítimo, que cancela a derivação. Pelo princípio geral do apagamento-rasura, (52), concluímos o seguinte: depois da verificação do traço categorial de *there*,

---

([180]) (60) *expl* parecem estar [um homem] no quarto.

([181]) Por "concordância visível" refere-se aqui a elevação visível do elemento que concorda, e por "concordância não visível" a elevação (tão somente) dos seus traços (ver p.415). A manifestação visível da concordância em construções com expletivos entra em conflito com esta ideia porque, nestas construções, o elemento que determina a concordância (o associado) não é elevado visivelmente; em contrapartida, a manifestação visível da concordância em construções com expletivos está de acordo com a ideia de que essa visibilidade é um reflexo de [Spec, H] preenchido: nestas construções, com efeito, [Spec, H] está preenchido, pelo próprio expletivo.

este é apenas apagado, mas não rasurado, e o mesmo acontece com o traço categorial de qualquer dos seus vestígios (ver a nota 12).

Na medida em que o expletivo não pode ter Caso, tem de ser o associado a fornecer o Caso em construções com expletivo normais, como (61a-c) ([182]).

(61) a. there is a book on the shelf
b. there arrived yesterday a visitor from England
c. I expected [there to be a book on the shelf]

O associado tem, portanto, de conter o Caso que seria o do DP nas construções (62a-c), respectivamente ([183]).

(62) a. DP is ... (DP = nominativo)
b. DP arrived ... (DP = nominativo)
c. I expected [DP to be ...] (DP = acusativo)

Não podemos, assim, aceitar a teoria do Caso partitivo de Belletti (1988), contrariamente ao nosso pressuposto do cap. 2 ([184]).

Há uma distinção entre os expletivos com Caso e traços-φ e os "expletivos puros", que não possuem esses traços: em inglês, *it* e *there*, respectivamente. A distinção não é nem clara nem precisa, mas é adequada para os nossos propósitos limitados[59]. Os primeiros satisfazem todas as propriedades do núcleo I-V verificado por eles, rasurando os traços relevantes, e proibindo deste modo a elevação do associado. Os segundos não rasuram os traços -Interpretáveis do núcleo I-V. Logo, a elevação do associado é não só permitida, tomando o elemento I-V como alvo, mas também necessária, para obter convergência.

Este tratamento tem duas consequências. Predizemos diretamente que as construções com expletivos só manifestam concordância verbal com o associado se o expletivo não possuir Caso e traços-φ: *there* em inglês, *es* em alemão, e *pro* em italiano – mas não o inglês *it* e o francês *il*, que possuem um

---

([182]) (61) a. *expl* está um livro na prateleira
b. *expl* chegou ontem um visitante da Inglaterra
c. Eu esperava [*expl* estar um livro na prateleira] (*)
([183]) (62) a. DP está ...
b. DP chegou ...
c. Eu esperava [DP estar ...]
([184]) Ver a seção 2.6.4.

leque de traços completo. Repare-se que esta distinção apenas se relaciona parcialmente com a manifestação visível do expletivo[60] ([185]). Uma predição mais interessante, e também mais difícil de confirmar se for verdadeira, é que o associado só pode ligar e controlar, como se ocupasse a posição do sujeito superficial, se o expletivo não tiver Caso e traços-ϕ. Já encontramos alguns motivos para pensar que essa conclusão é verdadeira.

Podemos perguntar por que é que as línguas possuem expletivos visíveis sem Caso e traços-ϕ, e não simplesmente *pro*. Em parte, a resposta pode reduzir-se ao parâmetro do sujeito nulo, mas parece que há algo mais a dizer. Assim, tanto o islandês como o alemão têm expletivos nulos, mas o islandês é uma língua de sujeito nulo e o alemão não é. Nestas línguas, a entrada lexical para o expletivo especifica duas formas, uma nula e uma visível. A distribuição destas formas parece ser complementar, determinada por fatores estruturais. O resultado ótimo seria que a variante visível fosse usada unicamente quando necessário para a convergência: a convergência em PF, visto que as duas formas são idênticas dentro da componente não visível. Podemos conseguir esse resultado se a presença do expletivo visível puder ser reduzida à propriedade V-dois, a qual pode hipoteticamente pertencer à componente fonológica, se não houver ordenação linear na computação central N $\rightarrow$ λ, o que assumimos aqui. Essa linha de investigação parece promissora. Em ambas as línguas, parece que o expletivo visível só é usado em contextos onde independentemente se aplica a propriedade V-dois. Se isso for correto, o expletivo pode muito bem ser nulo – consistindo apenas no traço categorial [D] – ao longo da computação N $\rightarrow$ λ. Os traços visíveis são então acrescentados apenas no decurso das operações fonológicas, ainda que sejam codificados no léxico[61].

Ainda que um desenvolvimento sério da teoria dos expletivos exija um exame muito mais cuidadoso, incluindo a análise de um leque de casos bem mais vasto, podemos chegar a algumas conclusões, mesmo com base em considerações bastante fracas, como já vimos anteriormente, e continuamos a ver à medida que prosseguimos.

([185]) Assim, *pro* expletivo em português tem de ser diferenciado em *pro* "tipo *there*" e *pro* "tipo *it*", como em *pro estão vários livros sobre a mesa* vs. *pro parece que vai chover*, respectivamente; talvez o expletivo nulo das frases com *haver* existencial seja do tipo de *it* (*pro há vários livros sobre a mesa*, vs. * *pro hão vários livros sobre a mesa*).

4.5.4 O tipo oracional

Voltemo-nos agora para os traços formais da categoria funcional C (complementador) que determina o tipo oracional[62], por exemplo, o traço Q das orações interrogativas na construção (63) ([186]).

(63) Q [$_{IP}$ John gave DP to Mary]

Q é claramente Interpretável; assim, tal como os traços-ϕ de um nominal, não necessita ser verificado – a menos que seja forte; nesse caso, Q tem de ser verificado antes do Spell-Out, se quisermos construir uma derivação[63]. Como se sabe, as línguas divergem quanto à força de Q. O traço Q forte é satisfeito por um traço F_Q.

Em inglês, Q é forte. Logo, quando Q é introduzido na derivação, o seu traço forte tem de ser eliminado pela inserção de F_Q no seu domínio de verificação antes de Q ser encaixado em qualquer configuração distinta (ver (3)). F_Q pode entrar no domínio de verificação através de Compor ou de Mover, por substituição ou por adjunção.

Consideremos a opção através de Compor. Visto que essa opção é visível, uma categoria α plena tem de ser inserida no domínio de verificação de Q. Se a operação é substituição, α converte-se em [Spec, Q]; se é adjunção, α é uma categoria X^0. Em inglês, os dois casos são ilustrados por (64) ([187]).

(64) a. (I wonder) [$_{CP}$ whether Q [he left yet]]
b. (I wonder) [$_{CP}$ [$_Q$ if Q] [he left yet]]

F_Q é frequentemente chamado o traço-*wh*; e podemos considerá-lo uma variante de D.

Repare-se que é possível estabelecer uma relação de verificação através de Compor, ainda que as noções relevantes tenham sido discutidas até aqui unicamente em relação a Mover. Voltamos a esta questão depois de algumas alterações na teoria do movimento.

([186]) (63) Q [$_{IP}$ o João deu DP à Maria]
([187]) (64) a. (Eu não sei) [$_{CP}$ se-*wh* Q [ele já saiu]]
  b. (Eu não sei) [$_{CP}$ [$_Q$ se Q] [ele já saiu]]
  Recordemo-nos de que em português não existe um constituinte-*wh* equivalente a *whether*, que anotamos aqui como '*se-wh*'.

Voltemo-nos agora para a segunda possibilidade, também mais complexa: F_Q entra no domínio de verificação de Q por elevação. De novo, as opções são substituição ou adjunção. A opção por substituição realiza-se pela elevação de F_Q para [Spec, Q] através do movimento-*wh* visível, que transporta uma categoria plena, por causa da convergência em PF. A opção por adjunção realiza-se pela elevação I → Q. Na realidade, se esta operação consiste na elevação de um traço verbal, como propusemos anteriormente (ver (1)), então F_Q neste caso é [V]. Certamente haverá generalizações e propriedades particulares a cada língua[64], mas qualquer tratamento que se afaste dos pressupostos minimalistas só pode ser considerado explicativo na medida em que tiver uma justificação independente.

Aplicando-se elevação, (63) produz dois outputs legítimos, (65a) e (65b), que dependem da escolha da adjunção ou da substituição na verificação do traço forte de Q (abstraímos do contraste entre as formas encaixadas e as formas de raiz) ([188]).

(65) a. did [$_{IP}$ John give a book to Mary]
 b. (guess) which book [$_{IP}$ John gave to Mary]
 c. (guess) which *x*, *x* a book, John gave *x* to Mary

Em (65a), o DP de (63) é *a book*, *did* é adjunto a Q, e a construção é interpretada como uma interrogativa total (sim-não). Em (65b), o DP de (63) é *which book*, e a construção é interpretada aproximadamente como em (65c), segundo as linhas mestras esboçadas na secção 3.5.

F_Q é Interpretável, logo não necessita ser verificado. Consequentemente, só é elevado para o domínio de verificação de Q se essa for a opção seleccionada para eliminar o traço forte de Q; nesse caso, um grupo-*wh* completo ou um complexo-I completo é transportado, por substituição em [Spec, Q] ou por adjunção a Q, respectivamente.

Suponhamos que o DP é *which book* e que o traço forte de Q em (63) é satisfeito unicamente por adjunção de I, como em (65a); deriva-se nesse caso (66) ([189]).

([188]) (65) a. aux [$_{IP}$ o João deu um livro à Maria]
 b. (adivinha) qual livro [$_{IP}$ o João deu à Maria]
 c. (adivinha) qual *x*, *x* um livro, o João deu *x* à Maria
([189]) (66) aux o João deu qual livro à Maria

(66) did John give which book to Mary

A elevação não visível do traço-*wh* não é necessária e é, portanto, impossível, devido às condições de economia (ver a nota 64). A interpretação de (66) não é (65c), como seria se o traço-*wh* fosse elevado não visivelmente em adjunção a Q. (66) converge, qualquer que seja a sua interpretação – talvez uma algaraviada (ponho de lado interpretações com foco e perguntas-eco, irrelevantes para esta discussão) ([190]).

Suponha-se que a configuração (63) é encaixada e que o DP = *which book*. A opção I → Q agora não existe (alternativamente, existe, e produz uma interrogativa total encaixada, interpretada como algaraviada). O grupo-*wh*, contudo, pode ser elevado visivelmente para a posição de [Spec, Q] encaixada, derivando (67), com a configuração (65b) encaixada ([191]).

(67) they remember [which book Q [John gave *t* to Mary]]

Suponha-se que a oração principal é igualmente interrogativa, com o complementador Q'. De novo, temos duas maneiras de verificar o seu traço forte: por elevação de I ou por movimento-*wh*, derivando (68a) ou (68b) (de novo abstraindo da diferença entre contextos principais e contextos de raiz) ([192]).

(68)   a. do they remember which book John gave to Mary
       b. (guess) which book [they remember [*t*' Q [John gave *t* to Mary]]]

A segunda opção existe, porque o traço-*wh* é Interpretável em (67), logo é acessível à computação.

([190]) Ou seja, em (66), o traço forte Q é satisfeito pela opção I → Q; logo, a elevação de *which book* não pode ter lugar, nem visivelmente nem não visivelmente, devido a considerações de economia: por um lado, Q forte já foi verificado; e, por outro, F_Q em *which book* é interpretável, logo não tem de ser verificado. Repare-se que, em *which book did John give to Mary*, Q forte é verificado por F_Q em *which book*, e não pelo processo I → Q; ver a nota 64 do autor e respectiva nota ([24]) do tradutor, e a nota 118 do autor.

([191]) (67) eles lembram-se [qual livro Q [o João deu *t* à Maria]]

([192]) (68)   a. aux eles lembram-se qual livro o João deu à Maria
               b. (adivinha) qual livro [eles se lembram [*t*' Q [o João deu *t* à Maria]]]

(68a) não é problemático: é uma interrogativa total com uma interrogativa indireta encaixada. (68b) converge com a interpretação (69) ([193]).

(69)   (guess) which *x, x* a book, they remember [Q John gave *x* to Mary]

Em (69), a oração encaixada é interpretada como uma interrogativa total, presumivelmente como algaraviada, mas de qualquer modo com uma interpretação diferente da de (70), uma expressão obtida através da substituição do Q encaixado por um C declarativo (e talvez ligeiramente degradada por causa da natureza factiva da oração encaixada) ([194]).

(70)   (guess) which book they remember that John gave to Mary

A questão de saber se a operação que forma (70) é ou não sucessivamente cíclica depende da resposta à pergunta que colocamos atrás (ver a p.401-402). Obtemos as interpretações indicadas, dependendo da natureza do complementador.

Suponha-se que uma língua possui Q fraco. Nesse caso, a estrutura (63) atinge PF sem qualquer alteração essencial. Se o DP é *which book*, fica *in situ* em PF (e também em LF, à parte a elevação não visível determinada pelo Caso). O traço-*wh* não é adjunto a Q; ambos são Interpretáveis e não necessitam ser verificados para obter convergência. Se a língua possuir unicamente as opções interpretativas do inglês, não terá interrogativas-*wh* inteligíveis, e presumivelmente não haverá sequer evidência para a existência de traços-*wh*. Mas muitas línguas têm normalmente *wh- in situ* com a interpretação de (65c). Depreende-se que empregam necessariamente uma estratégia de interpretação alternativa para a construção Q [...*wh*-...], interpretando a construção, possivelmente, de um modo semelhante à ligação não seletiva ([195]).

([193]) (69) (adivinha) qual *x, x* um livro, eles lembram-se [Q o João deu *x* à Maria]
([194]) (70) (adivinha) qual livro eles se lembram que o João deu à Maria
([195]) Os quantificadores não seletivos são tipicamente advérbios, como *sempre, por vezes, raramente*, que não determinam univocamente as variáveis que podem ligar, contrariamente aos quantificadores seletivos (comuns), como *todos, alguns* etc. Numa teoria fazendo uso destes quantificadores, a interpretação da frase (ia), por exemplo, seria representada como em (ib), com ambas as variáveis ligadas pelo advérbio (ver, entre outros, Diesing (1992), de quem retiramos este exemplo):
(i)   a. um contrabaixista raramente ouve um violinista
        b. [RARAMENTE x, Y [x = contrabaixista; y = violinista] [x ouve y]

Com base em motivos diferentes, Reinhart (1993) propôs uma análise semelhante. As mesmas conclusões básicas são alcançadas por Tsai (1994), num estudo de línguas tipologicamente diversas que leva ainda mais longe a ideia de usar propriedades morfológicas para dar conta de alguns dos problemas abertos à investigação por Huang (1982). A essência dessa teoria parece ser uma consequência bastante direta de pressupostos minimalistas, seguidos de um modo estrito[65].

Ao discutir a operação Compor na seção 4.2.1, concluímos que tem de ser visível, com uma única exceção: a inserção não visível de um item α sem traços fonológicos, necessariamente na raiz da estrutura. Podemos concentrar-nos no caso em que α = complementador C. A opção deixada em aberto é que um C fonologicamente nulo possa ser inserido não visivelmente na raiz da estrutura. C pode em princípio ser forte; nesse caso, desencadeia uma operação imediata para rasurar o traço forte. Dado que a operação desencadeada é não visível, não pode ser substituição em [Spec, C]; terá de ser adjunção de um traço a C. Será que estes casos existem?

Consideremos em primeiro lugar C declarativo, que é fraco. Será que a sua variante nula pode ser inserida não visivelmente numa oração de raiz? Há boas razões para pensar que sim. O C declarativo é um dos indicadores de força, logo tem de estar presente para a interpretação na interface C-I. Mas nunca aparece visivelmente: na raiz temos (71a), e não (71b) (na interpretação de uma asserção declarativa) ([196]).

(71) a. John left
     b. * that John left

A conclusão natural é que C é de fato introduzido, mas não visivelmente. Além disso, a inserção não visível é necessária com base em considerações de economia, se assumirmos que Procrastinar é válido tanto para Compor como para Mover[66] ([197]).

Sugere-se no texto que, nas línguas com *wh in situ*, Q funciona como um quantificador não seletivo. O texto parece igualmente sugerir (ainda que implicitamente) que nas línguas sem essa opção interpretativa algum elemento (um operador) tem de ser elevado (independentemente da força) para se obter uma estrutura de quantificação interpretável como uma interrogativa.

([196]) (71) a. o João saiu
         b. *que o João saiu
([197]) Mas ver a discussão na p.344, onde se sugere que Compor não cai sob a alçada das condições de economia.

Certas propriedades do discurso confirmam estas conclusões. Na realidade, encontramos orações de raiz como (71b) ou (72), com um complementador visível, mas não com força declarativa ([198]).

(72) that John leave

Assim, (71b) e (72) podem servir de resposta às perguntas (73a) e (73b), respectivamente, mas não a (73c), que pede uma asserção declarativa ([199]).

(73)   a. what did he tell you
       b. what would you prefer
       c. what happened yesterday

Consideremos C interrogativo, digamos, Q em inglês, que continuamos a considerar como sendo forte. Suponhamos que este elemento é inserido não visivelmente, na raiz da estrutura, derivando-se (74) ([200]).

(74)   Q [DP$_{Suj}$ will see DP$_{Obj}$]

Podemos pôr de lado a possibilidade de este elemento ser a variante de Q satisfeita por $F_Q = [V]$, como no caso em que se deriva uma interrogativa total com elevação visível I → Q. Essa variante de Q possui propriedades fonológicas que determinam uma entoação ascendente; logo, se for inserida não visivelmente, a derivação fracassa em LF ([201]). A única possibilidade é, assim, aquela em que Q exige uma interpretação como interrogativa-*wh*, que não possui propriedades fonológicas, deixando a entoação inalterada.

([198]) (72) que o João saia
   Note-se o uso do conjuntivo nestes contextos, em português e em inglês.
([199]) (73)   a. o que é que ele te disse
              b. o que é que tu preferirias
              c. o que é que aconteceu ontem
([200]) (74) Q [DP$_{Suj}$ vai ver DP$_{Obj}$]
([201]) Recorde-se que a presença em LF de traços fonológicos causa o fracasso da derivação nesse nível, devido ao princípio FI. Repare-se que a análise do texto não parece impedir a inserção *visível* desta variedade de Q, com o seu traço forte verificado em LF, depois do Spell-Out, se a construção não for encaixada (ver as notas 64 e 118 do autor). Em particular, o princípio (3) parece ser satisfeito nessa derivação, a qual seria, no entanto, excluída pela proibição de um traço forte em PF.

Podemos perguntar por que é que a variante de Q satisfeita pela adjunção de F$_Q$ = [V] não tem uma variante nula ([202]), como o C declarativo. Podem estar em causa razões estruturais: talvez alguma proibição contra um elemento nulo com um traço de afixo (Agr é uma exceção, mas o problema será resolvido na seção 4.10; a adjunção de *if* a Q é um contraexemplo mais sério). Existem também motivações funcionais. Assim, se houvesse uma variante nula de Q com um traço-V forte, a frase *John will see Bill* ([203]) seria ambiguamente interpretada como declarativa ou como interrogativa.

Restringimos assim a nossa atenção à introdução não visível de Q, continuando a assumir que Q é forte em inglês. A substituição não visível é impossível, logo o traço forte de Q tem de ser satisfeito por adjunção: o traço forte de Q tem de ser verificado por F$_Q$ = [wh-].

Assim, a estrutura tem de possuir um grupo-*wh* com um traço-*wh* que é adjunto não visivelmente a Q. O grupo-*wh* pode ser o sujeito, o objeto, ou um adjunto, como em (75), onde temos um IP sem C no ponto do Spell-Out, mas interpretado como uma interrogativa-*wh* em LF (entoação declarativa em todos os exemplos) ([204]).

(75) a. Q [$_{IP}$ who will fix the car]
      b. Q [$_{IP}$ John will fix what]
      c. Q [$_{IP}$ John will fix the car how (why)]

Para (75a), a conclusão condiz razoavelmente com os fatos, que sempre foram intrigantes: por que é que uma construção que parece ter todas as propriedades visíveis de um IP é interpretada como uma interrogativa-*wh*?

O caso (75b) produz a interpretação "o que (é que) o John vai consertar". Esse caso é permitido em algumas línguas (o francês), mas é na melhor das hipóteses duvidoso em inglês. O caso (75c) devia ser interpretado como "como (por que) (é que) o John vai consertar o carro". Esse caso é sempre excluído. Deduzimos as conclusões principais se assumirmos que um traço forte não pode ser inserido não visivelmente, sendo assim necessário empregar uma variante qualquer da estratégia *in situ* (possível para (75a) e (75b),

---

[202] Isto é, sem as propriedades que determinam uma entoação ascendente.
[203] *o João vai ver o Bill*.
[204] (75) a. Q [$_{IP}$ quem vai consertar o carro]
           b. Q [$_{IP}$ o João vai consertar o quê]
           c Q [$_{IP}$ o João vai consertar o carro como (por quê)]

bloqueada para (75c), um caso que não permite a formação de uma variável no grupo-*wh*; ver a nota 65).

Vamos então assumir que a inserção não visível de um traço forte é, na realidade, proibida. Além disso, podemos pensar que essa possibilidade é excluída pela pobreza da evidência. Visto de outro ângulo, as representações de interface (π, λ) são praticamente idênticas, quer a operação se aplique quer não se aplique ([205]). As representações PF são de fato idênticas, e as representações LF diferem apenas na sua forma de maneira trivial, e não diferem em nada quanto à sua interpretação. Suponhamos que existe um princípio de economia (76).

(76) α entra na numeração apenas se tiver algum efeito no output.

Para o nível PF, *efeito* pode ser definido em termos de identidade literal: dois outputs são o mesmo se forem idênticos na sua forma fonética, e α só é selecionado se alterar a forma fonética. No nível LF, a condição é talvez ligeiramente mais fraca, permitindo que uma forma restrita e facilmente computável de equivalência lógica seja interpretada como identidade[67]. Com (76), o conjunto de referência é ainda determinado pela numeração, mas as condições de output participam na determinação da própria numeração; as condições de output afetam a operação que constrói a numeração a partir do léxico ([206]).

A inserção não visível de um complementador tem um efeito em LF e não é, portanto, proibida por (76). O estatuto da força ([207]) é um tanto diferente. Na medida em que a presença de um traço forte é motivada apenas por uma manifestação em PF, um tal traço não pode ser inserido não visivelmente, aceitando (76), porque nesse caso não teria sequer entrado na numeração. Há mais coisas a dizer sobre estas questões. Voltamos a alguns aspectos do assunto no âmbito de um quadro mais vasto na seção 4.10.

Quanto à inserção não visível de itens lexicais, ficamos assim bem perto de um tratamento adequado dos fatos mais importantes, com base apenas em pressupostos minimalistas, e com alguma aparente variação linguística, que parece ser bastante periférica, ainda que continuem vários fenômenos por explicar.

([205]) Ou seja, quer se aplique ou não se aplique a operação de inserção do traço forte não visivelmente.
([206]) Um caso extremo de "complexidade computacional", que o autor procura evitar em outros pontos do texto.
([207]) Ou seja, de um traço forte.

4.5.5 A condição do elo mínimo

Suponha-se que *whom* substitui *Mary* em (67), produzindo (77) ([208]).

(77) they remember [which book Q [John gave t to whom]]

Suponha-se também que (77) é uma estrutura interrogativa, com o complementador Q' ([209]). Se (77) for uma construção de raiz, o traço forte de Q' pode ser eliminado por adjunção de I a Q', ou por substituição de um grupo-*wh* em [Spec, Q']; se a construção é encaixada, como em (78), só a segunda opção é viável ([210]).

(78) guess [Q' they remember [which book Q [John gave t to whom]]]

Independentemente de Q' estar ou não encaixado, dois grupos-*wh* são candidatos à elevação para [Spec, Q'] para verificar o traço forte: *which book* e (*to-*)*whom*, derivando (79a) e (79b) ([211]).

(79) a. (guess) [which book Q' [they remember [t' Q [to give t to whom]]]]
      b. (guess) [[to whom]$_2$ Q' [they remember [[which book]$_1$ Q [to give t$_1$ t$_2$]]]]

(79b) constitui uma violação da Ilha-*Wh*. A estrutura é proibida imediatamente pela condição natural que os movimentos mais curtos são preferíveis aos movimentos mais longos – neste caso, pela possibilidade de elevar *which book*, derivando (79a). Esta operação é permitida, visto que o traço-*wh* de *which book* é Interpretável, logo é acessível, e a operação de elevação coloca esse traço numa relação de verificação com Q', rasurando o traço forte de Q'. A opção de formar (79a) proíbe o "movimento mais longo" exigido para formar (79b). Mas (79a), ainda que convirja, é uma expressão degradada, como no caso de (69) ([212]).

([208]) (77) eles lembram-se [qual livro Q [o João deu t a quem]]
([209]) Entenda-se, com o complementador Q' na raiz, além do complementador Q encaixado.
([210]) (78) adivinha [Q' eles lembram-se [qual livro Q [o João deu t a quem]]]
([211]) (79) a. adivinha [qual livro Q' [eles lembram-se [t' Q [dar t a quem]]]]
              b. adivinha [[a quem]$_2$ Q' [eles lembram-se [[qual livro]$_1$ Q [dar t$_1$ t$_2$]]]]
([212]) Na realidade (68b), com a interpretação (69).

Vamos então interpretar a Condição do Elo Mínimo (MLC) como exigindo que, numa dada etapa da derivação, um elo mais comprido de α até K não possa ser formado, se houver um elo legítimo mais curto de β até K. Nestes termos, temos uma análise dos casos de movimento-Ā que estão submetidos à minimalidade relativizada (apenas numa primeira aproximação; voltamos ao assunto com observações adicionais). Não estamos assim permitindo que a violação da Ilha-*Wh* seja um caso de degradação; pelo contrário, não existe essa derivação, e a forma que realmente obtemos, permitida pela MLC, é degradada ([213]).

E quanto aos casos de movimento-A (a superelevação)? Suponha-se que construímos (80) ([214]).

(80) seems [IP that it was told John [CP that IP]]

A elevação de *John* para a posição de sujeito da oração principal constitui uma violação da Minimalidade Relativizada (ECP), mas é proibida pela opção do "movimento mais curto" que eleva *it* para essa mesma posição. A elevação de *it* é uma operação legítima: ainda que o seu traço Casual tenha sido rasurado em IP, o seu traço-D e os seus traços-ϕ, ainda que verificados, permanecem acessíveis.

Existem diferenças, que têm de ser analisadas, entre os casos com movimento-A e os casos com movimento-Ā ([215]); pondo essas diferenças de lado

---

([213]) Ou seja, (79a) converge, ainda que com uma interpretação degradada. Ver o cap. 1, p.163, e a p.397. Quanto a (79b), a questão da convergência nem sequer se coloca, pois a sua derivação é literalmente "impossível"; ou seja, como se propõe mais adiante no texto, a MLC é uma condição "absoluta", parte da própria definição de Mover: o sistema não admite violações da MLC.

([214]) (80) parece [IP que *expl* foi dito o João [CP que IP]]
O recipiente do verbo *to tell* é um objeto direto em inglês (contrariamente a *dizer*, em português, que subcategoriza um objeto indireto). Neste caso, o NP não recebe Caso na posição onde se encontra, porque a forma verbal (*told*) é um particípio passivo que não atribui Caso, como se sabe. O seguinte exemplo do português, com uma oração pequena (em que o sujeito tem propriedades de objeto direto e, tal como em (80), não recebe Caso do particípio *considerado*), ilustra a mesma situação:
(i) * parece [que *pro* foi considerado [os operários competentes]]

([215]) Enquanto os casos de superelevação (violação da Minimalidade Relativizada pelo movimento-A) produzem sempre uma forte degradação, os casos de violação da Ilha-*Wh* (violação da Minimalidade Relativizada pelo movimento-Ā) não produzem degradações homogêneas: como se sabe, a extração de um adjunto em violação da Ilha-*Wh* produz uma degradação bem mais forte do que a extração de um argumento (ver a nota ([78]) do cap. 1).

por agora, os dois casos de violação da Minimalidade Relativizada reduzem-se naturalmente à MLC[68].

Uma análise mais cuidadosa dos traços formais permite-nos assim ressuscitar uma ideia sobre as violações de ilhas que tem circulado nos últimos anos: esses casos são caracterizados por um movimento "mais longo do que é necessário", reduzindo-se assim aos termos de uma abordagem que tem sido por vezes sugerida para dar conta dos fenômenos de superioridade[69]. Levantavam-se dois obstáculos a esta ideia. Suponha-se que uma derivação atinge a "etapa intermédia" Σ de (78) e de (80), com uma categoria intermédia (*which book, it*) mais próxima do alvo pretendido do que a categoria cuja elevação esperamos proibir. O primeiro problema consistia no fato de a categoria intermédia ter os seus traços verificados, logo deveria ficar congelada *in situ* ([216]). O segundo problema tinha a ver com o leque das operações permitidas na etapa Σ: existem tantas, que é difícil ver por que é que a elevação da categoria intermédia é o "movimento mais curto". Este problema era na realidade mais geral: assim, não era nada claro o motivo pelo qual a elevação de *John* para [Spec, I] em (81) é o "movimento mais curto"[70] ([217]).

(81) I(nfl) was told John (that IP)

Os dois problemas ficam agora resolvidos, o primeiro pela importância que passamos a dar à interpretabilidade dos traços ([218]), e o segundo por uma restrição radical da classe das operações permitidas por (51) (a Condição do Último Recurso) ([219]).

---

[216] E, nesse caso, não deveria impedir o movimento da segunda categoria, que não pode ser "mais longo" do que um movimento impossível, por hipótese.

[217] (81) I(nfl) foi dito o João (que IP)
Numa teoria como, por exemplo, a de *Barriers* (Chomsky, 1986a), o leque de movimentos possíveis para um NP permite demasiadas opções, incluindo a adjunção a projeções máximas como VP e IP. Num tal quadro teórico, seria difícil estabelecer que o movimento de *John* para [Spec, I] em (81) é o mais curto, porque outras opções seriam possíveis, não sendo claro qual delas é a "mais curta" (por exemplo, adjunção a VP ou adjunção a IP).

[218] Como se viu acima na discussão de (79a) e no parágrafo que segue (80), a elevação das categorias intermédias é agora permitida, desde que tenham traços formais [+Interpretáveis] que possam servir para uma nova verificação.

[219] Assim, por exemplo, muitos dos movimentos permitidos pelo modelo de Chomsky (1986a) são agora eliminados, se não estabelecerem relações de verificação (por exemplo, a maioria das operações por adjunção, se não mesmo todas – ver a seção 4.7.3). Outra consequência de (51) consiste em permitir a comparação do comprimento de dois movimentos *relativamente a um alvo K fixo*, em que os dois movimentos estão em alternativa um com o outro na

Voltemos agora às diferenças entre as violações induzidas pelo movimento-Ā e pelo movimento-A (A Ilha-*Wh*, a superelevação). No primeiro caso, a derivação que satisfaz a MLC converge ([220]); no segundo caso, essa derivação não converge. A elevação da forma *it* encaixada para a posição de sujeito principal satisfaz o princípio EPP e os traços-ϕ de [I, *seem*], mas não satisfaz o traço Casual. Mas o T principal tem um traço Casual -Interpretável; este traço, se não for verificado e rasurado, provoca o fracasso da derivação[71]. No caso do movimento-A, contrariamente ao caso do movimento-Ā, o "movimento mais curto" não produz uma derivação convergente ([221]).

Para que este tratamento da violação do exemplo com superelevação funcione, temos de considerar que a MLC faz parte da definição de Mover, logo que não é violável, e que não é uma condição de economia que escolhe entre derivações convergentes: os "movimentos mais curtos" são os únicos que existem ([222]). Como notamos anteriormente, essa sempre foi a interpretação favorita da MLC por razões puramente conceituais, e talvez mesmo a única interpretação coerente (ver a p.402) ([223]). Estamos agora numa posição adequada para adotar essa interpretação, na medida em que eliminamos muitas operações possíveis que pareciam impossibilitar a condição.

Acrescentamos assim à definição de Mover a condição (82), exprimindo a MLC, em que a expressão *mais próximo* é (provisoriamente) definida em termos de c-comando e de equidistância, como se discutiu no cap. 3.

---

mesma etapa Σ da derivação. Este tipo de comparação é sem dúvida computacionalmente mais realista do que a comparação do comprimento de dois movimentos independentes, aplicados em etapas distintas da derivação, ou em derivações distintas.

([220]) Ver a discussão sobre (79) e a nota ([213]).

([221]) A expressão resultante dessa operação ilegítima é dada em (i), e em (ii) damos o equivalente em português (ver a nota ([214])):
  (i) *it seems [that *t* was told John [$_{CP}$ that IP]]
  (ii) *pro parece [que *t* foi considerado [os operários competentes]]
  Devido à natureza nula do expletivo, (ii) é linearmente idêntico a (i) da nota ([214]).

([222]) A elevação de *it*, a "mais curta" em (80), fracassa, pelos motivos discutidos no texto. Logo, se a MLC fosse uma "condição de economia", poderia ser violada para obter convergência, permitindo a elevação (convergente) de *John* (tal como Procrastinar pode ser violado para obter convergência no caso do princípio EPP, ou seja, na presença de um traço forte). Logo, para que a MLC impeça na realidade a elevação de *John* em (80), tem de ser construída como uma condição "absoluta", ou seja, parte da definição de Mover.

([223]) Ver também as notas ([9]), ([72]), ([133]) e ([222]).

(82)   α pode ser elevado tomando K como alvo apenas se não houver uma operação legítima Mover β tomando K como alvo, em que β está mais próximo de K.

Uma "operação legítima" é uma operação que satisfaz (51).

Antes de continuarmos, vamos rever o estatuto da violação no exemplo com superelevação (80), à luz das considerações de economia. Suponha-se que a derivação D com a numeração inicial N alcança a etapa Σ. O conjunto de referência que serve para avaliar a economia relativa é determinado por (N, Σ): é o conjunto R(N, Σ) das extensões convergentes da derivação N → Σ, usando os itens que ainda sobram em N [224]. Na etapa Σ, a operação OP é bloqueada se OP' produzir uma derivação mais econômica em R(N, Σ).

As considerações de economia surgem na etapa Σ apenas se houver uma extensão convergente. Mas no caso de (80) não há nenhuma. O problema não reside na numeração inicial N: existe uma derivação convergente que toma uma trajetória diferente a partir de N, levando a (83), com *it* inserido na posição de sujeito principal [225].

(83)   it seems [that John was told *t* [that IP]]

A superelevação em (80) não é proibida por considerações de economia que rejeitam o resultado da superelevação em favor de (83), porque (80) não é nunca uma etapa no caminho para uma derivação convergente [226]. A menos que a exigência do movimento mais curto seja parte da definição de Mover, haverá uma derivação convergente a partir de (80), nomeadamente aquela com superelevação [227]. Mas tudo funciona como se deseja

---

[224] Ou seja, é o conjunto das derivações possíveis *a partir* da etapa Σ.
[225] (83)   *expl* parece [que o João foi dito *t* [que IP]]
Um exemplo equivalente em português é (i) (ver a nota [214]):
(i) *pro* parece [que os operários foram considerados [*t* competentes]]
[226] Ou seja, ainda que (83) e (80) sejam derivações possíveis a partir da mesma numeração, nenhuma delas se encontra "na continuação da outra"; em particular, (83) não é uma "continuação" de (80) de maneira a podermos aplicar a concepção *local* dos conjuntos de referência: na etapa representada em (80) *não* podemos escolher entre a superelevação (de *John*) e uma hipotética operação OP que derive (83) (em que a escolha de OP fosse mais econômica do que a superelevação). Na realidade, (80) não permite nenhuma extensão convergente: a elevação de *it* leva ao fracasso da derivação, como se discutiu no texto, e a elevação de *John* não é sequer considerada, se a MLC for uma condição absoluta integrada na definição de Mover, como se propõe igualmente no texto.
[227] Ver a nota [222].

se a MLC fizer parte da definição de Mover, o que também é preferível por outros motivos[72].

Como se sabe, a violação da superelevação é bem mais severa do que a violação da Ilha-*Wh* com argumentos, e existem vários problemas neste domínio, que têm sido bastante investigados recentemente[73]. As conclusões desta seção não contribuem em nada para um entendimento mais adequado desses casos ([228]).

4.5.6 Atrair/Mover

A formulação da MLC é mais natural se reinterpretarmos a operação de movimento como "atração": em vez de construirmos a operação como α sendo elevado tomando K como alvo, vamos construí-la como K atraindo o α apropriado mais próximo[74]. Definimos *Atrair F* em termos da condição (84), que incorpora a MLC e o Último Recurso (entendido como em (51)).

(84)   K *atrai* F se F for o traço mais próximo que pode entrar numa relação de verificação com uma subetiqueta de K.

Se K atrai F, então α é composto com K e entra no seu domínio de verificação, onde α é o elemento mínimo contendo FF[F] que permite a convergência: unicamente FF[F] se a operação é não visível. A operação forma a cadeia (α, t).

Com vista à exposição, utilizo por vezes a terminologia usual da teoria do movimento (*alvo, elevar* etc.), mas assumindo que a interpretação correta é em termos de atração, e refiro-me em geral à operação como Atrair/Mover.

A noção de "equidistância" definida no capítulo 3 é aplicável a Atrair F sem alterações essenciais, ainda que seja possível simplificá-la e generalizá-la a casos cruciais não considerados aí. Vamos considerar o assunto passo a passo, começando com a noção do cap. 3.

Nesse capítulo, consideramos várias realizações da estrutura (85) (= (11) do cap. 3, modificada de acordo com o quadro teórico presente), sendo *t* o vestígio de Y, que é adjunto a X, formando [Y-X].

([228]) Ou seja, dos casos que têm a ver com o estatuto diferenciado das violações da MLC no caso do movimento-Ā, consoante o elemento extraído seja um argumento ou um adjunto, distinções que caíam sob a alçada da ECP no modelo P&P. Ver a nota ([215]).

(85)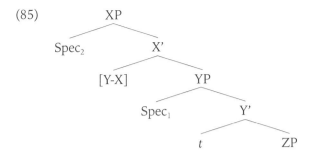

Spec₁ e Spec₂ fazem ambos parte do domínio mínimo da cadeia CH = (Y, t) e são, portanto, *equidistantes* de α = ZP ou de α dentro de ZP. α pode assim ser elevado por Mover, tomando como alvo quer Spec₁ quer Spec₂, igualmente próximos de α. Reformulando a noção de equidistância em termos de Atrair, dizemos que Spec₁, na medida em que está no mesmo domínio mínimo que Spec₂, não impede que a categoria X' (= {X, {X, YP}}) atraia α para Spec₂.

Mas repare-se que (85) é apenas um caso especial; existe outra possibilidade: passando sobre Spec₁, α liga-se ao alvo mais elevado X', não por substituição como em (85), mas por adjunção, quer adjunção a X' quer adjunção nuclear a [Y-X]. O caso não surgiu no cap. 3, mas surge agora, particularmente no que diz respeito à elevação de traços (logo, em relação a todo o movimento não visível). Queremos ampliar a noção de proximidade de modo a incluir esta possibilidade.

Voltemos a rever as noções básicas de domínio e de domínio mínimo de α definidas anteriormente (seção 3.2), como um prelúdio àquilo que vai ser uma simplificação considerável. As noções foram definidas para núcleos (quer simples, quer como cabeça de cadeia). Vamos agora aplicar estas noções também aos traços. Recorde-se que já as modificamos ligeiramente; ver a nota 47.

Suponha-se que α é um traço ou uma categoria X^0, e CH é a cadeia (α, t) ou (a cadeia trivial) α. Nesse caso ([229]),

(86) a. Max (α) é a menor projeção máxima que inclui α.
b. O *domínio* δ(CH) de CH é o conjunto das categorias incluídas em Max(α) que são distintas de α ou de t e que não contêm α ou t.
c. O *domínio mínimo* Min(δ(CH)) de CH é o menor subconjunto K de δ(CH) tal que, para qualquer γ ∈ δ(CH), algum β ∈ K domina reflexivamente γ.

([229]) Comparar com as definições correspondentes do cap. 3; ver as notas de rodapé aí abertas.

Recordemo-nos de que *domínio* e *domínio mínimo* são entendidos derivacionalmente, e não representacionalmente. São definidos "de uma vez por todas" para cada CH: no ponto da inserção lexical para CH = α, e quando CH é formado por movimento para CH não trivial ([230]).

O domínio δ(α) e o domínio mínimo Min(δ(α)) de α têm uma definição idêntica às definições dadas para CH = α, sendo *t* agora irrelevante.

Abordando agora a "proximidade", temos em mente a projeção máxima HP cujo núcleo é H com adjunto, formando H^{0max} (a projeção de nível zero de H), sendo γ a cabeça da cadeia CH = (γ, *t*).

(87) β está *mais próximo de* HP do que α se β c-comandar α e β não estiver no domínio mínimo de CH.

γ pode ser uma categoria X^0 ou um traço.

Com efeito, o domínio mínimo de CH determina uma "vizinhança de H" que pode ser ignorada quando perguntamos se um determinado traço F é atraído por HP; β dentro da vizinhança de H não está mais próximo de HP do que α. Note-se que a vizinhança é determinada unicamente pelo γ que é um constituinte imediato de H^{0max} e não por uma subetiqueta mais profundamente encaixada; esta formulação é necessária, caso contrário praticamente todas as categorias ficariam equidistantes de I em LF, depois da elevação de V ([231]). Como esta questão desaparece mais tarde, não precisamos analisá-la mais a fundo aqui.

A definição incorpora a equidistância no sentido anterior e alarga essa noção de uma maneira clara ao caso da adjunção. Veremos na seção 4.10 que as noções de "proximidade" e de "equidistância" podem ser simplificadas

---

([230]) Recorde-se que uma cadeia "não trivial" é uma cadeia formada por Mover, contendo um vestígio.

([231]) Ilustrando: em (85), $Spec_1$ pertence ao domínio mínimo da cadeia CH = (Y, *t*), estando assim dentro da "vizinhança de H" (H = X^{0max}). Logo, $Spec_1$ não está mais próximo de XP do que α dentro de ZP (α = categoria de nível zero ou = FF [α]). Consequentemente, α pode ser elevado por adjunção a [Y-X]. A restrição à etiqueta "mais elevada" de H^{0max} é necessária para impedir que Specs inferiores a $Spec_1$ em (85) (contidos dentro de ZP) possam ficar equidistantes do alvo [Y-X] tomado como H^{0max}. Por exemplo, numa estrutura com V adjunto a Agr_O; Agr_O por sua vez adjunto a T; e T por sua vez adjunto a Agr_S queremos que apenas [Spec, T] esteja dentro da vizinhança de Agr_S^{0max} determinada pela cadeia (T, *t*) formada pela elevação de T para Agr_S; mas não queremos, por exemplo, que [Spec, V] ou [Spec, Agr_O] façam parte da vizinhança de T^{0max}, o que seria permitido se o domínio mínimo das cadeias (V, *t*) ou (Agr_O, *t*) (V e Agr_O agora "encaixados" dentro de Agr_S^{0max}) pudesse determinar também a "vizinhança de H" que pode ser ignorada pela atração.

ainda mais. Permanecem também algumas questões pouco claras sobre o caso de uma projeção de H de nível zero, com mais do que um γ adjunto. Deixo por enquanto os problemas em aberto; veremos, no entanto, que se reduzem consideravelmente, à medida que elaboramos a análise.

À luz desta teoria mais justificada do movimento, voltemos ao fenômeno da ciclicidade sucessiva, isto é, à elevação da cabeça α de uma cadeia CH = (α, t), formando uma nova cadeia CH' = (α, t'). Surgem vários problemas se permitirmos esta opção. Suponhamos que α é um argumento elevado de modo sucessivamente cíclico, formando (54), repetido aqui ([232]).

(88)   we are likely [t_3 to be asked [t_2 to [t_1 build airplanes]]]

Em (88), os vestígios têm uma constituição idêntica a *we*, mas os quatro elementos idênticos são termos distintos, e distinguem-se posicionalmente (ver a discussão de (14) e de (15)). Ficam em aberto algumas questões técnicas. Assim, quando elevamos α (que tem β como co-constituinte) tomando K como alvo, formando a cadeia CH = (α, t), e em seguida elevamos de novo α, tomando L como alvo, formando a cadeia CH' (α, t'), será que consideramos t' como sendo o vestígio na posição t, ou α de CH? Na versão mais explícita, será que consideramos CH' como sendo (<α, L>, <α, K> ou <α, L>, <α, β>)? Suponha-se que escolhemos a segunda interpretação, uma escolha natural, particularmente se a elevação sucessivamente cíclica é necessária para eliminar todos os traços -Interpretáveis de α (para que o vestígio em posição inicial tenha assim todos esses traços apagados) ([233]). Assumimos assim que, em (88), o elemento α em t_1 é elevado para a posição t_2 formando a cadeia CH_1 de (89), e em seguida é elevado de novo, formando CH_2, e de novo, formando CH_3.

(89)   a. $CH_1 = (t_2, t_1)$
       b. $CH_2 = (t_3, t_1)$
       c. $CH_3 = (we, t_1)$

Em termos mais precisos, t_1 de (89a) é <*we*, [*build airplanes*]>, e t_2 é <*we*, [*to* [*we build airplanes*]]> (ou simplesmente os co-constituintes sozinhos); e assim por diante.

([232]) Ver a nota ([168]).
([233]) Ver a nota 12 do autor.

Mas surge um problema: apenas CH_3 é um objeto legítimo em LF, com o traço Casual -Interpretável eliminado de t_1. As outras duas cadeias estão em violação da Condição Sobre as Cadeias, e a derivação deveria, portanto, fracassar.

O problema foi reconhecido há vários anos, juntamente com outros que têm a ver com o movimento sucessivamente cíclico para posições-Ā, onde seria legítimo esperar que os elos intermédios tivessem propriedades do movimento de adjuntos (ver a seção 3.2) [234]. Foram propostas várias soluções para o problema. No cap. 1, sugeriu-se que as cadeias formadas pelo movimento sucessivamente cíclico se convertem numa única "cadeia conectada" [235]. No cap. 3, assumimos que uma única operação Formar Cadeia produz uma cadeia com membros múltiplos [236]; mas essa proposta não se encaixa bem no quadro teórico presente; além disso, deixou em grande parte de ter justificação, com a revisão da teoria do movimento de modo a incorporar a MLC.

No quadro teórico presente, a proposta natural consiste em eliminar as cadeias CH_1 e CH_2, deixando apenas a cadeia bem formada CH_3. Podemos atingir esse resultado, se os vestígios formados pela elevação da cabeça de uma cadeia forem invisíveis em LF. Vamos tentar encontrar uma justificação para esta ideia.

Na componente fonológica, os vestígios são apagados. Não encontramos nenhum motivo para aplicar essa convenção à computação $N \to \lambda$, e na realidade não podemos; se o fizermos, as posições-θ ficam invisíveis em LF, e as cadeias argumentais ficam em violação da Condição Sobre as Cadeias (aplicam-se considerações semelhantes às outras cadeias). Mas podemos aplicar a convenção parcialmente, estipulando que a elevação de α = cabeça da cadeia CH = (α, t) apaga o vestígio formado por essa operação – isto é, marca esse vestígio como sendo invisível em LF. Suponha-se que adotamos essa ideia. Então, em LF, só a cadeia CH_3 é "vista", e essa satisfaz a Condição Sobre as Cadeias.

Será que os vestígios apagados podem ser rasurados, no âmbito do princípio (52) sobre o apagamento-rasura? Sabemos que esses vestígios não podem ser inteiramente rasurados: são termos, e um termo não pode ser rasurado (ver (53)). Mas os vestígios intermédios apagados não participam na interpretação. Logo, a condição de economia (52b), que rasura traços formais

---

[234] A referência aqui é ao movimento-*wh* sucessivamente cíclico dos argumentos. Ver em particular a discussão imediatamente a seguir ao exemplo (10) do cap. 3; ver também o cap. 2, seção 2.6.2.
[235] Ver a discussão sobre (323) no cap. 1; ver também o cap. 2, seção 2.6.2.
[236] Ver p.283.

apagados, sempre que for possível, permite a rasura dos traços formais dos vestígios intermédios, se alguma coisa permanecer. Os traços fonológicos não permanecem: são removidos pelo Spell-Out. Mas, no caso de um argumento, os traços semânticos permanecem. Estes não se encontram sujeitos às operações da teoria da verificação (incluindo (52)), cujo domínio de aplicação se restringe aos traços formais. Logo, um traço formal F do vestígio intermédio de um argumento pode ser rasurado, e na verdade deve ser rasurado, se possível ([237]). Concluímos assim que os traços formais dos vestígios intermédios do movimento-A são rasurados. Podemos agora informalmente considerar que o conjunto de cadeias formado por esse movimento é uma única "cadeia conectada", seguindo as sugestões do cap. 1, com vestígios intermédios "defeituosos".

Preenchendo os detalhes desta abordagem, temos uma teoria do movimento sucessivamente cíclico que se encaixa bem no quadro teórico mais geral. Os vestígios intermédios são invisíveis em LF; a única cadeia submetida à interpretação é o par (α, t), sendo α o elemento na posição mais elevada da elevação, e t o elemento na posição da inserção lexical – a qual, por conveniência expositiva, vou continuar a chamar de *posição de base*, tomando de empréstimo um termo da EST. Numa cadeia argumental, os traços formais dos vestígios intermédios são rasurados[75]. Derivamos a propriedade (90).

(90) O vestígio intermédio t de um argumento não pode ser atraído; logo, t não impede a atração de um elemento que t c-comanda.

Este argumento aplica-se aos vestígios do movimento-A em geral ([238]). Logo, a cabeça α de uma tal cadeia pode ser livremente elevada, mas as propriedades do vestígio t deixado pela operação dependem dos traços que compõem α. Se α possuir traços semânticos, todos os traços formais de t são rasurados; se α for um expletivo puro, o seu traço [D] único permanece, ainda que seja apagado (invisível em LF) ([239]).

---

[237] Repare-se que não se faz aqui nenhuma distinção entre traços formais +Interpretáveis e -Interpretáveis; isto é, *todos* os traços formais de um vestígio intermédio são rasurados (se possível).

[238] A ideia aqui parece ser que o argumento pode ser aplicado a *todos* os vestígios, não só aos intermédios (incluindo, portanto, o vestígio t_1 em (88)). Lembremo-nos de que a discussão se restringe ao apagamento de traços formais.

[239] O traço formal [D] do vestígio de um expletivo não pode ser rasurado porque é o seu único traço: se fosse rasurado, teríamos uma violação do princípio (53).

A arquitetura da linguagem determina assim que o vestígio de um expletivo elevado nem pode ser atraído incorretamente, nem pode impedir a atração exigida pela convergência, o que é um fato. A única construção relevante é (91), em que um expletivo é elevado, deixando um vestígio ([240]).

(91)   there seem [*t* to be some books on the table]

O traço Casual e os traços-ɸ de *book* têm de ser elevados para o I principal, ainda que *t* esteja mais perto dessa posição. O problema fica resolvido se *t* não tiver os traços relevantes, isto é, os traços que podem entrar numa relação de verificação com o I principal. Nesse caso, o I principal atrai os traços do associado *book*, como se pretende. Mas já sabemos que o vestígio do expletivo não possui esses traços. O seu único traço formal é a categoria [D], e esse é irrelevante, visto que o princípio EPP já foi satisfeito pelo próprio expletivo ([241]). Este tipo de construção, além disso, é o único em que o problema da atração do vestígio de um expletivo pode surgir. Concluímos, assim, que o vestígio de um expletivo não participa na operação Atrair/Mover; esse vestígio fica imóvel e não pode impedir a elevação. Uma vez mais, a observação estrita de pressupostos minimalistas deriva o conjunto correto dos fatos, sem redundância ou outras imperfeições.

Restringimos a nossa atenção aos vestígios intermédios das cadeias argumentais. Mas a noção de "vestígio intermédio" não é explícita. Surgem também outras questões quando a cabeça de uma cadeia argumental é elevada para uma posição-Ā, como em (92) ([242]).

(92)   a. what did John see *t*
       b. what [*t* was seen *t'*]
       c. (guess) what there is *t* in the room

([240]) (91) *expl* parecem [*t* estar alguns livros na mesa]
Este caso particular é importante porque o vestígio de um expletivo possui um traço formal apagado, mas não rasurado ([D]), contrariamente aos vestígios intermédios de um argumento, que têm todos os traços formais rasurados (ver a nota de rodapé anterior).

([241]) Crucialmente, o princípio EPP é satisfeito pelo expletivo na oração principal, de modo que o I principal já não tem um traço forte [D], e logo não atrai nenhum [D]. De acordo com (84), o [D] que permanece no expletivo não impede, portanto, a atração dos traços (-ɸ e Casual) do associado.

([242]) (92) a. o que (é que) o João viu *t*
       b. o que (é que) [*t* foi visto *t'*]
       c. (adivinha) o que *expl* está *t* no quarto

Em todos estes casos, o vestígio *t* (= *what*) é a cabeça de uma cadeia-A argumental, e é por sua vez elevado por movimento-*wh*. Em (92a, c) os traços de *t* (que pode ser a cabeça de uma cadeia argumental não trivial, como em (92b)) têm ainda de ser acessíveis para a verificação do Caso e para a elevação do associado, respectivamente. Estes vestígios não são do tipo que costumamos considerar intuitivamente como "vestígios intermédios" do movimento sucessivamente cíclico, mas o sistema computacional não faz as distinções intuitivas (a não ser que o modifiquemos) [243]. Temos então de perguntar o que é que acontece aos traços dos vestígios nessas construções: será que os traços formais são apagados e rasurados, como no caso da elevação sucessivamente cíclica?

Uma solução possível consiste em explicitar a noção de "vestígio intermédio" de modo a excluir estes casos, mas uma solução mais atraente consiste em aplicar a discussão anterior também a estes vestígios. Se o fizermos, surge um leque variado de perguntas. Assim, em (92a), ou na estrutura mais complexa *what did John expect t to be seen t'* [244], em que *t* é a cabeça de uma cadeia não trivial, poderá o traço Casual F de *t* ser elevado não visivelmente para a verificação do Caso, ou será que o grupo-*wh* tem de passar por [Spec, Agr$_O$] visivelmente? Na primeira hipótese, F não pode ser rasurado, ou sequer presumivelmente apagado, depois do movimento-*wh*. Precisamos então de uma convenção que rasure necessariamente F na série completa de cadeias que contêm F, de modo que nenhum traço -Interpretável fique na posição do operador [245]; surgem também questões com algum interesse potencial sobre a posição de reconstrução [246].

Esta linha de raciocínio sugere uma modificação mais estrita do tratamento anterior do apagamento dos traços no movimento: os traços formais dos vestígios são apagados (logo são rasurados) se não forem necessários para a formação de objetos legítimos em LF que satisfaçam o princípio FI. Existem

---

[243] O sistema não faz essa distinção em virtude da teoria do "movimento como cópia" introduzida no cap. 3: *todos* os vestígios são cópias literais do elemento movido.

[244] *o que (é que) o João esperava t ser visto t'* (um equivalente em português seria *quem (é que) o João viu t ser atropelado t'*)

[245] Nomeadamente, *depois* do traço Casual F de *t* ser verificado não visivelmente por elevação de FF(*t*), é necessária uma convenção que apague e rasure esse traço não só na cauda da cadeia (FF(*t*), $t_{FF(t)}$), como também na cabeça da cadeia visível (operador-variável), para que o operador não tenha incorrectamente um traço Casual não verificado (não eliminado) em LF.

[246] Recordemo-nos de que, na teoria do movimento como cópia, a posição de reconstrução é ocupada por uma cópia do elemento movido (ver o cap. 3, seção 3.5, para os mecanismos exatos). Assim, será que a posição de reconstrução é *t* ou *t'*, no exemplo discutido?

dois tipos de objetos que nos preocupam: cadeias argumentais satisfazendo a Condição Sobre as Cadeias e construções operador-variável, com a variável funcionando como cabeça de uma cadeia argumental. Quando uma cadeia-A é formada, não são necessários traços formais na posição do vestígio; a cadeia argumental é bem formada sem eles. Mas, quando se aplica o movimento-*wh* ou outra forma de elevação de um operador, o vestígio deixado funciona como cabeça de uma cadeia argumental, e tem de possuir o leque completo de traços: traços Interpretáveis, necessários para a interpretação do argumento em LF, e traços -Interpretáveis, que ainda não estão verificados (caso contrário o traço Casual que fica no operador nunca é verificado, e a derivação fracassa). Concluímos, assim, que no movimento-A os traços formais dos vestígios são apagados e rasurados, mas que no caso do movimento-*wh* (e outros tipos de movimento de um operador) estes traços permanecem intactos.

A discussão anterior não sofre alterações. No caso de (92a), a formulação revista permite que o traço Casual F na cadeia argumental cuja cabeça é t seja elevado não visivelmente para a verificação Casual; essa verificação apaga e rasura o traço em ambas as posições da cadeia (F, t_F) formada pela operação (e igualmente no operador). O caso (92c) tem um tratamento idêntico. Há outros casos a considerar. Deixo o assunto em aberto aqui, esperando um estudo mais cuidadoso. A ideia geral é então a seguinte: os traços formais de um vestígio são apagados e rasurados se não forem necessários; e alguma versão de (90) é válida para os vestígios do movimento-A em geral.

Também parece natural esperar que (90) seja ampliado em (93)[76].

(93) Os vestígios são imóveis.

A operação Atrair/Mover só pode "ver" a cabeça de uma cadeia, mas não o seu segundo membro, ou outros membros. Ainda que não seja uma conclusão obrigatória, o princípio geral mais natural é que os vestígios também não podem ser alvos; temos assim (94), com as qualificações já notadas.

(94)   Apenas a cabeça de uma cadeia CH participa na operação Atrair/Mover.

Se pudermos manter (94), resolvemos uma questão sobre a elevação de V que tinha ficado sem solução: será que os traços do objeto Obj são adjuntos à cabeça da cadeia-V ou ao seu vestígio? Suponhamos, por exemplo, que a elevação de V é visível, como nas línguas do tipo do francês. Será que os traços FF(Obj) são adjuntos ao vestígio de [V, Agr$_O$], uma cópia do complexo elevado V-Agr, ou será que FF(Obj) é adjunto ao complexo I contendo V? Se (94) for correto, escolhemos a segunda opção, o que vou assumir aqui. Voltamos a alguma evidência em favor desta opção na seção 4.10.

Em resumo, os pressupostos minimalistas nos levam a aceitar (algo como) as condições de (95) sobre Atrair/Mover. Sendo CH uma cadeia (possivelmente trivial) tendo α como cabeça,

(95) a. α pode ser elevado, deixando o vestígio *t*, uma cópia de α.
 b. Os traços formais do vestígio do movimento-A são apagados e rasurados.
 c. A cabeça de CH pode atrair ou ser atraída por K, mas um vestígio não pode atrair, e os seus traços só podem ser atraídos nas condições particularmente restritas que discutimos (e que deixamos parcialmente em aberto) ([247]).

Surge de novo um problema em construções como (46), que aparecem na forma de (96) numa etapa pré-elevação ([248]).

(96)   I(nfl) seem [$_{PP}$ to γ] Or

Existe evidência que γ c-comanda dentro da oração infinitiva Or. Suponhamos que γ = *him*, e Or = *they to like John*, sendo a estrutura pré-elevação (97), derivando *they seem to him to like John* depois da elevação ([249]).

(97)   I(nfl) seem [to him] [$_{Or}$ they to like John]

Temos, assim, uma violação da Condição C se γ (= *him*) tomar *John* como antecedente. Concluímos que γ também c-comanda *they*.

Nesse caso, por que é que I em (96) atrai o sujeito *they* de Or em vez de atrair γ, que c-comanda *they*, numa aparente violação da Minimalidade Relativizada?

([247]) Ou seja, no caso de um vestígio-variável (numa construção operador-variável) que seja cabeça de uma cadeia-A. Ver a discussão na p.451.
([248]) (96) I(nfl) parece [$_{PP}$ a γ] Or (Or = Oração)
([249]) (97) I(nfl) parece [a ele] [$_{Or}$ eles gostar do João]
 eles parecem-lhe gostar do João.

Em (96), *seem* possui dois argumentos internos: PP e Or. Com base nos nossos pressupostos, esse fato exige uma concha larsoniana na análise, com *seem* elevado para a posição do verbo leve *v*, e com outras operações posteriores derivando (98) (omitimos a estrutura interna de I).

(98)
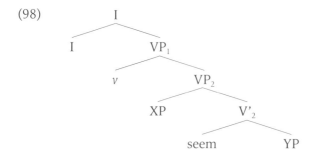

Como em (96) PP é o argumento opcional, e Or é o argumento obrigatório, é provável que Or seja o complemento YP, e que PP seja o especificador XP, o que nos dá diretamente a ordem observada[77].

Quando *seem* é elevado em adjunção a *v*, forma a cadeia CH = (*seem*, *t*). O PP está no domínio mínimo de CH, mas isso não é suficiente para colocar o PP dentro da vizinhança de I que pode ser ignorada, quando perguntamos se *they* em (97) está suficientemente próximo de IP para ser atraído por IP. Não está, porque nenhum elemento foi adjunto a I no ponto em que *they* é elevado[78]. Logo, γ = *him* está mais perto de IP e contém traços que podem entrar numa relação de verificação com I (por exemplo, o traço-D). Esperamos então que *they* não possa ser elevado em (97), contrariamente aos fatos.

Em algumas línguas, os fatos condizem em geral com estas expectativas. Em francês, por exemplo, a elevação é proibida no exemplo equivalente a (97), a não ser que o PP seja um clítico, o qual é elevado, presumivelmente deixando um vestígio[79] ([250]).

(99) a. * Jean semble à Marie [t_j avoir du talent]
Jean parece a Marie ter talento
b. Jean lui semble t_1 [t_j avoir du talent]
Jean lhe parece ter talento
'O Jean parece-lhe ter talento'

([250]) Os exemplos equivalentes em português parecem ter um estatuto semelhante aos do francês.

Os resultados condizem com o que se prediz. *Marie* está mais próximo do IP do que o sujeito encaixado *Jean* na posição t_j de (99a); portanto, impede a elevação deste. O Caso de *Jean* não é verificado e rasurado, logo a derivação fracassa. Em (99b), o vestígio do clítico não pode ser atraído, devido a (95). Logo, a elevação é permitida, e a derivação converge.

Se nessas estruturas o PP pudesse ser elevado por movimento-Ā (topicalização, movimento-*wh*), deixaria a estrutura (100).

(100) V *t* Or

De acordo com o princípio (95), os efeitos deveriam ser como em (99b). Contudo, a evidência parece ser parcial e um tanto obscura. O estatuto das construções em inglês continua ainda por explicar, juntamente com muitas outras questões relacionadas.

Em (96), γ recebe o seu Caso inerente e a sua função-θ dentro da construção [*seem to* __ α], em termos das propriedades de *seem*. Será que pode existir um verbo SEEM, semelhante a *seem*, mas com a diferença de selecionar um DP em vez de selecionar um PP, e de atribuir uma função-θ mas não atribuir Caso? Poderíamos então derivar a estrutura (101), produzindo os outputs (102a-c), entre outros ([251]).

(101) I [[SEEM-*v*] [$_{VP}$ DP [$_{VP'}$ t_s Or]]]

(102) a. Bill SEEMs t_B [that it is raining]
       b. there SEEMs someone [that it is raining]
       c. there SEEMs someone [John to be likely that *t* is intelligent]

Presumivelmente, nenhum verbo como SEEM pode existir, talvez por causa de qualquer interação entre o Caso inerente e a função-θ do argumento interno, uma interação para a qual não temos uma expressão natural e que,

---

([251]) (102) a. o Bill PARECE t_B [que está a chover]
       b. *expl* PARECE alguém [que está a chover]
       c. *expl* PARECE alguém [o João ser provável que *t* é inteligente]

t_s = vestígio de SEEM; t_B = vestígio de *Bill*; *t* = vestígio de *John*. Em (102c), presumivelmente, *John* verifica o Caso na posição *t* e é elevado para satisfazer o princípio EPP na oração infinitiva. Presumivelmente, o infinitivo selecionado por SEEM não atribui Caso (nulo), e a derivação converge (por hipótese); ver as p.424-425 e a nota ([175]). Em (102b-c), os traços formais de *someone* são elevados para o I principal, onde verificam o Caso e a concordância.

que eu saiba, continua inexplicada e em larga medida inexplorada. Existem muitas questões semelhantes[80].

Consideremos as construções ECM em (103) ([252]).

(103) a. I expected [there to be a book on the shelf]
   b. I expected [there to seem [t to be a book on the shelf]]

Nos capítulos precedentes, assumimos que o expletivo *there* é elevado para [Spec, Agr$_O$], de modo a ter o Caso acusativo verificado pelo verbo transitivo *expect*, e que o associado *book* é adjunto em seguida ao expletivo elevado. Rejeitamos agora essa análise. O associado é elevado não para *there*, mas para o próprio elemento verbal matriz Vb (= [*expect*, Agr$_O$]) (não para o seu Spec). Além disso, o expletivo é puro ([253]); logo, não pode de modo nenhum ser elevado para [Spec, Agr$_O$][81], ainda que possa ser elevado visivelmente para a posição de sujeito, como em (91), para satisfazer o princípio EPP. O verbo Vb principal atrai um traço F apropriado do associado *book* (o Caso ou os traços-ɸ), sendo F o traço mais próximo que pode entrar numa relação de verificação com Vb. Damos conta de (103b) de um modo semelhante.

Nestes casos, a atração do associado está em violação radical da HMC ([254]). O estatuto desta condição continua por resolver. Nunca se encaixou de maneira fácil nas teorias da localidade do movimento, exigindo pressupostos especiais. A motivação empírica para a HMC também não é inteiramente clara, e parece ter contraexemplos bastante claros. Será que a HMC pode ser integrada no quadro teórico que acabamos de delinear? Parece duvidoso.

Podemos restringir a nossa atenção ao caso da adjunção de um elemento X^0 α a outro elemento X^0 β. Suponha-se que conseguimos concluir que β atrai unicamente o α mais próximo, querendo isso dizer: um traço F de α é o traço mais próximo que entra numa relação de verificação com uma subetiqueta de β^{max}. Mas essa caracterização não é suficiente para derivar a HMC. Especificamente, não há nada que impeça α de passar sobre um núcleo γ que não ofereça nenhum traço para a verificação. Consideremos, por exemplo, a construção (104).

([252]) (103) a. Eu esperava [*expl* estar um livro na prateleira] (*)
   b. Eu esperava [*expl* parecer [t estar um livro na prateleira]] (*)
([253]) Isto é, não possui traços-ɸ ou de Caso, resumindo-se a [D].
([254]) Sobre a HMC, ver o cap. 2, seções 2.2, 2.3 e 2.4. Ver também *Faculdade*, p.228 et seq. Em (103), a HMC é violada pela elevação dos traços formais de *book* para o Vb principal, passando sobre *be*, *to* (e sobre o expletivo *there*, um D).

(104)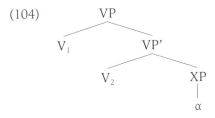

Em (104), β = V_1, e γ = V_2 (talvez uma construção causativa). Suponhamos que apenas V_1 permite incorporação. Será que V_1 atrai α, em violação da HMC?

Se α = V, numa estrutura em que V_1 exige um afixo verbal, podemos argumentar que V_1 atrai o verbo mais próximo V_2, proibindo a atração de α. Mas essa situação não parece ser plausível se α = N e se V_1 exigir incorporação nominal. É bastante fácil acrescentar outras condições, na realidade estipulando a HMC; mas precisamos de argumentos fortes para tomarmos essa via duvidosa. O problema poderia ser ultrapassado se a incorporação nominal fosse determinada por uma relação-θ, e não por uma configuração estrutural (ver Di Sciullo e Williams, 1988). Mas continua a ser necessário proibir casos não pretendidos de movimento nuclear longo em outros contextos. A situação permanece insatisfatória.

Dado o papel central da verificação de traços no programa minimalista, queremos ser muito claros sobre a sua significação exata. Uma categoria K só atrai F se F entra numa relação de verificação com uma subetiqueta de K. Mas a discussão anterior evitou um problema importante: o que é que acontece no caso da não conformidade de traços? [255]

Surgem duas perguntas relacionadas.

(105) a. Numa configuração de verificação de traços, será que os traços são verificados se não forem conformes?
b. Se um traço não é verificado, será que a derivação fracassa?

Suponha-se, por exemplo, que um DP tem Caso não nominativo (acusativo, nulo ou outro qualquer) e é elevado para [Spec, T], T finito, onde o Caso nominativo é atribuído. Então (105a) pergunta na realidade qual das afirmações, (106a) ou (106b), é a correta.

---

[255] No original, "feature mismatch". Traduzimos "matching" por "conforme", "conformidade" etc.

(106) a. O traço é verificado nesta configuração, de modo que a computação não tem mais acesso ao Caso, e a derivação fracassa por causa da não conformidade dos traços.
b. Esta configuração não é de modo nenhum uma configuração de verificação, e a computação continua a ter acesso ao Caso.

Quanto a (105b), suponha-se que um verbo como *want* ([256]) ocorre com um complemento que pode ou não ter Caso (*want – a book, want – to leave*) ([257]). Nesse caso, (105b) pergunta se o verbo possui duas entradas lexicais distintas, ou apenas uma, ficando nesse caso o Caso por atribuir se não existir um objeto.

O pressuposto tácito em trabalhos anteriores tem sido que a resposta a (105a) é positiva (ou seja, (106a), e não (106b)), e que a resposta a (105b) é negativa. No exemplo usado como ilustração, se o DP está em [Spec, T] mas possui Caso acusativo ou nulo, não pode ser elevado para verificar esse traço ainda não emparelhado de maneira conforme ([258]); e um verbo como *want* pode ter uma única entrada lexical, com o traço Casual atribuído ou não.

Sabemos agora que o pressuposto sobre (105b) é incorreto. Se um traço -Interpretável não é verificado, a derivação fracassa. Como se viu, todos os traços formais dos núcleos que criam domínios de verificação (*ou* seja, todos os traços formais com exceção da categoria) são -Interpretáveis (o Caso e os traços-φ dos verbos e dos adjetivos, os traços fortes etc.). Logo, têm todos de ser verificados, e a resposta a (105b) é definitivamente positiva.

Com esse pressuposto, suponha-se que substituímos (105a) ([259]) pela sua negação (seguindo no essencial Ura, 1994).

(107) Um traço não é verificado em condições de não conformidade de traços.

No exemplo acima, com conflito Casual, o DP pode ser movido de novo para receber Caso, mas a derivação fracassa porque T não atribui o seu traço de atribuição Casual. E os verbos com um objeto opcional têm entradas lexicais distintas, uma com o traço Casual, e a outra sem esse traço.

([256]) *querer.*

([257]) *querer um livro, querer sair.*

([258]) Visto que o traço é verificado e, segundo (106a), não é mais acessível à computação, embora não tenha sido emparelhado com um traço conforme.

([259]) Na realidade, substitui-se a resposta positiva a (105a), ou seja, (106a).

Considerações de naturalidade conceitual parecem favorecer (107) relativamente à outra alternativa, em parte por causa da resposta a (105b) [260]. Voltamos a mencionar algum suporte adicional favorecendo a mesma conclusão.

Para mostrar que todas as construções não pretendidas são proibidas pela condição (107) em combinação com a resposta positiva a (105b), é necessário considerar um leque amplo de possibilidades: assim, o sujeito poderia ter Caso acusativo (incorreto), verificado no domínio de verificação de V elevado para T; o objeto, por outro lado, teria o traço de Caso nominativo (incorreto), que seria elevado para T para a verificação. Outra possibilidade é que tanto o sujeito como T poderiam ser elevados para posições mais altas para a verificação Casual. As opções multiplicam-se, e não é simples mostrar que todas elas são bloqueadas por uma razão ou por outra. É, portanto, razoável melhorar (107) de modo a impedir estas possibilidades em todos os casos: a não conformidade de traços cancela a derivação [261]. A complexidade das computações exigidas para determinar se uma derivação converge é assim drasticamente reduzida, o que, de um modo geral, é um desideratum. Além disso, como veremos na seção 4.10, este passo é necessário com base em considerações empíricas, o que será visível à medida que melhorarmos o quadro teórico nas linhas do Programa Minimalista.

Vou, portanto, fortalecer (107) na formulação (108).

(108) A não conformidade de traços cancela a derivação.

Uma configuração com traços não conformes não é um objeto sintático legítimo[82]. Distinguimos assim a não conformidade e o não emparelhamento ([262]); assim, o traço Casual [acusativo] é não conforme com F' = [atribuir nominativo], mas não emparelha com F' = I de um infinitivo de elevação, que não atribui Caso. Deixo a noção de "conformidade" com um estatuto de certa forma impreciso, na falta de uma análise mais cuidadosa. Mas o seu conteúdo é suficientemente claro para os nossos propósitos: assim, o traço categorial D

---

[260] No caso ilustrado imediatamente acima, é por causa de (107) que o traço [atribuir nom] de T não é verificado; mas se, contrariamente à resposta positiva a (105b), um traço não verificado não levasse ao fracasso, a derivação aí descrita poderia eventualmente convergir, com o traço Casual de T não verificado (se o DP verificasse o seu Caso numa posição mais elevada, por exemplo). Logo, a aceitação de (107) depende de uma resposta positiva a (105b).

[261] Recordemo-nos de que uma derivação cancelada é "congelada", não atingindo LF. Ver a nota ([29]).

[262] No original, "mismatch" e "nonmatch", respectivamente.

de um DP é conforme com o traço-D de I; um par de traços-ϕ são conformes se forem idênticos; e assim por diante.

Repare-se que o cancelamento de uma derivação por causa da não conformidade e a não convergência são duas noções diferentes. A não convergência permite a construção de uma derivação convergente diferente, se isso for possível. Mas o objetivo do cancelamento é literalmente o de banir as alternativas. Deste modo, uma derivação cancelada pertence à categoria das derivações convergentes, no sentido de bloquear qualquer derivação menos ótima; não é assim possível escapar à não conformidade através de uma violação de Procrastinar, ou por outros mecanismos. Se a derivação ótima cria uma situação de não conformidade, não podemos levar por diante uma alternativa não ótima.

Suponha-se, por exemplo, que uma série de aplicações de Compor forma um grupo verbal α tendo DP_1 como especificador e DP_2 como complemento, respectivamente com Caso acusativo e com Caso nominativo. Veremos que a derivação ótima a partir desse ponto leva à não conformidade. Dado que a não conformidade é equivalente à convergência numa perspectiva teórica de economia, não podemos construir a partir de α uma derivação menos ótima, hipoteticamente convergente, na qual o sujeito temático tivesse Caso acusativo e o objeto temático Caso nominativo. Esta interpretação tem a sua motivação em considerações puramente conceituais: reduz drasticamente a complexidade computacional. De novo, temos uma convergência de considerações conceituais e empíricas ([263]).

Distinguimos agora entre uma *configuração* de verificação e uma *relação* de verificação. Suponha-se que K atrai F, o qual é elevado para formar {H(K), {α, K}}; aqui, α = F se a operação é não visível, e α inclui aquilo que for necessário para a convergência se a operação é visível. Cada traço de FF[F] (incluindo F) está no domínio de verificação de cada subetiqueta *f* de K[83]. Dizemos agora o seguinte:

---

[263] Ou seja, se a derivação mais econômica é cancelada (por qualquer motivo), bloqueia outras alternativas menos econômicas, exatamente como a derivação mais econômica convergente também bloqueia outras alternativas menos econômicas. Esta situação é diferente do caso de uma derivação que *fracassa*, a qual não impede outras alternativas, eventualmente menos econômicas (ver a nota ([1])). É nesta perspectiva de "economia" que as derivações canceladas pertencem à classe das derivações convergentes, e não à classe das derivações fracassadas.

(109) Um traço F' de FF[F] está numa *configuração de verificação* com *f*, e F' está numa *relação de verificação* com *f* se, além disso, F' e *f* forem conformes.

Se F' e *f* não emparelham ([264]), não surge nenhum problema; se são não conformes (se estão em conflito) a derivação é cancelada, com um objeto ilegítimo.

No exemplo que nos serve de ilustração, se um DP tem Caso não nominativo e é elevado para [Spec, T], o traço Casual [TC] do DP está numa configuração de verificação com o traço Casual de T, mas não está numa relação de verificação com esse traço. Logo, o alvo TP não atraiu [TC] porque não se estabelece nenhuma relação de verificação. No entanto, TP atrai o traço categorial [D] do DP, para satisfazer o princípio EPP. Agora, [TC] fica numa configuração de verificação não conforme com *f*, e a derivação é cancelada.

Suponhamos que *f* é o traço de atribuição Casual de K, que α e β possuem os traços Casuais Fα e Fβ (respectivamente) ainda por verificar, e Fα é conforme com *f*, mas Fβ não é conforme com *f*. Suponhamos que β está mais próximo de K do que α. Será que β impede que K atraia α? O traço Casual Fβ de β não impede essa atração; esse traço não é atraído por K e por conseguinte não tem mais relevância do que qualquer traço semântico de β. Suponhamos, no entanto, que β tem qualquer outro traço Fβ que *pode* entrar numa relação de verificação com uma subetiqueta de K. Então β é atraído por K, que não pode "ver" o elemento a mais remoto. Uma relação de não conformidade é assim criada, e a derivação é cancelada: α não pode ser atraído.

Consideremos de novo o exemplo (80) com superelevação (= I(*nfl*) *seems [that it was told John ...]*). O DP intermédio *it* pode verificar o traço-D do I principal, mas não o seu traço Casual; o DP mais remoto *John* pode verificar todos os traços de I. Mas I não pode "ver" além de *it*; assim, só esse elemento interveniente pode ser elevado, causando o fracasso da derivação. Se *John* pudesse ser elevado, a derivação teria convergido erradamente ([265]).

A definição (82) da MLC tem assim a forma mais explícita dada em (110), como consequência do melhoramento introduzido na definição do conceito de "relação de verificação".

---

[264] Ver a nota ([262]).
[265] Existe, no entanto, um problema sério com esta derivação. Depois da elevação de *it*, FF(*John*) *pode* na realidade ser elevado, visto que o vestígio de *it* não bloqueia a sua atração pelo I principal (ver (94)). Sobre este problema, ver Raposo e Uriagereka (1996), Chomsky (1998).

(110) *Condição do Elo Mínimo*
K atrai α apenas se não houver um β, β mais próximo de K do que α, tal que K atrai β.

A definição da operação Atrair/Mover incorpora esta propriedade, derivando a MLC naquilo que parece ser a sua forma necessária. Considero (110) como sendo a versão final da MLC, à exceção de um melhoramento na noção de "proximidade", a introduzir na seção 4.10.

As consequências são várias e ramificam-se rapidamente, merecendo uma análise mais aprofundada.

As noções da teoria da verificação só foram definidas para Atrair/Mover, mas já vimos que essa limitação pode ser demasiado restrita. Assim, Compor estabelece domínios de verificação em (64), repetido aqui como (111), e em construções simples com um expletivo, como (112) ([266]).

(111) a. (I wonder) [CP whether Q [he left yet]]
b. (I wonder) [CP [Q if Q] [he left yet]]

(112) there is a book on the table

Nestes casos, *whether*, *if* e *there* ficam nas suas posições de base, mas satisfazem os traços fortes de Q e de I. As operações têm uma analogia muito próxima (respectivamente) com a elevação de um grupo-*wh*, com a elevação de I, ou com a elevação de um DP que se converte em [Spec, I], verificando do mesmo modo os traços fortes.

Estes casos de composição ficam abrangidos pela teoria da verificação se alargarmos a noção de "próximo" a objetos sintáticos distintos α e K ([267]), considerando que o traço categorial TC do núcleo H(α) está *próximo* de K. Nesse caso, K atrai α se TC entrar numa relação de verificação com uma subetiqueta de K; nesse caso, α converte-se em [Spec, H(K)] ou é adjunto a H(K) (ou à sua projeção de nível zero, se já houver outros elementos adjuntos a H(K)). O resultado é aquele que pretendemos para (111) e (112), mas é demasiado permissivo em outras configurações. Por exemplo, aplica-se à composição do sujeito Suj com V' em qualquer versão da hipótese do sujeito interno ao

---

[266] (112) *expl* está um livro na mesa
Sobre (111), ver a nota ([187]).
[267] Ou seja, α ainda não faz parte de K (não foi ainda composto dentro de K).

VP, obrigando o sujeito a ter o Caso acusativo e os traços de concordância de objeto presentes no verbo principal transitivo do VP (talvez elevado para o verbo leve *v* que tem o Suj como especificador) ([268]).

A distinção necessária pode ser feita de várias maneiras. Uma delas consiste em propor uma extensão de Atrair/Mover apenas para a composição de não argumentos, limitando-nos estritamente à concepção de Atrair/Mover como expressão formal da propriedade da verificação de traços das línguas naturais. Esse cenário tem alguma plausibilidade. Os argumentos (e os constituintes operadores construídos a partir deles) satisfazem a Condição Sobre as Cadeias não trivialmente; um argumento é uma cadeia não trivial CH = (α, *t*), em que α é elevado para a verificação de traços, e *t* está numa posição-θ. Pelo contrário, os elementos *whether*, *if* e *there* de (111) e (112) não satisfazem, pura e simplesmente, a Condição sobre as Cadeias ([269]).

Uma segunda abordagem consiste em permitir que o traço categorial TC de α só seja atraído por um objeto distinto K se entrar numa relação de verificação com uma subetiqueta *forte* de K. A lógica é que Compor só cria um domínio de verificação quando a inserção visível é forçada, em violação de Procrastinar se Mover se aplicasse – logo um caso especial tanto para Compor como para Mover.

Vou adotar aqui a primeira opção, ainda que sem motivos fortes neste ponto. Algumas razões são sugeridas na seção 4.10, ainda que assentem em escolhas específicas de mecanismos que, ainda que razoáveis, não têm uma fundamentação sólida. A escolha é assim altamente provisória.

4.6 Movimento e teoria-θ

Em qualquer abordagem que considere que a operação Atrair/Mover é determinada por traços morfológicos – seja a versão Mover F, Mover α, ou outra – não deveria haver nenhuma interação entre a teoria-θ e a teoria do

---

[268] O que se pretende é que (por exemplo) o DP argumento externo *não* seja "atraído" (no sentido agora em discussão) quando é composto com V', ficando sujeito à teoria da verificação. Se assim fosse, cada traço formal de FF[DP] deveria entrar numa relação de verificação com os traços de V (o traço categorial por ter sido "atraído" e os restantes, incluindo o Caso e os traços-ϕ, como "passageiros livres"); isso daria resultados errados: por exemplo, o sujeito (com a escolha apropriada de Caso e traços-ϕ poderia verificar o Caso acusativo e os traços de concordância do objeto.

[269] Ou seja, não recebem nem Caso nem uma função-θ.

movimento. As funções-θ não são traços formais no sentido relevante; tipicamente, são atribuídas no domínio interno, não no domínio de verificação, e possuem ainda outras diferenças relativamente aos traços que participam na teoria do movimento. Esta conclusão é imediata na abordagem configuracional da teoria-θ proposta em Hale e Keyser (1993a), e é implícita em outras abordagens (ainda que seja rejeitada em teorias que permitem percolação, transmissão e outras operações sobre traços-θ). Vamos assumir que a conclusão é válida.

Em aspectos fundamentais, a teoria-θ é praticamente complementar à teoria da verificação, um fato expresso em parte como uma generalização descritiva na Condição Sobre as Cadeias: na cadeia CH = $(\alpha_1,...,\alpha_n)$, α_n recebe uma função-θ e α_1 participa numa relação de verificação. Além disso, só α_n pode atribuir uma função-θ, com a consequência que só a posição de base é "θ-relacionada", capaz de atribuir ou de receber uma função-θ (ver a nota 75). As propriedades de α_1 são uma consequência do movimento obedecendo à Condição do Último Recurso. Consideremos as propriedades de α_n, isto é, o fato de o movimento ser efetuado de uma posição que é θ-relacionada para uma posição que não é: relativamente a um argumento, de uma posição-θ para uma posição não-θ; relativamente a um núcleo (ou predicado), de uma posição na qual uma função-θ é atribuída para uma posição em que não é.

Relativamente à atribuição de funções-θ, a conclusão é natural na teoria de Hale e Keyser. Uma função-θ é atribuída numa determinada configuração estrutural; β atribui essa função-θ apenas no sentido de ser o núcleo dessa configuração (ainda que as propriedades de β ou da sua projeção de nível zero possam ter relevância). Suponhamos que β é elevado, formando a cadeia CH = (β,...t). O vestígio t permanece na configuração estrutural que determina uma função-θ e pode, portanto, funcionar como um atribuidor de função-θ; mas a cadeia CH não se encontra em nenhuma configuração, logo não pode atribuir uma função-θ. Na sua posição elevada, β só funciona na medida em que tem traços formais internos: como atribuidor Casual ou como elemento ligador. Mas numa teoria configuracional das relações-θ, não faz muito sentido pensar que a cabeça da cadeia atribui uma função-θ[84].

Aplica-se um raciocínio semelhante quanto à recepção de funções-θ. Se α é elevado para uma posição-θ Th, formando a cadeia CH = (α, t), o argumento que tem de possuir uma função-θ é CH, e não α. Mas CH não se encontra em nenhuma configuração, e α não é um argumento que possa receber uma função-θ (²⁷⁰). Também há outras condições que são violadas, se aceitarmos pressupostos discutidos anteriormente, ou outros parecidos, mas não vou entrar em mais detalhes.

Concluímos assim que um elemento elevado não pode receber ou atribuir uma função-θ. O relacionamento-θ é uma "propriedade da base", complementar à verificação de traços, que é uma propriedade do movimento. Mais precisamente, o relacionamento-θ é uma propriedade da posição de composição e da sua configuração (muito local). As mesmas considerações proíbem a elevação para a posição de objeto, mesmo se o objeto for um especificador numa concha Larsoniana. Derivamos assim o princípio P&P de que não existe elevação para uma posição-θ – na realidade numa forma de certa maneira mais forte, visto que o relacionamento-θ em geral é uma propriedade das "posições de base".

Um DP não pode, pois, ser elevado para a posição de [Spec, VP], para assumir uma função-θ que ainda não lhe foi atribuída. Não podem existir palavras como HIT ou BELIEVE, partilhando a estrutura-θ de *hit* e de *believe*, mas sem os traços Casuais, em que *John* é elevado como em (113) para receber uma função-θ, movendo-se seguidamente para [Spec, I] para a verificação do Caso e dos traços de concordância (²⁷¹).

(113) a. John [$_{VP}$ t' [HIT t]]
b. John [$_{VP}$ t' [BELIEVE [t to be intelligent]]]

Seguramente, nenhum traço forte do alvo é verificado pela elevação para a posição [Spec, HIT], logo a elevação visível é proibida; na realidade, nenhuma relação de verificação é aí estabelecida[85]. A única possibilidade é a elevação direta para [Spec, I]. As frases resultantes *John HIT* e *John BELIEVES to be intelligent* são assim degradadas, faltando-lhes o argumento externo exigido pelo verbo (²⁷²).

A natureza degradada de (113a) clarifica a pergunta deixada em aberto sobre a atribuição-θ numa configuração cujo núcleo é um α não elevado com β

(²⁷⁰) Note-se que α elevado não é um argumento; o argumento é a cadeia (α, t).
(²⁷¹) (113) a. o João [$_{VP}$ t' [AGRIDE t]]
b. o João [$_{VP}$ t' [ACREDITA [t ser inteligente]]]
(²⁷²) Ou seja, as funções-θ não são propriedades formais que permitem o movimento em Último Recurso, contrariamente ao Caso e aos traços-φ. Repare-se que *o João acredita ser inteligente* é gramatical em português; trata-se, no entanto, de uma estrutura canônica de controle, impossível em inglês com *believe*.

adjunto, resultando no complexo [α β α]; ver a nota 84. Poderá β, que é cabeça de uma cadeia, participar na atribuição de uma função-θ na configuração cujo núcleo é α? Suponhamos que tal é possível. Na expressão ilegítima *John I HIT t* ([273]), a cadeia argumental CH = (*John, t*) satisfaz a Condição Sobre as Cadeias: *John* recebe Caso em [Spec, I] e *t* recebe uma função-θ dentro do VP. Seguidamente, HIT é elevado para I, de modo que *John* fica no seu domínio de verificação. Se *John* pudesse receber a função-θ de sujeito na configuração [Spec, I] cujo núcleo é o complexo [$_I$ HIT I], formado pela elevação de V para I, todas as propriedades seriam satisfeitas e a expressão deveria ser bem formada, com *John* possuindo uma função-θ dupla. Assumindo que a expressão é degradada, HIT não pode contribuir para a atribuição de uma função-θ quando é adjunto a I. O princípio que o relacionamento-θ é uma "propriedade da base", restringida a configurações de inserção lexical, tem de ser entendido de uma forma austera.

Qual é a natureza do desvio na derivação de (113)? De um modo mais geral, qual é o estatuto de uma violação do Critério-θ, quer tenha a ver com uma função-θ não atribuída, quer com um argumento sem função-θ? Não temos testes de performance relevantes à nossa disposição ([274]), mas as condições de economia podem nos dar alguma evidência. Assim, se a derivação converge, pode bloquear outras, devido às condições de economia; se esse resultado for empiricamente incorreto, temos, pois, de considerar o desvio como um caso de não convergência[86] ([275]).

Para ilustrar estas possibilidades, suponha-se que a teoria da economia implica que as derivações mais curtas bloqueiam as derivações mais longas. O pressuposto parece plausível[87]. Kitahara (1994) observou que essa condição pode ser invocada para deduzir a Procrastinação, pressupondo que a aplicação das regras fonológicas conta na determinação do comprimento de uma derivação; o apagamento do vestígio só é exigido se uma operação for visível, logo as operações não visíveis são sempre preferidas, se convergirem. Esta condição de economia recebe uma confirmação independente na seção 4.10.

Consideremos agora qualquer frase simples, digamos (114a), com a estrutura (114b), antes do Spell-Out ([276]).

([273]) I = Infl.
([274]) Ou seja, não há evidência baseada em "juízos de gramaticalidade".
([275]) Ver, por exemplo, a nota ([263]).
([276]) (114) a. o João gosta do Bill
　　　　　b. [o João I VP]

(114) a. John likes Bill
      b. [John I VP]

Existe uma derivação na qual *John* é inserido diretamente em [Spec, I], sem ser elevado a partir do VP. Se a hipótese do sujeito interno ao VP é correta, como temos assumido até agora, a derivação tem de fracassar; caso contrário, bloqueia a derivação menos econômica com elevação de *John* para [Spec, I]; as duas derivações começam com a mesma numeração, mas aquela que consideramos correta tem um passo a mais. Todos os traços formais são verificados[88]. A inserção de *John* satisfaz o princípio EPP, e os outros traços são verificados como passageiros livres ou por passageiros livres. Os únicos defeitos da derivação não pretendida residem na teoria-θ: o argumento *John* não tem uma função-θ, e *like* não atribui a sua função-θ externa. Se uma destas duas propriedades for uma violação do princípio FI, a derivação fracassa, e o problema desaparece.

Deste modo, a condição da "derivação mais curta" implica que uma violação do Critério-θ provoca o fracasso da derivação, em virtude da não satisfação do princípio FI ([277]). Mas ainda não sabemos se o problema reside no fato de haver um argumento que não recebe uma função-θ, ou no fato de um núcleo atribuidor de função-θ não atribuir essa função, ou ambos. Algumas razões independentes em favor pelo menos da primeira hipótese são dadas na seção 4.9: um argumento sem função-θ entra em violação do princípio FI, provocando o fracasso da derivação. Repare-se que estas questões sobre a violação do Critério-θ não têm qualquer relação com a conclusão de que as funções-θ não são propriedades formais que permitem o movimento em Último Recurso, contrariamente ao Caso e aos traços de concordância.

A forma da hipótese do sujeito interno ao VP tem sido deixada um tanto imprecisa até aqui. Temos assumido de modo geral uma versão da abordagem de Hale e Keyser sobre a teoria-θ; esta, por sua vez, tem determinadas consequências para essa hipótese[89]. Em particular, se um verbo tem vários argumentos internos, temos de postular uma concha larsoniana, como em (98) ou (115), em que *v* é um verbo leve para o qual V é elevado visivelmente.

([277]) De novo, repare-se que, na lógica do sistema, se a derivação não fracassasse, mas convergisse com uma "interpretação defeituosa", bloquearia as derivações corretas, menos econômicas (porque contém um passo a mais).

(115)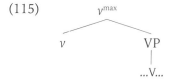

Os argumentos internos ocupam as posições de especificador e de complemento de V. Desse modo, o argumento externo não pode estar abaixo de [Spec, v]. Se estiver em [Spec, v], como vou assumir, podemos considerar que a configuração v-VP exprime a função causativa ou agentiva do argumento externo. É natural aplicar o mesmo raciocínio às construções com verbos transitivos em geral, atribuindo-lhes uma estrutura com um VP duplo como o de (115), e considerando que a função de agente é a interpretação atribuída à configuração v-VP. Uma construção V-objeto é assim uma projeção máxima, e não um V'. A conclusão recebe ainda mais apoio se essas construções puderem atribuir uma função semântica parcialmente idiossincrática (ver Marantz, 1984). Se os verbos intransitivos (inergativos) forem transitivos mascarados, como sugerem Hale e Keyser, então só os inacusativos sem agente entram em estruturas de VP simples. Esta análise, natural no quadro teórico atual, tem também consequências empíricas bem-vindas, como veremos. Vou, pois, assumi-la na continuação do texto.

Nestes termos, a não atribuição de uma função-θ externa por um verbo transitivo pode ser interpretada simplesmente como uma questão sem significado teórico. A função externa é uma propriedade da configuração v-VP, e um especificador com essa função é, portanto, uma parte necessária da configuração; um verbo transitivo atribui uma função-θ externa por definição[90]. Assim, a questão da natureza do desvio em (113) não surge: não existem tais objetos sintáticos. A única questão que ainda fica é a de saber se a não recepção de uma função-θ por um argumento constitui um caso de não convergência ou de convergência degradada. Presumivelmente é um caso de não convergência, na interpretação natural do princípio FI – a conclusão a que chegamos na seção 4.9.

O espírito desta análise exige que não haja nenhum AgrP intervindo entre o verbo leve v e o seu complemento VP em (115) ([278]), contrariamente ao que é assumido naquilo que é o desenvolvimento mais extensivo da análise das construções transitivas como VPs complexos (ver Koizumi, 1993, 1995). O tópico toma uma forma diferente com os melhoramentos introduzidos na seção 4.10. Voltamos a todas estas questões nas seções 4.9 e 4.10.

([278]) Visto que um AgrP interveniente destruiria a configuração v-VP.

4.7 As propriedades da componente transformacional

4.7.1 Por que a operação Mover?

Até aqui, consideramos duas operações, Compor e Mover, cada uma com dois casos, substituição e adjunção. A operação Compor é inevitável, mesmo assumindo as condições de interface mais fracas possíveis; no entanto, por que motivo é que o sistema computacional C_{HL} da linguagem humana não se restringe a essa operação? Claramente, C_{HL} não se restringe a essa operação. Até a mais fortuita inspeção das condições de output revela que certos itens aparecem normalmente "deslocados" da posição onde a sua interpretação é representada na interface LF[91]. Não existe nenhuma controvérsia significativa sobre os fatos básicos. As únicas perguntas são: quais são os mecanismos responsáveis pelo deslocamento, e por que é que existem? Quanto à sua natureza, com base em pressupostos minimalistas, não queremos nada mais do que uma indicação em LF da posição na qual o item deslocado é interpretado; ou seja, as cadeias são objetos legítimos em LF. Como as cadeias não são introduzidas por seleção lexical ou por Compor, tem de haver outra operação para formá-las: a operação Atrair/Mover.

A segunda pergunta – por que é que as línguas naturais possuem esses mecanismos? – surgiu nos primeiros dias da gramática generativa. As especulações em seu redor fizeram apelo a considerações que tinham a ver com o uso da linguagem: a facilitação do processamento, sob certos pressupostos; a separação das estruturas de tema e rema, por um lado, das relações semânticas (θ) determinadas na base, por outro; e assim por diante[92]. Estas especulações introduzem condições "alheias" do gênero discutido anteriormente, condições impostas sobre C_{HL} pelo modo como C_{HL} entra em interação com os sistemas externos. Com base em pressupostos minimalistas, esperamos que a fonte das "imperfeições" resida aí.

Aqui, a nossa preocupação consiste em determinar qual é o grau máximo de frugalidade no tratamento da operação Atrair/Mover que os fatos da linguagem nos permitem. O melhor resultado possível é que as condições de output básicas sejam satisfeitas de maneira ótima.

Esta questão foi o segundo foco da tentativa para resolver a tensão entre a adequação descritiva e a adequação explicativa, juntamente com os desenvolvimentos que levaram à teoria X-barra, nos anos 1960. A preocupação central consistiu em mostrar que a operação Mover α é independente de α; uma outra preocupação consistiu em restringir a variedade das condições estruturais para as regras transformacionais. Estes esforços foram motivados pela dupla preocupação que já conhecemos: as imposições empíricas colocadas pelos problemas da adequação descritiva e da adequação explicativa, e as imposições conceituais relativas à simplicidade e à naturalidade. As propostas motivadas por estas preocupações levantam inevitavelmente o novo problema principal que substitui o velho problema: mostrar que a introdução de restrições nos recursos da teoria linguística preserva (e, assim o esperamos, aumenta) a adequação descritiva, ao mesmo tempo que a explicação é mais profunda. Estes esforços tiveram bastante sucesso[93], ainda que os pressupostos minimalistas nos permitam esperar ainda mais.

4.7.2 Desvios da situação ótima

As propriedades que caracterizam Atrair/Mover têm de ser captadas de algum modo na teoria da linguagem humana, mas gostaríamos de mostrar, se possível, que não são necessários novos desvios dos pressupostos minimalistas. Este é o problema que recebe uma atenção redobrada à medida que a adequação explicativa começa a tomar o seu lugar natural no processo da investigação.

Considere-se em primeiro lugar a independência de Mover α relativamente à escolha de α. Ainda que presentemente essa ideia pareça ser uma suposição razoável, tem sido necessário distinguir vários tipos de movimento: movimento-XP e movimento X^0; movimento-A e movimento-Ā (dentro do movimento de XPs). Vários tipos de "movimento incorreto" foram proibidos de várias maneiras (por exemplo, a elevação de um núcleo para uma posição-Ā, seguida de elevação para uma posição Spec). Um dos nossos objetivos consiste em eliminar todas estas distinções, demonstrando com base em fundamentos gerais que os "tipos errados" de movimento fracassam – o que não é um problema fácil, ainda que seja agora consideravelmente menor.

Algumas das restrições gerais introduzidas para reduzir a riqueza do aparato descritivo também tinham aspectos problemáticos. Um exemplo é a influente hipótese da preservação de estrutura (HPE) para as operações de substituição, proposta por Emonds ([279]). Como Jan Koster em particular tem

---

([279]) Ver Emonds (1976). A HPE exige que o movimento por substituição de um constituinte de categoria C seja efetuado para uma posição vazia, também de categoria C, gerada pelas regras de reescrita da componente de base. Com o Critério-θ e o Princípio da Projeção, a HPE restringe os alvos do movimento por substituição à posição Spec das categorias funcionais.

apontado várias vezes, a HPE introduz uma redundância não pretendida, porque o alvo do movimento já está "lá" de uma certa maneira, antes de a própria operação se aplicar; essa observação fornece um motivo para as teorias não derivacionais que constroem as cadeias através de uma computação sobre representações LF (ou de Estrutura-S). A abordagem minimalista resolve essa redundância através da eliminação da HPE: sem Estrutura-D, a HPE deixa de ser formulável, e as suas consequências são derivadas – esperamo-lo – através das propriedades gerais das operações Compor e Atrair/Mover.

Também foi proposto que alguma condição com as propriedades aproximadas da HPE é válida para a adjunção: os níveis de projeção nas adjunções são conformes. Esta HPE alargada não introduz qualquer redundância e não é afetada pelo Programa Minimalista, ainda que fosse preferível deduzi-la a partir de considerações mais elementares.

Os fatos descritivos não são inteiramente claros, mas é possível que sejam de fato como acabamos de descrever: só um YP pode ser adjunto a um XP e só um Y^0 pode ser adjunto a um X^0, ainda que as operações não visíveis possam ter o efeito aparente de efetuar a adjunção de um YP a um X^0 não máximo (por exemplo, a adjunção de VP a um V_c causativo, que consideramos agora como sendo a adjunção dos traços formais do verbo principal a V_c). Ficamos então com alguns problemas por resolver:

(116) a. Por que motivo é que a HPE é válida?
b. Por que motivo é que existe uma diferença antes e depois do Spell-Out, aparentemente em violação do pressuposto (ótimo) da uniformidade de C_{HL}?
c. Por que motivo é que o alvo K projeta depois da adjunção?

Na teoria do movimento de traços que assumimos agora, estas questões são ainda mais restritas. Todo o movimento não visível é adjunção de traços, logo a pergunta (116b) desaparece e (116c) surge apenas para a adjunção visível. Quanto a este caso, a pergunta já foi respondida para a adjunção a X^0, e para a adjunção a um XP que projeta ([280]). Além disso, na interpretação agora assumida da Condição do Último Recurso e dos domínios de verificação (ver (51) e a nota 47), não é claro que a adjunção a um XP não mínimo seja de todo possível; vamos, no entanto, assumir que a operação é possível, e ver que problemas surgem.

([280]) Ver a seção 4.4.2.

O que sobra, então, é a pergunta (116a) e três casos da pergunta (116c) relativamente ao movimento visível: adjunção de YP a um XP, em que XP é:

(117) a. a raiz da estrutura
b. um especificador
c. ele próprio um adjunto

Consideremos a pergunta (116a). No caso do movimento visível, a resposta pode residir parcialmente em propriedades da componente morfológica. No Spell-Out, a estrutura Σ já formada entra na Morfologia, um sistema que presumivelmente só lida com palavras ou com elementos com as propriedades das palavras, e que podemos considerar como sendo X^0s – isto é, um item H selecionado do léxico ou um item desse tipo com elementos adjuntos, formando H^{0max}. Suponhamos agora a propriedade (118).

(118) A Morfologia só lida com categorias X^0 e os seus traços.

A componente morfológica não produz nenhum output (logo, a derivação fracassa) se nela der entrada um elemento que não seja um X^0 ou um traço.

Com base neste pressuposto natural, os constituintes maiores que entram na Morfologia são X^0s, e, se alguma unidade maior que X^0 aparece dentro de um X^0, a derivação fracassa ([281]).

A pergunta (116a) permanece então apenas para o caso da adjunção de um α não máximo (quer um traço quer uma categoria) a um XP não mínimo – um XP possuindo pelo menos um núcleo H(XP) e um complemento. Ambos os casos são proibidos se adotarmos a condição (119) sobre domínios de verificação (ver a nota 47).

(119) α adjunto a um K não mínimo não está no domínio de verificação de H(K).

Se (119) for válido, a operação que estamos tentando eliminar não pode ocorrer. Veremos já a seguir que existem motivos para crer que (119) é válido. Sendo assim, temos uma resposta completa para a pergunta (116a), e ficamos com os três casos (117) da pergunta (116c).

---

[281] Nestes dois casos, parece mais correto dizer que a derivação é cancelada, em vez de fracassar (agradeço a Jairo Nunes esta observação).

Todos os casos de (117) são proibidos pelo Último Recurso se os domínios de verificação forem construídos como em (119). Alguns casos especiais são proibidos por razões independentes.

Em resumo, a assimetria da projeção depois do movimento tem fundamentos sólidos: só o alvo pode projetar, quer o movimento seja por substituição quer seja por adjunção. O único problema óbvio é que as restrições parecem ser demasiado fortes, proibindo inteiramente a adjunção de um YP a um XP.

Encontramos alguns motivos para pôr em causa o estatuto da adjunção de um YP a um XP. Existem outros. Suponha-se que suspendemos as proibições já encontradas contra a operação, permitindo assim a adjunção de um α não mínimo a K, como em (120).

(120)

Suponha-se que α projeta, sendo L = α, e sendo a categoria formada [α, α] ([282]). Temos de determinar qual é a cabeça da cadeia formada pela operação de adjunção: será α, ou a categoria de dois segmentos [α, α]? A segunda opção é excluída pela condição de uniformidade (17) ([283]). Mas a primeira opção nos deixa com uma categoria [α, α] que não tem interpretação em LF, em violação do princípio FI. Logo, se o elemento elevado α exige uma interpretação, não pode projetar. Surge o mesmo problema, desta vez em relação a α, se considerarmos que a cabeça da cadeia é [α, α] ([284]). Surgem questões semelhantes relativamente ao alvo, se for este a projetar. Uma vez mais, a adjunção a um XP não mínimo leva a complicações, qualquer que seja o modo de construção da estrutura formada, o que coloca questões adicionais sobre o estatuto da operação.

Continuando, no entanto, a assumir que esse tipo de adjunção é possível, consideremos o caso especial de autoligação, como em (121) ([285]).

([282]) Ver p.373-374.
([283]) Visto que o vestígio *não* é uma categoria [α, α].
([284]) A lógica deste argumento é a seguinte: só existe uma função-θ disponível, para a cabeça da cadeia. Se a categoria α recebe essa função-θ, [α, α] fica sem interpretação em LF (e inversamente).
([285]) Agradeço a Noam Chomsky a confirmação de que a substituição de V (no texto original) por VP, na raiz de (121), torna esta passagem mais esclarecedora.

(121)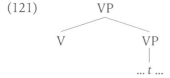

Assim, suponha-se que temos o VP *read the book* ([286]) e que efetuamos a adjunção a esse VP do núcleo *read*, formando a categoria de dois segmentos [*read* [*t the book*]]. Na interpretação desejada de (121), com o alvo projetado, formamos o objeto (122), em que γ é o alvo VP = {*read*, {*read*, *the book*}} (omitindo uma análise mais detalhada).

(122) {<read, read>, {read, y}}

Suponha-se, contudo, que projetamos o adjunto V (*read*) em (121), derivando (123).

(123)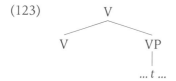

Mas (123) é igualmente uma representação informal de (122), tal como (121) o é, ainda que a interpretação pretendida seja diferente: em (121) projetamos o alvo; em (123), o elemento adjunto. Além disso, a segunda interpretação deveria ser proibida ([287]).

Surge a mesma questão se a operação for substituição em vez de adjunção. Suponha-se, por exemplo, que elevamos o núcleo N de um NP para [Spec, N], em que NP é não mínimo (necessariamente, visto que, de outro modo, não haveria sequer operação a discutir). Nesse caso construímos o mesmo objeto formal, independentemente de ser NP ou Spec a projetar.

Podemos concluir que é esse justamente o resultado pretendido, interpretando esse tipo de ambiguidade como causando o fracasso da derivação. Nesse caso, essas operações de "autoligação" (quer por adjunção quer

---

([286]) ler o livro.
([287]) Repare-se que a estrutura (123) está em violação de (118), visto que um VP aparece dentro de um V⁰.

por substituição) são proibidas, por motivos independentes daqueles já discutidos.

Voltemo-nos agora para o caso de elevação de V numa estrutura verbal complexa, como em (115), aqui repetido.

(124)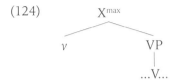

Por vários motivos já discutidos, a operação não pode tomar VP como alvo, quer por adjunção quer por substituição. É então necessário que X^{max} não seja uma projeção do verbo elevado V, mas sim um grupo verbal distinto de VP, tal como temos assumido. Assim, V é elevado para uma posição já preenchida, ocupada pelo verbo leve v selecionado do léxico, e que é núcleo da sua própria projeção, v^{max}. V é adjunto a v, formando $[_v \ V \ v]$; a posição v não é "criada" pela operação de elevação. (Para evidência independente, ver Collins e Thráinsson, 1994.) A operação é permitida se o alvo v for um verbo leve que exige um afixo verbal. Independentemente, estas conclusões são exigidas pelas propriedades da teoria-θ discutidas anteriormente[94] ([288]).

Temos até aqui evitado um problema, que surge no caso da adjunção nuclear normal. Consideremos que α, K, são X^0s em (120), sendo α elevado, e tomando K como alvo; K projeta, formando L = {<H(K), H(K)>, {α, K}}. Visto que K projeta, α é máximo. Logo, α é simultaneamente máximo e mínimo. Se t também é simultaneamente máximo e mínimo (por exemplo, no caso da elevação de um clítico) ([289]), CH satisfaz a condição de uniformidade (17). Mas suponhamos que t é não máximo, o que é normal no caso da elevação de V para I ou para V. Então, numa interpretação natural, (17) é violado; CH não é um objeto legítimo em LF, e a derivação fracassa. Esse resultado é obviamente incorreto. Assim, assumimos que em LF as palavras, ou os elementos com propriedades semelhantes às palavras, ficam "isentos" do algoritmo que determina o estatuto de estrutura de constituintes, como se formula em (125),

---

([288]) Por exemplo, o princípio que atribui a responsabilidade da função-θ externa à configuração v-VP. Para que esse princípio seja válido, v tem de ser um elemento independente.
([289]) No pressuposto de que um clítico é um D mínimo/máximo na posição de base.

(125) Em LF, X^0 é submetido a processos de interpretação de palavra PIP [290]

em que PIP ignora os princípios de C_{HL}, dentro de X^0 95. PIP é uma espécie de Morfologia, mas não visível, excetuando o fato de esperarmos que PIP funcione composicionalmente, contrariamente à Morfologia, com base no pressuposto de que a projeção N LF é uniforme em toda a sua extensão.

Suponha-se que (120) = L = {γ, {α, K}} é formado por adjunção, em que K projeta, sendo γ = <H(K), H(K)>. Até aqui, discutimos duas maneiras de formar L: por composição estrita de α, K (sem movimento), ou por elevação de α, formando a cadeia CH, seguida pela composição de α com K [291]. Em qualquer dos casos, formamos a estrutura L com os três termos α, K, L [292]. Cada um destes termos é uma categoria "visível" na interface, onde tem de receber uma interpretação, para satisfazer o princípio FI. O adjunto α não levanta problemas. Se for a cabeça de CH, recebe a interpretação associada à posição do vestígio; se α é acrescentado por composição estrita, é presumivelmente um predicado de K (por exemplo, um adjunto adverbial modificando um verbo). Mas agora só sobra em LF uma função para K e L (um problema já mencionado). Note-se que a etiqueta γ = <H(K), H(K)> não é um termo, logo não recebe nenhuma interpretação.

Se L é não máximo, o problema é evitado por (125), numa interpretação natural de PIP. Isso é suficiente para dar conta, digamos, da incorporação nominal a um verbo, ou da incorporação verbal a elementos causativos ou a verbos leves. Aquilo que é interpretado como incorporação não visível de um X^{max} a um núcleo puro é permitido sem problemas pela teoria Mover F [293].

Suponha-se que L é não mínimo – de novo, suspendemos a proibição sobre este caso questionável de adjunção para investigar os problemas com mais cuidado. Temos agora dois termos, L e K, mas apenas uma função em LF. A estrutura é permitida se K não tiver uma função-θ, como no caso da adjunção não visível a um expletivo (um caso que assumimos agora não existir) [294]. A única outra possibilidade é aquela em que o adjunto α é apagado em LF, deixando apenas K. Em que circunstâncias é que este processo pode ocorrer?

---

[290] No original, "word interpretation processes (WI)".
[291] Ou seja, por Compor ou por Atrair/Mover, respectivamente.
[292] Rever a definição (10) de *termo*.
[293] Ver a discussão imediatamente a seguir a (116), em particular a resposta a (116b).
[294] Ver a discussão imediatamente a seguir a (36).

Um caso é aquele em que α é o vestígio do movimento sucessivamente cíclico, do tipo que permite o apagamento de vestígios intermédios, como, por exemplo, no tratamento proposto na seção 1.4.1 – por exemplo, o movimento-*wh* para [Spec, CP] com adjunção intermediária, como em (126) [96] ([295]).

(126) which pictures of John's brother did he expect that [*t'* [you would buy *t*]]

Outro caso é o da reconstrução plena em LF, eliminando o adjunto inteiramente, logo uma estrutura como (127), interpretada unicamente na posição do vestígio.

(127) [$_{YP}$ XP [$_{YP}$ ... *t* ...]]

Um exemplo é o "scrambling" interpretado através de reconstrução, a única interpretação para estas estruturas, segundo Saito (1989 e trabalhos seguintes). Do mesmo modo, concluímos que as construções como (128) são violações da Condição C (na interpretação relevante), e predizemos uma diferença de estatuto entre (129) e (126), com (126) escapando à violação porque a cabeça da cadeia não é um adjunto ([296]).

(128) a. meet John in England, he doesn't expect that I will
b. pictures of John, he doesn't expect that I will buy

(129) pictures of John's brother, he never expected that you would buy

As conclusões são plausíveis numa primeira aproximação, ainda que entremos aqui num pântano de questões difíceis e parcialmente não resolvidas

---

([295]) (126) quais retratos do irmão do João (é que) ele espera que [*t'* [tu vais comprar *t*]
Repare-se que em (126) *t'* está adjunto a IP, e não em [Spec, CP].

([296]) (128) a. encontrar o João na Inglaterra, ele não espera que eu vá (*)
b. retratos do João, ele não espera que eu vá comprar
(129) retratos do irmão do João, ele nunca esperou que tu irias comprar
Em (126), o constituinte-*wh* não é adjunto (a CP ou IP), visto que está em [Spec, CP]. Em (129), pressupõe-se que o constituinte topicalizado é adjunto (a IP ou CP). Em (129), o constituinte é reconstruído, daí uma violação da condição C na interpretação correferencial entre *he* e *John* (ou *John's brother*); ao passo que, em (126), não tem de haver reconstrução (ver o cap. 3, secção 3.5), e a interpretação correferente é permitida (não há violação da condição C).

(ver Barss, 1986, Freidin, 1986, Lebeaux, 1988 e trabalhos anteriores; e o cap. 3 para alguma discussão).

Com base em pressupostos estritamente minimalistas, as únicas possibilidades de adjunção deveriam ser as seguintes:

(130) a. formação de palavras
  b. alvo semanticamente vácuo
  c. apagamento do adjunto (apagamento de vestígios, reconstrução plena)

À exceção de (130c), não deveríamos ter adjunção a um constituinte θ-relacionado (um atribuidor de função-θ ou um argumento, um predicado P ou o XP do qual P é predicado). Dado que (130c) é irrelevante para a composição estrita, as opções permitidas para o processo que, neste modelo, é equivalente à "adjunção na base" são ainda mais restritas. Consideramos a adjunção adverbial com mais atenção na seção 4.7.5[97].

Com pressupostos minimalistas naturais, a adjunção continua assim a ser uma opção; mas é uma opção muito limitada e com propriedades especiais. O caso mais importante, e talvez o único, é o da adjunção de α a X^0, α um traço ou (se a operação é visível) um X^0. A adjunção de YP a XP não se integra facilmente na presente abordagem e, se for na realidade permitida, tem um domínio muito restrito.

4.7.3 A adjunção a XP e a arquitetura da teoria linguística

A adjunção de YP a XP tem tido um papel central na gramática generativa transformacional desde as suas origens. Isso é compreensível, na medida em que ilustra os exemplos mais óbvios do "deslocamento" de constituintes a partir das posições em que são interpretados. Mas, à medida que a compreensão teórica progrediu, podemos discernir duas vias distintas. Uma delas concentrou-se sobre as operações formuladas como Mover NP e Mover *wh*, em seguida Mover α e Afetar α, agora Atrair F, se aquilo que precede está no caminho certo. Para estas operações, a adjunção a XP era uma opção marginal, introduzida sobretudo por razões internas à teoria, relacionadas com a ECP e assim por diante ([297]). A outra via procurou analisar operações como a

---

[297] Ver, por exemplo, Chomsky (1986a).

extraposição, a elevação do nó-à-direita ([298]), a adjunção a VP, o scrambling e outros "rearranjos" que entram na formação de expressões como (131) ([299]),

(131) I took a lot of pictures out of the attic yesterday of my children and their friends

com as duas partes do constituinte *took out*... separadas por um elemento *a lot of pictures* que não deveria ser de modo nenhum um constituinte, e duas partes do constituinte unitário *a lot of [pictures of DP]* separadas por um elemento que tem um escopo muito mais vasto. À medida que estas duas vias divergem progressivamente, torna-se mais e mais razoável supor que os processos e as estruturas estudados por cada uma delas não pertencem à mesma classe natural; além disso, a segunda categoria parece ser heterogênea. Como já observamos, a primeira via não tem sequer análises naturais para várias estruturas elementares; ver as notas 22, 93.

Esta linha divisória foi radicalizada ainda mais pela investigação das línguas que Baker (1995) descreve em termos do seu "parâmetro da polissíntese", em que a sintaxe é em larga medida interna às palavras, e os argumentos são introduzidos na estrutura como se fossem adjuntos, em associação com elementos internos. Podemos presumir que estas propriedades da UG aparecem de alguma forma em línguas para as quais o parâmetro não tem uma natureza fundamental ([300]). Considere-se, por exemplo, a operação de scrambling em japonês, que parece partilhar algumas destas propriedades: também aí, o elemento deslocado é uma espécie de adjunto, externo à estrutura sintática principal, e associado a uma posição interna que determina a sua interpretação semântica (daí a "reconstrução" obrigatória). Questões relacionadas estão sendo presentemente investigadas em línguas bem diferentes (ver Barbosa, 1994). Voltamos ao assunto na seção 4.10.

Nos primeiros trabalhos da gramática transformacional, fazia-se por vezes uma distinção entre regras "estilísticas" e outras regras. Cada vez mais esta distinção parece ser bem real: as propriedades computacionais centrais

---

[298] No original, "right-node raising".
[299] (131) Eu tirei um monte de fotografias para fora do sótão ontem dos meus filhos e dos amigos deles
Em inglês, *take out* é uma lexia, um "verbo com partícula".
[300] Ou seja, em línguas que não são (fundamentalmente) polissintéticas, como o japonês ou o português. Agradeço a Pilar Barbosa um esclarecimento sobre a interpretação desta passagem.

consideradas aqui diferem marcadamente na sua natureza de muitas outras operações da faculdade da linguagem, e é muito possível que seja um erro tentar integrá-las no mesmo quadro teórico de princípios. Talvez os problemas relacionados com a adjunção a XP ilustrem bem essa situação: é bem possível que não pertençam ao sistema aqui em discussão, quando a nossa investigação se centra sobretudo na primeira das duas vias esboçadas acima, aquela que se preocupa com o movimento em Último Recurso determinado pela verificação de traços, dentro da computação N → λ. É dentro desta componente central da linguagem que encontramos as propriedades notáveis realçadas pelas linhas de orientação minimalistas. Parece cada vez mais razoável distinguir esta componente dentro da faculdade da linguagem.

Estas especulações levantam de novo a questão técnica mais restrita de saber se os domínios de verificação incluem um YP adjunto a XP, ambos não mínimos. A motivação empírica mais direta para definir a noção de domínio de verificação de modo a incluir este caso provinha de uma versão da teoria da concordância do particípio, proposta por Kayne (1989) (ver as seções 2.3.2, 3.2). O pressuposto básico dessa teoria é uma análise das construções passiva e inacusativa em que o objeto passa pela posição de [Spec, Agr$_O$] (movimento-A), verificando a concordância com o particípio, sendo seguidamente elevado para a posição de sujeito, por causa do Caso; quando temos movimento de um operador, o objeto é adjunto a AgrP (movimento-Ā), de novo verificando a concordância no domínio de verificação de Agr, sendo elevado em última instância para [Spec, CP], num movimento determinado pelo traço de operador. Em particular, Kayne encontrou diferenças dialetais associadas aos dois tipos de concordância com o particípio.

Dominique Sportiche e Philip Branigan observaram que o caso do movimento de um operador é problemático por causa de construções com movimento longo, como no exemplo francês (132)[98].

(132) la lettre [qu' il a [$_{AgrP}$ t' [$_{AgrP}$ dit [que Pierre lui a [envoyé t]]]]]
   a carta que ele Aux   dito que Pierre lhe Aux mandado
   'a carta que ele disse que o Pierre lhe mandara'

A elevação do operador da posição *t* para a posição *t'* (talvez com passos intermediários) e seguidamente para [Spec, CP] é um movimento-Ā sucessivamente cíclico de natureza legítima, e deveria produzir a concordância do particípio com *dit* na oração mais elevada, incorretamente. Isso sugere que a concordância (e, logo, presumivelmente, também o Caso) se restringe à posição de especificador, e que o "movimento longo" é impedido pelos mesmos princípios que proíbem a elevação do objeto para uma posição remota; existem várias análises possíveis, que dependem de outros aspectos da teoria do movimento. As diferenças dialetais observadas por Kayne continuam, contudo, por explicar.

Se estas conclusões forem corretas, restringimos o domínio de verificação de α a posições incluídas em Max(α) (e não contidas em Max(α)) – incluindo as posições-A adjuntas a α, como assumimos antes ([301]). Em resumo, aceitamos o princípio (119), o qual tem consequências úteis independentemente, como se discutiu atrás.

4.7.4 Outras incorreções

Regressemos agora ao problema do movimento incorreto ([302]). Queremos mostrar que o leque amplo de casos que pertencem a essa categoria são excluídos com base em princípios fundamentados. Alguns são imediatamente deduzidos: por exemplo, casos típicos como o do movimento incorreto de *John* de t_1 para t_2, e de novo para a posição de sujeito principal, como em (133), mesmo se a adjunção de *John* a IP for permitida ([303]).

(133) * John is illegal [$_{IP}$ t_2 [$_{IP}$ t_1 to leave]]

O complemento de *illegal* exige PRO (*it is illegal to leave*) ([304]); logo, o Caso (nulo) é atribuído ao sujeito da oração infinitiva. Como *John* não pode ter Caso nulo, a derivação é cancelada devido à não conformidade de traços (ver (108))[99].

Consideremos casos como (134), com t_2 adjunto a IP, de novo pondo de lado reservas sobre esses processos ([305]).

(134) * John seems [that [t_2 [it was told t_1 [that...]]]]

Não queremos permitir que o vestígio intermédio t_2 (ilegal) seja apagado, contrariamente ao que acontece em (126). Esta distinção sugere uma abordagem diferente do problema do apagamento de vestígios intermédios:

([301]) Ver a parte final da seção 4.4.5.
([302]) No original, "improper movement".
([303]) (133) * o João é ilegal [$_{IP}$ t_2 [$_{IP}$ t_1 sair]] (*)
([304]) *expl é ilegal sair*.
([305]) (134) * o João parece [que [t_2 [*expl* foi dito t_1 [que...]]]]

talvez seja um reflexo do processo de reconstrução, entendido em termos minimalistas como no cap. 3. O pressuposto básico aqui é que não existe nenhum processo de reconstrução; pelo contrário, o fenómeno é uma consequência da formação de construções operador-variável determinada pelo princípio FI, um processo que pode (ou por vezes tem de) deixar parte do vestígio – uma cópia do elemento movido – intacta em LF, apagando apenas a parte do operador ([306]). O processo de reconstrução restringe-se assim ao caso especial de movimento-Ā com operadores.

É assim plausível, numa base conceitual, que a reconstrução seja proibida em cadeias-A. Esta ideia também tem algum apoio empírico. Na interpretação relevante, (135) só pode ser compreendido como uma violação da Condição B, ainda que, com reconstrução, essa violação deveria ser evitada, com *him* interpretado na posição de *t*, c-comandado por *me*; como vimos anteriormente, *me* c-comanda α ([307]).

(135) John expected [him to seem to me [α *t* to be intelligent]]

O estatuto quase agentivo normalmente conferido na posição de "sujeito de superfície" (por exemplo, para o PRO em (136)) também nos mostra que o sujeito elevado não é inteiramente reconstruído ([308]).

(136) [PRO to appear [*t* to be intelligent]] is harder than one might think

Outros motivos para questionar a existência de reconstrução em cadeias-A surgem a partir de considerações sobre "os efeitos de descida", do género discutido em primeiro lugar por Robert May ([309]).

(137) a. (it seems that) everyone isn't there yet
b. I expected [everyone not to be there yet]
c. everyone seems [*t* not to be there yet]

---

[306] Ver o cap. 3, secção 3.5.
[307] (135) o João esperava [-o parecer-me [α *t* ser inteligente]] (*)
Recorde-se que *expect* (contrariamente a *esperar*) é um verbo ECM. Ver a discussão do exemplo (97). Se *him* fosse interpretado na posição de *t*, estaria demasiado longe de *John* para provocar uma violação da Condição B.
[308] (136) [PRO parecer [*t* ser inteligente]] é mais difícil do que se pode imaginar
[309] (137) a. (parece que) todo mundo não está lá ainda
b. eu esperava [todo mundo não estar lá ainda] (*)
c. todo mundo parece [*t* não estar lá ainda]

A negação pode ter escopo largo sobre o quantificador em (137a), e parece que também em (137b), mas não em (137c). Se assim for, temos uma indicação de que não existe reconstrução na posição do vestígio em (137c)[100].

As interações do quantificador podem resultar do fato de o quantificador na oração principal ser adjunto ao IP subordinado (numa posição em que c-comanda o vestígio da elevação, derivando-se uma estrutura bem formada se o vestígio da descida for apagado, segundo as linhas mestras da proposta original de May) ([310]). Mas não há reconstrução na cadeia-A, segundo parece.

Outros casos de movimento incorreto são eliminados no quadro teórico esboçado aqui, tais como o movimento de um XP passando por uma posição Y^0 pura, ou em adjunção a essa posição, com subsequente apagamento desse vestígio. O estatuto das operações de scrambling deveria ser reconsiderado, bem como a diferença (aparente) de estatuto entre estruturas como (126) e (129). Este tópico geral merece uma resenha abrangente.

Até aqui aderimos (praticamente) ao pressuposto minimalista de que o procedimento computacional C_{HL} é uniforme de N até LF; qualquer distinção antes e depois do Spell-Out é um reflexo de outros fatores. Discuti muito pouco a "condição de ampliação" do cap. 3, que garante a ciclicidade. A condição é empiricamente motivada para a substituição antes do Spell-Out, pelos efeitos da minimalidade relativizada e outros; e não se aplica depois do Spell-Out, se a teoria do Caso e da concordância da abordagem minimalista for correta. Também não se pode aplicar estritamente no caso da adjunção, visto que essa operação toma normalmente como alvo um elemento dentro de uma projeção maior (sempre, no caso da adjunção nuclear). Seria desejável mostrar que essas consequências são dedutíveis, e não simplesmente estipuladas[101].

Quanto a Compor, não há nada a dizer. Satisfaz a condição de ampliação por razões elementares já discutidas (ver a discussão a seguir a (11)). Surgem questões apenas em relação a Atrair/Mover. A operação toma K como alvo, elevando α para ser adjunto a K, ou para se converter no especificador de K,

---

([310]) A derivação complexa descrita nesta passagem para (137a-b) é a seguinte: primeiro, o quantificador *everyone* sofre QR para a oração principal (a oração de *seems* e *expected*, respectivamente); em segundo lugar, o quantificador desce, sendo adjunto ao IP encaixado, numa posição que c-comanda o vestígio original da sua própria elevação; e, por fim, o vestígio da descida (ou seja, na posição alvo de QR) é apagado. A ausência da leitura relevante em (137c) mostra que esse processo de descida não ocorre aí *na oração subordinada*, restringindo-se à oração que contém a cabeça da cadeia *visível* do quantificador – ou seja, mostra que não há reconstrução do quantificador na posição *t* de (137c); se houvesse, a derivação descrita para (137a-b) deveria ser possível, com a consequente leitura com escopo largo de *not*.

K projetando nos dois casos. K pode ser uma substrutura de uma estrutura L já formada. Essa opção é necessária na componente não visível, mas não é permitida livremente antes do Spell-Out – como resultado de outras condições, esperamos mostrá-lo.

Quanto à ciclicidade na componente visível, há vários casos a considerar. Um deles é ilustrado por exemplos típicos como (138) ([311]).

(138) * who was [$_\alpha$ a picture of t_{wh}] taken t_α by Bill

Se a passivização preceder o movimento-*wh*, (138) é uma violação da Condição sobre os Domínios de Extração (CDE) no sentido de Huang (1982); mas a estrutura pode ser derivada sem qualquer violação (incorretamente) se as operações forem aplicadas numa ordem contracíclica, com a passivização depois do movimento-*wh* ([312]). Neste caso, a ciclicidade é diretamente determinada pela força ([313]). Se a passivização não preceder o movimento-*wh*, a derivação é cancelada pela violação da força de T (o princípio EPP) ([314]). Independentemente, as condições de economia podem distinguir de modo relevante as derivações em competição. A passivização é idêntica em ambas as derivações; o movimento-*wh* é "mais longo" na derivação ilícita, num sentido óbvio, visto que o objeto está mais "longe" de [Spec, CP] do que o sujeito, em termos do número de XPs atravessados. A distinção pode ser captada por uma teoria correta da economia derivacional – ainda que a questão não seja trivial, em parte porque estamos invocando aqui uma noção "global" de economia, o que temos procurado evitar ([315]). Estes problemas são evitados na abordagem proposta por Kawashima e Kitabara e por Groat, brevemente

---

[311] (138) *quem (é que) foi [$_\alpha$ uma fotografia de t_{wh}] tirada t_α pelo Bill
(**de quem (é que) foi [uma fotografia t] tirada t pelo Bill*)

[312] A CDE proíbe a extração para fora de um sujeito (como no caso de (138)) ou de um adjunto. Repare-se que o que se pretende aqui é *excluir* (138), o que é conseguido com uma aplicação cíclica das regras em causa. Na derivação contracíclica, *who* é retirado para fora de α (por movimento-*wh*) quando α ainda se encontra na posição de objeto (logo sem violação da CDE), antes de a passivização mover α para [Spec, IP]. Uma derivação em que o movimento-*wh* precede a passivização é "anticíclica" ou "contracíclica", porque o domínio de processamento do movimento-*wh* (CP) contém propriamente o domínio da passivização (IP). (Como se sabe, o princípio do ciclo obriga a aplicar as regras começando no domínio mais encaixado, e "subindo" progressivamente para os domínios menos encaixados.) O problema, portanto, consiste em forçar a operação cíclica sem estipulações.

[313] Isto é, pelo traço forte de T.

[314] Ver a discussão de (3).

[315] Ver a nota 72 do autor e as notas ([27]) e ([28]) da p.561.

esboçada na seção 4.4.1 ([316]) (ver também Collins, 1994a, 1994b; Kitahara, 1994, 1995). Voltamos na seção 4.10 à possibilidade de excluir a operação contracíclica com uma interpretação estrita do princípio (95).

As construções com minimalidade relativizada constituem outra classe de casos; o tratamento aceito é o de Rizzi (1990). Estas construções pertencem a três categorias: (1) o movimento nuclear (a HMC); (2) o movimento-A; (3) o movimento-Ā. Como discutimos anteriormente, o estatuto da HMC não é claro. Em cada caso, há duas situações que têm de ser excluídas: (I) passar sobre uma posição já preenchida; (II) operações contracíclicas (isto é, o movimento que passa sobre uma posição "potencial", preenchida a seguir). A situação (I) cai sob a alçada da MLC, por sua vez incorporada na definição de Mover/Atrair. Quanto a (II), a categoria (1) não constitui problema; a inserção nuclear é efetuada necessariamente por Compor, que satisfaz a condição de ampliação. O problema também não pode surgir para os traços fortes. Ficam ainda algumas questões, que são reformuladas e simplificadas na seção 4.10.

É possível então que não haja necessidade de impor sobre as operações visíveis a condição de ampliação do cap. 3. Além disso, nem a componente fonológica nem a componente não visível podem ter acesso ao léxico, por razões já discutidas. O módulo Morfologia permite variação indiretamente, antes e depois do Spell-Out; a força dos traços, e outras propriedades da linguagem, como, por exemplo, as condições em PF sobre o movimento que determinam o pied-piping generalizado, também permitem variação. Todas estas condições refletem propriedades da interface A-P. Parece possível manter a conclusão de que o sistema computacional C_{HL} é uniforme entre N e LF, não sendo necessário estipular nenhuma distinção entre a estrutura pré-Spell-Out e a estrutura pós-Spell-Out. E talvez seja possível aproximarmo-nos da conclusão ótima de que as condições de output básicas são satisfeitas tão bem quanto possível.

4.7.5 Adjuntos e conchas

Pouco dissemos até aqui sobre estruturas como (139), com um advérbio adjunto a um XP, formando a categoria de dois segmentos [XP, XP], projetada a partir de X.

---

[316] Ver as p.381-382.

(139)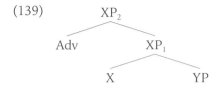

Podemos talvez assumir que esta estrutura é proibida se XP tiver uma função semântica em LF (ver (130) e a nota 97) – digamos, se XP é um predicado (um AP ou um VP), como na estrutura de v^{max} (140a), subjacente a (140b), se a análise das construções transitivas de (115) for correta ([317]).

(140) a.   John [$_v$ [$_{VP}$ often [$_{VP}$ reads $\begin{Bmatrix} \text{books} \\ \text{to his children} \end{Bmatrix}$]]]

b.   * John reads often (books, to his children)

Estruturas como (139) poderiam ser derivadas quer por Compor quer por Mover. A segunda possibilidade pode talvez ser excluída em princípio: os advérbios parecem não ter propriedades morfológicas que exijam adjunção a XP (mesmo se isso fosse possível, é uma ideia duvidosa, como notamos). A evidência empírica também sugere que os advérbios não formam cadeias através da adjunção a XP (ver as p.104-105). Assim, um advérbio numa posição pré-IP não pode ser interpretado como se tivesse sido elevado a partir de uma posição inferior[102].

A única opção é, pois, a operação Compor. A questão que se coloca é a de saber se a "adjunção na base" (no sentido da EST) opera acima do nível da formação de palavras, e de que modo. Especulamos que essa operação é proibida no caso de XP ser semanticamente ativo, como em (140a). Independentemente do estatuto da sequência de palavras, a estrutura atribuída em (140a) não é permitida ([318]).

Como primeira aproximação, pelo menos, Compor não pode efetuar a adjunção de um advérbio a um constituinte θ-relacionado (argumento ou

---

([317]) (140) a.   o João [$_v$ [$_{VP}$ frequentemente [$_{VP}$ lê $\begin{Bmatrix} \text{livros} \\ \text{aos seus filhos} \end{Bmatrix}$]]]

b.   * o João lê frequentemente (livros, aos seus filhos)

Note-se que (140b) é derivado a partir de (140a) pelo movimento visível do verbo em adjunção a v. A gramaticalidade do exemplo português deve-se presumivelmente à subida visível do verbo para I, com o advérbio numa posição legítima mais baixa.

([318]) Assim, o exemplo em português correspondente (gramatical) na nota anterior não pode ter a estrutura de (140a).

predicado). Assim, um advérbio pode ser "adjunto na base" unicamente a X' ou a um constituinte cujo núcleo seja *v* ou uma categoria funcional. A adjunção de um advérbio a X' por Compor não entra em conflito com a conclusão que X' é invisível para C$_{HL}$; no ponto da adjunção, o alvo é um XP, não um X'.

Construções como (140a) desempenharam um papel considerável na teoria linguística desde os estudos de Emonds (1978) sobre as diferenças entre as línguas com elevação de V e as línguas sem elevação de V (o francês e o inglês, respectivamente). Os fenômenos básicos, juntamente com (140a), são ilustrados por (141a-b) (ambas as sequências são bem formadas em francês) ([319]).

(141) a.   John reads often to his children
b. * John reads often books

Uma proposta por vezes defendida é que o V é elevado na estrutura subjacente (140a) para formar (141a), mas que essa elevação é proibida em (141b) por motivos Casuais; o Caso acusativo é atribuído a *books* por *read* obedecendo a uma condição de adjacência do tipo proposto por Stowell (1981). O francês seria diferente na propriedade da adjacência ou em qualquer outra propriedade.

À parte o fato de a construção de origem (140a) ser proibida se a discussão acima estiver correta[103], a abordagem geral é problemática em bases minimalistas. Este quadro teórico não possui um lugar natural para a condição de adjacência. Além disso, se o Caso é atribuído através da elevação para uma posição [Spec, núcleo], como estamos assumindo, a adjacência é irrelevante de qualquer maneira. Também não é claro por que é que o verbo teria de ser necessariamente elevado em (141), ou para onde é elevado ([320]). Parece que a análise proposta está errada, ou então há algum problema com o quadro teórico minimalista.

---

[319] (141) a.   o João lê frequentemente aos seus filhos
b. * o João lê frequentemente livros
[320] Assumindo (contrariamente à estrutura aí explicitamente apresentada) que em (140a) o verbo está numa posição de adjunção a *v* (uma operação que parece ser obrigatória), e que o advérbio está adjunto a *v*P, não é claro para que posição o verbo é elevado em (141), dado que não existe elevação visível de V-*v* para T em inglês.

Na realidade, as bases empíricas desta análise são duvidosas. Considerem-se grupos adverbiais como *every day* ou *last night*, que não podem aparecer na posição de *often* em (140a) ([321]).

(142) * John every day reads to his children

Mesmo assim, encontramos de novo o paradigma de (141) ([322]).

(143) a. John reads every day to his children
b. * John reads every day books

Além disso, aparecem fenômenos semelhantes quando a elevação não é de modo nenhum uma opção, como em (144) ([323]).

(144) a. John made a decision (last night, suddenly) to leave town
b. John felt an obligation (last night, suddenly) to leave town

Em (144), o advérbio pode ter escopo na oração principal, não estando, portanto, dentro da oração infinitiva. Pode aparecer entre o núcleo N e o seu complemento, ainda que o N não possa ter sido elevado da maneira que estamos a discutir ([324]). Os exemplos indicam que, pelo menos em estruturas com a forma de (145), não podemos concluir a partir do escopo do Adv na oração principal que α é elevado para fora do constituinte encaixado β.

(145) [...[α Adv [β to-VP]]...]

Em geral, é duvidoso que a elevação tenha alguma coisa a ver com os paradigmas relevantes.

Os fenômenos sugerem uma solução larsoniana. Suponha-se que excluímos (140a) inteiramente do paradigma, assumindo que *often* aparece em

---

[321] *todos os dias, ontem à noite, frequentemente.*
(142) * o João todos os dias lê aos seus filhos (??)
[322] (143) a. o João lê todos os dias aos seus filhos
b. * o João lê todos os dias livros
[323] (144) a. o João tomou uma decisão (ontem à noite, subitamente) de deixar a cidade
b. o João sentiu uma obrigação (ontem à noite, subitamente) de deixar a cidade
[324] Ou seja, não existe uma derivação em que os substantivos *decision*, *obligation* comecem numa posição pós-adverbial e sejam elevados para uma posição pré-adverbial, ou em que sejam movidos para fora do NP que projetam (com ou sem cruzamento do advérbio).

alguma posição mais elevada e, logo, não exemplifica (139) com XP = VP. A estrutura subjacente a (141) e (143) é (146), mesmo se α estiver ausente, aceitando os pressupostos apresentados acima sobre a estrutura dos verbos transitivos (ver a discussão de (115)).

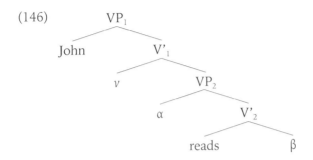

Em (146), VP_1 e V'_1 são projeções do verbo leve v, e VP_2 e V'_2 são projeções de *read*, e *reads* é elevado em adjunção a v.

Suponhamos que α em (146) é o elemento adverbial *often*. Então, se β = *to the children*, não há problemas. Mas, se β = *books*, a derivação fracassa; *books* não pode ser elevado para [Spec, Agr] para verificar o Caso porque existem dois elementos intervenientes mais próximos ([325]): o sujeito *John*, e *often*[104]. As violações da Minimalidade Relativizada não são evitadas pela elevação de V para v, seguida da elevação de v para Agr_O; estas operações combinadas deixam α mais perto de Agr_O do que β = *books*. Lembremo-nos de que *books* não pode ser elevado para [Spec, v], por razões já discutidas ([326]).

Nesta análise, os fatos básicos são deduzidos sem pressupostos especiais. Temos uma solução que apela para o Caso, mas que não apela para a adjacência. O problema da elevação opcional é eliminado, assim como os problemas sugeridos por (143) e (144).

Ficam ainda perguntas sobre outras questões, entre elas: Qual é a base da distinção entre o francês e o inglês, e será que pode ser reduzida de qualquer forma à elevação visível de V? Por que é que as variantes-*wh* dos advérbios em causa se comportam como adjuntos, e não como argumentos?[105] ([327]) O que é que se passa com os efeitos CDE no caso de adjuntos como o constituinte

---

[325] Mais próximos de [Spec, Agr_O].
[326] Ver a discussão dos exemplos de (113).
[327] Ver a discussão no cap. 2, p.247-248. Se o advérbio pode bloquear o "movimento-A" de *books* pela Minimalidade Relativizada, a sua variante *wh*- deveria se comportar como um argumento, não como um adjunto (relativamente a fenômenos de extração, ECP etc.).

Adj em (147), que podem estar numa posição de complemento, se generalizarmos a análise? ([328])

(147) they [read the book [_Adj_ after we left]]

Deixo aqui estas perguntas sem qualquer comentário útil.

Uma outra classe de perguntas tem a ver com o escopo dos elementos adverbiais em construções ECM. Consideremos as frases de (148) ([329]).

(148) a. I tell (urge, implore) my students every year (that they should get their papers in on time, to work hard)
b. I would prefer for my students every year to (get their papers in on time, work hard)
c. I believe my students every year to (work hard, have gotten their papers in on time)

Na análise larsoniana esboçada acima, *every year* deveria ter escopo na oração principal em (148a), e (148c) deveria ter o estatuto marginal de (148b), com escopo na oração encaixada, no caso de haver alguma interpretação. As diferenças parecem ir na direção esperada, ainda que não sejam talvez tão sólidas como gostaríamos. Entre parênteses, esperaríamos que a diferença fosse anulada numa língua com elevação de V, como o islandês, o que parece acontecer (Dianne Jonas, comunicação pessoal) ([330]).

([328]) (147) eles [leram o livro [_Adj_ depois de nós sairmos]]
Se o Adj de (147) está numa posição de complemento (ou na posição β de (146), como em (83) do cap. 1, ou numa concha mais profundamente encaixada), e não numa posição estrutural de "adjunção", a extração de elementos para fora dele não deveria determinar efeitos CDE, segundo a teoria P&P.

([329]) (148) a. Eu digo (incito, imploro) aos meus estudantes todos os anos (que eles deveriam entregar os seus trabalhos a tempo, para trabalhar bastante)
b. Eu preferiria *compl* os meus estudantes todos os anos (entregar os seus trabalhos a tempo, trabalhar bastante) (*)
c. Eu acredito os meus estudantes todos os anos (trabalhar bastante, ter entregue os seus trabalhos a tempo) (*)
Seguindo análises estabelecidas, *for* é um complementador infinitivo; (148b-c) só têm uma versão finita em português.

([330]) Em (148a), *my students* é o objeto da oração principal, logo o advérbio pode ocupar uma posição dentro da oração principal, enquanto em (148b-c) (na análise assumida), *my students* é o sujeito da oração complemento, logo o advérbio está necessariamente nessa oração. A distinção pode ser anulada em islandês, assumindo que nessa língua (com elevação visível

A mesma análise prevê que o escopo na oração principal deveria ser, na melhor das hipóteses, marginal em (149) e em (150) ([331]).

(149) a. I hear [him often talk to his friends]
b. I've proved [him repeatedly a liar]

(150) I've proved [him repeatedly to be a liar]

Os casos de (149) são mais ou menos como esperamos, mas os exemplos do tipo de (150) têm sido citados como ilustrando escopo adverbial na oração principal, desde o trabalho antigo de Postal (1974) sobre a elevação do sujeito para objeto. Ficamos assim com uma certa falta de clareza sobre a idealização correta dos dados, quando os fatores alheios são eliminados.

Uma conclusão plausível parece-me ser que o escopo do elemento encaixado é estreito, como em (148) e em (149), e que (150) contém um tipo de "rearranjo" a que se chamou "extraposição" em trabalhos anteriores, mas que pode muito bem não pertencer ao quadro teórico de princípios que consideramos aqui; ver a seção 4.7.3. É, assim, possível que a interpretação com escopo largo receba um tratamento idêntico ao de casos como (131) e (144)-(145), nos quais a elevação visível para uma posição mais elevada é muito pouco provável[106] ([332]). Tudo isto, contudo, é especulativo.

Talvez sejam necessárias qualificações semelhantes para estruturas com adjuntos múltiplos como (151a), particularmente se essas estruturas também têm rearranjos múltiplos, como em (151b) e em (131) ([333]).

---

de V) o objeto direto se eleva visivelmente para [Spec, Agr$_O$]; logo em (148c) (um caso de construção ECM), o sujeito da oração encaixada *my students* é elevado para [Spec, Agr$_O$] da oração principal, e o advérbio pode estar na oração principal.

([331]) (149) a. Eu ouço [ele frequentemente falar com os seus amigos]
b. Eu provei [ele repetidamente um mentiroso] (*)
(150) Eu provei [ele repetidamente ser um mentiroso] (*)
(O verbo *provar* em português não entra em construções de oração pequena ou ECM).

([332]) No caso de (144), a elevação do predicado nominal; no caso de (150), a elevação (hipotética, mas duvidosa) seria a de *him* para [Spec, Agr$_O$] da oração principal, e a de *proved* para Agr$_O$.

([333]) (151) a. O João viu um documentário com muito interesse ontem duas vezes num cinema de Boston
b. o João viu um documentário ontem de que realmente gostou sobre a Revolução Francesa pelo autor que conhecemos dos romances mais interessantes que algum de nós já leu

Repare-se que a interpretação pretendida de (151a) é aquela em que o constituinte *com muito interesse* modifica *viu* e não *um documentário*.

(151) a. John watched a documentary with great interest yesterday twice in a Boston theater
b. John watched a documentary yesterday that he really enjoyed about the French revolution by the author we met of the most interesting novels that any of us had ever read

Quaisquer que sejam os fenômenos em ação nestes casos, é pouco provável que uma proliferação de conchas seja relevante. Mesmo se assumirmos essa análise para os adjuntos múltiplos, há poucas razões para supor que o verbo é elevado repetidamente a partir de uma posição profunda na estrutura; pelo contrário, se uma estrutura de concha for na realidade relevante, os constituintes adicionais podem ser apoiados por núcleos vazios inferiores ao verbo principal, e este por sua vez pode não estar mais profundamente encaixado do que em (146). Sem uma compreensão mais profunda de todo este conjunto de tópicos, parece prematuro especular.

O mesmo tipo de análise parece apropriado para um amplo leque de estruturas verbais complexas, independentemente de os elementos do domínio interno serem ou não argumentos NP. Considerem-se construções como *they looked angry to him* ([334]). Aqui, *angry* e *to him* estão no domínio interno de *looked*, ainda que a sua posição relativa não seja clara; a ordem de superfície pode ser enganadora, por razões já discutidas ([335]). Por analogia com as construções *seem to* (ver a discussão de (98)), suponha-se que *angry* é o complemento. A estrutura seria então (152).

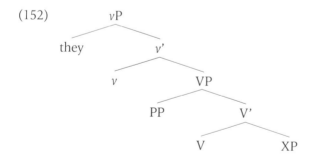

Em (152), V = *looked*, PP = *to him*, XP = *angry*, e V é adjunto ao verbo leve *v*.

([334]) *eles pareciam zangados a ele* ('eles pareciam-lhe estar zangados').
([335]) Ver a discussão a seguir a (98), e a nota 77 do autor.

É possível que uma abordagem semelhante possa cobrir parte do território atribuído a um processo de "reanálise" em trabalhos anteriores. Compare-se (153a) e (153b) ([336]).

(153) a. this road was recently driven on
b. * this road was driven recently on

A orfandade da preposição, ilustrada em (153a), tem graus variados de aceitabilidade, mas os exemplos ficam rapidamente degradados quando intervém um advérbio, como em (153b); este fenômeno tem sido usado como apoio da ideia de que as construções V-P são por vezes "reanalisadas" num novo verbo V'. Uma análise seguindo as linhas mestras de (146) nos dá o mesmo resultado – sem, contudo, ter nada a dizer sobre outras questões bem conhecidas, por exemplo: por que é que frases como *which road did John drive recently on* também são degradadas? E por que é que às vezes encontramos uma interpretação idiomática nos casos "reanalisados"? ([337]).

4.8 Ordem

Nada dissemos até aqui sobre a ordenação dos elementos. Não existe evidência clara de que a ordem desempenhe qualquer função em LF ou na

---

[336] (153) a. esta estrada foi recentemente conduzida em (*)
b. * esta estrada foi conduzida recentemente em (*)
[337] *qual estrada (é que) o João conduziu recentemente em*.
Na "análise seguindo as linhas mestras de (146)", o advérbio em (153b) ocupa a posição α de (146) (o Spec de uma concha "larsoniana"), e *on this road* ocupa a posição β. Logo, o movimento de *this road* para [Spec, I] é uma violação da minimalidade relativizada, visto que o advérbio está mais próximo do alvo (tal como *often* em (146) está mais próximo de [Spec, Agr$_O$] do que *books*). Ver, no entanto, a nota 104 do autor. Segundo esta análise, o exemplo do texto *which road*... não deveria ser excluído, visto que o traço atraído é agora um traço de operador (-*wh*) (ou seja, temos movimento-Ā), e o advérbio interveniente não deveria bloquear esse movimento (o advérbio, embora estando mais próximo de CP, não possui nenhum traço de operador que possa ser atraído por CP – ver a definição de Atrair/Mover em (84)). Não temos, pois, uma explicação evidente para o estatuto degradado do exemplo. Agradeço a Howard Lasnik e a Jairo Nunes pela ajuda (independente) na clarificação desta passagem. Quanto a (153a), temos de "excluí-lo do paradigma", tal como (140a) (ver o parágrafo anterior a (146)), e pressupor que o advérbio não ocupa aí a posição Spec de uma concha larsoniana, mas que está presumivelmente numa posição mais elevada (talvez adjunto a uma projeção funcional), não interferindo assim no movimento-A de *this road*.

computação de N para LF; vamos, pois, assumir essa conclusão no seguimento do texto. Nesse caso, a ordenação faz parte da componente fonológica, uma ideia que tem sido proposta ao longo dos anos sob várias formas. Se assim for, o fenômeno poderia tomar uma forma bem diferente, sem afetar C_{HL}, se o uso da linguagem tivesse uma maior dimensionalidade expressiva, ou se não envolvesse qualquer manifestação sensório-motora.

Parece natural supor que a ordenação se aplica sobre o output da Morfologia, atribuindo uma ordem linear (temporal, da esquerda para a direita) aos elementos que esta componente forma, todos X^0s, ainda que não necessariamente itens lexicais. Estes pressupostos, se forem corretos, nos dão razões adicionais para supor que não existe ordem linear na computação N → LF, assumindo que esta não tem acesso ao output da Morfologia.

O pressuposto tácito é que a ordem é estabelecida pelo parâmetro nuclear: as línguas se dividem basicamente em dois tipos: as de núcleo inicial (o inglês) e as de núcleo final (o japonês), com refinamentos adicionais. Fukui propôs que o parâmetro nuclear permite uma análise do movimento opcional, excluído neste modelo pelas condições de economia, à parte o caso especial de derivações alternativas igualmente econômicas. Fukui argumenta que o movimento que mantém a ordenação do parâmetro nuclear é "livre"; mas o movimento que não mantém essa ordenação tem de ser motivado pela Cobiça (pela Condição do Último Recurso). Assim, no japonês, com núcleos finais, o movimento para a esquerda (scrambling, passivização) é opcional, ao passo que, em inglês, essas operações têm de ser motivadas pela verificação de traços; e a extraposição para a direita é livre em inglês, ainda que seja proibida em japonês[107].

Kayne (1993) propôs uma alternativa radical ao pressuposto tácito ([338]), ao sugerir que a ordem reflete universalmente a hierarquia estrutural através do Axioma da Correspondência Linear (LCA) ([339]); a LCA diz que o c-comando assimétrico (CCA) impõe uma ordenação linear dos elementos terminais; qualquer categoria que não seja totalmente ordenada pela LCA é proibida. A partir da formulação específica de Kayne, conclui-se que existe uma ordem especificador-núcleo-complemento (SVO) universal, e que os especificadores são na realidade adjuntos. Logo, uma estrutura núcleo-complemento é

([338]) Isto é, ao parâmetro nuclear.
([339]) Decidimos manter aqui a sigla original, LCA, já bastante difundida, que provém das iniciais da expressão inglesa "Linear Correspondence Axiom".

necessariamente um XP, que pode ser ampliado num XP de dois segmentos – uma só vez, nos pressupostos de Kayne.

A ideia geral integra-se no espírito do Programa Minimalista e é consistente com a especulação de que a natureza essencial de C_{HL} é independente da interface sensório-motora. Consideremos então o modo como esta abordagem pode ser incorporada na teoria da estrutura de constituintes despojada. O problema não é inteiramente simples, porque a teoria despojada não possui a estruturação articulada da teoria X-barra padrão, e esta desempenha uma função crucial na análise de Kayne[108].

Kayne dá dois tipos de argumentos em favor da LCA: conceituais e empíricos, os segundos ampliados em trabalhos subsequentes (ver particularmente Zwart, 1993 e Kayne, 1994). Os argumentos conceituais mostram o modo como determinadas propriedades estipuladas da teoria X-barra podem ser derivadas a partir da LCA. Os argumentos empíricos podem em larga medida ser incorporados numa reformulação da LCA em termos da teoria despojada, mas os argumentos conceituais são problemáticos. Em primeiro lugar, a derivação dessas propriedades depende crucialmente não só da LCA mas também de certos aspectos da teoria X-barra padrão que são abandonados na teoria despojada. Em segundo lugar, essas conclusões são na maior parte imediatas na teoria despojada sem a LCA[109].

Vejamos então como é que uma LCA modificada pode ser acrescentada à teoria despojada. Não temos nenhuma distinção entre categoria e elemento terminal, logo não fazemos nenhuma distinção entre núcleo e elemento terminal, e não temos restrições de c-comando ligadas a essas distinções. Suponha-se que temos a estrutura (154), que é equivalente na teoria despojada a várias estruturas mais ricas que Kayne considera.

(154)
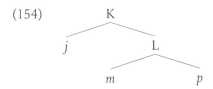

Em (154), L é *m* ou *p*, e K é *j* ou L. K pode ser uma categoria separada ou um segmento; no segundo caso, um segmento de [K, *j*] ou de [K, L], dependendo do elemento que projeta. Os núcleos são os elementos terminais *j*, *m*, *p*. Assumindo que L não é formado por adjunção, tem *m* ou *p* como núcleo, e o outro elemento é ao mesmo tempo máximo e mínimo; para concretizar, digamos que *m* é o núcleo, sendo L nesse caso *m*P.

Suponha-se que K é uma categoria distinta ([340]) e que L projeta, sendo, portanto, *j* um especificador numa posição-A. Temos CCA ([341]) nos pares (*j*, *m*) e (*j*, *p*), logo *j* precede *m* e *p*. Contudo, só temos CCA no par (*m*, *p*) se o elemento terminal único *p* (o complemento do núcleo *m*) for substituído por uma categoria complexa. Logo, derivamos a ordem especificador-núcleo-complemento, ainda que apenas no caso de um complemento não trivial ([342]).

Em vez do elemento terminal *j*, suponha-se que temos um J que ramifica, com constituintes α e β. L é um X', nem mínimo nem máximo, portanto não c-comanda[110]. Logo, as relações de CCA não mudam.

Suponha-se que K é uma categoria separada e que *j* projeta, sendo, portanto, *j* o núcleo de K com complemento L. O CCA aplica-se do mesmo modo.

Suponha-se que K é um segmento, ou *j* ou L. Não há nenhum problema particular, mas a ordem entre um adjunto e o alvo da adjunção depende da definição exata do c-comando.

Em resumo, a LCA pode ser adotada no âmbito da teoria despojada, mas com consequências um pouco diferentes. A distinção entre segmento e categoria (e as distinções associadas) pode ser mantida. Deduzimos diretamente a conclusão básica de Kayne sobre a ordem SVO, mas só se o complemento for mais complexo do que um simples elemento terminal.

Voltemos ao caso em que L = *m*P com complemento *p*, em que *p* é um elemento terminal único, ao mesmo tempo mínimo e máximo. Como nem *m* nem *p* estão numa relação mútua de c-comando assimétrico, nenhuma ordenação é atribuída a *m*, *p*; a ordenação atribuída não é total, e a estrutura entra em violação da LCA. Temos então duas possibilidades. Ou enfraquecemos a LCA de modo que as ordenações não totais sejam admissíveis, sob certas condições (mas não as ordenações "contraditórias"), ou concluímos que a derivação fracassa, a menos que a estrutura N = [$_L$ *m p*] tenha mudado no momento em que a LCA se aplica, tornando a estrutura interna de N irrelevante; talvez a estrutura N seja convertida pela Morfologia numa "palavra fonológica", não sujeita internamente à LCA, assumindo que a LCA é uma operação que se aplica depois da Morfologia.

Consideremos a primeira possibilidade ([343]): haverá algum modo natural de enfraquecer a LCA? Há uma opção óbvia que ocorre imediatamente: não

---

([340]) Ou seja, não formada por adjunção.
([341]) C-Comando Assimétrico.
([342]) Isto é, um complemento que não seja simultaneamente máximo/mínimo.
([343]) Ou seja, enfraquecer a LCA (ver o parágrafo anterior).

há motivos para que a LCA ordene um elemento que vai desaparecer em PF, por exemplo, um vestígio. Suponhamos então que os vestígios ficam isentos da LCA; nesse caso, (154) é uma configuração legítima se *p* for elevado visivelmente, deixando um vestígio que pode ser ignorado pela LCA. A segunda possibilidade (³⁴⁴) pode ser realizada essencialmente do mesmo modo, deixando que a LCA apague vestígios. Nesta interpretação, a LCA pode eliminar o vestígio violador em (154), se *p* for elevado.

Em resumo, se o complemento é um XP constituído por um elemento terminal único, tem de ser elevado visivelmente. Se XP = DP, então o seu núcleo D é um clítico, demonstrativo ou pronominal, e é ligado à estrutura numa posição mais alta (posição essa determinada de modo geral ou por propriedades morfológicas especiais)[111]. Se XP = NP, N é incorporado em V (e temos de mostrar que outras opções são bloqueadas). Nesta perspectiva, os clíticos são Ds simples sem complementos, e a incorporação nominal restringe-se a "NPs não referenciais" (como foi observado por Hagit Borer), assumindo que a natureza quase referencial, indéxica, de um grupo nominal é uma propriedade do núcleo D do DP, sendo o NP uma espécie de predicado. Dentro do DP, o núcleo N do NP é elevado para D (como foi argumentado num contexto diferente por Longobardi (1994))[112].

Esperamos então encontrar dois tipos de elementos pronominais (do mesmo modo, elementos demonstrativos), os simples, morfologicamente marcados como afixos e que têm de cliticizar; e os complexos, com uma estrutura interna, que não sofrem cliticização: em francês, por exemplo, o determinante D (*le, la* etc.) e o elemento complexo *lui-même* 'ele próprio', respectivamente. Em irlandês, o elemento simples é de novo D, e o elemento complexo pode até ser descontínuo, como em *an teach sin* 'essa casa', com o determinante *an-sin* (Andrew Carnie, comunicação pessoal). Um fenômeno que pode estar relacionado foi observado por Esther Torrego. Em espanhol, o marcador Casual *de* pode ser omitido em (155a), mas não em (155b).

(155) a. cerca de la plaza 'perto da praça'
      b. cerca de ella 'perto dela'

Quando *de* é apagado em (155a), D = *la* pode ser incorporado em *cerca*, satisfazendo o Filtro Casual; mas isso é impossível em (155b), se o elemento

---

(³⁴⁴) Ou seja, alterar a estrutura N (ver o parágrafo anterior).

pronominal complexo *ella* não for D, mas sim uma palavra com uma estrutura mais rica, da qual o resíduo de D não pode ser extraído.

Dado que a propriedade de ser um afixo é lexical, os elementos pronominais simples sofrem cliticização, mesmo não estando em posição final (por exemplo, um objeto pronominal em posição de especificador numa concha larsoniana). Se o foco contribuir com uma estrutura mais complexa, os elementos pronominais simples com foco (acentuados) poderão se comportar como elementos pronominais complexos. Se os pronomes do tipo do inglês são simples, terão igualmente de sofrer cliticização, ainda que localmente, e não como nas línguas românicas, com elevação para I (no caso do inglês, talvez isso seja um reflexo da ausência da elevação visível de V). É possível que a proibição de estruturas como *I picked up it* ([345]) seja uma consequência disso. Os determinantes do inglês como *this* e *that* ([346]) são presumivelmente complexos, com a consoante inicial representando D (como em *the, there* etc.) ([347]) e sendo o resíduo talvez uma espécie de adjetivo. Existem várias consequências que valeria a pena explorar.

Ainda que estas consequências sejam aparentemente razoáveis, as conclusões são bem fortes: assim, qualquer estrutura de ramificação à direita tem de terminar num vestígio, aceitando estes pressupostos.

E quanto à ordenação entre um adjunto e o seu alvo? Na teoria de Kayne, os adjuntos precedem necessariamente os seus alvos respectivos. No âmbito da teoria despojada, não temos nenhuma conclusão realmente fundamentada, tanto quanto eu possa ver. A ordenação depende do modo exato como as relações centrais da teoria da estrutura de constituintes, *dominância* e *c-comando*, forem generalizadas às categorias com dois segmentos.

Consideremos o caso mais simples, com α ligado a K, que projeta.

(156)

Suponha-se que K_2 é uma nova categoria, α é o especificador ou o complemento, sendo, portanto, (156) = L = {H(K), {α, K}}. Consideremos a noção *dominar* como uma relação irreflexiva com a interpretação usual. Nesse caso L domina α e K; informalmente, K_2 domina α e K_1.

([345]) *Eu apanhei partícula isso* 'eu apanhei isso'.
([346]) *isto, aquilo*.
([347]) *o, aí* (também o expletivo).

Suponha-se, contudo, que a operação relevante é de adjunção, formando a categoria de dois segmentos $[K_2, K_1] = \{<H(K), H(K)>, \{\alpha, K\}\}$. Será que α e K_1 são dominados pela categoria $[K_2, K_1]$? Relativamente ao c-comando, vamos assumir que α c-comanda para fora de $[K_2, K_1]$; assim, se a é a cabeça de uma cadeia, c-comanda o seu vestígio, que não precisa estar dentro de K_1 (como na elevação de um núcleo)[113]. Mas o que é que se passa com outras relações de c-comando, incluindo aquelas que se estabelecem dentro da própria configuração (156)?

A intuição central por detrás do c-comando é a seguinte.

(157) X c-comanda Y se (a) todo o Z que domina X domina Y e (b) X e Y são desconectados.

Se X e Y forem categorias, dizemos que X e Y estão desconectados se X ≠ Y e nenhum dominar o outro. As noções "domina" e "desconectado" (logo "c-comando") podem ser generalizadas aos segmentos de vários modos.

Estas relações restringem-se aos *termos*, no sentido definido anteriormente ([348]): no caso de (156), α, K (= K_1), e a categoria de dois segmentos $[K_2, K_1]$. K_2 não possui um estatuto independente. Estas conclusões se adéquam bastante bem à condição geral de que os elementos participam no sistema computacional C_{HL} se forem "visíveis" na interface. Assim, K_1 pode atribuir ou receber uma função semântica, tal como α (ou a cadeia cuja cabeça é α, que por sua vez tem de satisfazer a Condição Sobre as Cadeias). Mas não existe uma "terceira" função pairando em algum lugar para K_2; a categoria de dois segmentos é interpretada como uma palavra pela Morfologia e por PIP (ver (125)) se K é um X^0; caso contrário, a categoria pertence a uma das opções restritas que discutimos antes[114] ([349]).

Se pelo menos estas ideias forem corretas, concluímos que, em (156), $[K_2, K_1]$ domina o seu segmento inferior K_1; nesse caso, K_1 não c-comanda nada (incluindo α, que não é dominado por $[K_2, K_1]$, mas unicamente contido nessa categoria).

Considerando agora o c-comando, vejamos como é possível ampliar a noção "desconectado" de (157b) aos adjuntos. Tomemos a adjunção a um núcleo não máximo ((16) de Kayne, 1993, reduzido ao equivalente despojado).

([348]) Ver (10), e p.373.
([349]) Ver a seção 4.7.2, especialmente p.475 et seq.

(158)

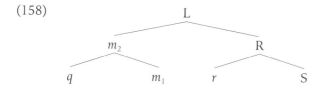

Em (158), q é adjunto ao núcleo m, formando a categoria de dois segmentos $[m_2, m_1]$, um X^0 não máximo que projeta na categoria L e é núcleo de L, o qual por sua vez tem m como etiqueta. R é o complemento de m, r é o núcleo de R, e S (que pode ser complexo) é o complemento de r. Quais são as relações de c-comando para a estrutura de adjunção? ([350])

A categoria Z mais baixa que domina q e m_1 é L, que também domina $[m_2, m_1]$. Logo, q e $[m_2, m_1]$ c-comandam assimetricamente r e S, qualquer que seja a nossa interpretação de "desconectado". Quais são as relações de c-comando dentro de $[m_2, m_1]$? Como notamos, m_1 não c-comanda absolutamente nada. As outras relações dependem da interpretação da noção "desconectado" de (157b). Kayne interpreta a noção como "X exclui Y". Nesse caso q c-comanda (assimetricamente) $[m_2, m_1]$, que por sua vez domina m_1, o que faz com que q preceda m_1; e, em geral, um adjunto precede o núcleo ao qual é adjunto. Se considerarmos que X, Y são "desconectados" se nenhum segmento de um contiver o outro, então q c-comanda m_1 mas não $[m_2, m_1]$, e de novo q precede m_1 [115]. Se "desconectado" exigir uma dissociação ainda maior entre X e Y – digamos, que nenhum pode ser segmento de uma categoria que contém o outro – então não é determinada nenhuma ordenação para q, m_1 pela LCA.

Não vejo nenhuma maneira fundamentada para escolher entre as várias opções.

Se m_1 não for um núcleo, mas sim a categoria complexa $[_m mP]$, sendo q assim um XP devido a razões já discutidas, então q c-comanda os constituintes de m_1 em todas as interpretações de "desconectado" ([351]), e o adjunto precede o alvo da adjunção (quer q seja internamente complexo ou não).

Deixamos assim em aberto o caso da adjunção de um núcleo a outro núcleo, isto é, a ordenação dentro de palavras. O problema de saber se a ordem dentro das palavras deve ser determinada deste modo depende de questões sobre a morfologia flexional e a formação de palavras que parecem demasiado obscuras e muito possivelmente não têm uma resposta geral.

([350]) Rever as noções definidas na p.98.
([351]) Neste caso, ainda que q não c-comande m_1 na terceira interpretação de "desconectado", q c-comanda os constituintes de m_1.

Em resumo, parece que a intuição básica de Kayne pode ser incorporada facilmente na teoria despojada, incluindo as conclusões empíricas principais, especificamente as ordens universais SVO e adjunto-alvo da adjunção (pelo menos para adjuntos XP). Na teoria despojada, a LCA não recebe apoio com base em argumentos conceituais; portanto, assenta sobre as consequências empíricas. Consideramos que a LCA é um princípio da componente fonológica que se aplica sobre o output da Morfologia, ignorando vestígios ou apagando-os, opcionalmente. A distinção entre especificadores e adjuntos (A-Ā) é mantida, juntamente com a possibilidade de especificadores ou adjuntos múltiplos, ainda que as opções para a adjunção sejam muito limitadas por outros motivos. Há também consequências quanto à cliticização e outras questões; se essas consequências são ou não corretas, ignoro-o.

4.9 Expletivos e economia

Os fatos abordados até agora nos levaram a postular duas categorias funcionais dentro do IP para as construções simples, Tempo (T) e Agr. A ocorrência de T é motivada por condições de output básicas por causa das suas propriedades semânticas e também por motivos estruturais: verifica o traço temporal de V e o Caso do sujeito, e fornece uma posição para elementos nominais visíveis, quer estes sejam elevados quer sejam introduzidos por Compor (o princípio EPP). Agr só tem uma motivação estrutural: participa na verificação dos traços do sujeito e do objeto e fornece uma posição para a elevação visível do objeto[116].

Há ainda vários vazios por explicar neste paradigma. Existem três categorias funcionais, mas só duas posições para especificadores visíveis: sujeito e objeto. Além disso, a posição de [Spec, I] pode conter um expletivo ou um elemento nominal elevado, mas só um elemento nominal elevado aparece em [Spec, Agr$_O$].

O primeiro vazio é eliminado, se encontrarmos estruturas em que estejam ocupadas as duas posições [Spec, I] preditas pela teoria ([352]). Mais interessantes ainda, no entanto, são as construções em que se encontram preenchidas as três posições possíveis de especificador: IPs com a forma (159), em que Nom é um grupo nominal, DP ou NP.

([352]) Isto é, [Spec, T] e [Spec, Agr$_S$].

(159) [$_{AgrP}$ Nom Agr$_S$ [$_{TP}$ Nom T [$_{AgrP}$ Nom Agr$_O$ VP]]]

Recordemo-nos de que as subetiquetas em Agr são mnemônicas sem qualquer estatuto teórico, indicando a posição da categoria funcional.

A estrutura (159) é ilustrada por construções transitivas com expletivo (CTEs), tal como analisadas por Jonas e Bobaljik (1993), Jonas (1994). Jonas e Bobaljik estudaram o islandês, que tem estruturas como as seguintes (palavras em inglês), de acordo com a análise deles ([353]):

(160) [$_{AgrP}$ there painted [$_{TP}$ a student t_T [$_{AgrP}$ [the house VP]]]]

A significação é algo como "um estudante pintou a casa", ou o equivalente inglês (161), inteligível mas inaceitável ([354]).

(161) there painted the house a student (who traveled all the way from India to do it)

Em (160), o expletivo está em [Spec, Agr$_S$]; *painted* é o núcleo verbal do VP, elevado em passos sucessivos para T, que por sua vez é elevado para Agr$_S$, deixando o vestígio t_T; o sujeito *a student* é elevado para [Spec, t_T], e o objeto *the house* para [Spec, Agr$_O$]; e VP contém apenas vestígios. A posição pré-VP do objeto é motivada pela posição dos elementos adverbiais e da negação nas formas visíveis. Encontramos as propriedades usuais das construções com expletivo: [Spec, t_T], o associado do expletivo em [Spec, Agr$_S$], é não específico, e determina o número do verbo na posição Agr$_S$. As três posições preditas encontram-se ocupadas na sintaxe visível[117].

O Caso e a concordância do objeto são verificados visivelmente em [Spec, Agr$_O$], e o Caso e concordância do sujeito são verificados depois da elevação não visível dos seus traços formais para Agr$_S$.

Numa CTE, tanto Agr$_S$ como T têm um especificador visível. Logo, cada um tem um traço forte – na realidade, uma generalização da EPP a Agr e a T independentemente. Ao introduzir o Princípio EPP (secção 4.2.1, abaixo de (1)), notei que havia uma certa ambiguidade relativamente ao traço forte que exprime o princípio: pode ser (1) um traço-D, (2) um traço-N, ou (3) um traço nominal de natureza geral, quer D quer N. Até aqui tenho vindo a

---

[353] (160) [$_{AgrP}$ *expl* pintou [$_{TP}$ um estudante t_T [$_{AgrP}$ [a casa VP]]]]
[354] (161) *expl* pintou a casa um estudante (que viajou lá da Índia para fazê-lo)

utilizar a terminologia (1), mas de modo neutro relativamente às três opções. Neste ponto, as opções começam a fazer alguma diferença, portanto temos de ser mais cuidadosos.

O especificador de Agr_S é o expletivo, logo o traço forte de Agr_S permite pelo menos, e poderá exigir, o traço categorial [D]. O especificador de T é nominal, mas existem razões internas à teoria, a que voltamos na seção 4.10, sugerindo que esse especificador pode ser um NP, e não um DP. Se a conclusão é correta, poderá ser um fator na explicação do efeito de definitude: o fato de, numa construção com expletivo, o associado ser não específico, NP em vez de DP (assumindo que D é o lugar da especificidade), quer o associado esteja em [Spec, T] quer esteja mais abaixo na oração. Além disso, como Agr_S e Agr_O são o mesmo elemento aparecendo em duas posições diferentes, se Agr_S tem um traço-D forte, então Agr_O também deve ter um traço-D forte. Esperamos então que a elevação do objeto visível favoreça nominais definidos-específicos, contrariamente aos NPs não específicos, que ficam *in situ* (por Procrastinar). Essa parece ser a tendência geral.

A análise das estruturas I é a mesma, quer o objeto seja elevado ou não, e até em construções passivas e de elevação com um expletivo e com o sujeito em [Spec, T], como em (162) (a tradução dos exemplos islandeses é de Jonas, 1994) ([355]):

(162) a. there have [$_{TP}$ some cakes [$_{VP}$ been baked *t* for the party]]
b. there seems [$_{TP}$ [$_{Suj}$ someone] [$_{IP}$ *t* to be in the room]]

Vamos nos referir a todas estas construções como sendo *construções de sujeito múltiplo* (CSMs), quer sejam transitivas (CTEs) ou não.

As CSMs enquadram-se no leque de opções já permitido, se usarmos de um modo mais completo os traços de força disponíveis para as categorias funcionais. Estas construções também apoiam a conclusão de que, nas construções expletivo-associado, os expletivos não têm Caso ou traços-φ, a partir de uma simples ampliação dos argumentos já apresentados. As CSMs oferecem assim evidência adicional de que o expletivo é puro, o que esperamos com base numa fundamentação mais geral.

Numa análise cuidada do islandês, de vários dialetos das ilhas Faroé, e das línguas da Escandinávia Continental, Jonas (1994) descobriu que as

---

([355]) (162) a. *expl* aux [$_{TP}$ alguns bolos [$_{VP}$ sido cozinhados *t* para a festa]]
b. *expl* parece [$_{TP}$ [$_{Suj}$ alguém] [$_{IP}$ *t* estar no quarto]]

CSMs dependem da elevação visível de V. Sabemos com base nas línguas sem elevação visível de V, como o inglês, que pelo menos uma categoria funcional, T ou Agr, pode ter um especificador visível se "estiver sozinha", isto é, não apoiada pela elevação visível de V. Assumindo que essa categoria é T, a generalização de Jonas afirma que Agr não pode ter um especificador a menos que seja apoiado por V[118] ([356]).

As CSMs como (160) levantam duas questões básicas:

(163) a. Por que é que as línguas diferem relativamente às CSMs, algumas línguas permitindo essas construções e outras não?
b. Como é que essas estruturas são permitidas pelos princípios de economia?

Estas questões pressupõem uma análise das construções simples com expletivos como (164a-b) ([357]).

(164) a. there arrived a man
b. there is a book missing from the shelf

Encontramos evidência considerável de que, nestas construções, os traços formais do associado são elevados não visivelmente para o I principal, verificando o Caso e os traços-ϕ, e funcionando como se estivessem na posição de sujeito, e não na posição de objeto, relativamente à ligação e ao controle[119]. Vou continuar a assumir a correção dessa análise nas suas linhas essenciais.

Voltando à questão (163a), por que é que certas línguas permitem CSMs?

Neste ponto, a generalização de Jonas é relevante: as CSMs visíveis exigem elevação visível de V. Será que podem existir CSMs apenas com elevação não visível? O exemplo (161) sugere que essa possibilidade não deve ser imediatamente descartada. Como notamos, a frase não é aceitável (como (164a), de certo modo), ainda que seja inteligível, e com outras escolhas lexicais a construção varia em aceitabilidade, como Kayne observou ([358]).

([356]) Recordemo-nos de que em inglês T é elevado para Agr$_S$, formando uma amálgama com este elemento (ver p.273); assim, ainda que o sujeito seja elevado para (Spec, Agr$_S$] em inglês, essa elevação é determinada pelo traço forte de T, e não constitui uma exceção à generalização do texto.

([357]) (164) a. *expl* chegou um homem
b. *expl* está um livro fora da prateleira

([358]) (165) a. *expl* entrou (n)o quarto um homem (vindo) da Inglaterra
b. *expl* apareceu (n)as bancas uma revista nova
c. *expl* visitou-nos ontem à noite um grupo grande de pessoas que viajaram lá da Índia

(165) a. there entered the room a man from England
b. there hit the stands a new journal
c. there visited us last night a large group of people who traveled all the way from India

Tem-se proposto que estas construções resultam de uma operação de extraposição, a qual depende por sua vez de considerações de "peso", mas nos nossos termos restritos ([359]) não existe nenhuma fonte óbvia para estas construções, à parte as CSMs. Uma possibilidade a explorar é que essas construções são na realidade CSMs, com a categoria do sujeito aparecendo visivelmente na fronteira direita, talvez como resultado de um processo na componente fonológica, o qual pode ser motivado por propriedades das estruturas de tema e rema, que tipicamente são compostas de alguma maneira por formas "de superfície". A proeminência do tema pode exigir a sua ocorrência numa fronteira: à direita, visto que a posição mais à esquerda está ocupada pelo sujeito expletivo. O islandês pode escapar a esta condição como reflexo da sua propriedade V-dois interna, que exige um método para interpretar temas internos. As restrições lexicais em inglês podem refletir a natureza semilocativa do expletivo. Se pudermos manter este tipo de especulações, a questão (163a) pode tomar uma forma um pouco mais complexa; a opção CSM pode ser mais geral, mas com manifestações diferentes, dependendo de outras propriedades da língua em questão[120].

A questão (163b) nos leva a um conjunto espesso de tópicos complexos e apenas parcialmente explorados. O fato de as CSMs alternarem com construções sem expletivos não é problemático; as alternativas surgem a partir de numerações diferentes, logo não são comparáveis para efeitos de economia[121]. Mas surgem perguntas sobre algumas das realizações das estruturas postuladas com a forma (166).

(166) Exp Agr [Suj [T XP]]

Suponha-se que temos a forma visível (167). Esperamos então que (167) seja a manifestação das duas CSMs distintas (168a) e (168b) ([360]).

([359]) Isto é, com a aparelhagem conceitual (restrita) do programa minimalista.
([360]) (167) *expl* parece alguém estar no quarto
(168) a. *expl* parece [$_{TP}$ alguém [$_{IP}$ *t* estar no quarto]]
b. *expl* parece [$_{IP}$ *t* [$_{TP}$ alguém estar no quarto]]

(167) there seems someone to be in the room

(168) a. there seems [$_{TP}$ someone [$_{IP}$ *t* to be in the room]]
   b. there seems [$_{IP}$ *t* [$_{TP}$ someone to be in the room]]

Em (168a), a oração principal é uma CSM com o sujeito *someone* ocupando a posição [Spec, T] principal. Em (168b), a oração encaixada é uma CSM com *someone* ocupando a posição [Spec, T] encaixada, e com o vestígio de *there* ocupando o Spec mais elevado da CSM ([361]). As duas possibilidades parecem ser legítimas (Jonas, 1994; (168a) e (162b))[122]. Mas temos de explicar por que é que tanto (168a) como (168b) são realizações legítimas da mesma numeração, e por que é que (169) não é permitido em inglês.

(169) *there seems (to me, often) [$_{IP}$ someone to be in the room]

Não temos uma contradição direta. Pode acontecer que princípios da UG proíbam (169) de um modo geral, ao mesmo tempo que permitem a existência de (168). Assumindo provisoriamente que essa é a solução do problema, perguntamos então por que motivo é que as estruturas ilustradas em (168) são permitidas, ao passo que aquela ilustrada em (169) é proibida ([362]). Não podemos apelar para a numeração neste caso, porque é a mesma em todos os exemplos.

Também temos que explicar por que é que (170) é permitido, com *there* elevado da posição de *t*, onde satisfaz o princípio EPP na oração encaixada.

(170) there seems [*t* to be [someone in the room]]

---

[361] Ou seja, em (168a), *there* e *someone* estão ambos na oração principal, que é a CSM; *someone* é elevado para [Spec, T] principal a partir da posição [Spec, Agr$_S$] encaixada (Agr$_S$P é aí anotado como "IP"). Em (168b), *someone* e o vestígio *t* de *there* estão ambos na oração encaixada, que é a CSM; *there* é elevado para a oração principal a partir da posição [Spec, Agr$_S$] encaixada (Agr$_S$P é aí anotado como "IP"). Recordemo-nos de que se discutem aqui estruturas abstratas com palavras do inglês, e não propriamente frases "superficiais" do inglês (ver a discussão acima).

[362] Repare-se que (169) não contém nenhuma CSM, contrariamente a (168). Comparemos por exemplo (169) com (168b). Em (168b), *someone* está na posição [Spec, T] da oração encaixada (com a posição [Spec, Agr$_S$] dessa oração ocupada pelo vestígio de *there*); ao passo que, em (169), *someone* está na posição [Spec, Agr$_S$] da oração encaixada, que não é uma CSM (Agr$_S$P é aí anotado como "IP"). Em (169), *there*, por sua vez, só é introduzido na oração principal, contrariamente a (168b) (ver a nota anterior).

O problema fica ainda mais difícil quando consideramos as construções ECM. Nestas, o sujeito encaixado *é elevado* visivelmente para uma posição equivalente àquela ocupada por *t* em (170); mas, numa estrutura como (170), o sujeito não pode na realidade ocupar essa posição (ver (169))[363]; inversamente, na construção ECM, o sujeito não pode permanecer *in situ*, contrariamente a (170) [364].

(171) a. I expected [someone to be [t in the room]] (... to have been killed t')
b. *I expected [t to be [someone in the room]] (... to have been killed John)

Temos assim uma rede complexa de propriedades que são quase contraditórias. Dentro do quadro teórico minimalista, esperamos que a solução nos seja dada pelos princípios de economia invariantes da UG.

Estas questões têm a ver com o movimento visível; logo, um dos princípios relevantes devia ser Procrastinar, que favorece o movimento não visível. Procrastinar seleciona entre derivações convergentes: o movimento visível é permitido (e forçado) para garantir a convergência. As questões restantes têm a ver diretamente com pressupostos básicos das teorias do movimento e da economia.

Comecemos por considerar os casos ECM, que contrastam com os casos de controle, como se mostra em (172), em que *t* é o vestígio do sujeito encaixado [365].

(172) a. I expected [PRO to [t leave early]]
b. I expected [someone to [t leave early]]

No quadro presente, estas estruturas distinguem-se pelas propriedades do núcleo H do constituinte encaixado. Em ambas as estruturas, o princípio EPP aplica-se; logo, o traço nominal de H é forte. Na estrutura de controle (172a), H atribui Caso nulo ao sujeito, que tem assim de ser PRO. Na estrutura ECM (172b), H não atribui Caso, logo *someone* é elevado para o domínio

---

[363] Ver a nota anterior.
[364] (171) a. Eu esperava [alguém estar [t no quarto]] (... ter sido morto t') (*)
b. *Eu esperava [t estar [alguém no quarto]] (... ter sido morto o João) (*)
[365] (172) a. Eu esperava [PRO Inf [t sair cedo]]
b. Eu esperava [alguém Inf [t sair cedo]] (*)
Recordemo-nos de que *expect* em inglês admite tanto estruturas de controle como estruturas ECM.

de verificação de Agr$_O$ na oração principal; mais precisamente, assumimos que os seus traços formais são elevados não visivelmente para essa posição.

Há três problemas básicos com (172b): *1*. Por que é que *someone* não é completamente elevado na componente visível para a posição da oração principal em que recebe Caso? *2*. Por que é que *someone* pode ser elevado visivelmente para a posição de sujeito encaixado? *3*. Por que é que *someone* tem de ser elevado visivelmente a partir da posição do vestígio (a mesma pergunta coloca-se em relação a PRO em (172a))? ([366])

O problema (1) tem como solução o princípio Procrastinar, que exige que o segundo passo da elevação para a posição de verificação do Caso seja não visível, assumindo que Agr$_O$ é fraco. A pergunta (2) já teve uma resposta: *someone* tem traços acessíveis, e um deles, o traço categorial, verifica o traço nominal forte do I encaixado (EPP). O problema (3) desaparece igualmente: se *someone* não é elevado a partir da posição do vestígio, a derivação fracassa[123].

Voltemo-nos agora para os casos que contrastam, (169) e (171) ([367]). Em cada caso, o conjunto de referência determinado pela numeração inicial contém uma segunda derivação: no caso de (169), a derivação que produz (170); no caso de (171a), a derivação semelhante que produz (171b), em que *t* é o vestígio de *I* elevado ([368]). O nosso objetivo consiste em mostrar que, no caso de (169)-(170), existem considerações de economia que obrigam à elevação de *there* para fora da oração encaixada, ao passo que, no caso de (171), as mesmas considerações bloqueiam a elevação de *I*([369]) para fora da oração encaixada, exigindo a elevação de *someone* para a posição de sujeito encaixado, para satisfazer o princípio EPP. As propriedades da construção sugerem que a resposta está na teoria-θ.

Consideremos em primeiro lugar (169) e (170), em particular a estrutura que é comum às duas derivações. Em cada uma delas, construímos numa dada etapa γ = (173), com a oração pequena β.

(173) [γ to be [β someone in the room]]

O passo seguinte tem de preencher a posição de especificador de γ, para satisfazer o princípio EPP. Dada a numeração inicial, existem duas possibilidades:

([366]) Note-se que a posição do vestígio é a posição de base dentro do VP.
([367]) Ver o parágrafo imediatamente a seguir ao exemplo (170).
([368]) "I" aqui é "eu", o sujeito principal. Esta derivação é (parcialmente) semelhante a (170) porque nas duas *someone* fica *in situ*.
([369]) "eu".

podemos elevar *someone* para [Spec, γ], ou podemos inserir *there* nessa posição[124]. A primeira opção entra em violação de Procrastinar; a segunda não ([370]). Escolhemos assim a segunda opção, formando (174).

(174) [γ there to be β]

Numa etapa mais tardia da derivação chegamos à estrutura (175).

(175) [δ seems [γ there to be β]]

A convergência exige que a posição [Spec, δ] seja preenchida. Só existe uma opção legítima: elevar *there*, formando (170). Selecionamos assim essa opção.

O argumento baseia-se no pressuposto de que, numa etapa particular Σ de uma derivação que parte de uma numeração N, consideramos o conjunto de referência R(N, Σ) de um ponto de vista altamente "local", selecionando o melhor passo possível (o mais econômico) disponível em R(N, Σ), na etapa Σ. Esta abordagem mais restritiva é preferível conceitualmente pelas razões usuais que têm a ver com a redução da complexidade computacional; e, uma vez mais, a naturalidade conceitual e as exigências empíricas coincidem, como se espera no caso de estarmos realmente no caminho certo.

Nesse caso, por que é que o mesmo argumento não favorece (171b) em vez de (171a)? Temos duas maneiras de preencher [Spec, γ], pela elevação de *someone* ou pela inserção de *I* ([371]), preferindo-se a segunda opção.

Suponha-se que inserimos *I*, elevando seguidamente esse elemento para formar (171b), numa derivação formalmente semelhante àquela que produz o resultado legítimo (170). Mas, assumindo essa análise, já sabemos que a cadeia argumental (*I*, *t*) em (171b) não tem uma função-θ (ver a secção 4.6) ([372]). Se esse problema causa o fracasso da derivação, o resultado não pretendido é proibido, e só (171a) é permitido. No caso de (171b) ser apenas um caso de algaraviada convergente, bloqueia incorretamente o resultado pretendido (171a). Concluímos, assim, que um argumento sem uma função-θ não

---

([370]) Ou seja, se numa dada etapa da computação visível temos uma escolha entre Compor e Mover, a opção Compor é mais econômica, visto que Mover implica uma violação de Procrastinar. Recordemo-nos de que a operação Compor está fora do alcance das considerações relativas à economia (ver p.344).
([371]) "eu".
([372]) Note-se que a posição de "base" de *I* nessa derivação (ocupada por *t*) não é uma posição-θ.

é um objeto legítimo, violando FI e causando o fracasso da derivação, uma conclusão natural, ainda que a teoria ainda não nos tivesse obrigado a ela[125].

Na seção 4.6 chegamos a uma conclusão de certo modo mais fraca, com base numa fundamentação diferente. Aí, encontramos motivos para supor que uma derivação fracassa se as funções-θ não forem corretamente atribuídas, deixando em aberto a questão de saber se o problema reside na não atribuição de uma função-θ, na não recepção de uma função-θ, ou ambas as coisas. Temos agora uma resposta parcial: a não recepção de uma função-θ por um argumento α causa o fracasso da derivação. O estatuto da não atribuição de uma função-θ continua em aberto. Em trabalhos anteriores, foi sugerido que a função-θ externa não precisa ser atribuída nas nominalizações, sendo nesse sentido opcional; não excluímos essa possibilidade, mas também não a confirmamos, ainda que tivéssemos encontrado motivos para supor que, em construções com um núcleo verbal, a questão da atribuição da função-θ externa surge apenas numa forma um tanto diferente. No caso de ser formada uma configuração [*v*-VP] com uma posição [Spec, *v*], essa configuração *é* na realidade uma função-θ externa, e a pergunta então passa a ser: o que é que acontece se um não argumento (um expletivo) aparece nessa posição, em violação do Critério-θ? Voltamos a esta pergunta, deixando-a sem uma resposta definida.

Vejamos agora como é que uma análise da elevação em construções com expletivos, baseada na teoria da economia, se ajusta com as discussões anteriores sobre expletivos como *it*. Consideremos (176), retomado de (83) com uma pequena alteração ([373]).

(176) it seems [that someone was told *t* [that IP]]

Numa etapa prévia da derivação de (176), temos (177), semelhante a (173).

(177) [γ was told someone [that IP]]

Visto que a numeração inclui o expletivo *it*, temos as mesmas duas opções já encontradas nos casos discutidos acima: podemos elevar *someone* ou inserir *it*, preferindo-se a segunda opção. Suponha-se que inserimos *it*, e que seguidamente elevamos esse elemento para formar (178), semelhante a (170).

([373]) (176) *expl* parece [que alguém foi dito *t* [que IP]]

(178) it seems [that *t* was told someone [that IP]]

Mas a derivação fracassa por várias razões (o traço do T principal que verifica o Caso não é rasurado, o Caso de *someone* não é verificado) ([374]). Como as considerações de economia selecionam entre derivações convergentes, a opção preferida que consiste em inserir o expletivo em (177) não pode ser empregada, e derivamos (176), a solução pretendida[126].

Um aspecto da questão (163b) ainda está por responder: por que é que a estrutura CSM permitida (166), repetida aqui em (179a), não é bloqueada pela alternativa (179b), de acordo com o raciocínio que acabamos de discutir?

(179) a. Exp Agr [Suj [T XP]]
      b. Exp Agr [*t* [T [...Suj...]]]

Em outras palavras, por que é que as estruturas (168a-b), repetidas aqui, são ambas legítimas? ([375])

(180) a. there seems [$_{TP}$ someone [$_{IP}$ *t* to be in the room]]
      b. there seems [$_{IP}$ *t* [$_{TP}$ someone to be in the room]]

Pelo raciocínio que acabamos de discutir, esperaríamos que (180b) bloqueasse (180a), evitando a violação de Procrastinar causada pela elevação visível de *someone* ([376]). Vamos adiar esta questão até a próxima seção[127].

([374]) Ver as notas ([214]) e ([265]).
([375]) Ver a nota ([361]).
([376]) Numa etapa prévia comum a (180a) e a (180b), temos a seguinte estrutura (chamemos-lhe Σ), correspondente ao TP da oração subordinada:
(i) [$_{TP}$ someone to be [$_{VP}$ *t* in the room]]
Se o expletivo *there* pertence à numeração, o passo mais econômico em Σ consiste em compor *there*, a operação efetivamente aplicada na derivação de (180b), com uma CSM subordinada, produzindo (ii) (em que IP = Agr$_S$P):
(ii) [$_{IP}$ there [$_{TP}$ someone to be [$_{VP}$ *t* in the room]]]
Seguidamente, *there* é elevado para [Spec, TP] e [Spec, IP] (IP = Agr$_S$P) da oração principal, produzindo a estrutura final (simplificada) (180b) do texto.
Em (180a), como a oração subordinada não é uma CSM, o passo seguinte em Σ (= (i)) é a elevação de *someone* para [Spec, IP] subordinado, produzindo (iii):
(iii) [$_{IP}$ someone [$_{TP}$ *t* to be [$_{VP}$ *t* in the room]]]
Seguidamente, *someone* é elevado para [Spec, TP] da oração principal, e o expletivo *there* é composto em [Spec, IP] (= [Spec, Agr$_S$P]) da oração principal, que é uma CSM. A operação que leva de (i) a (ii) na derivação de (180b) (com composição de *there*) deveria bloquear a operação que leva de (i) a (iii) na derivação de (180a), com elevação de *someone*, em violação

É útil realçar o pressuposto básico sobre os conjuntos de referência que guia a discussão anterior: esses conjuntos são determinados pela numeração inicial, mas de um modo bem "local". Numa etapa particular Σ da derivação, consideramos apenas as continuações que são permitidas de Σ até LF, usando aquilo que resta da numeração inicial; a continuação mais econômica bloqueia as outras. Mas na realidade fazemos até uma pergunta mais limitada: em Σ, qual das operações que produz uma derivação convergente é a mais econômica *nesse ponto*? Assim, selecionamos Compor em vez de Atrair/Mover, se essa seleção produzir uma derivação convergente, independentemente das possíveis consequências em pontos mais longínquos da derivação, desde que esta convirja; mas selecionamos Atrair/Mover, mesmo violando Procrastinar, se essa seleção for necessária para a convergência. Os problemas relativos à complexidade computacional são assim consideravelmente reduzidos, ainda que haja problemas por resolver, não tenhamos dúvidas. Os pressupostos da nossa teorização são claros, mas bastante delicados. Resta investigar casos e consequências adicionais.

4.10 Categorias funcionais e traços formais

Até este ponto, o texto constitui uma revisão substancial do quadro teórico desenvolvido nos caps. 1-3. Mas ainda não sujeitamos as categorias funcionais à mesma crítica minimalista. Nesta seção final, gostaria de explorar essa questão, num percurso que levará a outra modificação bem substancial. Ainda mais do que na exposição anterior, vou especular de um modo bastante livre. As questões que surgem são fundamentais para a natureza de C_{HL}, e têm a ver com os traços formais que fazem avançar a computação (primariamente a força, que determina as operações visíveis que são refletidas na interface A-P) e com as categorias funcionais em cuja constituição básica (por vezes total) entram esses traços.

4.10.1 O estatuto de Agr

As categorias funcionais ocupam um lugar central na concepção da linguagem que estamos a investigar, principalmente por causa da sua suposta

---

de Procrastinar (ver a nota ([370])). Repare-se, aliás, que, na análise de (180) com uma oração pequena interna [*someone in the room*], Procrastinar já é violado pela operação que deriva a própria estrutura (i). Todos estes problemas serão resolvidos na próxima seção.

função na verificação de traços, o processo que determina a operação Atrair/Mover. Consideramos quatro categorias funcionais: T, C, D e Agr. As três primeiras têm traços Interpretáveis, levando "instruções" para um dos níveis de interface ou para ambos. Mas esse não é o caso de Agr; Agr tem apenas traços formais -Interpretáveis. Temos assim uma evidência bastante direta para a existência de T, C, e D, baseada nas relações de interface, mas não para a existência de Agr. Contrariamente às outras categorias funcionais, Agr só está presente devido a motivos internos à teoria. Temos então de considerar mais cuidadosamente as duas seguintes perguntas.

(181) a. Onde é que Agr aparece?
b. Qual é a constituição em traços de Agr?

Na secção 4.2.2, assumimos provisoriamente que Agr não tem traços-ϕ, tal como não tem (e isso é bem claro) um traço de atribuição Casual independente, visto que esse traço pertence à categoria V ou T que é adjunta a Agr. Se Agr na realidade também não tem traços-ϕ, esperamos que os traços-ϕ de um predicado Pred (verbo ou adjetivo) sejam acrescentados a Pred (opcionalmente) no ponto em que este é selecionado do léxico para entrar na numeração. Este pressuposto sobre a localização dos traços-ϕ não era inteiramente claro, e até aqui teve um efeito praticamente nulo na análise. Mas o pressuposto torna-se relevante quando tentamos responder mais cuidadosamente às perguntas de (181). Vou continuar a assumir que o pressuposto inicial é correto, voltando ao problema no final, depois de ter restringido significativamente o leque das considerações relevantes.

Temos evidência relevante para a pergunta (181a) quando Agr é forte, sendo então a posição indicada foneticamente pelas categorias visíveis que são elevadas para aí: V e T por adjunção, DP por substituição em [Spec, Agr]. O exemplo mais rico consiste numa CSM com elevação do objeto, como na construção CTE (160) do islandês. Aí, exigem-se três posições pré-VP para expressões nominais, dentro do IP: o expletivo, o sujeito e o objeto. Uma das posições é determinada por T. Temos assim evidência para duas categorias funcionais não interpretáveis, a que chamamos Agr (Agr$_S$ e Agr$_O$). Nas CSMs, Agr$_S$ é forte, fornecendo um especificador e uma posição para a elevação de V, acima do domínio de T forte: na realidade, uma configuração "duplamente EPP". Uma outra posição externa ao VP é dada por Agr$_O$ forte entre T e VP. Estas são as motivações racionais por detrás da análise esboçada anteriormente. Essas motivações encaixam-se na perspectiva minimalista geral, mas o estatuto anômalo de Agr levanta algumas questões.

As questões que formam o pano de fundo desta discussão têm a ver com os traços fortes de T e de Agr e também com aquilo que aparece nas posições visíveis de especificador que essas categorias licenciam. Na posição I, precedendo todos os grupos verbais (principal ou auxiliar), postulamos duas categorias funcionais: T e Agr$_S$. Nas CSMs, a posição de especificador de cada uma delas é nominal, DP ou NP; assim, o traço forte tem pelo menos de ser [nominal-], significando que é satisfeito pelo traço categorial nominal [D] ou [N]. Apenas um elemento nominal, no máximo, pode ter o Caso e os traços-ɸ verificados nesta posição ([377]), sugerindo que um dos dois nominais tem de ser o expletivo puro Exp, um DP. Vamos assumir que estes fatos são reais, ainda que não os tenhamos estabelecido teoricamente. A ordem observada é Exp-nominal em vez de nominal-Exp, um fato que também ainda temos de explicar.

A situação ótima é que Agr$_O$ tenha a mesma constituição que Agr$_S$. Visto que Agr$_S$ admite, e talvez mesmo exija, um traço-D, o mesmo deveria passar-se com Agr$_O$. Assim, ambas as categorias Agr atraem DPs: nominais definidos ou específicos. Como notamos, conclui-se que as construções expletivo-associado obedecem ao efeito de definitude e que a elevação do objeto se restringe a nominais definidos (ou específicos) ([378]). Este quadro aproxima-se suficientemente da realidade dos fatos, sugerindo que a análise, ou uma parecida, poderá estar no caminho certo.

Lembremo-nos, contudo, de que o efeito de definitude na elevação do objeto é, na melhor das hipóteses, uma tendência forte; além disso, nas construções com expletivos, o seu estatuto não é claro. O efeito não exclui derivações, mas antes descreve o modo de interpretação dos outputs legítimos: como construções de expletivo com implicaturas fracamente existenciais no máximo, ou como construções-lista com uma forte interpretação existencial (ver as notas 42, 44). Não temos assim uma razão forte para supor que o associado ([379]) *não pode* ser um DP – apenas temos motivos para supor que, se é um DP, esperamos um determinado tipo de interpretação.

---

[377] "Esta posição" significa aqui I, ou seja, o conjunto de posições licenciadas por T e Agr$_S$.
[378] A elevação visível de um objeto, entenda-se, atraída por um traço [D] forte em Agr$_O$.
[379] O associado do expletivo, entenda-se, que é normalmente indefinido, e que, numa CSM, ocupa a posição [Spec, T], com o expletivo em [Spec, Agr$_S$]. Ver a discussão na p.502.

Com traços fortes, Agr fornece uma posição para a elevação de T ou de V (adjunção) e para a elevação de DP (substituição), logo há evidência que ocorre na numeração. Se Agr não tem traços fortes, pelo menos as considerações relativas a PF não fornecem razões para a sua presença, e as considerações relativas a LF não parecem ser relevantes. Isto sugere uma resposta para a pergunta (181a): Agr existe apenas quando tem traços fortes. Agr não é mais do que a indicação de uma posição que tem de ser ocupada imediatamente, através de operações visíveis[128]. A substituição pode ser efetuada por Compor ou por Mover. Se for por Compor, limita-se a expletivos, por motivos já discutidos.

A investigação da pergunta (181b) leva a uma conclusão semelhante. A função de Agr consiste em fornecer uma configuração estrutural na qual determinados traços podem ser verificados: o Caso e os traços-ϕ, e os traços categoriais ([V-] e [T-] por adjunção, [D-] por substituição). O traço de atribuição Casual é intrínseco aos núcleos (V, T) que são elevados para Agr para verificar o DP em [Spec, Agr], logo não há motivo para atribuir esse traço também a Agr. Quanto aos traços-ϕ, como já discutimos anteriormente, a questão é bastante menos clara. Se Agr tem traços-ϕ, esses traços são -Interpretáveis, mas podem existir efeitos empíricos da sua presença, como notamos anteriormente. Continuando provisoriamente a assumir que os traços-ϕ são (opcionalmente) atribuídos aos itens lexicais quando estes são retirados do léxico, concluímos que Agr é constituído apenas pelos traços fortes que obrigam à elevação ([380]).

Determinados problemas que apareceram em versões anteriores desaparecem agora. Não temos que nos preocupar mais com Agr opcionalmente forte, ou com a diferença de força entre Agr_S e Agr_O. Como Agr é forte, o primeiro problema reduz-se à questão da seleção opcional de um elemento do léxico para a numeração ([força de F]), o mínimo irredutível; e a diferença de força não pode ser expressa ([381]). Continua ainda a existir, contudo, um conflito entre o princípio da teoria-θ que afirma que um verbo transitivo tem uma estrutura v-VP, e o pressuposto de que a elevação visível do objeto é interna a esta construção (ver a nota 81 e a p.468).

Consideremos agora as propriedades que restam.

Dado que Agr é constituído apenas por traços fortes, não pode atrair a elevação não visível[129]. Assumimos até aqui que o Suj (sujeito) e o Obj (objeto)

---

[380] Ver o final da seção 4.4.1.
[381] Visto que, por hipótese, só existe agora Agr forte, e não existe Agr fraco.

são elevados para o domínio de verificação de Agr, onde entram numa relação de verificação com traços de T ou de V adjuntos a Agr (tecnicamente, adjuntos a Agr^{0max}, a projeção X^0 cujo núcleo é Agr). Mas, sem Agr fraco, a elevação não visível tem de tomar T e V diretamente como alvo[130].

Não existe agora nenhum motivo para postular Agr$_O$, a não ser que este elemento determine a elevação visível de um DP para [Spec, Agr$_O$]. E quanto a Agr$_S$? Aparece nas CSMs, mas, com esta nova proposta, não tem motivação independente em outras construções. Assim, para as línguas como o francês-inglês, Agr não existe no léxico (a menos que as CSMs existam marginalmente, com extraposição). Concluímos que Agr ocorre de uma maneira altamente restrita.

A questão seguinte consiste em investigar a justificação para Agr com traços fortes. Consideremos Agr$_O$ em primeiro lugar, passando depois a Agr$_S$.

Restringimos agora a nossa atenção às construções com verbos transitivos, que continuamos a assumir terem a forma (182), ignorando [Spec, V] (o caso de um domínio interno complexo).

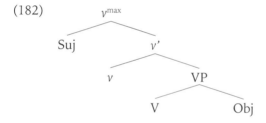

(182)

V é elevado visivelmente para o verbo leve v, formando o complexo Vb = [$_v$ V v]. Assumindo que os verbos inergativos são transitivos mascarados, a única construção VP adicional é a dos verbos inacusativos que não têm uma concha-v, e que não têm relevância direta para esta discussão.

Suponhamos que uma derivação forma (182), e que Agr é composto com (182). Agr é uma coleção de traços fortes, quer [D-], quer [V-], quer ambos. Como notamos, não precisamos assumir Agr$_O$ a não ser para a elevação do objeto; Agr$_O$ não é constituído apenas por [V-] forte. A generalização de Holmberg ([382]) diz, com efeito, que não pode ser unicamente [D-] forte. Vamos então assumir provisoriamente que Agr$_O$ é {[D-] forte, [V-] forte}. O efeito de acrescentar Agr$_O$ consiste em obrigar à elevação visível de DP para [Spec, Agr], e de Vb para Agr.

([382]) Ver a nota ([41]) da p.567.

Consideremos a primeira propriedade. Existe uma maneira simples de obrigar à elevação visível de DP sem a categoria funcional Agr: nomeadamente, através da atribuição à própria categoria *v* de um traço-D forte (ou talvez, o traço [nominal-] forte mais neutro), exigindo a substituição visível na posição de "Spec externo" de uma configuração de Specs múltiplos. Se o Obj é elevado para esta posição, formando uma cadeia (Obj, *t*), fica no domínio de verificação de V e, deste modo, fica capacitado para verificar o seu Caso e os seus traços-φ (de concordância de objeto). Recordemo-nos que o Suj inserido por Compor em [Spec, *v*] não está no domínio de verificação de *v*, porque não é a cabeça de uma cadeia não trivial[131] ([383]).

Assim, a elevação do objeto aplica-se nos casos em que o verbo leve *v*, que constitui o núcleo da construção transitiva (182), recebe o traço forte quando é retirado do léxico e colocado na numeração; ver a seção 4.4.2. A escolha é arbitrária, obrigatória ou não existente, segundo a língua tenha elevação do objeto opcional, obrigatória, ou não tenha elevação do objeto, respectivamente. Visto que o Suj não está no domínio de verificação, como acabamos de observar, não verifica este traço forte; assim, um Spec externo tem de ser construído para esse propósito. Uma das maneiras consiste em elevar o Obj; espero mostrar que todas as outras são excluídas.

Suponhamos que um grupo adverbial Adv é adjunto a v^{max} e que a elevação do objeto atravessa Adv, derivando a construção Obj-Adv-v^{max}. Essa situação não nos dá nenhuma razão para postular uma posição Agr fora de v^{max}: um traço forte tem apenas de ser satisfeito antes da criação de uma categoria *distinta* mais elevada[132].

A elevação visível do objeto não parece assim justificar qualquer razão de peso para assumir a existência de Agr_O. A outra propriedade de Agr_O é a de obrigar à elevação visível de V – na realidade para T fora do VP, de modo que os efeitos nunca são diretamente visíveis. A motivação era interna à teoria, mas desaparece com o quadro teórico mais restritivo, como veremos. Essa propriedade era uma parte crucial da expressão da generalização de Holmberg, a qual afirma que a elevação do objeto depende da elevação de V; mas introduzir essa consideração para justificar a postulação de Agr_O é circular. Para o VP, pelo menos, parece que devemos dispensar Agr_O.

([383]) Recordemo-nos de que os domínios de verificação são complementares dos domínios de marcação-θ, obrigando um argumento a ser elevado, para a verificação.

Consideremos as construções adjetivas como (55), aqui repetido ([384]).

(183) John is [$_{AgrP}$ t_1 Agr [$_{AP}$ t_2 intelligent]]

Assumimos anteriormente que *John* é composto na posição de t_2 em AP, como [Suj, Adj] (sujeito de *intelligent*, neste caso), sendo seguidamente elevado para [Spec, Agr] para a concordância DP-adjetivo, e seguidamente para a posição de [Spec, I] principal, para a concordância DP-verbo.[133] Será que precisamos aqui de uma categoria funcional forte (Agr), como núcleo da oração pequena complemento da cópula? Assumindo que [Suj, Adj] é equivalente a especificador ou complemento de V – e, de um modo mais geral, que a complementaridade entre a teoria-ϕ e a teoria da verificação se aplica neste caso tal como em outros –, a concordância não é verificada nesta posição de composição. Assumimos antes que os traços-ϕ (-Interpretáveis) do adjetivo Adj são verificados pela elevação visível do seu sujeito Suj para [Spec, Agr], e do Adj para Agr – sendo esta última elevação problemática, como mencionamos, porque Agr é fraco em inglês (ver a nota 51). Podemos agora evitar esse problema, eliminando Agr e adotando a análise que acabamos de propor para a elevação visível do objeto: o Adj recebe o traço forte [nominal-] quando é retirado do léxico, e [Suj, Adj] é elevado para o Spec externo exigido pelo traço forte, entrando no domínio de verificação do Adj. Neste caso, a derivação só converge se o traço forte for selecionado, logo a escolha é na realidade obrigatória ([385]). Note-se que os traços do Suj não podem ser adjuntos não visivelmente ao Adj, algo que é fácil verificar através de uma recensão dos casos possíveis (com base em pressupostos plausíveis) ([386]).

Eliminamos assim Agr$_O$ também neste caso, através da utilização de mecanismos simples, resolvendo um problema observado anteriormente

---

([384]) Ver a nota ([169]).

([385]) A derivação só converge se o traço forte for selecionado, porque os traços [-Interpretáveis] do Adj têm de ser verificados (e rasurados), mas a posição "de base" do sujeito dentro do AP não é uma posição de verificação possível, por ser uma posição-θ. Logo, o sujeito do adjetivo tem de ser elevado para um domínio de verificação "apropriado" do adjetivo. Na ausência de Agr, esse domínio tem de ser necessariamente determinado por um traço forte do adjetivo.

([386]) Os traços formais do sujeito do adjetivo não podem ser adjuntos não visivelmente ao adjetivo, porque esse sujeito é movido na sintaxe visível para [Spec, T], para a verificação Casual. Logo, qualquer movimento não visível dos traços do sujeito para o núcleo adjetival teria de ser efetuado a partir do vestígio do sujeito, o que é proibido por (93)-(94) (com uma exceção limitada do vestígio argumental de movimento-*wh* – ver p.451-452 –, o que não é o caso aqui).

quanto à elevação não esperada do núcleo ([387]). A estrutura das construções adjetivas predicativas não é (183), mas sim (184).

(184) John is [$_{AP}$ t_1 [$_{A'}$ t_2 intelligent]]

Para as orações pequenas, temos algo como os pressupostos originais de Stowell (1978), que serviram de base a uma grande parte dos trabalhos sobre este tópico, mas agora de uma forma consistente com outros pressupostos adaptados aqui.

Se estas ideias forem corretas, podemos eliminar Agr$_O$ inteiramente do inventário lexical, para qualquer língua. Voltando-nos agora para Agr$_S$, temos apenas de considerar as CSMs, com a ordem de superfície [Exp-V-Suj]. Até aqui, o nosso pressuposto é que o Suj está em [Spec, T], o expletivo em [Spec, Agr$_S$], e que V é elevado para Agr$_S$. Suponhamos que, em vez disso, seguimos a linha de raciocínio sugerida para Agr$_O$, eliminando Agr, e acrescentando um traço forte opcional que atribui um Spec externo a T. A situação é diferente do caso de Agr$_O$. [Spec, v] em (182) é exigido por razões θ-relacionadas independentes; isso significa que apenas se exige um Spec adicional para a elevação do objeto. Mas T não exige nenhum Spec; logo, é necessário postular dois Specs que são determinados unicamente por traços fortes. Independentemente disso, também temos que dar conta da ordem, que não é (185a), como esperaríamos, mas sim (185b); e temos que dar conta de outras propriedades observadas.

(185) a. Exp [Suj [T^{0max} XP]]
b. Exp T^{0max} Suj XP

As CSMs só aparecem quando o princípio EPP se aplica. Assim, só surgem perguntas sobre a sua natureza quando T já tem um traço [nominal-] forte, que é apagado quando é verificado por um DP ou por um NP em [Spec, T]. Suponhamos que a derivação atinge a etapa TP com T forte, e a numeração contém um expletivo Exp não usado. Nesse caso, o Exp pode ser inserido por Compor para satisfazer o princípio EPP, e temos uma construção expletivo-associado ordinária. O traço forte de T é apagado, e é além do mais rasurado, visto que a derivação converge. Logo, as CSMs visíveis só existem se T

([387]) Ver a nota 51 do autor e a nota ([19]) da p.558. Repare-se que esta eliminação tem um custo: a introdução de um traço forte no Adjetivo, contra (1) (ver a nota 133 do autor).

possuir uma propriedade parametrizada do tipo discutido anteriormente (ver abaixo de (58)), permitindo que um traço -Interpretável (neste caso, o traço [nominal-] forte) escape à rasura quando é verificado. Se a opção for selecionada, temos necessariamente uma construção de Specs múltiplos, com $n + 1$ especificadores se a opção for exercida n vezes. Numa língua com o princípio EPP mas sem CSMs, o traço nominal forte de T é introduzido na derivação com $n = 0$, logo é rasurado no momento em que é verificado. Em islandês, os fatos descritivos indicam que $n = 0$ ou $n = 1$; no segundo caso, T tem dois Specs.

Vejamos onde esta via nos leva, eliminando Agr inteiramente da UG – e, pelo menos para os nossos propósitos aqui, restringindo o sistema às categorias funcionais com propriedades intrínsecas que se manifestam nos níveis de interface. As questões que surgem são de novo bastante delicadas. Antes de efetuar uma investigação direta dessas questões, vamos elaborar um pouco mais o nosso pano de fundo teórico.

4.10.2 Alguns conceitos centrais reconsiderados

A mudança de uma teoria com Agrs para uma teoria de Specs múltiplos requer uma simplificação das noções de equidistância e de proximidade que entram na definição de Atrair/Mover. Estas noções foram expressas no princípio (87), repetido aqui.

> (186) β está *mais próximo de* K do que α se β c-comandar α e β não estiver no domínio mínimo de CH, em que CH é a cadeia que tem como cabeça γ, γ adjunto dentro da projeção de nível zero H(K)^{0max}.

Mas este princípio já não funciona: com a eliminação dos núcleos intervenientes ([388]), os domínios mínimos desabam. Temos assim que excluir as cadeias não triviais do tratamento da equidistância, apoiando-nos agora na análise muito mais diferenciada dos traços que temos à nossa disposição, e na imobilidade dos vestígios – isto é, no fato de só a cabeça de uma cadeia poder ser "vista" por K quando K procura o α mais próximo para atrair.

Na formulação anterior, o caso básico é (85), repetido aqui na forma mais geral (187) para integrar a adjunção de α a X, juntamente com a substituição de α em [Spec, X] (em que X pode ser já o núcleo de uma projeção de nível zero complexa).

---

[388] Ou seja, das categorias Agr.

(187)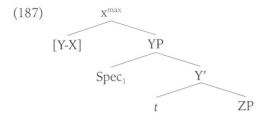

Quando α é elevado, tomando X^{max} como alvo, cria uma nova posição τ(X); esta pode ser [Spec, X] ou adjunta a [Y-X] (= X^{0max}); chamemos a τ(X) o *alvo* em ambos os casos. O domínio mínimo da cadeia CH = (Y, t) inclui $Spec_1$ e ZP, juntamente com τ(X) formado pela elevação de α, sendo α ZP ou tendo origem dentro de ZP. Crucialmente, $Spec_1$ está dentro da "vizinhança de X" que é ignorada quando determinamos se o elemento α está suficientemente próximo para ser atraído por X (tecnicamente, pela sua projeção). Esse pressuposto era necessário para permitir que α passasse sobre $Spec_1$ para atingir τ(X). Numa construção com um verbo transitivo, por exemplo, assumiu-se que X = Agr, $Spec_1$ = Suj, Y é o elemento verbal que é adjunto a Agr, e o Obj está dentro do complemento ZP. O Obj tem de ser elevado para o domínio de verificação de Agr para a verificação dos seus traços, quer visivelmente quer não visivelmente, exigindo-se assim que esteja "tão próximo" do alvo quanto $Spec_1$.

A maior parte destas considerações deixou de ter sentido. Eliminamos Agr e a sua projeção do inventário dos elementos. Para o caso da elevação visível do objeto, a estrutura formada já não é (187) com X = Agr e τ(X) = [Spec, Agr], mas sim (188), com um Spec extra em YP.

(188)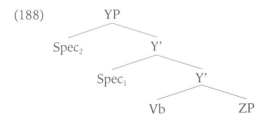

Vb é o elemento verbal (ou o seu vestígio, se o complexo foi elevado ainda mais em adjunção a T); Y' e YP são projeções do verbo leve *v* ao qual V foi adjunto para formar Vb; ZP é o constituinte [t_V Obj], t_V o vestígio de V; e $Spec_2$ é o alvo τ(v) criado pela operação de elevação. $Spec_1$ é o Suj, e é necessário apenas que não esteja mais próximo do alvo $Spec_2$ do que α dentro de ZP. Para atingir esse resultado, basta simplificar (186), restringindo-nos apenas à cadeia trivial CH = H(K) (o núcleo de K), e o seu domínio mínimo. Reformulamos assim (186) em (189).

(189) γ e β são equidistantes de α se γ e β estiverem no mesmo domínio mínimo.

Assim, γ = Spec₂ e β = Spec₁ são equidistantes de α = Obj no exemplo ilustrativo que acabamos de discutir.

Definimos agora "próximo" para Atrair/Mover da maneira óbvia: se β c-comanda α, e τ é o alvo da elevação, então:

(190) β está *mais próximo* de K do que α a não ser que β esteja no mesmo domínio mínimo em que está (a) τ ou (b) α.

Temos, assim, dois casos a considerar. Perguntamos (caso (190a)) se β e τ são equidistantes de α, e (caso (190b)) se β e α são equidistantes de τ. Em qualquer dos casos, β não proíbe a elevação de α para τ. No caso (190a), β e τ estão no domínio mínimo de H(K); e, no caso (190b), β e α estão no domínio mínimo de h, para qualquer núcleo h. No caso (190a), β está na "vizinhança" de H(K) que é ignorada, no sentido da exposição anterior.

Pelo caso (190a), o Obj dentro de ZP em (188) está suficientemente próximo para ser atraído por Y' (= YP, neste ponto), visto que Spec₁ está no domínio mínimo de H(Y') e não está assim mais próximo de Y' do que o Obj; Spec₁ e Spec₂ (= τ) são equidistantes do Obj. Logo, quer o Suj em Spec₁ quer o Obj (em ZP) podem ser elevados para o novo Spec externo, Spec₂, exigido pelo traço forte de *v*. Tanto o Suj como o Obj têm de ser elevados para a verificação Casual, e algo tem de ser elevado para verificar o traço Casual de T (ou o traço Casual de qualquer categoria mais elevada, se T for um infinitivo de elevação, como já discutimos antes) ([389]). Pelo caso (190b), a elevação visível do objeto para Spec₂ não impede a elevação do sujeito a partir da posição Spec₁, porque Spec₁ e Spec₂ são equidistantes de qualquer alvo mais elevado; ambos estão no domínio mínimo de *v*. E quanto à elevação direta do Obj para fora de ZP, tomando T como alvo, e cruzando o Suj e Spec₁? Essa possibilidade é proibida pela MLC, visto que o Suj e o Obj não são equidistantes de T, dada a análise das construções transitivas em *v*-VP; o Suj e o Obj estão em

---

[389] Ver p.424-425.

domínios mínimos diferentes (³⁹⁰). Voltamos a uma análise mais cuidadosa, recenseando outras opções não analisadas aqui.

Consideremos o seguinte contra-argumento. Suponha-se que a língua possui o princípio EPP e elevação opcional do objeto: T exige [Spec, T] e v permite um Spec externo, Spec$_2$, além do Suj em Spec$_1$ (sendo os dois Specs visíveis). Suponha-se que o Obj é elevado para [Spec$_2$, v], e é de novo elevado para [Spec, T], em satisfação do princípio EPP. Estas operações são permitidas. O Suj e o T ainda não têm os traços Casuais verificados, mas isso pode ser resolvido pela elevação não visível do Suj, tomando T como alvo, o que também é permitido. Deste modo, a derivação converge, incorrectamente. Mas esta derivação é bloqueada por condições de economia. Nela intervêm três operações de elevação, e seriam suficientes duas para obter convergência: elevação do objeto, seguida de elevação do sujeito para [Spec, T] (em ambos os casos, com duas violações de Procrastinar, o número mínimo de violações com dois traços fortes). Logo, a série de passos não desejada, ainda que permitida, é proibida por considerações de economia: as derivações mais curtas bloqueiam as derivações mais longas (³⁹¹).

A computação é local: depois de elevar o objeto, escolhemos a operação que leva à derivação convergente mais curta: a elevação do Suj para [Spec, T]. Temos também apoio empírico para o pressuposto provisório, proposto acima, de que as derivações mais curtas, determinadas localmente neste sentido, bloqueiam as derivações mais longas (ver a discussão de (114)).

Note-se que perdemos a generalização de Holmberg e outros efeitos da elevação de V sobre a ampliação das cadeias, o que é uma consequência da decisão de excluir as cadeias da definição de "proximidade" (³⁹²). Essas generalizações, se forem válidas, teriam agora de ser formuladas em termos de

---

(³⁹⁰) Se ZP = VP, o objeto dentro de ZP está no domínio mínimo de V, e Spec$_1$ está no domínio mínimo de v; o objeto não pode pois passar sobre Spec$_1$ tomando T como alvo.

(³⁹¹) Apesar do parágrafo seguinte, repare-se que a noção de economia a que se faz apelo aqui é global, visto que implica uma comparação entre duas derivações distintas. Em particular, depois de elevar o objeto para o Spec externo de v, a extensão da derivação que consiste em elevar de novo o objeto para [Spec, T] não "sabe" (localmente) que a extensão alternativa que consiste em elevar o sujeito seria mais económica.

(³⁹²) Ou seja, perde-se a conexão entre a elevação (visível) do objeto (sobre o sujeito) e a elevação (visível) do verbo, que era uma consequência da análise proposta no cap. 3 com o princípio da equidistância (15) desse capítulo; recorde-se que essa análise permitia a subida do objeto através da ampliação do tamanho do domínio mínimo, por sua vez conseguida pela elevação do verbo.

alguma propriedade de Vb em (188): só pode ter um segundo Spec externo se for um vestígio. Não há razões óbvias para uma conclusão deste tipo.

De qualquer modo, uma definição mais complexa da equidistância e da proximidade não é necessária, e na realidade não é possível. A noção de equidistância pode ainda ser necessária, como nos casos descritos atrás e outros, mas tem um escopo mais restrito.

A conclusão de que a equidistância ainda é necessária assenta num pressuposto tácito que poderíamos pôr em causa: que o traço forte de v tem de ser satisfeito pelo Spec externo, $Spec_2$ em (188), e não pelo Spec interno, $Spec_1$. Tudo aquilo que sabemos, contudo, é que *algum* Spec de v é motivado por considerações da teoria-θ (para receber o argumento externo), e é, portanto, independente da força de v; o outro Spec está presente apenas para verificar o traço da força. Mas ambos os Specs estão dentro do domínio mínimo de v, logo qualquer um pode ser usado para a marcação-θ do argumento externo de um verbo transitivo. Suponha-se que permitimos essa possibilidade, ou seja, que o Spec externo possa receber o argumento externo. Nesse caso, podemos abandonar a noção de equidistância completamente, simplificando (190) numa formulação que diz que β está *mais próximo* do que α do alvo K se β c-comanda α. Conclui-se que o Obj só pode ser elevado para o Spec interno, $Spec_1$ de (188), para verificar o traço da força e ser marcado Casualmente de forma visível. Se houver elevação visível do objeto, o Suj é composto no Spec externo para receber a função-θ atribuída pela configuração. Com a noção "mais próximo do que" restringida ao c-comando, só o Suj no Spec externo pode ser atraído por T (note-se que o Suj tem sempre traços que verificam subetiquetas de T). Logo, o Obj fica congelado *in situ* depois da sua elevação visível, e as conclusões a que chegamos acima são derivadas diretamente[134].

Com estes pressupostos, concluímos que o Suj c-comanda sempre o Obj dentro de IP. Em particular, isso acontece em construções com expletivos, com ou sem elevação do objeto; esta situação parece ser a norma de um modo geral, com algumas exceções não explicadas (ver Jonas e Bobaljik, 1993). Temos também um tratamento de certo modo mais natural da concordância, com o Spec interno participando uniformemente nessa relação (o Spec da posição-θ não é submetido à concordância por razões já discutidas) ([393]). Por razões semelhantes, só o Spec interno numa construção com Specs múltiplos deveria ter a capacidade de ser um elemento ligador (assumindo que a localidade participa crucialmente na ligação, numa de várias maneiras possíveis),

---

([393]) Porque as posições "de base" (-θ) não são posições de verificação.

ainda que o controle possa ser mais livre, o que acontece frequentemente (ver a seção 1.4.2); parece ser essa a situação (Hiroyuki Ura, comunicação pessoal). Surgem outras questões quando analisamos verbos com uma estrutura argumental interna complexa, mas vou ignorá-las aqui.

Vamos manter estas duas opções para a noção "mais próximo do que", notando, contudo, que aquela que acabamos de esboçar é mais simples, logo é preferível se pudermos mantê-la (e só se tiver apoio empírico, certamente). Vou apresentar os exemplos seguintes pressupondo que a elevação do objeto é para o Spec externo, para termos a certeza de que as consequências exigidas são derivadas, mesmo no âmbito desta alternativa mais complexa; é fácil verificar que os argumentos funcionam (de um modo mais simples, em alguns casos) se a proximidade for reduzida ao c-comando; nesse caso, a elevação do objeto é para o Spec interno e só o Spec externo é atraído por T.

Temos também que resolver algumas questões sobre a adjunção, deixadas em aberto, e que ganham proeminência neste quadro teórico mais restritivo, sendo a adjunção não visível o caso mais interessante. É mais difícil encontrar evidência empírica para as operações não visíveis, e para as estruturas produzidas por essas operações, do que para as suas equivalentes visíveis; mas essa evidência existe, e os argumentos conceituais, pelo menos, também nos permitem chegar a algumas conclusões.

Uma ideia-guia razoável é que as operações interpretativas na interface devem ser tão simples quanto possível. A menos que se encontre evidência empírica em contrário, assumimos que os sistemas externos são empobrecidos – uma extensão natural das intuições minimalistas à faculdade da linguagem em geral, incluindo os sistemas (possivelmente dedicados à linguagem) do "outro lado" da interface. Isso significa que as formas que atingem o nível LF devem ser tão semelhantes umas às outras quanto for permitido pela variação tipológica – únicas, se isso for possível. Estes pressupostos sobre a interface impõem condições bem restritivas sobre a aplicação e a ordenação das operações, limitando a variedade da computação, o que é sempre um resultado desejável, por razões já discutidas. Na interface A-P, a manifestação visível nos dá evidência adicional. Esse tipo de evidência não existe em grande parte na interface C-I, mas as considerações conceituais gerais que acabamos de discutir têm algum peso. Temo-nos apoiado implicitamente nessas considerações ao longo do nosso trabalho: por exemplo, para concluir que os traços não visíveis são adjuntos à cabeça de uma cadeia (especificamente, um verbo elevado), e não ao seu vestígio; nem, opcionalmente, à cabeça ou ao vestígio; ver (94) e a discussão sobre esse exemplo.

O problema central da adjunção não visível tem a ver com a estrutura de T^{0max} em LF. Consideremos em primeiro lugar o caso mais rico: uma CTE com elevação do objeto (islandês). Pondo de lado a posição observada de T^{0max} ([394]), assumimos que a sua forma em LF é (185a), repetido aqui, em que YP é um caso da estrutura (188).

(191) Exp [Suj [T^{0max} YP]]

O Exp e o Suj são especificadores do núcleo T de T^{0max}. T^{0max}, por sua vez, é formado pela adjunção de Vb = [$_v$ V v] a T. Neste caso, T^{0max} é (192), e o complemento YP é (193).

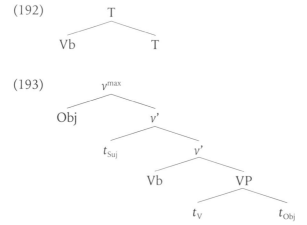

Em (193), Obj e t_{Suj} são especificadores do núcleo v de Vb.

Suponha-se que V, mas não o Obj, é elevado visivelmente (o francês, ou, opcionalmente, o islandês). O complemento de T difere de (193) em não possuir o Spec externo ocupado por Obj, que fica na posição de t_{Obj}. Os traços formais FF(Obj) são elevados para T^{0max} para a verificação de traços. Antes da aplicação desta operação não visível, T^{0max} é de novo (192). Para maximizar a semelhança com o output LF (192), FF(Obj) têm de ser adjuntos à própria forma complexa (192), formando (194), e não ao V profundamente encaixado dentro de Vb, o qual na realidade contém os traços relevantes para a verificação.

([394]) Isto é, entre o Exp e o Suj, e não à direita do Suj, como seria de se esperar, de acordo com a hipótese dos Specs múltiplos.

(194)

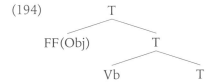

A operação é permitida, visto que os traços de V são subetiquetas do alvo da adjunção; e a operação satisfaz as condições sobre o "alvo mais próximo" (t_{Suj} é "invisível", como discutimos antes) e sobre a formação de X^0s complexos. Assumindo que (194) representa o caso geral, concluímos que a adjunção é sempre à projeção de nível zero máxima X^{0max}, e nunca "internamente" a um dos seus constituintes – de qualquer modo, o pressuposto mais simples.

Considere-se uma língua como o inglês, com elevação visível do Suj, mas não de V ou do Obj. Para alcançar um empobrecimento máximo na interface, queremos que T^{0max} em LF seja tão semelhante quanto possível a (194) – na realidade idêntico, exceto que, em vez de Vb, temos FF(Vb), visto que a elevação de V é não visível. Deste modo, FF(Obj) não pode ser elevado para V ou para o complexo verbal Vb antes de Vb ser adjunto a T; caso contrário, a estrutura formada seria bastante diferente de (194). Depois da elevação não visível de V, FF(Obj) é adjunto a T^{0max}, de novo formando (194) em LF (com FF(Vb) em vez de Vb). A ordenação é determinada por condições de output básicas, se a conjectura sobre a pobreza da interpretação na interface for correta.

Suponhamos que a língua não tem elevação visível nem do Suj nem do Obj; nesse caso, tanto FF(Suj) como FF(Obj) são elevados não visivelmente para TP. A conjectura sobre a pobreza da interpretação exige que Vb seja elevado para T antes da elevação quer do sujeito quer do objeto; temos assim a estrutura pretendida (192) de novo, quer a elevação de V seja visível (como numa língua VSO) quer não (e nesse caso Vb em (192) é substituído por FF(Vb)). TP agora atrai o Suj, que está mais próximo do que o Obj, formando uma estrutura idêntica a (194), exceto que os traços FF de (194) são FF(Suj) em vez de FF(Obj). Mas FF(Obj) tem também de ser elevado. Essa elevação é agora possível, visto que o vestígio do Suj (contrariamente ao próprio Suj) não está mais próximo de TP do que o Obj, na medida em que é inacessível a Atrair/Mover. Assim, T^{0max} fica como em (195).

(195)

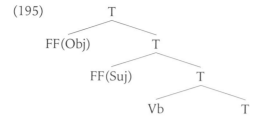

Lembremo-nos de que numa construção normal com expletivo, o traço-D forte de T é satisfeito por um expletivo, e não pelo Suj elevado – o caso de Compor que foi assimilado a Atrair/Mover (ver o final da seção 4.5). Neste caso T^{0max} é de novo (195), e [Spec, T] está ocupado pelo expletivo. Uma construção com expletivo tem assim uma certa semelhança estrutural com uma configuração VSO, algo que tem sido implícito ao longo da nossa discussão.

Concluímos que a adjunção se efetua à projeção X^0 máxima X^{0max}, e que um núcleo é elevado antes dos elementos que pertencem ao seu domínio, condições que nos fazem lembrar a ciclicidade. Estas conclusões são generalizações descritivas derivadas, e não princípios estipulados: são uma consequência do princípio minimalista da pobreza da interpretação na interface. Estes pressupostos simples e plausíveis são suficientes para garantir praticamente a mesma forma LF para T^{0max}, no âmbito do leque tipológico considerado aqui. Estas conclusões são motivadas apenas pela exigência conceitual de maximizar a uniformidade dos outputs em LF, e complementam a conclusão anterior de que os vestígios do movimento-A nunca participam em Atrair/Mover, quer a operação seja visível quer seja não visível.

Suponha-se que existem condições de output na interface LF que excluem (195), com base na exigência natural que FF(Suj) tem de c-comandar FF(Obj) em T^{0max}, se ambos estiverem presentes. Assim, o Obj tem de ser adjunto a T^{0max} antes do Suj. Mas isso é impossível, visto que o Suj está mais próximo de T do que o Obj, quando ambos ficam *in situ*. Concluímos assim que pelo menos um destes dois elementos, o Suj ou o Obj, tem de ser elevado visivelmente, para a expressão convergir, uma hipótese que tem sido proposta várias vezes. Esta exigência sobre T^{0max} generaliza a conclusão de que o Suj tem de c-comandar o Obj visivelmente, o que, como discutimos antes, é uma consequência da simplificação da noção "mais próximo do que" em termos unicamente de c-comando [395].

---

[395] Ver p.524.

Temos também de resolver algumas questões sobre as posições em que os expletivos podem aparecer. Os problemas não aparecem apenas nesta análise; já surgiram antes (de um modo mais geral, na realidade), mas foram ignorados. O fato descritivo básico é (196).

(196) Exp só pode ocorrer em [Spec, T].

Temos que determinar a razão de (196), uma questão que tem várias facetas.

Suponhamos que o Exp é composto numa posição-θ, uma das possíveis violações de (196). Essa possibilidade conduz a uma violação do Critério-θ, logo a uma expressão degradada, uma conclusão que é suficiente para nos permitir ignorar essa opção. De qualquer modo, uma questão de fato que tem surgido várias vezes permanece ainda: será este um caso de algaraviada convergente ou de uma derivação fracassada?

Suponhamos, por exemplo, que o Exp é composto como sujeito de uma construção com um verbo transitivo, derivando o VP (197), um caso de (182).

(197)
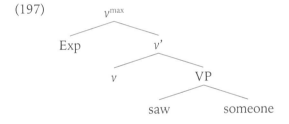

Em seguida, compomos T forte, o qual atrai o Exp, derivando finalmente a forma visível (198) ([396]).

(198) there saw someone

A elevação do Exp satisfaz o traço forte de T (EPP), mas não o seu traço Casual. FF(Obj) é adjunto de forma não visível a T, fornecendo um traço Casual. Mas há dois núcleos que têm de verificar um traço Casual: T (nominativo) e *see* (acusativo). Logo, a derivação fracassa, com um dos traços Casuais não satisfeito. Essa derivação só poderia convergir se a língua contivesse um verbo SEE, igual a *see*, exceto na propriedade de não atribuir Caso.

([396]) (198) *expl* viu alguém.

Como a possibilidade do bloqueio de derivações convergentes não parece surgir ([397]), ficamos sem uma resposta satisfatória à pergunta sobre o estatuto da estrutura semelhante a (198) com SEE em vez de *see*. Pode ser que a derivação fracasse por causa de uma violação do Critério-θ, não podendo haver assim um verbo como SEE; ou pode ser que a derivação convirja, e que uma língua possa ter um verbo com essas propriedades (talvez o inglês tenha esse verbo, na realidade) ([398]), ainda que ele apareça apenas em expressões degradadas, violando o Critério-θ ([399]). Já vimos que um argumento sem uma função-θ é ilegítimo, violando FI, e causando o fracasso da derivação; mas a questão da atribuição de uma função-θ continua em aberto.

Pondo esta opção de lado, quer como não convergente quer como algaraviada, só consideramos o Exp composto numa posição não θ. Limitamo-nos, portanto, à conclusão anterior de que a única posição na qual o Exp pode entrar na derivação, quer através de Compor quer através de Atrair/Mover, é uma posição determinada por um traço [nominal-] forte, logo [Spec, T] ou [$Spec_2$, *v*] (o Spec externo) em (188). Também sabemos que nada pode ser elevado para uma posição-θ. Logo, o Exp nunca aparece numa posição-θ no decurso de uma derivação.

Será que o Exp pode ser composto no Spec externo de *v*, [$Spec_2$, *v*] em (188)?

Há dois casos a considerar: o Exp fica nessa posição, ou é elevado para [Spec, T]. A segunda possibilidade é excluída, porque os efeitos, tanto em PF como em LF, são os mesmos que obteríamos se tivéssemos composto imediatamente o Exp em [Spec, T]. Logo, o princípio de economia (76) proíbe a seleção para a numeração do traço [nominal-] forte de *v* neste caso. O único caso possível é assim o da composição do Exp em [Spec, *v*], permanecendo o Exp nessa posição em LF.

Em LF, o Exp é simplesmente o traço categorial [D]. Quaisquer traços fonéticos foram eliminados pelo Spell-Out, e já vimos que o Exp não tem outros traços formais. Sem traços semânticos, o Exp tem de ser eliminado em

---

([397]) Essa possibilidade não surge por dois motivos: primeiro, porque a derivação com *see* (atribuidor Casual) fracassa, e já sabemos que uma derivação fracassada não bloqueia outras derivações possíveis; e, em segundo lugar, porque a derivação com SEE tem um conjunto de referência diferente, determinado por uma numeração diferente (com SEE em vez de *see*).

([398]) Ver a discussão sobre o verbo *want*, p.458.

([399]) O Critério-θ é violado por causa da presença do expletivo em [Spec, *v*], qualquer que seja a análise teórica desta violação (nesta passagem, por hipótese, por produzir uma algaraviada convergente).

LF para a derivação convergir: o seu traço-D é -Interpretável, e tem de ser apagado por qualquer operação. Logo, [D] tem de participar numa relação de verificação com algum traço apropriado F. Como acabamos de ver, T não oferece um domínio de verificação para o qual o Exp possa ser elevado[135], logo F tem de ser elevado para o domínio de verificação do Exp, o que significa que F tem de ser adjunto ao Exp ([400]). O que é F? De maneira independente, temos boas razões para supor que o traço categorial [N] é normalmente adjunto a [D], concretamente na construção D-NP (Longobardi, 1994). O pressuposto ótimo consiste, assim, em dizer que é a adjunção do traço [N] ao Exp que elimina o seu traço (o único que permanece). O traço [D] do Exp não pode ser rasurado nesta configuração: isso eliminaria a categoria completamente, deixando-nos com um objeto sintático ilegítimo. Logo, a verificação do traço categorial do Exp (que constitui a totalidade do seu conteúdo) apaga esse traço, mas não o rasura, pelos princípios gerais já discutidos.

O pressuposto ótimo não exige nada de novo. O Exp não tem um complemento, mas, nos seus aspectos formais relevantes, a relação núcleo-complemento que permite a elevação de N para D é idêntica à relação [Spec-α] existente entre o Exp em Spec e a projeção X' de T. Numa construção com expletivo corretamente formada, os traços formais FF(A) do associado A são adjuntos ao I principal (que consideramos agora ser T^{0max}), verificando o Caso e a concordância, e permitindo a ligação e o controle a partir da oração principal. O traço categorial [N] de A é transportado como passageiro livre, encontrando-se assim numa posição adequada para ser adjunto ao Exp, formando [$_D$ N Exp]. A configuração assim formada coloca [D] numa configuração de verificação com o traço [N] elevado, exatamente como na estrutura D-complemento[136]. De modo semelhante a um D que tem um complemento, um D expletivo tem um traço [nominal-] forte, que atrai [N] – um resíduo da análise anterior com adjunção ao expletivo ([401]).

Voltando a (196), lembremo-nos de que o único problema que ficou por resolver consistia em mostrar que o Exp não aparece em LF no $Spec_2$ de (188) – a

---

([400]) Recordemo-nos de que o expletivo não pode ser subsequentemente elevado para [Spec, T], como se concluiu no parágrafo anterior. Esta discussão pressupõe que o traço forte de *v* (e também de T, como se verá a seguir) não é suficiente para apagar o traço categorial [D] do expletivo, e que esse apagamento tem de ser efetuado por um traço [N] elevado para o expletivo, o que lembra a versão anterior da troca do expletivo pelo NP associado.

([401]) Estritamente o traço [nominal-] do expletivo não pode ser forte, caso contrário atrairia o associado visivelmente. Agradeço a Jairo Nunes esta observação.

posição de elevação do objeto. Temos então de mostrar que, se o Exp está nessa posição, nenhum [N] pode ser elevado em adjunção ao Exp[137].

Há apenas uma possibilidade para a elevação de N para Spec$_2$: nomeadamente, o traço categorial [N] do Suj em Spec$_1$ [138]. A operação é permitida, logo temos de mostrar que a derivação fracassa por outras razões. Mas já temos essas razões. O Suj tem de ser elevado para o domínio de verificação de T, deixando um vestígio em Spec$_1$. Concluímos acima (ver (94)) que os vestígios do movimento-A são inacessíveis a Atrair/Mover. Logo, se a elevação de FF(Suj) já se aplicou (quer como parte de uma substituição visível em [Spec, T] quer como parte de uma adjunção não visível), [N] não pode ser elevado para fora do vestígio de FF(Suj), em adjunção a Spec$_2$. A única possibilidade que sobra é que o Suj fique *in situ* em Spec$_1$ com o Exp em Spec$_2$, e que [N] seja elevado para fora do Suj, em adjunção a [D] em Spec$_2$, transportando automaticamente FF[N]. Mas FF(Suj) tem agora de ser elevado para T^{0max}, elevando o vestígio de FF[N], uma operação que também deveria ser excluída por (94). Vemos assim que existem bons motivos para interpretar a condição (94) (que foi deixada propositadamente com um estatuto um tanto vago) de um modo bastante restritivo. Sendo assim, a limitação do Exp à posição [Spec, T] fica explicada (com as qualificações das notas precedentes).

Estas observações sugerem uma interpretação ainda mais restritiva de (94), fortalecendo a condição sobre as cadeias argumentais, repetida em (199), com a condição (200) ([402]).

(199) Apenas a cabeça de CH pode ser atraída por K.

(200) α só pode ser atraído por K se não contiver nenhum vestígio.

Esta sugestão teria sido inaceitável em versões anteriores por uma série de razões, mas as objeções desaparecem, em larga medida, se o movimento não visível for apenas elevação de traços, e se algumas sugestões feitas anteriormente tiverem algum mérito[139]. Uma consequência imediata é que o tipo de operações visíveis e contracíclicas que motivaram a condição de ampliação ficam proibidas (ver a discussão de (138)). De qualquer modo, é possível que (200) seja demasiado forte mesmo dentro do sistema computacional; voltamos a essa questão.

([402]) (200) proíbe automaticamente "a única possibilidade que sobra", descrita acima.

Vemos assim que a observação descritiva (196) assenta numa fundamentação razoável[140]. Uma análise semelhante é possível para os expletivos não puros como *it*, associados a CPs com complementadores: *that*, *for* ou Q (o fenômeno da extraposição, qualquer que seja a análise). Esses expletivos não aparecem com orações infinitivas de controle ou de elevação ([403]).

(201) a. * it is certain [PRO to be intelligent]
b. * it is certain [John to seem *t* to be intelligent]

É possível que o complementador visível, núcleo do associado extraposto, seja elevado para o expletivo, apagando-o como nas construções com um expletivo puro, satisfazendo desse modo o princípio FI. Mas ver a nota 68.

A análise de (196) coloca de uma forma ainda mais aguda um problema não resolvido e que se vem arrastando. Ao discutirmos (168a-b) – essencialmente (202a-b) – observamos que não era claro o motivo pelo qual ambas as estruturas eram permitidas (assumindo que o são, quando as CSMs são possíveis) ([404]).

(202) a. there seems [$_{TP'}$ [someone] *t* [$_{TP''}$ *t*$_{Suj}$ to be in the room]]
b. there seems [$_{TP}$ *t*$_{Exp}$ [$_{TP''}$ someone to be in the room]]

Explicando as notações, TP é em ambos os casos o complemento de *seem*; *t* é o vestígio de *seem*; *t*$_{Suj}$ é o vestígio de *someone*; e *t*$_{Exp}$ é o vestígio de *there*. O Exp ocupa o Spec externo da CSM principal em (202a), e o seu vestígio ocupa o Spec externo da CSM encaixada em (202b). O Suj *someone* está em [Spec, T] em ambos os casos, na oração principal em (202a), e na oração encaixada em (202b). Em resumo, a oração principal é uma CSM em (202a) e a oração encaixada é uma CSM em (202b).

Uma consequência da discussão anterior é que (202b) bloqueia (202a) porque, na etapa comum da derivação em que existe apenas a projeção T mais profundamente encaixada, a inserção do Exp é mais econômica do que a elevação do Suj para [Spec, T] ([405]). A única alternativa possível de (202b) deveria ser (203), com o Suj permanecendo na posição não elevada do associado.

([403]) (201) a. * *expl* é certo [PRO ser inteligente]
b. * *expl* é certo [o João parecer *t* ser inteligente]
([404]) Ver as notas ([361]) e ([362]).
([405]) Ver a nota ([376]).

(203) there seems [$_{IP}$ t to be [someone in the room]]

Temos agora um novo problema. Acabamos de ver que a construção (204), que é bastante semelhante a (202b), *não* é permitida por causa do princípio de economia (76) ([406]).

(204) Exp T...[$_{vP}$ t Spec$_1$ [Vb XP']]

Em (204), a elevação do Exp a partir do Spec determinado pelo traço forte de *v* é proibida: o traço forte não pode ocorrer na numeração porque não tem nenhum efeito sobre os outputs PF ou LF. Em (202b), contudo, permite-se a elevação do Exp a partir do Spec adicional determinado pelo traço forte do T encaixado, ainda que essa elevação pareça ser proibida pela condição (76) e, no caso de (202a), ainda por outra condição de economia: aquela que afirma que o passo mais econômico tem de ser tomado em cada ponto da derivação ([407]).

Os problemas se desvendam no presente quadro teórico. Pela condição de economia (76), um traço forte pode entrar na numeração se tiver algum efeito sobre o output – neste caso, o output PF, porque a única coisa que está em causa aqui é um expletivo puro. Isso é suficiente para proibir (204): o traço forte no núcleo *v* de Vb não tem qualquer efeito em PF. Voltando-nos para (202), vemos que (202a) é derivado acrescentando um traço forte adicional ao T principal, e que (202b) é derivado acrescentando um traço forte adicional ao T encaixado – dois elementos diferentes[141]. Em cada caso, há um efeito sobre o output PF. Suponhamos que o T principal entra na numeração sem um traço forte que permite uma posição Spec adicional. O T encaixado é um elemento diferente na numeração: se não tiver o traço forte que permite um Spec adicional, derivamos (203); se o T encaixado tiver esse traço, derivamos a forma PF distinta (202b). Logo, (76) é inaplicável. Acontece o mesmo com o princípio de economia que obrigava, na teoria anterior, à seleção do expletivo em vez de elevação. Essa seleção só é obrigatória se a derivação convergir; e se o T encaixado tem o traço forte que exige uma CSM, a derivação

---

([406]) Este é o caso em que o expletivo é composto no Spec externo de *v* e subsequentemente elevado para [Spec, T], discutido nas p.531-532. Alteramos o índice do Spec em (204) (*1* em vez de 2, contrariamente ao texto original), para manter (204) consistente com (188) e toda a discussão até o ponto presente. Em (204), *t* ocupa a posição Spec$_2$ de (188).

([407]) Ou seja, em (202a), a elevação visível de *someone* deveria ser proibida pela alternativa que consiste em selecionar e compor *there*. Ver a discussão sobre (173), as notas ([370]) e ([376]).

não converge a menos que a elevação preceda a inserção do Exp, produzindo (202b)[142] ([408]).

Consideramos vários tipos de construções com expletivos, incluindo construções encaixadas que proíbem a superelevação, CSMs de vários tipos, e construções ECM. Existe uma série bastante complexa de opções. Dentro deste leque de construções, pelo menos, as opções são determinadas por princípios elementares de economia: (1) acrescentar um α opcional à numeração apenas se α tiver algum efeito na interface; (2) em cada etapa de uma derivação, aplicar a operação mais econômica que leve à convergência. Até aqui, pelo menos, os resultados parecem encorajadores.

4.10.3 Expectativas empíricas com pressupostos minimalistas

Com estas clarificações, voltemo-nos para as questões adiadas no final da seção 4.10.1. O quadro teórico mais restritivo imposto por uma aderência estrita aos pressupostos minimalistas elimina mecanismos que anteriormente proibiam derivações não desejadas. Assim, encontramo-nos diante de problemas de dois tipos: mostrar que (1) as derivações corretas são permitidas, e (2) as portas não foram abertas de maneira demasiado liberal. A linha de raciocínio específica é por vezes bastante complexa, mas é importante levar em conta que na base é realmente muito simples. A ideia-chave básica é em si mesma elementar: a série de consequências é determinada por uma aplicação estrita dos princípios minimalistas (certamente construídos numa só das várias maneiras possíveis; ver a introdução). Na medida em que as conclusões se confirmarem, temos evidência para uma concepção bastante curiosa sobre a natureza da linguagem.

Continuamos a limitar a nossa atenção às construções simples com verbos transitivos, considerando que possuem a forma (182), antes de T ser acrescentado para derivar TP. Basta-nos considerar a elevação visível de V, uma operação que levanta problemas mais difíceis; as alternativas com elevação não visível têm uma solução imediata, quando este caso é devidamente analisado.

([408]) Ou seja, em (202b), a elevação de *someone* de dentro da oração pequena, para o Spec interno do T da oração subordinada (CSM), precede a inserção do expletivo no Spec externo do T subordinado; caso contrário, a derivação fracassa. Algo semelhante acontece em (202a): a elevação de *someone* para o Spec interno do T da oração principal (CSM) precede necessariamente a inserção do expletivo no Spec externo desse T. O motivo destas ordenações particulares em (202a) e (202b) é discutido na seção seguinte.

O primeiro problema que surge tem a ver com o fato de predizermos a ordem de elementos errada para as CSMs. Como notamos atrás, a ordem observada é (205b), e não a ordem predita (205a).

(205) a. Exp [Suj [T^{0max} XP]]
     b. Exp T^{0max} Suj XP

A melhor solução é que a ordem é na realidade (205a) no decurso da computação N → λ. Se o expletivo for nulo, não sabemos qual é a sua posição, ainda que esperemos (205a) por analogia com o caso visível. Na seção 4.9, notamos a possibilidade de o expletivo ser visível nas CSMs para satisfazer a propriedade V-2, sendo que esta pode pertencer à componente fonológica. Nesse caso, a ordem observada é formada por operações fonológicas que são alheias à computação N → λ e que podem obedecer às restrições usuais (V → C) [409], embora não necessariamente, tanto quanto se saiba: poderíamos ter, por exemplo, adjunção de T^{0max} ao expletivo, ou a TP [410]. Vamos assumir o caso ótimo e vejamos até onde nos leva. Consideramos assim que a ordem é realmente (205a), independentemente daquilo que é observado no output PF.

T e V têm traços -Interpretáveis intrínsecos que necessitam ser verificados: T, [(atribuir) Caso] (nominativo ou nulo); e V, traços-φ e [(atribuir) Caso acusativo]. Além disso, as categorias não substantivas T e *v* podem (opcionalmente) ter um traço [nominal-] forte, também -Interpretável. Todos esses traços têm de ser rasurados numa relação de verificação estabelecida por Compor ou por Mover, numa estrutura de substituição ou de adjunção. Escolhemos traços opcionais quando estes são necessários para assegurar a convergência, e tão parcimoniosamente quanto possível, de acordo com a condição de economia (76). Os traços são apagados no ponto em que são verificados. Além disso, são rasurados quando possível, à parte a variação paramétrica que permite as CSMs; ver a discussão logo a seguir a (58) e a (185). A rasura é possível quando nenhum objeto ilegítimo é formado (o que é imediatamente detectável). A verificação tem lugar na ordem em que as relações são estabelecidas. Estes são os pressupostos ótimos: esperamos mostrar que permitem exatamente a série correta de fenômenos empíricos. Preocupamo-nos agora unicamente com os traços fortes.

---

[409] Ver as notas 64 e 118 do autor.
[410] Ou seja, uma destas operações pode ser aplicada na derivação de (205b) a partir da estrutura (205a), dentro da componente fonológica.

À medida que a derivação prossegue, a primeira relação de verificação que pode ser estabelecida é por substituição visível no Spec de v. Temos duas propostas a considerar: (1) "mais próximo do que" define-se unicamente em termos de c-comando e a elevação visível do objeto só pode ser para o Spec interno; (2) "mais próximo do que" define-se em termos de c-comando e equidistância, e o objeto pode (talvez tenha de) se elevar para o Spec externo. De novo, vamos nos concentrar na variante mais complexa (2); com (1), nenhum problema surge, como se pode verificar imediatamente.

Suponha-se então que a substituição visível é no Spec externo de v: $Spec_2$ em (188). Neste caso, v tem um traço [nominal-] forte. Este traço não pode ser verificado pelo Suj introduzido por Compor, como vimos [411]; logo, tem de existir um Spec extra como em (188), mais explicitamente (206).

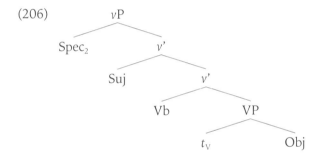

De novo, Vb é a forma complexa $[_v \; V \; v]$. O Suj está em $Spec_1$ devido a razões θ-teóricas não relacionadas com a força.

$Spec_2$ tem de ser preenchido visivelmente para eliminar o traço forte de v antes que uma categoria maior distinta seja formada: neste caso, antes da composição com T. Esta operação pode ser efetuada por Compor ou por Atrair/Mover. Já excluímos Compor [412]. Um argumento inserido nesta posição não estabelece uma relação de verificação (e o traço forte não é verificado) e também não possui uma função-θ, em violação do princípio FI; a derivação fracassa. Um expletivo não pode ser inserido nessa posição, como já vimos. A única opção, assim, consiste em elevar o Obj ou o Suj. Queremos permitir apenas a elevação do Obj, o que permite seguidamente, como já vimos, que a

---

[411] Recordemos o motivo: as configurações de marcação-θ são estritamente complementares das configurações de verificação; deste modo, o Suj, que está numa configuração temática, não pode verificar nenhum traço.

[412] Ver o final da seção 4.5, em particular a opção aí escolhida para a extensão de Atrair/Mover à composição: só composição de não argumentos pode criar um domínio de verificação.

derivação convirja através da elevação do Suj para o domínio de verificação de T, sendo este o único cenário possível.

Já fizemos algumas considerações rápidas (e incompletas) sobre a razão pela qual a elevação do Suj para Spec$_2$ de (206) é proibida. Vejamos mais de perto quais são as possibilidades, para clarificar o assunto.

Suponhamos que o Suj é elevado para Spec$_2$ em (206). Fica então no domínio de verificação de V, e estabelecem-se relações de verificação para o Caso e para os traços-ɸ ([413]). Se os traços são não conformes, a derivação é cancelada. Se são conformes, o Suj recebe Caso acusativo e concordância de objeto, e o traço Casual e os traços-ɸ do V são rasurados. O Caso do Obj ainda tem de ser verificado, e essa verificação tem de acontecer no domínio de verificação de T. Mas o Obj não elevado não consegue chegar até essa posição, como já vimos, porque o Suj está mais próximo de T. O vestígio do Suj em Spec$_1$ é invisível a Atrair/Mover, e logo não proíbe a elevação do Obj; o próprio Suj, no entanto, impede a elevação do Obj.

A única possibilidade, então, é que o Suj seja elevado ainda mais, para o domínio de verificação de T. Agora o seu vestígio em Spec$_2$ é invisível, e FF(Obj) pode ser elevado para T. O vestígio deixado em Spec$_2$ é apagado e, em LF, o resultado dessa derivação é idêntico ao da derivação em que Spec$_2$ não é formado. O traço forte de *v* não tem efeito no output PF ou LF desta derivação; logo, não pode ser selecionado para a numeração, pelo princípio de economia (76). Esta opção é assim excluída. Se Spec$_2$ existe, tem de ser formado pela elevação visível do objeto.

À medida que a derivação avança, a relação de verificação seguinte que é possível estabelecer é a substituição no primeiro [Spec, T] formado (EPP), quer por Compor quer por Atrair/Mover. Para Compor, a única opção é um expletivo, o qual (se for puro) estabelece uma relação de verificação apenas com o traço [nominal-] forte de T, o que, por sua vez, exige a elevação não visível do associado; a elevação de um expletivo para esta posição funciona do mesmo modo. O único caso que resta é a elevação de um argumento para [Spec, T], necessariamente o Suj, como já vimos. Em seguida, os traços do Suj entram em relações de verificação com as subetiquetas "mais próximas" do alvo, num sentido óbvio: os traços-ɸ do V (os únicos que existem), e o traço Casual de T[143]. Vb não pode ter um traço forte nesta etapa da derivação, mas estabelece-se uma relação de verificação com o traço [nominal-] forte de T que determina a substituição visível. As subetiquetas que entram nas

---

([413]) Repare-se que Spec$_2$ não está numa configuração de marcação-θ.

relações de verificação são rasuradas se forem conformes aos traços do Suj; se houver não conformidade, a derivação é cancelada.

Suponhamos que T não tem um traço [nominal-] forte, ou que esse traço já foi rasurado por substituição de um Exp em Spec. Nesse caso FF(Suj) é elevado em adjunção a T^{0max}, formando (194), que modificamos aqui ligeiramente.

(207)
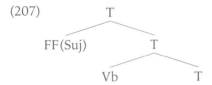

A verificação é efetuada exatamente como no caso de [Spec, T]; a derivação é cancelada se houver não conformidade, e os traços -Interpretáveis são rasurados se houver conformidade. Se o Obj tiver sido elevado visivelmente para [Spec, Vb], os seus traços são verificados aí e não sofrem elevação não visível. Se o Obj não tiver sido elevado visivelmente, FF(Obj) é elevado então para T^{0max}, formando (195), aqui repetido.

(208)
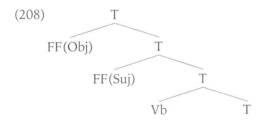

O traço Casual de T já foi rasurado pelo Suj, logo FF(Obj) verifica o traço Casual de V, sendo a derivação cancelada se o traço Casual de FF(Obj) não for acusativo. O Caso nominativo e a concordância do sujeito coincidem necessariamente.

Apoiamo-nos crucialmente aqui em vários pressupostos anteriores, entre os quais o pressuposto de que Atrair/Mover só "vê" a cabeça de uma cadeia-A, e o pressuposto de que a não conformidade de traços cancela a derivação. Ao discutir o segundo tópico, consideramos o princípio mais fraco (107), que permite a continuação da derivação depois da não conformidade, possivelmente convergindo de algum modo diferente. Com base em larga medida numa fundamentação conceitual, rejeitamos essa opção em favor de

(108), que cancela a derivação no caso de haver não conformidade: preferimos (108) porque reduz a complexidade computacional. Vemos agora que a decisão é necessária também em bases empíricas: se permitíssemos a classe mais ampla de derivações, certas escolhas para os traços Casuais (opcionais) do DP teriam permitido que a derivação convergisse incorrectamente, com um sujeito acusativo e um objeto nominativo. De novo, os princípios escolhidos numa base conceitual são empiricamente confirmados, o que esperamos se o Programa Minimalista capta na realidade algo de verdadeiro e de importante sobre a linguagem humana.

O que precede não é uma recensão exaustiva das possibilidades, mas inclui um leque de casos que parece ser central e típico.

Os problemas que permanecem têm a ver principalmente com as CSMs. Já progredimos bastante no sentido da conclusão de que a estrutura (191), aqui repetida, é a única forma possível para as CSMs (com ou sem elevação visível do objeto).

(209) Exp [Suj [T^{0max} XP]]

Esta estrutura é permitida, e já vimos que um certo número de possibilidades não pretendidas são excluídas. Algumas permanecem, contudo, e há também um problema conceitual substancial: como é que damos conta do leque de opções?

Estamos preocupados com a estrutura de "EPP duplo" (210).

(210) [$_{TP}$ XP [$_T$ YP T']]

Queremos restringir as opções a (209). Tentemos quebrar o problema em várias partes.

(211) a. XP e YP não podem ser ambos Exp.
b. YP não pode ser Exp.
c. XP ou YP tem de ser Exp.

Nesse caso, temos (209).

A questão conceitual é (212).

(212) Que seleções opcionais podem permitir as três opções: (a) nenhum Spec de T (VSO), (b) um SPEC de T (EPP), (c) dois Specs de T (CSM)?

O caso (212c) é (210), que temos esperanças de reduzir a (209). Temos de perguntar como é que as três opções de (212) são especificadas, incluindo a possibilidade de serem combinadas: por exemplo, o islandês, com as opções (212b) e (212c).

Comecemos com (211a). Os fatos são claros: não há estruturas com a forma Exp-Exp; além disso, a observação empírica é aplicável a uma classe mais ampla de casos, incluindo a expressão (213), que se tem revelado como um problema recorrente ([414]).

(213) * there$_1$ is believed [there$_2$ to be a man in the room]

Estas estruturas são excluídas se tomarmos o traço [nominal-] forte de [D] como sendo [N-], e não, de uma forma mais geral, [nominal-] (incluindo [N] e [D]) ([415]). Esse passo é razoável: limita os casos possíveis àqueles que encontramos em geral nos DPs, nomeadamente, elevação de N → D; e tem a consequência (plausível, ainda que não desprovida de problemas) de que o associado do expletivo tem de ser não específico, quer numa construção normal de expletivo quer numa CSM com o associado em [Spec, T] (ver as p.502-503 e 513-514). Adotemos então esse pressuposto. As construções Exp-Exp são assim imediatamente excluídas. O Exp é um DP, logo o traço forte do Spec externo ([416]) não é verificado pela elevação do Spec interno: só são possíveis estruturas DP-NP, semelhantes aos pares expletivo-associado normais ([417]). Quanto a (213), os traços do associado *a man* podem ser normalmente elevados para o T encaixado, com [N] elevado em seguida para *there*$_2$ para verificar o seu traço forte; mas *there*$_1$ sobrevive intacto em LF, logo a derivação fracassa (a elevação de *there*$_2$ não ajuda, porque este elemento é um DP) ([418]).

([414]) (213) * expl$_1$ é acreditado [expl$_2$ estar um homem no quarto].

([415]) Ver a nota ([401]).

([416]) Isto é, o traço (forte) [N-] do expletivo [D]. Ver a nota ([401]).

([417]) Isto explica igualmente a ordenação entre o expletivo e o argumento, bem como a ordem particular das operações, em (202): em cada CSM (a oração principal de (202a) e a oração subordinada de (202b)), a ordem tem de ser Exp-NP; ver a nota ([408]).

([418]) Repare-se que o T encaixado de (213) é um infinitivo de elevação, que por hipótese não possui um traço de atribuição Casual; para que os traços do associado *a man* sejam elevados para este T, é, portanto, necessário que T possua algum traço (para lá do traço Casual, inexistente), que atraia os traços formais do associado. Repare-se que esse traço também não pode ser o traço [D] forte, já satisfeito por *there*$_2$. Agradeço a Noam Chomsky uma observação sobre esta passagem.

Como a sequência Exp-Exp é proibida, para estabelecer (211) temos apenas de mostrar que a ordem Argumento-Exp é impossível em Specs sucessivos. Já sabemos que em todas as etapas da derivação o Exp está na posição [Spec, T] e que, em alguma etapa da derivação, a ordem tem de ser Exp-Suj, como em (209), para que o traço-D do Exp seja apagado pela elevação de N a partir do Suj. É, portanto, necessário mostrar o seguinte: uma vez formado (214a), o Exp não pode ser elevado, convertendo-se em [Spec, H], com uma operação posterior formando (214b) (XP o Spec externo de H).

(214) a. Exp-Suj
b. [XP [$_{HP}$ Exp H']]

A derivação problemática é proibida de maneira simples. Em (214a), o traço-N do Suj é adjunto ao Exp para apagar [D]. Mas esta operação é uma elevação não visível de traços, logo, não pode ser seguida por uma elevação visível para um Spec, formando (214b) [419].

Resta estabelecer (211c) e responder às perguntas de (212). Vamos começar por assumir que (211c) é verdadeiro (voltamos a este pressuposto). Temos agora de fazer face a (212); especificamente, temos de determinar quais são as seleções opcionais que nos dão os casos de (212). É fácil estabelecer a diferença entre nenhum Spec e algum Spec; isso tem a ver com a disponibilidade do traço [nominal-] forte em T. O problema mais difícil consiste em distinguir os casos (212b) e (212c), assumindo que, nos dois casos, T possui o traço [nominal-] forte. Como é que essa distinção pode ser expressa, com os recursos limitados que temos à nossa disposição?

Suponha-se que existe um parâmetro que permite duas escolhas: um Spec ou dois Specs. Essa proposta falha, porque a opção de dois Specs permite que o Suj e o Obj sejam ambos elevados para [Spec, T], em violação de (211c): no quadro teórico altamente restritivo que adotamos agora, nada proíbe a elevação do Suj e do Obj para os Specs de (210). Suponha-se que modificamos a abordagem, apelando para um princípio de economia que só permite a opção de dois Specs se a derivação não converge sem essa opção, uma variante de (76). Essa abordagem também falha, porque proíbe inclusivamente a estrutura pretendida Exp-Suj (209); como vimos, a derivação converge com o estatuto de uma construção de expletivo normal se houver

---

[419] Ver também (200).

apenas um Spec = Exp. *A fortiori*, o parâmetro não pode ter a forma preferida: *n* Specs, com *n* = 0 (o caso (212a)), *n* = 1 (o caso (212b)), ou *n* ≥ 1 (sendo (212c) um caso especial).

Uma ideia mais promissora consiste em prestar atenção ao fato de que cada ocorrência de [Spec, T] surge a partir de uma operação, quer esta seja Compor quer seja Mover. Compor não tem custo, logo pode ser aplicada livremente. Mas só pode aplicar-se uma vez para formar [Spec, T]: só um Exp pode ser inserido nesta posição não θ numa derivação convergente, e, como acabamos de ver, construções com um Exp duplo são proibidas[144]. Logo, a operação Atrair/Mover tem de ser aplicada pelo menos *n* vezes para formar CSMs com *n* + 1 Specs (*n* ≥ O), e *n* + 1 vezes se não houver nenhum Exp disponível para ser inserido. Cada uma destas aplicações entra em violação de Procrastinar, o que sugere que os parâmetros em ação em (212) sejam formulados em termos desse tipo de violações.

Uma violação de Procrastinar exigida para satisfazer a convergência não é uma violação da economia; uma violação de Procrastinar não exigida para satisfazer a convergência é uma violação da economia. Para facilitar a exposição, vamos distinguir terminologicamente entre os dois tipos (radicalmente diferentes) de violações de Procrastinar, falando de *violações forçadas* (para a convergência) e de *violações não forçadas* (verdadeiras violações da economia).

Numa estrutura VSO (o tipo (212a)), com T fraco, não há violações de Procrastinar. Numa estrutura S-VP (o tipo (212b)) existe no máximo uma só violação forçada: isto é, se não houver um Exp disponível para a inserção. Numa CSM, tolera-se uma violação não forçada: isto é, uma violação de Procrastinar não exigida para a convergência.

Temos assim duas opções.

(215) a. T pode ser forte ou não.
b. T pode ou não tolerar uma violação não forçada de Procrastinar.

A opção (215a) é adaptada do sistema Agr-T: T pode ter o traço forte [nominal-] (EPP), ou não (VSO). Se a opção (215a) for selecionada, mas não (215b), temos um Spec, mas não podemos ter nenhuma violação não forçada de Procrastinar: [Spec, T] é ocupado por um Exp se houver um disponível, e é ocupado por um argumento elevado, se não houver Exp. Se (215b) também for selecionado, temos um número arbitrário de Specs; esta conclusão ainda é demasiado fraca; assim, (215b) necessita de ter uma formulação mais precisa.

Para clarificar os problemas, comparemos a abordagem Agr-T das CSMs com aquela que estamos agora a explorar. (215b) é uma formulação equivalente ao parâmetro (216) da análise apresentada na seção 4.9.

(216) T pode ou não ter Spec.

No sistema das seções 4.1-4.9, [Spec, Agr] está sempre disponível; (212b) e (212c) (EPP simples e duplo) diferem no valor do parâmetro (216) ([420]). Os resultados corretos são garantidos pelo princípio (217).

(217) Apenas um argumento (nomeadamente o Suj) pode ser elevado do VP para [Spec, I].

No entanto, com base numa análise mais cuidada das propriedades dos traços e dos fenômenos empíricos explicados, já concluímos que o princípio (217) não é sustentável: o Suj, o Obj (e outros argumentos) têm traços formais Interpretáveis, podendo assim ser elevados mesmo depois da verificação de traços, se a MLC for satisfeita, o que acontece nos casos relevantes quando nos restringimos a princípios minimalistas e pomos de parte um aparato que é conceitualmente desnecessário e empiricamente defeituoso ([421]). Assim, a generalidade aparente da análise anterior é falsa.

Suponha-se que uma língua seleciona (215b) como opção, permitindo assim uma violação de Procrastinar. Esta escolha deriva exatamente as construções corretas com *duplo* sujeito (islandês), mas também permite CSMs com mais do que dois Specs. Temos, portanto, de restringir (215b) ao número mínimo de violações de Procrastinar – uma exatamente – revendo (215) no sentido de (218).

([420]) Parece ser necessária uma clarificação, para compatibilizar (215a) (e o texto logo a seguir) com (216). No sistema das seções 4.1-4.9, o EPP simples consiste num traço forte de T; mas, como T é elevado para Agr$_S$, o expletivo composto ou o argumento elevado é realizado em [Spec, Agr$_S$]. Logo, embora o princípio EPP seja formalmente caracterizado por um traço forte em T, o Spec realizado é o de Agr$_S$ (ver p.119 e 306-307), que é assim o Spec "sempre disponível", mas devido à força de T (ver p.503-504, para a ideia de que é T que pode ter um traço forte sem apoio verbal visível). Neste sistema, o EPP duplo consiste na propriedade de Agr$_S$ possuir *também* um traço forte, além de T, com a consequência que tanto [Spec, Agr$_S$] como [Spec, T] são agora preenchidos independentemente. Ou seja, no sistema das seções 4.1-4.9 (um tanto perversamente), a possibilidade de Agr$_S$ ter um traço forte (característica das CSMs) reflete-se na existência de um Spec visível em T.

([421]) Recorde-se que os traços Interpretáveis não são eliminados e podem ser usados para novas verificações. Logo, o objeto, em princípio, poderia satisfazer uma CSM.

(218) a. T é forte.
      b. T tolera uma única violação não forçada de Procrastinar.

Uma língua VSO tem uma ligação ([422]) negativa para (218a) [(218a) negativo]: T é fraco. Uma língua EPP sem CSMs tem [(218a) positivo] e [(218b) negativo]: T é forte mas não há Specs duplos. Uma língua como o islandês, com CSMs de sujeito duplo opcionais, tem [(218a) positivo] e [(218b) positivo]. O quadro teórico cobre assim o leque tipológico considerado.

Um cenário mais elegante incluiria outra opção, a possibilidade de mais do que uma única violação não forçada de Procrastinar. Suponha-se então que temos outro parâmetro que distingue entre dois tipos de línguas.

(219) T tolera um número arbitrário de violações não forçadas de Procrastinar.

As línguas consideradas têm valor negativo para (219): não se tolera mais do que uma violação não forçada (e nenhuma violação forçada, se a ligação particular de (218a) proibir T forte). Será que podem existir línguas com [(219) positivo], permitindo um número arbitrário de violações não forçadas de (219) ([423]), uma situação que podemos interpretar como significando um número máximo de violações não forçadas? Nesse tipo de língua, todos os argumentos são extraídos para uma posição fora do IP. O candidato imediato é uma língua em que todos os argumentos aparecem efetivamente fora do IP, sendo as suas funções sintáticas indicadas apenas por uma relação com um elemento dentro da palavra complexa que sobra: *pro* com traços conformes, ou talvez um vestígio, com os argumentos aparecendo em CSMs. Sendo assim, (219) lembra o parâmetro da polissíntese de Baker (1995)[145].

Parece valer a pena explorar esta possibilidade. Se tiver algum sentido, interpretamos o sistema de parâmetros como admitindo as seguintes situações: não permite violações não forçadas de Procrastinar; permite-as minimamente (uma vez); ou as permite maximamente (sempre). Escusado será dizer, confrontamo-nos agora com uma situação teórica muito pouco clara.

Ainda por resolver está o caso (211c): a impossibilidade de uma construção com duplo EPP sem um Exp, com as duas ocorrências de [Spec, T] ocupadas pelo Suj e pelo Obj (em qualquer das duas ordens) (uma língua como o

---

([422]) No original, "setting".
([423]) De Procrastinar, presumivelmente.

islandês que permita CSMs com Suj-Obj, por exemplo). A solução proposta para (212) proíbe essa possibilidade. Essa língua teria de permitir T forte e uma violação não forçada de Procrastinar ([(218a-b) positivo]), mas só minimamente ([(219) negativo]). Esse conjunto de escolhas (islandês) proíbe a violação não forçada dupla exigida para extrair exatamente dois argumentos para posições [Spec, T].

As opções (218b) e (219) podem ser formuladas de maneira simples em termos dos mecanismos para Specs múltiplos mencionados anteriormente (logo após (58)), nomeadamente, permitindo que um traço escape à rasura depois de ser verificado. A opção (218b) é rejeitada se essa possibilidade for proibida para o traço [nominal-] forte de T, e é escolhida se essa possibilidade for permitida. A opção (219) é rejeitada se o traço [nominal-] forte puder escapar à rasura uma vez, e é adotada se tiver de escapar à rasura tantas vezes quanto possível.

Consideremos a construção inacusativa (220), em que Nom é o único argumento.

(220)

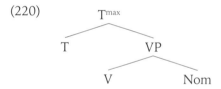

Suponha-se que T é forte. Nesse caso, ou Nom é elevado visivelmente para [Spec, T] ou um Exp é inserido nessa posição. O Exp não pode ser elevado a partir de uma oração inferior, por causa do Nom mais próximo. Mas suponha-se que o Exp é composto em [Spec, VP] (uma posição não θ), e elevado em seguida. O resultado é legítimo, mas a derivação é de novo proibida: pela condição segundo a qual as derivações mais curtas impedem outras mais longas a partir da mesma numeração[146]. A conclusão dá mais força ao pressuposto de que estamos diante de uma verdadeira condição de economia. Além disso, preenchemos o último vazio que faltava para confirmar (196), a observação descritiva básica que restringe os expletivos a [Spec, T][147]. A observação, como esperamos, é uma consequência (não redundante) de condições de economia com motivação independente.

Não dissemos nada até agora sobre a elevação do quantificador (QR). O estatuto deste fenômeno tem sido bastante controverso, e não vou rever aqui os argumentos. Suponha-se que a operação existe. Dado que é não visível, tem de ser elevação de traços: um traço quantificacional [quant] é elevado, em adjunção a algum X^{0max} que funciona como anfitrião potencial (presumivelmente T ou v, que, podemos assumi-lo, têm traços de afixo opcionais que lhes permitem receber [quant]). Aceitemos essa ideia. [quant] é Interpretável; logo, não necessita de ser verificado. O traço de afixo das categorias funcionais é opcional, logo é escolhido se "fizer alguma diferença", assumindo que a condição de economia (76) é válida para este caso, mesmo se o caso difere de outros que consideramos até aqui[148]. Como não há efeitos em PF, o resultado consiste em permitir QR quando esta operação produz uma interpretação distinta, em algum sentido que é necessário tornar preciso, uma ideia proposta por Reinhart (1993) num quadro teórico mais amplo, e desenvolvida com um apoio empírico considerável por Fax (1994)[149]. A ideia integra-se de maneira natural no quadro teórico já esboçado.

Se a discussão até aqui está no caminho certo, eliminamos uma série de razões aparentes para incluir Agr no inventário lexical. O problema da existência de Agr fica mais restrito, ainda que não o tenhamos eliminado. Nem todos os argumentos em favor de Agr foram considerados[150]. A discussão baseou-se no pressuposto de que Agr não possui traços-ϕ – que esses traços são atribuídos aos itens lexicais substantivos quando estes são retirados do léxico. Se Agr existe como lugar dos traços-ϕ, tem (mais do que anteriormente) uma função restrita e um estatuto único, sem impacto particular nos processos computacionais centrais; essa situação parece pelo menos duvidosa. Para o caso da concordância do sujeito, essas funções aparentes de Agr podem talvez ser integradas dentro do sistema esboçado, através de uma assimilação de Agr com T: isto é, assumindo que também T recebe traços-ϕ quando é retirado do léxico para a numeração (como os nomes; e, como assumi até aqui, os verbos e os adjetivos). Repare-se que isso nos traz de volta a um tipo de análise como a que era convencional antes da teoria altamente produtiva do I desdobrado proposta por Pollock (1989), ainda que essa análise tenha sido agora bastante modificada e possua um pano de fundo bem diferente. A justificação para Agr baseada na concordância reduzir-se-ia nesse caso à concordância do adjetivo e à concordância do objeto. Para prosseguir este assunto, é necessário estudar um leque de questões empíricas que estão bem para lá do escopo desta investigação.

Aceitando a análise proposta, parece razoável conjecturar que Agr não existe, e que os traços-ϕ de um predicado P, ainda que sejam -Interpretáveis, são como os traços-ϕ Interpretáveis dos nomes: ou seja, fazem parte de P na numeração, sendo acrescentados opcionalmente quando P é selecionado do léxico.

4.11 Resumo

Resumindo com brevidade, parece que podemos eliminar inteiramente a teoria da estrutura de constituintes, derivando as suas propriedades a partir de bases fundamentadas, juntamente com várias consequências para as teorias do movimento e da economia, quando estas conclusões se combinam com outros pressupostos minimalistas. Levando estes a sério, somos conduzidos a uma reformulação bastante radical da teoria do sistema computacional que estabelece a ligação entre a forma e a significação; e conseguimos clarificar e melhorar a noção de economia e outras noções centrais.

A nossa preocupação central foi com a computação C_{HL} que projeta uma numeração N selecionada do léxico num par de representações de interface (π, λ), em PF e LF respectivamente. Num ponto arbitrário da computação N → λ, a operação Spell-Out retira os traços fonológicos, que entram na componente morfológica, são ordenados linearmente e são entregues em seguida às operações que os projetam em π. A derivação N → λ continua, em larga medida independentemente da exigência "alheia" de que a linguagem tenha uma manifestação nos sistemas sensório-motores: o único efeito dessa exigência poderá ser a necessidade de construir cadeias derivativas de categorias, para satisfazer a convergência em PF ([424]) (e, de um modo mais geral, a própria existência de Atrair/Mover). Com exceção da projeção em PF, C_{HL} satisfaz as condições de uniformidade e (praticamente) de inclusividade. C_{HL} consiste em duas operações, Compor e Atrair/Mover, a segunda incorporando Compor. Condições de economia em larga medida computáveis de maneira direta selecionam entre derivações convergentes.

Qualquer sistema parecido com a linguagem não pode deixar de ter uma operação do tipo de Compor, mas a operação Atrair/Mover reflete peculiaridades da linguagem humana, entre elas as propriedades do "último recurso" determinadas pela morfologia, às quais dedicamos uma atenção especial.

As categorias funcionais e os seus traços formais ocupam um lugar central nos mecanismos de C_{HL}. Se pudermos manter a abordagem geral da seção 4.10, as únicas categorias funcionais são as que possuem traços que sobrevivem durante a derivação e aparecem nas interfaces, onde são interpretados. Das categorias funcionais que consideramos, só T, C e D ficaram. Os traços fortes, que têm uma função considerável na manifestação visível e na variação linguística, têm uma distribuição drasticamente limitada. Não encontramos

---

[424] Ver a p.399.

qualquer razão para supor que N ou V, as categorias substantivas básicas, tenham traços fortes. A propriedade da força pode talvez ser restringida aos elementos não substantivos T e *v*, que são o núcleo das projeções principais dentro da oração, e aos complementadores, que funcionam como indicadores de modo-força (mas ver a nota 133).

Os vários refinamentos e simplificações que fomos propondo reduzem drasticamente o problema da multiplicação exponencial dos cálculos de economia, e resolvem uma série de problemas conceituais colocados pelo movimento em Último Recurso e pelo "movimento mais curto" (MLC). Esses melhoramentos também parecem receber uma confirmação empírica num conjunto interessante de casos. Mas o que é mais importante é que são uma consequência natural de pressupostos minimalistas, os quais exigem que nos limitemos estritamente a operações sobre traços e às relações locais entre estes (apenas derivativamente entre categorias), levando em consideração a distinção crucial entre traços ±Interpretáveis determinada pelas condições de output básicas. Conseguimos, assim, confirmar que as condições necessárias sobre a linguagem podem ser satisfeitas de uma maneira que podemos considerar a "melhor possível".

Com pressupostos minimalistas, estes parecem ser os passos corretos de um modo geral, ainda que sem dúvida não sejam ainda os passos particulares corretos. Tal como outros esforços anteriores guiados pelos mesmos objetivos, estes avanços levantam muitas questões; e se forem plausíveis, exigem uma boa dose de revisão daquilo que tem sido pressuposto até agora.

De um modo mais geral, não deixa de ser razoável presumir que a linguagem se pode aproximar de um sistema "perfeito" no sentido descrito na introdução. Se essa intuição for acertada, faz sentido levá-la até os seus limites para ver o que se pode descobrir sobre esta curiosa e cada vez mais misteriosa componente da mente humana. Para obtermos progressos adicionais nesta via, temos que descobrir as respostas a um leque amplo de perguntas empíricas que têm sido trazidas à superfície, e que podem por vezes ser formuladas de um modo bastante claro. Ficamos com problemas de uma nova ordem de profundidade, que são difíceis e que nos desafiam, e com perspectivas para uma teoria da linguagem com propriedades bem surpreendentes.

Notas

Quero agradecer aqui aos participantes dos seminários-palestra do MIT do outono de 1993 e do outono de 1994 pelas suas várias sugestões e críticas, naquilo que foi (como de costume) um esforço de cooperação, não totalmente agradecido. Agradeço particularmente a Chris Collins, Sam Epstein, John Frampton, Sam Guttman e Howard Lasnik por comentários a versões anteriores que serviram de base a Chomsky (1994a) e a Juan Uriagereka (entre outros) por melhoramentos numa versão preliminar.

1. O nível PF em si mesmo é demasiado primitivo e não estruturado para ter essas propriedades ([1]), mas elementos formados no decurso da projeção dos objetos sintáticos numa representação PF podem ser adequados para esse objetivo.
2. Para a minha própria opinião sobre algumas destas questões, ver Chomsky (1975b, 1992a, 1992b, 1994b, 1994c, 1995).
3. Recordemo-nos de que a ordem das operações é abstrata, exprimindo propriedades postuladas da faculdade da linguagem do cérebro, sem implicar qualquer interpretação temporal. Do mesmo modo, os termos *output* e *input* têm um sabor metafórico, ainda que possam refletir propriedades substantivas, se a abordagem derivacional for correta.
4. O trabalho produzido no quadro da Teoria da Otimalidade mencionado atrás não aborda estes problemas. Em Prince e Smolensky (1993) parece não existir nenhum obstáculo à conclusão de que todos os inputs lexicais derivam um único output fonético, nomeadamente a sílaba ótima (qualquer que ela seja – talvez /ba/). Esta situação seria proibida pela "condição de abrangência" ([2]) de Prince e McCarthy (1993) (sugerida de passagem por Prince e Smolensky (1993, p.80) como um "pressuposto não óbvio" que os autores "consideraram essencial"). Mas é difícil ver como se pode manter esta proposta no âmbito da fonologia segmental (como nos casos mencionados) sem pressupostos implausíveis sobre a segmentação processual ([3]), que teriam de variar praticamente sem limites de língua para língua. Parece provável que estas abordagens têm de postular níveis intermediários dentro da computação para PF, o que levanta a questão de saber em que é que diferem das abordagens baseadas em regras. É possível que sejam diferentes, pelo menos no domínio dos processos prosódicos (que são difíceis de separar dos processos segmentais). Atualmente parece-me provável que Bromberger e Halle (1989) têm razão em considerar que a fonologia,

---

[1] Ou seja, as propriedades que se exigem a esse novo nível ou níveis.
[2] No original, "containment condition".
[3] No original, "parsability".

contrariamente ao resto de C_{HL}, assenta em regras, com exceção talvez de algum subdomínio específico.
5. Num artigo subsequente, e referindo-se à nota precedente, McCarthy e Prince (1994) parecem aceitar a conclusão de que na teoria desenvolvida em Prince e Smolensky (1993) existe um único output para todos os inputs (para cada língua). Ao reconhecimento desta conclusão chamam eles "a falácia da perfeição", alegando que surgem geralmente problemas comparáveis na teoria da linguagem. Se esses problemas surgissem em outros lugares (e seguramente não surgem, pelo menos nos casos que eles mencionam), isso seria na realidade uma questão séria, e o reconhecimento dessa questão não seria uma falácia. Os autores reconhecem a necessidade de acrescentar relações input-output de algum tipo (a "fidelidade"). Abordagens tradicionais que vêm desde Panini e que foram restauradas no âmbito da fonologia generativa a partir do final dos anos 1940 explicitam a "fidelidade" em termos da noção de "regra fonológica possível" (incorporando pressupostos sobre processos naturais) e em termos de considerações de economia sobre o sistema de regras (métricas de avaliação, considerações sobre o estatuto mais ou menos marcado das regras etc.). McCarthy e Prince (1994) propõem que a "fidelidade" se restrinja às condições input-output, mas aquilo que sugerem parece não ter relevância para os problemas comuns (por exemplo, a "identidade entre o input e o output", um princípio que na prática não é quase nunca satisfeito). O problema básico, conhecido desde há muito, é aquele que mencionamos antes: as propriedades cruciais parecem ser satisfeitas não por pares input-output, mas por etapas intermédias, com a consequência de que não é possível formular nenhuma condição input-output. Sem uma investigação adicional, não podemos perguntar como é que uma abordagem nos termos da Teoria da Otimalidade difere de outras abordagens, à parte aquilo que é sugerido por casos particulares que foram estudados.
6. Ponho de lado outras questões que se relacionam com a interpretação dos itens lexicais em LF (recordemo-nos de que os seus "descendentes" em PF podem não ser identificáveis nesse nível, na medida em que são absorvidos em instruções para os sistemas A-P, que obliteram a sua identidade). Estas questões nos levariam demasiado longe, para problemas sobre o uso da linguagem (incluindo os processos reais de referência e outras coisas do gênero) que são difíceis e mal compreendidos. Ver Chomsky (1975b, 1992a, 1992b, 1994b, 1994c, 1995).
7. Note-se que considerações desta natureza podem ser invocadas apenas no âmbito de uma abordagem minimalista bastante disciplinada. Assim, com mecanismos formais suficientemente ricos (digamos, a teoria dos conjuntos), é possível construir com facilidade o equivalente de qualquer objeto (nós, barras, índices etc.) a partir dos traços. Não há, assim, uma diferença essencial entre admitir novos tipos de objetos e permitir um uso mais rico de mecanismos formais; assumimos

que estas opções (basicamente equivalentes) são permitidas apenas quando forçadas pelas propriedades empíricas da linguagem.

8. Modifico ligeiramente uma versão anterior destas ideias, na qual a ausência de custo era estipulada. A presente formulação parece-me captar os problemas reais de um modo mais claro.

9. Para uma tentativa de lidar com algumas destas questões, ver Epstein (1996).

10. As indicações sobre a estrutura silábica e a estrutura da entoação não estão contidas nos itens lexicais, assim como uma boa parte da matriz fonética que constitui o output: o input e o output são muitas vezes bastante diferentes. Na teoria da Morfologia Distribuída de Halle e Marantz (1993) e Marantz (1994), os traços fonológicos não aparecem na computação N → λ, e as palavras são distinguidas (digamos, *dog* vs. *cat* ([4])) apenas na computação fonológica.

11. Um exemplo deste tipo, já discutido, é o apagamento de vestígios intermédios, os quais podem mesmo assim entrar em relações de ligação, segundo parece; ver a seção 1.3.3, (108). Note-se que esta situação é consistente com a conclusão de que a ligação é uma questão de interpretação em LF, se a elevação de anáforas for uma operação sintática; ver a seção 3.5. A concretização destas ideias é bastante simples e direta; omito detalhes técnicos, visto que não interessam para aquilo que se segue, exceto onde for indicado.

12. Surgem questões técnicas sobre a identidade de α e do seu vestígio $t(α)$ depois de um traço de α ter sido verificado. O pressuposto mais simples é que os traços de uma cadeia são considerados unitariamente: se um deles é afetado por uma operação, todos são. Levantam-se outras questões técnicas que podem ser resolvidas de várias maneiras, sem consequências óbvias.

13. Isso é uma parte da motivação para a Morfologia Distribuída; ver a nota 10. A evidência *prima facie* em contrário é bem conhecida: por exemplo, as propriedades germânicas vs. românicas das palavras do inglês, os efeitos da estrutura silábica na formação das construções comparativas e no movimento dativo e assim por diante. A minha impressão é que estes são casos em que a idealização foi feita de maneira inadequada, no sentido sugerido na introdução, nota 6. Com isto não quero dizer que os problemas que surgem não são reais; a minha sugestão é que pertencem a outra área do modelo.

14. Por exemplo, os próprios traços formais possuem tipicamente correlatos semânticos e refletem propriedades semânticas (o Caso acusativo e a transitividade, por exemplo).

15. A não ser que o sistema permita que a interface C-I tenha acesso a elementos inseridos apenas na fonologia, uma complicação significativa que teria de ser fortemente motivada antes de a considerarmos seriamente, e que vai muito além da

---

([4]) *cão, gato.*

possibilidade discutida anteriormente, de que se pode ter acesso a certos "efeitos de superfície" nessa interface. A contraparte – de que a interface A-P possa ter acesso a um item introduzido não visivelmente – parece não merecer qualquer atenção.

16. Estas noções e outras são clarificadas mais abaixo. A condição é ligeiramente modificada na seção 4.10, mas o seu conteúdo essencial fica intacto. A condição Procrastinar pode ser violada por motivos diferentes da força dos traços, mas espero limitar tais possibilidades. Voltarei a esta questão.

17. Para um tratamento da ciclicidade em termos de economia, que inclui este caso como um caso especial, ver Kitahara (1994, 1995). Esse tratamento, contudo, baseia-se em pressupostos mais ricos do que aqueles que consideramos aqui. Note-se que a força ainda tem de ser removida para obter convergência, mesmo se não for encaixada.

18. O termo *substituição*, tomado de empréstimo a versões anteriores da teoria, é agora um tanto enganador porque a posição de substituição é "criada" pela operação; continuo a usá-lo mesmo assim no sentido revisto.

19. O inglês possui algumas restrições que relacionam os traços categoriais com outros traços; em outras línguas essas restrições são bastante mais ricas, e, na medida em que existem, as entradas lexicais não as mencionam. Também relevantes são perguntas como as mencionadas na seção 3.2, em ligação com a teoria-θ de Hale e Keyser (1993a).

20. Ver Lasnik (1994), onde se sugere que o francês e o inglês diferem, e que os auxiliares do inglês são diferentes dos verbos principais.

21. O termo é usado sem qualquer relação clara com a referência num sentido mais técnico. Não é certo que esta última noção entre no estudo da linguagem natural. Ver a nota 2.

22. Por exemplo, ainda não temos uma teoria adequada da estrutura de constituintes para construções tão simples como os adjetivos atributivos, as orações relativas e os adjuntos de diversos tipos.

23. A força exata deste pressuposto depende de propriedades dos constituintes que ainda estão pouco claras. Voltamos a algumas dessas propriedades mais adiante.

24. Ver Fukui (1986), Speas (1986), Oishi (1990) e Freidin (1992), entre outros. De um ponto de vista representacional, uma categoria que está presente mas é invisível é um tanto estranha; porém, numa perspectiva derivacional, como Sam Epstein observa, o resultado é bastante natural: estes objetos são "fósseis" que eram máximos (logo visíveis) numa etapa anterior da derivação, e são tomados como alvo pela operação que os torna invisíveis ([5]).

([5]) Por exemplo, ao compor uma flexão I com um VP obtemos uma projeção (I') que é máxima *nesse ponto* da derivação. Ao compormos um DP com essa projeção máxima, criando um Spec, essa projeção passa a ser intermédia, invisível para C_{HL}.

25. Nos termos da discussão, a seleção de um complemento CM por um núcleo H é uma relação núcleo-núcleo entre H e o núcleo H_{CM} de CM, ou o reflexo da adjunção de H_{CM} a H; e os elos de uma cadeia são reflexos do movimento. Surgem outras questões sobre a teoria da ligação e outros sistemas. Na melhor das hipóteses, estas questões reduzem-se também a relações locais (ver Chomsky, 1986b, p.175 et seq.), um tópico abordado em muitos trabalhos importantes nos anos mais recentes.
26. Nada de essencial muda se uma entrada lexical for uma construção mais complexa elaborada a partir de traços; mas ver a nota 27.
27. Como Chris Collins notou, surge uma questão técnica se os núcleos forem concebidos como conjuntos $\{\alpha_i\}$, em que cada elemento é de novo um conjunto; nesse caso os membros de α_i são termos, tal como a noção está definida – um resultado indesejado, ainda que seja pouco claro se isso tem qualquer importância ([6]). Podemos deixar a questão por resolver, até termos algumas respostas para as perguntas deixadas em aberto sobre a natureza dos itens lexicais.
28. Assumindo que a HMC é um princípio válido, o que não é óbvio. Voltamos a essa questão.
29. Vamos pôr de lado a possibilidade de que as cadeias sejam formadas por uma operação Formar Cadeia que pode ser "sucessivamente cíclica", como se sugeriu no cap. 3, limitando-nos ao caso mais simples das cadeias de dois membros. Voltamos ao assunto.
30. Interpretando esta notação informal com mais cuidado, podemos dizer que *a árvore que tem como raiz T'* é {T, {T, K}} (etc.), para não ceder à tentação de considerar que T' tem qualquer estatuto distinto, como é o caso na gramática de estrutura de constituintes (e na sua variante X-barra-teorética). Omito esses detalhes ([7]).
31. Repare-se que essa marcação constitui uma violação da condição de inclusividade. Como alternativa, podemos sugerir que a especificação ocorre na componente fonológica, exigindo uma conexão entre algum nível dentro dessa componente e LF (ver a nota 15). Para uma discussão adicional sobre o paralelismo e a entoação-cópia, ver Tancredi (1992).
32. Não confundir com a condição de uniformidade sobre as derivações discutida anteriormente, ou com outras noções de "uniformidade" discutidas nos caps. 1-3 e em outras obras. A exigência de c-comando para as operações não visíveis tem sido questionada, ainda que numa classe restrita de casos: naqueles em que o

---

([6]) Suponhamos que cada item lexical é um conjunto cujos membros por sua vez são conjuntos de traços, digamos fonológicos, sintáticos e semânticos. Se um item *x*, digamos a palavra *mulher*, é um termo de K, então, de acordo com (10b), cada traço fonológico, semântico e sintático de *x* é também um termo de K; por exemplo, o traço semântico [+humano] de *x* é membro de um membro (o conjunto dos traços semânticos) do item.

([7]) Ver a nota ([53]).

presumível elemento abaixado fica na posição de um vestígio de movimento visível ou c-comanda essa posição ([8]).

33. Ver Collins (1994b) para uma abordagem semelhante da ciclicidade visível.
34. Ver os caps. 1-3 e Chomsky (1986b, 1994a), Lasnik (1995), Ura (1994), Collins (1994b).
35. Uma versão ainda mais frouxa permitiria a operação se um traço do último alvo fosse verificado ([9]). Omito essa possibilidade, e mais tarde abandono (20c) completamente.
36. Em trabalhos anteriores (por exemplo, na seção 3.5) usei como ilustração exemplos como *John seems to t that... , * there seem to a lot of people that IP ([10]). Mas estes exemplos são menos interessantes por motivos que abordamos mais adiante, e talvez sejam mesmo irrelevantes por causa de propriedades especiais do Caso inerente.
37. Ver Chomsky (1964) e trabalho recente baseado em evidência tipológica e morfológica muito mais rica (em particular, Tsai, 1994, e o trabalho aí resumido).
38. Note-se que esta modificação concorda em parte com a teoria desenvolvida em Lasnik (1995).
39. Este fenômeno é marginal na melhor das hipóteses, visto que Compor não exige a criação de um domínio de verificação. Voltamos ao assunto; quaisquer propriedades relevantes são incluídas no caso mais importante de Mover ([11]).
40. O pressuposto tácito aqui é que o movimento visível implica sempre o transporte de uma categoria plena. Como notamos anteriormente, esse pressuposto pode ser demasiado forte. Nesse caso, o termo *não visível* deve ser omitido desta frase do texto ([12]).
41. Pode surgir uma ambiguidade se os traços F que são elevados constituem a totalidade do núcleo (não havendo assim pied-piping generalizado) e o núcleo é também um X^{max}. Nesse caso não é claro se o movimento é adjunção a um núcleo ou substituição em Spec. Vou assumir provisoriamente que essa possibilidade não pode surgir; os traços elevados FF(IL) não constituem a totalidade do núcleo IL. Ver a seção 4.10 para alguns argumentos em favor desta conclusão ([13]).

([8]) Ver a nota ([310]).
([9]) Ou seja, do alvo K' da "operação seguinte".
([10]) *o João parece a t que ..., *expl parece a muita gente que IP.
([11]) O pano de fundo desta nota e do texto que a abre é o pressuposto de que a criação de domínios de verificação é feita de modo não marcado pela regra Mover, e apenas marginalmente por Compor. Ver a discussão na p.462.
([12]) Ver as notas ([115]), ([121]) e o texto que abre essas notas. Omitindo "não visivelmente" do texto que abre a nota 40, obtém-se a ideia que Mover F pode ser aplicada também na componente visível (pré-Spell-Out).
([13]) Ver a nota ([125]). A estrutura obtida seria semelhante a (ii) da nota ([80]), mas apenas com FF (*it*) elevado.

42. Note-se que temos de distinguir as construções *there be NP* ([14]), com um valor existencial forte, das construções com expletivo e uma oração pequena, como (36), que são muito mais fracas quanto a esse valor, diferindo também das primeiras em outras propriedades. Por exemplo, (36a) pode ser verdadeiro mesmo se não houver nenhum livro, mas unicamente um espaço na prateleira onde deveria estar um livro, em contraste com *there is a book that is missing from the shelf* ([15]), verdadeiro apenas se o livro existir. Do mesmo modo, *John has a tooth missing* ([16]) não implica a existência de um dente, agora ou em qualquer momento. Uma análise mais detalhada das construções com expletivos e outras relacionadas precisaria também levar em conta o acento de foco e outras questões relevantes, que têm ainda de ser examinadas adequadamente, que eu saiba.

43. Como se sabe, a concordância com o associado é por vezes anulada, como, por exemplo, em *there's three books on the table, there's a dog and a cat in the room* (vs. * *a dog and a cat is in the room*). O fenômeno, contudo, parece ser superficial: assim, não se aplica a * *is there three books...*, * *there isn't any books...*, e assim por diante. A forma *there's* parece ser simplesmente uma opção congelada, não relevante aqui ([17]).

44. Poder-se-ia, contudo, explorar a sua possível relevância para o efeito de definitude, se D for um alvo para os traços-N, não sendo então possível passar sobre D, e considerando a especificidade (no sentido relevante) como uma propriedade de D ([18]). Sobre as relações D-N, ver Longobardi (1994). Uma proposta talvez mais exótica é que a elevação visível N → D, como no italiano, mas não no inglês, segundo a análise de Longobardi, evita o efeito, o que parece acontecer em italiano. Ver Moro (1994) para uma discussão detalhada, mas de um ponto de vista diferente. Repare-se que o estatuto do efeito de definitude é obscuro por várias razões, incluindo o fato de distinguir interpretações, e não envolver a boa formação num sentido estrito, e pelo fato de entrar em interação com outras propriedades, tais como o foco. Ver a nota 42.

([14]) *expl haver NP*.

([15]) *expl há um livro que não está na prateleira*, mais literalmente *há um livro que está faltando da prateleira*.

([16]) Literalmente, *o João tem um dente faltando* 'falta um dente ao João'.

([17]) *expl está três livros sobre a mesa* (*), *expl está um cão e um gato na sala* (*), *um cão e um gato está na sala* (*), *está expl três livros...* (*), *expl não está nenhuns livros...* (*).

([18]) A lógica desta proposta parece ser que, quando D está presente (provocando especificidade ou definitude), os traços do associado param em D, onde são verificados, ficando "congelados"; nesse caso a derivação fracassa porque os traços do I principal não podem ser verificados. Um exemplo relevante é
* there is a man in the room
('há o homem no quarto')

45. Os meus agradecimentos a Anna Cardinaletti e a Michael Starke pelos dados. Eles observam que o contraste parece ser independente do movimento do V. Assim, a frase é ruim mesmo se o V é movido para C em francês.
    (i) * en   arrivera-t-il un   sans casser la porte
        de.eles chegará   um sem quebrar a porta
    Também observam que os exemplos do francês, ainda que claramente diferenciados dos exemplos italianos, têm um estatuto mais equívoco do que na idealização aqui feita. Sobre o fenômeno em geral, ver Perlmutter (1983), Aissen (1990).
46. Anna Cardinaletti, comunicação pessoal. O mesmo se observa no islandês (Dianne Jonas, comunicação pessoal) e nas línguas escandinavas continentais (Cardinaletti, 1994, citando Tarald Taraldsen).
47. A maneira mais direta de conseguir este resultado consiste em considerar que α é L-relacionado em sentido estrito com H se estiver *incluído no* domínio mínimo Dom de H, e que é relacionado em sentido amplo com H se estiver *coberto pelo* Dom (contido mas não incluído neste). Se restringirmos o domínio de verificação completo a domínios mínimos construídos deste modo, como se sugere abaixo, o quadro geral fica simplificado, mas deixo a questão neste pé. Recordemo-nos de que a distinção entre especificador e adjunto não cobre exatamente a distinção entre posição-A e -Ā. Note-se que é necessário modificar de alguma maneira a noção de objeto legítimo em LF, definida nos caps. 1 e 3 levando em conta problemas levantados pela ECP e assuntos relacionados, e que não surgem (pelo menos nessa forma) nesta teoria mais restringida.
48. Dada a relação usual entre traço categorial e conteúdo semântico, poderíamos esperar que um traço categorial sem qualquer associação desse tipo, como o traço categorial de um expletivo puro, fosse eliminado em LF. Voltamos a esta questão.
49. É possível que a situação seja diferente para os expletivos; ver a nota anterior. Esta análise quase integra a teoria do Caso em camadas de Watanabe (1993a); esta teoria exige a "validação" da atribuição Casual pela elevação de um traço criado pela operação. Podemos simplificar a teoria evitando postular um novo traço e assumindo que o traço Casual intrínseco de V e de T não é apagado pela atribuição Casual, mas tem de ser verificado e eliminado para obter convergência, o que exige a sua elevação para o domínio de verificação de uma categoria funcional. É necessária alguma manipulação adicional para nos assegurarmos de que o Caso intrínseco de V e de T é "validado" apenas depois de ter verificado o Caso, se é verdade que a não verificação destes traços provoca o fracasso da derivação.
50. Restringimos a nossa atenção aqui à computação $N \to \lambda$, pondo de lado o fato de os traços-Interpretáveis poderem ter um reflexo em PF. Isso levanta um problema se a relação de verificação for visível: nesse caso, os traços -Interpretáveis são rasurados ainda que os seus reflexos fonéticos permaneçam. Há uma série de mecanismos que poderíamos adotar, mas isso depende em parte das respostas

às perguntas deixadas em aberto sobre os traços-ϕ de um predicado; um desses mecanismos consiste em interpretar a rasura visível de F como uma conversão de F em propriedades fonológicas, as quais seriam, portanto, removidas pelo Spell-Out.

51. Deveríamos agitar uma bandeira vermelha neste ponto. A primeira operação de elevação só é possível se o adjetivo for elevado visivelmente para Agr, um fato que não esperamos em inglês, em que Agr é fraco em qualquer das suas ocorrências ([19]). Voltamos a este problema na seção 4.10.

52. Ver Cardinaletti e Guasti (1991) para evidência adicional em favor de uma estrutura como (55) ([20]). Sobre a análise no quadro da teoria anterior, com Mover α e o princípio da Cobiça, ver Chomsky (1994a). Repare-se que não estou considerando aqui diferenças importantes entre a concordância sujeito-verbo e a concordância t_i-adjetivo em (55) (a pessoa intervém apenas na primeira, por exemplo). Os traços-ϕ de *John* são visíveis em LF, mas não os de *intelligent* e *be*; estes são rasurados depois de serem verificados.

53. As restrições de seleção sobre os infinitivos de elevação (os quais, no essencial, não possuem propriedades) parecem ser bastante estritas. Talvez sejam suficientes para impedir construções como * *John's belief to be intelligent,* * *John told Mary [Bill to be likely that t is a successful lawyer]*, e muitas outras que parecem ser problemáticas ([21]).

54. Os fatos não parecem ser fáceis de determinar, por causa da interferência de outros fatores. Ver Grosu e Horvath (1984) para uma discussão da operação de elevação para fora de orações encaixadas com o conjuntivo e sem complementador, em romeno; a concordância aparece na oração encaixada, e, se assumirmos que o Caso nominativo se encontra associado com a presença do complementador, a evidência é do mesmo tipo. Esta última propriedade pode ser derivada a partir da teoria da validação do Caso de Watanabe (1993a) (ver a nota 49), pressupondo que a ausência de complementador visível nas construções de elevação para fora de uma estrutura com conjuntivo significa que não há realmente

---

[19] Recordemo-nos de que Agr não possui traços-ϕ (ver o último parágrafo da seção 4.4.1); logo, a relação de verificação só é estabelecida em [Spec, Agr] em (55) se o adjetivo também for elevado para Agr na componente visível (visto que *John* também é elevado nessa componente), o que, como se aponta, é duvidoso. Repare-se que a verificação dos traços-ϕ não pode ser efetuada com o argumento ainda na posição de t_i, por causa da complementaridade entre verificação e atribuição de relações-θ, estipulada no modelo. Para um desenvolvimento destas questões, ver Nunes e Raposo (1998).

[20] Ver também Raposo e Uriagereka (1990), para a primeira proposta na teoria P&P em favor de uma tal estrutura; e Nunes e Raposo (1998) para alguma evidência contra essa estrutura.

[21] *o João POSS crença ser inteligente* ('a crença do João em ser inteligente'), *o João disse à Maria [o Bill ser suposto que t é um advogado de sucesso]*

complementador, como nas teorias anteriores do apagamento de S'. (Agradeço a Alex Grosu os materiais empíricos e a discussão sobre eles. Para análises segundo linhas semelhantes, e para evidência de que estas construções implicam na realidade movimento-A, e para uma extensão à teoria de *pro*, ver Ura, 1994.)

55. Sobre esta construção, ver Lasnik (1994b). Na medida em que são acessíveis, os traços categoriais e os traços-φ podem permitir o movimento-A para fora de uma posição de Caso inerente. Talvez haja, no entanto, outras razões que proíbam esse movimento, como, por exemplo, alguma versão da condição de uniformidade sugerida em Chomsky (1986b, p.193-194). Quando ocorrem em posições isoladas, os nomes têm um Caso não marcado particular a cada língua, e esse, presumivelmente, não precisa ser verificado. Recordemo-nos de que a teoria do Caso, tal como a discutimos aqui, se restringe unicamente ao Caso estrutural. O Caso inerente, atribuído sempre numa relação-θ com o atribuidor Casual, é um fenômeno diferente. É atribuído e também realizado tipicamente dentro do domínio do marcador-θ (a "condição de uniformidade" de Chomsky, 1986b, p.192 et seq.), ainda que por vezes numa posição de Caso estrutural, de maneira variável. O assunto é interessante, mas nunca se mostrou que tivesse alguma influência na teoria do Caso (estrutural) e nas suas propriedades de realização morfológica, aparentemente bastante restritas.

56. Ver Reinhart (1981). Sobre este tópico em geral, ver Ura (1994). Ver também Miyagawa (1993a, 1993b), Koizumi (1994).

57. A ideia da verificação múltipla de traços é generalizada às construções com verbos seriais por Collins (1995).

58. Sobre a construção infinitiva semelhante * *there seem [a lot of people to be...]*, ver a seção 4.9, uma análise que deveria aplicar-se igualmente a *it seems [John to be...]* e que deveria excluir exemplos semelhantes mesmo naquelas línguas que permitem (57) ([22]).

59. À medida que os conceitos vão sendo clarificados, deveríamos ser capazes de distinguir o conteúdo residual possível dos expletivos *there* e *it* (e outros elementos semelhantes) daquilo que são traços semânticos reais.

60. Ver Cardinaletti (1994) para uma confirmação baseada em línguas diferentes, e para uma análise mais cuidadosa dos traços dos expletivos.

61. Talvez um exemplo de "inserção tardia", no sentido proposto por Halle e Marantz (1993), Marantz (1994).

62. Sobre este assunto, ver em particular Cheng (1991).

63. Com uma exceção à qual voltamos imediatamente; ver a p.434.

---

[22] *expl parecem [muitas pessoas estar...]*, *expl parece [o João estar]*.
Ver em particular a discussão no texto dos exemplos (173)-(175).

64. Por exemplo, a opção I → Q restringe-se em inglês às orações de raiz e é aí obrigatória; voltamos a uma sugestão sobre a causa possível desse fenómeno ([23]). Qualquer que seja a razão, não é a elevação de I que satisfaz o traço forte de Q; pelo contrário, essa operação parece ter aqui uma origem diferente, possivelmente dentro da componente fonológica ([24]).
65. Tanto Reinhart como Tsai observam que a alegada distinção entre argumento e adjunto é na realidade uma distinção entre argumento e advérbio, baseada, segundo propõem, no fato de os advérbios não terem posição para uma variável, o que proibiria uma interpretação *in situ* ([25]). Reinhart sugere uma análise com Specs múltiplos e Tsai sugere uma análise com elevação não visível.
66. Poderíamos esperar que alguma consideração fonológica, talvez parecida com a propriedade V-2, desse conta dos dados bem conhecidos sobre a presença obrigatória da variante não nula (ver Stowell, 1981). As descrições anteriores em termos de regência (qualquer que seja a sua plausibilidade) não podem ser usadas aqui.
67. Sugere-se em Golan (1993), Reinhart (1993) e Fox (1994), em contextos diferentes, que comparações desse tipo podem ter relevância para as considerações sobre a economia.
68. Em (80), não existe entre *it* e CP nenhuma conexão semelhante à que existe entre *there* e o seu associado; ver McCloskey (1991).
69. Ver Chomsky (1994a, nota 59), Ura (1995) e as referências aí citadas. Para uma discussão recente da superioridade, ver vários artigos em Thráinsson, Epstein e Kuno (1993). O estatuto do fenómeno não é inteiramente claro. Os exemplos típicos, como o contraste entre (ia-b) e (ic-d), não mostram muita coisa.
   (i) a. who saw what
       b. whom did you persuade to do what
       c. *what did who see
       d. *what did you persuade whom to do
   Nos casos aceitáveis, o grupo-*wh in situ* tem acento de foco e é muito possível que tome escopo oracional só por esse motivo; os casos preferidos pioram quando essa propriedade é eliminada. Outras propriedades que têm sido estudadas

---

([23]) Ver a nota 118 do autor.

([24]) Por exemplo, na oração interrogativa independente derivada a partir de (65b) (sem o material entre parênteses), *which book did John give to Mary* 'que livro (é que) o João deu à Maria', F_Q entra no domínio de verificação de Q pela elevação de which book para [Spec, C], e não pela operação de I → Q. Esta operação, no entanto, é obrigatória, como se vê pela não gramaticalidade de * *which book John gave to Mary*. Ver de novo a nota 118 do autor e o texto que a abre.

([25]) Ou seja, um argumento *in situ* permite a formação de uma variável, contrariamente a um advérbio. Em caso de movimento, ambos permitem a formação de uma variável (identificada com o vestígio).

também levantam algumas questões. Assim, tem-se gasto uma argúcia considerável para explicar por que é que em (ii) a forma *who* encaixada toma escopo na oração matriz, e não na oração encaixada.
(ii) who wonders what who bought
Isso pode muito bem ser um artefato, contudo, refletindo uma preferência pela associação de elementos idênticos. Assim, a associação oposta aparece em (iii).
(iii) what determines to whom who will speak
Existem muitos outros problemas ([26]).

70. Ver Chomsky (1986a), para algumas tentativas no sentido de resolver este problema, agora desnecessárias.
71. A derivação de (80) fracassa por dois motivos: *John* não tem Caso, e o T principal não atribui o Caso que tem para atribuir. Esta última propriedade é suficiente, como concluímos a partir da discussão de (57).
72. Se a interpretação local dos conjuntos de referência fosse abandonada ([27]), a mesma abordagem da superelevação poderia ser possível, aceitando o pressuposto de que uma derivação com passos mais curtos bloqueia uma com passos mais longos; nesse caso, (83) bloqueia a aplicação da superelevação em (80) ([28]). Mas esta alternativa levanta os problemas discutidos anteriormente (p.402-403), que não parecem ser triviais ([29]).
73. Para algumas referências e discussão, ver a seção 1.4.1. É possível que as "ilhas fracas", no caso dos argumentos, sejam um reflexo da opção de Specs múltiplos,

---

([26]) (i) a. quem viu o quê
　　　 b. quem (é que) persuadiste a fazer o quê
　　　 c. *o que (é que) quem viu
　　　 d. *o que (é que) persuadiste quem a fazer
　　(ii)　　 quem perguntou o que quem comprou
　　(iii)　 o que determina a quem quem vai falar
A "condição de superioridade" proíbe a elevação de um constituinte-*wh*, "cruzando" outro constituinte-*wh in situ* que c-comanda a posição de base do primeiro (o seu vestígio).

([27]) Ou seja, se fosse adaptada uma interpretação "global" dos conjuntos de referência, em que se comparam *todas* as derivações (convergentes) com base na mesma numeração, e não apenas as extensões possíveis a partir de uma dada etapa Σ.

([28]) Nesse caso, a derivação com aplicação de superelevação em (80) seria comparada com a derivação *independente* que leva a (83); como nesta última *John* efetua um "movimento mais curto" do que na primeira, a derivação com superelevação seria bloqueada pela derivação que leva a (83). Repare-se que, nesta alternativa, a derivação com superelevação converge, visto que as condições de economia só escolhem entre derivações convergentes. Repare-se também que, nesta alternativa, o fracasso da derivação *it seems [that t was told John [that IP]] não levaria necessariamente à aplicação da superelevação (ver a nota ([222])), visto que agora a derivação com superelevação está em competição com a derivação de (83), e esta é mais econômica, pelos motivos apontados.

([29]) Ver também o final da nota ([219]).

adaptando ideias de Reinhart (1981) de um modo mais geral, e de acordo com uma linha de raciocínio já indicada.
74. Sigo aqui uma sugestão de John Frampton. Ver também as p.222 et seq.
75. Dependendo da maneira exata como as operações da interface são concebidas, as operações de interpretação podem ter acesso aos traços semânticos dos vestígios intermédios antes de estes ficarem invisíveis para uma interpretação posterior, permitindo talvez a concretização de ideias sobre a função interpretativa dos vestígios intermédios; ver a nota 11. Uma variante ligeiramente diferente desta abordagem permite que um vestígio intermédio receba uma marca (digamos, *), apagada em LF em cadeias uniformes, no sentido dos caps. 1 e 2. Derivamos então propriedades da ECP e da interpretação relativamente a certos problemas que têm a ver com as anáforas (ver a secção 1.4.1 ((161 e texto junto), e a secção 2.6.2). Repare-se também que o caso particular da uniformidade de cadeias discutido aí é claramente apenas um caso entre muitos existentes. A uniformidade no sentido da discussão é sempre "uniformidade relativamente a P", P uma propriedade qualquer. A propriedade discutida aí é o relacionamento-L. Uma propriedade igualmente plausível é o relacionamento-θ – isto é, a propriedade de ser um atribuidor-θ ou uma posição-θ. A extensão da análise a esse caso permite incorporar vários casos bem conhecidos de "ilhas fortes".
76. A conclusão vai além daquilo que se demonstrou, e que foi apenas que o vestígio de um argumento não pode ser elevado.
77. A ordem de superfície não é um critério claro por causa da existência de efeitos de ordenação envolvendo o "peso" de elementos e outras propriedades mal compreendidas. A relação entre a obrigatoriedade, por um lado, e a escolha entre especificador e complemento, por outro, leva-nos também para um território em larga medida ainda por explorar. Mas as conclusões são razoáveis, e recebem apoio empírico do fato de α c-comandar dentro de Or, assumindo que o PP funciona como um DP com P adjunto, em que P é uma espécie de marcador Casual, de modo a não afetar o c-comando.
78. A situação seria idêntica se o verbo leve v com *seem* adjunto fosse elevado visivelmente em adjunção a I, como nas línguas do tipo do francês. O domínio mínimo da cadeia que tem v como cabeça, e que determina a "vizinhança de I", a qual por sua vez é relevante para determinar a proximidade, não contém PP [30].
79. Ver a nota anterior. Agradeço a Vivianne Déprez pelos exemplos e por uma clarificação do tópico geral, que, como ela observa, é consideravelmente mais complexo do que aquilo que é indicado aqui, incluindo juízos gradativos e muitos outros fatores, entre os quais a escolha do clítico, a questão do infinitivo vs. oração pequena, a ordenação do PP e do complemento oracional, e expressões

---

[30] Repare-se que o domínio mínimo dessa cadeia, em (98), conteria VP_2, mas não XP = PP.

idiomáticas (que produzem juízos mais claros) *versus* outros constituintes. Esther Torrego (1996, e comunicação pessoal) nota que, quando o clítico é duplicado, como em espanhol, a construção equivalente a (99b) é proibida, o que de novo é esperado se (como ela assume) o elemento duplicado está presente como *pro*; nesse caso não temos uma cadeia encabeçada pelo clítico, mas antes uma estrutura semelhante a (99a).

80. Uma questão possivelmente relacionada, discutida em Lasnik (1995), tem a ver com a impossibilidade de expressões como *there [$_{VP}$ someone laughed]* ([31]), com o verbo intransitivo *laugh* (que assumo aqui ser um verbo transitivo com objeto incorporado, seguindo Hale e Keyser, 1993a). Na realidade, existem estruturas mais ou menos com esta forma, nomeadamente, as construções transitivas com expletivo do islandês e de outras línguas, às quais voltamos. Nesse caso, como veremos, o sujeito *someone* tem de ser extraído para [Spec, T], que é forte. Mesmo assim, a questão permanece para o inglês. Existem motivos para crer que um princípio universal exige que algo seja extraído visivelmente para fora do VP, mas o assunto continua pouco claro.

81. A menos que Agr$_O$ tenha um traço-D forte, obrigando à elevação visível do objeto em inglês. Ver Koizumi (1993, 1995) para uma teoria com estas propriedades gerais. Assumo aqui o contrário, mas a questão não é simples. Algumas considerações que têm a ver com o assunto são abordadas mais adiante.

82. É necessária uma qualificação para as construções com Specs múltiplos, restringindo a não conformidade ao Spec interno.

83. Assumimos neste caso que α está no domínio de verificação de H(K), o que é uma consequência da definição de Atrair/Mover, ainda que permaneçam questões sobre o estatuto da adjunção de YP a XP, a que voltamos mais adiante.

84. Será que β elevado, numa operação que toma α como alvo, pode contribuir para a atribuição de uma função-θ na configuração que tem α como núcleo? Se a resposta é positiva, a situação seria análoga à verificação de traços por β elevado (β = T ou V) num complexo [α β α]. A proposta não se integra no espírito da ideia de que as funções-θ se identificam com configurações estruturais, e levanta problemas empíricos, como veremos já a seguir.

85. Na teoria anterior baseada em Mover α e no princípio da Cobiça, a operação só seria permitida se alguma verificação posterior de traços fosse facilitada pela operação, o que não acontece aqui; deste modo, as computações que levam a (113) não se qualificam como derivações; ver Chomsky (1994a). Collins (1994b) nota que este caso pode surgir no âmbito de uma análise dos advérbios à qual voltamos. Para abordagens diferentes da questão, ver Brody (1993) e Boscovié (1993).

([31]) *expl alguém riu*.

86. A discussão sobre a reconstrução como um processo determinado pelo princípio FI no cap. 3 nos dá uma linha de argumentação possível em apoio da conclusão que uma derivação fracassa se violar FI.
87. Um argumento em contrário, discutido no cap. 3, e que motivou a operação Formar Cadeia, já não é válido, no âmbito da formulação da condição do Último Recurso aqui apresentada.
88. A teoria da verificação aplica-se neste caso se adotarmos a segunda das duas opções discutidas no final da seção 4.5 ([32]). Se adotarmos a primeira opção, o mesmo argumento é válido, se bem que relativamente a um caso mais complexo com elevação: por exemplo, a derivação D que produz *John seems [t to like Bill]*, em que *t* é a posição de base de *John*; essa derivação bloqueia a derivação correta que atribui uma função-θ a *John*, se D convergir ([33]).
89. Estes autores tratam os argumentos externos de um modo diferente, contudo.
90. Um caso da generalização de Burzio recebe assim uma solução imediata (a conclusão de que em construções como *it strikes me that IP*, o objeto tem Caso inerente, e não Caso estrutural). O outro caso proíbe um verbo transitivo (logo com um argumento externo obrigatório) que não atribua Caso acusativo, como no exemplo hipotético (113). O objeto tem então de ser elevado para uma posição mais alta de modo a receber Caso, passando sobre o sujeito, um tipo de movimento que levanta uma série de questões interessantes (ver Ura, 1994) ([34]).
91. Tecnicamente, isto não é inteiramente correto; ver a nota 1.
92. Ver Miller e Chomsky (1963) e Chomsky (1965) para uma recensão.
93. Não inteiramente, contudo. Olhando para os primeiros trabalhos a partir de meados dos anos 1950, vemos que muitos fenômenos captados pelo aparato descritivo rico postulado nesse período, frequentemente com tratamentos bem interessantes e finos, não recebem qualquer análise no âmbito das teorias muito mais restritivas motivadas pela procura da adequação explicativa; esses fenômenos ficam assim de novo integrados dentro daquela enorme quantidade de construções para as quais não existe nenhuma explicação fundamental. Ver a nota 22.
94. Note-se que *complemento de H* tem de ser entendido de tal modo que, quando H é adjunto a X, o complemento de H (ou da cadeia por ele encabeçada) é também

---

([32]) Ou seja, as opções relativas à verificação efetuada através de Compor em vez de Mover. A segunda opção restringe esse caso à verificação de um traço forte, o que acontece na derivação hipotética de (114a) em discussão.

([33]) *o João parece [t gostar do Bill]*. Repare-se que, neste exemplo, a posição que atribui a função-θ externa a *John* é a posição de [Spec, *like*] interna ao VP, e não a posição do vestígio *t* ([Spec, *to*]). Ao mencionar que o argumento é válido sob a primeira opção do final da seção 4.5, o autor terá talvez em mente o fato de nesse exemplo *John* por si só não ser um argumento – o argumento é a cadeia (*John, t*).

([34]) Ver Raposo e Uriagereka (1996) para um caso semelhante.

o complemento de X; assim, em (124), o complemento de V depois da adjunção de V a *v* é o complemento de *v*. A definição de *complemento* dada no cap. 3 deixava este caso em aberto (Toshifusa Oka, comunicação pessoal).

95. Ignoro aqui uma certa ambiguidade quanto a uma operação de adjunção a um α que seja simultaneamente X^{max} e X^{min}. Será que essa operação é um caso de adjunção a X^0? Ou um caso de adjunção a X^{max}? Qualquer das duas, livremente? Estas perguntas sem resposta permeiam toda a discussão seguinte. Certas respostas específicas são facilmente formuláveis; a questão reside em saber quais delas são factualmente corretas.

96. Ver a nota 75. Recordemo-nos de que a noção de uniformidade aqui não é a noção (17) de uniformidade do estatuto de estrutura de constituintes.

97. A condição (130b) generaliza parcialmente a conclusão de Chomsky (1986a), baseada numa sugestão de Kyle Johnson, nomeadamente de que não é possível a adjunção a um argumento. As razões invocadas exigiam que a conclusão fosse generalizada essencialmente no modo aqui seguido, como se notou várias vezes.

98. Branigan (1992). Ver Friedemann e Siloni (1993) para uma reanálise do fenómeno baseada numa base de dados maior, no âmbito de um quadro teórico minimalista, em que se faz uma distinção entre o grupo do particípio e uma categoria Agr_O.

99. A análise, em qualquer das suas versões, baseia-se em ideias propostas por Martin (1992). Ver também Thráinsson (1993) e Watanabe (1993b).

100. Ver May (1977). Pica e Snyder (1995) argumentam, com base em considerações empíricas e teóricas (incluindo estudos experimentais sobre preferências), que a aparente descida que entra nas interações do escopo de quantificadores é um efeito de segunda ordem que produz leituras não preferidas, até em casos simples como *someone likes everyone* ([35]). Para uma discussão mais extensa com conclusões um pouco diferentes, ver Hornstein (1994).

101. Para comentários gerais sobre a questão, ver p.352.

102. É claro que grupos de operadores formados a partir de advérbios podem ser movidos (por exemplo, *how often*) ([36]). Aqui é o traço-*wh* que é elevado para a verificação, transportando o constituinte devido ao pied-piping (o mesmo acontecendo se *how* for elevado sozinho, no quadro da teoria Mover F).

103. Ainda que (140a) seja proibido, note-se que *often* pode ser adjunto a V', no âmbito das considerações aqui feitas.

104. O advérbio só é relevante se tiver traços que o complexo [Agr, V] possa atrair, o que é plausível, ainda que não inteiramente óbvio.

105. Uma resposta possível é sugerida pela nota 75 ([37]).

([35]) *alguém gosta de todo mundo*.

([36]) *quão frequentemente*.

([37]) Ver sobretudo a parte final dessa nota, sobre o relacionamento-θ.

106. Ver Koizumi (1993, 1995) para um argumento em contrário, baseado numa análise com elevação visível do objeto.
107. Fukui (1993); ver também Ueda (1990). Note-se que esta proposta exige que a ordenação seja imposta dentro da computação N → LF ([38]).
108. Afasto-me aqui de várias maneiras da teoria de Kayne, por exemplo, ao considerar que a ordenação linear é uma precedência literal, e não simplesmente uma relação transitiva, assimétrica e total entre elementos terminais. A primeira interpretação é aquela pretendida por Kayne, mas a formulação mais abstrata que propõe permite uma ordenação temporal muito livre sob a LCA. Assim, se uma classe de categorias satisfaz a LCA, também satisfará a LCA qualquer troca de constituintes-irmãos (como nota Sam Epstein (comunicação pessoal)); isso implica que, de um modo consistente com a LCA, uma língua poderia, por exemplo, ter qualquer arranjo da relação núcleo-complemento (por exemplo, *read-books* ou *books-read* livremente). Kayne considera um caso (completamente da-esquerda-para-a-direita ou completamente da-direita-para-a-esquerda), mas o problema é mais geral.
109. Ver Chomsky (1994a) para detalhes, juntamente com alguma discussão sobre as anomalias da LCA, eliminadas quando abandonamos as notações X-barra-teoréticas.
110. Contudo, L faz parte da estrutura; caso contrário, teríamos um objeto sintático novo e inadmissível. Logo, a estrutura ramificada se mantém, e *m, p* não c-comandam para fora de L.
111. Note-se que a elevação de V (como em francês) não afeta a conclusão de que o clítico tem de ser elevado visivelmente. Se D ficar *in situ*, quer o vestígio de V seja ignorado quer seja apagado pela LCA, D continua a ser um complemento terminal, quer do próprio V, ou de qualquer elemento interveniente, e a derivação fracassa ([39]).
112. Presumivelmente, a natureza de N como afixo é uma propriedade morfológica geral, que não distingue os nomes com complementos daqueles que não os têm (e que são necessariamente elevados).
113. O pressuposto não é inteiramente óbvio; ver Epstein (1989) para uma visão contrária. Muito depende da resolução de questões que têm a ver com a reconstrução depois da adjunção, e processos internos às palavras em LF.
114. Suponhamos (como já foi proposto) que o segmento superior entra no cálculo da subjacência, do escopo, ou de outras propriedades. Esperaríamos então mostrar que esses efeitos recebem uma expressão natural em termos das noções "conter"

([38]) Na medida em que, nesta proposta, o estatuto "livre" ou submetido à Cobiça do movimento depende da ordenação linear estabelecida pelo Parâmetro Nuclear; logo, a ordenação tem de ser conhecida na computação de N → LF.

([39]) Ver a nota 94 do autor.

e "dominar", as quais continuam à nossa disposição mesmo se o segmento superior é "invisível" para C_{HL} e na interface.
115. Na teoria de Kayne, exige-se que *q* c-comande [m_2, m_1], por razões que não são válidas na teoria despojada, onde a questão que preocupa Kayne não surge.
116. Além disso, pode conter os traços-φ opcionais dos verbos e dos adjetivos; ver a seção 4.2.2. Assumi o contrário, mas sem consequências, até agora ([40]). Usarei *IP* no sentido típico, mas unicamente como notação informal, sem qualquer compromisso relativamente à estrutura real.
117. Collins e Thráinsson (1994) dão argumentos em favor desta conclusão; e argumentam em favor de um sistema I ainda mais desdobrado com base em fatos linguísticos mais complexos. A análise do texto difere de certo modo daquelas citadas, à luz da discussão que se segue.
118. A generalização de Holmberg é derivada, como Jonas nota ([41]). A formulação apresentada por esta autora é um pouco diferente. O argumento pode ser aplicado à elevação de I para C. Se essa elevação for uma exigência prévia para a substituição em [Spec, C], derivamos uma análise parcial dos efeitos V-2 e um fato estranho sobre o inglês notado anteriormente: que ambos os modos de satisfazer a força de C são necessários com elevação de *wh* ([42]). Outras propriedades das interrogativas principais ficam por explicar.
119. O fenômeno da concordância, considerado isoladamente, poderia ser expresso de maneira diferente, em certas construções. Poderíamos reintroduzir a noção de regência, que não parece ser de outro modo necessária, ou poderíamos assumir que o expletivo é elevado a partir de uma posição na qual a concordância com o NP pós-verbal já é estabelecida: por exemplo, se a estrutura subjacente a *there is NP XP* (*there is a man in the room, there is a new proposal under discussion* etc.) ([43]) for [I be ([[$_{OP}$ NP *there*] XP]], com a concordância estabelecida na oração pequena OP que tem XP (*in the room, under discussion*) como adjunto. O expletivo é seguidamente elevado para a posição de sujeito. Ver Moro (1994) para um desenvolvimento destas ideias no âmbito de uma teoria perspicaz dos nominais predicativos e de outras construções copulares. O elemento postulado *there* tem propriedades diferentes do locativo *there* (por exemplo, a interpretação expletiva é proibida em *over there is a man in the room, where is a new proposal under discussion* etc.) ([44]).

---

[40] Ver o último parágrafo da seção 4.4.1, a nota 51 do autor e a nota ([19]) da p.558.
[41] Recorde-se que a generalização de Holmberg diz que a subida visível do objeto para Agr$_O$ só se aplica quando o verbo também é elevado visivelmente (para Agr$_O$ e para T, de modo sucessivamente cíclico); ver Collins c Thráinsson (1996).
[42] Ver a nota 64 do autor e a nota ([24]) da p.560.
[43] *expl está um homem no quarto, expl está uma nova proposta em discussão.*
[44] *ali está um homem no quarto, onde está uma nova proposta em discussão.*

A proposta não se aplica a outras propriedades: a relação do controle e da ligação com a concordância, as CSMs, e as construções com expletivo e conjuntivo encaixado.

120. Sobre operações de movimento dentro de estruturas prosódicas, ver Truckenbrodt (1993) e Zubizarreta (1993); com base nos nossos pressupostos, essas operações têm de se seguir à LCA.
121. Passo por cima de algumas sutilezas que podem ser importantes. Assim, com a condição de economia (76), um expletivo nulo só é admitido na numeração se tiver um efeito indireto em PF (permitindo que alguma estrutura apareça visivelmente) ou em LF (na medida em que houver diferenças interpretativas entre a elevação visível do sujeito para [Spec, I] e a elevação não visível dos seus traços para I).
122. O leque de opções parece ser o mesmo em romeno, que tem uma operação de elevação em que o ponto de partida é uma oração no modo conjuntivo e com concordância, em vez de uma oração infinitiva, e que apresenta também CSMs com expletivo nulo (Alex Grosu, comunicação pessoal; ver também a nota 54).
123. Na teoria anterior baseada na Cobiça e em Mover α, a análise é consideravelmente mais complexa; ver Chomsky (1994a).
124. Existem outras possibilidades, mas fracassam ou entram em violação da economia geral e de outras condições da UG – ou assim temos de demonstrar, o que em geral não é um problema trivial.
125. Uma análise alternativa sugerida em Chomsky (1994a) fica agora excluída: nessa análise, o contraste entre (170) e (171b) tinha a ver com a diferença entre os vestígios que são "cruzados": o vestígio de um expletivo num caso e o vestígio de *I* no outro ([45]). Não é possível manter essa proposta à luz de (93) e discussão relacionada.
126. Sobre estas estruturas no âmbito da abordagem com Mover α e Cobiça, ver Chomsky (1994a).
127. Uma resposta proposta em Chomsky (1994a) já não é sustentável, como se pode verificar facilmente ([46]).
128. Iatridou (1990) e Thráinsson (1994) chegam a conclusões parcialmente semelhantes a partir de perspectivas diferentes. Ver também Fukui (1992).

---

[45] No original está *someone* em vez de *I*, o que seguramente é uma gralha, visto que em (171b) o elemento que se move (não visivelmente) em LF é *someone* (ou os seus traços), em adjunção ao Agr$_O$ da oração principal, passando sobre o vestígio de *I* (tal como em (170), os traços formais de *someone* passam sobre o vestígio do expletivo no seu trajeto para o Agr$_S$ da oração principal).

[46] Essa resposta pressupunha que *there* tem um traço Casual, uma ideia agora posta de lado (ver a seção 4.5.3).

129. Ponho de lado a questão da inserção não visível de traços fortes na raiz, discutida na seção 4.5.4, e que não é pertinente neste ponto.
130. Recordemo-nos da observação de Baker (1988) que a incorporação é uma das maneiras de satisfazer o filtro Casual, colocada aqui num contexto mais geral.
131. Ver o final da seção 4.5. Este caso nos permite escolher entre teorias alternativas da verificação com Compor, discutidas aí ([47]).
132. Ver (3). Repare-se que esta observação tem consequências, que podem ser significativas, relativamente ao estatuto da negação e de outros elementos que podem aparecer nessa posição ([48]).
133. Tecnicamente, quer [Suj, Adj] seja especificador quer seja complemento depende da natureza complexa ou simples do adjetivo. Abandonamos o conjunto rico de mecanismos que nos permite exigir que essa posição seja de especificador ([49]). O resultado convencional é derivado para os verbos, se os intransitivos forem transitivos mascarados, mas não existe nenhum argumento semelhante para os adjetivos. Pressuponho aqui que o estatuto de [Suj, Adj] não é importante – agitando outra bandeira vermelha. Outro aspecto problemático é a atribuição de um traço forte ao Adj, uma categoria substantiva, contrariamente ao que é proposto em (1).
134. Não precisamos nos preocupar com o fato de o sistema preferir Compor, em vez de Mover, num determinado ponto da derivação, porque a derivação agora fracassa se a opção favorita for selecionada, inserindo o Suj antes de elevar o Obj ([50]).
135. É também necessário mostrar que não há nenhum outro traço que possa verificar o Exp, uma questão que não é inteiramente trivial, mas que vou ignorar.
136. Surgem algumas questões interessantes sobre a categoria D: se estiver sozinha, como núcleo puro, será que a derivação fracassa porque o traço [nominal-] forte não é verificado? Se assim for, os demonstrativos e os pronomes teriam de possuir complementos ou teriam de ser elevados, como na cliticização – uma possibilidade já discutida (ver p.497).

([47]) Ver o final da seção 4.5.6. Em particular, a segunda abordagem aí proposta não pode ser mantida: caso contrário, o Suj inserido por Compor em [Spec, v] poderia verificar o traço forte de v, contrariamente ao que se pretende.

([48]) A consequência mais importante, aparentemente, é que a negação não pode ser um núcleo distinto que projeta independentemente, porque nesse caso teríamos uma violação de (3). Isso sugere que a negação tem um estatuto adverbial, e que aparece numa posição de adjunção a V^{max}, como os outros advérbios.

([49]) Ver a seção 4.3 e em particular a nota ([59]).

([50]) A derivação fracassa se a noção de "proximidade" se restringir ao c-comando. No caso de o Obj ser movido para o Spec externo depois da composição do Suj no Spec interno, T não pode atrair o Suj (visto que o Obj intervém, ou seja, c-comanda o Suj). Na realidade, esta derivação não fracassa, porque nem sequer pode ter existência: implica pura e simplesmente um "passo ilegítimo", que não pode ser tomado. Ver a discussão nas p.442-443.

137. Na realidade, omito aqui uma outra classe de casos: a elevação do Exp para [Spec, *v*] *depois* de N ter sido adjunto ao Exp, apagando o seu único traço ([51]). Verificando as possibilidades, todas parecem ser proibidas.
138. Ignoro de novo aqui algumas possibilidades. Suponhamos que o Suj é elevado para [Spec, T]. Nesse caso, a única fonte para a elevação de um [N] para o Exp em Spec$_2$ seria um DP no complemento do VP (o domínio interno do núcleo *v*). Mas esse DP teria impedido a elevação do Exp para Spec$_2$ a partir de uma oração inferior, por estar mais próximo do alvo. Mas ainda há outra possibilidade: a adjunção não visível do objeto ao Exp composto em Spec$_2$, o que permitiria igualmente a verificação do traço Casual do objeto, se este estiver no domínio de verificação de Vb = [V-*v*]. Não temos nenhuma maneira realmente satisfatória de excluir esta possibilidade; o exemplo está nessa zona de ambiguidade que existe em redor do problema da adjunção de traços a um Spec que é ao mesmo tempo máximo e mínimo.
139. Ver a seção 4.7.3. A condição (200) impede casos legítimos de adjunção de um YP a um XP (por exemplo, a adjunção de VP) ([52]), mas, se estes casos pertencerem a um módulo diferente da língua(-I), não surge nenhum conflito.
140. Houve um caso que não analisei: os inacusativos. Volto a ele, mostrando que concluímos de novo (196) com base em considerações de economia.
141. Mais precisamente, T já tem um traço forte para o princípio EPP, e, com o mecanismo proposto anteriormente para as CSMs, o que é acrescentado a T é o valor marcado do parâmetro permitindo que o traço forte não seja rasurado quando é verificado por substituição no Spec interno.
142. Voltamos às razões pelas quais esta ordem específica é exigida.
143. Omito a questão da concordância do objeto. Esse problema requer alguma elaboração, que não faz sentido empreender sem considerar um leque tipológico muito mais vasto. Ver a seção 3.2 para algumas observações.
144. Ignoro aqui as possíveis construções com expletivo duplo do tipo de *it*, com uma matriz completa de traços formais. Talvez estas construções sejam proibidas de um modo semelhante àquele esboçado para (201).
145. A proposta é não somente especulativa, mas também demasiado limitada, na medida em que se restringe a uma categoria particular de construções com Specs múltiplos. Em outras construções desse tipo, a situação é diferente de várias maneiras, incluindo o fato de a elevação para o Spec adicional não ser necessariamente nem mínima nem máxima.

([51]) Depreende-se que esta elevação seria a partir de uma oração encaixada.

([52]) Como no exemplo (52c) do cap. 1, em que o constituinte VP [*visit England*] contém o vestígio do sujeito *he* elevado para [Spec, IP].

146. O argumento anterior proibindo a composição do Exp nesta posição com um VP transitivo não se aplica no caso dos inacusativos; a condição de economia (76) não é relevante aqui, porque não há nenhum traço forte que permita a criação de uma posição de [Spec, VP]: V é uma categoria substantiva que não pode ter esse tipo de traços.
147. Praticamente; ver as qualificações das notas 135, 137, 138.
148. Esses traços de afixo não são fortes; se fossem, a elevação teria de ser visível. Essa é uma distinção que ainda não fizemos, mas é compatível com o quadro teórico. A adjunção de [quant] é a T^{0max} ou a v^{0max}.
149. Note-se que as formas sintáticas produzidas diferem das notações lógicas convencionais, ainda que um simples algoritmo ϕ as converta nesse tipo de notação. Se as notações convencionais tiverem alguma importância na interpretação semântica, também o têm as representações que ϕ projeta nessas notações convencionais. Na interface A-P, sabemos o suficiente sobre a interpretação de PF para permitir algumas distinções entre notações interdefiníveis, mas na interface C-I o problema é muito mais obscuro.
150. Ver, por exemplo, Belletti (1990), onde algumas propriedades contrastivas entre o francês e o italiano são analisadas em termos de uma distinção Agr_s-T. Ver também Pollock (1991), sobre o modo e outras propriedades, e muitos outros trabalhos, alguns já mencionados; ver as notas 20 e 117.

Referências

ABNEY, S. *The English noun phrase in its sentential aspect*. Dissertação de Doutoramento, MIT, 1987.
AISSEN, J. L. Towards a theory of agreement controllers. In: POSTAL, P. M.; JOSEPH, B. (orgs.). *Studies in Relational Grammar* 3. Chicago: University of Chicago Press, 1990.
AOUN, J. *Generalized binding*. Dordrecht: Foris, 1986.
AOUN, J.; HORNSTEIN, N.; LIGHTFOOT, D.; WEINBERG, A. Two types of locality. *Linguistic Inquiry* 18, p.537-577, 1987.
AOUN, J.; HORNSTEIN, N.; SPORTICHE, D. Some aspects of wide scope quantification. *Journal of Linguistic Research* 1, 3, p.69-95, 1981.
AOUN, J.; SPORTICHE, D. On the formal theory of government. *The Linguistic Review* 2, p.211-236, 1981.
BAKER, M. *Incorporation*. Chicago: University of Chicago Press, 1988.
_____. *The polysynthesis parameter*. Oxford: Oxford University Press, 1995.
BAKER, M.; JOHNSON, K.; ROBERTS, I. Passive arguments raised, *Linguistic Inquiry* 20, p.219-251, 1989.
BALTIN, M.; KROCH, A. (orgs.). *Alternative conceptions of phrase structure*. Chicago: University of Chicago Press, 1989.
BARBOSA, P. A new look at the null-subject parameter. Manuscrito, MIT. [In: *Proceedings of Console III*, 1994.]
BARSS, A. *Chains and anaphoric dependence*. Dissertação de Doutoramento, MIT, 1986.
BELLETTI, A. The Case of unaccusatives. *Linguistic Inquiry* 19, p.1-34, 1988.
_____. *Generalized verb movement*. Turin: Rosenberg & Sellier, 1990.
BELLETTI, A.; BRANDI, L.; RIZZI, L. (orgs.). *Theory of markedness in generative grammar*. Pisa: Scuola Normale Superiore, 1981.
BELLETTI, A.; RIZZI, L. The syntax of "ne". *The Linguistic Review* 1, p.117-154, 1981.

_____. Psych-verbs and θ-theory. *Natural Language & Linguistic Theory* 6, p.291-352, 1988.
BENINCÀ, P. (org.). *Dialect variation and the theory of grammar*. Dordrecht: Foris, 1989.
BESTEN, H. den. *Studies in West Germanic syntax*. Amsterdam: Rodopi, 1989.
BOBALJIK, J. *Ergativity, economy, and the Extended Projection Principle*. Manuscrito, MIT, 1992a.
_____. Nominally absolutive is not absolutely nominative. In: MEAD, J. (org.). *Proceedings of the Eleventh West Coast Conference on Formal Linguistics*. Stanford, Calif.: Publicações do CSLI. Distribuídas por University of Chicago Press, 1992b.
BOBALJIK, J.; CARNIE, A. A minimalist approach to some problems of Irish word order. Manuscrito, MIT. [In: BORSLEY, R.; ROBERTS, I. (orgs.). *Celtic and beyond*. Cambridge: Cambridge University Press, 1992.]
BOBALJIK, J.; PHILLIPS, C. (orgs.). *MIT working papers in linguistics* 18: *Papers on Case and agreement I*. Departamento de Linguística e Filosofia, MIT, 1993.
BORER, H. *Parametric Syntax*. Dordrecht: Foris, 1984.
BORER, H.; WEXLER, R. The maturation of syntax. In: ROEPER, T.; WILLIAMS, E. (orgs.). *Parameter setting*. Dordrecht: Reidel, 1987.
BOSCOVIĆ, Z. *D-Structure, Theta Criterion, and movement into theta-positions*. Manuscrito, University of Connecticut e Haskins Laboratories, 1993.
BOUCHARD, D. *On the content of empty categories*. Dordrecht: Foris, 1984.
_____. *From conceptual structure to syntactic structure*. Manuscrito, University of Quebec at Montreal (UQAM), 1991.
BRAME, M. The general theory of binding and fusion, *Linguistic Analysis* 7, p.277-325, 1981.
_____. The head selector theory of lexical specifications and the non-existence of coarse categories, *Linguistic Analysis* 10, p.321-325, 1982.
BRANIGAN, P. Subjects and complementizers. Dissertação de Doutoramento, MIT, 1992.
BRESNAN, J. Theory of complementation in English syntax. Dissertação de Doutoramento, MIT, 1972.
_____. (org.). *The mental representation of grammatical relations*. Cambridge, Mass.: MIT Press, 1982.
BRODY, M. θ-theory and arguments, *Linguistic Inquiry* 24, p.1-24, 1993.
BROMBERGER, S.; HALLE, M. Why phonology is different. *Linguistic Inquiry* 20, p.51-70, 1989. [Reimpresso em: KASHER, A. (org.). *The Chomskian turn*. Oxford: Blackwell, 1991.]
BROWNING, M. A. Null operator constructions. Dissertação de Doutoramento, MIT. New York: Garland, 1991 [1987].
BURES, T. *Re-cycling expletive (and other) sentences*. Manuscrito, MIT, 1992.
BURZIO, L. *Italian syntax*. Dordrecht: Reidel, 1986.
CARDINALETTI, A. *Agreement and control in expletive constructions*. Manuscrito, MIT, 1994.
CARDINALETTI, A.; GUASTI, M. T. *Epistemic small clauses and null subjects*. Manuscrito, Universidade de Veneza e Universidade de Genebra, 1991.
CHENG, L. L.-S. *On the typology of* wh-*questions*. Dissertação de Doutoramento, MIT, 1991.
CHIEN, Y.-C.; WEXLER, K. Children's knowledge of locality conditions in binding as evidence for the modularity of syntax and pragmatics. *Language Acquisition* 1, p.195-223, 1991.
CHOMSKY, N. *The morphophonemics of Modern Hebrew*. Tese de Mestrado, University of Pennsylvania. New York: Garland, 1979 [1951].

_____. *Current issues in linguistic theory*. The Hague: Mouton, 1964.
_____. *Aspects of the theory of syntax*. Cambridge, Mass.: MIT Press, 1965.
_____. *Studies on semantics in generative grammar*. The Hague: Mouton, 1972.
_____. *The logical structure of linguistic theory*. New York: Plenum, 1975a. [Extraído de uma revisão em 1956 de um manuscrito de 1955, Harvard University e MIT. Chicago: University of Chicago Press, 1985.]
_____. *Reflections on language*. New York: Pantheon, 1975b.
_____. *Essays on form and interpretation*. Amsterdam: Elsevier North-Holland, 1977.
_____. On binding. *Linguistic Inquiry* 11, p.1-46, 1980a.
_____. *Rules and representations*. New York: Columbia University Press, 1980b.
_____. *Lectures on government and binding*. Dordrecht: Foris, 1981a.
_____. Response to queries. In: LONGUET-HIGGINS, H. C.; LYONS, J.; BROADBENT, D. E. (orgs.). *The psychological mechanisms of language*. London: Royal Society e British Academy, 1981b.
_____. *Some concepts and consequences of the theory of government and binding*. Cambridge, Mass.: MIT Press, 1982.
_____. *Barriers*. Cambridge, Mass: MIT Press, 1986a.
_____. *Knowledge of Language*. New York: Praeger, 1986b.
_____. Response. *Mind and Language* 2, p.193-197, 1987.
_____. *Generative grammar, studies in English linguistics and literature*. Kyoto University of Foreign Studies, 1988.
_____. On formalization and formal linguistics. *Natural Language & Linguistic Theory* 8, p.143-147, 1990.
_____. Prospects for the study of language and mind. In: KASHER, A. (org.). *The Chomskian turn*. Oxford: Blackwell, 1991a.
_____. Linguistics and cognitive science: Problems and mysteries. In: KASHER, A. (org.). *The Chomskian turn*. Oxford: Blackwell, 1991b.
_____. Some notes on economy of derivation and representation. In: FREIDIN, R. (org.). *Principles and parameters in comparative grammar*. Cambridge, Mass.: MIT Press, 1991c.
_____. Explaining language use. *Philosophical Topics* 20, p.205-231, 1992a.
_____. Language and interpretation: Philosophical reflections and empirical inquiry. In: EARMAN, J. (org.). *Inference, explanation and other philosophical frustrations*. Berkeley, University of California Press, 1992b.
_____. A minimalist program for linguistic theory. In: HALE, K.; KEYSER, S. J. (orgs.). *The view from building 20*. Cambridge, Mass.: MIT Press, 1993.
_____. Bare phrase structure. *MIT occasional papers in linguistics* 5. Departamento de Linguística e Filosofia, MIT. In: CAMPOS, H.; KEMPCHINSKY, P. (orgs.). *Evolution and revolution in linguistic theory: Essays in honor of Carlos Otero*. Washington, D.C.: Georgetown University Press, 1994a. [Também publicado em: WEBELHUTH, G. (org.). *Government and Binding Theory and the Minimalist Program*. Oxford: Blackwell 1995.]
_____. *Language and thought*. Wakefield, R. I., London: Moyer Bell, 1994b.
_____. Naturalism and dualism in the study of language and mind. *International Journal of Philosophical Studies* 2, p.181-209, 1994c.
_____. Language and nature. *Mind* 104, p.1-61, 1995.

CHOMSKY, N.; HALLE, M. *The sound pattern of English*. New York: Harper & Row, 1968. [Reimpresso em: Cambridge, Mass.: MIT Press, 1991.]

CHOMSKY, N.; LASNIK, H. Filters and control. *Linguistic Inquiry* 8, p.425-504, 1977.

_____. The theory of principles and parameters. In: JACOBS, J.; VON STECHOW, A.; STERNEFELD, W.; VENNEMANN, T. (orgs.). *Syntax*: An international handbook of contemporary research. Berlin: de Gruyter, 1993.

CINQUE, G. *Types of Ā-dependencies*. Cambridge, Mass.: MIT Press, 1990.

CLEMENTS, G. N. The geometry of phonological features. *Phonology Yearbook* 2, p.225-252, 1985.

COLLINS, C. *Topics in Ewe syntax*. Dissertação de Doutoramento, MIT, 1993.

_____. Economy of derivation and the Generalized Proper Binding Condition. *Linguistic Inquiry* 25, p.45-61, 1994a.

_____. *Merge and Greed*. Manuscrito, Cornell University, 1994b.

_____. *Serial verb constructions and the theory of multiple feature checking*. Manuscrito, Cornell University, 1995.

COLLINS, C.; THRÁINSSON, H. *VP-internal structure and object shift in Icelandic*. Manuscrito, Cornell University e Harvard University/University of Iceland, 1994.

CRAIN, S. Language acquisition in the absence of experience. *Behavioral & Brain Sciences* 14, p.597-650, 1991.

CURTISS, S. Dissociations between language and cognition. *Journal of Autism and Developmental Disorders* 11, p.15-30, 1981.

DELL, F.; ELMEDLAOUI, M. Syllabic consonants and syllabification in Imdlawn Tashlhiyt Berber. *Journal of African Languages and Linguistics* 7, p.105-130, 1985.

DEMIRDACHE, H. *Resumptive Chains in restrictive relatives, appositives and dislocation structures*. Dissertação de Doutoramento, MIT, 1991.

DE RIJK, R. *Studies in Basque syntax*. Dissertação de Doutoramento, MIT, 1972.

DI SCIULLO, A. M.; WILLIAMS, E. *On the definition of word*. Cambridge, Mass.: MIT Press. 1988.

EDELMAN, G. *Bright air, brilliant fire*. New York: Basic Books, 1992.

EMONDS, J. *A transformational approach to syntax*. New York: Academic Press, 1976.

_____. The verbal complex V'-V in French. *Linguistic Inquiry* 9, p.49-77, 1978.

_____. *A unified theory of syntactic categories*. Dordrecht: Foris, 1985.

ENGDAHL, E. Parasitic gaps. *Linguistics and Philosophy* 6, p.5-34, 1983.

_____. Parasitic gaps, resumptive pronouns, and subject extractions. *Linguistics* 23, p.3-44, 1985.

EPSTEIN, R. *Cognition, creativity, and behavior*. New York: Praeger, 1996.

EPSTEIN, S. Quantifier-pro and the LF representation of PROarb. *Linguistic Inquiry* 15, p.499-504, 1984.

_____. Adjunction and pronominal variable binding. *Linguistic Inquiry* 20, p.307-319, 1989.

_____. *Traces and their antecedents*. Oxford: Oxford University Press, 1991.

_____. *The derivation of syntactic relations*. Manuscrito, Harvard University, 1994.

FABB, N. *Syntactic affixation*. Dissertação de Doutoramento, MIT, 1984.

FASSI FEHRI, A. Some complement phenomena in Arabic, the complementizer phrase hypothesis and the Non-Accessibility Condition. *Analyse/Théorie* 54-114. Université de Paris VIII, Vincennes, 1980.

FIENGO, R. On trace theory. *Linguistic Inquiry* 8, p.35-62, 1977.

FIENGO, R.; HUANG, C.-T. J.; LASNIK, H.; REINHART, T. The syntax of *wh-in-situ*. In: BORER, H. (org.). *Proceedings of the Seventh West Coast Conference on Formal Linguistics*. Stanford, Publicações do CSLI. Distribuído por University of Chicago Press, 1988.

FLYNN, S. *A parameter-setting model of L2 acquisition*: Experimental studies in anaphora. Dordrecht: Reidel, 1987.

FONG, S. *Computational properties of principle-based grammatical theories*. Dissertação de Doutoramento, MIT, 1991.

FOX, D. *Economy, scope and semantic interpretation*: Evidence from VP ellipsis. Manuscrito, MIT, 1994.

FRAMPTON, J. Relativized Minimality: A review. *The Linguistic Review* 8, p.1-46, 1992.

FREIDIN, R. Fundamental issues in the theory of binding. In: LUST, B. (org.). *Studies in the acquisition of anaphora*. Dordrecht: Reidel, 1986.

_____. *Foundations of generative syntax*. Cambridge, Mass.: MIT Press, 1992.

_____. The principles and parameters framework of generative grammar. In: ASHER, R. E.; SIMPSON, J. M. Y. (orgs.). *The encyclopedia of language and linguistics*. Oxford: Pergamon Press, 1994.

FREIDIN, R.; BABBY, L. On the interaction of lexical and syntactic properties: Case structure in Russian. In: HARBERT, W. (org.). *Cornell working papers in linguistics VI*. Departamento de Linguística, Cornell University, 1984.

FREIDIN, R.; LASNIK, H. Disjoint reference and *wh*-trace. *Linguistic Inquiry* 12, p.39-53, 1981.

FRIEDEMANN, M.; SILONI, T. *AGROBJECT is not AGRPARTICIPLE*. Manuscrito, University of Geneva, 1993.

FUKUI, N. A theory of category projection and its applications. Dissertação de Doutoramento, MIT. Versão revista publicada como *Theory of projection in syntax*. Stanford, Calif.: Publicações do CSLI (1995). Distribuído por University of Chicago Press, 1986.

_____. Deriving the differences between English and Japanese: A case study in parametric syntax. *English Linguistics* 5, p.249-270, 1988.

_____. The principles-and-parameters approach: A comparative syntax of English and Japanese. In: BYNON, T.; SHIBATANI, M. (orgs.). *Approaches to language typology*. Oxford: Oxford University Press, 1992.

_____. Parameters and optionality. *Linguistic Inquiry* 24, p.399-420, 1993.

GAZDAR, G. Unbounded dependencies and coordinate structure. *Linguistic Inquiry* 12, p.155-184, 1981.

GLEITMAN, L. The structural sources of verb meanings. *Language Acquisition* 1, p.3-55, 1990.

GOLAN, V. *Node crossing economy, superiority and D-linking*. Manuscrito, Universidade de Tel-Aviv, 1993.

GOLDSMITH, J. *Autosegmental phonology*. Dissertação de Doutoramento, MIT, 1976.

GRIMSHAW, J. Complement selection and the lexicon. *Linguistic Inquiry* 10, p.279-326, 1979.

_____. Form, function and the language acquisition device. In: BAKER, C. L.; MCCARTHY, J. (orgs.). *The logical problem of language acquisition*. Cambridge, Mass.: MIT Press, 1981.

_____. *Argument structure*. Cambridge, Mass.: MIT Press, 1990.

GROSU, A.; HORVATH, J. The GB Theory and raising in Rumanian. *Linguistic Inquiry* 15, p.348-353, 1984.

GRUBER, J. *Studies in lexical relations*. Dissertação de Doutoramento, MIT, 1965.

HALE, K.; KEYSER, S. J. *Some transitivity alternations in English*. Center for Cognitive Sciences, MIT, 1986.

_____. *On the syntax of argument structure*. Center for Cognitive Science, MIT, 1991.

_____. On argument structure and the lexical expression of syntactic relations. In: HALE, K.; KEYSER, S. J. (orgs.). *The view from building 20*. Cambridge, Mass.: MIT Press, 1993a.

_____. (orgs.). *The view from building 20*. Cambridge, Mass.: MIT Press, 1993b.

HALLE, M.; MARANTZ, A. Distributed Morphology and the pieces of inflection. In: HALE, K.; KEYSER, S. J. (orgs.). *The view from building 20*. Cambridge, Mass.: MIT Press, 1993.

HALLE, M.; VERGNAUD, J.-R. *An essay on stress*. Cambridge, Mass.: MIT Press, 1988.

HARMAN, G. Generative grammars without transformational rules. *Language* 39, p.597-616, 1963.

HARRIS, Z. S. *Methods in structural linguistics*. Chicago: Chicago University Press, 1951.

_____. Discourse analysis. *Language* 28, p.1-30, 1952.

HEIM, I.; LASNIK, H.; MAY, R. Reciprocity and plurality. *Linguistic Inquiry* 22, p.63-101, 1991.

HIGGINBOTHAM, J. Pronouns and bound variables. *Linguistic Inquiry* 11, p.679-708, 1980.

_____. Logical Form, binding, and nominals. *Linguistic Inquiry* 14, p.395-420, 1983.

_____. On semantics. *Linguistic Inquiry* 16, p.547-593, 1985.

_____. Elucidations of meaning. *Linguistics and Philosophy* 12, p.465-517, 1988.

HIGGINBOTHAM, J.; MAY, R. Questions, quantifiers, and crossing. *The Linguistic Review* 1, p.41-79, 1981.

HORNSTEIN, N. *LF: The grammar of Logical Form from GB to minimalism*. Manuscrito, University of Maryland. Oxford: Blackwell, 1994.

HORNSTEIN, N.; WEINBERG, A. The necessity of LF. *The Linguistic Review* 7, p.129-167, 1990.

HUANG, C.-T. J. *Logical relations in Chinese and the theory of grammar*. Dissertação de Doutoramento, MIT, 1982.

_____. On the distribution and reference of empty pronouns. *Linguistic Inquiry* 15, p.531-574, 1984.

_____. *A note on reconstruction and VP movement*. Manuscrito, Cornell University, 1990.

HYAMS, N. *Language acquisition and the theory of parameters*. Dordrecht: Reidel, 1986.

IATRIDOU, S. About Agr(P). *Linguistic Inquiry* 21, p.551-577, 1990.

INGRIA, R. *Sentential complementation in Modern Greek*. Dissertação de Doutoramento, MIT, 1981.

ISHII, Y. *Operators and empty categories in Japanese*. Dissertação de Doutoramento, University of Connecticut, 1991.

JACKENDOFF, R. *Semantic interpretation in generative grammar*. Cambridge, Mass.: MIT Press, 1972.

_____. *$\bar{X}$ syntax*. Cambridge, Mass.: MIT Press, 1977.

_____. *Semantics and cognition*. Cambridge, Mass.: MIT Press, 1983.

_____. The status of thematic relations in linguistic theory. *Linguistic Inquiry* 18, p.369-411, 1987.

_____. On Larson's treatment of the double object construction. *Linguistic Inquiry* 21, p.427-456, 1990a.

_____. *Semantic structures*. Cambridge, Mass.: MIT Press, 1990b.

JAEGGLI, O. *On some phonologically-null elements in syntax*. Dissertação de Doutoramento, MIT, 1980.

JAEGGLI, O.; SAFIR, K. (orgs.). *The null subject parameter*. Dordrecht: Kluwer, 1989.

JOHNS, A. *Transitivity and grammatical relations in Inuktikut*. Dissertação de Doutoramento, University of Ottawa, 1987.

JONAS, D. *Transitive expletive constructions in Icelandic and Middle English*. Manuscrito, Harvard University, 1992.

_____. *Clause structure expletives and verb movement*. Manuscrito, Harvard University, 1994.

_____. The TP parameter in Scandinavian syntax. In: HEDLUND, C.; HOLMBERG, A. (orgs.). *Göteborg working papers in linguistics*. Universidade de Göteborg, 1994.

JONAS, D.; BOBLJIK, J. Specs for subjects: The role of TP in Icelandic. In: BOBALJIK, J.; PHILLIPS, C. (orgs.). *MIT working papers in linguistics* 18: *Papers on Case and agreement I*. Departamento de Linguística e Filosofia, MIT, 1993.

KASHER, A. (org.). *The Chomskian turn*. Oxford: Blackwell, 1991.

KAWASHIMA, R.; KITAHARA, H. *On the definition of Move*: Strict cyclicity revisited. Manuscrito, MIT e Princeton University, 1994.

KAYNE, R. *Connectedness and binary branching*. Dordrecht: Foris, 1984.

_____. Facets of past participle agreement in Romance. In: BENINCÀ, P. (org.). *Dialect variation and the theory of grammar*. Dordrecht: Foris, 1989.

_____. *The antisymmetry of syntax*. Manuscrito, Graduate Center. City University of New York, 1993.

_____. *The antisymmetry of syntax*. Cambridge, Mass.: MIT Press, 1994.

KEYSER, S. J. A partial history of the relative clause in English. In: GRIMSHAW, J. (org.). *University of Massachusetts occasional papers in linguistics I*: Papers in the history and structure of English. GLSA, University of Massachusetts, Amherst, 1975.

KIM, S. W. *Scope and multiple quantification*. Dissertação de Doutoramento, Brandeis University, 1990.

KITAGAWA, Y. *Subjects in Japanese and English*. Dissertação de Doutoramento, University of Massachusetts, Amherst, 1986.

KITAHARA, H. *Target α: A unified theory of movement and structure building*. Dissertação de Doutoramento, Harvard University, 1994.

_____. Target α: Deducing strict cyclicity from derivational economy. *Linguistic Inquiry* 26, p.47-77, 1995.

KLIMA, E. Negation in English. In: FODOR, J. A.; KATZ, J. J. (orgs.). *Readings in the philosophy of language*. Englewood Cliffs, N. J.: Prentice-Hall, 1964.

KOIZUMI, M. Object agreement phrases and the split VP hypothesis. In: BOBALJIK, J.; PHILLIPS, C. (orgs.). *MIT working papers in linguistics* 18: *Papers on Case and agreement I*. Departamento de Linguística e Filosofia, MIT, 1993.

_____. Layered specifiers. In: GONZÀLEZ, M. (org.). *Proceedings of NELS* 24. GLSA, University of Massachusetts, Amherst, 1994.

_____. *Phrase structure in minimalist syntax*. Dissertação de Doutoramento, MIT, 1995.

KOOPMAN, H. *The syntax of verbs*. Dordrecht: Foris, 1984.

_____. *On the absence of Case chains in Bambara*. Manuscrito, UCLA, 1987.

KOOPMAN, H.; SPORTICHE, D. The position of subjects. *Lingua* 85, p.211-258, 1991.

KORNFILT, J. *Case marking, agreement, and empty categories in Turkish*. Dissertação de Doutoramento, Harvard University, 1985.

KOSTER, J. Why subject sentences don't exist. In: KEYSER, S. J. (org.). *Recent transformational studies in European languages*. Cambridge, Mass.: MIT Press, 1978.

KROCH, A. Asymmetries in long distance extraction in a tree adjoining grammar. In: BALTIN, M.; KROCH, A. (orgs.). *Alternative conceptions of phrase structure*. Chicago: University of Chicago Press, 1989.

KROCH, A.; JOSHI, A. *The linguistic relevance of tree adjoining grammar*. Relatório técnico MS--CIS-85-16. Departamento de Ciências da Computação e da Informação, University of Pennsylvania, 1985.

KURODA, S.-Y. *Generative grammatical studies in the Japanese language*. Dissertação de Doutoramento, MIT, 1965.

_____. Whether we agree or not: A comparative syntax of English and Japanese. In: POSER, W. (org.). *Papers from the Second International Workshop on Japanese Syntax*. Stanford, Calif.: Publicações do CSLI. Distribuído por Chicago University Press, 1988.

LAKA, I. *Negation in syntax*: On the nature of functional categories and projections. Dissertação de Doutoramento, MIT, 1990.

LAKOFF, G. *Pronouns and reference*. Indiana University Linguistics Club, Bloomington, 1968. [Reimpresso em: MCCAWLEY, J. D. (org.). *Notes from the linguistic underground*. New York: Academic Press, 1976.]

_____. *Irregularity in syntax*. New York: Holt, Rinehart and Winston, 1970.

_____. On Generative Semantics. In: STEINBERG, D.; JAKOBOVITS, L. (orgs.). *Semantics*. Cambridge: Cambridge University Press, 1971.

LANGACKER, R. On pronominalization and the chain of command. In: REIBEL, D.; SCHANE, S. (orgs.). *Modern Studies in English*. Englewood Cliffs, N.J.: Prentice-Hall, 1969.

LANGENDOEN, T. T.; BATTISTELLA, E. The interpretation of predicate reflexive and reciprocal expressions in English. In: PUSTEJOVSKY, J.; SELLS, P. (orgs.). *Proceedings of NELS* 12. GLSA, University of Massachusetts, Amherst, 1982.

LARSON, R. On the double object construction. *Linguistic Inquiry* 19, p.335-391, 1988.

_____. Double objects revisited: Reply to Jackendoff, *Linguistic Inquiry* 21, p.589-632, 1990.

LASNIK, H. *Analyses of negation in English*. Dissertação de Doutoramento, MIT, 1972.

_____. Remarks on coreference. *Linguistic Analysis* 2, p.1-22, 1976. [Reimpresso em: LASNIK, H. *Essays on anaphora*. Dordrecht: Reidel, 1989.]

_____. Restricting the theory of transformations: A case study. In: HORNSTEIN, N.; LIGHTFOOT, D. (orgs.). *Explanation in linguistics*. London: Longman, 1981. [Reimpresso em: LASNIK, H. *Essays on restrictiveness and learnability*. Dordrecht: Reidel, 1990.]

_____. *Essays on anaphora*. Dordrecht: Reidel, 1989.

_____. *Essays on restrictiveness and learnability*. Dordrecht: Reidel, 1990.

_____. Case and expletives. *Linguistic Inquiry* 23, p.381-405, 1992.
_____. *Verbal Morphology*: Syntactic Structures meets the Minimalist Program. Manuscrito, University of Connecticut, 1994b.
_____. Case and expletives revisited. *Linguistic Inquiry* 26, p.615-633, 1995.
LASNIK, H.; SAITO, M. On the nature of proper government. *Linguistic Inquiry* 15, p.235-289, 1984.
_____. On the subject of infinitives. In: DOBRIN, L. M.; NICHOLS, L.; RODRIGUEZ, R. M. (orgs.). *CLS* 27. Part 1: *The General Session*. Chicago Linguistic Society, University of Chicago, 1991.
_____. *Move α*. Cambridge, Mass.: MIT Press, 1992.
LASNIK, H.; STOWELL, T. Weakest crossover. *Linguistic Inquiry* 22, p.687-720, 1991.
LASNIK, H.; URIAGEREKA, J. *A course in GB syntax*. Cambridge, Mass.: MIT Press, 1988.
LEBEAUX, D. A distributional difference between reciprocals and reflexives. *Linguistic Inquiry* 14, p.723-730, 1983.
_____. *Language acquisition and the form of the grammar*. Dissertação de Doutoramento, University of Massachusetts, Amherst, 1988.
LEES, R. *The grammar of English nominalizations*. The Hague: Mouton, 1963.
LEVIN, J.; MASSAM, D. Surface ergativity: Case/Theta relations reexamined. In: BERMAN, S. (org.). *Proceedings of NELS* 15. GLSA, University of Massachusetts, Amherst, 1985.
LEWONTIN, R. The evolution of cognition. In: OSHERSON, D.; SMITH, E. (orgs.). *Thinking*: An invitation to cognitive science, v.3. Cambridge, Mass.: MIT Press, 1990.
LIGHTFOOT, D. *How to set parameters*: Arguments from language change. Cambridge, Mass.: MIT Press, 1991.
LONGOBARDI, G. Connectedness, scope, and c-command, *Linguistic Inquiry* 16, p.163-192, 1985.
_____. Reference and proper names: A theory of N-movement in syntax and Logical Form. *Linguistic Inquiry* 25, p.609-665, 1994.
LONGUET-HIGGINS, H. C.; LYONS, J.; BROADBENT, D. E. (orgs.). *The psychological mechanisms of language*. London: Royal Society e British Academy, 1981.
LUDLOW, P. Formal rigor and linguistic theory. *Natural Language & Linguistic Theory* 10, p.335-344, 1992.
MAHAJAN, A. *The A/A-bar distinction and movement theory*. Dissertação de Doutoramento, MIT, 1990.
MANZINI, M. R. On control and control theory. *Linguistic Theory* 14, p.421-446, 1983.
MARANTZ, A. *On the nature of grammatical relations*. Cambridge, Mass.: MIT Press, 1984.
_____. *A note on late insertion*. Manuscrito, MIT, 1994.
MARTIN, R. *On the distribution and Case features of PRO*. Manuscrito, University of Connecticut, 1992.
MATTHEWS, G. H. *Hidatsa syntax*. The Hague: Mouton, 1964.
MAY, R. *The grammar of quantification*. Dissertação de Doutoramento, MIT, 1977.
_____. *Logical Form*. Cambridge, Mass.: MIT Press, 1985.
MCCARTHY, J. *Formal problems in Semitic phonology and morphology*. Dissertação de Doutoramento, MIT, 1979.

MCCARTHY, J.; PRINCE, A. *Prosodic morphology I*. Manuscrito, University of Massachusetts, Amherst e Rutgers University, 1993.

_____. *The emergence of the unmarked optimality in prosodic morphology*. Manuscrito, University of Massachusetts, Amherst e Rutgers University, 1994.

MCCAWLEY, J. D. Review of Knowledge of Language. *Language* 64, p.355-366, 1988.

MCCLOSKEY, J. There, it, and agreement. *Linguistic Inquiry* 22, p.563-567, 1991.

MCGINNIS, M. J. *Fission as feature movement*. Manuscrito, MIT, 1995.

MILLER, G.; CHOMSKY, N. Finitary models of language users, In: LUCE, R. D.; BUSH, R.; GALANTER, E. (orgs.). *Handbook of mathematical psychology II*. New York: Wiley, 1963.

MIYAGAWA, S. Case, agreement, and *ga/no* conversion in Japanese. In: CHOI, S. (org.). *Proceedings of Third Southern California Japanese/Korean Linguistics Conference*. Stanford, Calif.: Publicações do CSLI. Distribuído por University of Chicago Press, 1993a.

_____. LF Case-checking and Minimal Link Condition. In: PHILLIPS, C. (org.). *MIT working papers in linguistics* 19: *Papers on Case and agreement II*. Departamento de Linguística e Filosofia, MIT, 1993b.

MORO, A. *The raising of predicates*. Manuscrito, Dipartimento di Scienze Cognitive, Centro Fondazione San Raffaele, Milan; e Istituto Universitario Lingue Moderne, Milan, 1994.

MURASUGI, K. *The role of transitivity in ergative and accusative languages*: The cases of Inuktikut and Japanese. Artigo apresentado à Association of Canadian Universities for Northern Studies, 1991.

_____. *Crossing and nested paths*: NP movement in accusative and ergative languages. Dissertação de Doutoramento, MIT, 1992.

MUYSKEN, P. Parametrizing the notion "Head". *Journal of Linguistic Research* 2, p.57-75, 1982.

NAMIKI, T. Remarks on prenominal adjectives and degree expressions in English. *Studies in English Linguistics* 7, p.71-85, 1979.

NEIDLE, C. *The role of Case in Russian syntax*. Dordrecht: Reidel, 1988.

NISHIGAUCHI, T. Control and the thematic domain. *Language* 60, p.215-250, 1984.

_____. *Quantification in syntax*. Dissertação de Doutoramento, University of Massachusetts, Amherst, 1986.

OISHI, M. *Conceptual problems of upward X-bar theory*. Manuscrito, Tohoku Gakuin University, 1990.

OKA, T. *Minimalism in syntactic derivation*. Dissertação de Doutoramento, MIT, 1993.

PERLMUTTER, D. Impersonal passives and the unaccusative hypothesis. In: *Proceedings of the Fourth Annual Meeting of the Berkeley Linguistics Society*. Berkeley Linguistics Society, University of California, Berkeley, 1978.

_____. Personal vs. impersonal constructions. *Natural Language & Linguistic Theory* 1, p.141-200, 1983.

PESETSKY, D. *Paths and categories*. Dissertação de Doutoramento, MIT, 1982.

_____. *Zero syntax*. Cambridge, Mass.: MIT Press, 1995.

PICA, P. On the nature of the reflexivization cycle. In: MCDONOUGH, J.; PLUNKETT, B. (orgs.). *Proceedings of NELS* 17. GLSA, University of Massachusetts, Amherst, 1987.

PICA, P.; SNYDER, W. Weak crossover, scope, and agreement in a minimalist framework. In: ARANOVICH, R.; BYRNE, B.; PREUSS, S.; SENTURIA, M. (orgs.). *Proceedings of* the Thirteenth West Coast Conference on Formal Linguistics. Stanford, Calif.: Publicações do CSLI, 1995.

PIERCE, A. *Language acquisition and syntactic theory*: A comparative analysis of French and English child language. Dordrecht: Kluwer, 1992.

POLLOCK, J.-Y. On Case and impersonal constructions. In: MAY, R.; KOSTER, J. (orgs.). *Levels of syntactic representation*. Dordrecht: Foris, 1981.

_____. Verb movement, Universal Grammar, and the structure of IP. *Linguistic Inquiry* 20, p.365-424, 1989.

_____. *Notes on clause structure*. Manuscrito, Université de la Picardie, Amiens, 1991.

POSTAL, P. M. A note on "understood transitively". *International Journal of American Linguistics* 32, p.90-93, 1966a.

_____. On so-called "pronouns" in English. In: DINEEN, F. P. (org.). *Report of the 17th Annual Round Table Meeting in Linguistics and Language Studies*. Washington, D.C.: Georgetown University Press, 1966b.

_____. *Cross-over phenomena*. New York: Holt, Rinehart and Winston, 1971.

_____. *On raising*. Cambridge, Mass.: MIT Press, 1974.

PRINCE, A.; SMOLENSKI, P. *Optimality Theory*. Manuscrito, Rutgers University e University of Colorado, 1993.

PUSTEJOVSKY, J. The syntax of event structure. *Cognition* 41, p.47-81, 1992.

REINHART, T. *The syntactic domain of anaphora*. Dissertação de Doutoramento, MIT, 1976.

_____. A second Comp position. In: BELLETTI, A.; BRANDI, L.; RIZZI, L. (orgs.). *Theory of markedness in generative grammar*. Pisa: Scuola Normale Superiore, 1981.

_____. *Anaphora and semantic interpretation* London: Croom Helm, 1983.

_____. Elliptic conjunctions: Non-quantificational LF. In: KASHER, A. (org.). *The Chomskian turn*. Oxford: Blackwell, 1991.

_____. *Wh-in-situ in the framework of the Minimalist Program*. Manuscrito, Universidade de Tel-Aviv. Palestra no Colóquio de Linguística de Utrecht, 1993.

REINHART, T.; REULAND, E. Reflexivity. *Linguistic Inquiry* 24, p.657-720, 1993.

RIEMSDIJK, H. van. The Case of German adjectives. In: PUSTEJOVSKY, J.; BURKE, V. (orgs.). *University of Massachusetts occasional papers in linguistics* 6: *Markedness and learnability*. GLSA, University of Massachusetts, Amherst, 1981.

_____. Movement and regeneration. In: BENINCÀ, P. (org.). *Dialect variation and the theory of grammar*. Dordrecht: Foris, 1989.

RIEMSDIJK, H. van; WILLIAMS, E. NP structure. *The Linguistic Review* 1, p.171-217, 1981.

RISTAD, E. *The language complexity game*. Cambridge, Mass.: MIT Press, 1993.

RIZZI, L. *Issues in Italian syntax*. Dordrecht: Foris, 1982.

_____. Null objects in Italian and the theory of *pro*. *Linguistic Inquiry* 17, p.501-557, 1986a.

_____. On chain formation. In: BORER, H. (org.). *The grammar of pronominal clitics*: Syntax and semantics 19. New York: Academic Press, 1986b.

_____. *Relativized Minimality*. Cambridge, Mass.: MIT Press, 1990.

ROEPER, T.; WILLIAMS, E. (orgs.). *Parameter setting*. Dordrecht: Reidel, 1987.

ROSS, J. R. *Constraints on variables in syntax*. Dissertação de Doutoramento, MIT, 1967. [Publicada sob o título *Infinite Syntax!* Norwood, N. J.: Ablex, 1986.]

ROTHSTEIN, S. *The syntactic form of predication*. Dissertação de Doutoramento, MIT, 1983.

SAFIR, K. *Syntactic chains*. Cambridge: Cambridge University Press, 1985.

_____. So *there!* A reply to Williams' analysis of *there*-sentences. In: BROWNING, M. A.; CZAYKOWSKA-HIGGINS, E.; RITTER, E. (orgs.). *MIT working papers in linguistics* 9: *The 25th anniversary of MIT linguistics*. Departamento de Linguística e Filosofia, MIT, 1987.

SAG, I. *Deletion and Logical Form*. Dissertação de Doutoramento, MIT, 1976.

SAITO, M. Some asymmetries in Japanese and their theoretical implications. Dissertação de Doutoramento, MIT, 1985.

_____. Scrambling as semantically vacuous A'-movement. In: BALTIN, M.; KROCH, A. (orgs.). *Alternative conceptions of phrase structure*. Chicago: University of Chicago Press, 1989.

_____. Extraposition and parasitic gaps. In: GEORGOPOULOS, C.; ISHIHARA, R. (orgs.). *Interdisciplinary approaches to language*: Essays in honor of S.-Y. Kuroda. Dordrecht: Foris, 1991.

SELLS, P. *Syntax and semantics of resumptive pronouns*. Dissertação de Doutoramento, University of Massachusetts, Amherst, 1984.

SHLONSKY, U. *Null and displaced subjects*. Dissertação de Doutoramento, MIT, 1987.

SMITH, N.; TSIMPLI, I. M. Linguistic Modularity? A case study of a *"savant"* linguist. *Lingua* 84, p.315-351, 1991.

SPEAS, M. *Adjunction and projection in syntax*. Dissertação de Doutoramento, MIT, 1986.

_____. *Generalized transformations and the D-structure position of adjuncts*. Manuscrito, University of Massachusetts, Amherst, 1990.

SPORTICHE, D. *Structural invariance and symmetry*. Dissertação de Doutoramento, MIT, 1983.

_____. Remarks on crossover. *Linguistic Inquiry* 16, p.460-469, 1985.

_____. A theory of floating quantifiers and its corollaries for constituent structure. *Linguistic Inquiry* 19, p.425-449, 1988.

STOWELL, T. What was there before there was there. In: FARKAS, D.; JACOBSEN, W. M.; TODRYS, K. W. (orgs.). *Papers from the Fourteenth Regional Meeting, Chicago Linguistic Society*. Chicago University Society, University of Chicago, 1978.

_____. *Origins of phrase structure*. Dissertação de Doutoramento, MIT, 1981.

_____. *The relation between S-Structure and the mapping from D-Structure to Logical Form*. Artigo apresentado no Princeton Workshop on Comparative Grammar, 1986.

SZABOLCSI, A. Functional categories in the noun phrase. In: KENESEI, I. (org.). *Approaches to Hungarian*, v.2, Universidade de Budapeste, 1987.

TANCREDI, C. *Intonation semantics*. Dissertação de Doutoramento, MIT, 1992.

TARALDSEN, K. T. The theoretical interpretation of a class of marked extractions. In: BELLETTI, A.; BRANDI, L.; RIZZI, L. (orgs.). *Theory of markedness in generative grammar*. Pisa: Scuola Normale Superiore, 1981.

THRÁINSSON, H. On the structure of infinitival complements. In: THRÁINSSON, H.; EPSTEIN, S.; KUNO, S. (orgs.). *Harvard working papers in linguistics* 3. Departamento de Linguística, Harvard University, 1993.

_____. *On the (non-)universality of functional categories*. Manuscrito, Harvard University/University of Iceland, 1994.

THRÁINSSON, H.; EPSTEIN, S.; KUNO, S. (orgs.). *Harvard working papers in linguistics* 3. Departamento de Linguística, Harvard University, 1993.

TORREGO, E. *On empty categories in nominals*. Manuscrito, University of Massachusetts, Boston, 1985.

_____. Experiencers and raising verbs. In: FREIDIN, R. (org.). *Current issues in comparative grammar*. Dordrecht: Kluwer, 1996.

TRAVIS, L. *Parameters and the effects of word order variation*. Dissertação de Doutoramento, MIT, 1984.

TREMBLAY, M. *Possession and datives*. Dissertação de Doutoramento, McGill University, 1991.

TRUCKENBRODT, H. *Towards a prosodic theory of relative clause extraposition*. Manuscrito, MIT, 1993.

TSAI, W.-T. D. *On economizing the theory of Ā-dependencies*. Dissertação de Doutoramento, MIT, 1994.

UEDA, M. *Japanese phrase structure and parameter setting*. Dissertação de Doutoramento, University of Massachusetts, Amherst, 1990.

URA, H. Varieties of raising and the feature-based phrase structure theory. *MIT occasional papers* in *linguistics* 7. Departamento de Linguística e Filosofia, MIT, 1994.

_____. Towards a theory of "strictly derivational" economy condition. In: PENSALFINI, R.; URA, H. (orgs.). *MIT working papers in linguistics* 27. Departamento de Linguística e Filosofia, MIT, 1995.

URIAGEREKA, J. *On government*. Dissertação de Doutoramento, University of Connecticut, 1988.

VERGNAUD, J.-R. *Dépendances et niveaux de représentation en syntaxe*. Thèse de Doctorat d'état, Université de Paris VII, 1982.

VIKNER, S. *Verb movement and the licensing of NP-positions in the Germanic languages*. Dissertação de Doutoramento, Universidade de Geneva, 1990.

WASOW, T. *Anaphoric relations in English*. Dissertação de Doutoramento, MIT, 1972.

WATANABE, A. Wh-*in-situ, Subjacency, and chain formation*. Manuscrito, MIT, 1991.

_____. Subjacency and S-Structure movement of *wh-in-situ*. *Journal of East Asian Linguistics* 1, p.255-291, 1992.

_____. *Agr-based Case theory and its interaction with the A-bar system*. Dissertação de Doutoramento, MIT, 1993a.

_____. The notion of finite clauses in Agr-based Case theory. In: BOBALJIK, J.; PHILLIPS, C. (orgs.). *MIT working papers in linguistics* 18: *Papers on Case and agreement I*. Departamento de Linguística e Filosofia, MIT, 1993b.

WEBELHUTH, G. *Syntactic saturation phenomena and the modern Germanic languages*. Dissertação de Doutoramento, University of Massachusetts, Amherst, 1989.

WILKINS, W. (org.). *Thematic relations*. San Diego, Calif.: Academic Press, 1988.

WILLIAMS, E. Predication. *Linguistic Inquiry* 11, p.203-238, 1980.

_____. Argument structure and morphology. *The Linguistic Review* 1, p.81-114, 1981.

_____. The anaphoric nature of θ-roles. *Linguistic Inquiry* 20, p.425-456, 1989.

WILLIM, E. *Anaphor binding and pronominal disjoint reference in English and Polish*. Tese de Mestrado, University of Connecticut, 1982.

YAMADA, J. *Laura*. Cambridge, Mass.: MIT Press, 1990.

YANG, D.-W. The extended binding theory of anaphors. *Language Research* 19, p.169-192, 1983.

ZUBIZARRETA, M.-L. *Some prosodically motivated syntactic operations*. Manuscrito, University of Southern California, 1993.

ZWART, J. W. *Dutch syntax*: A minimalist approach. Dissertação de Doutoramento, Universidade de Groningen, 1993.

Índice remissivo de termos e nomes

Acordo com o particípio, teoria do, 480
Adequação descritiva, 45, 64, 71
Adequação explicativa, 45, 47, 64, 71
Adequação, 45, 47, 64, 67, 71
Adjetivos predicativos na teoria X-barra, 274-5
Adjunção,
    a núcleos não máximos, 499-500,
    a XP, 478-81, 485-90
    com o Princípio do Último Recurso, 309
    e proximidade, 525-9
    e Estrutura-D, 297
    em LF, 254
    na teoria X-barra, 277
    no movimento, 97, 391
    no movimento de traços, 401,
    vs. substituição, 373-4
Adjunção de XP, 478-81
Adjunção não visível e proximidade, 525-6
Adjunções adverbiais, 485-90
Adjuntos, 110
    ordem dos, 498
    nas transformações, 485-93,
    vestígios para, 157
Advérbios, posição dos, 122
Afixos,

Condições de Estrutura-S para, 142, 225-6
    para PF, 225-6
Agentes, 79
Alvos,
    das operações Compor, 369
    das operações Mover, 380, 383-93
    ordem dos, 389
Ambiguidade na operação Mover, 378-9
Anáforas,
    de longa distância, 179
    ligação de, 139, 168, 175-8, 184-9
    NPs como, 93, 175-8
    num domínio local, 175-8
Análise por apagamento de self, 183
Antecedentes
    com vestígios, 87-92
    para as anáforas, 167-8
    regência por, 146-50
Aoun, J., 101
Apagamento
    em PF, 312
    como uma operação de Último Recurso, 242
    e substituição, 98

em cadeias uniformes, 162
de traços verificados, 419
de vestígios, 448
na minimização das derivações, 229, 235
Apoio de *Do*, 227-9, 235, 261
Arbitrariedade saussuriana, 51, 73, 268,
Associados dos expletivos, 248-51
Atração, 222, 227-8, 444-63
Autoligação, 473
Axioma de Correspondência Linear (LCA), 494-7

Baker, M., 196, 284-8, 479
Barreiras
na localidade, 145-52
no pied-piping, 397
Barss, A., 138
Belletti, A., 121, 146, 571
Bobaljik, J., 502
Branigan, P., 480
Burzio, L., 249

Cabeças de cadeias, 99
Cadeias conectadas
na operação Mover, 379
no Caso, 211-2
Cadeias e Condição Sobre as Cadeias, 101-2, 199-200, 208-11
e o sistema da concordância, 240
e Caso, 199-205
estatuto de estrutura de constituintes das, 380
na interpretabilidade, 452-3
na teoria X-barra, 273, 277, 280-1
no movimento, 96-100, 375-80, 386-7
uniformidade das, 161-2
Cadeias-A, 323
Cadeias-X, 97-8
Caminhos não ambíguos, 121
Capacidade generativa forte, 61
Capacidade generativa fraca, 61
Carnie, A., 497
Caso abstrato, 51, 101, 198, 204

Caso acusativo, 189, 196
Caso e teoria do Caso, 189-211, 269-70, 557-9
com argumentos, 101-2
com elementos Agr, 205-9, 512-16
com FF(IL), 350
com pronominais, 187, 199-205
com expletivos, 129, 209, 427-30, 501-2, 506-7, 529-30
com expressões-r, 96
com núcleos, 150-2
concordância com, 241, 422-6
e cadeias, 199-205
e Estrutura-S, 304
e o princípio EPP, 209, 421-2
e regência, 151, 187
e relações Spec-núcleo, 273-5
em construções encaixadas, 114-18
na economia das representações, 252-7
na interpretabilidade, 414-17, 423-6
na numeração, 359
na teoria X-barra, 210, 271-7
na verificação de traços, 457-9
no movimento, 191, 208, 375, 382-3, 388
no movimento de traços, 404-5
Caso estrutural, 195
Caso genitivo, 195
Caso inerente, 195
Caso nominativo, 189, 195
Caso nulo, 203-5
Caso oblíquo, 190
Caso partitivo, atribuição de, 253
Categoria complementador, traços da, 431
Categoria de regência (GC), 177
Categorias
e o estatuto dos elementos Agr, 512-20
funcionais, 49
na interpretabilidade, 415
operação por, 99
para os traços fortes, 351-2
propriedades fonológicas nas, 363
que não projeta, 354
substantivas, 49

Categorias funcionais, 49
   e o estatuto dos elementos Agr, 512-20
   força das, 352
   propriedades fonológicas nas, 363
Categorias que não projetam, junção a, 354
Categorias vazias (ECs)
   e o Caso, 191
   e a direcionalidade, 105
   enquanto elementos pronominais, 86--7, 89-92
   enquanto vestígios, 87-94
   licenciamento das, 142-3
   na EST, 69
   não interpretáveis, 97
   traços-φ das, 97
C-comando, 84, 137
   assimétrico, 493-6
   domínio de, 164
   e ordem, 498-9
   na operação Mover, 378
Cérebro, 43-4, 62, 265
Cheng, L. L.-S., 131
Ciclicidade dos traços fortes, 352-3
Ciclicidade visível e a condição de ampliação, 483
Ciclo estrito, 295
Cliticização, 320
Cobertura por categorias, 98
Cobiça, princípio da, 309
   e operações de Último Recurso, 392
   e ordem, 493
Codificação ótima, 356
Coindexação, 165-70
Collins, C., 555, 567
Comando, 84, 134-9
   Ver também C-comando
Compatibilidade de expressões, 343
Competência na linguagem, 58-9
Complementos
   de elementos, 111
   de núcleos, 84
   na teoria da estrutura de constituintes, 368
Complexidade, computacional, 310, 346

Complexo funcional completo (CFC), 177-80
Componente não visível do sistema da computação, 311
Componente transformacional, propriedades da, 469-70
   adjunção de XP, 478-81
   adjuntos e conchas nas, 485-93
   desvios da situação ótima, 470-8
   incorreções, 481-5
Compor, operação de, 344
   com estruturas adverbiais, 486
   e tipo oracional, 431
   na teoria da estrutura de constituintes, 366, 369-73
   relações de verificação para, 431
Conceitos centrais, reconsideração de, 520--35
Conchas nas transformações, 485-93
Condição da ampliação no movimento, 483-5
Condição da prioridade epistemológica, 79
Condição de inclusividade, 343
Condição de interface, 74
Condição de Minimalidade, 159
Condição de Visibilidade, 199-205, 210
Condição do Elo Mínimo (MLC)
   e relações de verificação, 462
   enquanto barreira de pied-piping, 397
   no movimento de traços, 397, 402
   na interpretabilidade, 439-44
Condição do Ramo Esquerdo, 396
Condição sobre Domínios de Extração (CDE), 484
Condições de interface ótimas, 269
Condições de Output básicas, 338-9
Condições limitativas, 65
Conexão, 165
Configurações, de verificação, 460
Conjuntos
   de derivações, 336-8
   de referência, 345
Constituintes de objetos, 366-9
Construções de sujeito múltiplo (CSMs), 503-5, 511

com elementos Agr, 512-16, 518-20
ordem dos elementos nas, 535-6
Construções encaixadas, 114-18
Construções, eliminação de, 269
Conter
    na teoria X-barra, 278
    por de categorias, 49
Conteúdo substantivo dos itens lexicais, 110
Convergência, 270, 336
Cópia, teoria dos vestígios como, 311, 316--17, 376-9
Correferência, 169-76
Corolário da Transparência da Regência (CTR), 287-8
Critério-θ e Estrutura-D, 289-91

Dados linguísticos primários (DLP), 268-70
Deprez, V., 562
Derivação menos cara, 235-7
Derivacionais, processos, 66, 75
Derivações admissíveis, 337
Derivações, 74, 215
    canceladas, 459
    convergência das, 270, 336
    e Procrastinação, 466
    economia representacional nas, 242-57
    fracassos das, 270, 336
    minimização das, 226-32
    nos sistemas computacionais, 83-107
    ótimas, 336, 346
    pressupostos na, 216-19
    propriedades da flexão verbal nas, 220-6
    sistema de concordância nas, 237-42
    tratamentos de menor esforço nas, 226--35
Descrições estruturais (DEs), 59, 66-8, 217, 266
    enquanto expressões, 266, 269
    níveis de interface das, 68
Deslocamento
    na adjunção de XP, 478
    propriedades do, 107, 339-40
Dicionários, 47

Direcionalidade
    e ECs, 105
    nas relações entre níveis, 68-9
Distância na economia, 282-6
Diversidade, 52
Dominância
    e ordem, 498-9
    em indicadores sintagmáticos, 83
    na teoria X-barra, 278
Domínio, 445
    de c-comando, 164
    de núcleos, 278
    de verificação, 279, 303
    mínimo, 278-83, 286-7, 445
    na proximidade, 521
    na teoria X-barra, 278-9
Domínio de verificação adjunto, 303
Domínio de verificação não adjunto, 303
Domínios de complemento, 278
Domínios internos, 279
Domínios locais
    anáforas nos, 175-8
    pronomes nos, 166
Domínios mínimos, 278-82, 286, 445

Economia, princípios de, 75-6, 215-6
    distância vs. passos nos, 283-7
    e expletivos, 501-12
    na operação Mover, 375-83
    na representação, 242-57
    pressupostos nos, 216-19
    propriedades da flexão verbal nos, 220-6
    sistema de concordância nos, 237-42
    tratamentos de menor esforço nos, 226--35
ECs não interpretáveis, 97
Efeito *that*-vestígio, 156-7
Efeitos de superfície, 336
Elemento I num tratamento de menor esforço, 232-5
Elementos Agr
    com expletivos, 501-6
    e Estrutura-S, 302, 306-7
    elevação não visível com, 409

elevação visível com, 516-18
em sistemas de concordância, 237-42
estatuto de, 512-13
força de, 222-6, 261
na análise Casual, 205-9, 513-16
na minimização das derivações, 227-32
na teoria X-barra, 273-6
Elementos Agr fortes, 222-6
Elementos Agr fracos, 222-6
Elementos Agr opacos, 261
Elementos Agr transparentes, 261
Elementos lexicais atômicos, 260
Elementos terminais na teoria da estrutura de constituintes, 368
Elevação
   com elementos Agr, 516-18
   e a Estrutura-S, 305-6
   na operação Mover, 408-14
   na economia representacional, 252-7
Elevação não visível na operação Mover, 408-14
Elevação visível
   com elementos Agr, 516-18
   e Estrutura-S, 305-6
Elipse, 213
Emonds, J., 144, 220
Endocêntricas, regras, 109
Enunciados independentes das línguas, 73
Enunciados no modelo P&P, 73
Enunciados particulares às línguas, 73
Epstein, S., 381-2
Equidistância, 286
   com atração, 444
   simplificação da, 520-4
Escopo, propriedades de, 92
Especificadores
   de elementos, 110
      na teoria da estrutura de constituintes, 368
      no princípio EPP, 112
      na teoria X-barra, 271
Estado inicial da linguagem, 58, 65, 265
Estados da faculdade da linguagem, 58, 65, 265

Estatuto de estrutura de constituintes dos elementos, 380
Estrutura de constituintes, teoria da, 364-74
Estrutura de superfície, 108
Estrutura-D, 66-8, 73-5, 219, 266
   derivação da, 83-4
   e o léxico, 217, 289-90
   projeção, 69
   no Programa Minimalista, 289-97
   no modelo P&P, 107-24
Estruturas adverbiais de adjunção na base, 486
Estruturas argumentais
   Caso para, 101-2
   dos núcleos, 78
Estruturas da linguagem, 45
Estrutura-S, 68, 73-5, 218-19, 266
   afixos para, 142, 225-6
   derivação da, 83-4
   e a teoria da ligação, 297-8, 316-19
   na teoria X-barra, 144
   no Programa Minimalista, 297-308
   projeção, 69
Etiquetas
   dos objetos, 366-7
   nas relações de verificação, 538
   no movimento de traços, 402-6
Exclusão por categorias, 98
Expectativas empíricas, 535-47
Expletivos
   amalgamados, 126-8
   associados dos, 248-51, 410-14
   atração com, 450-1
   clíticos, 249
   e Caso, 128-9, 208-10, 426-30, 501-3, 506, 529
   e economia, 501-12
   e proximidade, 527-30
   elementos Agr com, 501-5
   elevação não visível com, 408-14
   ligação por, 251
   na economia representacional, 248-52
   na interpretabilidade, 426-30
   no nível LF, 75

posição dos, 535
sistema da concordância com, 501-4
vazios/vácuos, 209
vestígios/traços dos, 450-1
visíveis, 430
Expressões
A-livres, 135-7
compatibilidade de, 343
complexidade das, 346
DEs enquanto, 265-70
livres, 46
Expressões-r
indexação para, 175
liberdade das, 166
NPs como, 93
princípio de comando para, 135
propriedades das, 95-7
Extraposição, 491

Faculdade da linguagem, 265
estados da, 58
sistema cognitivo da, 49, 343-64
Fenômenos sobredeterminados, 77
FF(IL), coleção de, 350
Fidelidade, 551
Filtro Casual, 190-7
Filtro do Comp duplamente preenchido, 113
Filtros de superfície para o Caso, 190-7
Filtros para o Caso, 190-7
Flexão infinitiva, 232-4
Flexão verbal, 220-6
Flexionais, processos, 66
Flexional, Morfologia, 220
Fonologia e traços fonológicos, 51
FI na, 75
na interface C-I, 349
nas categorias funcionais, 363
no sistema da computação, 348
Fonologia generativa, 70
Forma Fonética (PF), nível de interface, 45, 73-5, 220, 266-7
afixos para, 225
como interface com o sistema sensório--motor, 218

condições de adequação para, 67
e Estrutura-S, 301
exigência de paralelismo na, 212-14
nas expressões, 49
operação de apagamento/eliminação para, 312-13
Princípio de Interpretação para, 327
projeção, 69
Forma Lógica (LF), nível de interface, 45, 49, 67, 217-19, 266-8,
derivação da, 83-4
elevação, na minimização de derivações, 230-1, 235
expletivos na, 75
FI na, 114
na economia representacional, 242-3, 246-57
projeção, 69-74
Formação de palavras, 66, 220
Formar Cadeia, operação de, 89, 283, 310
Fórmulas na linguagem formal, 61
Fracasso, 270, 336
Frampton, J., 562
Frases nucleares, 69
Freidin, R., 314, 319-20, 332
Fukui, N., 494
Funcionais, itens lexicais, 110-11

Gramática generativa, 45-6, 51, 69, 75
noção de, 259
investigação em, 45-6
estudo da, 58
Gramática Universal (UG), 46, 265-8
condições limitativas com, 64-5
e a Estrutura-D, 290
e o alcançar de uma língua, 63
e o léxico, 217
estado inicial na, 58
na minimização das derivações, 235-6
opções na, 47
para os sistemas de regras, 69-70, 268
simplicidade e elegância na, 76
Gramáticas, 45-6, 51, 58, 69, 265
estudo de, 58

investigação em, 45-6
noção de, 259
teoria das, 52
universais. *Ver* Gramática Universal (UG)
verdadeiras, 64
Grimshaw, J, 79-82

Hale, K., 328-, 464, 429
Halle, M., 552
Harris, Z. S., 70
Heim, I., 181
Higginbotham, J., 333
Hipótese da base universal, 120
Hipótese da preservação de estrutura (HPE), 470-1
Holmberg, generalização de, 516-18, 523, 567
Hornstein, N., 263
Huang, C.-T. J., 51, 130-2, 159-60, 324, 435

I desdobrado, teoria do, 547
Idealização, 50
Inclusão por categorias, 98
Incorporação, 284
Indexação, 165-74
Indicadores sintagmáticos, 70, 83
Inicialização semântica, 80
Inserção de *Of*, 194-6
Inserção não visível e tipo oracional, 435-9
Interface com o sistema sensório-motor, 218
Interfaces externas para as DEs, 68
Interfaces, 45, 267-8
    para as DEs, 68
    representações das, 45, 217-19
Interpretabilidade, 414
    atração e movimento na, 444-63
    condição do elo mínimo na, 439-44
    expletivos na, 427-9
    teoria da verificação na, 417-27
    tipo oracional na, 431-8
    traços na, 414-17
Interpretação, 50, 55, 63-4
Interrogativas

condições de menor esforço com, 227
movimento das, 124-6, 129-32
Intervenção na localidade, 145-52
Itens lexicais, 110

Jespersen, O., 46
Johnson, K., 196
Jonas, D., 490, 502-5

Kawashima, R., 484
Kayne, R., 264, 480
    sobre a adjunção a núcleos não máximos, 499-500
    sobre a ordem, 493-6, 566-7
    sobre a ramificação, 121
    sobre o sistema de concordância, 237-40
Keyser, S. J., 328, 464, 467
Kitahara, H., 397, 466, 485
Koopman, H., 240, 255-7
Koster, J., 470

Larson, R., 122, 490
Lasnik, H., 291
    e reconstrução, 324
    sobre o Caso na economia das representações, 253
    sobre elementos Agr, 221
    sobre exigências de indexação, 174
    sobre exigências de localidade, 181
    sobre filtros de superfície, 190
    sobre Procrastinar, 397
    sobre regência, 157
Lebeaux, D., 181, 314-15, 319, 332
Lexical, conhecimento, 79-83
Léxico, 49, 66, 216-17, 267
    conteúdo dos itens no, 110
    e a Estrutura-D, 217, 290,
    no modelo P&P, 78-83
    nos sistemas cognitivos, 356-64
Liberdade, 165
Licenciamento
    condições de, 74
    de ECs, 142-4
    de vazios parasitas, 140

Ligação e teoria da Ligação, 163-89, 269-70
    das anáforas, 138, 167-8, 175-8, 184-9
    de expletivos, 251
    de vestígios, 87
    e Estrutura-S, 298, 316
    forte, 115, 245
    na economia das representações, 245
    níveis de representação na, 182-9
    por cadeias, 139
Linearidade nos indicadores sintagmáticos, 84
Língua-E, 61
Linguagens de programação, 339
Linguagens formais, 61, 339
Língua-I, 50-1, 59-62, 218, 265-325
Línguas com núcleos iniciais, 110
Línguas de ramificação à direita, 84
Línguas de ramificação à esquerda, 84
Línguas de sujeito nulo, 86
Línguas V-dois, 113
Localidade, condições de, 74-5
    barreiras e intervenção nas, 145-52
    sobre movimentos, 105-7

Marantz, A., 552
Marcação de Caso excepcional (ECM), 192
    com expletivos, 506-8
    estruturas adverbiais na, 489-91
    na teoria X-barra, 273
Marcadores-T, 267
Matrizes fonológicas atômicas, 349
Max(α), 278
May, R., 181, 482
McCarthy, J., 551
McCawley, J. D., 259
Mente/cérebro, 43-5, 62-4
Minimalidade, 148-50, 159-60
Minimalidade relativizada, 148-50, 159-60
Minimalidade rígida, 148-50, 159
Minimização das derivações, 226-32
Módulos da linguagem, 75
    teoria da ligação, 163-89
    teoria do Caso, 189-211
    teoria da regência, 145-63

Morfologia
    distribuída, 552
    flexional, 220
    e movimento visível, 472
    e Spell-Out, 485
    ordem na, 493-5
    processos da, 65
Morfologia Distribuída, teoria da, 552
Mover α, princípio, 219
Mover F, operação, 393-407
Movimento de XP, 220
Movimento e operação Mover
    adjunção no, 97-9, 390-2, 402, 406-7
    cadeias e vestígios de, 97-9
    condições de localidade no, 105-7
    de núcleos, 102-3, 341
    de operadores interrogativos, 125-6, 129-33
    derivações menos caras no, 235-7
    distância vs. passos no, 282-6
    e Caso, 192, 208, 376, 382-3, 388
    e problemas de Último Recurso, 392-3
    economia no, 375-83
    elevação não visível no, 408-14
    em condições de elo mínimo, 397, 402, 440-2
    incorreto, 481-5
    localmente supérfluo, 422
    na interpretabilidade, 425, 444-63
    na teoria da estrutura de constituintes, 373
    no Programa Minimalista, 463-8
    operação Mover F, 393-407
    projeção de alvos no, 383-93
    razões para, 469-70
    sucessivamente cíclico, 98, 283, 401, 425, 448-50
Movimento mais curto
    distância vs. passos no, 283-6
    nas condições de elo mínimo, 440-2
Movimento não visível
    de constituintes interrogativos, 129-33
    de traços, 398-9
Movimento sucessivamente cíclico, 98

na interpretabilidade, 425, 447-50
no movimento de traços, 401
no movimento mais curto, 282-3
Movimento visível, 129-33, 381, 472
Movimento X^0, 220
Movimento de V, 220
Muysken, P., 110, 365

Não correferência, 170-1
Negação e movimento, 481
Níveis de representação, 67-9, 182-9, 265
Níveis linguísticos, 266
Nomes na numeração, 359
NPs
    Caso para, 189-95
    vestígios de, 92-5
Núcleo de uma língua, 65-6, 260
Núcleo-complemento
    na teoria da estrutura de constituintes, 369
    na teoria X-barra, 271
Núcleos
    complementos dos, 84
    domínios dos, 278
    movimento dos, 102-3, 341
    na análise Casual, 205-6
    não máximos, adjunção a, 498-9
    parâmetros para, 83-5
    projeção de, 109, 271
    seleção e propriedades dos, 78
Núcleos que projetam, 109, 271
Numeração, 343-5, 359-61

Objetos
    constituintes dos, 366-9
    no princípio EPP, 112
    simbólicos, 59
    sintáticos, 343-5
Objetos legítimos em PF e a Estrutura-S, 300
Operações localmente supérfluas, 422
Operações transformacionais, 74
Operações visíveis com traços fortes, 352
Operadores
    movimento de, 480
    na economia representacional, 243-6
Operadores vazios, 245-6
Otimalidade, teoria da, 550
Orações relativas, 133-4
Ordem, 493-501

Palavras compostas, 102
Paralelismo, requisito de (RP), 212-13
Parâmetros
    da polissíntese, 479, 545
    no modelo P&P, 48-50
    nuclear, 84
    para os processadores, 76
Pares som-significado, 51
Passivas, construção Casual com as, 196-7
Perfeição na linguagem, 52
Performance
    sistemas de, 44
    teorias da, 63
    vs. competência, 58
Periferia das línguas, 65
Pesetsky, D., 79-83
Pied-piping, 104, 397
Pollock, J-Y.
    I desdobrado, teoria do, 547
    sobre a flexão verbal, 220-6
    sobre a teoria X-barra, 118, 272-3
    sobre sistemas de concordância, 237-8
Posições de base, 449, 464
Posições-A, 112, 123-4, 301-2
Posições L-relacionadas, 123-4, 303
Posições L-relacionadas em sentido amplo, 303
Posições L-relacionadas em sentido estrito, 303
Posições-θ, 123
Predicados complexos, 220
Preposições órfãs, 493
Prince, A., 550
Princípio Afetar α, 219
Princípio da Categoria Vazia (ECP), 215
    e domínios mínimos, 281
    enquanto barreira de pied-piping, 397

na minimização das derivações, 230-2
violações do, 162
Princípio da Interpretação em PF, 327
Princípio da Projeção, 112, 336
 e a Estrutura-D, 289-92
 e a regência, 157
Princípio de Interpretação Plena (FI), 75, 216
 e a Estrutura-S, 300
 em LF, 114
 na economia representacional, 243-52
 para as derivações convergentes, 336
Princípio da Projeção Alargada (EPP), 112
 com elementos Agr, 518
 com expletivos, 506-9
 e o Caso, 210-11
 e a Estrutura-S, 306
 na proximidade, 523, 529
 para os traços fortes, 352
Princípio do Espelho, 302-3
Princípios-e-parâmetros (P&P), modelo, 45, 48-52, 57-78
 derivações e representações no, 88-107, 125-45
 teoria da ligação no, 163-89
 teoria do Caso no, 189-211
Processadores, 64, 76, 269, 327
Procrastinar, princípio
 com expletivos, 507-8
 e a complexidade computacional, 346
 e a Estrutura-D, 306-7
 e as derivações, 465
 na operação Mover, 380
 no movimento de traços, 398, 400
 violações com, 542-5
Procrastinar, violações forçadas com, 543
Produção, teorias da, 63
Programa Minimalista, 335-43
 categorias funcionais e traços formais no, 512-47
 conceitos centrais no, 520-47
 expectativas empíricas no, 535-47
 expletivos e economia no, 501-12
 faculdade da linguagem no, 343-64

interpretabilidade no. *Ver* Interpretabilidade
 movimento no, 375-414, 463-8
 ordem no, 493-501
 propriedades da componente transformacional no, 469-93
 teoria da estrutura de constituintes no, 364-74
 teoria-θ no, 375-414, 463-8
Projeção de alvos, 383-92
Pronominais
 controlados e não controlados, 94
 cliticização de, 497-8
 ECs como, 85-6, 89-93
 e o Caso, 187, 198-205
 e regência por núcleo, 151-4
 ligação de, 163-8, 183-9
 NPs como, 93
 na teoria X-barra, 276-7
Propriedade da base, 464
Propriedade da infinidade discreta, 266
Propriedade de interface dupla, 45
Propriedade do cruzamento forte, 136
Propriedades idiossincráticas, 356-7
Propriedades selecionais dos itens funcionais, 111
Proximidade, 446
 e adjunção, 525-9
 expletivos na, 528-30
 Princípio EPP na, 523-9
 simplificação da, 520-6

Quantificação vácua, 243-5

Rasura/Apagamento de traços verificados, 419-20
Realização estrutural canônica (REC), 80
Reconstrução, 134-9, 311-13
Recuperabilidade do apagamento, princípio de, 98
Redundância
 princípios com, 48
 regras de, 67, 76
Referência disjunta, 170

Regência canônica, 145
Regência e Ligação (GB), teoria da, 77-8, 259
Regência nuclear (por núcleo), 145, 150-4,
Regência própria, 145-54
Regência, 85, 145-63
    com elementos Agr, 223
    de PRO, 185-9
    na teoria X-barra, 272
Regra de elevação de V, 224
Regras
    no modelo P&P, 71-3
    na UG, 69-72
Regras de estrutura de constituintes, 69, 72
Regras de reescrita, 70
Regras livres do contexto, 70
Regras transformacionais, 69, 72, 242
Reinhart, T., 427, 435, 559
Relações de verificação, 460
Relações locais centrais, 272
Relações locais na teoria X-barra, 272
Relações núcleo-núcleo na teoria X-barra, 272
Relações spec-núcleo
    na teoria X-barra, 271-5
    no sistema da concordância, 156, 240--1, 274
Relações temáticas (θ)
    e posições argumentais, 78
    na teoria X-barra, 27
Representações sintáticas derivadas, 125-45
Resíduo dos domínios, 278
Restrição da Ilha-*Wh*, 149
Restrição sobre o Movimento de Núcleos (HMC), 106-7, 149
    com movimento-X-^{0}, 220-1
    na interpretabilidade, 458
    na minimização das derivações, 229-32, 235
    na teoria da estrutura de constituintes, 373
Riemsdijk, H. Van, 144
Rizzi, L., 121, 143, 146, 148, 160
Roberts, I., 196

Saito, M., 157-8, 254
Satisfazer, operação, 290
Selecionar, operação, 344-6, 351
Semântica generativa, 331
Simplicidade, noção de, 52, 77
Sintaxe, 46
Sintaxe estrita, 83
Sintaxe visível, 236, 267
Sistema articulatório-perceptual (A-P), 45, 54, 267-8
Sistema cognitivo, 48
    componente computacional, 343-56
    léxico no, 356-64
Sistema computacional (SC), 49-51, 66, 267-8
    derivações e representações no, 83-107, 125-45
    Estrutura-D, 107-24, 290
Sistema conceitual-intencional (C-I), 45, 267, 349
Sistema de concordância, 237-42
    com Caso, 240-1, 423
    com expletivos, 502
    e Estrutura-S, 305
    na interpretabilidade, 424-6
    Spec-núcleo, 156, 240, 273
Sistema de representação, 74-5, 266
    concordância no, 237-42
    derivado sintaticamente, 125-45
    economia no, 242-57
    elementos LF no, 246-302
    FI e expletivos no, 248-52
    níveis do, 67-8
    nos sistemas computacionais, 83-107
    operadores e variáveis no, 243-6
    pressupostos no, 216-19
    propriedades da flexão verbal no, 220-6
    tratamentos de menor esforço no, 226-35
Sistemas sem regras, 76
Sistemas simbólicos, 67, 340
Smolensky, P., 551
Spell-Out, operação, 293, 348
    com traços fortes, 352
    e a Estrutura-S, 297, 305

e os traços da interface C-I, 349-51
  e morfologia, 485
Sportiche, D., 480
Stowell, T., 519
Subconjuntos
  de derivações, 337-8
  mínimos, 278-80
Subetiquetas
  nas relações de verificação, 538
  no movimento de traços, 403-6
Subjacência, 132, 158-60, 162
Substituição
  e a Estrutura-D, 296-7
  restrição de apagamento sobre, 98
  na teoria da estrutura de constituintes, 371-2
  no movimento, 97-8
Sujeitos no princípio EPP, 112
Superelevação, 149, 442-3

Tempo no sistema de concordância, 237-8
Teoria da estrutura de constituintes despojada, 374
Teoria Standard Alargada (EST), 217, 266-7, 336
  e Estrutura-D, 289-90
  estrutura de superfície na, 108
  relacionamentos de níveis na, 68
Teoria Standard, 108, 331
Teoria X-barra, 72, 109-10, 113, 118-19, 271-89
  cadeias na, 272, 277, 280-8
  desenvolvimento da, 364-5
  domínios na, 278-80
  e Caso, 210, 272-7
  na Estrutura-S, 143
Thráinsson, H., 567
Tipo de oração na interpretabilidade, 431-8
Tipologia, 49, 76
Torrego, E., 497, 563
Traços
  fortes, 351-4, 414
  movimento, 393-407
  na interface C-I, 348-51
  na interpretabilidade, 414-17

Traços e constituintes-*Wh*
  e a Estrutura-S, 299, 307
  e o tipo oracional, 431-8
  elevação não visível nos, 408
  movimento dos, 124-6, 130-3
  na condição do elo mínimo, 439-40
  no movimento de traços, 400-1
  no sistema de concordância, 239
Traços F fortes, 414
Traços formais, 49
  na interface C-I, 349-51
  no Programa Minimalista, 512-47
Traços fortes
  inclusão de, 354
  na interpretabilidade, 414
  propriedades dos, 352
  seleção dos, 351
Traços intrínsecos, 414
  Caso, 423-4
  de FF(IL), 350
Traços opcionais de FF(IL), 350
Traços semânticos na interface C-I, 349
Traços-φ
  com expletivos, 427
  das ECs, 96
  na interpretabilidade, 414
Traços-L e Estrutura-S, 303
Traços-V e Estrutura-S, 303
Tratamento de menor esforço
  elemento I no, 232-5
  na minimização das derivações, 226-32
Tsai, W.-T. D., 434, 560

Último Recurso, princípio do e operação, 75, 216
  apagamento como, 242
  e a ordem, 494
  na teoria do Caso, 200-4, 210-11
  na teoria da verificação, 419
  nas derivações, 308-9
  nas operações de Mover, 385-6
  no movimento de traços, 401-3
  problemas com, 392-3
Uniformidade, 562

de cadeias, 161
do nível PF, 67
Universalidade do nível PF, 67
Ura, H., 427, 525
Uriagereka, J., 396
Uso infinito de meios finitos, 46, 59

Variação e DLP, 268
Variáveis
    livres, 244
    na economia das representações, 243-6
    propriedades das, 95-7
    referenciais, 93-4
Vazios parasitas (PGs), 141-2
Verbos
    afixos para, 225
    de objeto duplo, 122
    na numeração, 359-61
Verbos psicológicos, construções com, 121
Vergnaud, J.-R., 51, 190
Verificação de traços, 347
    Caso na, 457-9
    categorias funcionais na, 512
Verificação e teoria da Verificação, 66
    Caso na, 457-9

configurações vs. relações na, 460
de traços, 347
domínios na, 278-9, 303
categorias funcionais na, 512
na interpretabilidade, 417-27
nas operações Mover, 388
e Estrutura-S, 304
subetiquetas na, 538
Vestígios
    apagados, 448
    com ECs, 86-93
    de movimento, 96-100
    dos expletivos, 450
    dos NPs, 93
    intermédios, 158, 451
    ligação dos, 87-8, 92
    não referenciais, 93
    para adjuntos, 157
    violações da subjacência nos, 162-4
Violações não forçadas com Procrastinar, 543-5
Vizinhança, 446

Watanabe, A., 300, 307, 557
Webelhuth, 331

SOBRE O LIVRO

Formato: 16 x 23 cm
Mancha: 27,9 x 43,9 paicas
Tipologia: Iowan Old Style 10/14
Papel: Off-white 80 g/m^2 (miolo)
Cartão Supremo 250 g/m^2 (capa)

1ª edição Editora Unesp: 2021

EQUIPE DE REALIZAÇÃO

Coordenação Editorial
Marcos Keith Takahashi (Quadratim)

Edição de Texto
Marcelo Porto (copidesque)
Maurício Katyama (revisão)
Nelson Barbosa (índice remissivo)

Projeto Gráfico e Capa
Quadratim

Editoração Eletrônica
Arte Final

Rua Xavier Curado, 388 • Ipiranga - SP • 04210 100
Tel.: (11) 2063 7000 • Fax: (11) 2061 8709
rettec@rettec.com.br • www.rettec.com.br